UTB 4973

Eine Arbeitsgemeinschaft der Verlage

Böhlau Verlag · Wien · Köln · Weimar
Verlag Barbara Budrich · Opladen · Toronto
facultas · Wien
Wilhelm Fink · Paderborn
A. Francke Verlag · Tübingen
Haupt Verlag · Bern
Verlag Julius Klinkhardt · Bad Heilbrunn
Mohr Siebeck · Tübingen
Ernst Reinhardt Verlag · München
Ferdinand Schöningh · Paderborn
Eugen Ulmer Verlag · Stuttgart
UVK Verlag · München
Vandenhoeck & Ruprecht · Göttingen
Waxmann · Münster · New York
wbv Publikation · Bielefeld

Basiswissen Theologie und Religionswissenschaft

Herausgegeben von Lukas Bormann

Michaela Bauks

Theologie des
Alten Testaments

Religionsgeschichtliche und
bibelhermeneutische Perspektiven

unter Mitarbeit von Lilli Ohliger und Jochen Wagner

Vandenhoeck & Ruprecht

Online-Angebote oder elektronische Ausgaben sind erhältlich unter **www.utb-shop.de**

Bibliografische Information der Deutschen Nationalbibliothek:
Die Deutsche Nationalbibliothek verzeichnet diese Publikation in der
Deutschen Nationalbibliografie; detaillierte bibliografische Daten sind
im Internet über http://dnb.de abrufbar.

© 2019, Vandenhoeck & Ruprecht GmbH & Co. KG, Theaterstraße 13, D-37073 Göttingen
Alle Rechte vorbehalten. Das Werk und seine Teile sind urheberrechtlich
geschützt. Jede Verwertung in anderen als den gesetzlich zugelassenen Fällen
bedarf der vorherigen schriftlichen Einwilligung des Verlages.

Umschlagabbildung: Hans Burgkmair d. Ä., „Der Sündenfall", um 1524. © akg-images

Umschlaggestaltung: Atelier Reichert, Stuttgart
Satz: SchwabScantechnik, Göttingen
Druck und Bindung: Elanders Waiblingen GmbH
Printed in the EU

Vandenhoeck & Ruprecht Verlage | www.vandenhoeck-ruprecht-verlage.com

UTB-Band-Nr. 4973
ISBN 978-3-8252-4973-1

Inhalt

Vorwort 9

1. Zur Einführung 11
1.1 Die Entstehung der Theologie des Alten Testaments
    als Disziplin und die Frage nach seiner Mitte 11
Literatur 19
    Die einschlägigen Werke der Theologie
    des Alten Testaments 19
    Weitere Literatur 20
1.2 Das Verhältnis von Theologie und Religionsgeschichte ... 22
Literatur 24
1.3 Die Rekonstruktion alttestamentlicher Theologie(n) –
    literarische und materiale Zeugnisse 25
Literatur 27
1.4 Der hermeneutische Bezugsrahmen 27
Literatur 31

2. Theologische Themen in ihren biblischen Kontexten   34
2.1 Der Gott Israels offenbart sich in seinen Namen 35
    2.1.1 Die Offenbarung im brennenden Dornbusch (Ex 3)   37
    2.1.2 Die Selbstvorstellung Gottes (Ex 6) 41
Literatur 47
2.2 JHWH offenbart sich in der Befreiung aus Ägypten 48
    2.2.1 Plagenzyklus und Auszugsbericht 49
        Literatur 63
    2.2.2 Gott offenbart sich durch sein Rettungshandeln:
        die Figur des Mose 64
        Literatur 71
2.3 JHWH offenbart sich in den Verheißungen
    an die Erzeltern 72
    2.3.1 Der Abrahamzyklus 75
    2.3.2 Der Jakobzyklus 84
Literatur 92

2.4 JHWH offenbart sich als Schöpfer und König der Welt ... 94
   2.4.1 Der erste Schöpfungsbericht 98
   2.4.2 Die zweite Erzählung von Schöpfung und Garten 105
   2.4.3 Schöpfung und Flut im Kontext der Urgeschichte 108
   2.4.4 Schöpfungstraditionen in der Hebräischen Bibel 115
Literatur 124
2.5 JHWH offenbart sich als Gott am Sinai/Horeb:
   Bund und Weisung 126
   2.5.1 Die Vorstellungen von Bund 128
Literatur 149
   2.5.2 Die Vorstellungen von Weisung und Gesetz 151
   2.5.3 Die Murr-Erzählungen als Paradigma des
          Bundesbruchs und als Präfigurationen der Krise 162
   Literatur 165
2.6 JHWH offenbart sich in Gericht und Heil:
   die prophetische Literatur 166
Literatur 173
   2.6.1 JHWH, der Richter in der vorexilischen Prophetie 174
   Literatur 194
   2.6.2 JHWH, der strafende Gott in der exilischen
          Prophetie 195
   Literatur 212
   2.6.3 JHWH, der erbarmende Gott: die Restauration
          Israels in nachexilischer Zeit 212
   Literatur 231
   2.6.4 JHWH, der Gott der Apokalyptik 231
   Literatur 235
2.7 Israels Klage und Lob im Psalter:
   Spiegelungen der Gottesoffenbarungen 236
   2.7.1 Psalmentheologie und Gattung 238
   2.7.2 Psalmentheologie und stilistische Mittel 244
   2.7.3 Psalmentheologie in Auseinandersetzung mit
          Themen anderer biblischer Bücher 247
   Literatur 253

2.8 Traditionelle Weisheit und weisheitliche Skepsis –
    Kosmotheologie als Gottesoffenbarung 255
  2.8.1 Theologie und Weisheit im Proverbienbuch 256
  Literatur 261
  2.8.2 Hiob und die skeptische Weisheit 263
  Literatur 271
  2.8.3 Die späte Weisheit: Qohelet, Jesus Sirach,
        Weisheit Salomos 272
  2.8.4 Didaktische Lehrerzählungen in weisheitlichem
        Kontext 278
  Literatur 289
2.9 Theologische Strömungen in der hebräischen Bibel 291
  Literatur 303

3. Alttestamentliche Theologie als polyphone Rede
   von Gott 305

3.1 Monotheismus 305
  3.1.1 Phase 1: Die Frühgeschichte 306
  3.1.2 Phase 2: Der Weg zum Nationalkult 307
  3.1.3 Phase 3: Die assyrisch-babylonische Zeit 310
  3.1.4 Phase 4: Die exilische und persische Zeit 314
  3.1.5 Phase 5: Die hellenistische Zeit 317
  Literatur 320
3.2 Bilderverbot 323
  3.2.1 Die historische Entwicklung der Bildlosigkeit
        JHWHs 323
  3.2.2 Begründungen des Bilderverbots 328
  3.2.3 Tora statt Kultbild (1Makk 3,48) 331
  Literatur 336
3.3 Bedeutung und Verwendung des Gottesnamens 338
  3.3.1 Der Ursprung der Scheu vor dem Gottesnamen ... 341
  3.3.2 Maßnahmen zum Schutz des Gottesnamens 346
  3.3.3 Was bedeutet es, den Namen Gottes zu heiligen? 350
  Literatur 351

3.4 Königtum und Eschatologie 352
   3.4.1 Das irdische Königtum und die Königsideologie 356
   3.4.2 Die Eschatologisierung des gesalbten Königs
       („Messias") 358
   3.4.3 Raum- und Zeitdimensionen der göttlichen
       Herrschaft 359
   3.4.4 Kosmotheologie 363
   Literatur 367
3.5 Israels Geschick 369
   3.5.1 Israel und sein Land 370
   3.5.2 Israels Zuwendung zu Gott 379
   3.5.3 Israels Hadern mit Gott 386
   Literatur 395
3.6 Der Bezugsrahmen der „Heiligen Schrift" 398
   3.6.1 Die Entstehung des alttestamentlichen Kanons 399
   3.6.2 Kanonhermeneutik 402
   3.6.3 Die Bezogenheit von Altem und Neuem Testament
       („Biblische Theologie") 405
   3.6.4 Gottes Wort in der Schrift 408
   Literatur 414

Anhang 419

Anhang 1: Alttestamentliche Themen und Texte
in der Perikopenordnung 419

Anhang 2: Alttestamentliche Themen und Texte in den
curricularen Standards der Lehrpläne 439

Abkürzungsverzeichnis 454

Abbildungsverzeichnis 455

Register 456

Personen-, Orts- und Sachregister 456

Stellenregister 462

Vorwort

Angestoßen durch den neutestamentlichen Kollegen Lukas Bormann, um die Modularisierung der Studiengänge studierendengerecht zu begleiten, nahm dieses Lehrbuch einen langen Weg. In verschiedenen Seminaren an der Universität Koblenz-Landau wurde ein Grundgerüst geschaffen, die Verschriftlichung erfolgte in Auseinandersetzung mit aktuellen Positionen zu den jeweiligen Themen. Einen wichtigen Ausgangspunkt bildete der Grundriß der alttestamentlichen Theologie von Walther Zimmerli im Bezug auf ein seinem Werk implizites Offenbarungsverständnis, das die vorliegende Darstellung begrifflich prägt. Im Sinne der kulturgeschichtlichen Öffnung habe ich das Konzept hermeneutisch geerdet mit Einsichten Paul Ricœurs. Er hat den Begriff der Offenbarung (révélation) aufgenommen, um die Besonderheit biblischer Literatur und ihre Relevanz aufzuzeigen. Ziel des Buches ist es weiterhin, religionsgeschichtliche Einsichten für die Rekonstruktion alttestamentlicher Theologie(n) fruchtbar zu machen, eine in vielen Darstellungen alttestamentlicher Theologie eher stiefmütterlich behandelte Perspektive. Doch fand ich in der 2015 erschienenen Theologie des Alten Testament von Jörg Jeremias einen hervorragenden imaginären Gesprächspartner.

Dieses Lehrbuch brauchte Erstleser. Da sind an erster Stelle meine Studierenden zu nennen, die insbesondere Teil II über die Semester rezipiert und durch ihr kritisches Fragen und Nachhaken zu dem Buch beigetragen haben. Ihnen sei gedankt! Zu danken ist außerdem einer Reihe von Kolleginnen und Kollegen, die Teile des Buchs gelesen und kommentiert haben. Ihnen verdanke ich Rückfragen zu Aufbau und Konzept, zu Begriffen und Detailfragen sowie zur hermeneutischen Zugangsweise, die für meine weitere Arbeit äußerst dienlich waren. An dieser Stelle seien vor allem genannt mein Koblenzer Kollege in der systematischen Theologie, Jürgen Boomgaarden sowie Bernd Janowski (Universität Tübingen), Klaus Koenen (Universität Köln), Daniel Krochmalnik (Universität Potsdam), Annette Schellenberg (Universität Wien), Andreas Schüle (Universität Leipzig) und meine Doktorandin, Martina Weingärtner (Universität Augsburg). Ihnen wie auch weiteren Kollegen, mit denen ich hie und da über mein Projekt sprach, sei sehr herzlich gedankt.

Modularisierung der Studiengänge ist das eine, Praxisorientierung das andere aktuelle Stichwort, um universitäre Lehre, lebenslanges Lernen und die praktische Umsetzung für (zukünftig) lehrende, predigende und liturgisch tätige Menschen miteinander zu verbinden. So entstanden in Kooperation mit dem Wissenschaftlichen Mitarbeiter am Institut Ev. Theologie in Koblenz, Pfr. Dr. Jochen Wagner, und der ehemaligen Doktorandin und im Schuldienst tätigen Dr. Lilli Ohliger zwei Anhänge, in denen die beiden den Lehrstoff mit den alttestamentlichen Themenfeldern in den Perikopenreihen bzw. den Curricularen Standards aus verschiedenen Bundesländern zur Darstellung gebracht haben. Für diese sehr aufwändige Arbeit sei Ihnen an dieser Stelle besonders herzlich gedankt.

Last but not least, danke ich Bruno Biermann für die umsichtige Erstellung der Druckformatvorlage und eine Reihe redaktioneller Arbeiten.

Zuletzt geht mein Dank für die gute Kooperation an den Herausgeber der Reihe „Basiswissen Theologie und Religionswissenschaft", Lukas Bormann (Universität Marburg), sowie an den Verlag Vandenhoeck & Ruprecht, dessen Mitarbeiter Christoph Spill, Dr. Bernhard Kirchmeier, Elisabeth Hernitscheck und Miriam Espenhain verschiedene Stadien des Lehrbuchs zielführend und kompetent begleitet haben.

Koblenz, den 11. März 2018   Michaela Bauks

1. Zur Einführung

Dieses Buch ist ein Lehrbuch, das die zentralen theologischen Themen des Alten Testaments/der hebräischen Bibel zusammenstellt. Darin folgt es verschiedenen Voraussetzungen, die an dieser Stelle kurz dargelegt werden.

Der rote Faden einer solchen Darstellung ließe sich entweder – historisch vorgehend – literaturgeschichtlich knüpfen, indem die alttestamentlichen Texte entsprechend ihrer rekonstruierten Entstehungs- und Überlieferungsgeschichte zur Darstellung kommen und das chronologische Nacheinander theologischer Strömungen in den Blick kommt. Alternativ dazu ließe sich die Darstellung systematisch ausrichten und z. B. ausgehend von der Frage nach einer theologischen Mitte entwerfen, welche die alttestamentlichen Texte dominiert. Oder aber sie fragt ausgehend von der kanonischen Endgestalt nach den Erzählblöcken, anhand derer eine Erinnerungskultur entstanden ist, die nachhaltig Wirkung entfaltet und die jüdisch-christliche bzw. abendländische Kultur der Gegenwart prägt.

Die vorliegende Darstellung wird die drei möglichen Herangehensweisen berücksichtigen, ohne die Idee einer „theologischen Sach- oder Wirkmitte"[1] aufzugeben. Sie verfolgt ihr Anliegen unter besonderer Berücksichtigung der altorientalischen Traditionsgeschichte wie auch bibelhermeneutischer Überlegungen zur Wirkungsgeschichte der biblischen Texte.

1.1 Die Entstehung der Theologie des Alten Testaments als Disziplin und die Frage nach seiner Mitte

Erst das Aufkommen der historischen Bibelkritik (J.G. Eichhorn) sowie die Aufspaltung der theologischen Disziplinen in Dogmatik und Bibelwissenschaft (J.P. Gabler) hat seit dem 18. Jh. die Entstehung der historisch-kritischen sowie im 19. Jh. die religionsgeschichtliche Forschung vorbereitet. Anfangs war die hebräische Bibel (Altes Testament) als theologische Vorstufe des Neuen Testaments begriffen (z. B. B. Stade)[2], so dass sich erst allmählich ein Bewusstsein für den Eigenwert ihrer theologischen Themen entwickelt hat. Neben der

---

1 Janowski, Der eine Gott, 29; vgl. bereits Zimmerli, Zur Gestalt.
2 Vgl. Reventlow, Epochen der Bibelauslegung 4, 216; Kraus, Geschichte, 283 ff.; Smend, Beziehungen und Ders., Epochen, 11–32.

Literarkritik, die sich der literaturgeschichtlichen Entstehung der Bibel widmet, entsteht gleichzeitig ein Interesse an den genuin alttestamentlichen Formen und Themen der Bibel (J.G. Herder, „Vom Geist der Ebräischen Poesie; 1782/83). Die Historisierung der Forschung führt die Bibelwissenschaft zwar zuerst einmal von theologischen und hermeneutischen Fragen weg und vertieft den Graben zwischen Exegese und Dogmatik. Doch bewirkte die in dieser Zeit einsetzende Erschließung der altorientalischen Nachbarreligionen mit der Entdeckung ihrer archäologischen wie literarischen Quellen, dass die Frage nach der theologischen und kulturellen Bedeutung der biblischen Texte neu kontextualisiert, die Frage nach dem Exklusivitätsanspruch biblischer Literatur erneut gestellt wurde und die Bezogenheit der beiden Testamente aufeinander („Biblische Theologie") wieder in den Blick kam.[3] Lässt sich das Zentrum des Neuen Testaments in der Figur Jesus Christus gut bestimmen, ist die Mitte des Alten Testaments komplizierter zu definieren. Aus der ersten Hälfte des 20. Jh. sind insbesondere zwei wirkungsgeschichtlich wichtige Konzepte zur Mitte des Alten Testaments beispielhaft zu erwähnen (W. Eichrodt, 1933; L. Köhler, 1936), bevor mit dem Entwurf W. Zimmerlis ein Entwurf vorgestellt wird, der noch heute einen gangbaren Ansatz bietet.[4]

Die „Mitte" des Alten Testaments

Während L. Köhler seinen Entwurf einer Theologie des Alten Testaments an den Topoi der evangelischen systematischen Theologie ausrichtet, versucht W. Eichrodt die diversen alttestamentlichen Texte durch das eine Reihe von Büchern bestimmende Bundesmotiv theologisch zu strukturieren. Somit setzt die Beschäftigung mit der Theologie des Alten Testaments die Frage nach der inhaltlichen Mitte seiner Texte voraus. Während im Neuen Testament Jesus Christus im Mittelpunkt steht[5], erweist sich die Konzentration im Alten Testament auf ein Hauptthema oder eine Figur als Sinn- oder Sachmitte als weitaus schwieriger.[6] Denn die verschiedenen Bücher sind zu viel-

Bundesmotiv

---

3   Vgl. Janowski/Welker, Biblische Theologie.
4   Ein knapper Überblick über vierzig gängige „Theologien" des Buchmarkts findet sich bei Oeming, Ermitteln und Vermitteln, 18–38; vgl. auch Jeremias, Neuere Entwürfe, 15–46.
5   Vgl. dazu Dalferth, Mitte, 186: „Jesus Christus ist der Orientierungs- und Zielpunkt evangelischer Schriftauslegung, weil er auch der Orientierungs- und Zielpunkt christlicher Selbst-, Welt und Gottesauslegung ist." Und darin wird die Frage nach der Mitte der Schrift als AT und NT zur Frage nach dem rechten Verständnis des Wortes Gottes aus der Schrift. Sie gilt nicht der „Sinnmitte" einer Textsammlung, sondern der Sach- und Wirkmitte eines Geschehens."
6   Vgl. Westermann, Theologie, 5f., der anstelle einer Mitte die „Geschehensstruktur", die „das Ganze des Redens von Gott bestimmenden Linien" (das ankündigende Wort, das weisende Wort, das kultische Wort) und „die Antwort der diese Geschichte Erfahrenden" als gemeinsame Grundstruktur voraussetzt.

gestaltig, um auf ein einziges Konzept oder Motiv hin definiert zu werden. Pentateuch/Tora, Prophetische Bücher und Schriften sind formal wie inhaltlich wenig vergleichbar und verhindern es geradezu, einen Einzelaspekt als zentrales alttestamentliches Thema zu bestimmen.

Deshalb schaut in der Mitte des 20. Jahrhunderts der Heidelberger Alttestamentler G. von Rad kritisch auf die Vorschläge zurück, die Mitte des Alten Testaments z. B. im Bundesmotiv zu sehen. Er betont (Theologie II, 386), dass zahlreiche Texte in ein solches Schema nicht hineinpassen (Hohelied, Ester, Hiob u. a.). Schließlich zieht er es vor, seine Theologie des Alten Testaments als eine Geschichte der alttestamentlichen Literatur zu konzipieren und auf theologische Systematisierung weitgehend zu verzichten: „Die legitimste Form theologischen Redens vom Alten Testament ist die Nacherzählung" (Theologie I, 134 f.). Allerdings setzt er zugleich einen thematisch-theologisch fundierten Zugang voraus, wenn er feststellt, „daß der Glaube Israels grundsätzlich geschichtstheologisch fundiert ist" und die alttestamentlichen Literaturwerke sich darauf beschränken, „das Verhältnis Jahwes zu Israel und zur Welt eigentlich nur in einer Hinsicht darzustellen, nämlich als ein fortgesetztes göttliches Wirken in der Geschichte" (Theologie I, 118). Dass die Identität Israels sich anhand geschichtlicher Wandlungen und Umbrüche konstruieren lässt, ist zwar richtig, lässt aber zugleich weite Teile des dritten Kanonteils *(Ketubim)* wie die theologisch bedeutsamen Weisheitsschriften Sprüche, Hiob und Kohelet außer Betracht. Ihnen hat von Rad dreiundzwanzig Jahre später eine eigene Untersuchung gewidmet.

Seinem Kollegen W. Zimmerli war dieses Vorgehen theologisch zu unbestimmt. Deshalb schlägt er vor, das Alte Testament als eine „Offenbarungsgeschichte JHWHs" zu beschreiben, die in besonderer Weise in der Selbstvorstellung JHWHs zum Ausdruck kommt und deren Mitte in der inneren, von Israel geglaubten Kontinuität mit seinem Gott JHWH besteht, die über Themen wie Schöpfung, Exodus, Bund, Gericht immer wieder anders artikuliert wird. Es geht ihm also nicht um die Bestimmung eines zentralen theologischen Themas oder Buchs, sondern um die Fixierung eines perspektivischen Fluchtpunkts hinter den Texten.[7] Er betont außerdem, „dass es bei dieser ‚Mitte' nicht um ein statisch zu erfassendes ‚Gottesbild' geht", in das die Menschen Gott bannen wollen, sondern um ihr anhaltendes Ringen (Grundriß, 11). Charakteristisch ist für seinen Entwurf die Rede vom „Glauben an die Selbigkeit Gottes" in den alttestamentlichen Schriften, wobei „Selbigkeit" nicht bedeutet, dass das Gottes-

Gerhard von Rad

Nacherzählung

Walther Zimmerli

Offenbarungsgeschichte JHWHs als perspektivischer Fluchtpunkt

---

7 Vgl. Schwienhorst-Schönberger, Einheit und Vielheit, 57 f. und Janowski, Der eine Gott, 27–29.

bild keinen Wandlungen unterliegt.⁸ Zwar lassen sich charakteristische Grundzüge in der JHWH-Vorstellung ausmachen (z. B. Schöpfergott). Doch gibt es zugleich auch dynamische Momente (z. B. Gerichtsgott; Retter), eschatologische Züge oder die Tendenz einer zunehmenden Universalisierung des Gottesbildes (s. u. „Monotheismus"). Zu dem Verhältnis von Kontinuität und Wandel tritt zudem die Frage nach den Eigenarten des JHWH-Glaubens, seiner inhaltlichen oder auch literarischen Mitte sowie die nach dem Erbe des Alten Testaments im Neuen. Andere schlugen vor, als literarische Mitte – die unterschieden ist von der Suche nach einer theologischen „Sinnmitte" wie z. B. Bund oder Heilsgeschichte – die Tora als Gründungsurkunde des Judentums oder auch das Buch Deuteronomium zu bestimmen.⁹

Rudolf Smend

JHWHs Bund mit Israel

Die Konzentration auf JHWH als „Fluchtpunkt" oder „Mitte" des Alten Testaments führte zu der Kritik, dass der Bezugsrahmen Gott-Mensch nicht fehlen dürfe. Deshalb hat R. Smend ein stark an deuteronomistischer Sprache und Theologie orientiertes Konzept entworfen:

> „So sehr das in der ‚Selbstvorstellungsformel' ‚Ich bin Jahwe (dein Gott)' grundlegend Gesagte die ‚bestimmende Kraft für die Gemeinschaft des Alten Testaments' bildet [Zimmerli] – es verlangt mit der Notwendigkeit, die dieses Gottes Gabe und Gebot mit sich bringt, die in dem Satz ‚Ich will euer Gott sein und ihr sollt mein Volk sein' ausgesprochene Fortsetzung. Ist Jahwe der erste Gegenstand des alttestamentlichen Zeugnisses, so ist Israel der zweite, keiner von beiden ist es ohne den anderen."¹⁰

Selbstvorstellungsformel s. u. 2.1

Bundesformel s. u. 2.5.1.2

Smend stellt deshalb anstelle der Selbstvorstellungsformel bei Zimmerli erneut die Bundesformel ins theologische Zentrum. „Gegenstand der Theologie des Alten Testaments wäre danach: Jahwe der Gott Israels in seiner Offenbarung, seinen Handlungen und Setzungen; Israel wie es das Volk Jahwes ist in der Anrufung seines Gottes und im Leben nach seinem Gebot; die große Störung, durch die die beiden Israels auseinandergetreten und Israel gegen Jahwe steht und Jahwe gegen Israel – Sünde und Gericht also, angesagt durch die Propheten; die Versuche, das Scheitern des Verhältnisses zwischen Gott und Volk zu überwinden: Restauration, kultische Konzentration, die theologischen

---

8 Vgl. Hartenstein, JHWHs Wesen im Wandel, 12 ff. Leuenberger, Gott in Bewegung, 3 f. und Janowski, Der eine Gott, 29, der im Rekurs auf I. Dalferth die Sach- und Wirkmitte eines Geschehens voraussetzt, das mit JHWHs Gegenwart in Israel zu tun hat.
9 Vgl. Schmidt, Frage, 171 mit Hinweis auf Kaiser, Theologie I, 329 ff. (Tora als Mitte) bzw. Herrmann, Die konstruktive Restauration (Deuteronomium als Mitte); kritisch Perlitt, Bundestheologie, 1–6.
10 Smend, Die Mitte des AT, 75.

Entwürfe der Exilszeit, die um der Gegenwart willen in die Vergangenheit blicken" (80). Sein Fazit lautet: Wir können auch als Christen über diesen Partikularismus „Israel als erwähltes, besonders hervorgehobenes Volk" nicht einfach hinweggehen, indem wir die Inhalte universalisieren. Denn „in der Mitte des Alten Testaments steht nicht der jüdische Weltgott, der die partikularen Bindungen abstreifen kann, sondern dieser eine Gott mit dem fremdartigen Namen und sein ihm gehorsames und nicht gehorsames Volk" (83). Neuerdings wird wieder auf die vorrangige theologische Bedeutung des Bundesmotivs wenigstens für den Pentateuch hingewiesen. Mit Rekurs auf J. Assmann stellt z. B. M. Konkel fest:

> „Die Beziehung zwischen Gott und Mensch ist nicht einfach eine ‚natürliche', durch die Schöpfung gegebene, sondern das Resultat einer Entscheidung – sowohl des Menschen, der sich für oder gegen Gott entscheidet, aber auch einer Entscheidung Gottes, der sich in verlässlicher Weise an den Menschen bindet."[11]

Problematisch bleibt an diesem Vorschlag die Zentriertheit auf die deuteronomistische Theologie, die nur in einer begrenzten Anzahl der biblischen Bücher begegnet, wodurch zahlreiche Aspekte, wie z. B. Schöpfungsglaube, Zionstraditionen oder weisheitliches Denken, ausgespart bleiben. Auch lassen sich im Alten Testament durchaus Tendenzen einer Universalisierung des Gottesbildes finden (z. B. Gen 37–50; Hiob; Rut).

Die Bestimmung einer theologischen wie literarischen Mitte der hebräischen Bibel steht im Gegensatz zu jüdischen Auslegungstraditionen, in denen

Jüdische Reaktionen

> „[n]icht das System, sondern der Kommentar [...] die legitime Form [ist], unter der die Wahrheit entwickelt werden kann. [...] Die Wahrheit muß an einem Text entfaltet werden, in dem sie vorgegeben ist. [...] Ein Blick auf eine Seite des babylonischen Talmud vermittelt [...] den wahren Charakter ihres Lehrgesprächs über die Jahrhunderte weg: eine Zeile Text in der Mitte der großen Folienseite, die rechts und links von Kommentaren aus allen Zeiten überrandet ist. Der Möglichkeiten, die Tora zu interpretieren, waren viele, und der Anspruch der Tradition war es, alle auszuschöpfen."[12]

Unterschiedliches Theologieverständnis

---

11 Konkel, Vergebung, 60.
12 Scholem, Offenbarung, 101 f.; vgl. zur Debatte Levenson, Warum Juden; einvernehmlicher Kalimi, Religionsgeschichte Israels; vgl. A. Martini/S. Talabardon, Art. Jüdische Bibelauslegung, www.wibilex.de.

Abb. 1: Miqraot Gedolot[13]

B. Levinson hat herausgestellt, dass die Liebe zum Widerspruch in den Traditionen bereits ein innerbiblisches Phänomen ist: „Der Bruch mit der Tradition drückt sich in der Sprache der Tradition aus". Es geht also nicht darum, innere Kohärenz und Eindeutigkeit zu schaf-

---

13 Zu Abb. 1 vgl. H. Liss, Art. Rabbinerbibel, www.wibilex.de, Abb. 1; vgl. Grohmann, Rezeption, 18 f.

fen, sondern die Vielstimmigkeit der Traditionen zu bewahren, die auch mit der Kanonisierung nicht etwa zum Abschluss kam, sondern „Tora grundlegend [...] umformt durch die Interpretation der Tora" und sie so für die Gegenwart anwendbar macht.

> „In der göttlichen Erzählstimme des biblischen Rechts und der biblischen Prophetie zeigt sich in Wahrheit die menschliche Erzählstimme mit ihrer Kraft zum Wandel: Die Stimme von Autoren, Denkern und Schriftstellern, die sich leidenschaftlich mit der Tradition auseinandersetzen."[14]

Das Interesse rabbinischer Theologie („mündliche Tora") zielt im Rückverweis auf die „schriftliche Tora" der hebräischen Bibel auf Themen wie die Gottesfrage, Theodizee, Gottesfurcht, Erwählung und Bund, Gottes Offenbarung an Israel und die Propheten, Israel und sein Land, der Tempel, seine Opfer und Rituale, Festkalender, Reinheitsvorschriften, Beschneidung, Judentum und fremde Völker, Exodus und Exil, Eschatologie und Messias.[15] Insbesondere die Fest- und Speiseverordnungen sind in der hebräischen Bibel nur kurz behandelt und erhalten erst in den rabbinischen Schriften zahlreiche Halachot. Deutlich wird anhand der Themenliste, dass jüdische und christliche Auslegung mitunter sehr unterschiedliche Aspekte in den Blick nehmen.

Der jüdische Vorbehalt hat R. Rendtorff veranlasst, das von Rad'sche „literaturgeschichtliche" Modell als Vorstufe einer „kanonischen Theologie" anzusehen, die den Verzicht auf zentrale theologisch-systematisierende Begriffe voraussetzt und stattdessen die Nacherzählung in der (hebräischen) Buchreihenfolge bevorzugt (Bd. 1), an die sich dann eine Darstellung der zentralen Themenkomplexe (wie z. B. Schöpfung,; Bund – Erwählung; Land etc.) sowie hermeneutische Überlegungen zur *zweifachen* Nachgeschichte der hebräischen Bibel in Juden- und Christentum anschließen (Bd. 2). Innerhalb der drei Kanonteile gebührt der Tora/dem Pentateuch ein besonderer Rang, auf den sich die beiden anderen Teile (Prophetische Bücher und Weisheitsschriften) rückbeziehen. Zugleich verkörpern diese Teile für ihn drei verschiedene Weisen von und mit Gott zu reden: „Im ersten Kanonteil *handelt* Gott, im zweiten Kanonteil *spricht* Gott, im dritten Kanonteil *sprechen die Menschen* zu Gott und von Gott" (6; Hervorhebung im Original). Wichtiges Anliegen ist die Vergegenwärtigung dessen, dass die hebräische Bibel den Christen nicht „gehört", sondern mit

<small>Rolf Rendtorff</small>

<small>Zweifache Nachgeschichte</small>

---
14 Der kreative Kanon, 101.103.
15 Vgl. Kalimi, Models, 128 f.

der – in vielerlei Hinsicht unterschiedlich verlaufenden – jüdischen Auslegungsgeschichte zu teilen ist. Sie hat Anspruch auf respektvolle Wahrnehmung, und der Dialog mit der jüdischen Auslegungstradition ist zu suchen und für die christliche Auslegung fruchtbar zu machen.

W.H. Schmidt

Die vielleicht meistrezipierte theologische Darstellung der letzten Jahrzehnte ist W.H. Schmidts Buch „Alttestamentlicher Glaube in seiner Geschichte" ([11]2011), das die Entwicklung des alttestamentlichen Gottesverständnisses in seinen sachlichen und geschichtlichen Zusammenhängen von der nomadischen Vorzeit bis in die Königszeit nachzeichnet. Der Aufriss ist sowohl an der erzählten Buchreihenfolge orientiert (Tora – Nebi'îm – Ketubîm), als auch und vor allem am literarischen Aufkommen und Alter der jeweiligen Bekenntnisse und Überlieferungen. Im Dialog mit religionsgeschichtlichen Beobachtungen geht es sowohl um die theologischen Einsichten des Alten Testaments (§ 1) als auch um die Verbindungslinien zum Neuen Testament (§ 20 „Biblische Theologie"). Bezüglich der Frage nach der Mitte des Alten Testaments gibt Schmidt angesichts der Beobachtung, dass die meisten vorgelegten Theologien auf das Gottesverständnis abzielen, Folgendes zu bedenken:

Historische Vielfalt des Gottesverständnisses

> „Ein ‚Begriff' vermag nicht das Ganze zu erfassen. Entweder verdeckt die systematische Darstellung die historische Vielfalt, oder der systematische Ansatz wird bei der Besprechung der Einzelphänomene in den wechselnden Bereichen recht bald verlassen. Die alttestamentlichen Aussagen lassen sich auf Grund ihrer Verschiedenartigkeit und Geschichts- wie Situationsbezogenheit nicht oder nur höchst behutsam systematisieren." (18)

Jörg Jeremias

Auch der zuletzt erschienene Entwurf einer Theologie des Alten Testaments (2015) möchte weder eine systematische Gliederung implantieren, die nicht der alttestamentlichen Literatur im Kontext des altorientalischen Erbes entnommen ist, noch sich mit einer Nacherzählung der verschiedenen Überlieferungsblöcke zufrieden geben. Er knüpft an *Denkformen des Glaubens* Israels an, wie sie Paul Ricœur (s. u.) und Isaak Leo Seligmann unabhängig voneinander beschrieben haben, die sich als erzählende, prophetische, Rechts-, hymnische und weisheitliche Texte definieren lassen. Anhand dieser Denkformen wird eine Art „impliziter Theologisierung" sichtbar, deren verschiedene Strömungen nicht nur zu beschreiben, sondern auch zueinander in Beziehung zu setzen sind. Ein äußerliches Bezugssystem stellt der kanonische Rahmen dar, aber auch die zahlreichen innerbiblischen Rückverweise, wie sie sich in den (nach-)exilischen Werken zuhauf finden, tragen zur Theologiebildung bei, da sie die älteren Traditio-

Denkformen des Glaubens und implizite Theologiebildung

nen anhand der genannten Denkformen ausgedeutet bzw. rekontextualisiert haben (5 ff.).[16]

Im Rückblick auf die virulente Debatte um eine Mitte des Alten Testaments ist einerseits der Rezeptionsrahmen zu berücksichtigen, in dem vor allem die protestantische, den Traditionsbegriff mitunter reduzierende Theologie steht.[17] Andererseits fordert die funktionale Bestimmung der Bibel (Predigt, Katechese, Bibeldidaktik und Religionspädagogik; s. u. Anhang) eine Auseinandersetzung, die über eine rein literargeschichtliche Darstellung hinausgeht und die Überlieferungen bibelhermeneutisch reflektiert. Insofern ist es hilfreich, für die Formulierung einer Mitte „nicht die begriffl. fixierbare Mitte einer pluriformen *Textsammlung* (AT), sondern die Sachmitte eines *Geschehens* (JHWH-Israel-Verhältnis)"[18] hervorzuheben, und dieses in seiner Bedeutung für die jeweilige Gemeinschaft zu analysieren.

Bezugsrahmen der „Heiligen Schrift" s. u. 3.6

Wichtig ist zugleich, den antiken Texten keine modern gewachsene „systematische" Theologiebildung aufzustülpen, sondern darauf bedacht zu sein, aus der historisch-kritischen Lektüre heraus in Kombination mit hermeneutischen und rezeptionsgeschichtlichen Überlegungen zu einem theologischen Verständnis zu kommen, das zwischen dem historischen und gegenwärtigen Wahrheitsgehalt unter Berücksichtigung der untereinander divergierenden Glaubensgemeinschaften zu vermitteln sucht.

Literatur

Die einschlägigen Werke der Theologie des Alten Testaments

Brueggemann, Walter: Theology of the Old Testament: Testimony, Dispute, Advocacy, Minneapolis 1997.2012.
Childs, Brevard S.: Die Theologie der einen Bibel. Bd. 1 Grundstrukturen; Bd. 2: Hauptthemen, Freiburg/Basel/Wien 2003.
Eichrodt, Walter: Theologie des Alten Testaments, 3 Bde, Leipzig 1935.
Feldmeier, Reinhard/Spieckermann, Hermann: Der Gott der Lebendigen. Eine biblische Gotteslehre, Tübingen 2011.
Gerstenberger, Erhard S.: Theologien im Alten Testament. Pluralität und Synkretismus alttestamentlichen Gottesglaubens, Stuttgart 2001.
Jeremias, Jörg: Theologie des Alten Testaments, Göttingen 2015 (GAT 6).

---

16 Vgl. Ders., Hauptprobleme, 59 f.; s. auch Hartenstein, JHWHs Wesen, 6 f.
17 Stellvertretend für einen Neuansatz im Denken seien genannt Leonhardt/Rösel, Reformatorisches Schriftprinzip und gegenwärtige Bibelauslegung; Lauster, Schriftauslegung; Nüssel, Schriftauslegung.
18 Janowski, Biblische Theologie, 1547; vgl. Ders., Der eine Gott, 29.

Kaiser, Otto: Der Gott des Alten Testament. Theologie des Alten Testaments I, Göttingen 1993 (utb 1747).
Köhler, Ludwig: Theologie des Alten Testaments, Tübingen ³1953.
Preuß, Horst-Dietrich: Theologie des Alten Testaments, Bd. 1–2, Stuttgart/Berlin/Köln 1991.
Rendtorff, Rudolf: Theologie des Alten Testaments. Ein kanonischer Entwurf, Bd. 1: Kanonische Grundlegung, Neukirchen-Vluyn 1999.
–: Theologie des Alten Testaments. Ein kanonischer Entwurf, Bd. 2: Thematische Entfaltung, Neukirchen-Vluyn 2001.
Sanders, James A.: Torah and Canon, Philadelphia 1972.
Schmidt, Werner H.: Alttestamentlicher Glaube in seiner Geschichte, Göttingen ¹¹2011.
Smend, Rudolf: Die Mitte des AT, in: Ders., Die Mitte des Alten Testaments. Gesammelte Studien, Bd. 1, München 1986, 40–84.
von Rad, Gerhard: Theologie des Alten Testaments, Bd. 1: Die Theologie der geschichtlichen Überlieferungen Israels, München ⁴1982.
–: Theologie des Alten Testaments, Bd. 2: Die Theologie der prophetischen Überlieferungen Israels, München ⁸1984.
–: Weisheit in Israel, Neukirchen ³1985.
Westermann, Claus: Theologie des Alten Testaments in Grundzügen, Göttingen 1978.2011 (GAT 6).
Zimmerli, Walther: Grundriß der alttestamentlichen Theologie, Stuttgart (1972) ⁴1982 (ThW 3).

Weitere Literatur

Dalferth, Ingolf: Die Mitte ist außen. Anmerkungen zum Wirklichkeitsbezug evangelischer Schriftauslegung, in: C. Landmesser u. a. (Hg.), Jesus Christus als Mitte der Schrift. Studien zur Hermeneutik des Evangeliums (FS O. Hofius), Tübingen 1997 (BZNW 86), 173–198.
Frankemölle, Hubert: Art. Mitte, in: Angelika Berlejung/Christian Frevel (Hg.), Handbuch theologischer Grundbegriffe zum Alten und Neuen Testament, Darmstadt ⁵2015, 339–340.
Grohmann, Marianne: Rezeption und Übersetzung. Jüdische und christliche Transformationen der Hebräischen Bibel, in: Dies./U. Ragacs (Hg.), Religion übersetzen. Übersetzung und Textrezeption als Transformationsphänomene von Religion, Göttingen 2012, 13–30.
Hartenstein, Friedhelm: JHWHs Wesen im Wandel. Vorüberlegungen zu einer Theologie des Alten Testaments, in: ThLZ 137 (2012), 4–20.
Herrmann, Siegfried: Die konstruktive Restauration. Das Deuteronomium als Mitte biblischer Theologie (1971), in: Ders. Gesammelte Studien zur Geschichte und Theologie des Alten Testaments, München 1986, 163–178 (TB 75).
Janowski, Bernd: Der eine Gott der beiden Testamente, in: ZThK 95 (1998), 1–36.

Janowski, Bernd/Welker, Michael: Art. Biblische Theologie I. Exegetisch; II. Fundamentaltheologisch, in: RGG⁴ 1 (1998), 1544–1553.
Jeremias, Jörg: Hauptprobleme einer Theologie des Alten Testaments, in: Ders., Studien zur Theologie des Alten Testaments, Tübingen 2013 (FAT 99), 47–64.
–: Neuere Entwürfe zu einer ‚Theologie des Alten Testaments', in: Ders., Studien zur Theologie des Alten Testaments, Tübingen 2013 (FAT 99), 15–46.
Kalimi, Isaac: Religionsgeschichte Israels oder Theologie des Alten Testament? Das jüdische Interesse an der Biblischen Theologie, in: JBTh 10 (1995), 45–68.
–: Models for Jewish Bible Theologies. Tasks and Challenges, in: HBTh 39 (2017), 107–133.
Konkel, Michael: Vergebung ohne Umkehr. Die Bundestheologie als theologische Mitte des Pentateuch, in: B. Biberger/M. Gerwing/J. Schmiedl (Hg.). Bundestheologie. Gott und Mensch in Beziehung, Vallendar 2015, 59–82.
Kraus, Hans-Joachim: Geschichte der historisch-kritischen Forschung des Alten Testaments, Neukirchen-Vluyn ⁴1988.
Lauster, Jörg: Prinzip und Methode, Tübingen 2004 (HUT 46).
–: Schriftauslegung als Erfahrungserhellung, in: F. Nüssel (Hg.), Schriftauslegung, Tübingen 2014 (Themen der Theologie 8), 179–206.
Leonhardt, Rochus/Rösel, Martin: Reformatorisches Schriftprinzip und gegenwärtige Bibelauslegung. Ein interdisziplinärer Gesprächsbeitrag zur zeitgemäßen Schrifthermeneutik, in: ThZ 56 (2000), 298–324.
Leuenberger, Martin: Gott in Bewegung. Religions- und theologiegeschichtliche Beiträge zu Gottesvorstellungen im alten Israel, Tübingen 2011 (FAT 76).
Levenson, Jon D.: Warum Juden sich nicht für christliche Theologie interessieren, in: EvTh 51 (1991), 402–430.
Levinson, Bernard M.: Der kreative Kanon. Innerbiblische Schriftauslegung und religionsgeschichtlicher Wandel im Alten Israel, Tübingen 2012.
Nüssel, Friederike: Schriftauslegung als Projekt der Theologie, in: Dies. (Hg.), Schriftauslegung, Tübingen 2014 (Themen der Theologie 8), 239–254.
Oeming, Manfred: Ermitteln und Vermitteln. Grundentscheidungen bei der Konzeption einer Theologie des Alten Testaments, in: Ders., Verstehen und Glauben. Exegetische Bausteine zu einer Theologie des Alten Testaments, Berlin 2003, 9–48.
Perlitt, Lothar: Bundestheologie im Alten Testament, Neukirchen-Vluyn 1969 (WMANT 36).
Reventlow, Henning Graf: Epochen der Bibelauslegung, Bd. 4: Von der Aufklärung bis zum 20. Jahrhundert, München 2001.
Schmidt, Werner H.: Die Frage nach einer ‚Mitte' des AT, in: EvTh 68 (2008), 168–178.
Scholem, Gershom: Offenbarung und Tradition als religiöse Kategorien im Judentum, in: Ders., Über einige Grundbegriffe des Judentums, Frankfurt/M. 1970, 101–120.
Schwienhorst-Schönberger, Ludger: Einheit und Vielheit. Gibt es eine sinnvolle Suche nach der Mitte des Alten Testaments?, in: F.-L. Hossfeld (Hg.), Wieviel Systematik erlaubt die Schrift. Auf der Suche nach einer gesamtbiblischen Theologie, Freiburg 2001 (QD 185), 48–87.

Smend, Rudolf: Beziehungen zwischen alttestamentlicher und neutestamentlicher Wissenschaft, in: ZThK 92 (1995) 1–12.

–: Epochen der Bibelkritik. Gesammelte Studien, Bd. 3, München 1991 (BevTh 109), bes. 11–32.

Zimmerli, Walther: Erwägungen zur Gestalt einer alttestamentlichen Theologie, in: Ders., Studien zur alttestamentlichen Theologie und Prophetie. Gesammelte Aufsätze 2, München 1974 (ThB 51), 9–26.

1.2 Das Verhältnis von Theologie und Religionsgeschichte

Entdeckungen und Ausgrabungen antiker Stätten und Artefakte des Alten Orients und Ägyptens seit dem 19. Jahrhundert haben verdeutlicht, wie sehr das Alte Testament von dem kulturellen Großraum, in dem es entstand, abhängig ist. Für zahlreiche Themen, Motive, wie Metaphern und (form)sprachliche Anleihen (z. B. das häufig zitierte „Fürchte Dich nicht […]" in prophetischen Texten) finden sich direkte Parallelen und Analogien in den Nachbarkulturen Israels. Folgerichtig kann auch die Rekonstruktion einer Theologie des Alten Testaments diese Parallelen im Zuge eines angemessenen Verständnisses der biblischen Texte nicht außer Acht lassen. Zwar hat sich die Ende des 19. Jahrhunderts aufkommende Forschung der Religionsgeschichtlichen Schule (H. Gunkel u. a.) anfangs kaum durchsetzen können, sondern ist stattdessen – insbesondere in den exegetisch-theologischen Entwürfen – Einflüssen gewichen, die stark von der systematischen Theologie (z. B. durch die Theologie Karl Barths) geprägt waren. Doch treten in der zweiten Hälfte des 20. Jahrhunderts komparatistische Untersuchungen biblischer Texte mit altorientalischem Material neu ins Blickfeld und arbeiten heraus, wie eng die alttestamentlichen Welt-, Menschen- und Gottesbilder mit denen des Alten Orients verwandt sind.[19] Parallel zu dieser Entwicklung findet die Rede von „Theologie", die bislang für den jüdisch-christlichen Kontext reserviert war, auch auf andere alte Kulturen Anwendung, was die Relevanz religionshistorischer Fragestellungen unterstrichen hat.[20] Diese Tendenz hat aber auch dazu geführt, dass das Unterfangen, eine „Theologie des Alten Testaments" zu verfassen, kritisch diskutiert und die Ersetzung durch eine rein religionsgeschichtlich vorgehende Darstellung gefordert wird:

Beschwichtigungsformel s. u. 2.6

Alttestamentliche Theologiebildung im Kontext

---

19 Vgl. Keel, Welt der altorientalischen Bildsymbolik und Hartenstein, Altorientalische Ikonographie, 173–186.

20 So z. B. Meissner, Babylonien, Bd. 2, der das 15. Kapitel „Kosmologie und Theologie" tituliert, vgl. Assmann, Ägypten – Theologie und Frömmigkeit einer frühen Hochkultur oder auch Zgoll, Die Kunst des Betens. Form und Funktion, Theologie und Psychagogik in babylonisch- assyrischen Handerhebungsgebeten.

Sie soll (1.) konsequent historisch und ohne jegliche dogmatische Gliederungs- und Auswahlkriterien verfasst sein („emisch-etisch"); (2.) als offener Prozess mit doppeltem Ausgang dargestellt sein (Judentum und Christentum); (3.) methodisch aus der historischen Perspektive des Menschen im alten Israel konzipiert sein; (4.) in Auseinandersetzung mit sozialgeschichtlichen und politischen Prozessen und Transformationen stehen, die die Geschichte Israels geprägt haben; (5.) diskursiv die verschiedenen religiösen Aussagen und Entwürfe der biblischen und außerbiblischen Zeugnisse miteinander ins Gespräch bringen; (6.) religionsvergleichend und nicht im (apologetischen) Dienst des Partikularitätsnachweises von israelitischer Religion argumentieren.[21] Nun sind diese Kriterien zwar methodisch zwingend und richtig, dürfen aber nicht dazu führen, Theologie im Alten Testament nicht mehr zu thematisieren (zur Kritik B. Janowski; H. Spieckermann; F. Hartenstein). Denn die religionsgeschichtliche Forschung untersucht zwar die religiösen Rahmenbedingungen in Verknüpfung der jeweiligen archäologischen, epigraphischen und ikonographischen Daten und rekonstruiert die Genese des historisch nachvollziehbaren Überlieferungsbestands. Doch möchten die Studien zur alttestamentlichen Theologie über das religiöse Symbolsystem hinaus seine Bedeutung für die Gegenwart erheben. Und dazu bedarf es hermeneutisch kontrollierter Zugangsweisen.[22] Die Ausweitung des Theologiebegriffs auf andere Religionen als die jüdisch-christliche zeigt zudem an, dass Theologiebildung ein typisches Merkmal sekundärer Religionserfahrung ist, die um die Differenzierung in Wahrheit und Lüge, richtige und falsche Religion streitet („Mosaische Unterscheidung"). Nach J. Assmann ist es ein Merkmal aller sekundären Religionen, „im Widerspruch und in der produktiven Spannung zwischen einer synkretistischen Religion bzw. Praxis und einer mehr oder weniger orthodoxen Theologie bzw. Theorie" zu stehen, weshalb die ägyptische Religion zwar Theologie aber keine eigene Apologetik ausgebildet habe.[23] Daraus ergibt sich aber auch, dass Theologieschreibung und die historische Daten sammelnde, religionsgeschichtliche Darstellung nicht in Konkurrenz zu setzen sind.

Hinzukommt, dass – anders als in den Nachbardisziplinen, die den Begriff der Theologie im Kontext wissenschaftlich und historisch nachvollziehbarer Rekonstruktionen von aktuell nicht mehr gelebten Religionen begreifen – die historische Rekonstruktion der alttestamentlichen Wissenschaft auf ein angemessenes Verständnis der alten

---

21 Albertz, Religionsgeschichte I, 30–33.
22 Janowski, Theologie, 110–113.
23 Assmann, Theologie und Weisheit, 66 f., und zum Ganzen Wagner, Primäre/sekundäre Religion.

Religion für die Gegenwart zielt. Sie will die weiterhin auf diesen Traditionen fußenden religiösen Gemeinschaften kritisch begleiten und die Inhalte für die Gegenwart aktualisieren. Denn letztlich bleibt „die wahre Herausforderung der theologischen Auslegung [...] Grund und Gegenstand der Theologie: Gott selbst".[24] Weiterhin ist die Ausweitung des Theologiebegriffs auf religionsgeschichtliche Beobachtungen auch angesichts des anstehenden Trialogs der drei monotheistischen Religionen praxisrelevant. In diesem Kontext hat zuletzt K. Schmid die Unterscheidung in explizite und implizite Theologie aufgegriffen und unterstrichen, dass zwar die Rede von „Theologie" in den Texten der Hebräischen Bibel fehlt und erst im Kontext der antiken griechischen Philosophie vorkommt, dennoch aber Theologie als ein implizit vorhandenes Phänomen begegnet, das der reflektierenden Prüfung und Interpretation religiöser Phänomene dient. Und dieser Vorgang einer impliziten Theologisierung der Texte bestimmt nicht nur den Redaktionsprozess im Zuge der Zusammenführung älterer Überlieferungen und die Kanonbildung, sondern begegnet bereits bei der Abfassung von Werken wie des Deuteronomiums, der Priesterschrift, Deutero-Jesajas oder der Chronik-Bücher in Form von innerbiblische Exegese.

<small>Theologische Strömungen s. u. 2.9</small>

Besonders deutlich lässt sich der einsetzende Prozess von Theologisierung in der prophetischen und in der Rechtsliteratur rekonstruieren.[25]

Literatur

Albertz, Reiner: Religionsgeschichte Israels in alttestamentlicher Zeit, Bd. 1: Von den Anfängen bis zum Ende der Königszeit, Göttingen 1992 (GAT 8/1), bes. 18–38.

Assmann, Jan: Ägypten – Theologie und Frömmigkeit einer frühen Hochkultur, Stuttgart 1984, ²1991 (Urban-Bücherei 366).

–: Theologie und Weisheit im Alten Ägypten, München 2005.

Bauks, Michaela: Art. Religionsgeschichtliche Methode, wibilex (mit weiterer Literatur).

–: Art. Alter Orient, in: Magdalena Zimmermann/Ruben Zimmermann, Handbuch Bibeldidaktik, Tübingen ²2018, 30–37.

Gertz, Jan Christian: Grundfragen einer Theologie des Alten Testaments, in: Ders. (Hg.), Grundinformation Altes Testament, Göttingen ⁴2010 (utb 2743), 509–225.

Hartenstein, Friedhelm: JHWHs Wesen im Wandel. Vorüberlegungen zu einer Theologie des Alten Testaments, in: ThLZ 137 (2012), 4–20.

---

24 Spieckermann, Bild, 279.
25 Schmid, Theologie, 57–63; vgl. Jeremias, Theologie, 7–10; eingeführt wurde die Unterscheidung von impliziter und expliziter Theologie durch Assmann, Ägypten, 21–23.

–: Altorientalische Ikonographie und Exegese des Alten Testaments, in: Kreuzer, Siegfried u. a. (Hg.), Proseminar I. Altes Testament. Ein Arbeitsbuch, Stuttgart 2005, 173–186.

Janowski, Bernd: Theologie des Alten Testaments. Zwischenbilanz und Zukunftsperspektiven, in: Ders. (Hg.), Theologie und Exegese des Alten Testaments/der Hebräischen Bibel, Stuttgart 2005 (SBS 200), 87–124.

Janowski, Bernd/Norbert Lohfink (Hg.): Religionsgeschichte Israels oder Theologie des Alten Testaments, Jahrbuch für Biblische Theologie, Neukirchen-Vluyn 1995 (JBTH 10).

Keel, Othmar: Die Welt der altorientalischen Bildsymbolik und das Alte Testament, Einsiedeln, Köln und Neukirchen-Vluyn 1972.

–: Die Geschichte Jerusalems und die Entstehung des Monotheismus, Bd. 1 und 2, Göttingen 2007 (OLB IV,1-2).

Meissner, Bruno: Babylonien und Assyrien, Bd. 2, Heidelberg 1925.

Schmid, Konrad: Gibt es Theologie im Alten Testament? Zum Theologiebegriff in der alttestamentlichen Wissenschaft, Zürich 2013 (ThSt N.F. 7).

Schwöbel, Christoph: Erwartungen an eine Theologie des Alten Testaments, in: B. Janowski (Hg.), Theologie und Exegese des Alten Testaments/der Hebräischen Bibel, Stuttgart 2005 (SBS 200), 125–158.

Spieckermann, Hermann: Das neue Bild der Religionsgeschichte Israels – eine Herausforderung der Theologie?, in: ZThK 105 (2008), 259–280.

Wagner, Andreas: Primäre/sekundäre Religion und Bekenntnis-Religion als Thema der Religionsgeschichte, in: Ders. (Hg.), Primäre und sekundäre Religion als Kategorie der Religionsgeschichte des Alten Testaments, Berlin/New York 2006 (BZAW 364), 3–20.

Zgoll, Annette: Die Kunst des Betens. Form und Funktion, Theologie und Psychagogik in babylonisch- assyrischen Handerhebungsgebeten an Ischtar, Münster 2004 (AOAT 308).

1.3 Die Rekonstruktion alttestamentlicher Theologie(n) – literarische und materiale Zeugnisse

Ein Resultat der Debatten, inwiefern es überhaupt zuträglich ist, von *einer* „Theologie des Alten Testaments" zu sprechen, ist die Voraussetzung eines methodischen Plurals; d. h. *die* alttestamentliche Theologie gibt es *de facto* nicht, da es sich um ein Konglomerat von Glaubenserfahrungen handelt (Gerstenberger, Theologie, 9).[26] Stattdessen ist von einer Reihe theologischer Strömungen und Traditionen aus-

---

26 Ähnlich Brueggemann, Theology, XVII, der Zeugnis (testimony), Auseinandersetzung (dispute) und Interessenvertretung (advocacy) als Charakteristika theologischer Wahrheitsfindung hervorhebt, die die Texte, Methoden und Interpretationsgemeinschaften gleichermaßen prägen.

zugehen, welche sich in den biblischen Texten wiederspiegeln und Wandlungen des Gottesbildes implizieren.²⁷ Diese können zeitlich und räumlich verschieden, ja sogar widersprüchlich zueinander sein und lassen sich nach „Schulrichtungen" gliedern (z. B. die Bundeskonzepte bei P oder im DtrG). Sie lassen aber auch Kontinuitäten erkennen, welche sich durch die Jahrhunderte der Literaturgeschichte Israels ziehen (z. B. Gottkönig- und Zionstheologie im Psalter; die mehrteilige Jesajarolle). So komplex und z. T. umstritten einerseits die rekonstruierte Literargeschichte der alttestamentlichen Einzeltexte ist (s. die Entwürfe von K. Schmid und D. Carr), so offensichtlich ist doch zugleich die Kontinuität bestimmter Figuren, Motive und Konzepte über die jeweilige Einzelschrift sowie die drei einzelnen Kanonteile hinaus, die bis in die Literatur des Neue Testament und die antik-jüdische Rezeption reicht. Dennoch sind diese Traditionen nicht genuin „jüdisch", d. h. in Israel-Palästina entstanden. Zahlreiche theologische Themen verdanken sich – wenn auch z. T. umfassend modifiziert – Anleihen aus dem Alten Orient (Bund als Vasallenvertrag), die bereits in der innerbiblischen Exegese einen größeren kulturgeschichtlichen Vermittlungs- und Aneignungsprozess erfuhren. So lassen sich einschlägige theologische Aussagen wie z. B. die Gottebenbildlichkeit des Menschen ohne die altorientalische Königsideologie nicht erklären. Allerdings sind es nicht nur die literarischen Texte der Nachbarkulturen, die biblische Konzepte rekonstruieren helfen, sondern auch archäologische Materialien, Inschriften oder Bildträger, die wichtige Informationen für ein historisch angemessenes Verständnis liefern.

Seit den 70er Jahren des 20. Jh. hat insbesondere die „Freiburger Schule" (Schweiz) wichtige Grundlagenforschung zu den ikonographischen Quellen Palästinas geliefert²⁸, die die alttestamentliche Exegese in vielerlei Hinsicht verändert und prägt. Die außerbiblischen, aber dennoch aus der Region Palästinas und Nordsyriens stammenden Quellen haben theologische Grundvoraussetzungen wie z. B. den Monotheismus, das Namensverbot oder das Bilderverbot beträchtlich relativiert bzw. in eine historische Entwicklungslinie gestellt, die Veränderungsprozesse innerhalb der Religionsgeschichte Israels beispielhaft nachvollziehbar werden lassen.

---

27 Hartenstein, JHWHs Wesen im Wandel; Leuenberger, Gott in Bewegung.
28 J. Eggler/O. Keel/S. Schroer/C. Uehlinger, Art. Ikonographie, www.wibilex.de.

Literatur

Carr, David: Einführung in das Alte Testament. Biblische Texte – imperiale Kontexte, Stuttgart 2013.
Frevel, Christian: Medien im antiken Palästina? Materielle Kommunikation und Medialität als Thema der Palästinaarchäologie, Tübingen 2005 (FAT II/10).
Gunkel, Hermann: Die israelitische Literatur (1906), Darmstadt 1963.
Hartenstein, Friedhelm: Altorientalische Ikonographie und Exegese des Alten Testaments, in: S. Kreuzer u. a. (Hg.), Proseminar I. Altes Testament. Ein Arbeitsbuch, Stuttgart 2005, 173–186.
Keel, Othmar/Christoph Uehlinger: Göttinnen, Götter und Gottessymbole. Neue Erkenntnisse zur Religionsgeschichte Kanaans und Israels aufgrund bislang unerschlossener ikonographischer Quellen, Freiburg i. Br. ^{7}2012.
Keel, Othmar/Schroer, Silvia: Die Ikonographie Palästinas/Israels und der Alte Orient (IPIAO). Eine Religionsgeschichte in Bildern, Bd. 1: Vom ausgehenden Mesolithikum bis zur Frühbronzezeit, Freiburg/Schweiz 2005.
Kratz, Reinhard G.: Die biblische Tradition, in: Ders., Historisches und biblisches Israel. Drei Überblicke zum Alten Testament, Tübingen 2013, 79–179.
Levin, Christoph: Das Alte Testament, München ^{3}2006 (Beck'sche Reihe 2160).
Leuenberger, Martin: Gott in Bewegung. Religions- und theologiegeschichtliche Beiträge zu Gottesvorstellungen im Alten Israel, Tübingen 2011 (FAT 78).
Römer, Thomas: How To Write a Literary History of the Hebrew Bible? A Response to David Carr and Konrad Schmid, in: Indian Theological Studies 50 (2013), 9–20.
Schmid, Konrad: Literaturgeschichte des Alten Testaments. Eine Einführung, Darmstadt 2008.
Schniedewind, William M.: How the Bible Became a Book. The Textualization of Ancient Israel, Cambridge 2004.

1.4 Der hermeneutische Bezugsrahmen

Am Ende dieser Einleitung stehen Überlegungen, wie diese Perspektivierungen zentraler theologischer Themen in der vorliegenden Darstellung aufzunehmen sind und welchen hermeneutischen Prämissen sie folgen. P. Ricœur hat darauf hingewiesen, dass im Unterschied zu anderen literarischen Texten die Besonderheit der Bibel in der „Sache des Textes" bzw. in der „Welt des Werkes" liegt, d. h. in „der Welt, die der Text [= die Bibel] vor sich entfaltet."[29] Die zentrale Differenz zwischen „Bibel" und „Literatur" ist folglich nicht die Fiktion,

Paul Ricœur

---

[29] Ricœur, Philosophische und theologische Hermeneutik, 40; ausführlich Ders., Hermeneutik der Idee der Offenbarung, 43–61, zu den fünf charakteristischen Redeformen des Alten Testaments.

der beide unterliegen. Der Unterschied liegt im Folgenden: Während die Textwelt in der Belletristik einen in sich geschlossenen Weltentwurf schafft, der sich in dichterischer Form von der alltäglichen Wirklichkeit entfernt, entwirft die Bibel hingegen eine „Wirklichkeit des Möglichen", in der die Gottesbeziehung und die Aneignung durch den Leser eine zentrale Stellung einnimmt (41–43). Als kanonischer Text ist die Bibel „ein umgrenzter Raum für die Interpretation […], in dem die theologischen Bedeutungen in einer Wechselbeziehung zu den Formen der Rede stehen" (39). Dennoch ist der Text nicht statisch, sondern lebt von der Bewegung der Interpretation, die im Wechselspiel der Aneignung der verschiedenen Redeformen geschieht, die das „Glaubensbekenntnis" und die ihm zugrunde liegende göttliche Offenbarung in seiner von der jeweiligen Rede abhängigen Form zum Ausdruck bringen. Dabei schaffen die überlieferten Redeformen theologisch bedeutungsvolle Spannungen und Gegensätze, wie sie z. B. in der Erzählliteratur der Tora neben den Sprüchen der Prophetie, d. h. dem Gegensatz von historischem Bericht und Weissagung bestehen, oder in dem Gegensatz von Gesetzgebung und Weisheit oder Hymnus bzw. Spruch. Der theologische Gehalt jeder einzelnen Form ergibt sich aus dem Ganzen der verwendeten Redeformen, so dass die „religiöse Sprache […] dann als eine von dem Zirkel der Formen getragene polyphone Sprache erscheinen" kann (39). Es liegt somit nicht nur ein Kanon von Texten, sondern zugleich auch ein fixes Korpus von sprachlichen Umsetzungen in den jeweiligen Redeformen vor, in dem „die theologischen Bedeutungen in einer Wechselbeziehung zu den *Formen der Rede* stehen. Von nun an ist es unmöglich, die *Bedeutungen* zu interpretieren, ohne den langen Umweg einer strukturalen Erklärung der Formen zu machen" (39). Angesichts des hohen Alters der Texte tritt zu der Formanalyse die historische hinzu, die dazu beiträgt, den durch die Verschriftlichung autonom gewordenen Text in seiner ursprünglichen Textwelt zu (re)kontextualisieren. Struktur und Intention des (historischen) Textes bezeichnen den Sinn; die Welt des Textes, die sich aus dem Vorgang seiner Verschriftlichung und der Kanonisierung ergibt, bezeichnet nicht das, *was* gesagt wird, sondern *worüber* etwas gesagt wird. Und darin liegt die offenbarende Funktion des poetischen Diskurses der Bibel und ihre nachhaltige Wahrheit, die den gesamten Kanon (AT und NT) umfasst, der in Rückbindung an die jeweilige Interpretationsgemeinschaft beansprucht, Zeugnis von den Manifestationen Gottes zu geben.[30]

---

30 Ricœur, Hermeneutik der Idee der Offenbarung, 66–69. S.u. 3.6.2.

Die obenstehenden Ausführungen machen deutlich, dass die theologischen Überlegungen einerseits mit literargeschichtlichen bzw. literaturwissenschaftlichen Überlegungen („Einleitungswissen") und andererseits mit historischen, d. h. an politischen, sozial- und religionsgeschichtlichen Fragen orientierten Erkenntnissen zu konfrontieren sind. Folgende Graphik soll das nötige Zusammenspiel der Methoden verdeutlichen:

Tab. 1: Zusammenspiel der methodischen Zugänge

1. Geschichte Israels	2. Einleitung in die Literatur	3. Theologie
Wie präsentiert sich die Geschichte Israels im AT: - politische Geschichte - Sozialgeschichte - Religionsgeschichte	Synchrone, diachrone Analyse: - Einzeltextanalyse - Literarische Kontextanalyse - Systematisierung biblischer Themen und Motive - Systematisierung biblischer Formen und Gattungen	Theologische Analyse: - theologischer Text - theologischer Kontext - Wie ist eine Gattung/ein Thema in den verschiedenen Kontexten verwendet und theologisch pointiert?
Wie präsentiert sie sich in außerbiblischen Quellen Palästinas: - in Inschriften (Epigraphik) - in materialer Hinsicht (Archäologie) - in Bildern (Ikonographie)	Chronologie der biblischen Literatur: - Aus welcher Zeit stammt ein biblisches Buch? - Wann ist die Vielzahl der Bücher zusammengestellt worden („Prozess der Kanonisierung")?	- Systematisierung verschiedener Theologien/Strömungen, die sich aus den formalen und thematischen Parallelen ergeben. - Katalog der Themen und ihre Entwicklungsgeschichte - Zusammenhang AT–NT im Sinne einer biblischen Theologie
Archäologischer Vergleich mit anderen Kulturen (s. o.)	Vergleich mit altorientalischer Literatur (s. o.)	Parallele Themen, Motive und Formen außerhalb der Bibel

Die Nebeneinanderstellung der drei Zugänge verdeutlicht, dass die in der dritten Spalte aufgeführten Zielsetzungen theologischen Arbeitens ohne den Rückgriff auf historische und literarische Überlegungen nicht zu erreichen sind. Einerseits ist die Bibel kein Buch aus einem

Guss, d. h. kein Text, den man wie den abgeschlossenen Entwurf einer (fiktiven) Textwelt (z. B. eines Romans) interpretieren könnte, andererseits stellt sie auch kein stringentes theologisches System dar. Vielmehr handelt es sich um eine gewachsene Bibliothek *("biblia")* z. T. historisch divergierender Traditionen, die sich zudem aus einem jüdischen und einem christlichen Teil zusammensetzt.

Zum einen sind die alttestamentlichen Einzelerzählungen bzw. -texte und die Buch- bzw. literarischen *Kon*texte (Tora; Propheten; Schriften) synchron, das heißt in der vorliegenden Gestalt zu untersuchen. Welche literarischen Formen und Gattungen finden sich in welchem Kontext? Welche Themen und Motive? Dass neben dem Exodusbuch auch Prophetenbücher und Psalmen den Exodus thematisieren, oder dass Psalmen sich nicht nur im Psalter, sondern auch in der Erzählliteratur und in prophetischen Texten finden (z. B. Ex 15 oder Jon 2), sind gleichfalls Beobachtungen, die auf synchroner Ebene die Frage nach der jeweiligen theologischen Funktion aufwerfen.

Zum anderen sind diachrone Überlegungen wichtig. Sie konzentrieren sich auf die Wachstumsgeschichte einer Einzelerzählung oder eines ganzen Buches. So sind das Buch Genesis oder Exodus nicht einem einzigen Autor zuzuschreiben. Erzählungen wie der dreifache Bericht von der entführten Ahnfrau (Gen 12; 20; 26) oder die zweifach berichtete Mose-Berufung (Ex 3; 6) rekurrieren auf ein und dasselbe Ereignis in verschiedenen (theologisch motivierten) Varianten. Bearbeiter und Redaktoren, die die Überlieferungen zusammengeführt haben, suchen nicht die Vereinheitlichung und Vereinfachung. Sie verzichten vielmehr bewusst auf Eindeutigkeit zugunsten der Weitergabe einer Mehrzahl von Überlieferungen, die Eingang in den Kanon fanden. Die Überlieferungen göttlicher Offenbarung unterliegen einer gemeinsamen Perspektivierung, die wir mit W. Zimmerli in die Fluchtlinie der „Selbigkeit JHWHs" stellen. Diese Linie ist in sehr unterschiedlichen Traditionen, Text- und Bildwelten ausgestaltet und in diachroner Hinsicht in verschiedene religiöse Strömungen und Schulen zu unterteilen.

Theologische Strömungen s. u. 2.9

Anders als die Theologengenerationen der hellenistisch-römischen Zeit, die explizite theologische Reflexionen in Form von Kommentarliteratur produzierten (z. B. die Pescharim unter den Texten vom Toten Meer/Qumran), findet theologische Reflexion in der hebräischen Bibel in Form innerbiblischer Fortschreibungen – und somit implizit – statt. Folglich sind (theologisch) kommentierende Passagen in die vorgegebene Überlieferung mitunter fast nahtlos integriert. Deutlicher wahrnehmbar sind Neuansätze im Fall der Priesterschrift, des Deuteronomiums, Deuterojesajas (Jes 40 ff.) oder der Chronikbücher, sofern die theologischen Werke mit Buch(rollen)anfängen übereinstimmen oder aber – wie in Jes 40 ff. – einen solchen inmitten einer Schriftrolle deutlich markieren. Entgegen der sonst üblichen Einschätzung der biblischen Überlieferung als Sekundärquelle, von der sich die archäologischen, epigraphischen und ikonographischen Zeugnisse qualitativ unterscheiden, sind auch Bibeltexte gleichermaßen zu den Primärtexten zu zählen. Sie sind zwar in ihrer Fortschreibungsgeschichte wegen fehlender materieller Zeugnisse (Manuskripte) nicht exakt rekonstruierbar, geben aber durchaus Einblick in den Prozess durch Nahtstellen der verschiedenen Bearbeitungsstufen.[31] Aus der literarischen Genese resultiert, dass es bereits im Alten Testament Theologie bzw. theologische Reflexion gibt, deren Initialphase in der Überarbeitung der Traditionen des Nordreichs nach dessen Zusammenbruch zu Beginn des 8. Jh. zu vermuten ist, um schließlich in der nachexilischen Zeit seit dem 6. Jh. weitere Explikationsgrade zu erfahren (s. die theologisierenden Fortschreibungen in Deutero-Jesaja).

Literatur

Janowski, Bernd: Theologie des Alten Testaments. Zwischenbilanz und Zukunftsperspektiven, in: Ders. (Hg.), Theologie und Exegese des Alten Testaments/der Hebräischen Bibel, Stuttgart 2005 (SBS 200), 87–124, bes. 118 ff.
–: Der eine Gott der beiden Testamente. Grundfragen einer biblischen Theologie, in: ZThK 95 (1998), 1–36.
Klein, Johannes: Gottes Offenbarung, in: Walter Dietrich (Hg.), Die Welt der Hebräischen Bibel. Umwelt – Inhalte – Grundthemen, Stuttgart 2017, 399–412.
Levinson, Bernard M.: Der kreative Kanon. Innerbiblische Schriftauslegung und religionsgeschichtlicher Wandel im alten Israel, Tübingen 2012.
Ricœur, Paul: Philosophische und theologische Hermeneutik, in: Ders./Eberhard Jüngel, Metapher. Zur Hermeneutik religiöser Sprache, München 1974 (EvTh. Sonderheft), 24–45.
–: Hermeneutik der Idee der Offenbarung, in: Ders., An den Grenzen der Hermeneutik. Philosophische Reflexionen über die Religion, München 2008, 41–83.
Schmid, Konrad: Gibt es Theologie im Alten Testament? Zum Theologiebegriff in der alttestamentlichen Wissenschaft, Zürich 2013 (ThSt 7).
–: Schriftgelehrte Traditionsliteratur. Fallstudien zur innerbiblischen Schriftauslegung, Tübingen 2011 (FAT 77).

Die vorliegende Darstellung der zentralen theologischen Themen des Alten Testaments orientiert sich an der erstmals von W. Zimmerlis angeregten Beschreibung der hebräischen Bibel als Offenbarungsgeschichte JHWHs, deren „Mitte" in der Kontinuität Israels mit Gott,

---

31 Vgl. Schmid, Theologie, 57 f.; Janowski, Theologie, 103 f.

der Selbigkeit JHWHs, besteht. Die acht Unterkapitel von Teil 2 präsentieren die zentralen Narrative der Begegnung mit JHWH orientiert an den fünf großen Redeformen Erzählung und Recht im Pentateuch, Prophetie, Kult und Weisheit:
1. Der Gott Israels offenbart sich in seinen Namen
2. JHWH offenbart sich in der Befreiung aus Ägypten
3. JHWH offenbart sich in den Verheißungen an die Erzeltern
4. JHWH offenbart sich als Schöpfer und König der Welt
5. JHWH offenbart sich als Gott am Sinai/Horeb: Bund und Gesetz
6. JHWH offenbart sich in Gericht und Heil: die prophetische Literatur
7. Israels Klage und Lob im Psalter: Spiegelungen der Gottesoffenbarungen
8. Traditionelle Weisheit und weisheitliche Skepsis: Kosmotheologie als Gottesoffenbarung.

An die Darstellung dieser unterschiedlichen Offenbarungsweisen JHWHs schließt sich in einem neunten Kapitel ein Überblick über die theologischen Strömungen an, der die literarischen und theologischen Themen und ihre jeweiligen Redeformen in ihrer literarischen Genese rekonstruiert und die innerbiblische Traditions- und Auslegungsgeschichte nachvollzieht.

Teil 3 greift sich einige theologische Einzelthemen heraus, die im Zuge der gegenwärtig exegetisch und religionsgeschichtlich wie auch bibelhermeneutisch geführten Diskussionen von großer Bedeutung sind:
1. Monotheismus
2. Bilderverbot
3. Bedeutung und Verwendung des Gottesnamens
4. Königtum und Eschatologie
5. Israels Geschick
6. Der Bezugsrahmen der „Heiligen Schrift"

Der abschließende Anhang gibt einen Überblick über die Aufnahme der jeweiligen Themen in den Predigt- und Perikopenreihen bzw. in den geläufigen Schulcurricula unter besonderer Berücksichtigung des jeweiligen thematischen Kontexts.

Die zitierten Bibelstellen sind, sofern nicht anders angegeben, der Neuen Zürcher Bibel entnommen. Auf die oben genannten Theologien wird im gesamten Buch mit einem Kurztitel, gefolgt von der Seitenzahl, verwiesen (s. Literaturverzeichnis S. xy). Darüber hinausführende Literatur ist in den Literaturverzeichnissen im Anschluss an die Teilkapitel genannt. Da ein Lehrbuch wenig Raum für Forschungsdiskussion lässt, finden sich in den thematischen Literaturverzeichnissen nur wenige, einschlägige Titel neben regelmäßigen Verweisen auf Artikel in WiBiLex in den Anmerkungen. In diesem im open access publizierten Lexikon kann sich jede Leserin und jeder Leser ohne große Umstände einen Überblick über Thema und Forschungsstand verschaffen. Wegen des ständigen Zuwachses sei der Leserschaft die Prüfung des Erscheinens neuer Artikel empfohlen.

2. Theologische Themen in ihren biblischen Kontexten

Lässt sich für das Alte Testament ein „Oberthema" bestimmen, das es seinen Leser(inne)n und Hörer(inne)n zu vermitteln sucht? In welche Leserichtung und Perspektive lässt sich die Gesamtheit der alttestamentlichen Texte bestimmen? Der Alttestamentler Walther Zimmerli hat diese Frage folgendermaßen beantwortet:

> Das AT „hält durchgehend fest an dem Glauben an die Selbigkeit des Gottes, den es unter dem Namen Jahwe kennt. Es glaubt durch allen Wandel hindurch, daß dieser Gott Jahwe es mit seinem Volke Israel zu tun haben will" (Grundriß, 11).

Monotheismus s. u. 3.1

Wir streifen hier ein Problem, das gegenwärtig vor allem unter dem Thema Monotheismus diskutiert wird. Es geht bei der „Selbigkeit" nämlich zuerst um die Einzigkeit des Gottes Israels im Kontext einer Kultur, die unterschiedliche Götter kennt und voraussetzt. Es geht aber auch um verschiedene „Gottesbilder" im Sinne von theologischen Konzepten; es geht um den „irreduziblen Kern des Gotteskonzepts".[1] Innerhalb der bestehenden Gottesbilder ist der Gedanke, dass sich die Offenbarung des Gottes Israels im Zuge der Offenbarung seines Namens vollzieht, von besonderer Bedeutung. Diese Besonderheit erklärt auch, warum das vorliegende Buch nicht gemäß der kanonischen Reihenfolge mit der Urgeschichte einsetzt, sondern mit dem Buch Exodus, wo sich mit Ex 3 und 6 zwei Erzählungen finden, die die Namensoffenbarung eigens thematisieren. Mit ihnen beginnt die Darstellung, die dann über die Großerzählungen von Exodus und Erzeltern als Gründungsmythen Israels, umrahmt von Urgeschichte und Sinaierzählung, den Aspekt der Selbigkeit Gottes narrativ entfaltet und dem jeweiligen Gottesbild in diesen – theologisch sehr unterschiedlich gewichteten – Kontexten nachgeht. In dem Wandel ist die historische Dimension angedeutet, die sich geradezu aufdrängt: Die politische Geschichte Israels bringt zahlreiche Veränderungen, Brüche und Neuanfänge mit sich, die sich im Verlauf der Literaturgeschichte in unterschiedlichen theologischen Akzentuierungen niederschlägt. Davon bleibt gerade die Gottesvorstellung nicht unberührt. Auch sie unterliegt einem stetigen Wandel. Die Rekonstruktion dieses Wandels hat nun aber die Schwierigkeit, dass die meisten der alttestamentlichen

---

1 Hartenstein, JHWHs Wesen im Wandel, 13. Vgl. Ders., Geschichte, 73 ff.; vgl. Janowski, Der eine Gott, 29 f.

Texte und Bücher selbst im Zuge einer länger andauernden Überlieferungs- und Redaktionsgeschichte gezielt theologische Überarbeitung erfahren haben. Das hat zur Folge, dass die Gottesvorstellungen in ein und dem selben Buch oder sogar innerhalb eines Einzeltexts divergieren können und darin eine innerbiblisch geführte theologische Auseinandersetzung sichtbar wird.

Aus diesem Grund haben viele Theologen ihre Darstellung nicht gemäß der kanonischen Buchreihenfolge, sondern anhand von – wenn auch umstrittenen – literarhistorischen Rekonstruktionen konzipiert: Welches sind die ältesten Texte, die uns überliefert sind, welche theologischen Grundeinsichten und Gottesvorstellungen lassen sie erkennen und wie verändern sich diese im Laufe der sich anschließenden Etappen der Textüberarbeitung? Welche Themen kommen erst spät auf? Diesem Duktus folgt z.B. die Theologie von G. von Rad. Alternativ kann sich die Darstellung an einem Dreischritt zu orientieren: 1) die sich durch die verschiedenen Bücher hindurch ziehenden bleibenden Züge der Gottesvorstellung im Wandel, 2) dynamische Züge und Veränderungen des Gottesbildes und 3) die anhaltend offenen Fragen bezüglich des Gottesbildes.[2]

Der Nachteil beider Darstellungsformen liegt für ein Lehrbuch darin, dass die Buchzusammenhänge soweit aufgelöst sind, dass die Übersichtlichkeit schwindet. Deshalb wird das vorliegende Lehrbuch an den narrativen Großerzählungen des Pentateuch/Tora (תורה) bzw. an den Propheten/Nebi'îm (נביאים) und Schriften/Ketubîm (כתובים) in ihren jeweiligen Buchkontexten weitgehend festhalten (Ausnahme Jesaja). In Kapitel 2.9. folgt schließlich überblickshaft die historische Rekonstruktion der heute noch identifizierbaren theologischen Strömungen.

2.1 Der Gott Israels offenbart sich in seinen Namen

Der religionsgeschichtliche Befund zeigt für das Alte Testament eine Reihe von Gottesnamen bzw. Appellativen an: El, Eloah, Elohim, (El) Schaddai, Eljon, Adonaj und JHWH sind die wichtigsten Bezeichnungen für den Gott Israels in biblischen und epigraphischen Texten.[3] Dank seines Namens wird ein Gott erkennbar, erfahrbar und von

---

[2] So Hartenstein, JHWHs Wesen im Wandel, 14 als Entwurf einer Theologie des Alten Testaments. J. Jeremias erhebt die vorexilischen Gottesvorstellungen anhand der jeweiligen Denkformen, die exilischen im Kontext der großen theologischen Kompositionen sowie der prophetischen Bücher und die Gottesaussagen der Spätzeit anhand von Einzelthemen (Theologie, 10).

[3] Zum Befund H. Pfeiffer, Art. Gottesbezeichnungen/Gottesnamen, www.wibilex.de mit weiterer Literatur.

Monotheismus s.u. 3.1

anderen Göttern unterscheidbar. Ein besonderer Akt der Offenbarung besteht in der Preisgabe des Namens.

Die exponierteste Erwähnung der Beziehung zwischen Israel und seinem Gott verbunden mit einer Namensvorstellung findet sich in der Präambel des Dekalogs:

Ex 20,2 f. (vgl. Dtn 5,6 f.)

> Ich bin der HERR [JHWH], dein Gott, der dich herausgeführt hat aus dem Land Ägypten, aus einem Sklavenhaus. 3 Du sollst keine anderen Götter haben neben mir.

Der Beginn des Dekalogs begründet die Beziehung zwischen Gott und Israel mit dem Rettungshandeln Gottes aus der Knechtschaft Ägyptens und verknüpft sie mit dem Anspruch der Alleinverehrung. Eingebettet ist der Dekalog in die Erzählung von der Gabe des Gesetzes bzw. in das Sinaigeschehen (Ex 19–Num 22; vgl. Dtn 5,1–5): Auf synchroner Ebene geht es in dieser Erzähleinheit darum, dass sich im Anschluss an den Auszug aus Ägypten JHWH den Israeliten auf dem Berg Sinai *Bundesvorstellung* zu erkennen gibt, indem er ihnen durch Mose vermittelt einige Gesetze *s.u. 2.5.1* gibt (Ex 20–23), bevor er mit dem Volk einen Bund schließt (Ex 24).

Wichtig ist die Wendung: „Ich bin der HERR" bzw. wörtlich „Ich bin JHWH" (hebr. *'anokî* JHWH/אנכי יהוה), die sogenannte Selbstvorstellungsformel. In ihr gibt Gott sich zu erkennen und stellt sich vor mit seinem Namen. Das bedeutet: *Der Gott Israels offenbart sich in seinen Namen.*

Exkurs: Der Gottesname JHWH

Das Tetragramm JHWH begegnet in der Bibel seit dem zweiten Kapitel der Genesis, allerdings zumeist als Zitationsform bzw. Gottesbezeichnung. Bis Ex 6 begegnet es in kontinuierlichem Wechsel mit der allgemeineren Gottesbezeichnung *'Elohîm*. Beide Verwendungen lassen auf traditionelle bzw. redaktionelle Unterschiede im Gebrauch des Gottesnamens schließen und gelten als ein wichtiges Argument für die Quellenscheidung. Das Tetragramm wird von dem hebräischen Verb היה/*hajah* „sein, werden" abgeleitet.[4] In Gen 2–3 liegt die seltene Kombination beider Bezeichnungen vor: JHWH *'Elohîm* (in deutscher Übersetzung oft: Gott der HERR). Im poetischen Teil des Hiobbuches (Hi 3–37) und in einem Teil des Psalters (Ps 42–83) fehlt das Tetragramm ganz. In jüngerer Zeit wurde der JHWH-Name sogar für unaussprechlich erachtet und deshalb in der jüdischen Tradition rezitiert als Adonaj („Herr") oder „der Heilige" u. a.[5] Infolge der Tabuisierung der Aussprache des Gottesnamens findet sich in den meisten Übersetzungen als Wiedergabe des Tetragramms die *Gottesname s.u. 3.3* Übersetzung „HERR". Eigens thematisiert als Gottesname ist JHWH erstmals in Gen 4,26 „Und auch Set wurde ein Sohn geboren, und er nannte ihn Enosch. Damals fing man an, den Namen des HERRN (JHWH) anzurufen."

---

4 B. Becking, Art. Jahwe, www.wibilex.de.
5 Rösel, Adonaj, und C. de Vos, Art. Adonaj, www.wibilex.de.

Diese kurze Notiz im Kontext einer Genealogie, die sich an die Geschichte von Kain und Abel (Gen 4) anschließt, verweist darauf, dass Enosch (hebr. „[Ur-]Mensch") als Erster einen Gott namens JHWH verehrte. Diesem Vers nach wird Israel also von den frühesten Anfängen her mit einem Gott dieses Namens verbunden, und darin die Bedeutsamkeit des Gottes durch sein hohes Alter hervorgehoben.

Dem läuft auf der literarischen Ebene die Beobachtung zuwider, dass in den Texten Gen 1 – Ex 6 JHWH und *Elohîm* episodisch im Wechsel als Gottesbezeichnungen begegnen und ursprünglich wohl unverbunden nebeneinander verwendet worden sind. Aus dem Parallelgebrauch von zwei Gottesnamen lässt sich schließen, dass einige literarische Überlieferungen Israels das Tetragramm bevorzugt haben, während andere dieses zumindest für die Ur- und Erzelternzeit aussparten. Demnach präsentiert die sogenannte Priesterschrift einen Entwurf, in der sich der Gott Israels erstmals Mose unter seinem Namen JHWH zu erkennen gibt (s. u. Ex 6).

2.1.1 Die Offenbarung im brennenden Dornbusch (Ex 3)

Der Bericht von der Offenbarung des JHWH-Namens findet sich im Exodusbuch also gleich zweimal. Die erste Geschichte schließt sich unmittelbar an Moses Flucht aus Ägypten an. Als Schwiegersohn des midianitischen Priesters (2,16 ff. Reguel; 3,1 Jitro) offenbart JHWH sich ihm auf dem Gottesberg, der hier Horeb und nicht Sinai genannt ist.[6] Gott erscheint ihm in einem brennenden Dornbusch und gibt ihm den Auftrag, nach Ägypten zurückzukehren und das Volk aus der Knechtschaft herauszuführen.

> 1 Und Mose weidete die Schafe seines Schwiegervaters Jitro, des Priesters von Midian. Und er trieb die Schafe über die Wüste hinaus und kam an den Gottesberg, den Choreb.
> 2 Da erschien ihm der Bote des HERRN in einer Feuerflamme mitten aus dem Dornbusch. Und er sah hin, und sieh, der Dornbusch stand in Flammen, aber der Dornbusch wurde nicht verzehrt.
> 3 Da dachte Mose: Ich will hingehen und diese grosse Erscheinung ansehen. Warum verbrennt der Dornbusch nicht?
> 4 Und der HERR sah, dass er kam, um zu schauen. **Und Gott rief ihn aus dem Dornbusch und sprach: Mose, Mose! Und er sprach: Hier bin ich.**

Ex 3,1–17

---

6 In der deuteronomischen Erzählung wird der Berg nicht Sinai, sondern Horeb oder Gottesberg genannt (so auch ausnahmsweise in Ex 3,1).

5 Und er sprach: Komm nicht näher. Nimm deine Sandalen von den Füssen, denn der Ort, wo du stehst, ist heiliger Boden.
6 **Dann sprach er: Ich bin der Gott deines Vaters, der Gott Abrahams, der Gott Isaaks und der Gott Jakobs.** Da verhüllte Mose sein Angesicht, denn er fürchtete sich, zu Gott hin zu blicken.
7 Und der HERR sprach: Ich habe das Elend meines Volks in Ägypten gesehen, und ihr Schreien über ihre Antreiber habe ich gehört, ich kenne seine Schmerzen.
8 So bin ich herabgestiegen, um es aus der Hand Ägyptens zu erretten und aus jenem Land hinaufzuführen in ein schönes und weites Land, in ein Land, wo Milch und Honig fliessen, in das Gebiet der Kanaaniter und der Hetiter und der Amoriter und der Perissiter und der Chiwwiter und der Jebusiter.
9 Sieh, das Schreien der Israeliten ist zu mir gedrungen, und ich habe auch gesehen, wie die Ägypter sie quälen.
10 Und nun geh, ich sende dich zum Pharao. Führe mein Volk, die Israeliten, heraus aus Ägypten.
11 Mose aber sagte zu Gott: Wer bin ich, dass ich zum Pharao gehen und die Israeliten aus Ägypten herausführen könnte?
12 Da sprach er: Ich werde mit dir sein, und dies sei dir das Zeichen, dass ich dich gesandt habe: Wenn du das Volk aus Ägypten herausgeführt hast, werdet ihr an diesem Berg Gott dienen.
13 **Mose aber sagte zu Gott: Wenn ich zu den Israeliten komme und ihnen sage: Der Gott eurer Vorfahren hat mich zu euch gesandt, und sie sagen zu mir: Was ist sein Name?, was soll ich ihnen dann sagen?**
14 **Da sprach Gott zu Mose: Ich werde sein, der ich sein werde. Und er sprach: So sollst du zu den Israeliten sprechen: Ich-werde-sein hat mich zu euch gesandt.**
15 Und weiter sprach Gott zu Mose: So sollst du zu den Israeliten sprechen: Der HERR [= JHWH], der Gott eurer Vorfahren, der Gott Abrahams, der Gott Isaaks und der Gott Jakobs, hat mich zu euch gesandt. Das ist mein Name für immer, und so soll man mich anrufen von Generation zu Generation.
16 Geh und versammle die Ältesten Israels und sprich zu ihnen: Der HERR, der Gott eurer Vorfahren, ist mir erschienen, der Gott Abrahams, Isaaks und Jakobs, und hat gesagt: Ich habe auf euch geachtet und auf das, was euch angetan wird in Ägypten.
17 Und ich habe beschlossen: Ich will euch aus dem Elend Ägyptens hinaufführen in das Land der Kanaaniter und der Hetiter und der Amoriter und der Perissiter und der Chiwwiter und der Jebusiter, in ein Land, wo Milch und Honig fliessen.

Formal erinnert der Text an einen prophetischen Berufungsbericht[7], dem eine Gottesschau (Theophanie) in der Vision des brennenden Dornbuschs vorausgeht (Ex 3,1–6), bevor schließlich die eigentliche Berufung (3,7–22) folgt[8]:
- Es wird verwiesen auf die **Umstände,** nämlich die Notlage Israels, unter denen sich die göttliche Intervention ereignet (Ex 2,23 und 3,7);
- Ex 3,4 formuliert den **göttlichen Auftrag** an die berufene Person in direkter Anrede, V. 10 die **Sendung** (hebr. שלח/šalaḥ „senden") und die **Beauftragung** (Herausführung aus Ägypten), die der berufene Mose wahrnehmen soll.
- Der **klassische Einwand,** der mit der Unfähigkeit des Beauftragten begründet wird, bevor das Amt bzw. die Aufgabe angenommen wird, kennt unterschiedliche Varianten (Ex 3,11.13 bzw. 4,1.10.13) und unterstreicht, dass Mose sein Amt nicht anstrebt, sondern allein auf göttlichen Befehl hin wahrnimmt.
- **Gott entkräftet den Einwand,** indem er Mose seinen Beistand zusichert („Ich bin mit dir" Ex 3,12; vgl. Ex 4,15) und durch eine Zeichenhandlung bekräftigt (Ex 3,12 bzw. drei Zeichen in Ex 4,2–9).

Mit der Erzählung handelt es sich um einen Fremdbericht in der dritten Person. Anders als z. B. in dem Selbstbericht von Jesajas Berufung fehlt die ausdrückliche Annahme der Berufung durch Mose (vgl. Jes 6,8); doch kommt die Tatsache, dass der Berufene keine weiteren Einwände mehr äußert, einer Annahme gleich (vgl. Jer 1,7 ff.; Ez 2,8 ff.). Auffällig sind die Rückbezüge auf den Gott der Väter (3,6.15 f.) wie auch die theologischen Reflexionen, die von einigen Exegeten als redaktionell angesehen werden. So denkt R. Albertz, dass lediglich die Zusage des göttlichen Beistands zum ursprünglichen Berufungsbericht dazu gehört, während das In-Aussicht-Stellen der Rettung in V. 12* sowie die Namensoffenbarung (V. 15) und die Nennung der drei Patriarchen (V. 16b) erst redaktionell ergänzt worden seien.[9] Die ursprüngliche Referenz ziele nämlich auf den Gott der Väter des Exodus und (noch) nicht auf den Gott der Erzeltern, die erst hier in der Wendung von V. 16 miteinander identifiziert werden. Stimmt diese Analyse, wäre dem Berufungsbericht sein eigentliches theologisches Profil erst nachträglich zugewachsen. Andere sehen jedoch gerade in diesen theologisch relevanten Versen in Ex 3,9–14* den Kern der Erzählung (Jeremias, Theologie, 95).

Proto-Jesaja
s. u. 2.6.1.3

---

7 Der gesamte Berufungsbericht erstreckt sich bis zu Ex 4,17; vgl. Albertz, Exodus 1–18, 71.
8 Vgl. A. Schart, Art. Berufung, Berufungsbericht, www.wibilex.de.
9 Albertz, Exodus 1–18, 72 ff. (im Zuge der Hexateuchredaktion).

Die Verknüpfung der verschiedenen Gottesnamen ist theologisch bedeutsam: In synchroner Sicht offenbart sich der *Gott deines* [seines] *Vaters* (Ex 3,6) an den „Ägypter" Mose in Midian, damit er als *Gott eurer* [ihrer] *Väter* (V. 13.15 f.) das Volk Israel mit Gottes Hilfe aus der Knechtschaft rette. Der kurze Abriss der Heilsgeschichte Israels, wie sie in den V. 6–10 zusammengefasst ist, erinnert an das deuteronomistische Credo in Dtn 26,5–9.[10] Der im Anschluss offenbarte JHWH-*Name* dient als eine Art Pfand, der die Ernsthaftigkeit des Rettungsprojekts bescheinigt (Ex 3,13 f.), Gott als den lebendig Seienden anpreist[11] sowie die Zusage vom Mit-Sein Gottes mit dem Volk (z. B. Gen 12,2 f.) erinnert und konkretisiert. Der Gottesname JHWH ist demnach ein sprechender Name mit geradezu performativer Wirkung, der Suspense, Neugier und ein Überraschungsmoment bereithält und darin die Zeitstufen miteinander verschränkt.[12] Die in V. 14 gegebene Erläuterung des Namens אהיה אשר אהיה/ʾæhejæh ʾašær ʾæhejæh kann nämlich imperfektisch, präsentisch oder futurisch übersetzt werden im Sinne von „ich bin, der ich bin", „ich werde sein, der ich sein werde" oder auch „ich bin der Seiende/Werdende" (LXX). Historisch-etymologisch legt die paronomastische Formulierung eine Ableitung von dem semitischen Verb היה/הוה hajah/hawah „sein, werden"[13] nahe. Und darin liegt ein theologischer Kunstgriff: Denn der Name sagt aus, dass Gott nicht definierbar, auf einen Charakter oder eine Funktion festlegbar ist, sondern ein Gott im Prozess und Wandel ist. Gott entzieht sich und gibt sich doch zu erkennen. Das gibt die Übersetzung Paul Ricœurs durch „Ich bin der Ich-bin-da" passend wieder.[14] Zugleich wird der Name vom instruierten Leser durch den Rückgriff auf den Vätergott mit Heilstaten weit zurückliegender Epochen verbunden und als treuer Gott ausgewiesen, dessen Treue Israel auch künftig erhoffen kann. Es handelt sich um eine emphatische Erweiterung der sonst üblichen Selbstvorstellungsformel אני יהוה/*anî JHWH* (s. u. Ex 6), die das Verb „sein" aufnimmt[15] und die Autorität des Mose verstärkt. Dieser Gott

---

10 Vgl. Spieckermann/Feldmeier, Gott, 26.
11 So übersetzt die LXX ὁ ὤν/*o wn* – dieser Aspekt ist für A. LaCoque und P. Ricœur bereits im MT zugegen im Sinne des Lebendigseins (Penser la Bible, bes. 346 f.).
12 Sternberg, Poetics, 264–320; vgl. Sonnet, Eheyeh asher Eheyeh (Ex 3:14), 331 ff.; Krochmalnik, Elohim, 80–83.
13 Zu weiteren Ableitungsversuchen vgl. Albertz, Ex 1–18, 86 oder B. Becking, Art. JHWH, www.wibilex.de.
14 Vgl. Ricœur, Gott nennen, 170–173 zur Unnennbarkeit des Gottesnamens; vgl. Krochmalnik, Elohim, 81 f. zum Namen als Verheißung; s. u. 3.3 und 3.6.2.
15 Ricœur, Penser la Bible, 341 spricht von einer emphatischen Ausweitung der Selbstvorstellung Gottes („expansion emphatique de l'autoprésentation de Dieu"), die über den Rahmen des Berufungsberichts weit hinausreicht, durch die ontologisierende LXX-Übersetzung aber gebannt ist.

voller Dynamik wird auch in Zukunft Israel aus seiner Knechtschaft befreien. – Und welch bessere Umschreibung könnte man für die Verbindlichkeit Gottes gegenüber Israel bei gleichzeitiger Betonung seiner Unverfügbarkeit finden (vgl. Ex 33,19; 34,6 f.)? Die Namensätiologie steht paradigmatisch für den Gedanken der Selbigkeit Gottes, die das Gottsein trotz allen (historisch bedingten) Wandels betont. Diese so spannungs- und andeutungsreiche Namengebung erhält in der jüngeren Gnadenformel (Ex 34,6–7) eine konkretere inhaltliche Füllung.

Gnadenformel s.o. 2.5.1.3

Zugleich erinnert das שמו מה/*mah šemô* „was ist sein Name?" in Gen 3,13 an die Frage des fremden Angreifers nach Jakobs Kampf am Jabbok (Gen 32,28), die zur Umbenennung des Patriarchen in „Israel" führt. Der Name gibt eine neue Zielrichtung, eine neue Bestimmung an.[16]

2.1.2 Die Selbstvorstellung Gottes (Ex 6)

Die Offenbarung des Gottesnamens findet in Ex 6 eine interessante Dublette.

> 2 Da redete Gott mit Mose und sprach zu ihm: **Ich bin der HERR** [*'anî* JHWH].
> 3 Abraham, Isaak und Jakob bin ich als El-Schaddai erschienen, mit meinem Namen ‚HERR' aber habe ich mich ihnen nicht kundgetan.
> 4 Auch habe ich meinen Bund mit ihnen aufgerichtet, ihnen das Land Kanaan zu geben, das Land, in dem sie sich als Fremde aufhielten.
> 5 Und ich habe auch das Seufzen der Israeliten gehört, die Ägypten zur Arbeit zwingt. Da habe ich mich meines Bundes erinnert.
> 6 Darum sprich zu den Israeliten: **Ich bin der HERR** [*'anî* JHWH]. Ich werde euch aus der Fron Ägyptens herausführen und euch aus ihrem Dienst erretten und euch erlösen mit ausgestrecktem Arm und durch gewaltige Gerichte.
> 7 Ich werde euch annehmen als mein Volk und euer Gott sein, und **ihr sollt erkennen, dass ich der HERR bin** [*'anî* JHWH], euer Gott, der euch herausführt aus der Fron Ägyptens.
> 8 Und ich werde euch in das Land bringen, das ich Abraham, Isaak und Jakob zu geben geschworen habe, und werde es euch zum Besitz geben, **ich, der HERR** [*'anî* JHWH].
> 9 So redete Mose zu den Israeliten, sie aber hörten nicht auf Mose, aus Kleinmut und der harten Arbeit wegen.
> 10 Da sprach der HERR zu Mose:
> 11 Geh hinein, sage dem Pharao, dem König von Ägypten, dass er die Israeliten aus seinem Land ziehen lassen soll.

Ex 6,2–13

---
16 Vgl. Lacocque, Penser la Bible, 309.

> 12 Mose aber sagte vor dem HERRN: Sieh, die Israeliten haben nicht auf mich gehört, wie sollte da der Pharao auf mich hören, bin ich doch ungeschickt im Reden.
> 13 Da sprach der HERR zu Mose und Aaron und gebot ihnen, zu den Israeliten und zum Pharao, dem König von Ägypten, zu gehen und die Israeliten aus dem Land Ägypten herauszuführen.

Diese Variante zu Ex 3 kürzt an entscheidender Stelle, um an anderer Stelle zu ergänzen. So belegt dieser Bericht noch einen weiteren Gottesnamen, (El) Schaddai, der z. B. im Hiobbuch geläufig ist, aber in der Tora nur selten begegnet.[17] Es scheint darin auf eine bestimmte religiöse Tradition angespielt zu sein, die Ex 6 bewusst einbeziehen will. Der Text präzisiert, dass der Gott Israels sich früher anders genannt hat und sich nun in einer neuen, für Israel verbindlichen Form offenbart. Die Selbigkeit Gottes wird hier religionsgeschichtlich argumentierend erklärt, und zwar als eine Abfolge von Offenbarungen unter unterschiedlichen Namen, die aber letztlich allesamt mit *dem* Gott, der sich im Exodus aus Ägypten erweisen wird, zu identifizieren sind.

Andererseits fehlt in Ex 6 die schöne Namensätiologie „Ich bin, der ich bin" (Ex 3,14). Die göttliche Offenbarung scheint dieser Fassung nach keiner weiteren Nachweise zu bedürfen. Sie konzentriert sich auf den Auftrag an Mose, zu seinem Volk zu gehen und für die Erkenntnis Gottes zu werben. Da das Volk taub bleibt, soll er zu Pharao gehen, um ihn zur Einsicht zu bringen. Die Offenbarung droht im Sande zu verlaufen und bedarf weiterer Protagonisten (Aaron) sowie der Plagen und anderer Wunderhandlungen, um am Ende Pharao und Volk an der Erkenntnis teilhaben zu lassen: „Ich bin JHWH".

Selbstvorstellungsformel — Diese Formel, die sich in Ex 6 wiederholt findet, ist auffällig, da sie den Text strukturiert. Sie ist zudem doppeldeutig[18]: Sie kann verstanden werden in dem Sinne „Ich allein bin JHWH/Gott" (s. Ex 20,2; Dtn 5,6 Dekalog) und beinhaltet dann eine Erkenntnisaussage, die die Exklusivität des Gottes betonen will. Die Formel kann aber auch auf die Selbstvorstellung Gottes abzielen („Mein Name ist JHWH [...]") und so das Rettungshandeln Gottes in Form eines Heilsorakels einleiten. In Ex 6,2–8 begegnet die Formel auf engstem Raum viermal, davon dreimal in der Kurzform *'anî* JHWH „ich bin JHWH", und einmal im Rahmen der Erkenntnisaussage als Langform (V. 7 und ihr sollt erkennen, dass ich JHWH bin, Euer Gott).

Formgeschichtlich fällt auf, dass die erste und die letzte Formel (V. 2 und 8) eine Inklusion bilden, die die JHWH-Rede eröffnet und beschließt.

---

17 Auch Gen 17,1; 28,3; 35,11; 43,14; 48,3; nur Schaddai in Gen 49,25 und Num 24,4.16.
18 Vgl. Diesel, „Ich bin Jahwe", 95–118.

Die dritte Verwendung ist ein in Moses Mund gelegtes Zitat (V. 6), das auf V. 7 (die Erkenntnisformel) und V. 8 (den Abschluss der JHWH-Rede) vorgreift. Während V. 2–5 an Mose allein gerichtet sind, ist der Abschnitt „der Rede in der Rede" (V. 6–7) an Israel gerichtet. Inhaltlich verhandeln V. 3–4 und 8 dasselbe Thema: Sie bilden einen Rekurs auf die Väter und die Landverheißung. V. 6–7 ergänzen um eine weitere Verheißung, die Herausführung aus Ägypten. Dies mündet in der Erkenntnisaussage: Denn im Exodusgeschehen soll und wird Israel seinen Gott erkennen.

Das erste Vorkommen der 'anî JHWH-Formel lässt tatsächlich an eine *Selbstvorstellung* denken. Der Gott, der in der priesterschriftlichen Urgeschichte von Gen 1–9 als Elohîm (Gott) auftrat und den Erzvätern als El Schaddai erschien (Gen 17,1; Ex 6,2), stellt sich jetzt erstmals unter seinem Namen JHWH vor. Man könnte von einer sich allmählich vollziehenden Offenbarung sprechen.[19] Hier wird explizit eine Identifizierung vollzogen, die in Ex 3,6 („Ich bin der Gott deines Vaters, der Gott Abrahams, der Gott Isaaks und der Gott Jakobs") nur vage angedeutet ist. Gerade der Zusatz in V. 3 „mit meinem Namen JHWH aber habe ich mich ihnen nicht kundgetan" betont den Akt der Selbstvorstellung und ihre verändernde Wirkung für die Zukunft.

V. 6 hingegen wirkt wie eine kurze Anspielung auf den Passus in Ex 3,13 „Die Leute werden mich fragen, wie der Name des Gottes ist, der mich gesandt hat […]." Doch fehlt in Ex 3 der Gedanke der Unbekanntheit bzw. Namenlosigkeit Gottes. Denn hier wird Gott zwar mit seinem Namen JHWH erinnert, ist aber grundsätzlich mit dem Gott der Väter identisch gedacht und als solcher auch immer schon für die Leserschaft unter dem JHWH-Namen in den Texten präsent. In Ex 6 liegt die Sache etwas anders, indem hier die Entwicklungsgeschichte göttlicher Offenbarung nachgezeichnet wird. Demnach lässt sich die Selbstvorstellungsformel in V. 6 folgendermaßen verstehen: Ich bin JHWH, und *deshalb* werde ich herausführen, retten, erlösen etc.[20] Ähnlich wie in Ex 3,14 will auch 6,6 f. unterstreichen, dass mit dem JHWH-Namen eine sehr konkrete inhaltliche Erwartung verbunden ist. Ex 6 zielt auf das bevorstehende geschichtliche Handeln Gottes.

Im vorletzten Beleg der Selbstvorstellungsformel (V. 7) geht es um Gotteserkenntnis, wie es die die priesterschriftliche Exodus- und Sinaierzählung (vgl. Ez 20) strukturierende Erkenntnisformel deutlich markiert. Der letzte Beleg in V. 8 will das Gesagte als bekräftigende Zusage herauszustreichen in dem Sinne: „So wahr ich JHWH bin!"

Während Ex 3 in seiner Form einem prophetischen Berufungsbericht gleicht und darin vielleicht bewusst dazu beiträgt, Mose prophe-

Erkenntnisformel

Vergleich Ex 3 und 6

---

19 Vgl. Bauks, Gen 1, 340–342; Albertz, Exodus 1–19, 87.
20 Diesel, „Ich bin Jahwe", 108.

tisch zu stilisieren (vgl. Dtn 34,10), bildet Ex 6 formal ein Heilsorakel, wie es vor allem die Exilliteratur eines Deuterojesaja oder Ezechiel oder das Heiligkeitsgesetz (Lev 17–26) prägt.[21] Ex 6 ist ein theologisches Lehrstück, das über theologische Referenztexte wie Gen 17 (P) oder auch Ex 3 (nicht-P; evtl. aber jünger) hinausgeht, indem es in auffallender Weise das Ringen um die Bezogenheit zweier Traditionskomplexe, nämlich der Erzelterngeschichte und der Volksgeschichte Israels, thematisiert. Die Verlässlichkeit, die dieser Gott einerseits den Vätern gegenüber gezeigt hat, wird in Ex 6 andererseits auf das Volk mit seinem Gott JHWH übertragen und in einen neuen heilsgeschichtlichen Rahmen (vgl. die Verbindung der „Ich-bin-JHWH"-Formel + Erkenntnisformel mit der Auszugsthematik in Ex 6,6f.) gestellt. Die Geschichte JHWHs mit seinem Volk zielt darauf, dass das Volk seinen Gott erkennt.

Exkurs: Altorientalische Anleihen der Selbstvorstellungsformel

Sucht man nach außerbiblischen Parallelen für die Formel, finden sich einschlägige Beispiele für die Formulierung „Ich bin N.N." (אני/*'anî* bzw. אנכי/*'anokî* N.N.) im altorientalischen wie ägyptischen Kontext.[22] Unter ihnen sind insbesondere Orakeltexte in akkadischer Sprache von Interesse wie z.B. die sog. Marduk-Prophetie (TUAT II, 65 ff.) und eine Reihe von Ischtar-Orakeln an die neuassyrischen Könige Asarhaddon und Assurbanipal.[23] Die Formel dient nicht immer dazu, im Sinne einer Selbstvorstellung das Orakel innerhalb eines sonst polytheistischen Kulturkreises auf einen bestimmten Gott zurückzuführen – denn das geschah ja in der Regel schon durch den, einem bestimmten Gott gewidmeten Tempel, an dem das Orakel ergeht bzw. an den Adressaten übermittelt wird. Deshalb ist wohl von einer Selbstprädikation auszugehen, die auf Selbstlob oder Realpräsenz abzielt. Letztere legt sich auch für Ex 6 insbesondere wegen des hier vorliegenden wiederholten und textstrukturierenden Gebrauchs der Formel nahe.[24]

Ursprünglich an die Königsorakel gebunden, begegnet die Selbstvorstellungsformel in Deuterojesaja und Ezechiel zumeist in Anwendung auf Israel oder auf einen König (z.B. Kyros in Jes 45,5). Weitere Belege finden sich in der priesterschriftlichen Literatur (P; insbes. Gen 17,1; 35,11; Ex 6,2.6.8; 12,12; 29,46), wo die Formel theologische Schlüsselstellen markiert, während sie in den korrespondierenden nicht-P-Texten seltener verwendet ist (s. Gen 15,7; 26,24; 28,13; 46,3; Ex 4,11). P nutzt die Formel bewusst, um Offenbarungs-

---

21 Eingepasst in die Struktur der Gottesoffenbarung des „Ich bin JHWH" kann es mitunter auch polemische oder apologetische Absicht annehmen; vgl. dazu Ska, La place d'Ex 6,2–8, 530 ff.
22 Vgl. dazu die Aufstellung bei Diesel, „Ich bin Jahwe", 117–186.
23 Vgl. dazu ausführlich Weippert, „König, fürchte dich nicht!" und Ders., Ich bin Jahwe, sowie Nissinen, Relevanz, und M. Bauks, Art. Religionsgeschichtliche Methode, www.wibilex.de, § 2.3.2.1.
24 Weippert, Assyrische Prophetien, 82–84; Diesel, „Ich bin Jahwe", 180–182.

geschichte zu schreiben, indem „ein Stück Theologiegeschichte ‚in progress'" dargestellt wird, in deren Verlauf „ein neues anderes Gottesbild, von P als Offenbarwerden des eigentlichen, bisher z. T. noch verborgenen Wesens" aufgebaut wird.[25] Im Prolog der beiden Dekalogfassungen ist die Selbstvorstellungsformel schließlich in Kombination mit der Herausführungsformel im Zuge einer Selbstprädikation an prominenter Stelle ergänzt und neu geprägt.

Die zweite Berufungserzählung (Ex 6) des Mose gehört in den größeren theologischen Kontext der priesterschriftlichen Darstellung (P; Gen 1 – Ex 40)[26], welche mit der Schöpfung einsetzt und mit dem Einzug JHWHs in das Zelt der Begegnung endet, welches den in der Exilzeit verlorenen Tempel kompensiert. P ist die Schrift innerhalb des Pentateuch, der wir den ersten theologischen Großentwurf verdanken, der thematisch von der Urgeschichte über die Erzelternerzählungen, den Exodus bis zum Aufenthalt am Sinai erzählt und insbesondere auf ein spezifisches Modell der Gottesoffenbarung zielt.[27] Der Auszug aus Ägypten findet sich motiviert in folgender Notiz (Ex 2,23aβ –25, P), die auf die Namensliste der Jakob-Israel-Söhne (Ex 1,1–5), den Hinweis auf den Frondienst (1,13–14) und die kurze Notiz über die Erfüllung der Volkswerdung (2,7) sowie die Knechtschaft Israels (2,13 f.) rückgreift:

Priesterschrift

> 23 aβ Die Israeliten aber stöhnten unter der Arbeit und schrien, und von der Arbeit stieg ihr Hilferuf auf zu Gott.
> 24 Und Gott hörte ihr Seufzen, und Gott gedachte seines Bundes mit Abraham, Isaak und Jakob.
> 25 Und Gott sah auf die Israeliten, und Gott nahm sich ihrer an.

Ex 2,23–25

Motiviert ist die Offenbarung JHWHs in dem Heilsorakel dadurch, dass Gott sich an sein Volk richtet und die Rettung plant. Auffällig ist, dass eine explizite Einführung der Mosefigur in der priesterschriftlichen Erzählung fehlt, da davon auszugehen ist, dass Ex 2,23–25 direkt zu Ex 6,2–12 überleitet, während die übrigen Erzählstücke unabhängig von dieser Fassung zu verorten sind. Den Anschluss von Ex 6,2– 12 formt eine der für die P-Traditionen typischen Genealogien (wohl sekundär), die von zwei resümierenden Passagen umschlossen ist (V. 13.26–30), bevor V. 7,1 zu den (priesterschriftlichen) Plagenerzählungen überleitet.

---

25 Vgl. Diesel, 207 (mit Überblickstabelle, 190).
26 Gertz, Tradition und Redaktion, 249 ff. Das Ende ist nicht unumstritten vgl. P. Weimar, Art. Priesterschrift, www.wibilex.de.
27 Vgl. Bauks, Genesis 1, 333 ff.

Neben Ex 3 und 6 gibt es noch eine dritte, ursprünglich wohl ältere, dann aber deuteronomistisch überarbeitete Tradition:

Ex 5,1–4
1 Danach gingen Mose und Aaron hinein und sprachen zum Pharao: So spricht der HERR, der Gott Israels: Lass mein Volk ziehen, damit sie mir in der Wüste ein Fest feiern.
2 Der Pharao aber sagte: Wer ist der HERR, dass ich auf seine Stimme hören und Israel ziehen lassen sollte? Ich kenne den HERRN nicht und werde auch Israel nicht ziehen lassen.
3 Da sprachen sie: Der Gott der Hebräer ist uns begegnet. Drei Tagereisen weit wollen wir in die Wüste gehen und dem HERRN, unserem Gott, opfern, damit er uns nicht schlägt mit Pest oder Schwert.
4 Der König von Ägypten aber sprach zu ihnen: Mose und Aaron, warum wollt ihr das Volk von seinen Arbeiten abhalten? Geht an eure Fronarbeiten!

Sie ergänzt im weiteren Erzählkontext um die Verschärfung der Fron durch Pharao und verknüpft sie mit dem Kultthema: Demnach wird der Auszug aus Ägypten unumgänglich, damit Israel weiterhin in der Lage ist, seinem Gott zu dienen.

Es lassen sich folgende Bausteine für die theologische Interpretation der Selbigkeit JHWHs in den beiden „Berufungserzählungen" des Mose in Ex 3 und 6 erkennen:
– Die Bestimmung des Texts in Form und Gattung ergibt unterschiedliche Bezüge: Während Ex 3 wie ein prophetischer Berufungsbericht gestaltet ist, der Mose in sein Amt einführt, folgt Ex 6 der Struktur eines (ebenfalls prophetisch zu situierenden) Heilsorakels, welches das Rettungshandeln JHWHs voraussagt und es mit dem Ziel der Gotteserkenntnis Israels wie Pharaos/Ägyptens verknüpft.
– Der gemeinsame theologische Kontext beider Erzählungen ist die Gottesoffenbarung (Theophanie), in der sich Gott zunächst nur Mose zu erkennen gibt. Eingebettet ist diese Offenbarung in den weiteren Kontext des Aufenthalts Israels in Ägypten, wo das Volk unter dem Frondienst leidet und zudem seinen religiösen Traditionen nicht mehr nachgehen darf.
– Zuletzt stellt sich die Frage, wie eine Gattung/ein Thema in anderen Kontexten verwendet ist? Heilsorakel begegnen gewöhnlich im kultischen Kontext oder bei den Exilspropheten. Andererseits erinnert Offenbarung im Kontext eines Berufungsberichts an eine prophetische Gattung, die darauf zielen könnte, Mose prophetische Züge zu verleihen (vgl. Dtn 34,10 u. ö.).

– Die Systematisierung der verschiedenen Theologien, die sich aus formalen und thematischen Erwägungen anhand dieser Parallelerzählungen erheben lassen, zeigt Folgendes: Das Nebeneinander von Berufung und Heilsorakel gerät zu einem theologischen Lehrstück über die Zusammenführung von ursprünglich unabhängigen Gottesbildern. Ex 6 geht sehr analytisch vor, weiß um die Existenz von verschiedenen Gottesbildern und negiert sie nicht, sondern erklärt sie als sukzessiv erfolgende Offenbarungen, die im Geschichtshandeln JHWHs münden und darin seine Selbigkeit bestätigen. Ex 3 thematisiert zwar ebenfalls verschiedene Gottesnamen, zielt aber anhand des Tetragramms und seiner Herleitung auf das besondere Wesen Gottes, das ihn als den Unverfügbaren und in seinem Wirken frei Handelnden charakterisiert und darin die Wandlungsfähigkeit begründet.

Literatur

Albertz, Rainer: Exodus 1–18 (ZBK 2), Zürich 2012.

Bauks, Michela: Gen 1 als Programmschrift der Priesterschrift, in: A. Wénin (Hg.), Studies in the Book of Genesis. Literature, redaction and history, Leuven 2001 (BETL 155), 333–345.

Diesel, Anja A.: „Ich bin Jahwe". Der Aufstieg der Ich-bin-Jahwe-Aussage zum Schlüsselwort des alttestamentlichen Monotheismus, Neukirchen-Vluyn 2006 (WMANT 110).

Gertz, Jan C.: Tradition und Redaktion in der Exoduserzählung. Untersuchungen zur Endredaktion des Pentateuch, Göttingen 2000 (FRLANT 186).

Hartenstein, Friedhelm: JHWHs Wesen im Wandel. Vorüberlegungen zu einer Theologie des Alten Testaments, in: ThLZ 137 (2012), 3–20.

–: Die Geschichte JHWHs im Spiegel seiner Namen, in: I.U. Dalferth/P. Stoellger (Hg.), Gott Nennen, Tübingen 2008 (RPT 35), 73–95.

Janowski, Bernd: Der eine Gott der beiden Testamente, in: ZThK 95 (1998), 1–36.

Krochmalnik, Daniel: Elohim. Gottesfragen in der Synagoge, in: M. Mühling (Hg.), Gott und Götter in den Weltreligionen, Christentum, Judentum, Islam, Hinduismus, Konfuzianismus, Buddhismus, Göttingen 2014 (Grundwissen Christentum 5), 74–102.

LaCoque, André: La révélation des révélations. Exode 3,14, in: Ders./P. Ricœur., Penser la Bible, Paris 1998, 305–334.

Nissinen, Martti: Die Relevanz der neuassyrischen Prophetie für die alttestamentliche Forschung, in: M. Dietrich/O. Loretz (Hg.), Mesopotamia – Ugaritica – Biblica (FS K. Bergerhoff), Kevelaer/Neukirchen-Vluyn 1993 (AOAT 232), 217–258.

Ricœur, Paul: De l'interprétation à la traduction, in: A. LaCoque/Ders., Penser la Bible, Paris 1998, 335–371.

–: Gott nennen (1977), in: Ders., Vom Text zur Person. Hermeneutische Aufsätze (1970–1990), Hamburg 2005, 153–182.
Rösel, Martin: Adonaj – Warum Gott „Herr" genannt wird, Tübingen 2000 (FAT 29).
Ska, Jean-Louis: La place d'Ex 6,2–8 dans la narration de l'Exode, in: ZAW 94 (1982), 530–548.
Sonnet, Jean-Pierre: Eheyeh asher Eheyeh (Ex 3:14): God's ‚Narrative Identity' among Suspense, Curiosity, and Surprise, in: Poetics Today 31 (2010), 331–351.
Sternberg, Meir: The Poetics of Biblical Narrative, Ideological Literature and the Drama of Reading, Bloomington 1985.
Weippert, Manfred: „König, fürchte dich nicht!" Assyrische Prophetie im 7. Jahrhundert v. Christus, in: Orientalia 71 (2002), 1–54.
–: „Ich bin JHWH" – „Ich bin Ishtar von Arbela": Deuterojesaja im Lichte der neuassyr. Prophetie, in: Ders., Götterwort und Menschenmund. Studien zur Prophetie in Assyrien, Israel und Juda, Göttingen 2014 (FRLANT 252), 132–158.

2.2 JHWH offenbart sich in der Befreiung aus Ägypten

Die Exoduserzählung wird im ersten Teil des Buches Exodus vorbereitet und entfaltet.

Teil 1:	Israel in Ägypten (Ex 1,1–15,21)
1–2	*Ausgangssituation:* Israel ein großes Volk (1,1–7); seine Unterdrückung (Frondienst) (1,8–22); Geburt des Mose (2)
3–4	*Gott interveniert in der Wüste:* Berufung des Mose I; Beschneidung; Moses Rückkehr nach Ägypten
5–14	*Die Befreiung:* Plagen und Auszug aus Ägypten
5	Mose und Aaron verhandeln vergeblich mit Pharao um die Entlassung des Volkes aus dem Frondienst
6	Die Berufung Mose II;
7–11	Konflikt zwischen Mose und Pharao; Plagenzyklus: Zuspitzung im Tod der ägyptischen Erstgeburt (10. Plage)
12,1–13,16	Die Einsetzung von Passa (Pessach)
13,17–14,31	Der Durchzug durch das Meer; Auszug aus Ägypten
15	*Schlusshymnus:* Schilfmeerlied

Gründungsmythos — Die hohe Komplexität des Exodus-Narrativs macht die Zweiteilung des vorliegenden Kapitels erforderlich, in dem in eine Auszugs- und eine Mosetradition unterschieden wird. Das theologische Gewicht und die innerbiblische Aufnahme des Exodus stilisiert das Ereignis als den vielleicht wichtigsten Gründungsmythos Israels.

2.2.1 Plagenzyklus und Auszugsbericht

Der Name des Gottes Israels unterscheidet sich von anderen Götternamen darin, dass er ein sprechender Name ist: „Ich bin, der ich bin" oder „Ich bin, der ich sein werde" oder auch „Ich bin da". Der Gott Israels ist nicht fassbar, nicht definierbar, nicht reduzierbar, und darin wird er von den umliegenden Kulturen und Religionen klar unterschieden. Dort ist ein Gott rückgebunden an natürliche Gegebenheiten (Schamasch, der Sonnengott als Verantwortlicher für Gerechtigkeit; der Wettergott Baal als Herr der Fruchtbarkeit) oder an strukturelle Gegebenheiten (Horus, der Garant des Königtums). Anders begegnet der Gott Israels als der an die Geschichte mit seinem Volk gebundene Gott (Hos 13,4; vgl. Ex 20,2 f./Dtn 5,6 f.):

> 4 Ich aber bin der HERR, dein Gott vom Land Ägypten her,   Hos 13,4
> und ausser mir kennst du keinen Gott,
> und es gibt keinen Retter ausser mir.

In diesem prophetischen Text wie auch in der bereits oben zitierten Präambel der beiden Dekalogfassungen wird die Einzigkeit Gottes hervorgehoben und mit dem Umstand erklärt, dass der Gott Israels Gott „vom Land Ägypten her" ist. Somit stilisiert der Text den Auszug aus Ägypten als Gründungsereignis der Beziehung Gottes mit Israel schlechthin. Ägypten ist – anders als in der Josephserzählung – in den Exoduserzählungen negativ geschildert: Es ist das Land der Knechtschaft und Fronarbeit (s. die Erbauung der Vorratsstädte Pitom und Ramses in Ex 1,11) und wird daraus resultierend zur Kulisse für den wunderbaren Auszug als göttlicher Rettungstat. Zahlreiche credohafte Formulierungen erinnern an das Ereignis (Dtn 26,5–10; 6,20–25; Ps 136; Lev 22,32f und 25,55; Jos 24,17).

Die umfassendste Darstellung der Ereignisse findet sich in Ex 1–14, wobei die Josephserzählung (Gen 37–50*; vgl. Ex 1,6.8) ein wichtiges Zwischenglied ist, das den narrativen Übergang sichert, da sie erklärt, wie die zwölf Israel- bzw. Jakobsöhne wegen einer Hungersnot nach Ägypten kamen und zu einem großen Volk wurden (Ex 1,7).

> 6 Und Josef starb und alle seine Brüder und jene ganze Generation.   Ex 1,6–12
> 7 Die Israeliten aber waren fruchtbar, und es wimmelte von ihnen, sie mehrten sich und wurden übermächtig, und das Land wurde von ihnen voll.
> 8 Da stand ein neuer König über Ägypten auf, der nichts von Josef wusste.
> 9 Und er sagte zu seinem Volk: Seht, das Volk der Israeliten ist uns zu gross und zu mächtig.

> 10 Auf, wir wollen klug mit ihm umgehen, damit es sich nicht noch weiter mehrt und in einem Krieg nicht auf die Seite unserer Feinde tritt, gegen uns kämpft und hinaufzieht aus dem Land.
> 11 So setzten sie Fronaufseher über das Volk, um es mit Fronlasten zu unterdrücken, und es musste für den Pharao Vorratsstädte bauen, Pitom und Ramses.
> 12 Je mehr sie es aber unterdrückten, desto stärker mehrte es sich und breitete es sich aus. Da graute ihnen vor den Israeliten.

Die Angst der Ägypter vor den – sich auch unter schwierigsten Bedingungen vermehrenden – Fremdarbeitern führt zum Befehl des Kindermords (Ex 1,15–22; s. auch Mt 2,16), der einerseits in die Geburts- und Jugendgeschichte des Mose einführt und andererseits die Berufung des Mose (Ex 3) als Beginn des notwendigen göttlichen Rettungshandelns an Israel markiert.

Prophetischer Berufungsbericht s. u. 2.6

Wie in anderen Berufungsberichten äußert Mose Einwände, weil er sich dem göttlichen Auftrag nicht gewachsen fühlt. Gott antwortet darauf mit der Zusage seines Beistands (3,12 vgl. 4,15) gefolgt von der Namensoffenbarung (3,14) und drei wunderbaren Zeichen (4,2–9), die Mose von Gott gelehrt werden, damit er Israel von der bevorstehenden göttlichen Rettung überzeugt (4,5). Zugleich dienen die Zeichen dem Zweck, Pharao zu begegnen und ihn zur Erlaubnis für den Auszug zu bewegen – allerdings ohne ihn überzeugen zu können, da Gott selbst sein „Herz verhärtet" bzw. verstockt (4,21: חזק לב/ḥzq leb). Das Motiv der Verstockung wird die gesamte Exoduserzählung in verschiedenen Variationen durchziehen: nicht nur Israel ist ungläubig (verstockt) angesichts der bevorstehenden Rettung, auch Pharao und die Ägypter sind es, werden aber zudem von Gott selbst trotz zahlreicher Zeichen und Wunder aktiv in diesen Zustand versetzt, so dass Gott die Katastrophe im Untergang des ägyptischen Heers (Ex 14,25–28.30) eigens herbeiführt. Denn die Umkehr Pharaos ist durch seinen Verstockungsbefehl vereitelt.

Der Ungehorsam Pharaos findet sich in einer deuteronomistisch anmutenden Passage folgendermaßen beschrieben:

Ex 4,21–23; 5,1–2

> 4,21 Und der HERR sprach zu Mose: Wenn du nun gehst und nach Ägypten zurückkehrst, denke an alle Wunderzeichen, die ich dir in die Hand gegeben habe, und tue sie vor dem Pharao. Ich aber werde sein Herz verhärten, und er wird das Volk nicht ziehen lassen.
> 22 Dann sollst du zum Pharao sagen: So spricht der HERR: Israel ist mein erstgeborener Sohn.
> 23 Und ich habe dir gesagt: Lass meinen Sohn ziehen, damit er mir diene. Du aber hast dich geweigert, ihn ziehen zu lassen; sieh, jetzt töte ich deinen erstgeborenen Sohn.

> [...]
> 5,1 Danach gingen Mose und Aaron hinein und sprachen zum Pharao: So spricht der HERR, der Gott Israels: Lass mein Volk ziehen, damit sie mir in der Wüste ein Fest feiern.
> 2 Der Pharao aber sagte: Wer ist der HERR, dass ich auf seine Stimme hören und Israel ziehen lassen sollte? Ich kenne den HERRN nicht und werde auch Israel nicht ziehen lassen.

Offensichtlich blickt dieser Einschub auf die sogenannte 10. Plage, die Tötung der ägyptischen Erstgeburt, voraus und dient dazu, die grausame Tat theologisch im Sinne des Talionsrechts zu rechtfertigen. Weiterhin lassen sich auch kritische Einwürfe gegen Gott finden, in denen seine Ineffizienz angeprangert wird.

Tora und Talion s. u. 2.5.2.3

> 5,22 Da wandte sich Mose zum HERRN und sprach: Herr ['*adonaj*], warum hast du diesem Volk Böses angetan, warum hast du mich gesandt?
> 23 Seitdem ich zum Pharao gekommen bin, um in deinem Namen zu reden, hat er diesem Volk nur Böses angetan; du aber hast dein Volk nicht gerettet.
> 6,1 Da sprach der HERR zu Mose: Jetzt wirst du sehen, was ich dem Pharao tun werde. Er wird sie ziehen lassen, mit starker Hand, und mit starker Hand wird er sie aus seinem Land vertreiben.

Ex 5,22–6,1

Diese beiden Abschnitte enthalten – auf synchroner Ebene – viele proleptische (vorausweisende) Elemente auf den Fortgang der Exoduserzählung:
- Ex 4,22 f. rekurriert auf das Motiv der Erstgeburtstötung, wie es in der letzten Plage begegnet (11,4–8; 12,29 f.), und auf die daraus abgeleitete Kultgesetzgebung bezüglich zukünftiger Erstgeburtsopfer (Ex 13,1 f.11–16).
- 5,1 bezieht sich auf das Thema des JHWH-Kults (ein Fest in der Wüste) und V. 2 auf das (Er-)Kennen von JHWH, einem weiteren Leitmotiv der Erzählung.
- 5,22 zeigt an, wie Mose mit seinem Auftrag weiterhin hadert, ein Motiv, das sich fortsetzt im Hadern Israels der Murrgeschichten.
- 6,1 nimmt das Ende der gelungenen Rettung vorweg, die hier aber nicht als Auszug Israels, sondern als Vertreibung Pharaos vorausgesagt wird.

Murrgeschichte s. u. 2.5.3

Einige Motive begegnen als die Erzählung vertiefende Elemente (z. B. der JHWH-Kult), ohne dass sie für die Erzählung der Befreiung von der ägyptischen Fronarbeit unabdinglich wären. Andere Motive treten sogar miteinander in Widerstreit, wie z. B. die Vertreibung bzw. Entlassung des Volks durch Pharao (vgl. 11,8; 12,31–33; 13,17) neben der gewaltsamen Herausführung aus Ägypten durch Gott gegen Pharaos Willen (13,3.14 dtr.) oder dem Auszug als Flucht (Ex 14,5a).

Die in Ex 4,2–9 eingeführten Zeichen (אות/ʾôt) sind ein weiteres Leitmotiv der Exoduserzählung, welches insbesondere im Zuge der Plagenerzählungen (Ex 7–11.14) entfaltet ist. Die sogenannten Plagen nehmen sehr unterschiedliche Formen an, indem sie als magische Erweiswunder, Naturkatastrophen oder aber als Tötung der ägyptischen Erstgeburt begegnen. Ihrem Kern nach beschreiben sie einen Machtkampf zwischen Gott und Pharao, wobei das Motiv der Verstockung Pharaos den machtvollen Aspekt der Rettungshandlung aus Ägypten im Meerwunder auf äußerst dramatische Weise vorbereitet. Folgende elf Episoden lassen sich benennen[28]:

– das **Stabwunder** (Ex 7,8–13) besteht darin, dass Aaron und die äg. Magier einen Stab in Schlangen verwandeln, Aarons Stab verschlingt die Stäbe der Magier (**P**; vgl 4,2–4 *nicht-P*);
– die **Nilpest** (Ex 7,14–25) beschreibt die Verwandlung des Nils sowie aller Gewässer Ägyptens in Blut, wodurch ein Fischsterben ausgelöst wird, durch das alles Wasser im Land verpestet ist (**P**);
– die **Froschplage** (Ex 7,26–8,11) lässt Frösche aufs Land kriechen und dort verenden, wodurch wiederum das Land verpestet wird *(nicht-P)*;
– die **Mückenplage** (Ex 8,12–15) entsteht aus dem Staub des Landes, der sich in Mücken verwandelt, die Menschen und Vieh peinigen (**P**);
– die **Ungezieferplage** (Ex 8,16–28) lässt Ungeziefer bis in die Häuser vordringen *(nicht-P)*;
– die **Viehpest** (Ex 9,1–7) lässt das Vieh der Ägypter an den Folgen einer Krankheit verenden *(nicht-P)*;
– die **Beulenpest** (Ex 9,8–12) schlägt Mensch und Vieh mit eitrigen Beulen (**P**);
– die **Hagelplage** (Ex 9,13–35) vernichtet die Ernte und erschlägt Mensch und Vieh auf den Feldern *(nicht-P)*;
– die **Heuschreckenplage** (Ex 10,1–20) vernichtet das, was der Hagel verschont hat *(nicht-P)*;
– eine dreitägige **Finsternis** (Ex 10,21–23) macht die Orientierung in Ägypten unmöglich *(nicht-P)*;
– die **Tötung der ägyptischen Erstgeburt** (Ex 12,29–33) erfolgt durch einen Schlag JHWHs *(nicht-P)*.

---

28 Vgl. C. Berner, Art. Plagenerzählung, www.wibilex.de.

Es ist offensichtlich, dass die Plagen formal sehr divergent, dabei aber dramaturgisch geschickt angeordnet sind. Anhand der priesterschriftlichen Fassung[29] der Plagen soll die Spannungskurve nachgezeichnet werden.

Voraus geht dem eine kurze Notiz in Ex 1,13 f. gefolgt von 2,23aβ–25:

> 1,13 Und die Ägypter zwangen die Israeliten mit Gewalt zur Arbeit 14 und machten ihnen das Leben schwer mit harter Lehm- und Ziegelarbeit und mit aller Feldarbeit, all der Arbeit, die sie mit Gewalt von ihnen erzwangen.
> [...]
> 23 aβ Die Israeliten aber stöhnten unter der Arbeit und schrien, und von der Arbeit stieg ihr Hilferuf auf zu Gott.
> 24 Und Gott hörte ihr Seufzen, und Gott gedachte seines Bundes mit Abraham, Isaak und Jakob.
> 25 Und Gott sah auf die Israeliten, und Gott nahm sich ihrer an.

Ex 1,13–14; 2,23–25

Auf diese äußerst knappe Einleitung in die priesterschriftliche Exoduserzählung folgen auf die Beauftragung des Mose in Ex 6 die „Plagen", welche hier als Erweiswunder dargestellt sind.

> 7,1 YHWH sprach zu Mose: „Sieh. (Somit) Setze ich Dich als *'Elohîm* (Gott) für Pharao. Und Aaron, dein Bruder, wird dein *nabî'* (Prophet) sein. 2 Du wirst ihm alles sagen, was ich dir auftragen werde, und Aaron, dein Bruder, wird es Pharao sagen, damit er die Söhne Israels aus seinem Land fortschicke. 3 Ich aber werde das Herz Pharaos verhärten und groß werden lassen meine **Zeichen** (אות/*'ôt*) und meine **Wunder** (מופת/*môphet*) im Land Ägypten. 4 Pharao wird nicht auf euch hören und ich werde **meine Hand auf die Ägypter legen** und meine Schar, mein Volk, die Kinder Israels mit **großen Gerichtstaten** aus dem Land Ägypten führen. 5 **Die Ägypter werden erkennen, *daß ich YHWH bin,*** wenn ich **meine Hand auf die Ägypter lege** und die Kinder Israels aus ihrer Mitte herausführe." 6 Und es tat(en) Mose und Aaron wie YHWH (es) ihnen befohlen hatte. So taten sie (es). 7 Mose aber war 80 Jahre und Aaron 83 Jahre alt, als sie mit Pharao sprachen.

Der priesterschriftliche Plagenzyklus

---

29 Zur Übersetzung und Kommentierung vgl. Bauks, Das Dämonische, 83 ff.; vgl. Albertz, Exodus 1–18, 170 ff. mit anderer Textzuweisung (P) aus der Voraussetzung heraus, dass P keine eigenständige Quelle, sondern eine Kompositionsschicht darstellt. Er integriert 9,22–23a.35 (Hagelplage) und 10,12–13a.20–23.27 (Finsternisplage).

8 Da sagte YHWH zu Mose und zu Aaron: 9 „Wenn Pharao zu euch folgendermaßen redet: ‚Gebt euch ein Wunderzeichen (מופת/*môphet*)!', dann sollst Du zu Aaron sagen: ‚Nimm deinen Stab und wirf ihn vor Pharao, (daß) er zur **Schlange** werde.'" 10 Mose und Aaron kamen zu Pharao und handelten so, wie YHWH geheißen hatte, und Aaron warf seinen Stab vor Pharao und vor dessen Diener und er wurde zu einer Schlange. 11 Auch Pharao rief seine **Weisen** und Zauberer und auch sie, die **Beschwörungspriester** Ägyptens, handelten so mit ihren **Beschwörungen.** 12 Und jeder warf seinen Stab und sie wurden zu Schlangen, doch der Stab Aarons verschlang ihre Stäbe. 13 Das Herz Pharaos verhärtete sich und er hörte nicht auf sie, wie YHWH es (voraus)gesagt hatte. […]

7,19 YHWH sagte zu Mose: „Sprich zu Aaron: ‚Nimm deinen Stab und **erhebe deine Hand** über die Wasser Ägyptens, auf seine Flüsse, auf seine Nilarme und ihre Tümpel und über all ihre Wasserstellen, damit sie Blut werden. Blut soll werden im ganzen Land Ägypten und in den Bäumen und in den Hölzern.'" 20 Mose und Aaron handelten, wie YHWH befohlen hatte und er erhob den Stab und schlug die Wasser, die im Nil (waren) vor den Augen Pharaos und vor den Augen seiner Diener. Da verwandelten sich alle Wasser, die im Nil (waren), in Blut. 21 Und der Fischbestand, der im Nil (war), war tot, (als Folge) stank der Nil und die Ägypter vermochten die Wasser des Nils nicht (mehr) zu trinken. Und im ganzen Land Ägypten wurde Blut. 22 **Es handelten ebenso die Magier Ägyptens mit ihren Beschwörungen** und das Herz Pharaos verhärtete sich und er erhörte sie nicht, wie YHWH es (voraus)gesagt hatte. […]

[8,1 YHWH sagte zu Mose: „Sprich zu Aaron: ‚Erhebe deine Hand mit deinem Stab über die Flüsse, über die Kanäle und über die Teiche, und lass die Frösche über das Land Ägypten kommen.'" 2 **Aaron erhob seine Hand** aus über die Gewässer Ägyptens, und die Frösche kamen herauf und bedeckten das Land Ägypten.

3 **Die Beschwörungspriester mit ihren Beschwörungen aber taten dasselbe** und ließen die Frösche über das Land Ägypten kommen. – Froschplage zählt nach Albertz ausschnitthaft zur P-Komposition]
[…]
8, 11* Er [= Pharao] hörte nicht auf sie, wie YHWH (voraus)gesagt hatte. 12 YHWH sagte zu Mose: „Sprich zu Aaron: ‚Erhebe deinen Stab und schlage (auf) den Staub der Erde, auf daß er zu Mücken werde im ganzen Land Ägypten.'" 13 Sie handelten so. **Aaron erhob seine Hand** mit seinem Stab und schlug auf den Staub der Erde und es entstanden die Mücken über Mensch und Vieh. Aller Staub der Erde wurde zu Mücken im ganzen Land Ägypten. 14 **Die Magier Ägyptens handelten ebenso** mit ihren Beschwörungen, um die Mücken hervorzubringen, aber sie

vermochten es nicht. Die Mücken aber waren an Mensch und Vieh. 15 Da sprachen die Magier zu Pharao: **Das ist der Finger** *'Elohîms*. Doch das Herz Pharaos verhärtete sich und er hörte nicht auf sie, wie YHWH (voraus)gesagt hatte.
[...]
9,8 YHWH sprach zu Mose und zu Aaron: „Nehmt euch eine Handvoll Ofenruß und **Mose werfe** ihn zum Himmel vor den Augen Pharaos. 9 Und er werde zu Staub über das ganze Land Ägypten und werde an Mensch und Vieh zu Geschwüren als aufplatzende Blasen im ganzen Land Ägypten." 10 Sie nahmen Ofenruß, traten vor Pharao **und Mose warf** ihn zum Himmel. Da entstanden Geschwüre, die als Blasen an Mensch und Tier aufplatzten. 11 **Aber die Magier konnten nicht vor Mose stehen** wegen der Geschwüre, denn die Geschwüre waren an den Zauberern und allen Ägyptern. 12 YHWH verhärtete das Herz Pharaos und er hörte nicht auf sie, wie YHWH es Mose vorausgesagt hatte.

Der Zielpunkt der priesterschriftlichen Plagen, die nicht als Naturkatastrophen, sondern als Erweiswunder gezeichnet sind – d. h. als göttlich verursacht und die Naturgesetze außer Kraft setzend – findet sich schließlich in der Meerwundererzählung:

14, 15 YHWH sagte zu Mose: „Rede zu den Kindern Israels, damit sie aufbrechen. 16 Du aber, **erhebe Deine Hand über das Meer** und spalte es, damit die Kinder Israels mitten durch das Meer auf dem Trockenen kommen.
... 18 **Die Ägypter werden erkennen, daß ich YHWH bin,** ..."
21 **Mose erhob die Hand** über das Meer. Da spaltete sich das Wasser 22 Die Kinder Israels kamen mitten durch das Meer auf dem Trockenen ...
26 YHWH sagte zu Mose: „**Erheb Deine Hand** über das Meer, damit das Wasser zurückkehrt über die Ägypter ..." 27 **Mose erhob seine Hand** über das Meer. 28 Die Wasser kehrten zurück um die Streitwagen [...] zu bedecken, die hinter ihnen ins Meer gekommen waren. (Übersetzung M. Bauks)

Der dramaturgische Aufbau der P-Version lässt sich folgendermaßen skizzieren:
- Das Volk schreit und Gott erhört es, gedenkt seines Bundes mit den Vätern und nimmt sich Israels an (Ex 2,23–25) und gibt sich Mose zu erkennen (Ex 6).
- Mose und Aaron treten wie Magier gegen die ägyptischen Magier mit Erfolg an; parallel dazu erfolgt die Verstockung Pharaos durch Gott (Ex 7,1–6); es kommt zum ersten Erweiswunder (Stock wird zur Schlange; 7,8–12).

- Das Wasser des Nils wird in Blut verwandelt – die ägyptischen Magier ziehen nach und schaden somit dem eigenen Volk (7,19–22).
- Bei der Mückenplage können die ägyptischen Magier nicht mithalten, Menschen und Vieh Ägyptens sind beeinträchtigt. Im „Finger Gottes" – gemeint sind Mose und Aaron als göttliche Erfüllungsgehilfen – erkennen die Magier die eigene Unfähigkeit und die tieferliegende Ursache (8,11–15*).
- Von der durch Mose veranlassten Rußplage werden die Magier selbst befallen (9,8–12); somit ist die Macht Ägyptens gebrochen.
- Im Auszug aus Ägypten und dem Niedergang im Meer – der verstockte Pharao bleibt bis zum bitteren Ende verstockt – erwerben die Ägypter die vorausgesagte Gotteserkenntnis im Angesicht des Todes (14,15–16.18*.21–22*.26–27*).

Die priesterschriftliche Sicht weist die Ausführung in den ersten vier Plagen Aaron, in den beiden letzten (wenn man den Auszug als Variante eines Erweis- bzw. Schauwunders ansieht) Mose zu. Es geht jeweils um einen Wettstreit, in dem die beiden ebenso in göttlicher Vollmacht handeln wie es die ägyptischen Divinatoren und Magier im Bezug auf Pharao als Träger göttlicher Wirkmacht tun. Letztere Macht vermag sich aber schließlich nicht durchzusetzen, stattdessen erfüllt sich die Vorhersage „Die Ägypter werden erkennen, dass ich JHWH bin" (14,18) im Untergang der Ägypter.

Doch betont die Erzählung weiterhin, dass auch Israel die Gotteserkenntnis erst „lernen" muss. Wie Israel in Ex 2,23 ohne Adressat klagt, Gott sich aber der Klage annimmt und sich seines Bundes erinnert (V. 24 f.), so reagiert es auch auf die Ankündigung der bevorstehenden Rettung nicht (6,9). Kurzum, Ziel der priesterschriftlichen „Plagen" ist es, dass auch Israel erkennen soll, dass JHWH sein Gott ist, und die Selbstvorstellung JHWHs aus Ex 6 verinnerlicht.

Auf synchroner Ebene lässt der gesamte Plagenzyklus (s. o.) eine Steigerung bei jeweils eigener Akzentuierung erkennen: Während sich die Nilpest, die Frosch- und Mückenplage in besonderer Weise auf den göttlichen Machterweis in Überbietung der ägyptischen Magier konzentrieren, zeigen Ungeziefer-, Viehplage und Beulenpest Gottes Macht in Ägypten an, die über die Ägypter Schaden bringt, während die Israeliten ausgenommen bleiben (Ex 8,18; Ex 9,4). Hagel- Heuschreckenplage und die dreitägige Finsternis verweisen auf die Analogielosigkeit göttlichen Handelns (Ex 9,18.24; 10,6.14), das schließlich die Verhandlungen zwischen Mose und Pharao um den Auszug in Gang bringt und in der zuerst angedrohten (11,1–8), dann aber ausgeführten Tötung der ägyptischen Erstgeburt (12,29–33; beides nicht-P) mit anschließender Vertreibung Israels einen deutlich markierten Höhepunkt findet.

Der im Erstlingsopfer der 10. Plage markierte Endpunkt ist vielschichtig. Einerseits lässt die Erzählung im Unklaren darüber, ob die Ägypter Israel des Landes verweisen (13,17; und es dann aber wieder bereuen und ihm nachjagen; 14,5 nicht-P) oder ob sich das Volk durch Flucht entzieht bzw. gewaltsam auszieht und Pharao wegen der von Gott vollzogenen Verstockung gar nicht zur Einsicht kommt (11,9 f.; 14,4 P). Andererseits lässt die bevorstehende Tötung der ägyptischen Erstgeburt Maßnahmen notwendig werden, um Israel zu bewahren. Diese Maßnahmen erhalten durch die deutliche ritualsprachliche Einbettung und die Aufnahme in den Festkalender Israels eine theologische Note: Der Auszug aus Ägypten soll im Sederabend und Passafest alljährlich rituell begangen, das Rettungshandeln des Exodus darin vergegenwärtigt und in die kulturelle wie religiöse Erinnerungsgeschichte Israels eingetragen werden (Ex 12–13 [P und nicht-P]; Ex 12,25–27; 13,5–16 [post-Dtr]).

[12,24 Diese Anordnung sollt ihr beachten als ewige Ordnung für dich und deine Söhne.]
25 Und wenn ihr in das Land kommt, das der HERR euch geben wird, wie er gesagt hat, sollt ihr festhalten an diesem Brauch.
26 Und wenn eure Söhne zu euch sagen: Warum habt ihr diesen Brauch? –
27 dann sollt ihr sagen: Es ist ein Passaopfer für den HERRN. Er ist an den Häusern der Israeliten in Ägypten vorübergegangen (פסח/*psḥ* „aussparen"), als er Ägypten schlug, unsere Häuser aber hat er verschont. Da verneigte sich das Volk und warf sich nieder.
[…]
13,5 Wenn dich der HERR in das Land der Kanaaniter und der Hetiter und der Amoriter und der Chiwwiter und der Jebusiter bringen wird, das dir zu geben er deinen Vorfahren geschworen hat, ein Land, wo Milch und Honig fließen, so sollst du in diesem Monat diesen Brauch üben:
6 Sieben Tage sollst du ungesäuerte Brote essen, und am siebten Tag ist ein Fest für den HERRN.
7 Ungesäuerte Brote soll man während der sieben Tage essen, und es darf nichts Gesäuertes bei dir zu sehen sein, und kein Sauerteig darf in deinem ganzen Gebiet zu sehen sein.
8 Deinem Sohn aber sollst du es an jenem Tag erklären: Um dessen willen, was der HERR für mich getan hat, als ich auszog aus Ägypten.
9 Es soll dir ein Zeichen sein auf deiner Hand und ein Erinnerungszeichen zwischen deinen Augen, damit die Weisung des HERRN in deinem Mund sei, denn der HERR hat dich aus Ägypten geführt mit starker Hand.
10 So sollst du diese Ordnung halten, Jahr für Jahr, zur festgesetzten Zeit.
11 Und wenn dich der HERR in das Land der Kanaaniter bringen wird, wie er es dir und deinen Vorfahren geschworen hat, und wenn er es dir gibt,

Fest der ungesäuerten Brote und Passa; s. u. 3.5.2.1

12 sollst du alles, was den Mutterschoss durchbricht, dem HERRN darbringen. Von jedem ersten Wurf des Viehs, der dir zuteil wird, gehören die männlichen Tiere dem HERRN. 13 Jeden Erstling vom Esel aber sollst du mit einem Schaf auslösen. Willst du ihn jedoch nicht auslösen, brich ihm das Genick. Jede menschliche Erstgeburt unter deinen Söhnen musst du auslösen. 14 Und wenn dein Sohn dich künftig fragt: Warum das?, dann sollst du zu ihm sagen: Mit starker Hand hat uns der HERR aus Ägypten, aus einem Sklavenhaus, herausgeführt.

Der Überlieferungsprozess

Indem die Ritualanweisungen in die Ereigniserzählung integriert sind, wird die Bedeutung der Ereignisse für alle Generationen Israels deutlich hervorgehoben. Es liegt ein Beispiel narrativer Theologie vor, das das Gründungsereignis Israels, den Auszug aus Ägypten (Ex 13,17– 14,31), in performativer Weise umsetzt und so für die zukünftigen Generationen erinnert. Die Erzählung des Gründungsereignisses hat sehr unterschiedliche Traditionen aufgenommen, die verschiedene Varianten eines Auszugs erkennen lassen[30]:

– So erfolgt der Auszug einerseits als Flucht (14,5a dtr; V. 8–10* P) und andererseits aufgrund einer Entlassung Pharaos, die er dann sogleich aber wieder bereut (nicht-P 12,31 f.; 14,5bf.). Die Entlassung lässt sich insofern mit dem Fluchtmotiv verbinden, als Pharao möglicherweise Israel nach der zehnten Plage für die erbetene Kultverrichtung in die Wüste ziehen lässt (12,31 ff. vgl. 3,18 f.), diesen Entschluss dann aber bereut, als Israel die Erlaubnis zur endgültigen Flucht nutzt.

– Ausgeführt wird das Wunderwerk der Meerspaltung einmal durch einen Boten JHWHs, einmal durch eine Wolken-(Feuer-)Säule (nicht-P) oder aber durch Mose mithilfe des Stabs, der schon im Zuge der Plagenerzählung zum Einsatz kam (P).

– Mal wird das Wasser zurückgedrängt (Ebbe-Flut), um Israel einen Fluchtweg zu ermöglichen (nicht-P), mal bildet sich inmitten des Meeres eine Mauer, die einen Spalt lässt, durch den die Israeliten ziehen können (P).

– Eine genaue Lokalisierung des „Meeres" ist aufgrund der widersprüchlichen Ortsangaben nicht möglich. Je nach Tradition handelt es sich um die Küstenstraße und das Sirbonische Meeres, ein dem Mittelmeer vorgelagertes Brackwasserbecken (P), die im Lande Goschen gelegen Bittersen oder den Golf von Suez (nicht-P). Die Sinaiperikope mit den vulkanischen Anklängen könnten topogra-

---

30 Vgl. Krüger, Erwägungen, 519–523.

phisch auf den Golf von Elat hinweisen. Historische Rekonstruktionsversuche finden sich zuhauf, lassen sich aber nicht verifizieren.[31]

Die folgende Tabelle fasst die größten Unterschiede an Erzählmotiven nochmals zusammen:

Tab. 2: Die Erzählstränge in Ex 14

P (Anschluss an Ex 12,40 f.[51])	Nicht-P u. a. redaktionelle Ergänzungen
V. 21 f. Das Ausstrecken der Hand des Mose bewirkt die Spaltung des Wassers und ermöglicht den Durchzug der Israeliten.	Ein starker Ostwind legt das Meer trocken.
V. 27 f. Das Ausstrecken der Hand des Mose gemäß JHWHs Befehl bewirkt den Rückfluss des Meeres, der die die Israeliten verfolgenden Ägypter einschließt.	Die Rückkehr des Wassers provoziert die Flucht der Ägypter in das zurückkehrende Meer hinein.
Mose-JHWH-Stab;	Bote Gottes (V. 19); Wolken- und Feuersäule (vgl. Num 9,15ff und Ex 40,36–38 als nach-P)
Pharaos Verhärtung und JHWH-Erkenntnis (14,4.18 vgl. 7,5 und 6,7 (Israel)); Typisches P-Vokabular (vgl. 1,9 und 7,11).	13,17: Pharao hat das Volk entlassen; hieraus erklären sich die verschiedenen Lokalisierungen des Aufenthalts bzw. der Umwege als ein „der redaktionellen Kombination der Quellen resultierende(r) Umweg"[63]; 13,20 und 14,2 (P) verweisen auf das Sirbonische Meer.
Tags Flucht; nachts Lager	Ohne Unterbrechung unterwegs

Eine Kurzfassung des Ereignisses der Rettung aus dem Meer findet sich als vielleicht älteste literarische Tradition im Miriamlied in Ex 15,1.21 bezeugt.

---

31 Vgl. zuletzt Beiträge zu materiellen Funden, chronologischen und topographischen Rekonstruktionen in Levy/Schneider/Propp, Israel's Exodus, bes. 39–64.81–145; Dohmen, Exodus 1–18, 348–351 mit Abb. 3 und A. Michel, Art. Meerwundererzählung, www.wibilex.de mit Abb. 1.
32 Krüger, Erwägungen, 524.

Ex 15,1.21   Und Mirjam sang ihnen vor:
Singt dem HERRN, denn hoch hat er sich erhoben,
Pferd und Reiter hat er ins Meer geschleudert.

Diese Erinnerung hat sich historisch vermutlich nicht auf Ganzisrael, sondern eine kleinere Gruppe oder einen kleineren Stammesverband bezogen, der diese Tradition in das allgemeine kulturelle Gedächtnis überführt hat. Im literarischen Gesamtkontext umschließt dieser Vers refrainhaft eine dritte Version der Meerwundererzählung, die das Ereignis in Ex 15 in Liedform überliefert.

Auffällig ist, dass die Gründungserzählung einige kultische Anweisungen integriert: Passa und Erstgeburt sind wichtige Themen, anhand derer der Auszug erinnert und rituell vergegenwärtigt wird. Die Anweisungen gelten künftigen Generationen und setzen im Passakult zuerst ein alljährliches Familienritual (12,3 f.), dann aber auch einen Kult im (perserzeitlichen) Tempel („Gemeinde" in V. 6) voraus. Das hebräische Verb פסח/*pasaḥ* bezeichnet sowohl „hindurchschreiten (durch Ägypten)" als auch „vorbeigehen/aussparen (Türen der Israeliten)". Die Begründung lautet gemäß Ex 12,26 f.: „Und es soll sein, wenn euch eure Söhne sagen: ‚Was ist dieser Dienst euch?' So sollt ihr sagen: ‚Ein Passa-(Pesach)Schlachten ist das dem Herrn, der ausgespart (p-s-ch) hat die Häuser der Söhne in Ägypten als er Ägypten stieß und unsere Häuser rettete'".[33] Passa ist demnach ein

> „Gottesdienst (V. 25.26) der Familien, zu dem der Pharao die Familien freigeben sollte (4,23; 7,26; 8,16; 9,1.13; 10,3.7), [...] ein uralter Nomadenbrauch, der in die Väterzeit zurückgeht [Weidewechsel], wenn er auch erst durch das einmalige Geschehen in Ägypten zu dem Passa wurde, das für Israel eine ‚Bewahrungsnacht' bedeutet."[34]

Passa ist zudem ein „Übersprungsfest", hervorgegangen aus einem nomadischen Übergangsritus, der den wirtschaftlich notwendigen Weidewechseln als apotropäischer (d. h. abwehrender) Ritus vorausging. Passa symbolisiert die Bewahrung im allgemeinen Sterben als Grunderfahrung Israels in der Geschichte mit Gott. Es liegt hiermit vermutlich eine Kultlegende vor:

> „Das Fest ist von Jahwe eingesetzt aus Anlaß des von ihm bewirkten letzten Schlags gegen die Ägypter; er selbst hat damals die Erstge-

---

33 So Willi-Plein, Das Buch vom Auszug, 74 f. Vgl. auch C. Körting, Art. Pessach, www.wibilex.de.
34 Willi-Plein, Das Buch vom Auszug, 76 f.

burten an Menschen und Haustieren der Ägypter getötet, wodurch er auch über die Götter der Ägypter ‚Gericht gehalten hat', indem er deren Hilflosigkeit, ja geradezu deren Nichtexistenz erwiesen hat."[35]

Die theologische Meisterleistung der Exoduserzählung Ex 1–15 besteht darin, dass durch den auffälligen Gattungsmix von verschiedenen Erzählformen, poetischen Elementen, Kult- und Rechtssprache ein sehr dichtes Textgefüge erreicht ist, dass eine Erzählung der mythischen Vergangenheit mit neuen historischen Bedingungen („Israel im Land mit einem Tempel") verknüpft, die ihrerseits Interpretationsspielraum zulassen für zukünftige, wiederum ganz neue historische, gesellschaftliche und kulturelle Verhältnisse.

Für die Identitätsbildung des entstehenden Judentums in nachexilischer Zeit spielt die Exoduserinnerung eine herausragende Rolle. Untersucht man die Exodusnarration in dem Dreischritt von Historizität – Fiktionalität – Literarizität, wird deutlich, dass sie sich darin von anderer Literatur deutlich abhebt: Denn die Erzählung ist weder als geschlossene Fiktion verstanden, in die man hineintaucht, noch als historische Beschreibung, die der bloßen Archivierung von Fakten dient. Der Exodus ist als konsequenzenreich für die eigene Existenz beschrieben. J. Assmann bemüht hier den Begriff des Performativen:

Exoduserinnerung

„Performativ sind Texte oder Sprechakte, die eine Wirklichkeit *her*-stellen, indem sie sie *dar*-stellen. Die Wahrheit liegt in ihrer Befolgung oder Umsetzung. Die Exodus-Erzählung schreibt nicht Geschichte, sondern sie macht Geschichte."[36]

Bereits die Exoduserzählung selbst hat performative Züge integriert, wenn eine einmalig verortete Handlung zum Anlass alljährlicher Wiederholung wird und operationell begangen die Geschichte mit Gott zelebriert (Ex 12–13). Auch über das Exodusbuch hinaus weist die hebräische Bibel eine Reihe dieser Exoduserinnerungen auf. So geht es in Dtn 26 um den Prozess einer späteren Vergegenwärtigung und Theologisierung der Heilsgeschichte im Kontext der alljährlichen Darbringung von Erstlingsfrüchten: Die rituelle Rahmung (Dtn 26,1–5a.10b–11) deutet den Segen der eingefahrenen Ernte als Frucht der Befreiung der Vorfahren aus Ägypten.[37] Der Befreiungsakt ist in Form

---

35 Scharbert, Exodus, 50. I.
36 Vgl. dazu Assmann, Exodus, 390; s. o. 1.4 zu P. Ricœurs Entwurf einer Wirklichkeit des Möglichen.
37 Vgl. dazu Janowski, Theologie, 113–116.

des sog. kleinen geschichtlichen Credos (Dtn 26,5–10a)[38] resümiert, das die eminente Geltung des Erzählten für die nachfolgenden Generationen unterstreicht:

Dtn 26

5 Dann sollst du bekennen und vor dem HERRN, deinem Gott, sprechen: Ein verlorener Aramäer war mein Vater, und er zog hinab nach Ägypten und blieb dort als Fremder mit wenigen Leuten, und dort wurde er zu einer grossen, starken und zahlreichen Nation. 6 Die Ägypter aber behandelten uns schlecht und unterdrückten uns und auferlegten uns harte Arbeit. 7 Da schrien wir zum HERRN, dem Gott unserer Vorfahren, und der HERR hörte unser Schreien und sah unsere Unterdrückung, unsere Mühsal und unsere Bedrängnis. 8 Und der HERR führte uns heraus aus Ägypten mit starker Hand und ausgestrecktem Arm, mit grossen und furchterregenden Taten, mit Zeichen und Wundern, 9 und er brachte uns an diesen Ort und gab uns dieses Land, ein Land, in dem Milch und Honig fliessen. 10 Und nun sieh, ich bringe die erste Ernte von den Früchten des Bodens, den du, HERR, mir gegeben hast.

Dekalog s. u. 2.5.2.1

Ähnlichen Ritualbezug mit Rechtscharakter erhält der Auszug aus Ägypten im Dekalog (Dtn 5,12–15) im Bezug auf das Sabbatgebot sowie im Festkalender von Dtn 16 im Bezug auf das Wochenfest (Dtn 16,9–12). Auch der behutsame Umgang mit der Kreatur (inkl. Sklaven/ Knechte in Dtn 5,14) und den Fremden wird abgeleitet aus der eigenen Fremdheitserfahrung in Ägypten (Ex 22,20; 23,9; Dtn 15,12–15). Die Exoduserfahrung dient explizit als befreiungstheologische Begründung für die von Gott für Israel eingesetzten Tora. Im Anschluss an das שמע ישראל/Šemaʿ Israel in Dtn 6,1–4 folgt die Aufforderung zur sichtbaren Repräsentation der Worte durch Arm- und Kopftefillim und Mezuzot an den Türpfosten (6,7). An diesen Gedanken knüpft die Musterkatechese[39] in Dtn 6,20–25 an:

Dtn 6

20 Wenn dich morgen dein Sohn fragt: Was sind das für Verordnungen, Satzungen und Rechte, die euch der HERR, unser Gott, geboten hat?, 21 dann sollst du deinem Sohn sagen: Wir waren Sklaven des Pharao in Ägypten, der HERR aber führte uns mit starker Hand heraus aus Ägypten, 22 und der HERR tat vor unseren Augen grosse und unheilvolle Zeichen und Wunder an den Ägyptern, am Pharao und an seinem ganzen Haus, 23 uns aber führte er von dort heraus, um uns hierher zu bringen und uns das Land zu geben, wie er es unseren Vorfahren

---

38 Vgl. zu den literargeschichtlichen Bezügen innerhalb des Deuteronomiums Gertz, Stellung, 30 ff.
39 Vgl. dazu Otto, Deuteronomium 4,44–11,32, 821–827.

geschworen hatte. 24 Und der HERR gebot uns, nach allen diesen Satzungen zu handeln und den HERRN, unseren Gott, zu fürchten, damit es uns gut geht allezeit und er uns am Leben erhält, wie es heute der Fall ist. 25 Und Gerechtigkeit wird bei uns herrschen, wenn wir dieses ganze Gebot halten und danach handeln vor dem HERRN, unserem Gott, wie er es uns geboten hat.

Es handelt sich um ein geschicktes Zusammenspiel von erzählter Zeit (morgen fragt dich dein Sohn) und Zeit der Geschichte (Knechtschaft; Auszug; Landverheißung), das den hohen Wert der zu vermittelnden Lehre betont und der theologischen Voraussetzung folgt, dass Einsicht in JHWHs Handeln damals wie heute das seinen Weisungen entsprechende Handeln der Textadressaten zur Konsequenz hat, die von Generation zu Generation zu vermitteln sind. Die Pflicht zum Gedenken wird als eine kollektive Verpflichtung in körperlichen, baulichen, liturgischen und die eigene Lebensführung prägenden „Zeichen" erfüllt. All die genannten Beispiele verdeutlichen, wie sehr die ägyptische Knechtschaft zum Zentrum des Selbst- und Gottesbild Israels geworden ist, das sich weiterhin in Geschichtsrückblicken wie sie sich in Ps 106,1-12; 136,10-16, oder auch in Jos 24,4-7 oder Jes 43,16-21[40] finden, widerspiegelt.

Literatur

Albertz, Rainer: Exodus 1-18, Zürich 2012 (ZBK 2).
Assmann, Jan: Exodus. Die Revolution der alten Welt, München 2015.
Bauks, Michaela: Das Dämonische im Menschen. Einige Anmerkungen zur priesterschriftlichen Theologie (Ex 7-14), in: A. Lange/H. Lichtenberger (Hg.), Die Dämonen – Demons. Die Dämonologie der alttestamentlich-jüdischen und frühchristlichen Literatur im Kontext ihrer Umwelt, Tübingen 2003, 83-97.
Gertz, Jan C.: Tradition und Redaktion in der Exoduserzählung. Untersuchungen zur Endredaktion des Pentateuch, Göttingen 2000, 189-232.
–: Die Stellung des kleinen geschichtlichen Credos in der Redaktionsgeschichte von Deuteronomium und Pentateuch, in: R.G. Kratz/H. Spieckermann (Hg.), Liebe und Gebot (SF L. Perlitt), Göttingen 2000 (FRLANT 190), 30-45.
Janowski, Bernd: Theologie des Alten Testaments. Zwischenbilanz und Zukunftsperspektiven, in: Ders. (Hg.), Theologie und Exegese des Alten Testaments/der Hebräischen Bibel, Stuttgart 2005 (SBS 200), 87-124.

---

40 Vgl. dazu Schmid, Theologie, 69-72: In Jes 43 wird der alte Exodus jedoch durch den neuen abgelöst, wie die Gegenüberstellung des Früheren (V. 18) und des Neuen (V. 19) zeigt.

Krüger, Thomas: Erwägungen zur Redaktion der Meerwundererzählung (Ex 13,17–14,31), in: ZAW 108 (1996) 519–533.
Lacocque, André/Paul Ricœur: Penser la Bible, Paris 1998.
Levy, Thomas E./Schneider, Thomas/Propp, William H.C. (Hg.): Israel's Exodus in Transdisciplinary Perspective. Text Archaeology, Culture, and Geo Science, Springer 2015, bes. 81–145.
Otto, Eckart: Deuteronomium 4,44–11,32 (HThKAT), Freiburg 2012.
Scharbert, Johannes: Exodus, Würzburg ²2000 (NEB).
Schmid, Konrad: Gibt es Theologie im Alten Testament? Zum Theologiebegriff in der alttestamentlichen Wissenschaft, Zürich 2013 (ThSt 7).
Willi-Plein, Ina: Das Buch vom Auszug. 2. Mose, Neukirchen-Vluyn 1988.

2.2.2 Gott offenbart sich durch sein Rettungshandeln: die Figur des Mose

Die Exoduserzählung und Mose sind kaum zu trennen. Betrachtet man die Zeit der erzählten Ereignisse, ist Mose eine Figur der Frühgeschichte Israels. Nach dem Tempelbaubericht in 1Kön 6,1 soll der Auszug aus Ägypten durch Mose 480 Jahre vor dem Tempelbau stattgefunden haben. Mose soll laut Ex 7,7 zum Zeitpunkt des Auszugs selbst 80-jährig gewesen sein. Der Tempelbau wird ca. 950 v. Chr. angesetzt. Demnach hätte der Auszug der biblischen Berichterstattung nach ca. 1430 v. Chr. stattfinden müssen.

Historische Rekonstruktionen lassen die Ereignisse später datieren: Die dem Pharao Merenptah zugeschriebene Israelstele, in der Israel neben einigen palästinischen Stadtstaaten als Volksgruppe erstmals genannt ist (s. Abb. 2), ist in das Jahr 1208 datiert.

Abb. 2: In der Beschreibung einer Reihe unterworfener kanaanäischer Städte berichtet die Stele auch „Israel ist verwüstet. Es hat kein Saatgut."[41]

Die in Ex 1,11 genannte Stadt Ramses (Pi-Ramesse = Qatir) ist unter seinem Vorgänger Ramses II. (1279–1213) als Hauptstadt errichtet worden.[42] Dass diese chronologischen Angaben aber nur bedingt etwas

---
41 Vgl. TUAT I/6, 544–546 (H.-P. Müller); vgl. T. Wagner, Art. Israel, www.wibilex.de, Abb. 1 und Morenz, Wortwitz, zur Interpretation der Stele.
42 Kritisch dazu Schipper, Ramses.

über den historischen Ort bzw. die erzählende Zeit aussagen, zeigen
die zahlreichen topographischen Widersprüche, die z. B. den Ort des
Auszuggeschehens („welches Meer?") im Unklaren lassen und deut- Meerwunder-
liche Anachronismen erkennen lassen – so ist die in Ex 1,11 zweite erzählung s. o. 2.2.1
genannte Stadt neben Ramses, tatsächlich eine Vorratsstadt, erst unter
Pharao Necho im 7. Jh. v. Chr. gebaut worden. Das lässt den langen
Zeitraum von mindestens 500 Jahren erkennen, die es brauchte, um
den Gründungsmythos Israels in die uns heute vorliegende Fassung zu
bringen.[43] Jede dieser Phasen hat Hinweise auf die Zeit der jeweiligen
Abfassung und ihre besonderen Umstände in den Text eingeschrieben.
Somit ist auch Mose literarisch als eine Kompositfigur zu verstehen,
um diesen Umständen Rechnung zu tragen.

Die hebräische Bibel stellt Mose als eine außergewöhnliche Person vor. Das zeigen sowohl die Geburtsgeschichte (Ex 2) wie auch die
Umstände seines Todes (Dtn 34,1–6) an. Beide Passagen zeichnen ihn
als herausragenden Menschen, der sich durch seine besondere Funktion als Vermittler zwischen Gott und Volk von den übrigen Menschen
unterscheidet. Ihm kommt eine besondere Autorität zu, die letztlich
dazu führte, ihm die Autorschaft der Tora/des Pentateuch zuzuweisen
und die Sammlung als „Fünf Bücher Mose" zu bezeichnen.

Die vorliegenden Erzählungen sind Legenden einer historisch nicht
genau rekonstruierbaren, aber für die Gedächtnisgeschichte Israels
äußerst relevanten Person. Mose deshalb zu einer rein literarischen und
fiktiven Figur zu machen, wäre überzogen, zumal die Gestalt bei aller
Widersprüchlichkeit durchaus historische Reminiszenzen erkennen lässt:
- sein ägyptischer Name (äg. *msj* „Geborener des/geboren von N.N."); Historische
- seine „zweite" Existenzform als eingeheirateter Midianiter, Schwie- Reminiszenzen
  gersohn eines JHWH-Priesters; das steht in krassem Widerspruch der Mosefigur
  zu der Beschreibung dieses Volks im 1. Jahrtausend als Erzfeind
  Israels (vgl. Ri 6–8 u. ö.);
- Einzelaktionen wie z. B. das Aufrichten der „ehernen Schlange"
  (Nehuschtan; Num 21,4–9) durch ihn in der Wüste werden von Hiskia
  verpönt und im Zuge der Kultreinigung abgeschafft (2Kön 18,4),
  obwohl auch hier der Name Mose als Urheber durchaus noch bezeugt
  wird.

Diese Details sind als historische Reminiszenzen zu bewerten, da man
sie in späterer Zeit kaum erfinden würde, um die sonst exemplarisch
gezeichnete Figur nicht zu desavouieren. Da sie dennoch überliefert
worden sind, ist von einem historischen Kern auszugehen. Erstaunlich

---

43 Vgl. zur literarischen Rekonstruktion von Albertz, Exodus 1–18, 27–35; Schipper,
   Ramses, 282 f.

ist, dass von der Figur des Mose außerhalb des Pentateuch selten die Rede ist, wie auch die Fortsetzungsgeschichte des Exodus, die Ereignisse am Sinai, weitgehend ausgespart bleiben. Eine Reihe von Bibelstellen verweisen indes auf das „Buch der Tora des Mose" und unterstreichen darin seine Funktion als Übermittler des göttlichen Rechts (2 Kön 14,6; 23,25; Jos 8,23; 23,6; 2 Chr 23,18; Es 3,2; 6,18; 7,6; Neh 8,1 u. ö.; vgl. auch Röm 10,5 f.19).

Die Geburtsgeschichte

Die herausragende Stellung des Mose wird durch seine legendenhafte Geburtsgeschichte (Ex 2) hervorgehoben. Eingefasst in den Kontext des Tötungsbefehls Pharaos, der alle israelitischen Jungen betrifft (Ex 1,16.22; vgl. Mt 2,16 Kindermord in Bethlehem), wird der zukünftige Führer Israels auf wundersame Weise von einer nicht weiter benannten ägyptischen Königstochter gerettet und sogar in seine ursprüngliche Familie zurückgeführt. Diese Umstände zeichnen ihn als eine Person, die sowohl mit dem ägyptischen Hof als auch mit dem Volk Israel identifiziert wird.

Ex 2,1–10

1 Und ein Mann aus dem Hause Levi ging und nahm die Tochter Levis zur Frau.
2 Und die Frau wurde schwanger und gebar einen Sohn, und sie sah, dass er schön war. Da versteckte sie ihn drei Monate lang.
3 Länger aber konnte sie ihn nicht versteckt halten. Und sie nahm für ihn einen Korb aus Papyrus und verklebte ihn mit Asphalt und Pech. Und sie legte das Kind hinein und legte ihn ins Schilf am Ufer des Nil.
4 Seine Schwester aber blieb in einiger Entfernung stehen, um zu erfahren, was mit ihm geschehen würde.
5 Da kam die Tochter des Pharao herab, um sich am Nil zu waschen, während ihre Dienerinnen am Ufer des Nil auf und ab gingen. Und sie sah den Korb mitten im Schilf und schickte ihre Sklavin hin und liess ihn holen.
6 Und sie öffnete ihn und erblickte das Kind, und sieh, es war ein weinender Knabe. Da hatte sie Mitleid mit ihm und sagte: Das ist eines von den Kindern der Hebräer.
7 Seine Schwester aber sagte zur Tochter des Pharao: Soll ich gehen und dir eine hebräische Amme rufen, damit sie das Kind für dich stillt?
8 Und die Tochter des Pharao sprach zu ihr: Geh! Da ging die junge Frau und rief die Mutter des Kindes.
9 Und die Tochter des Pharao sprach zu ihr: Nimm dieses Kind mit dir und stille es für mich, und ich werde dir deinen Lohn geben. Da nahm die Frau das Kind und stillte es.
10 Und das Kind wuchs heran, und sie brachte es der Tochter des Pharao, und es wurde ihr Sohn. Und sie nannte es Mose und sprach: Ich habe ihn ja aus dem Wasser gezogen.

Dass diese Geburtsgeschichte wenig historisch ist, sondern zur literarisch häufig belegten Legendenbildung einer (politisch) bedeutsamen Persönlichkeit gehört (man denke z. B. an die Aufzucht des Begründers der Stadt Rom, Romulus und seines Bruders Remus, durch eine Wölfin), zeigt die inhaltlich wie formal sehr ähnliche Geburtslegende des mesopotamischen Herrschers Sargon von Akkad (2340–2284 v. Chr.).[44]

1 Scharrukin, der mächtige König, der König von Akkad, bin ich.
Meine Mutter war eine Priesterin *(entum)*, meinen Vater kenne ich nicht.
Mein Vatersbruder bewohnt das Bergland.
Meine Stadt ist Azupiranu, die am Ufer des Euphrat liegt.
5 Es empfing mich meine Mutter, die Priesterin, im Verborgenen gebar sie mich.
Sie legte mich in einen Korb aus Rohr, mit Pech verschloß sie den Deckel über mir.
Sie setzte mich in den Fluß, aus dem ich nicht heraufkommen sollte.
Es trug mich der Fluß, zu Akki, dem Wasserschöpfer, brachte er mich.
Akki, der Wasserschöpfer, holte mich beim Heraufkommen seines Schöpfeimers heraus.
10 Akki, der Wasserschöpfer, zog mich an Sohnes statt groß.
Akki, der Wasserschöpfer, setzte mich in sein Gärtneramt ein.
Wegen meines Gärtneramtes begann Ischtar, mich zu lieben, und so übte ich [5]4 Jahre das Königtum aus.
Die schwarzköpfigen [Mensch]en beherrschte und [regierte] ich. […]

Geburtslegende des Sargon von Akkad

Der Vergleich der beiden Erzählungen ergibt folgende Parallelen[45]:
– Beide Figuren scheinen nichtehelicher Herkunft zu sein.[46]
– Beide werden (deshalb) von der Mutter ausgesetzt.
– Beide finden sich in einem Kasten im Schilf wieder, der mit Bitumen/Pech bestrichen ist und am Flussufer abgelegt ist.
– Beide werden durch Zufall gefunden und von Stiefeltern großgezogen.
– Beide erhalten als Erwachsene eine wichtige Mission in einem dezidiert theologisch motivierten Kontext. Sargon soll von seinen Untertanen geliebt werden wie die Göttin Ischtar ihn liebt. Mose wird mit einer ägyptischen Tradition verwoben (Ex 1,22; 2,5 ff.), um dann aber dem Gott der Israeliten als Führungsgestalt zu dienen.

Vergleich

---

44 TUAT Erg. 1 (Übersetzung K. Hecker), 56.
45 Vgl. dazu Otto, Mose, 49–59; Gerhards, Aussetzungsgeschichte, 206–217.234–236.
46 Die Übersetzung von Ex 2,1 „zur Frau nehmen" entspricht dem hebräischen Text nicht wörtlich, der das intransitive Objekt „zur Frau (nehmen)" auslässt und besagt, dass ein Mann aus Levi eine Frau aus Levi „nahm", eine Formulierung, die andernorts auf eine illegitime Beziehung hinweist (Gen 6,2; 2Sam 11,4; Hos 1,2 f.) – so Otto, Mose, 54–59; anders Albertz, Exodus 1–18, 57 und Gerhards, Aussetzungsgeschichte, 27–29.234 f.

Die ursprünglich wohl aus dem 3. Jahrtausend stammende Legende des sagenumwobenen Königs Sargon von Akkad (ca. 2350 v. Chr.) erfuhr im 8. Jh. v. Chr. unter dem neuassyrischen König Sargon II. eine Renaissance. So wie die Sargonlegende Ischtars Liebe für Sargon unterstreicht und darin seine Vorbildfunktion für die Untertanen suggeriert, so unterstreicht die Moselegende die Liebe Gottes zu Mose und fordert implizit die Loyalität Israels für Gott (und das von ihm im weiteren Verlauf der Narration promulgierte Gesetz) ein. Allerdings erfolgt die Rezeption der alten Legende in subversiver Absicht, denn es geht nicht um einen König und dessen Herrschaftslegitimation, sondern um das Gottesvolk, das durch Moses Vermittlung Anteil an der göttlichen Erfahrung erhält. Ägypten ist hier verschlüsselt als mythische Gegenmacht gezeichnet, aus der Gott einst in grauer Vorzeit befreit hat, wie er auch aus der assyrischen Herrschaft, die Israel im 8./7. Jh. v. Chr. fest im Griff hat, befreien soll. Die Frühgeschichte erscheint hier als Prolepse der erlebten Geschichte. Dass Israel für die Darstellung des eigenen Geschichtsbildes mitunter auf neuassyrische Formulare, Motive und Konzepte im großen Stil zurückgreift, lässt sich auch im Zuge der Bundestheologie ausführlich dokumentieren.

Bund mit Gott s. u. 2.5.1.1

Die Betonung der levitischen Herkunft des Mose zu Beginn der Geburtserzählung dürfte einer späteren Zuschreibung entstammen und nicht historisch sein. Die auf die Kindheitsgeschichte folgende (prophetische) Offenbarungs- und Berufungserzählung in Ex 3 wird narrativ mit der notwendig gewordenen Flucht in die Wüste erklärt, nachdem Mose einen Ägypter getötet hat. Hier „entdeckt" Mose JHWH bzw. wird als der von JHWH Berufene eingeführt und in sein Amt eingesetzt.

Zwei Mosetraditionen

Offensichtlich haben wir es mit mindestens zwei verschiedenen Mosetraditionen im AT zu tun. Die erste zeichnet einen dem Tod geweihten Abkömmling Israels, der an den ägyptischen Hof kommt, einen ägyptisch anmutenden Namen trägt und höfische Erziehung und Kultur genießt. Er setzt sich schließlich für sein Volk ein und wird, ohne dass das Volk ihn ernst nähme oder danach verlangte, zu dessen von Gott berufenen Führer und Retter.

Die zweite Mosefigur ist nicht höfisch, sondern nomadisch gezeichnet, kennt sich aus im Leben der arabischen Wüste und gehört zu einer Priesterfamilie, die einen Gott namens JHWH verehrt, einen Väter- oder Sippengott, wie er auch in den Erzelternerzählungen begegnet. Dieser Tradition nach ist Mose ein theologischer Führer und Lenker.

Beide Traditionen bilden die Charakteristika des biblischen Mosebildes, die in eine narrative Abfolge gebracht und durch Verwicklungen und Umwege aufeinander abgestimmt worden sind. Beide Traditionen werden um die Sinaitradition und die Murrgeschichten erweitert.

Das Leben des Mose findet ein ebenso denkwürdiges Ende, wie es begonnen hat (Dtn 34,1–7):

> 1 Und Mose stieg aus der Wüste von Moab auf den Berg Nebo, auf den Gipfel des Pisga gegenüber von Jericho. Und der HERR liess ihn das ganze Land sehen, von Gilead bis nach Dan,
> 2 ganz Naftali und das Land Efraims und Manasses und das ganze Land Judas bis an das westliche Meer,
> 3 den Negev und die Ebene des Jordan, die Talebene von Jericho, der Palmenstadt, bis nach Zoar.
> 4 Und der HERR sprach zu ihm: Dies ist das Land, von dem ich Abraham, Isaak und Jakob geschworen habe: Deinen Nachkommen will ich es geben. Ich habe es dich mit deinen Augen schauen lassen, aber du wirst nicht dort hinüberziehen.
> 5 Und Mose, der Diener des HERRN, starb dort im Land Moab nach dem Befehl des HERRN.
> 6 Und er begrub ihn im Tal, im Land Moab gegenüber von Bet-Peor, und bis heute kennt niemand sein Grab.
> 7 Mose aber war hundertzwanzig Jahre alt, als er starb, seine Augen waren nicht trübe geworden, und seine Frische hatte ihn nicht verlassen.

Tod des Mose Dtn 34

Da Mose und Aaron aufgrund des Zwischenfalls in Kadesch-Barnea, als Mose ohne explizite Aufforderung JHWHs aus einem Felsen Wasser sprudeln lässt, um das murrende Volk zu beruhigen, das verheißene Land nicht betreten dürfen und in der Ebene Moabs sterben (Num 20,12; Dtn 32,51), bleibt ihnen die Ankunft im verheißenen Land verwehrt. Die kurze Notiz vom Tod des Mose in Dtn 34,12 berichtet, dass er in Abgeschiedenheit starb und JHWH selbst ihm ein Grab schuf. Darin unterscheidet er sich von Gestalten wie Abraham und den übrigen Erzeltern, die allesamt in der Höhle von Machpela bestattet sind, mit dem erklärten Ziel, dort weiterhin erinnert zu werden (Gen 23 u. ö.). Stattdessen wird Mose gerade nicht mit einem Grab verbunden. Diese Anonymität erinnert an das Ableben anderer außergewöhnlicher Figuren, wie z. B. Elia, dessen Tod gar nicht berichtet ist, sondern der auf einem Feuerwagen in den Himmel fuhr und von Gott entrückt wurde (2 Kön 2,1–18). Auf beide Figuren ist in der Geschichte der Transfiguration Jesu auf dem Hermon Bezug genommen (Mk 9par.[47]), die Jesus als einen der großen Propheten neben Mose und Elia stellt, eine Zuordnung, die die Tora für Mose nur vage

---

47 Vgl. Standhartinger, Jesus.

andeutet (vgl. Dtn 18,15.18; Num 12,6–8 (?); Dtn 34,10; vgl. Hos 12,14)[48] und der Figur erst im Laufe der Rezeptionsgeschichte zugewiesen ist. Die Mosedarstellung in den Büchern Exodus und Numeri ist narrativ geprägt. Das Buch Deuteronomium präsentiert hingegen die Abschiedsrede des Mose vor seinem Tod (Dtn 1,1–5), die anfangs die Zeit des Auszugs, der Gesetzesgabe und des Wüstenaufenthalts kurz resümiert (1,6–3,29), um aber sogleich zu einer Reihe von Gesetzessammlungen und Vorschriften überzuleiten, die Geltung erhalten, sobald Israel im verheißenen Land ankommt (Dtn 4,1). Das Buch endet schließlich mit Erzählpassagen zum Tod Aarons, der Einsetzung Josuas und zum Mosetod (Dtn 31–34), in die in Dtn 32,1–43 das sogenannte Moselied als poetischer Geschichtsrückblick eingelassen ist.

Rezeption des Mose in den anderen Teilen der Hebräischen Bibel

Außerhalb der Tora ist die Moseerzählung selten thematisiert. Die Figur gilt als Übermittler des göttlichen Willens, der in der Tora bzw. im Buch der Tora des Mose niedergeschrieben ist (vgl. 2 Kön 14,6; 23,25; Jos 8,31; 23,6). Die Weisung des Mose liefert zudem den theologischen Bezugsrahmen für die prophetischen Bücher (Nebi'îm), auf den zu Beginn (Jos 1,7) und am Ende der literarischen Sammlung (Mal 3,22) ausdrücklich verwiesen ist. Auch das Chronistische Geschichtswerk nennt eine Reihe von Referenzen an die Tora bzw. das Buch der Tora des Mose (vgl. 2Chr 23,18; Esr 3,2; 6,18; 7,6; Neh 8,1 u.ö.). Jer 15,1 erwähnt Mose neben Samuel als Fürbitter Israels (vgl. Ps 106, 23 Mose), Jes 63,11–13 und Mi 6,4 erinnern an Exodus und Wüstenzeit unter seiner Führung (vgl. Ps 105,24–45 zuzüglich eines ausführlichen Abschnitts zu den Plagen).

Die Verschmelzung der göttlichen Weisung/Tora mit der Figur des Mose prägt auch die Evangelien, in denen seine Funktion als Gesetzgeber (Mk 10,3par.), Prophet (Mk 9,4par.) und erster Schriftgelehrter (Mt 23,2) hervorgehoben ist. Paulus und Hebräerbrief deuten eine zeitlich begrenzte Relevanz der Mosetora an und gehen von der Überbietung durch Christus aus (Röm 10,5–19; Hebr 8,13). Gleichzeitig bleibt Mose aber auch hier als Vorbild des Glaubens anerkannt (Hebr 11,23–29 mit einem Resümee der wichtigsten Moseerzählungen).

---

48 Zuletzt hat Stackert, A Prophet, die klassische These einer prophetisch inspirierten „elohistischen Quellenschrift" verteidigt und die prophetische Mosetradition aus ihr abgeleitet.

Die Exodusgeschichte bildet den markantesten Gründungsmythos Israels, indem sie erzählt, wie Gott sich der Not seines Volks annimmt, um es in einer spektakulären Rettungsaktion aus der Knechtschaft eines fremden Volks zu befreien. Untrennbar damit ist die Mosefigur verbunden. Sie wird literarisch wie theologisch zum Schlussstein einer Konstruktion von kollektivem Gedächtnis. In Mose erhält die (Früh-) Geschichte Israels eine exemplarische Führergestalt, deren Narrationen dazu verhelfen, die durch die Königszeit geprägte Religion des 10.–6. Jh. v. Chr. den neuen historischen Umständen des Verlusts von nationaler Unabhängigkeit anzupassen. Indem der Gründungsmythos des Exodus und sein Gründungsvater Mose in einer geradezu mythischen Urzeit angesiedelt werden, erfährt die königslose Frühgeschichte Israels eine zukunftsweisende theologische Überhöhung, die das Fehlen des Königtums in nachexilischer Zeit zu verschmerzen hilft. Der Höhepunkt der Theologisierung findet sich in der Gabe der Tora als Buch des Mose.[80] Die Offenbarung Gottes wird in der Exoduserzählung medial durch eine Einzelgestalt, Mose, vermittelt.

Literatur

Albertz, Rainer: Exodus 1–18, Zürich 2012 (ZBK 2).

Assmann, Jan: Exodus. Die Revolution der alten Welt, München 2015.

Gerhards, Meik: Die Aussetzungsgeschichte des Mose. Literar- und traditionsgeschichtliche Untersuchungen zu einem Schlüsseltext des nichtpriesterschriftlichen Tetrateuch, Neukirchen Vluyn 2006 (WMANT 109).

Morenz, Ludwig D.: Wortwitz-Ideologie-Geschichte: „Israel" im Horizont Mer-en-ptahs, in: ZAW 120 (2008), 1–13.

Otto, Eckart: Mose und das Gesetz. Die Mose-Figur als Gegenentwurf politischer Theologie zur neuassyrischen Königsideologie im 7. Jh. v. Chr., in: Ders. (Hg.), Mose. Ägypten und das Alte Testament, Stuttgart 2000 (SBS 189), 43–83.

Schipper, Bernd: Ramses, Pithom, and the Exodus: A Critical Evaluation of Ex 1:11, in: VT 65 (2015), 265–288.

Stackert, Jeffrey: A Prophet Like Moses. Prophecy, Law, and Israelite Religion, Oxford 2014.

Standhartinger, Angela: Jesus, Elija und Mose auf dem Berg. Traditionsgeschichtliche Überlegungen zur Verklärungsgeschichte (Mk 9, 2–8), in: BZ 47 (2003), 66–85.

---

49 Vgl. dazu Assmann, Exodus, 101–106.

2.3 JHWH offenbart sich in den Verheißungen an die Erzeltern

Gründungsmythos 2

Die hebräische Bibel kennt noch einen zweiten Gründungsmythos Israels: Während der erste von der Errettung Israels aus dem Sklavenhaus Ägyptens durch Mose handelt, erzählt der zweite von der Urzeit der „Väter", die zusammen mit ihren Frauen (die sogenannten Erzeltern)[50] die Verheißung erhalten, Ahnen des Gottesvolks zu werden. Beide – ursprünglich wohl voneinander unabhängigen[51] – Traditionen begründen die Identität Israels als Gottesvolk, dessen Erwählung sich durch das göttliche Eingreifen in einer Geschichte voller Zäsuren offenbart (vgl. von Rad, Theologie II, 340). Eingebettet sind die Erzelternerzählungen in das Buch Genesis (Gen 12–36) im Anschluss an die universal ausgerichtete Urgeschichte. Die sich anschließende Josephserzählung (Gen 37–50*) dürfte aus formgeschichtlichen Gründen in weiten Teilen einem ursprünglich weisheitlichen Kontext entstammen. Sie bildet einen späteren Einschub in den Buchkontext als „Brückentext", dessen Funktion darin liegt, die beiden Gründungsmythen narrativ miteinander zu verbinden.

Josepherzählung
s. u. 2.8.4.1

Der Name Israel

„Isra-El"/ישראל ist einer der vielen Satznamen in der hebräischen Bibel und bedeutet übersetzt „Gott bzw. El kämpft".[52] Allerdings bezeichnet der Name in der Hebräischen Bibel recht unterschiedlicher Dinge:
- Israel bezeichnet den Stämmeverband (1Sam 10,20) oder das davidische Reich (1Sam 3,20).
- Israel ist in den Königsbüchern die Bezeichnung des Nordreichs (1Kön 11,31–2Kön 18,5). Der biblischen Überlieferung nach erfolgt mit dem Tode Salomos ein Schisma, infolgedessen sich das Reich Davids in ein Nordreich unter Jerobeam und ein Südreich unter dem Davididen Rehabeam aufspaltet. Das Nordreich wird Israel, das Südreich Juda genannt (s. auch 1Sam 17,52; 18,16).
- Israel ist laut Gen 32 auch Name eines Individuums, nämlich der Name, den Jakob am Jabbok im Anschluss an eine Gottesbegegnung erhält. Dieser Name wird von der Person des Erzvaters schließlich auf die ganze Sippe und daraus folgernd auf das Gottesvolk übertragen (vgl. Ex 1,1).
- Die im AT sehr geläufige Wendung בני ישראל/*benej Israel*, die „Kinder Israels", bezieht sich nicht nur auf das ungeteilte Königreich der

---

50 Vgl. dazu Fischer, Erzeltern Israels.
51 Zur Verknüpfung der Erzeltern- und der Exodustradition durch P vgl. Gertz, Tradition, und Schmid, Erzväter; zur Kritik z. B. Schmitt, Erzväter.
52 Vgl. T. Wagner, Art. Israel, www.wibilex.de, § 1.1.–2 mit Hinweis auf Gen 33,20 „El ist der Gott Israels".

davidischen Zeit oder auf die Nordreichbewohner, sondern wird zur Bezeichnung des Gottesvolkes (s. insbes. Ez; Esr; Neh).

Die Erzelternerzählungen in Gen 12–50 berichten in Perspektivierung auf das Volk Israel, dass und in welcher Weise Gott an einzelnen Personen, nämlich den Erzeltern, wirkt und eine gemeinsame Zukunft verheißt. W. Zimmerli[53] betont, dass

> „‚Verheißung' […] dabei dem weltlichen Charakter der at. Gottesrede entsprechend nichts Inwendig-Geistliches [ist]. Vielmehr geht es in ihr zunächst um die ganz gegenständlichen Güter, die das Volk erst zum Volk machen. Es ist das Versprechen an den Ahnvater, Nachkommenschaft zu bekommen und in dieser Nachkommenschaft sich zu einem Volke zu mehren. 12,2 sagt weiter, daß der Ahnvater darin einen großen Namen, d. h. Ehre in der Völkerwelt, bekommen solle. Gen 17,6 enthält einen ähnlichen Gedanken in der Zusage, daß in diesem Volke Könige von der Ahnfrau abstammen werden. Zu der Verheißung der Mehrung zum Volk tritt als zweite, in der alten Überlieferung von den Vätern genannte Verheißung diejenige des Landes, das Gott dem Volke gegeben werde. […] Diese beiden großen Verheißungsgüter […] werden dann bei J und P je in verschiedener Weise noch durch einen weiteren Akzent näher bestimmt. In 12,2 f. (J) ist es das große Stichwort vom ‚Segen', den Abraham empfangen soll […] In P tritt dazu als Drittes die Zusage, daß der dem Abraham erscheinende Gott sein und seiner Nachkommen Gott sein wolle (Gen 17,7 f.)."

So sind die Erzelternerzählungen (inkl. Josephsgeschichte) theologisch bestimmt von der Verheißung und deren Verzögerung bzw. Gefährdung, einigen Irrwegen und dem Gehorsam gegenüber Gott. Doch sind in den einzelnen Überlieferungen die Akzente unterschiedlich gesetzt: Wie sich der Abraham- und Jakobzyklus kompositionell unterscheiden, und die Josephserzählung schon gattungsmäßig herausfällt, so variieren auch die theologischen Perspektivierungen. Weiterhin lassen sich innerhalb des jeweiligen Zyklus' literargeschichtlich zu erklärende Differenzen und Doppelungen erkennen, die auf längere Überarbeitungsprozesse hinweisen. Auch die Einschätzung von Gen 12 als P gegenüber älteren „jahwistischen" (J) Verheißungstext ist zuletzt einer kritischen Revision unterzogen worden, die das theologische Profil der Erzählung verändert (s. u.).

---

53 Grundriß, 21 f.

Der Abraham- und Jakobzyklus geben zudem Auskunft über sozialgeschichtliche[54] und religionsgeschichtliche Aspekte. Typische Gattungselemente in den Erzählungen sind z. B. die Ätiologien (d. h. Ursprungserklärungen zu Kult, Ritus, Namen oder Orten) wie die Genealogien (תולדות/*tôledot*) und Itinerarien (Reiserouten), die einerseits Aufschluss über Lebensweise und soziale wie politische Organisationsformen in historischer Perspektive geben, andererseits aber auch Einblick in die literarische Genese der unterschiedlichen theologischen Traditionen. Auffällig an Themenwahl und Kompositionsgefüge ist, dass der – ursprünglich ältere – Jakobszyklus (Gen 25; 27–33*) eine umfassende und in sich geschlossene Biographie präsentiert, während die Erzählungen zu Abraham weniger an einem biographischen Zeitstrahl als um mehrere Themenfelder gruppiert sind, wie um den Abraham-Lot-Zyklus (Gen 13; 18–19), Abraham als Patriarch oder theologische Themen wie Verheißung (Gen 12,1–3.7 + Segen; 13,14–17) in Verbindung mit Bund (Gen 17) bzw. Bund und Glaube (Gen 15) oder Gehorsam (Gen 22). Beide Zyklen sind durch das genealogische Material deutlich strukturiert und aufeinander bezogen.

Die Frage nach dem Ursprung des Gottesvolks wird in diesen Geschichten nicht durch die mythische Verankerung in der Urzeit beantwortet (so z. B. Enuma eliš; Urgeschichte), sondern durch die Berufung einer Einzelfigur (Gen 12,1–3). Der Ruf erfolgt zunächst ins Ungewisse: „Ich bin JHWH, der dich herausgeführt hat aus dem Ur der Chaldäer" (Gen 15,7; ein vermutlich später Text, der die im Exoduskontext gängige Auszugsnotiz auf eine neue Situation, das Exil, anwendet). Das im hebräischen Begriff der Gabe (vgl. נתן/ntn) dokumentierte Konzept der Verheißung betont, dass der Geschichte Israels eine Zusage vorausgeht: Diese wird aber nicht im Zuge eines Einzelereignisses oder an einem bestimmten Protagonisten erfüllt, sondern vollzieht sich im Laufe der Volksgeschichte über Generationen und Epochen hinweg, wirkt also als ein sich immer wieder ereignender Prozess (vgl. Ex 33,1; Dtn 34,4). Die Verheißungen bilden die sekundären Verklammerungen, durch die in exilisch-nachexilischer Zeit die verschiedenen Erzelterntraditionen untereinander verbunden sowie die Einbettung in das Erzählganze der Tora erreicht wurden.[55]

---

54 So enthält das Korpus die größte Anzahl an Texten, die eine Rekonstruktion weiblicher Lebensbedingungen ermöglichen vgl. Fischer, Erzeltern, 7–111 zu Geburtserzählungen, Genealogien, Gebärnotizen, Rechtsstatus.
55 Vgl. Kessler, Querverweise, 280–295; Köckert, Abraham- und Jakobsüberlieferung.

2.3.1 Der Abrahamzyklus

Den Auftakt der Erzählung (Gen 12–25) bildet die erst später hinzugefügte, für das theologische Verständnis jedoch maßgebliche Erzählung von der Berufung Abra(ha)ms in Gen 12. Eingeführt ist die Figur lediglich durch genealogische Notizen in Gen 11,27–32 (P*), die eine Herkunft aus Ur (Mesopotamien) bzw. Haran (Nordsyrien) bezeugen. Diese Verortung entspricht dem historischen Ort der Exilssituation im 6./5. Jh. als der Zeit, aus der die Erzählung stammt und in der das Erzählte auf die Exilserfahrung übertragen ist und zur Identifizierung beiträgt.

> 1 Und der HERR sprach zu Abram: Geh aus deinem Land und aus deiner Verwandtschaft und aus dem Haus deines Vaters in das Land, das ich dir zeigen werde.
> 2 Ich will dich zu einem grossen Volk machen und will dich segnen und deinen Namen gross machen, und du wirst ein Segen sein.
> 3 Segnen will ich, die dich segnen, wer dich aber schmäht, den will ich verfluchen, und Segen sollen durch dich erlangen alle Sippen der Erde.
> 4 Da ging Abram, wie der HERR es ihm gesagt hatte, und Lot ging mit ihm. Abram aber war fünfundsiebzig Jahre alt, als er von Charan auszog.
> 5 Und Abram nahm Sarai, seine Frau, und Lot, den Sohn seines Bruders, und all ihre Habe, die sie besassen, und die Leute, die sie in Charan erworben hatten, und sie zogen aus, um ins Land Kanaan zu gelangen, und sie kamen ins Land Kanaan.
> 6 Und Abram zog durch das Land bis zur Stätte von Schechem, bis zur Orakel-Terebinthe. Damals waren die Kanaaniter im Land.
> 7 Da erschien der HERR dem Abram und sprach: Deinen Nachkommen will ich dieses Land geben. Und dort baute er dem HERRN, der ihm erschienen war, einen Altar.

Gen 12,1–7

Zentrales Thema dieses theologisch sehr pointierten Erzählbeginns (Gen 12,1–4a) neben ein paar weiteren Erzelternerzählungen ist die Verheißung:

Motiv der Verheißung

- Landverheißung: Gleich zu Beginn des Zyklus ist Abraham von Gott aufgefordert, sein Vaterhaus jeder nomadischen Grundregel zum Trotz zu verlassen und in das entfernte Land Kanaan zu ziehen (12,1 [vgl. V. 5.7]; vgl. 13,15; 17,8; 26,3; 28,4.13; 35,12; 48,4).
- Verheißung sich zu vermehren und ein großes Volk zu begründen (12,2; vgl. 13,16; 15,5; 17,6 [Völker]; 26,4.24; 28,4.14; 32,13; 35,11 [Völker]; 46,3; 48,4 [Völker]): Auch diese Verheißung erfordert großes Gottvertrauen, zumal Abrahams Frau Sara als steril und bereits fortgeschrittenen Alters geschildert ist (Gen 11,30). Somit ist das

Versprechen, das Land an Abrahams Nachkommenschaft zu geben, ein fast unerreichbares Ziel, dessen Erfüllung narrativ auf verschiedene Wege angestrebt wird (12,7; 16,2 ff.), bevor es schließlich zur Geburt Isaaks kommt (Gen 21,2 f.).
- Eine dritte Verheißung betrifft die Aussage des Gesegnet-Seins durch Gott (Gen 12,3; vgl. 26,3.24; 28,14; 32,27) sowie den Segenszusatz, dass Gott für Abraham und seine Nachkommenschaft „Gott sei" (17,8) bzw. mit dem jeweiligen Patriarchen sei (26,3; 28,15; 48,21).

Der ersten und zweiten Verheißung entspricht das Netz von tradierten Itinerarien und Genealogien in der Großerzählung, die den Weg vom Ausgangsort bzw. dem einzelnen Patriarchen bis zur Erfüllung der Verheißung nachzeichnen und strukturieren.[56] Allerdings wird die Erfüllung der Landverheißung, die laut Gen 12,6 in Sichem erfolgt, erst in Jos 24,2–4.13 (zu V. 29–32 Sichem; vgl. Gen 50,25 f.; Ex 13,19), realisiert, um in Richter – 2Könige als eine Geschichte des Unheils und Landverlusts fortgeführt zu werden. Es handelt sich also um ein schwebendes bzw. offenes Motiv, welches verschiedene Erzählkomplexe des Hexateuch miteinander verbindet. Itinerarien und Genealogien dienen der Vernetzung der verschiedenen Einzeltraditionen zu einer Gesamterzählung. Sie sind außerdem hilfreich, die Ursprünge der Einzeltraditionen und ihre literarische Verwendung im Verlauf der Literaturgeschichte des Alten Testaments zu rekonstruieren, da sich in ihnen deutliche Hinweise auf Nord- bzw. Südreichtraditionen finden lassen.

Exkurs: Historische Implikationen der Erzelternerzählungen

In der Regel lassen die alttestamentlichen Erzählungen eine starke Südreichperspektive erkennen, wenn z. B. in den historischen Büchern die Nordreichkönige grundsätzlich negative Einschätzungen bekommen oder in den Chronikbüchern das Nordreich gar keine Berücksichtigung (mehr) findet. Das erklärt sich daher, dass trotz der zugrunde gelegten Traditionen aus Nord und Süd die Zusammenstellung des Materials erst nach dem politischen Untergang des Nordreichs am Ende des 8. Jhs. v.Chr. erfolgt ist. Trotz dieser Gesamttendenz bilden die Erzelterntraditionen eine kleine Ausnahme, wie Hinweise im Abraham-, insbesondere aber im Jakobzyklus erkennen lassen. Zwar eröffnet die – wohl aus der Josia-Zeit stammende – Großerzählung mit Abraham, dem Südreich-Patriarchen, der dem Patriarchen Jakob vorangestellt wird, doch lässt sich unter Berücksichtigung archäologischer wie vor allem literarischer Hinweise darlegen, dass die Südreichtraditionen durch die Jakobstraditionen beeinflusst bzw. ausgestaltet worden sind.[57] Dem entspricht der Befund, dass Juda erst im 8./7. Jahrhundert – also nach der assyrischen Eroberung des Nordreichs – demographisch, ökonomisch, militärisch und geo-politisch die sichtbare Bedeutung

---

56 Vgl. Schmid, Erzväter, 102–116.209–212.
57 Carr, Reading, 214.

gewann, die bis dahin dem Nordreich Israel gegolten hatte. Daraus zu schließen, dass der Abrahamzyklus keine alten Traditionen biete oder erst eine Fiktion der nachexilischen Zeit sei, dürfte aus ideologischen Gründen unwahrscheinlich sein, da mit der Zusammenführung von Nord- und Südreichtraditionen nach der assyrischen Eroberung auch das südlich gelegene Juda einen eigenen, zur Jakobgestalt komplementären Gründungsvater beanspruchte. In der späteren Königszeit entstand somit ein „Südreich-Zyklus" unter Aufnahme älterer Traditionen wie Notizen über die Nachfahren Lots, Ammons und Moabs in Gen 19,30–37, die Stadt Gerar in Gen 20 oder die Erwähnung Ismaels, dessen Name auf die Könige von Shumu'il anspielt, die in assyrischen Texten zwischen dem 8.–6. Jh. begegnen. Alle diese Namen haben in nachexilischer Zeit keine historische Bedeutung mehr, was ihr höheres Alter nahelegt.[58]

Mit Abraham werden einige Kultorttraditionen verbunden wie die Orakel-Terebinthe in Sichem (Gen 12,6) oder die Eiche in Mamre bei Hebron (Gen 13,18; 14,13; 18,1), die in der wahrscheinlich priesterlich ergänzten Vorstellung von der Grabstätte Machpela „gegenüber von Mamre" (Gen 23,17.19; 25,9; 35,27–29; 49,30; 50,13) bis in nachexilische Zeit erinnert wird.[59] Sie werden neben die als Reichsheiligtum des Nordreichs dominante Bethel-Tradition gestellt, welche in Passagen wie Gen 12,8; 13,3 – von Gen 28,19; 31,13 her inspiriert – erst nachträglich auch an Abraham rückgebunden wurde.[60] Das prophetische Disputationswort an die Exulanten nach der babylonischen Zerstörung in Ez 33,23–29 verweist die im Land Gebliebenen zitathaft auf Abraham als den einen, dem das Land zusteht, wie es die Exulanten als die „Vielen" Israels nach ihrer Rückkehr beanspruchen. Darin ist einerseits die Selbstvergewisserung Judas thematisiert, andererseits der Anspruch der im Land Gebliebenen konterkariert. Die Abrahamtradition wird hier zur Begründung für die Anrechte der Rückkehrer (vgl. auch Jes 51,1–3; 41,8–13).[61]

Die Sohnesverheißung dürfte das zentrale und wohl auch ältere Motiv der Erzelternerzählungen sein, an das sich das Thema der Verheißung des fruchtbaren Bodens erst anschließt. Die Zentralität der Sohnesverheißung (+ Geburtsankündigung) ergibt sich aus der Fülle von Motiven, die um dieses Thema kreisen (I. Fischer). Das in den Erzelternerzählungen mehrfach belegte Motiv der Sterilität der Ahnfrau (Sara: Gen 11,39; 16,2; Rebekka: Gen 25,21; Rahel: Gen 30,1; s. auch Hanna: 1Sam 1,2; Mutter Simsons: Ri 13,2) hat hinsichtlich der Verheißung retardierende Funktion. Damit korrespondieren die Erzählungen um die Personen

---

58 Finkelstein/Römer, Comments on Abraham, 13 f.
59 Finkelstein/Römer, Comments on Abraham, 9 f.
60 Schmid, Erzväter, 111–115. Wahrscheinlich sind sowohl die Altarbauten in Bethel (Gen 12,8 im Rekurs auf Jakob in Gen 28,16 f.; 35,6) und Sichem (Gen 12,6; im Rekurs auf Jakob in Gen 33,20) sekundär (287–289).
61 Dazu Mühling, Abraham, 46 mit Anm. 97; vorsichtiger in der Datierung äußert sich Köckert, Geschichte, 104–107, der die Abrahamverheißung als die historisch jüngste der drei Erzväter ansieht, aber vorexilische Wurzeln für die Figur vermutet.

Abraham-Lot in Gen 13.18.19, die vermutlich zum ältesten Bestand der Abrahamüberlieferungen zählen.[62] Lot wird als Neffe von Abraham an Kindesstatt angenommen und zum Erben der Verheißungen erklärt (Gen 12,4f.; alternativ ist Elieser der für das Erbe bestimmte Knecht in Gen 15,2). Die beiden machen sich mit Sara auf den Weg (vgl. Gen 12,5; 13,1) und begegnen zahlreichen Konflikten, die das Leben von Halbnomaden bestimmen. Der Erzählstrang mündet in die Geschichte von Sodom und Gomorrha in Gen 18–19; danach begegnet Lot nicht mehr. Eine alternative – aus der Königszeit stammende – Variante, um der Sterilität der Ahnfrau entgegenzutreten, ist die durch Sara vermittelte Heirat mit der ägyptischen Magd Hagar (Gen 16,1–12.[15?*]; jünger 21), die der sterilen Sara als Leihmutter dient. Die Beziehung der beiden Frauen ist konfliktreich dargestellt und führt zur Vertreibung Hagars und ihres Sohnes Ismael (Gen 16,6; 21,14). Außerdem ist berichtet, dass Gott die Klagen Abrahams über die Kinderlosigkeit Saras erhört (Gen 15,2f; 18,10) und die Geburt Isaaks bewirkt (Gen 21,1 ff.). Eine weitere retardierende Variante der Nachkommenverheißung findet sich in den zwei Abraham-kritischen Erzählungen von der Gefährdung der Ahnfrau (Gen 12; 20 Sara; vgl. 26 Rebekka), deren Grundmotiv ebenfalls auf ältere Traditionen zurückgreift.[63]

Motiv des Segens   Gen 12,2 fügt als zweites theologisches Thema den „Segen" ein, dem im Jakobszyklus strukturgebende Funktion zukommt (82 Belege; s. bes. Gen 27; 48 f.). Vermutlich handelte es sich mit dem Segen um ein spätkönigszeitliches Motiv, das – wie auch Gen 12,1–3 zeigen – auf die zukünftige Bedeutung („Futurisierung") der JHWH-Bindung in einer programmatischen Segenskonstellation verweist, die am Ende zum Motto für die gesamte Erzelternerzählung wird.[64] Anders als es Zimmerli in dem obi-
s. S. 73   gen Zitat nahelegt, der in Gen 12 die aus älterer Zeit stammende Eröffnung des Abrahamzyklus sah, deutet man den Abschnitt inzwischen als eine den gesamten Zyklus theologisch reflektierende jüngere Ergänzung.

Die zentralen Elemente von Verheißung und Segen begegnen im Zuge eines Bundesschlusses auch in dem der Priesterschrift zugerechneten Kapitel Gen 17 (V. 4–6 [Volk]; 8 [Land + Gott sein]; 16.20 [Segen]).

---

62 Blum, Komposition, 288f.; Köckert, Geschichte, 120; anders de Pury, P^G as absolute Beginning, 122.
63 Vgl. Köckert, Geschichte, 121–123 sieht in Gen 12,6–8.10–20 die jüngste Version, die der Verbindung mit den aus dem Nordreich stammenden Exodus- und Jakobtraditionen dient; Fischer, Erzeltern, 119ff.339ff. indes sieht den hier beginnenden Abraham-Sara-Kreis als sehr alten Bestand zum Thema Sohnesverheißung bzw. genauer „Eingreifen für die Frauen" an.
64 Leuenberger, Segen, 205.

1 Als Abram neunundneunzig Jahre alt war, erschien der HERR dem Abram und sprach zu ihm: Ich bin El-Schaddai. Wandle vor mir und sei vollkommen.
2 Ich will meinen Bund stiften zwischen mir und dir und dich über alle Massen mehren.
3 Da fiel Abram nieder auf sein Angesicht. Und Gott redete mit ihm und sprach:
4 Sieh, das ist mein Bund mit dir: Du wirst zum Vater einer Vielzahl von Völkern werden.
5 Man wird dich nicht mehr Abram nennen, sondern Abraham wird dein Name sein, denn zum Vater einer Vielzahl von Völkern habe ich dich bestimmt.
6 Ich mache dich über alle Massen fruchtbar und lasse dich zu Völkern werden, und Könige werden von dir abstammen.
7 Ich richte meinen Bund auf zwischen mir und dir und deinen Nachkommen, von Generation zu Generation, als einen ewigen Bund, dass ich dir und deinen Nachkommen Gott sei.
8 Und ich gebe dir und deinen Nachkommen das Land, in dem du als Fremder weilst, das ganze Land Kanaan, zu ewigem Besitz, und ich will ihnen Gott sein.
9 Und Gott sprach zu Abraham: Du aber, halte meinen Bund, du und deine Nachkommen, von Generation zu Generation.
10 Dies ist mein Bund zwischen mir und euch und deinen Nachkommen, den ihr halten sollt: Es soll sich bei euch beschneiden lassen alles, was männlich ist. […]
15 Und Gott sprach zu Abraham: Sarai, deine Frau, sollst du nicht mehr Sarai nennen, sondern Sara soll ihr Name sein.
16 Ich will sie segnen, und auch von ihr will ich dir einen Sohn geben. Ich will sie segnen, und sie soll zu Völkern werden. Könige von Völkern werden von ihr abstammen.
17 Da fiel Abraham nieder auf sein Angesicht und lachte. Er sagte sich: Können einem Hundertjährigen noch Kinder geboren werden, und kann Sara, eine Neunzigjährige, noch gebären?
18 Und Abraham sprach zu Gott: Wenn nur Ismael vor dir am Leben bleibt.
19 Gott aber sprach: Nein, Sara, deine Frau, wird dir einen Sohn gebären, und du sollst ihn Isaak nennen. Und ich werde meinen Bund mit ihm aufrichten als einen ewigen Bund für seine Nachkommen.
20 Aber auch wegen Ismael erhöre ich dich: Sieh, ich segne ihn und mache ihn fruchtbar und mehre ihn über alle Massen. Zwölf Fürsten wird er zeugen, und ich werde ihn zu einem grossen Volk machen.
21 Meinen Bund aber richte ich auf mit Isaak, den Sara dir gebären wird um diese Zeit im nächsten Jahr.

Gen 17,1–27

Bundesformel Die Verheißung in Gen 17,7 f. erhält gegenüber Gen 12 in Form der Bun-
s. u. 2.5.1.2 desformel „ich werde ihr Gott sein" bzw. „ich will ihnen Gott sein" einen
Zusatz, der im Zuge des Bundesschlusses weiter konkretisiert wird.
Abraham wird von Gott nicht nur in materieller Hinsicht (Nachkommenschaft, Land, Segen) ausgestattet, sondern Gott geht mit ihm eine
Beziehung ein, die auf einem religiösen Pakt gründet: Wenn Abraham
diesen Bund akzeptiert, die Verheißungen für sich in Anspruch nimmt,
bekennt er sich zu Gott und gibt durch das Zeichen der Beschneidung
zu erkennen, dass er ihm und seinem Bund angehört. Gewissermaßen
wird der Bundesschluss durch die Umbenennung der beiden Erzeltern
in Abraham und Sara ratifiziert. Das Bundesmotiv schließt an einen ersten, in der Fluterzählung verorteten Bund an (Gen 6,18 und 9,10 ff.; P),
den Gott mit dem Bogen in den Wolken als Zeichen besiegelt, das der
gesamten Menschheit gilt. Der Bund mit Abraham und seiner Nachkommenschaft zielt indes allein auf das künftige Israel. Ismael als der
Erzvater der arabischen Völker partizipiert zwar am Bundeszeichen der
Beschneidung (V. 23) und am göttlichen Segen (V. 20: Nachkommenverheißung), nicht aber am Bund selbst, der Isaak und seinen Nachkommen vorbehalten bleibt (V. 20 f.).[65] Dadurch, dass die Bundeszusagen
hier als eine unkonditionierte Gabe Gottes zu verstehen sind, erhalten
die Verheißungen an Abraham großes Gewicht. Außerdem wird mit
seiner Person eines der maßgeblichen Zeichen jüdischer Identität verbunden, die Beschneidung, die – ähnlich dem Sabbat – dem drohenden
Identitätsverlust in der Exils- bzw. Diasporasituation vorgreifen will.

Exkurs: Isaak Der Bedeutung Isaaks für die Weitergabe des Bundes (vgl. Ps 105,9) und der mit
ihm verbundenen Verheißungen widerspricht die geringe Anzahl an Geschichten über ihn, die sich auf seine Opferung bzw. Bindung (Aqeda; Gen 22), die
Brautwerbung Rebekkas (Gen 24; hier wird sein Name erwähnt in V. 4.14.62–
66) sowie die Gefährdung der Ahnfrau III (Gen 26,1–10) beschränken. Ansonsten findet er noch Erwähnung im Kontext der Ankündigung seiner Geburt
mit Namensätiologie (Gen 18,1–15), Geburt (Gen 21), Begräbnis Abrahams
und seiner Genealogie (Gen 25) sowie seines Todes (Gen 27). Wenigstens ein
Drittel der Namensbelege begegnen in der Standardformel „Gott Abrahams,
Isaaks und Jakobs", die außerhalb der Tora noch in Jos 24,3 f., 1 Kön 18,36,
2 Kön 13,23, 1 Chr 29,18 und 2 Chr 30,6; Jer 33,26 zitiert ist. Darüber hinaus
findet die Abrahamsohnschaft Isaaks außerhalb der Genesiserzählungen nur in
1 Chr 1,28.34 und in der Wendung der „Höhen Isaaks" in Amos 7,9.16 („Haus
Isaaks") Erwähnung. Gegenüber den beiden anderen Patriarchen steht er somit
deutlich im Hintergrund. Ob er eine Paralleltradition zur Abrahamtradition
darstellt, die erst langsam abgelöst wurde (Blum), oder aber lediglich ein später

---

65 Zum ökumenischen Gottesbildes vgl. de Pury; Schmid; kritisch Wöhrle, Fremdlinge.

geschaffenes literarisches Bindungsglied zwischen der Abraham- und Jakobstradition bildet (Köckert), ist umstritten.[66]

Auffällig ist, dass Gott sich in Gen 17,1 mit dem Namen El-Schaddai offenbart (vgl. Gen 35,11; Ex 6,2f.) und Abraham auffordert: „Wandle vor mir (הלך/*hlk* hit.) und sei vollkommen (תמים/*tamîm*)!" So lautet die Charakterisierung eines gottesfürchtigen Menschen, die bereits auf Noah Anwendung fand (Gen 6,9). Abraham wird aus der Menschheit erwählt und erhält zusammen mit seiner Frau (17,5.15) einen neuen Namen vor dem Hintergrund des zu schließenden Bundes.

Gottesnamen
s. o. 2.1

Die Verheißungen der Erzelternerzählungen tragen utopische wie widersprüchliche Züge: So zeigen z. B. die Gebietsangaben in Gen 15,18 eine Größe an, die Israel historisch nie besessen hat.[67] Auch die Nachkommenverheißung ist durch die Unfruchtbarkeit der Ahnfrauen auffällig konterkariert. Die Geburtsreihenfolge Ismael vor Isaak wie auch Esau vor Jakob transferiert die Zusage gegen das in Israel eigentlich geltende Erstgeburtsrecht auf den Zweitgeborenen.

Zur Gabe der Verheißung – und nicht erst zur Erfüllung – gehört eine Gegengabe: der Gehorsam gegenüber Gottes Anweisung.[68] Dieser Gehorsam geht einher mit dem erst in sehr jungen Texten belegten *Glauben* Abrahams (Gen 15,6: אמן /'*mn* hif.). Dank seines Glaubens und Gehorsams wird Abraham in der weiteren Rezeptionsgeschichte zum vorrangigen Vater Israels ausgestaltet.[69] Texte wie Jes 41,8; Ps 105,6 oder Neh 9,7 betonen diesen besonderen Status Abrahams gegenüber dem weitaus ambivalenter gezeichneten Patriarchen Jakob.

Modellhaft ist Abrahams Glaubensgehorsam in Gen 22 erzählt. Die Erzählung handelt wie schon Gen 21,8 ff. von der Gefährdung und Rettung eines Abrahamsohns: In Gen 21 wird Ismael, hier Isaak gerettet.[70]

1 Nach diesen Begebenheiten stellte Gott Abraham auf die Probe. Er sprach zu ihm: Abraham! Er sprach: Hier bin ich.
2 Und er sprach: Nimm deinen Sohn, deinen Einzigen, den du lieb hast, Isaak, und geh in das Land Morija und bring ihn dort als Brandopfer dar auf einem der Berge, den ich dir nennen werde.
3 Am andern Morgen früh sattelte Abraham seinen Esel und nahm mit sich seine beiden Knechte und seinen Sohn Isaak. Er spaltete Holz für

Gen 22

---

66 Blum, Komposition, 339–349; Köckert, Abraham- und Jakobsüberlieferung.
67 Vgl. dazu C. de Voss, Art. Land, www.wibilex.de, § 2. S. u. 3.5.1.1.
68 Vgl. Fischer, Gabe, 84–86.
69 Schmid, Erzväter, 282–284.
70 Vgl. Mühling, Abraham, 66 ff.

das Brandopfer, machte sich auf und ging an die Stätte, die Gott ihm genannt hatte.
4 Am dritten Tag blickte Abraham auf und sah die Stätte von ferne.
5 Da sprach Abraham zu seinen Knechten: Bleibt ihr hier mit dem Esel, ich aber und der Knabe, wir wollen dorthin gehen, und wenn wir angebetet haben, wollen wir zu euch zurückkommen.
6 Dann nahm Abraham das Holz für das Brandopfer und lud es seinem Sohn Isaak auf. Er selbst nahm das Feuer und das Messer in die Hand. So gingen die beiden miteinander.
7 Da sprach Isaak zu seinem Vater Abraham: Vater! Er sprach: Hier bin ich, mein Sohn. Er sprach: Sieh, hier ist das Feuer und das Holz. Wo aber ist das Lamm für das Brandopfer?
8 Abraham sprach: Gott selbst wird sich das Lamm für das Brandopfer aussehen, mein Sohn. So gingen die beiden miteinander.
9 Und sie kamen an die Stätte, die Gott ihm genannt hatte, und Abraham baute dort den Altar und schichtete das Holz auf. Dann fesselte er seinen Sohn Isaak und legte ihn auf den Altar, oben auf das Holz.
10 Und Abraham streckte seine Hand aus und ergriff das Messer, um seinen Sohn zu schlachten.
11 Da rief ihm der Bote des HERRN vom Himmel her zu und sprach: Abraham, Abraham! Er sprach: Hier bin ich.
12 Er sprach: Strecke deine Hand nicht aus gegen den Knaben und tu ihm nichts, denn nun weiss ich, dass du gottesfürchtig bist, da du mir deinen Sohn, deinen Einzigen, nicht vorenthalten hast.
13 Und Abraham blickte auf und sah hin, sieh, ein Widder hatte sich hinter ihm mit seinen Hörnern im Gestrüpp verfangen. Da ging Abraham hin, nahm den Widder und brachte ihn als Brandopfer dar an Stelle seines Sohns.
14 Und Abraham nannte jene Stätte: Der-HERR-sieht, wie man noch heute sagt: Auf dem Berg, wo der HERR sich sehen lässt. […]
19 Hierauf kehrte Abraham zu seinen Knechten zurück, und sie brachen auf und gingen miteinander nach Beer-Scheba, und Abraham blieb in Beer-Scheba wohnen.

Die Erzählung trägt eine Reihe von theologischen Reflexionen, die auf eine späte literarische Entstehung in nach-exilischer Zeit hinweisen:[71]
– So ist der Wechsel der Gottesnamen kein literarkritisches Merkmal, sondern theologisch intendiert: Das determinierte האלהים/*haelohim* in V. 1.3.9 entspricht der Beschreibung eines sich distanzierenden Erzählers. Den Figuren Abraham bzw. Gott entspricht das indeterminierte Elohim in V. 8.12, und das ab V. 11.14 f. verwendete

---
71 Vgl. Veijola, Opfer, und Hartenstein, Verborgenheit, 16.

Tetragramm JHWH steht im Modus der „erlösenden Gottesrede", die „zwei Gotteserfahrungen bzw. Wahrnehmungen Gottes einander gegenübergestellt: die des abgründig verborgenen und die des rettenden Gottes."[72]
- Die Überschrift in V. 1 charakterisiert die Erzählung als Probe oder Prüfung Abrahams und setzt darin dem Leser ein wichtiges Signal, um theologischen Fehlinterpretationen vorzubeugen und die Bewährung der Probe in V. 12 vorzubereiten. Dieselbe Technik ist auch in der Rahmenerzählung des Hiobbuchs verwendet, wenn auch das Verb נסה/nsh pi. dort fehlt (Hi 1,12).
- Der vom Himmel sprechende Engel, der nicht als Bote auf der Erde auftritt, verweist auf eine ausgeprägte Angelologie, wie sie erst in Texten des zweiten Tempels begegnet.[73]
- Es geht der Erzählung um eine am Beispiel eines paradoxen Gottesbefehls gezeichnete Gottesfurcht, die auf das Sehen Gottes hofft, das als wichtiges Schlüsselwort der Erzählung wiederholt begegnet (V. 4.7.8.13 f.). In V. 8 ist das göttliche Sehen als das rettende Sehen vorausgesetzt, an dem sich die Gottheit Gottes erweist (V. 14b mit der Namensätiologie „Moria" als Prolepse des Zion in Jerusalem). Es geht „um die Wahrung der Unverfügbarkeit und Freiheit Gottes".[74]

Gen 22 weist inhaltlich wie strukturell einige Parallelen mit der Gefährdung Ismaels in Gen 21,8–21 auf. Theologisch neu ist in Gen 22, dass es Gott selbst ist, der den Gerechten auf die Probe stellt, um zu prüfen, ob Abraham bereit ist, seinen Sohn an Gott zurückzugeben, auch wenn das die Verheißungsgeschichte in Frage zu stellen scheint. Gen 22 ist ein Beispiel narrativer Theologie, das „(i)n Krisenzeiten […] an der Gestalt Abrahams die Gefährdung des Glaubens und der Zukunft" darstellt und darin – gerade bei Menschen, die in der Diaspora leben – um Identifikation mit dem exemplarischen JHWHfürchtigen wirbt.[75]

Prophetische Referenzen auf Abraham betonen seine Gottesliebe (Jes 41,8b–9; vgl. 51,2), zu der im Abrahamzyklus noch der Gehorsam des Torafrommen hinzukommt: So beachtet er Opfergesetze (Gen 18,6), entrichtet den Zehnten an den Jerusalemer Priester (Gen 14,20) und beachtet das Mischehenverbot (Gen 24,2–4) wie die anderen Bestimmungen der Tora (Gen 26,5). Im Laufe der hebräischen Literaturgeschichte kann er die Erzeltern sogar allein vertreten (Ez 33,23–29; Neh 9,7–8; anders die Aufnahme von Abraham, Isaak,

---

72 Hartenstein, Verborgenheit, 6 f.
73 Vgl. Mühling, Abraham, 68.
74 Vgl. Hartenstein, Verborgenheit, 14.
75 Mühling, Abraham, 73; vgl. Janowski, Gott; Naumann, Preisgabe.

Jakob und Joseph in dem Geschichtspsalm Ps 105,5–10.17). Angesichts der recht rudimentären Aufnahme von Erzelterngeschichten in der Priesterschrift fällt auf, dass auch hier narrativ vor allem Abrahams Bund und Verheißungen im Zentrum stehen (Gen 17), während die anderen beiden Erzväter nur in einigen Notizen zu Heirat, Geburt und Weitergabe der Verheißung (z. B. Gen 25,11; 26,34 f.; 27,46–28,9; 35,9–15* [Bethel-Epiphanie]; 48,3–7) sowie in den Genealogien (11,10–26; 25,12–17; 35,22b–26; Gen 36*) begegnen. Der Anteil an Erzelternmaterial in P umfasst neben Gen 17 also vor allem Ausführungsnotizen zu dem in Gen 1,28; 9,1 erteilten Fortpflanzungsauftrags und der Nachkommenverheißung von Gen 17,2.6, weswegen D. Carr die priesterschriftliche Erzelternerzählung als eine auf den Bund fokussierte ausgeweitete Genealogie ("a covenant focused expanded genealogy") charakterisiert hat.[76]

Im Unterschied zu dem das Leben eines Patriarchen beschreibenden Jakobzyklus besteht der Abrahamzyklus aus einer Reihe von Einzeltraditionen (Abraham-Lot; der Patriarch), die durch die Verheißungs- und Segensmotivik theologisierend miteinander verknüpft worden sind. Der Priesterschrift verdankt sich die Zusammenschau von Erzeltern- und Exodustradition sowie die Trias der Patriarchen. Außerhalb des Pentateuch ist Abraham selten erwähnt (z. B. Ez 33,23–26) und wird für seinen starken Glaubensgehorsam gerühmt (Ps 47,10; insbes. Röm 4,1–25 in Anlehnung an Gen 15,6; Hebr 11,8–19), der in Gen 12 und in der Aqeda-Erzählung (Gen 22) paradigmatisch zum Ausdruck gebracht ist.

2.3.2 Der Jakobzyklus

Auch in diesem Erzählzyklus (Gen 25–36) sind die Themen der Präsenz Gottes mit dem Patriarchen sowie die Verheißung der Volkswerdung von großer Bedeutung, aber auffallend anders dargestellt als im Abrahamzyklus. Da die meisten der in den Erzählungen erwähnten Orte im Norden liegen, während die Geschichten um die Erzväter Abraham und Isaak zumeist im Südreich angesiedelt sind, ist davon auszugehen, dass es sich mit Teilen des Jakobszyklus' um alte Nordreichtraditionen handelt (s. Ephraim in Hos 12; Gilead in Gen 31,45 ff.).[77] Die Geschichte (Gen 25,19–34; 27–35) steht unter der übergreifenden Thematik der Auseinandersetzungen Jakobs mit seinem Bruder Esau (25,19–34; 27;

---

76 Carr, Reading, 127; vgl. 78–93.
77 Vgl. Finkelstein/Römer, Comments on Jacob, 321–325 für die topographische und ethnische Rekonstrution einer Benej-Jakob-Gruppe im 11./10. Jh. v. Chr., deren mündliche Überlieferungen in den Zyklus integriert wurden.

32 f.) und seinem Onkel Laban (29–31). Während Esau mit Edom und Seïr in Südjordanien verbunden ist (Gen 25,30; 32,4; 36,1.9 u. ö.), ist der Aramäer Laban im nördlichen Haran (Gen 27,41–45; 29,4 f.; vgl. 31,24) angesiedelt. Wenn Abraham vor allem als „Vater des Glaubens" gezeichnet ist, beschreibt der ältere Zyklus Jakob als ein Schlitzohr, auf dem dennoch der göttliche Segen liegt, der den Zweitgeborenen zum Stammvater Israel(s) werden lässt. Während Abraham sein Vertrauen in Gott legt (הלך/hlk hitpael „wandeln vor Gott" als theologischer Schlüsselbegriff), nimmt Jakob sein Schicksal selbst in die Hand.

Auch auf literarischer Ebene unterscheiden sich die beiden Zyklen beträchtlich: Die Geschichten um Jakob formieren einen echten, z. T. auf alte Traditionen zurückgreifenden Erzählzyklus in drei Akten, der Phasen seines Lebens von der Geburt bis zu seinem Tod beschreibt.[78] Dagegen formiert der Abrahamzyklus eine Sammlung sehr divergenter Stoffe. Die Verheißungen von Nachkommenschaft und Land werden zwar von Abraham/Isaak auf Jakob übertragen, doch das eigentliche Thema des Jakobs-Zyklus' ist der Segen: zuerst der väterliche, dann aber der göttliche. Für das hohe Alter der Figur könnte das semitisch desöfteren belegte Namenselement Jaqôb + Göttername („Es möge schützen" + El/Anu/Baal/Haddu) sprechen.[79] Im Falle einer Namensverwandtschaft wäre der Name aber modifiziert in die Geschichte integriert durch die Volksetymologien des „Fersenhalters" (von עקב/ʿaqeb „Ferse" in Gen 25,26) bzw. des Betrügers עקב/ʿaqab „überlisten" in 27,36; vgl. Hos 12,4). Doch passt das traditionelle semitische Namenselement bestens zu der im Zyklus entfalteten Segensthematik.

Am Beginn des Zyklus steht das Ringen Jakobs um das Erstgeburtsrecht, und zwar in drei Varianten: die Geburtsgeschichte (Gen 25,21–26); das Linsengericht (Gen 25,27–34) und der vom Vater durch Täuschung erschlichene Erstgeburtssegen (Gen 27,1–45). Der daraus resultierende Konflikt mit dem Bruder Esau mündet in Jakobs Flucht, deren erstes Etappenziel die Erzählung von der Himmelsleiter in Gen 28 darstellt. Eine alternative Motivierung seines Fortzugs liegt in der Weisung seines Vaters und prägt die sehr knapp gehaltene priesterschriftliche Überlieferung: Jakob begibt sich zu seinem Onkel Laban, um nicht wie Esau eine Kanaanäerin bzw. Hethiterin zu heiraten (vgl. Gen 26,34 f.; 27,46; 28,1–9*), sondern eine Kusine seiner Sippe.

Akt I

Auf der Reise widerfährt ihm eine eindrückliche Offenbarung (Theophanie; nicht-P):

---

78 De Pury, Gen 12–36: Erzelterngeschichten, 211. Er setzt aramäischen Ursprung der Traditionen voraus. Kritisch äußert sich Wahl, Jakobserzählungen, 245–267.306–310 (frühestens Ende 7. Jh.).
79 Vgl. K. Gies, Art. Jakob, www.wibilex.de, § 1; Weippert, Textbuch, 85.461 Anm. 31.

Gen 28,10–22

10 Jakob aber zog weg von Beer-Scheba und ging nach Charan.
11 Und er gelangte an einen Ort und blieb dort über Nacht, denn die Sonne war untergegangen. Und er nahm einen von den Steinen des Ortes, legte ihn unter seinen Kopf, und an jener Stelle legte er sich schlafen.
12 Da hatte er einen Traum: Sieh, da stand eine Treppe auf der Erde, und ihre Spitze reichte bis an den Himmel. Und sieh, Boten Gottes stiegen auf ihr hinan und herab.
13 Und sieh, der HERR stand vor ihm und sprach: Ich bin der HERR, der Gott deines Vaters Abraham und der Gott Isaaks. Das Land, auf dem du liegst, dir und deinen Nachkommen will ich es geben.
14 Und deine Nachkommen werden sein wie der Staub der Erde, und du wirst dich ausbreiten nach Westen und Osten, nach Norden und Süden, und durch dich und deine Nachkommen werden Segen erlangen alle Sippen der Erde.
15 Und sieh, ich bin mit dir und behüte dich, wohin du auch gehst, und ich werde dich in dieses Land zurückbringen. Denn ich verlasse dich nicht, bis ich getan, was ich dir gesagt habe.
16 Da erwachte Jakob aus seinem Schlaf und sprach: Fürwahr, der HERR ist an dieser Stätte, und ich wusste es nicht.
17 Und er fürchtete sich und sprach: Wie furchtbar ist diese Stätte! Sie ist nichts Geringeres als das Haus Gottes, und dies ist das Tor des Himmels.
18 Am andern Morgen früh nahm Jakob den Stein, den er unter seinen Kopf gelegt hatte, richtete ihn als Mazzebe auf und goss Öl darauf.
19 Und er nannte jenen Ort Bet-El; früher aber hiess die Stadt Lus.
20 Dann tat Jakob ein Gelübde und sprach: Wenn Gott mit mir ist und mich auf diesem Weg, den ich jetzt gehe, behütet, wenn er mir Brot zu essen und Kleider anzuziehen gibt
21 und wenn ich wohlbehalten in das Haus meines Vaters zurückkehre, so soll der HERR mein Gott sein.
22 Und dieser Stein, den ich als Mazzebe aufgerichtet habe, soll ein Gotteshaus werden, und alles, was du mir geben wirst, will ich dir getreulich verzehnten.

Selbstvorstellungsformel

Im Anschluss an die Vision von der Himmelsleiter stellt Gott sich vor und überträgt auf Jakob sowohl die Nachkommenverheissung (Volkswerdung) als auch die Landverheissung sowie die Zusage seines Beistands (V. 13–15). So bekräftigt Gott den väterlichen Segen durch Isaak (Gen 27,28–29; 28,3–4), erklärt den flüchtenden Jakob zum legitimen Nachfolger Abrahams und bestätigt implizit die Wahl des Zweitgeborenen als Segensträger. Am Ende enthält die Erzählung noch eine Kultätiologie von religionsgeschichtlicher Bedeutung: Sie berichtet, wie Bethel (das „Haus Els") zu einem Heiligtum JHWHs wurde (V. 19–22), ein Ort, der im Laufe der Geschichte des Nordreichs ein zentraler Kultort war. Die biblischen Überlieferungen verknüpfen die Gründung des dortigen Reichsheiligtums zwar mit Jerobeam I. (927–907 v. Chr.; vgl. 1 Kön 12,29), doch lassen archäologische Funde vermuten, dass *de facto* die politische Realität unter Jerobeam II. (787–747 v. Chr.) beschrieben ist. Wichtig ist, dass mit dieser Erzählung des 8. Jhs. v. Chr. der Gileaditer Jakob (aus Pnuel) zum Gewährsmann für den JHWH-Kult in Bethel gemacht wird. Folglich gewinnt die Erzählung für die Bethel-Theologie zentrale Bedeutung.[80]

Die zweite Szene vollzieht sich bei dem Onkel Laban, in dessen Dienst er tritt, um nicht – wie der Bruder Esau – eine Kanaanäerin zur Frau nehmen (Gen 28,1–9* u. ö.). Das Thema der doppelten Hochzeit mit der ungeliebten und untergeschobenen Kusine Lea sowie mit der geliebten aber sterilen Rachel, dürfte zwei ursprünglich stammesgeschichtlich motivierte Realitäten abbilden: Denn die Erzählung thematisiert nicht nur einen Betrug vonseiten Labans, indem er Jakob entgegen der Absprache die ungeliebte Tochter zur Frau gibt und ihm für die Heirat mit Rachel noch weitere Jahre Dienst abverlangt, sondern auch einen Gebärwettstreit der beiden Frauen (Gen 29,31–30,24). Es geht implizit bei den Geburten der Frauen und ihrer Mägde um die Verteilung der Stämme benannt nach Jakobs Söhnen (Num 1–2 u. ö.; vgl. Gen 35,22b–26): Rachel personifiziert den Süden (Juda), während Lea die 10 Stämme des Nordreichs verkörpert. Die beiden Frauen verkörperten somit das vereinte davidische Königreich und dessen Entzweiung.[81]

Akt II

In Gen 32–35 kommt der Konflikt mit dem Bruder schließlich zu einem Ende. Es wird erzählt, wie Jakob, inzwischen reich geworden, mit seinen Frauen und Kindern in die Heimat zurückkehrt, wo er auf dem Wege eine zweite wichtige Gottesbegegnung erfährt.

Akt III

> 23 Noch in jener Nacht aber stand er auf, nahm seine beiden Frauen, seine beiden Mägde und seine elf Kinder und ging durch die Furt des Jabbok.
> 24 Er nahm sie und brachte sie über den Fluss. Dann brachte er hinüber, was er sonst noch hatte.
> 25 Jakob aber blieb allein zurück. Da rang einer mit ihm, bis die Morgenröte heraufzog.

Gen 32,23–33

---

80 Vgl. Finkelstein/Römer, Comments on Jacob, 325–330 zur Siedlungsgeschichte von Bethel und Dan ab dem 8. Jh. v. Chr., der wenigstens bis zur Zerstörung des Kultorts durch Josia am Ende des 7. Jh. besondere Bedeutung gilt; vgl. Koenen, Bethel, 166 ff.
81 Vgl. die Esau- (aus Edom) und Jakob-Tradition als Zusammenführung von Nord und Süd in der Josia-Zeit; Finkelstein/Römer, Comments on Jacob, 332 f.

26 Und er sah, dass er ihn nicht bezwingen konnte, und berührte sein Hüftgelenk, so dass sich das Hüftgelenk Jakobs ausrenkte, als er mit ihm rang.
27 Und er sprach: Lass mich los, denn die Morgenröte ist heraufgezogen. Er aber sprach: Ich lasse dich nicht, es sei denn, du segnest mich.
28 Da sprach er zu ihm: Wie heisst du? Und er sprach: Jakob.
29 Da sprach er: Du sollst nicht mehr Jakob heissen, sondern Israel, denn du hast mit Gott und mit Menschen gestritten und hast gesiegt.
30 Und Jakob fragte und sprach: Bitte nenne mir deinen Namen. Er aber sprach: Was fragst du nach meinem Namen? Und dort segnete er ihn.
31 Und Jakob nannte die Stätte Peniel. Denn, sagte er, ich habe Gott von Angesicht zu Angesicht gesehen und bin mit dem Leben davongekommen.
32 Und als er an Penuel vorüber war, ging ihm die Sonne auf. Er hinkte aber wegen seiner Hüfte.
33 Darum essen die Israeliten bis auf den heutigen Tag den Muskelstrang nicht, der über dem Hüftgelenk liegt, denn er hat Jakobs Hüftgelenk, den Muskelstrang, angerührt.

Die Nacht bevor Jakob seinem Bruder wieder unter die Augen tritt gerät zum Kampf. Obwohl er sich mit Geschenken (Gen 32,6) Esaus Gunst erkaufen will, wendet er sich auch an Gott, damit er Beistand zusage und ihn vor Esaus Zorn errette (V. 10–13; s. u.). In dieser Nacht ringt (אבק/'abaq; V. 24.26) Jakob (Ja'aqob) am Jabbok (Jabboq), einem Nebenfluss des Jordan, der gewissermaßen die Grenze zwischen dem Früher der Flucht und dem Nachher der Rückkehr zu dem Bruder markiert. Die Gemengelage, das Ineinander von Handlung, Ort und Person, ist durch die Lautverwandtschaft der hebräischen Worte unterstrichen. Das Geschehen übersteigt das von Jakob Gefürchtete, da er erfährt, dass der Widerstand nicht etwa vom Bruder, sondern von Gott ausgeht. Strenggenommen ist nicht klar gesagt, wer der Angreifer („einer") eigentlich ist; seine göttliche Herkunft ist lediglich angedeutet (V. 29 f.).[82] Auch wenn der Angreifer Jakob nicht besiegen kann (V. 26), so renkt er ihm doch die Hüfte aus und hinterlässt ein Zeichen des Kampfs. Die Erfahrung wird durch die Umbenennung in Israel („Gott kämpft") und die erklärende Namensätiologie nochmals hervorgehoben und in eine Segenshandlung gewendet (V. 29): Jakob erfährt Läuterung. Der ambivalente Patriarch wird in seiner Widersprüchlichkeit angenommen und in seiner Funktion als Segensträger und Patriarch des Volkes Israel bestätigt. Ähnlich wie Bethel ist auch

---

82 Weder dürfte es sich um einen Fluss- oder Nachtdämons noch um einen Engel handeln, Gen 32 zielt auf das Dämonische in JHWH; dazu Köckert, Jakobs Gegner.

Pnuel ein historischer Nordreich-Ort, in dem der erste König Jerobeam Quartier nahm (1Kön 12,25). Die Ortsätiologie in der Erzählung erinnert an die besondere Bedeutung des Orts. Es folgt eine zweite Ätiologie, die sich auf eine Speisevorschrift bezieht (V. 33), die in der Tora nicht weiter ausgeführt ist.

Zum zentralen Thema des Jakobzyklus' wird – ähnlich wie die Unverfügbarkeit des Gottesnamens in Ex 3,12 (s. o. Gen 32,30) – hier die Unverfügbarkeit des Segens. Zwar wird um Segen gerungen und dieser durch gezielte Manipulation eingeklagt (in Gen 27 treten בכרה/ *bekorâ* „Erstgeburt" und ברכה/*berakâ* „Segen" in Konkurrenz). Doch bedarf Jakob letztlich des *göttlichen* Segens, um Verheißungsträger zu sein. Die in Gen 28,13–15 ausgesprochene Verheißung erfüllt sich in Gen 32, indem das Thema des väterlichen Segens durch den göttlichen Segen ersetzt wird. Zugleich eröffnet die Geschichte Jakobs an dieser Stelle eine von seiner Person absehende, nämlich am Volk Israel orientierte Dimension und wird darin zur „geheime[n] Geburtsstunde Israels" (Jeremias, 72).

„In Jakobs Gotteskampf hat sich das Volk Israel seine Gründungslegende geschrieben. Es will nur darin als gegründet erkannt sein, dass es von Gott Segen und Lebensrettung errungen und Gott ihm die die Verfügung über Segen und Leben abgerungen hat. Nicht das eitle Selbstlob des Gotteskämpfers bestimmt die Diktion der Erzählung, sondern die Gewissheit, dass Jakob-Israel seine Existenz der auf Leben und Tod erstrittenen Gabe des Gottessegens und der Hingabe an Gott verdankt." (Feldmeier/Spieckermann, Gott, 278).

Die Jakobgeschichte ist damit nicht zu Ende. Es folgen Überlieferungen wie die Verbrüderung mit Esau und die Gründung des Heiligtums in Sichem (Gen 33), die Geschichte seiner Tochter Dina (Gen 34) sowie einige wenige Erwähnungen in der Josephserzählung bis hin zur Notiz seines Todes und der geplanten Rückführung in die Grabhöhle von Machpela (Gen 49,29–33). Der äußerst knappe priesterschriftliche Anteil der Jakobserzählung bezeugt lediglich eine Reprise von Gen 28 und 32 in Gen 35,9–15, die einerseits die Rückkehr des auf Brautschau fündig gewordenen Erzvaters bestätigt, andererseits die beiden theologischen Schlüsselerzählungen knapp erinnert: In Lus/Bethel erhält Jakob die Verheißungen, errichtet eine Stele (vgl. Gen 28,10ff.; 35,11–14) und erhält den Namen Israel (vgl. Gen 32,29; 35,10). Weiterhin greift P darin die El-Tradition auf, die auch in der Verwendung des Gottesnamens El-Schaddai an prominenter Stelle (Gen 17,1; 28,1; 35,1; vgl. Ex 6,2–3) begegnet und in sein umfassendes Offenbarungskonzept integriert ist. Der mit Abraham geschlossene Bund wie auch

Der priesterliche Bund s. u. 2.5.1.4

Isaak spielen in diesen Passagen keine Rolle, wodurch Jakob lediglich eine Scharnierfunktion zwischen der Abraham- und Exodustradition (Ex 1,1–5a) zugewiesen ist.

Die ursprüngliche Version dieser „genealogischen Legende", die auf die frühgeschichtliche Zeit Israels zurückgeht, wird im 8. Jh. v. Chr.[83] als Geschichte eines mittellosen Flüchtlings aus der Gegend von Haran präsentiert,

> „dem es nicht nur gelingt, zwei Töchter des Scheichs eines anderen Stamms zu heiraten und so beträchtliche Güter zu erlangen, sondern auch gegenüber seinem Schwiegervater die Trennung und die Anerkennung seines Clans als autonome Stammesgruppe durchzusetzten. [...] und am Ende der Geschichte schafft es der nun als ‚Israel' (32,29) bezeichnete Gründungsvater sich zusammen mit seiner Familie, sozusagen dem werdenden Volk, in ‚seinem' Territorium niederzulassen (in der Gegend von Schechem oder auch vielleicht Bet-El), womit die Grundlage für das spätere Königreich Israel gelegt ist."[84]

Diese Tradition könnte sehr alt sein, denn der erste außerbiblische Beleg des Israelnamens findet sich auf der Siegesstele des ägyptischen Königs Merenptah Ende des 13. Jh.[85] Dem Propheten Hosea sind einzelne Episoden aus Jakobs Leben in ihrer Grundstruktur bereits bekannt. Vielleicht ist sein Aufriss sogar strukturbildend gewesen für die spätere Komposition des Materials. Der Stoff führt aber zu einer *damnatio memoriae*, die zumindest die Unausweichlichkeit des Gerichts für das Nordreich erkennen lässt.

Hos 12,1–15
1 Efraim hat mich umzingelt mit Lüge,
und das Haus Israel tat es mit Hinterlist.
Juda aber ist noch bei Gott,
und dem, was heilig ist, hält es die Treue.
2 Efraim weidet Wind und jagt dem Ostwind nach,
den ganzen Tag mehrt es Lüge und Gewalttat.
Und mit Assur schliessen sie einen Bund,
nach Ägypten wird Öl gebracht.
3 Und mit Juda hat der HERR einen Rechtsstreit,

---

83 Vgl. Finkelstein/Römer, Comments on Jacob, 327.
84 De Pury, Genesis 12–36, 206 mit Hinweis auf die genealogische Zielbestimmung der Geschichten.
85 Vgl. TUAT I/6, 544–552 (U. Kaplony-Heckel), bes. 552 (Z. 27); Weippert, Textbuch, 168–171. S.o. Abb. 2.

und **Jakob** *muss er heimsuchen, wie es seinen Wegen entspricht,*
nach seinen Taten zahlt er es ihm zurück.
4 Im Mutterleib (Gen 25,24–26) *hat er seinen Bruder betrogen* (עקב/'*aqab*
vgl. Gen 27,36),
und als er stark war, kämpfte er mit Gott.
5 Und er kämpfte mit einem Boten und bezwang ihn (vgl. Gen 32,26.29),
er weinte und flehte ihn um Gnade an,
in Bet-El fand er ihn (Subjekt Gott; Gen 28,15–19; vgl. Gen 35,1–5.7),
und dort begann er, mit uns zu reden.
6 Und der HERR ist der Gott der Heerscharen,
als HERR ruft man ihn an!
7 Und du wirst mit deinem Gott zurückkehren.
Achte (שמר/*šamar* „hüten"; Gen 28,20: JHWHs Schutz) *auf Gnade und Recht,*
und hoffe immer auf deinen Gott! […]
13 Jakob aber floh in die Gefilde von Aram (d. h. zu Laban),
und Israel diente um eine Frau
und hütete Schafe um einer Frau willen (Gen 29,13 ff.).
14 Und durch einen Propheten führte der HERR Israel herauf aus Ägypten,
und *von einem Propheten wurde es gehütet.*
15 Efraim hat ihn mit bitteren Kränkungen gereizt,
sein Herr aber lässt seine Blutschuld auf ihm lasten,
und seine Schande zahlt er ihm zurück.

Bereits an den judäischen Aktualisierungen (V. 1b.2a.3a.6) des ursprünglich ans Nordreich gebundenen prophetischen Gerichtsworts wird deutlich, dass der Text allmählich gewachsen ist. Die das Nordreich (Efraim) mit Jakob identifizierenden Verse (Hos 12,3b–5a.[7]; 13 f.) lassen einen klaren sprachlichen und inhaltlichen Duktus erkennen (Leitwort: שמר/*šamar* „hüten"). Allerdings ist Jakob wenig schmeichelhaft als jemand geschildert, der erst gegen seinen Bruder und dann gegen Gott kämpft, um am Ende dennoch Gnade zu erfahren. Selbst wenn er mit dem Propheten (d. h. Mose) parallelisiert wird (V. 10.14), wertet das ihn – wie auch Mose (vgl. Hos 13) – nicht auf, sondern klagt die Verlogenheit des Gottesvolkes in den unterschiedlichen Phasen seiner Geschichte an. Denn Umkehr und Heil sind immer nur von kurzer Dauer. Die Rahmenverweise lassen an dem Betrug an Gott (V. 1a) und der unabwendbaren Verwerfung Israels wegen seiner Blutschuld (V. 15) keinen Zweifel.[86]

---

86 Vgl. Jeremias, Hosea, 149–158.

Jakob erfährt eine weitaus breitere innerbiblische Wirkungsgeschichte als Abraham, indem er – wie es sich in Hos 12 bereits andeutet – als Urbild der Verworfenheit Israels gilt (Jes 2,6; 58,1). Als Gefallener erfährt Jakob-Israel die Gnade Gottes (vgl. Jes 14,1; Jer 30,10.18; Ez 28,25; 37,25; 39,25) und wird zum Licht der Völker (Jes 49,6). Im Neuen Testament begegnet Jakob vor allem in genealogischen Zusammenhängen (Mt 1,2; Lk 3,34) sowie in der Aufzählung vom „Gott Abrahams, Isaak und Jakobs" (Mt 22,32; Mk 12,26; Lk 20,37; Apg 3,13; 7,32). Hebr 11,9 reiht ihn positiv in die Reihe der Glaubenszeugen ein.

Der ursprünglich zweifelhafte Ruf eines Aramäers namens Jakob (vgl. Dtn 26,5–9) hat insbesondere durch den Ausbau der beiden Offenbarungserzählungen in Gen 28 und 32 eine theologische Aufwertung erfahren, die aus der Zeit nach der Zerstörung des Nordreichs stammen könnten, als man mit dem Ende des Staates Israel dessen Traditionen schriftlich niederlegen und bewahren wollte. Die Figur wurde durch diese theologische Neubestimmung so tragend, dass es für die Priesterschrift unmöglich wurde, Jakob nicht in die sonst sehr reduzierte Patriarchendarstellung zu integrieren. Doch blitzen hier die beiden Offenbarungserzählungen in Gen 35,9–15 nur in Reminiszenzen auf. Stattdessen rückt deutlich Abraham ins theologische Zentrum, was zu einer impliziten Abwertung der alten Jakobsüberlieferung führt. Dieser Eindruck wird aber durch den wahrscheinlich post-deuteronomistischen Einschub in Gen 32,10–13[118] revidiert, der einen Gott im Gebet zugewandten, frommen Patriarchen zeichnet (vgl. Neh 9,8: Abraham). Theologisch bedeutsam ist neben dem ambivalenten Charakter der Figur – Jakob wird zum Inbegriff der Sünde Israels – das auch in der Abrahamerzählung anklingende Motiv der Erwählung des Zweitgeborenen gegen die sozialgeschichtlichen Vorgaben der Zeit.

Literatur

Blum, Erhard: Die Komposition der Vätergeschichte, Neukirchen-Vluyn 1984 (WMANT 57).

Carr, David: Reading the Fractures of Genesis. Historical and Literary Approaches, Louisville 1996.

Finkelstein, Israel/Thomas Römer: Comments on the Historical Background of the Jacob Narrative in Genesis, in: ZAW 126 (2014), 317–338.

–: Comments on the Historical Background of the Abraham Narrative. Between ‚Realia' and ‚Exegetica', in: HeBAI 3 (2014), 3–23.

Fischer, Irmtraud: Die Erzeltern Israels. Feministisch-theologische Studien zu Genesis 12–36, Berlin/New York 1994 (BZAW 222).

---

87 Vgl. Finkelstein/Römer, Comments on Jacob, 336 mit weiterer Literatur.

–: Die Gabe der Verheißung, in: JBTh 27 (2012), 73–92.
Gertz, Jan C.: Tradition und Redaktion in der Exoduserzählung. Untersuchungen zur Endredaktion des Pentateuch, Göttingen 2000 (FRLANT 186).
Hartenstein, Friedhelm: Die Verborgenheit des rettenden Gottes. Exegetische und theologische Anmerkungen zu Gen 22, in: A. Steiger/U. Heinen (Hg.), Isaaks Opferung (Gen 22) in den Konfessionen und Medien der Frühen Neuzeit, Berlin 2006 (AKG 108), 1–22.
Janowski, Bernd: Ist Gott grausam? – Annäherungen an Genesis 22, in: Ders., Ein Gott, der straft und tötet? Zwölf Fragen zum Gottesbild des Alten Testaments, Neukirchen-Vluyn 2013, 117–144.
Jeremias, Jörg: Hosea, Göttingen 1983 (ATD 24,1).
Kessler, Rainer: Die Querverweise im Pentateuch. Überlieferungsgeschichtliche Untersuchung der expliziten Querverbindungen innerhalb des vorpriesterlichen Pentateuchs, Frankfurt 2015 (BEATAJ 59).
Köckert, Matthias: Jakobs Gegner in Gen 32,23–33, in: A. Lange/H. Lichtenberger/K.F.D. Römheld (Hg.), Die Dämonen/Demons, Tübingen 2003, 160–181.
–: Zur Geschichte der Abrahamüberlieferung, in: A. Lemaire (Hg.), Congress Volume Leiden, Leiden 2006 (SVT 109), 103–128.
–: Gen 15. Vom ‚Urgestein' der Väterüberlieferung zum ‚theologischen Programmtext' der späten Perserzeit, in: ZAW 125 (2013), 25–48.
–: Wie wurden Abraham- und Jakobsüberlieferung zu einer „Vätergeschichte" verbunden? HeBAI 3 (2014), 43–66.
Koenen, Klaus: Bethel. Geschichte Kult und Theologie, Fribourg/Göttingen 2003 (OBO 192).
Leuenberger, Martin: Segen und Segenstheologien im alten Israel. Untersuchungen zu ihren religions- und theologiegeschichtlichen Konstellationen und Transformationen, Zürich 2008 (AThANT 90).
Mühling, Anke: „Blickt auf Abraham, euren Vater!" Abraham als Identifikationsfigur des Judentums in der Zeit des Exils und des Zweiten Tempels, Göttingen 2011 (FRLANT 236).
Naumann, Thomas: Die Preisgabe Isaaks (Gen 22) im Kontext der biblischen Abraham-Sara-Geschichte, in: B. Janowski/N. Greiner (Hg.), Genesis 22 in Judentum, Christentum und Islam, Tübingen 2005, 19–50.
Pury, Albert de: Der priesterschriftliche Umgang mit der Jakobsgeschichte, in: R.G. Kratz, T. Krüger, K. Schmid (Hg.), Schriftauslegung in der Schrift (FS O.H. Steck), Berlin/New York 2000 (BZAW 300), 33–59.
–: Abraham. The Priestly Writer's ‚Ecumenical' Ancestor, in: S.L. McKenzie/T. Römer (Hg.), Rethinking the Foundations: Historiography in the Ancient World and in the Bible (FS J. van Seters), Berlin/New York 2000 (BZAW 294), 163–181.
–: P^G as the Absolute Beginning, in: T. Römer/K. Schmid (Hg.), Les dernières rédactions du Pentateuque, de l'Hexateuque et de l'Ennéateuque, Leuven 2007 (BETL 203), 99–128.
–: Gen 12–36: Die Erzelterngeschichten, in: T. Römer u.a. (Hg.), Einleitung in das Alte Testament, Zürich 2013.

Römer, Thomas: Beschneidung in der Hebräischen Bibel und ihre literarische Begründung in Gen 17, in: M. Jung/M. Bauks/A. Ackermann (Hg.), Dem Körper eingeschrieben. Verkörperung zwischen Leiberleben und kulturellem Sinn, Heidelberg 2016, 227–241.

Schmid, Konrad: Erzväter und Exodus. Untersuchungen zur doppelten Begründung der Ursprünge Israels innerhalb der Geschichtsbücher des Alten Testaments, Neukirchen-Vluyn 1999 (WMANT 81).

–: Gibt es eine ‚abrahamitische Ökumene'. Überlegungen zur religionspolitischen Theologie der Priesterschrift in Gen 17, in: A.C. Hagedorn/H. Pfeiffer (Hg.), Die Erzväter in der biblischen Welt (FS M. Köckert), Berlin/New York 2009 (BZAW 400), 67–92.

Schmitt, Hans-Christoph: Erzväter und Exodusgeschichte als konkurrierende Ursprungslegenden Israels – ein Irrweg der Pentateuchforschung, in: A.C. Hagedorn/H. Pfeiffer (Hg.), Die Erzväter in der biblischen Tradition (FS M. Köckert), Berlin/New York 2009 (BZAW 400), 241–266.

Veijola, Timo: Das Opfer des Abraham. Paradigma des Glaubens aus dem nachexilischen Zeitalter, in: ZThK 85 (1988), 129–164.

Wahl, Hans-Martin: Die Jakobserzählungen. Studien zu ihrer mündlichen Überlieferung, Verschriftlichung und Historizität, Berlin 1997 (BZAW 258).

Weippert, Manfred: Historisches Textbuch zum Alten Testament, Göttingen 2010 (GAT 10).

Wöhrle, Jakob: Isaak und Ismael. Zum Verhältnis der beiden Abrahamsöhne nach Genesis 17 und Galater 4,21–31, in: EvTh 71 (2011), 115–132.

–: Fremdlinge im eigenen Land. Zur Entstehung und Intention der priesterlichen Passagen der Vätergeschichte, Göttingen 2012 (FRLANT 246).

2.4 JHWH offenbart sich als Schöpfer und König der Welt

Am Anfang der hebräischen Bibel steht die Schöpfung. Wenn das Thema dennoch nicht an den Anfang der vorliegenden Darstellung gestellt ist, liegt dies daran, dass Schöpfung im theologischen Gesamtkonzept der hebräischen Bibel eine untergeordnete Rolle zukommt. Die Erstbegründung, warum Gott zu Israel hält, liegt nämlich weniger in seinem Schöpfungshandeln, als in den heilsgeschichtlich geprägten Gründungsmythen zu Auszug und Erzeltern. Nun sind Schöpfung und „Urgeschichten" zwar ein altorientalisch geläufiges Narrativ, dem von alters her ebenfalls Gründungsmythosfunktion zukommt. Sie werden aber in der hebräischen Bibel erst im Laufe des Redaktionsprozesses den „Geschichtserzählungen" Israels als „Prolog" vorangestellt.[88] Ihre Funktion besteht darin, das Volk Israel in einen universellen Kontext zu stellen, der zeigt, dass der Gott Israels Gott aller

Gründungsmythos 3

---

88 Schüle, Prolog, 3–5.

Menschen ist. Im biblischen Gesamtkorpus bildet die Schöpfungsthematik eine Nebenlinie, die in Erzählform[89] seit der spätvorexilischen Zeit in Anlehnung an altorientalische Überlieferungen aufgenommen und auf die Verhältnisse Israel-Judas zugeschnitten wurde. Der traditionelle Anteil zeigt sich schon anhand der verwendeten Gattungen: mythisch klingende Erzählung und Listenmaterial sind im Alten Orient typische Gattungen, um Schöpfung und Weltentstehung zu thematisieren.

Monotheismus s. u. 3.1

Die Schöpfungsthematik begegnet in altorientalischen und ägyptischen Texten in erstaunlichen Kontexten wie z. B. in akkadischen medizinischen Texten (Die Beschwörung gegen den Zahnwurm[90]), in sumerischen Streitgedichten (z. B. Holz und Rohr[91]), in Götterlisten (z. B. An – Anum) oder kleineren sumerischen Göttergeschichten (z. B. Enki und Ninḫursanga; Enki und Ninmaḫ, ein Wettstreit um die beste Menschenschöpfung[92]) wie auch in umfassenden akkadischen Epen (Weltschöpfungsepos Enuma eliš[93]; Atraḫasis[94]; Gilgameš[95]). Sowohl bei den Kleintexten wie auch bei den Epen wird deutlich, dass Schöpfung weniger an sich, d. h. aus kosmologischem Interesse thematisiert wird, sondern in einen größeren Zusammenhang gehört. So geht es bei der „Beschwörung gegen den Zahnwurm", welche die Werdung des Wurms aus dem Matsch der Kanäle, die aus den Flüssen, welche wiederum aus der Erde, diese aus dem Himmel, also dem Gott Anu, geschaffen wurden, darum, den kosmischen Ursprung des Zahnwurms zu erkennen und somit – mittels der Beschwörung – magische Verfügungsgewalt über die von ihm ausgelöste Krankheit zu erhalten, um den Patienten zu heilen. Anders geht es im Enuma eliš um die allmähliche Ausbildung der Göttervorherrschaft und des Königtums unter dem babylonischen Gottes Marduk, der im Tempel Esagila in Babylon einzieht und herrscht, nachdem er am Ende des Götterkampfes auch die Lebenswelt für den Menschen ausgestaltet hat. Schöpfung vollzieht sich stets prozesshaft als „mühevolle[r] Aufbau und Ausbau und [...] Gestaltung einer Welt durch Trennung und Differenzierung, Erschaffung und Vervielfältigung beziehungsweise durch blutigen Kampf und Krieg."[96] Das beim (neu)babylonischen Neujahrsfest

Exkurs: Altorientalische Schöpfungsmythen

---

89 Diskutiert wird, ob die kosmotheologischen Konzepte, wie sie z. B. im Proverbienbuch begegnen, ältere Traditionen der vorexilischen Zeit sind; s. u. 2.8.1.
90 Vgl. TUAT III/4 (W. Farber), 603–606.
91 Vgl. TUAT III/3 (W.H.P. Römer), 357.
92 Vgl. TUAT III/3 (W.H.P. Römer), 366–386 und TUAT III/3 (W.H.P. Römer), 386–420; Lisman, Cosmogony.
93 Vgl. TUAT III/4, 565–602 (W.G. Lambert); vgl. TUAT.Erg., Bd. 8, 88–132 (K. Hecker).
94 Vgl. TUAT III/4, 612–645 (W. von Soden); vgl. TUAT.Erg., Bd. 8, 132–143 (K. Hecker).
95 Vgl. TUAT III/4, 646–744 (K. Hecker).
96 Zgoll, Welt, 17 ff.

rezitierte Epos vergegenwärtigt das urzeitliche Handeln im Kult und verschafft dem amtierenden (menschlichen) König Autorität. Ein ähnliches Anliegen verfolgt der ägytische Text „Denkmal memphitischer Theologie" (Schabaka-Stein; 800 v. Chr.), der dem Hauptgott von Memphis, Ptah, gilt, dessen Schöpfung durch Sprache entsteht.[97] Das Gilgamešepos in seiner aus dem 2. Jahrtausend stammenden Elf-Tafel-Fassung[98] widmet sich vor allem Fragen der Anthropologie und kommt darin auch auf die Menschenschöpfung zu sprechen. Es verhandelt weniger den Kosmos als die Lebensbedingungen des Menschen *(conditio humana)*, darunter insbesondere die Frage nach Leben und Tod. Zwar ist der König von Uruk namens Gilgameš zu zwei Dritteln Gott und einem Drittel Mensch (Gilg. I,ii,1), doch gelingt es ihm nicht unsterblich zu werden, wonach er nach dem Tode seines treuen Freundes Enkidu ehrgeizig strebt. Dieser war aus Lehm und dem Blut eines geschlachteten Gottes geschaffen worden und mit einem „*eṭemmu*" „Totengeist" ausgestattet, der seinen Fortbestand in der Erinnerung seiner Nachfahren sichert.[99] Das Motiv von Gilgameš's Suche nach Leben ist in phantasievoller Weise ausgestaltet, um am Ende völlig diesseitig in der Vermehrung des Ruhms durch Städtebau und den Erwerb von hohem Ansehen Erfüllung zu finden. Sowohl im Gilgameš- wie auch im Atraḫasis-Epos begegnet zudem das Thema der Vernichtung der Menschheit durch eine Flut. Sie wird durch den Gott Enlil ausgelöst, zugleich durch den Gott der Weisheit Ea-Enki konterkariert, indem er einen Einzelnen (namens Utnapsti bzw. Atraḫasis) warnt, damit er sich rette und zum Erhalt der einst für den Dienst an den Göttern geschaffenen Menschheit beitrage. Der Fund und die Entzifferung dieser Keilschrifttexte hat im 19. Jh. zu einer grundsätzlichen Neubewertung biblischer Texte geführt. Denn an ihnen wird deutlich, wie sehr die biblischen Texte kulturell mit dem Alten Orient verwandt sind und sich aus seinen Quellen speisen.

In den Kulturen des Alten Orients erfährt der Schöpfergott ein besonderes Interesse (vgl. Enuma eliš; Denkmal memphitischer Theologie u. v. a.). Einigen Traditionen nach ist der Gott der Schöpfung zudem der die Welt beherrschende und das Götterpantheon anführende Gott: Schöpfung und Herrschaft sind also miteinander verbunden. Ein Reflex dieses Denkens findet sich auch in Gen 14.

Gen 14,18–20
18 Und Melchisedek, der König von Salem, brachte Brot und Wein heraus.
Er war Priester des Höchsten Gottes.
19 Und er segnete ihn und sprach:
Gesegnet sei Abram

---

97 Vgl. Quirke, Creation Stories, 79–80; Assmann, Rezeption, 125 ff.
98 Vgl. A. Zgoll, Gilgamesch, www.wibilex.de.
99 Vgl. Bauks, Neuere Forschungen, 91 ff.

vom Höchsten Gott,
dem Schöpfer des Himmels und der Erde,
20 und gepriesen sei der Höchste Gott,
der deine Feinde
in deine Hand gegeben hat.

Dieser Segensspruch eines kanaanäischen Königs, der ein polytheistisches Gottesbild vermuten lässt, identifiziert den Schöpfer von Himmel und Erde mit dem Hauptgott (Eljon). Für die alttestamentlichen Theologen ist indes klar, dass dieses Attribut zu JHWH gehört, weshalb Abraham den Segen um den Gottesnamen erweitert:

22 Und Abram sprach zum König von Sodom: Ich erhebe meine Hand zum HERRN [JHWH], dem Höchsten Gott, dem Schöpfer des Himmels und der Erde. — Gen 14,22

Betrachtet man den Aufbau der Urgeschichte nach literarischen Schichten und Themen ergibt sich eine offensichtliche Zweiteilung der überkommenen Überlieferungen nach P und nicht-P (bzw. der sogenannte Jahwist): — Aufbau

Tab. 3: Die Komposition der Urgeschichte

sogenannte Priesterschrift (P)		Jahwist (nicht-P)	
1,1–2,4a	Schöpfungsbericht		
		2,4b–3,24	Paradieserzählung
		4	Kain und die Kainiten
5	Genealogie Adam-Noah		
		6,1–4	Die Heroen
		6,5–8	Prolog zum Sintflutbericht
6,9–22	P-Sintflutbericht	7–8*	Sintflutbericht
		8,20–22	Epilog zum Sintflutbericht
9,1–17.28f	Noahsegen und -bund		
		9,18–27	Die Verfluchung Kanaans
10*	Genealogie Völkertafel	10*	Genealogie Völkertafel
		11,1–9	Turmbau zu Babel
*11,10–32	Genealogie Sem – Abraham		

Offensichtlich eröffnet die Urgeschichte mit zwei Schöpfungserzählungen, die direkt hinter einander geschaltet sind.

2.4.1 Der erste Schöpfungsbericht

Gen 1 Der erste Schöpfungsbericht (Gen 1,1–2,3) folgt einem sieben-Tage-Schema mit acht Schöpfungswerken und dem die Erzählung abschließenden Ruhen Gottes am siebten Tag. Der Bericht lässt folgende Charakteristika erkennen:
- kurze Reflexion über das Verhältnis des vorgeschöpflichen Zustands (Vorwelt) zur vorfindlichen Welt;
- priesterliches Denken (Werke der Scheidung; voraussetzungsloses Schaffen);
- Einrichtung der Weltordnung nach den Kriterien: Zeit-, Raum-, Lebensordnung und impliziter Kultordnung;
- Sonderstellung des Menschen als Gottes Ebenbild;
- Abschluss der Schöpfung am siebten Tag als Vorwegnahme des Sabbat (Kultordnung);
- monotheistisches Gottesbild mit universalisierenden Tendenzen (vgl. Ps 33,9.11) in Abgrenzung zum Wissen um den Polytheismus der Nachbarn (1,10–14; s. aber V. 26).

Auffällig ist das Nebeneinander von Wort- und Tatbericht:

Tab. 4: Wort- und Tatbericht in Gen 1

	Gottes Wort	Gottes Tat
1. Tag: Licht	„Es werde Licht"	Scheidung des Lichts von der Finsternis
2. Tag: Himmelsfeste	„Es werde eine Feste"	–
3. Tag: (trockenes) Land	„Es sammle sich das Wasser"	–
Vegetation	„Es bringe die Erde Grünes hervor"	Die Erde ließ hervorgehen ...
4. Tag: Lichter des Himmels	„Es werden Lichter"	Gott machte zwei Lichter ...
Sonne, Mond, Sterne, Kalender		Gott setzte die Lichter ...
5. Tag: Seemonster, Wassertiere, Vögel	„Es wimmle das Wasser"	Gott schuf ... Segen und Mehrung
6. Tag: Feldtiere, Vieh, Gewürm	„Die Erde bringe hervor"	Gott machte die Tiere ...
Menschen	„Lasst uns machen ..."	Gott schuf ... Segen und Auftrag
7. Tag	–	Gott vollendete, ruhte, segnete und heiligte

Das Nebeneinander von Wort und Tat ist charakteristisch: Doch entstehen eine Reihe von Werken allein durch das göttliche Wort (Licht, Himmelsfeste, Land), andere durch sein Wort, welches die Erde veranlasst etwas hervorzubringen (Vegetation und Landtiere). Bei anderen Werken (Gestirne, Seetiere und Vögel, Mensch) schreitet Gott selbst als Schöpfer zur Tat. Allerdings ist sein Tun selbst nicht beschrieben. Charakteristisch ist das hebräische Verb für Schaffen (ברא/*bara'*), das intransitiv gebraucht ist und niemals die Materie oder den Stoff benennt, der für den Akt verwendet ist. Augenfällig ist auch, dass unter den Geschöpfen neben den Menschen (1,27) nur von den Seetieren (und Vögeln; 1,21) ausdrücklich gesagt ist, dass sie von Gott geschaffen sind. Ein weiteres Mal schafft Gott die Himmelskörper, hier ist aber das Allerweltsverb עשה/*'asah* „machen" verwendet. Die Entscheidung, dass gerade diese beiden Bereiche ausdrücklich auf Gott zurückgeführt werden, lässt sich als theologische Aussage bewerten: Insbesondere die genannten Seetiere (Tanninim) und die Himmelslichter Sonne und Mond erinnern an Wesenheiten, die in den altorientalischen Nachbarkulturen vergöttlicht gedacht wurden. Wenn sie in Gen 1 ausdrücklich als Schöpfungswerke Gottes vorgestellt werden, ist darin die Allmacht des Schöpfergottes hervorgehoben. Gerade in der Urgeschichte wird die Verwandtschaft biblischen Denkens mit den altorientalischen und auch ägyptischen Nachbarkulturen offensichtlich, von denen formgeschichtliche Anleihen (mythische Erzählungen, Ätiologien, Listenwissenschaft und Genealogien) neben einschlägiger Schöpfungsmotivik entlehnt ist.

<small>Monotheismus s. u. 3.1</small>

<small>Gen 1 im Vergleich mit altorientalischen Mythen</small>

- Altorientalische Vorweltschilderungen (das sogenannte „Chaos")
- Gen 1,1–10 und das altorientalische Weltbild
- Gen 2,1–3 Ziel der Schöpfungserzählung (Präfiguration des Sabbat; vgl. Bau des Tempels Esagila in Babylon in Enuma Elîš mit dem Zelt der Begegnung Ex 40)
- Schöpfung durch das Wort und ägyptische Schöpfungsparallelen
- Gen 1,26–29 Beschaffenheit und Funktion des erschaffenen Menschen als Gottes Bild (vgl. altorientalische Königsideologie).

Schon die ersten Verse der Hebräischen Bibel haben im Laufe der Auslegungsgeschichte Anlass zu Diskussion gegeben. Was verbirgt sich hinter der Aussage von Gen 1,2a „Die Erde war תהו ובהו/*tohû wabohû*"? Existierte bereits ein Konzept von Chaos, ein griech. Wort, das erstmals ca. 700 v. Chr. in der Theogonie des griechischen Schriftstellers Hesiod belegt ist und eine ungeordnete, sich bewegende, formlose Masse bezeichnet, aus dem die fünf Urgötter (Gaia, Tartaros, Nyx, Erebos und Eros) entstehen? Die griechische Vorstellung führte zu der Interpretation, dass auch *tohû wabohû* neben den übrigen in

<small>Altorientalische Vorweltschilderungen</small>

Gen 1,2 genannten Elementen Finsternis und Wasser Materie darstellt, aus der sich die Schöpfung langsam entwickelt hat. Doch widerspräche diese Annahme der Vorstellung von der Allmacht des monotheistischen biblischen Gottes, der voraussetzungslos schafft (wie es das hebräische Verb des Schaffens, *baraʾ*, nahelegt). Zudem schafft Gott in Gen 1 durch sein Wort, und nicht handwerklich aus vorhandener Materie. Ende des 2. Jh. n. Chr. entwirft erstmals der römische Kirchenvater Tatian die Lehre von der Schöpfung aus dem Nichts *(creatio ex nihilo)*. Dem Alten Orient war dies Konzept aber fremd. Der Zustand des Nichtseins ist in zahlreichen mesopotamischen Theogonien, Beschwörungen oder mythischen Texten wie z. B. dem Beginn des Weltschöpfungsepos Enuma eliš entweder als „Als-noch-nicht-Seins" oder aber materialiter als Finsternis, Wasser und Ordnungslosigkeit beschrieben.[100] Dem entsprechend besteht auch in Gen 1 die Wirksamkeit Gottes in seinem ordnenden Handeln, wie es die priesterschriftliche Sprache ähnlich den altorientalischen Vorgaben der Schöpfung als Differenzierung z. B. durch „trennen, scheiden" (בדל/*bdl* hif.) oder als Erschaffung „nach seiner Art" (מינהו/*minehu*) eigens betont. Es geht dem Text also nicht darum zu bestimmen, woraus Gott schuf, sondern zu betonen, dass Gott als erster (בראשית/*berešît* „im Anfang") die Schöpfungsordnung einrichtete.

Das altorientalische Weltbild

Die biblischen Texte verwenden anstelle eines im Hebräischen fehlenden Begriffs für „Welt" (griech. κόσμος/*kosmos*) Umschreibungen wie „Himmel und Erde", „Himmel, Erde und Unterwelt/Wasser" oder auch „das Ganze". Damit wird eine zu Beginn der Zeiten von Gott festgesetzte Ordnung vorausgesetzt, die die gesamte Schöpfung in ein horizontal und vertikal orientiertes Weltbild integriert. Die vertikale Linie setzt sich aus Himmel, Erde und Unterwelt/Scheol zusammen, wobei diese Bereiche als von Wasser umflossen gedacht sind. Deshalb ist häufig von der Dreiheit Himmel-Erde-Wasser die Rede (Ps 8,8f; 33,6–8; 77,17; 146,6). Säulen (Ps 75,4) und Fundamente (Ps 82,5; 104,5) tragen die Erde über den Wassern. Die Erde wird als Lebensraum der Menschen von den übrigen Bereichen abgehoben. So findet sich die Horizontale auch weitaus differenzierter beschrieben. In Gen 1,6–10 ist die Erde als das Trockene gedacht, das von den alles umfließenden (Ur-) Wassern geschieden ist. Andernorts begegnet sie als mit vier Ecken bzw. Säumen (Jes 11,12; Ez 7,2; Offb. 7,1), mit Himmelsrichtungen (Hi 23,8 f.) oder einem Rand (Ps 72,8) versehen als Begrenzung gegenüber den Wassern. Jerusalem und sein Tempel/Zion gelten als Nabel, d. h. Zentrum der Welt (Ri 9,37; Ez 38,12). Im Gegensatz zur Stadt können Wüste oder Steppe als Peripherie oder chaotische Außen-

---

100 Bauks, Die Welt am Anfang mit weiterer Literatur; Dies., Art. Chaos, www.wibilex.de.

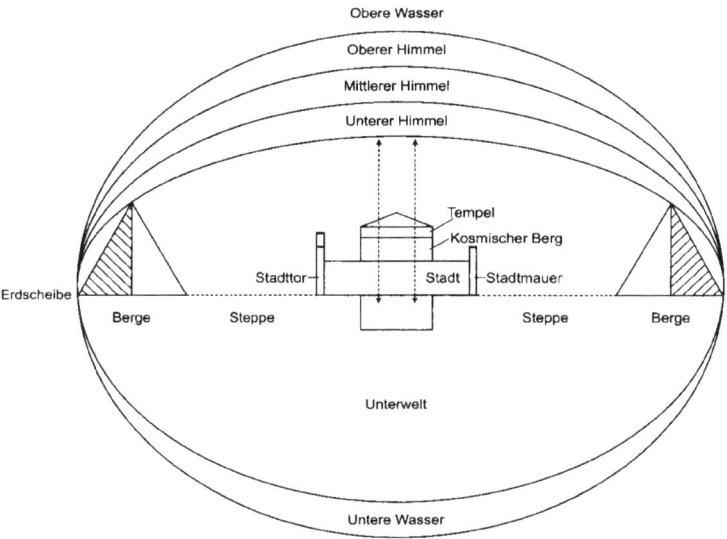

Abb. 3: Das altorientalische Weltbild[101]

bereich in der Weltordnung verstanden werden (Jes 13,21; 34,13–14; Jer 4,26f.). Am Ende der verschiedenen Weltgegenden befinden sich die Horizontberge, die den Übergang zu den Wassern und zum Tag- und Nachtwechsel markieren (Ps 65,9; Hi 26,10; s. dazu die nachfolgende Grafik). In einem Initialakt wird der Gott der hebräischen Bibel als Schöpfer der Welt tätig und tritt in den ersten Kapiteln der Genesis (Urgeschichte) nicht nur als Gott Israels, sondern darüber hinaus als Schöpfergott der gesamten Menschheit in Erscheinung. Die biblische Urgeschichte postuliert somit, dass der Gott Israels für die bestehende Weltordnung verantwortlich zeichnet. Seine Verantwortung besteht aber nicht nur in der Erstausführung der Schöpfung. Aus dem Fortgang der Fluterzählung (s. Gen 6–8) wie auch aus zahlreichen prophetischen oder poetischen Texten geht hervor, dass Gott sich nachhaltig um sein Schöpfungswerk bemühen muss, um den Fortbestand dieser Ordnung zu garantieren. Die anfangs ausgegrenzten Wasser wie die Finsternis sind nämlich in das Schöpfungswerk integriert. Somit könnten sie ggf. erneut – wie es im Zuge der Flut auch geschieht – in die Weltordnung einbrechen und das göttliche Werk gefährden. Gott muss für den Fortbestand der Schöpfung einstehen (*creatio continua;* vgl. Ps 93).

Das babylonische Weltschöpfungsepos Enuma eliš (12. Jh. v. Chr.) erzählt, wie ein untergeordneter Gott des Pantheons namens Marduk

Ziel der Schöpfung

---

101 Vgl. A. Berlejung, Art. Weltbild/Kosmologie, 68, mit Abb. 8; vgl. C. Koch, Art. Welt/Weltbild (AT), www.wibilex.de; Wilcke, Altmesopotamische Weltbilder.

aufgrund seiner Kompetenz den Vorrang unter den Göttern als Götterkönig behaupten kann, die Schöpfungsordnung einrichtet und innerhalb dieser Schöpfung den verschiedenen Göttern Bereiche zuweist. Für sich selbst erbaut er den Tempel Esagila in Babylon. In diesem Tempel wurde alljährlich am Neujahrstag der Weltschöpfung durch Marduk gedacht und ihr Fortbestand erbeten. Die Weltordnung wird durch den Tempel und seinen wohlfunktionierenden Kultbetrieb aufrechterhalten. Der Tempel symbolisiert die bestehende Weltordnung, angesiedelt innerhalb der befestigten Stadt, außerhalb derer der unstrukturierte und gefährdete Bereich beginnt, der bis zu den Horizontbergen, die das Ende der Welt(ordnung) markieren, reicht.

Der altorientalischen Vorstellung vom Tempel als Zentrum der Weltordnung stellt Gen 1 jedoch ein etwas anderes Modell entgegen: Der Tempel als das altorientalisch gängige Kultkonzept wird in das Ruhen am siebten Tag transferiert. An die Stelle von Architektur und heiligem Ort tritt das Konzept eines Chronotops[102], eines „Zeit-Orts", an dem der Mensch des Schöpfergottes gedenkt (vgl. Ex 20,10–11).

Gen 2,2–3 2 Und Gott vollendete am siebten Tag sein Werk, das er gemacht hatte, und er ruhte am siebten Tag von all seinem Werk, das er gemacht hatte. 3 Und Gott segnete den siebten Tag und heiligte ihn, denn an ihm ruhte Gott von all seinem Werk, das er durch sein Tun geschaffen hatte.

In Gen 1 wird der siebte Tag noch nicht ausdrücklich als Sabbat eingeführt. Es begegnet zwar das lautlich verwandte Verb שבת/šbt „aufhören", aber ein Sabbatgebot an die Menschen findet sich erstmals in Ex 16,29 f.[103] Doch ist in Gen 1,1–3 bereits die rituelle Bedeutung präfiguriert, die der siebte Tag im Laufe der priesterschriftlichen Exoduserzählung erhält (Ex 24,16 u. ö.): Der siebte Tag wird für die Begegnung mit dem Gott Israels reserviert.

Die erbrachte Transferleistung von einem Raum- zu einem Zeitkonzept entspricht den gesellschaftspolitischen Verhältnissen der priesterschriftlichen Epoche, die vom Verlust des Jerusalemer Tempels sowie von der Suche nach einem strukturellen Ersatz, wie er im Sabbat konfiguriert ist, geprägt ist.

Schöpfung durch das Wort Auffällig ist die hohe Bedeutung, die in Gen 1 der Wortschöpfung zukommt. Der Bericht folgt einem nur leicht variierten Ablaufschema von Befehl/Ankündigung der Schöpfung – Vollzugsbestätigung – Benennung des Schöpfungsakts – Billigungsformel. Die Durchführungsnotiz bzw. der eigentliche Tatbericht kann mitunter ganz fehlen:

---

102 Bauks, Shabbat; Heschel, Schabbat, 8–10, spricht von einem Heiligtum in der Zeit.
103 Grund, Entstehung des Sabbats, 238–255; C. Körting, Art. Sabbat, www.wibilex.de.

> 9 Und Gott sprach: Es sammle sich das Wasser unter dem Himmel an einen Ort, dass das Trockene sichtbar werde. Und so geschah es.
> 10 Und Gott nannte das Trockene Erde, und die Ansammlung des Wassers nannte er Meer. Und Gott sah, dass es gut war.

Gen 1,9–10

Wie schon Marduk seine Wortmacht vor den anderen Göttern unter Beweis stellt, indem auf seinen Befehl hin das Siebengestirn am Himmel verschwindet und erscheint (En.el. IV,19–25), so vermag auch der Schöpfergott in Gen 1 sein Werk allein durch sein Wort zur Existenz bringen. Das ägyptische Denkmal memphitischer Theologie ist das ausführlichste Beispiel für die Schöpfung durch das Wort. Hier ist es der im Memphis verehrte Gott Ptah, der mittels seines Wortes die Schöpfung hervorbringt.[104] Es handelt sich um ein Konzept, das die Voraussetzungslosigkeit göttlichen Schaffens besonders herausstreicht.

Auch das theologisch herausragende Motiv der Gottebenbildlichkeit ist kein genuin biblisches Motiv, sondern entstammt ursprünglich den Nachbarreligionen.

> 26 Und Gott sprach: Lasst uns Menschen machen als unser Bild, uns ähnlich. Und sie sollen herrschen über die Fische des Meers und über die Vögel des Himmels, über das Vieh und über die ganze Erde und über alle Kriechtiere, die sich auf der Erde regen.
> 27 Und Gott schuf den Menschen als sein Bild, als Bild Gottes schuf er ihn; als Mann und Frau schuf er sie.
> 28 Und Gott segnete sie, und Gott sprach zu ihnen: Seid fruchtbar und mehrt euch und füllt die Erde und macht sie untertan, und herrscht über die Fische des Meers und über die Vögel des Himmels und über alle Tiere, die sich auf der Erde regen.
> 29 Und Gott sprach: Seht, ich gebe euch alles Kraut auf der ganzen Erde, das Samen trägt, und alle Bäume, an denen samentragende Früchte sind. Das wird eure Nahrung sein.
> 30 Und allen Wildtieren und allen Vögeln des Himmels und allen Kriechtieren auf der Erde, allem, was Lebensatem in sich hat, gebe ich alles grüne Kraut zur Nahrung. Und so geschah es.

Imago Dei und dominium terrae Gen 1,26–30

Während die Gottähnlichkeit in Gen 1,26 f. strukturell zu verstehen ist und sich auf die gesamte Menschheit bezieht, verweist der Parallelbeleg in einer Genealogie (Gen 5,1.3) auf die individuelle Ähnlichkeit von Vater und Sohn und richtet den Fokus darauf, dass Gottebenbildlichkeit von Generation zu Generation weitervererbt wird. In Gen 9,6 dient die Gottebenbildlichkeit des Menschen als Argument, um den

Tora und Talion s. u. 2.5.2.3

---

104 Koch, Wort und Einheit.

Menschen vom Tier zu unterscheiden und seine Tötung grundsätzlich auszuschließen.[105] Von besonderem Interesse ist, dass Gen 1,27 die Gottebenbildlichkeit auf Mann und Frau gemeinsam bezieht. Dadurch wird einerseits die Vereinnahmung Gottes im Anspruch der Gottgleichheit eines einzelnen Menschen strukturell ausgeschlossen. Andererseits erübrigt sich auch die im Laufe der Theologiegeschichte häufig aufgeworfene Frage, ob der Mensch seiner Gestalt oder seinem Wesen nach Gott ähnlich sei.[106] Gottebenbildlichkeit ist vielmehr als Relationsaussage zu interpretieren. Das zeigt der der hebräische Begriff צלם/*sælæm* „Bild, Statue", der sonst insbesondere zur Bezeichnung von Götter- oder Königsstatuen der Nachbarreligionen dient (2Kön 11,18/2Chr 23,17; Num 33,52; Ez. 7,20; Dan 2).[107] Der zweite verwendete Terminus דמות/*demût* (s. Ez 1,5.10.13.16.22.26; 10,10.21 f.; 23,15) unterstreicht den Aspekt der Gleichheit bzw. Ähnlichkeit mit dem jeweiligen Vorbild, wobei die Identität beider jedoch ausgeschlossen ist.[108] Theologisch gesprochen tritt in Gen 1 der Mensch an die Stelle der altorientalischen Kultbilder und wird als der maßgebliche und sichtbare Repräsentant bzw. Stellvertreter Gottes in der Welt eingeführt. Interessant ist zudem sein Auftrag (1,28): Anstatt – wie in den mesopotamischen Mythen – für die Götter Dienst zu tun (vgl. Atr. I,1 ff.), kommt ihm im Herrschaftsauftrag *(dominium terrae)* die Aufgabe des Erhalts der Schöpfung zu. Er wird als Herr über die Tiere wie auch die Pflanzenwelt, die er sich mit den Tieren teilt, eingesetzt.[109] Darin findet sich eine weitere strukturelle Parallele mit altorientalischen Vorstellungen („Königsideologie").[110] Vor allem in Ägypten ist Pharao als Ebenbild mit Stellvertreterfunktion Gottes in die Weltordnung eingeführt. Dessen Funktionen überträgt Gen 1 jedoch auf jeden Menschen und nimmt darin eine „Demotisierung" (J. Assmann) der ägyptischen Vorstellung oder – in einer etwas anderen Perspektive – die „Royalisierung des Menschen" vor (B. Janowski).

Bilderverbot s. u. 3.2

Der an die Gottebenbildlichkeitsaussage erinnernde Passus in Ps 8 scheint dem theologisch zu widersprechen bzw. sie wenigstens in einem ebenfalls schöpfungstheologischen Kontext zu relativieren:

---

105 Schnocks, Das Alte Testament, 75–87.
106 Link, Schöpfung 2, 393–395.
107 Janowski, Lebendige Statue; Schellenberg, Mensch, 68–142.
108 E. Jenni, Art. דמה, ThWAT I, 452; Schellenberg, Mensch, 75–84.
109 Vgl. Zenger, Gottes Bogen, 116–119 und kritisch Neumann-Gorsolke, Herr der Tiere, 3–5.201–207 Zu Gen 1,28 und 9,2 sowie zur komplexen kontextabhängigen Funktion des Motivs in Ikonographie und Literatur.
110 Zu der Vielfältigkeit der Anschauungen von der besonderen Stellung des Königs in der altorientalischen und ägyptischen Königsideologie vgl. Schellenberg, Mensch, 113.332–342; Janowski, Lebendige Statue, 146–153.

> 5 Was ist der Mensch, dass du seiner gedenkst,   Ps 8,5–7
> und des Menschen Kind, dass du dich seiner annimmst?
> 6 Du hast ihn wenig geringer gemacht als Gott,
> mit Ehre und Hoheit hast du ihn gekrönt.
> 7 Du hast ihn zum Herrscher gesetzt über die Werke deiner Hände,
> alles hast du ihm unter die Füsse gelegt.

Zwar wird auch hier die außergewöhnliche Nähe des Menschen zu Gott hervorgehoben, aber in der Perspektive einer Differenzerfahrung. An die Stelle der Vergöttlichung des Menschen tritt eine funktionale Nähe zum Königsgott JHWH (Ps 8,2.10 im Bezug auf V. 7) neben dem Effekt der Royalisierung, da der Mensch an die Stelle des irdischen Königs gesetzt ist (vgl. die Semantik von V. 6b–7). Anders als in Gen 1 geht es nicht um eine Autorisierung des Menschen, sondern vielmehr um die Selbstvergewisserung des Menschen vor JHWH und in der Welt.[111] Wegen fehlender semantischer Bezüge ist eine direkte Abhängigkeit des Psalms von Gen 1 jedoch unsicher, so dass von einer bewussten theologischen Kommentierung nicht vorschnell auszugehen ist.[112]

2.4.2 Die zweite Erzählung von Schöpfung und Garten

Die durch einen redaktionellen Vers (Toledot 2,4a) mit dem ersten Bericht verbundene zweite Erzählung (Gen 2,4b–3,24) thematisiert Schöpfung in ganz anderer Weise. Die Überlegungen von Gen 1 zu einer etappenweise erfolgenden Entstehung der Welt sind hier weitgehend durch die Reduktion auf die Entstehung menschlichen Lebens in einem von Gott eingerichteten Garten (in) Eden (vgl. Ez 28,13) ersetzt. Die ursprünglich gegebene, enge Relation von Mensch (wörtlich: Erdling; אדם/'adam) und Erdboden (אדמה/'adamâ) ist semantisch hervorgehoben. Die Erzählung beginnt mit dem Noch-nicht-Sein von Erde/Erdboden und Mensch (Gen 1,5–6). Beide werden aufeinander hin geschaffen (V. 7–8). Die mythische Beschreibung des Gartens lässt erkennen, dass es sich um einen besonderen und kostbar ausgestatteten Ort handelt, den Gott und Urmensch (Ez 28,13 f.: König von Tyrus) sich als gemeinsamen Raum teilen, wodurch der Garten selbst an ein Heiligtum erinnert. Aufgabe des Menschen ist es, den Garten zu bebauen und zu bewahren und darin „Gottes-Dienst" zu tun (Gen 2,15). Als einzige Einschränkung erhält der Mensch das Verbot, von den Früch-

---

111 Vgl. Neumann-Gorsolke, Herrschen, 126–136; Schellenberg, Mensch, 164–177.
112 Vgl. Schellenberg, Mensch, 236–238.

ten eines bestimmten Baumes zu essen.[113] Im Folgenden gerät dieses Verbot wieder aus dem Blick, um erst im dritten Kapitel eine eigene Dynamik zu entwickeln, die in die Vertreibung aus dem Garten mündet (Gen 3,23–24; vgl. Ez. 28,16f.). Neben der Gartenthematik ist die Erschaffung weiterer Lebewesen (der Tiere und der Frau) thematisiert, die auf die Bedürfnisse des ersten Menschen zugeschnitten werden. Im Gegensatz zu Gen 1 lässt diese Erzählung kaum an Konkretion zu wünschen übrig. Das Formen des ersten Menschen (V. 6) wie auch der Tiere (V. 19) aus dem Staub des Erdbodens entspricht dem weit verbreiteten altorientalischen Motiv, dass die Götter die Menschheit aus Lehm töpfern oder formen. Dieses Grundmotiv begegnet in mesopotamischen Mythen (Atraḫasis u. a.) ebenso wie in Ägypten, wo der widderköpfige Gott Chnum den Menschen (und seinen Ka/Stellvertreter; vgl. *eṭemmu* in Atr. I,230) aus Ton formt. Es tritt außerdem das ursprünglich ägyptische Motiv der Belebung durch den göttlichen Atem hinzu (vgl. Gen 2,7), dem das Lebewesen seine Lebendigkeit erst verdankt. In mesopotamischen Mythen sind es neben dem Lehm göttliches Blut oder Fleisch, die die Menschenschöpfung als einen herausragenden Akt qualifizieren und den göttlichen Anteil im Menschen unterstreichen.

Dass in Gen 2,7 u. ö. nicht von Lehm, sondern Staub die Rede ist, impliziert von Anfang an die Sterblichkeit des Menschen (Gen 3,19; Hi 10,9; 34,14f.; Ps 104,29f.; Qoh 3,20). Anders als die Tiere wird die Frau unmittelbar aus der Rippe/Seite des Mannes erschaffen – ein Akt, der die beiden in ein besonders enges Verhältnis zueinander setzt und dem Schöpfungsakt seinen besonderen Erfolg beschert (2,23f.). Die Namengebung ist ein Akt der Anerkennung. In Gen 1 ist es Gott selbst, der die neugeschaffenen bzw. geordneten Bereiche innerhalb der raumzeitlichen Ordnung zuweist und benennt (1,5.8.10). Er kennt den Namen aller Sterne (Ps 147,4) und ruft auch Israel bei seinem Namen (Jes 49,1). In Gen 2–3 obliegt die Namengebung den Menschen: der erste Mensch nimmt das Recht wahr und weist den Tieren und der Frau ihre Funktion zu (2,19; 3,20; 5,3) entgegen dem im AT häufiger belegten Brauch, das Namensrecht den Müttern zu überlassen (z. B. Gen 4,25).

Gen 2   Gen 2 ist im Vergleich mit Gen 1 sehr anthropozentrisch geprägt:
– ein altorientalisch angelehnter Bericht der Menschenschöpfung (Formen aus Ton/Staub und Belebung durch göttlichen Atem in Gen 2,7);
– die nacheinander erfolgende Erschaffung von Mann und Frau (2,21f.), die aus einer Art Urmensch bzw. erstem Menschen hervorgehen, und die besondere Bezogenheit beider aufeinander (2,18.23–25; 3,16);

---

113 Das Verhältnis von Lebens- und Erkenntnisbaum ist sehr diskutiert; vgl. Michel, Theologie an der Peripherie, 1–22 und Bauks, Erkenntnis, 21 ff.

– Erschaffung der Tiere (2,19) und die Bezogenheit von Mensch und Tier aufeinander (2,20 Benennung und Bewertung; 3,15 Feindschaft der Schlange);
– der anschließende Bericht über die Störung des Gottesverhältnisses und die Folgen (Gen 3,1–24).

Von Gen 1 herkommend, verändert sich der erste Eindruck der so positiven Weltordnung, wie Gen 1 ihn vermittelt hat (s. bes. Gen 1,31), mit Gen 2–3 fundamental. Auch die extrapolierten theologischen Grundaussagen in Gen 1 zu Weltordnung, Gottesverhältnis, Bestimmung des Menschen sowie zur zukünftigen Begegnung von Schöpfer und Geschöpf im Sabbat/Kult erfahren empfindliche Korrekturen. Dem Sabbat als Prolepse einer für das Volk Israel wichtigen kultischen Einrichtung entspricht in Gen 2–3 der Garten. Dieser erinnert an ein Heiligtum bzw. einen heiligen Bezirk, in dem die gesamte Schöpfung in unmittelbarer Nähe zu Gott angesiedelt ist. Doch dieser besondere Raum ist am Ende der Erzählung verloren, vom Menschen durch seinen Ungehorsam gegenüber Gott verspielt. Der Mensch bleibt auf das Land/den Erdboden verwiesen. Er kann nicht mehr – seiner Bestimmung gemäß – den Garten bebauen (2,15), stattdessen bleibt ihm die Bebauung der ʾadāmâ, von der er genommen ist (2,5; 3,23). Die Bestimmung des Menschen ändert sich. Auch Gottebenbildlichkeit und Herrschaftsauftrag erscheinen in einem neuen Licht: Die nach Weisheit strebende Frau (3,6) fehlt, indem sie das Verbot nicht beherzigt und auf den Vorschlag der Schlange eingeht. Die vorgenommene Benennung der Tiere (2,19 f.) ist kein erfolgreicher Akt der Unterwerfung, wie das eigenständige Agieren der Schlange (3,1 ff.) zeigt. Der Mensch wird sogar bestraft und vertrieben, *weil* er gottähnlich geworden ist (3,22 vgl. 3,5). Und die neue Herrschaft, die der Mann erreichen kann (3,16), impliziert die Unterwerfung der Frau, dem gelungensten Schöpfungsakt aus seiner Sicht (2,23). Die Erzählung zielt also im Ganzen auf eine Verkehrung der Verhältnisse. Dem „und Gott sah alles an, was er gemacht hatte, und sieh, es war sehr gut" in Gen 1,31 steht nun die Erfahrung zerbrochener Beziehungen, von Vertreibung, schwerer Arbeit und Beschwernissen in Geburt, Schmerz und Tod entgegen. Während sich Gen 1 wie ein Hymnus auf den Schöpfergott liest, setzt Gen 2–3 ätiologisch bei der Jetztwelt des Menschen ein mit allen ihren Störungen, Hoffnungen und Kontingenzen, die die menschlichen Erfahrungen bestimmen. Im Zentrum stehen – für die Gattung der Weisheitsliteratur typische – Reflexionen über den Erwerb und die Grenzen der Weisheit durch den Menschen sowie lebenspraktische Erfahrungen (insbes. in den Straf- und Fluchsprüchen Gen 3,14–19).

Aufgrund der kontrastiven Bezogenheit der zweiten nicht-priesterlichen Erzählung auf die erste, wurde zuletzt vorgeschlagen, Gen 2–3 gegen den Mainstream einer vorexilisch entstandenen J-Zuweisung für literarisch jünger zu halten und als eine Gen 1 explizit korrigierende Komposition zu verstehen.[114] Ob die Textbeobachtungen produktions- oder rezeptionsästhetisch zu wenden sind, d.h. ob es nicht letztlich der instruierte Leser ist, der die Bezüge auf Gen 1 in Gen 2–3 hineinliest, bleibt umstritten. Wenigstens formal wie auch semantisch lässt Gen 2–3 jedoch wenige Parallelen mit Gen 1 erkennen, Zitate oder sprachlich auszumachende Anspielungen fehlen sogar ganz. Dass mit der Heiligtumkonzeption, anthropologischen Grundfragen, Weltbildfragen und dem Gottesbild ähnliche Probleme angesprochen sind, lässt sich auch aus der gemeinsamen Thematik der Schöpfung erklären. Wahrscheinlich handelt es sich um zwei voneinander unabhängige, aber etwa gleichzeitig entstandene Texte über die Schöpfung, die aus Gründen theologischen Komplettierens zusammengestellt wurden.

2.4.3 Schöpfung und Flut im Kontext der Urgeschichte

Textformen und Inhalte

Zu den zentralen Inhalten der Urgeschichte zählen sehr unterschiedliche Textformen und Inhalte:

Listen, Ätiologien

– Listen und Ätiologien, in denen sich Erfahrungswissen und Spekulation, eigene Kenntnisse, Überlieferungen und Informationen aus dritter Hand miteinander vermengen. Die Funktion besteht darin, die Entstehung der damaligen Weltordnung – sei es auf kosmischer, geographischer und geopolitischer (die Kontinente und die Länder betreffend) oder auf ethnischer und kultureller Ebene (die Sprachen, kulturellen Errungenschaften und Lebensarten) – darzulegen. O. Keel und S. Schroer charakterisieren die Listenwissenschaft als „eine Art Inventarisierung der Schöpfung"[115], wie sie z.B. im äg. Onomastikon des Amenemope (11. Jh. v. Chr.)[116], in den Theogonien des bereits zitierten äg. „Denkmals memphitischer Theologie" oder in Hi 38,4–39,30, Ps 148 und Sir 42,15–43,33 umfänglich begegnet. In Ätiologien geht es um grundsätzliche Fragen nach der Ursache für Institutionen oder Konventionen, z.B. darum wie das Verhältnis zwischen Mann und Frau bzw. der Menschen unter-

---

114 Vgl. Schüle, Prolog, 31–40 zur laufenden Diskussion. Zur Kritik s. Schellenberg, Mensch, 238–243 und ausführlich Bührer, Am Anfang, 275–289.
115 Keel/Schroer, Schöpfung, 170; vgl. Hilgert, Listenwissenschaft, bes. 290 ff. zu Beispieltexten aus Mesopotamien, ihren Darstellungskonventionen und ihrer Bedeutung für das Wissen (298 ff.).
116 TUAT III/2, 222–250 (pBM 10474; I. Shirun-Grumach); vgl. Prv 22,17–23,11 als Parallele; dazu Schipper, Lehre.

einander entstand (z. B. Sexualität und Gewalt; vgl. Gen 2,24/3,16; 4,10 f.15.23 f.), sowie das Verhältnis der Menschheit zur Schöpfung (Ökologie; Natur, Kultur und Zivilisation; Gen 4; Gen 9,1–6) oder zu Gott (Gen 2–3; 11) zu erklären sei.

- Die Genealogien (תולדות/*toledôt*) unterteilen die Weltgeschichte in eine Geschichte vor und nach der Flut, von denen sich die zweite Phase durch die deutlich sinkende Anzahl an Lebensjahren auszeichnet (vgl. sumerische und babylonische Königslisten als Muster).[117] Somit wird ein Zeitgerüst erstellt, das an Generationen und Filiationen orientiert ist. In den Genealogien finden sich neben lokalen Überlieferungen (z. B. zu den Söhnen Kains in Gen 4,17–24) auch Reminiszenzen aus sumerisch-akkadischen Königslisten seit ältester Zeit, welche durch jüngere Schriftsteller wie Berossos und andere griechische Historiker bis in spätere Zeit überliefert wurden. So begegnet z. B. der assyrisch- babylonische Gott Ninurta, Krieger und Herr der Steppen, in Gen 10,8–12 als König von Nimrud und Gründer der größten mesopotamischen Städte, der zum großen Jäger vor JHWH wird.

Genealogien

- Theologische Reflexionen betreffen die Stellung des Menschen im Rahmen der gesamten Schöpfung (Gottebenbildlichkeit und Herrschaftsauftrag; Sterblichkeit; Weisheit). Dabei ist festzuhalten, dass dem Menschen Vormacht verliehen ist in seiner Eigenschaft als „*Bild Gottes*", zu dem er geschaffen worden ist (1,26), d. h. als ein Geschöpf, das nicht nur mit Intelligenz begabt ist, sondern dem zugleich Verantwortung übertragen ist, wie sie für den König oder die von ihm beauftragten Repräsentanten und Statthalter typisch ist. Thematisiert ist außerdem der Übergang vom vorsintflutlichen „Vegetarismus" zum Fleischverzehr (nicht aber Blutverzehr, vgl. 1,28–30 und 9,2–7). Gen 2–3 steht Gen 1 als Anti-Mythos gegenüber: Denn hier wird ein Ideal entworfen, das von einer grundlegenden verwandtschaftlichen Beziehung zwischen dem Menschen (האדם/ *ha'adam* „Erdling"), den Tieren und dem Ackerboden (האדמה/ *ha'adamâ*) ausgeht. Dem steht aber die schmerzliche Realität entgegen, dass die landwirtschaftliche Arbeit als ständiger Kampf gegen die Erde erfahren wird, deren Charakter als paradiesischer Garten nur noch in Form einer urzeitlichen Erinnerung Gültigkeit hat. Auch die sogenannte Sintflutgeschichte lässt sich als Anti-Mythos zu den Schöpfungserzählungen beschreiben. Der Mensch soll zwar für das Überleben der Lebewesen auf der Erde und in der Luft Sorge tragen, womit die lebenswichtige Gemeinschaft zwischen Menschen

Theologische Reflexionen

Mythos und Anti-Mythos

---

117 Vgl. dazu T. Hieke, Art. Genealogien, www.wibilex.de mit weiterer Literatur; zu mesopotamischen Belegen vgl. Glassner, Chroniques.

und Tieren in Erinnerung gerufen wird. Tatsächlich ist das Verhältnis aber geprägt von der Bosheit des Menschen (6,5; nicht-P – etwas anders Verdorbenheit der Erde und des Fleisches/der Geschöpfe in 6,12 P s. u.), was Gott schließlich zu dem Vernichtungsentschluss und somit zur Rücknahme der Schöpfung treibt (6,7).

Anthropologische Reflexionen

In Bezug auf die anthropologische Dimension dieser Texte ist festzustellen, dass die prinzipielle Einheit und Gleichheit der Menschen, von Männern und Frauen, als „Bild und Ähnlichkeit der Gottheit" (Gen 1,27; vgl. 5,1–3) vertreten wird, womit ihnen eine unteilbare Würde anhaftet (vgl. Prv 14,31; 17,5; 22,2; 29,13). In Bezug auf die besondere Beziehung zwischen Mann und Frau wird man deshalb Gen 2 und 3 unterscheiden müssen, um nicht die verwickelte Erzählung mittels anachronistischer Denkfiguren („Erbsündenlehre") zu verdunkeln. Von Sünde ist in Gen 2–3 keine Rede, der Begriff begegnet erstmals in Gen 4,7. Ferner ist festzuhalten, dass der urgeschichtliche Mensch *(ha'adam)* erst mit dem Auftreten der Frau (אשה/*'iššâ*) geschlechtlich ausdifferenziert zum Mann wird (איש/*'îš*). Die Frau ihrerseits ist nicht als eine untergeordnete „Hilfe" des Mannes geschaffen, sondern als eine notwendige „Stütze" (עזר/*'ezer*), die ihm ebenbürtig gegenübersteht (כנגדו/*kenegdô*). Dank ihrer Existenz wird der Mensch erst zu einem dialogfähigen Wesen, so dass die Fähigkeit zur Kommunikation das Spezifikum menschlicher Existenz wird (Ausnahme: die sprechende Schlange in Gen 3,1 ff. und der sprechende Esel in Num 22,28–30). Im Motiv des gegenseitigen Erkennens des ersten Menschenpaares findet – neben der sexuellen Konnotation im Hebräischen – weiterhin die Parität ihren Ausdruck. Schließlich ist auch das Potential zu beachten, mit dem der Mensch zum Schöpfer, Erfinder und zugleich Zerstörer ausgestattet ist, was nichts anderes als die Kehrseite des Faktums ist, dass er ein mit Intelligenz begabtes Geschöpf ist, das einerseits von Natur aus neugierig ist (so will die Frau „Gut und Böse" erkennen), andererseits aber in der Gefahr von Frustration und Enttäuschung steht. Seine Fähigkeit, neue Dinge in den Blick zu nehmen und immer Besseres anzustreben und zu bewirken, lässt ihn „die kulturellen Errungenschaften" erfinden (Gen 4,17 Kain der Städtebauer; 4,20 Jabal der Nomade; 4,21 Jubal der Flötenspieler; 4,22 Tubal-Kain der Erz- und Eisenschmied). Sie kann den Menschen aber auch dazu bringen, Gott zu misstrauen und einen Platz anzustreben, der nur dem Schöpfer zusteht (Turmbauerzählung in Gen 11,1–9).

Folgerichtig lässt sich die Urgeschichte im Spannungsverhältnis theologisch-anthropologischer Themen folgendermaßen umreißen:

Gen 2 bereitet die Zerrüttung der Beziehung von Gott und Mensch vor;
Gen 3 handelt von der Zerrüttung der Beziehung von Mann und Frau und Tier;
Gen 4 handelt von der Zerrüttung zwischen Brüdern;
Gen 6–9 handelt von der Zerrüttung zwischen Mensch und Gott sowie dem anhaltenden Segen Gottes;
Gen 11 handelt von der Zerrüttung zwischen Gott und Menschheit, was zur Zerrüttung der Völker führt.

Die charakteristische Verknüpfung von Schöpfung/Werdung und Zerstörung/Zerrüttung, wie sie in der Fluterzählung in Gen 6–9 beschrieben ist, entstammt ebenfalls dem altorientalischen Überlieferungsstrom.[118] Insbesondere die nicht-priesterlichen (ursprünglich J genannten) Erzählstücke stehen dem Atraḫasis-Epos, der elften Tafel des Gilgameš-Epos und einer sumerischen Version der Sintflutgeschichte sehr nahe. Während Atraḫasis und der sumerische Mythos „Enki und Ninmaḫ" (ähnlich wie Gen 1) von der paarweisen Erschaffung des Menschen erzählen, bildet in Gen 2 die Frau den Höhepunkt der Erschaffung der Lebewesen, weil sie allein den Bedürfnissen des Mannes entspricht. Diese Menschenschöpfung in zwei Etappen könnte auf eine akkadische Quelle zurückgehen, die – deutlich an den politischen Verhältnissen des neuassyrischen Reichs orientiert – von der Erschaffung zuerst des Menschen gefolgt von der des Königs spricht.[119] Anderseits ist in der biblischen Erzählung der königliche Aspekt außer Acht gelassen bzw. durch die Frau ersetzt.

Altorientalische Parallelen der Fluterzählung

Weitere Parallelen finden sich in Einzelmotiven wie den entsendeten Vögeln in der Fluterzählung (erst der Rabe, dann die Taube, Gen 8,6–12; vgl. Gilg. XI,147–156: Taube, Schwalbe, Rabe) oder dem Opfer am Ende der Flut (Gen 8,20–21; vgl. Atr. V,34–38), die wahrscheinlich ebenfalls von den Keilschriftüberlieferungen beeinflusst sind.

In den altorientalischen Versionen des Flutmythos (Atraḫasis; Gilgameš 11. Tafel) agiert eine Vielzahl von Göttern: Enlil, auf den die Entscheidung für die Sintflut zurückgeht, Enki/Ea, der einen Menschen auswählt, der zum Überleben bestimmt ist, die Muttergöttin Nintu/Belet-Ili, die sich dagegen auflehnt, dem Untergang ihrer Geschöpfe zuzusehen. Die Ursache für die hereinbrechende Flut ist hier einem Konflikt innerhalb der Götterwelt geschuldet. In den biblischen Versionen agiert indes JHWH allein (s. aber die polytheistisch anmutenden Reminiszenzen in Gen 1,26; 3,20.22: 4,1). Er entscheidet über den Beginn der Sintflut als auch über ihr Ende. Er beruft Noah, um einen

---

118 So zuletzt Grätz, Gericht und Gnade.
119 Vgl. Meyer, Mythos.

Teil der Menschheit zu retten und die Restauration der Schöpfung möglich zu machen. Was den Eindruck einer gewissen Widersprüchlichkeit hervorrufen könnte (vgl. 6,5 und 8,21), führt die biblischen Autoren zu der theologischen Aussage, das Wohlwollen, das JHWH seiner Schöpfung entgegenbringt und ihn künftig über die Bosheit des Menschen hinwegsehen lässt, herauszustellen. Die Fluterzählung hinterlässt ein anthopopathisches Gottesbild, in dem es nicht um die Unfehlbarkeit und Allmacht Gottes geht, sondern um seine Bezogenheit auf die Bedürfnisse seiner Geschöpfe.[120]

Komposition der Fluterzählung

Betrachtet man die Intention der biblischen Fluterzählung in ihrer Endgestalt, lässt sich die Erzählung in Anlage einer Ringkomposition rekonstruieren, die einen Grundzug der Geschichte Israels gleich zu Beginn der Erzählungen zu erkennen gibt: Gott erinnert sich des Anderen und rettet ihn aus der Katastrophe (Gen 7,1). Somit wird die Geschichte der Katastrophe zu einer Geschichte der Restauration, an deren Ende die Zusage des unverbrüchlichen Bundes Gottes mit der Menschheit in Nachfolge Noahs steht (Gen 9,1–17).[121]

Zwei Parallelüberlieferungen

Allerdings ergibt näheres Hinsehen eine Reihe von Dubletten, Widersprüchen und nicht zuletzt den sachlich nicht immer nachvollziehbaren Wechsel von zwei unterschiedlichen Gottesbezeichnungen (JHWH und Elohim), was auf mindestens zwei verschiedene Erzählstränge bzw. -traditionen verweist. Und tatsächlich lassen sich zwei theologisch unterschiedlich argumentierende „Fluttexte" rekonstruieren:

Nicht-P-Bestand

Der Erzählbeginn 6,5–8 (nicht-P) rekurriert auf die anhaltende Eskalation des Bösen (Gen 2–4) und problematisiert ein weiteres Mal die komplizierte Beziehung von Schöpfer und Geschöpf. Die Erzählung endet in 8,20–22 in unerwarteter Weise mit einem Dankopfer Noahs für die Rettung und mit Gottes Zusage an die Menschheit, obwohl diese sich nicht grundlegend ändert, sie nicht mehr zu zerstören. Daraus wird ein Schema von Strafe und Einsicht des Schöpfers ersichtlich, das auch für Gen 2–3 (3,21 Gott kleidet den Menschen, bevor er ihn aus dem Garten verweist) und 4 (4,15 Kain erhält ein Schutzzeichen) charakteristisch ist. Die nicht-priesterlichen Überlieferungen zeigen einen sich wandelnden Gott an, der auf die Bedürfnisse seiner Schöpfung konstruktiv reagiert.

P-Bestand

Gen 6,11–12 (P) indes impliziert die Rücknahme des sehr guten Gesamturteils von Gen 1,30 f.: Infolge des Mehrungssegens wächst nicht nur die Anzahl der Menschen an, sondern mit ihnen auch die Gewalt (חמס/ḥamas), die Verderben bringt (שחת/šaḥat; 6,11–13). Der Fortpflanzungssegen verkehrt sich gewissermaßen in ein Übermaß an

---

120 Vgl. dazu Bauks, Dieu.
121 Vgl. N. Baumgart, Art. Fluterzählung, www.wibilex.de.

Gewalt. Man kann die priesterschriftliche Version so deuten, dass die Flut keine generelle Zurücknahme der Schöpfung ist, sondern eine Reduktion des menschlichen Lebensraums auf die Arche mit Noah als Paradigma des gerechten und gottesfürchtigen Menschen. Die Schöpfung ist so trotz Flut *in nuce* fortgeführt. Der Vernichtungsbeschluss (Gen 6,13) „das Ende allen Fleisches ist gekommen vor mein Angesicht, denn wegen ihm hat sich die Welt mit Gewalt angefüllt" bedeutet nicht etwa, dass Gott die Welt ausgelöscht hat, sondern diese droht sich selbst zu vernichten, und Gott muss es ansehen und hat daraus die Konsequenz gezogen. Der priesterschriftlichen Fassung nach wäre die Flut keine Strafe Gottes. Die Vernichtung (משחית/*mašḥît*) der Erde nimmt ihr faktisches Vernichtet- oder Verdorbensein (*šḥt* nif. 6,11 f. und hif. „sich verderben lassen" in V. 12) auf.[122] So ist z. B. das Kommen und Zurückgehen der Flut durch das Aufbrechen und Verschließen der Fenster und Öffnungen ohne Subjektbezeichnung berichtet (s. die Passiv- bzw. Reflexivformulierungen in Gen 7,11; 8,2). Teile der Flutbeschreibung (7,17b–20) nehmen Erzählzüge aus Gen 1 auf: Das Senden der רוח/*rûaḥ* als Ostwind (8,1 f.; Nicht-P) erinnert an dessen Lebensermöglichung in Gen 1,2 (P). Auch die Tierreihen sind z. T. wörtlich wiederaufgenommen (6,20 f. u. ö.), und die Vollzugsbestätigung (6,22) sowie das verwendete genealogische Material (6,9 f.) bzw. Alters- und Datumsangaben (7,6.11 f.; 8,13) sind im typisch priesterschriftlichen Stil.

Am Ende der priesterschriftlichen Fluterzählung stehen das Gedenken (8,1) und der Bund mit einem Bundeszeichen, das die freiwillige Selbstfestlegung Gottes impliziert: Gott legt seinen Kriegsbogen (קשת/ *qæsæt*) in den Wolken ab, der von Zeit zu Zeit in Form eines Regenbogens als Zeichen der Erinnerung erscheint (Gen 9,13 f.).

Der Bundesschluss (Gen 9,1–17) beinhaltet: — Bund s. u. 2.5.1

9,1–6: die „noachidischen Gebote":
9,1–3: Revision des Schöpfungsauftrags *(dominium terrae)* und Speiseregelung
9,4–6: Blutgebote
9,8–17: Ankündigung (V. 9–11) – Vollzug (12–16) – Bestätigung (17) des Bundesschlusses in dem Wissen, dass die Menschen gewaltvoll bleiben werden. Es werden dem Menschen keine Konditionen auferlegt (anders Gen 15; Ex 24 u. a.).

Den nicht-P-Textbestand sehen einige Exegeten (vgl. Schüle) als eine jüngere redaktionelle Bearbeitung bzw. Ergänzung zu der ursprünglichen P-Erzählung an mit folgender Intention: — Verhältnis der Überlieferungen zueinander

---

122 Schüle, Prolog, 162 f.

- Leerstellen zu ergänzen bzw. Inhalte zu korrigieren (die Vogelszene: an die Stelle des als unrein geltenden Raben tritt eine Taube);
- sachliche Präzisierungen wie z. B. die Aufzählung der Flutopfer (7,23);
- Einführung neuer Begrifflichkeiten (6,16 צהר/ṣohar Luke; 8,6 חלון/ḥalôn Fenster);
- Kombination von verschiedenen verwendeten Terminologien: männlich-weiblich wird zu Mann-Frau; „Erde" (ארץ/'æræṣ) wird zu Erdboden ('adamâ) im Rekurs auf die vorangehenden Kapitel.

Besonderes Gewicht erhalten die theologische Korrekturen: Die Flut wird zum Strafhandeln Gottes (מחה/mḥh „tilgen" in 6,7; 7,4.23). Das Noahbild des Frommen, der mit Gott wandelt (6,9) ist abgeflacht. Die Funktion des Opfers am Flutende zur Beruhigung Gottes (8,20 f.) und die Einführung einer ausreichenden Anzahl reiner neben unreinen Opfertieren fehlt in P. Auffällig ist das anthropopathische Gottesbild, denn Gott empfindet Reue gegenüber dem Schöpfungswerk (נחם/nḥm nif.; 6,6–7), nachdem er Kränkung erfahren hat (עצב/'ṣb hif. 6,6). Am Ende will er aber die Zerstörung ungeschehen machen (אמר אל לבו/'amar 'æl libô; 8,21), denn dank des Opfers (8,20) wird die Annäherung des Menschen neu ermöglicht.

Das Ende der Urgeschichte

Die Deutung des Endes der nicht-priesterlichen Urgeschichte hängt von der Frage ab, ob sie jemals unabhängig von den nachfolgenden Erzelternerzählungen bestanden hat und es sich um eine eigene Komposition handelt oder ob sie lediglich als Produkt einer späten Fortschreibung ursprünglich eigenständiger Überlieferungen zur priesterschriftlichen Urgeschichte entstanden ist.[123] Die bis in kleine Details reichenden Parallelen mit mesopotamischen Epen wie Atraḫasis und Gilgameš sowie die Gegenüberstellung von Schöpfung und Zerstörung lassen ein bewusst entworfenes Konzept vermuten, das die alten Überlieferungen auf Israel anwendet.

Als mögliches Ende dieses Entwurfs gilt:
- traditioneller Weise Gen 11,26 als Einschnitt, auf den die Einführung Abrahams in einer zweiten genealogischen Notiz folgt, die über die prosaische Notiz des Todes Terachs zur Vätergeschichte überleitet;
- Gen 8,21 als Ende der sogenannten „jahwistischen Urgeschichte" (Nicht-P), da hier die Revision des Fluchs geschieht, der auf der Erde lastet (s. 3,17), und somit die Segensgeschichte einsetzt, wie sie schließlich in Gen 12 ff. breit entfaltet wird[124];

---

123 Vgl. z. B. den Entwurf einer ursprünglich unabhängigen nicht-P-Urgeschichte von Gertz, Beobachtungen.
124 Rendtorff, Genesis 8,21. Kritisch dazu Westermann, Genesis 1–11, 609 ff.

- Gen 9,29 als dem Endpunkt der Ausführungen zu Noahs nachsintflutlichem Leben und Tod, während 10,1–11,26 als „selbständige Darstellung einer ‚Zwischenzeit' aus der eigentlichen Urgeschichte heraus[fällt]" (אחר המבול/'aḥar hammabûl);[125]
- Gen 11,32 oder sogar erst 12,1–3 bzw. 12,9 im Duktus einer teleologisch verlaufenden Erzählung vom Fluch zum Segen lassen die Urgeschichte „als eines der wesentlichsten Elemente einer theologischen Ätiologie Israels" verstehen.[126] Dem widerspricht zum einen, dass auch in der Urgeschichte einige Segensformeln begegnen (5,1–3; 9,1.26), die dem Fluch von 3,14–17; 4,11; (5,29) entgegen stehen, zum anderen, dass bereits in 9,25–27 ein Schwenk von der Urgeschichte auf die Volksgeschichte erfolgt (vgl. 4,20–22; 9,20–27 wie 10,8–1; 11,1–9).

Mit dem priesterschriftlichen Textbestand liegt ein erster theologischer Entwurf vor, der die Urgeschichte mit den Erzeltern-Verheißungen und der Exodus-Sinai-Überlieferung verbindet. Leitthemen sind Noah-Bund, Abraham-Bund und das Schema von Verheißung – Erfüllung. Auf deren Grundlage unter Einbezug des – im Sieben-Tage-Schema des Schöpfungsberichts – präfigurierten Sabbatthemas ist ein an Gottesbegegnung und Kult orientiertes Konzept entworfen.

Die theologische Funktion der Urgeschichte

Die Nicht-P-Texte zielen hingegen darauf, eine Erklärung für das drohende Scheitern der Heilsgeschichte Israels zu entwerfen, die durch eine negative Anthropologie die Notwendigkeit der Trennung in göttliche und menschliche Sphäre propagiert und neue Maßnahmen für das Miteinander erforderlich macht.

2.4.4 Schöpfungstraditionen in der Hebräischen Bibel

Einleitend wurde bereits betont, dass die Schöpfungsthematik wie auch die übrigen urgeschichtlichen Stoffe außerhalb von Gen 1–11 selten Aufnahme fanden. Umfangreichere Auseinandersetzung ist erst seit dem 3./2. Jh. v. Chr. in der deutero-kanonischen Literatur erfolgt (Jubiläenbuch; Äthiopisch Henoch; Jesus Sirach/Ben Sira u. a.).

Es stellt sich dennoch die Frage: Welche biblischen Traditionen nehmen das Thema auf? Sind die Motive, die auch die beiden Schöpfungserzählungen prägen, anderweitig verwendet und in welcher Intention bzw. Funktion sind sie aufgegriffen? Lassen sich vielleicht ältere Hinweise auf schöpfungstheologische Aussagen als in den Pentateuchtraditionen finden?

---

125 Vgl. Witte, Urgeschichte, 48.
126 Von Rad, Theologie I, 178.

2.4.4.1 Schöpfung in poetischen Texten

Poetische Texte, insbesondere Psalmen, sind noch schwieriger zu datieren als Erzähltexte. Doch lassen sie die höchste Ausbeute an Schöpfungsaussagen erkennen.

Psalm 104 s. u. 2.7.3.1 und 3.4.4

Allen voran ist Ps 104 zu nennen, ein Hymnus auf den Gott der Schöpfung, der den Menschen zum Lob auffordern will. Das Lob wird entfaltet auf dem Hintergrund des oben skizzierten Weltbildes: Gott beherrscht die himmlischen Sphären (V. 1–4) und schafft bzw. erhält die Erde durch sein Grenzen setzendes Wirken (V. 5–10). Gott wird als für seine Kreatur im alltäglichen Leben Sorgender beschrieben (V. 11–28). Als Garant für die Stabilität der erschaffenen Ordnung ist Gott aber gleichzeitig auch für den Einzelnen verantwortlich. Leben und Tod liegen in seiner Hand (V. 29). Dieser Hymnus legt (literarische) Parallelen mit dem Großen Sonnenhymnos des Echnaton (15. Jh. v. Chr.) nahe.[127]

Ein weiterer Psalmbeleg ist Ps 33, ein Loblied auf den gerecht waltenden Gott, in dem das Motiv der Schöpfung als Begrenzung „chaotischer" kosmischer wie politischer Mächte durch das machtvolle göttliche Wort ausgeführt ist.

Psalm 33

6 Durch das Wort des HERRN sind die Himmel gemacht
und durch den Hauch seines Mundes ihr ganzes Heer.
7 Er fasst das Wasser des Meeres wie mit einem Damm,
in Kammern legt er die Fluten.
8 Alle Länder, fürchtet den HERRN,
zittern sollen vor ihm alle, die den Erdkreis bewohnen.
9 Denn er ist es, der sprach, und es geschah,
der gebot, und es stand da.

Ps 8 bietet eine Variante der Vorstellung von der Gottebenbildlichkeit des Menschen, die den Menschen als königlichen Menschen beschreibt:

Psalm 8

4 Wenn ich deinen Himmel sehe, das Werk deiner Finger,
den Mond und die Sterne, die du hingesetzt hast:
5 Was ist der Mensch, dass du seiner gedenkst,
und des Menschen Kind, dass du dich seiner annimmst?
6 Du hast ihn wenig geringer gemacht als Gott,
mit Ehre und Hoheit hast du ihn gekrönt.
7 Du hast ihn zum Herrscher gesetzt über die Werke deiner Hände,
alles hast du ihm unter die Füsse gelegt:

---

127 Krüger, Lob des Schöpfers, 403–422; Reichmann, Psalm 104.

Anders als Gen 1,26 f. wird der Mensch explizit von der Größe Gottes unterschieden, aber zugleich mit königlichen Attributen ausgestattet, die ihn zur Herrschaft befähigen. Andernorts wird das Königtum auf JHWH übertragen und mit seiner Wirkmacht und seinem anhaltenden Gestaltungswillen in der etablierten Weltordnung begründet. In der „Stilform der behobenen Krise" wird an die Konkurrenzlosigkeit JHWHs angesichts anderer kosmischer Mächte und Elemente erinnert.[128]

> 1 Der HERR ist König. Mit Hoheit ist bekleidet,
> ist bekleidet der HERR, er hat sich gegürtet mit Macht.
> Fest steht der Erdkreis, er wankt nicht.
> 2 Fest steht dein Thron von Anbeginn,
> von Ewigkeit her bist du.
> 3 Ströme erhoben, HERR,
> Ströme erhoben ihre Stimme,
> Ströme erheben ihr Tosen.
> 4 Mächtiger als das Donnern gewaltiger Wasser,
> mächtiger als die Brandungen des Meeres
> ist mächtig der HERR in der Höhe.
> 5 Wahrhaft verlässlich sind deine Zeugnisse,
> Heiligkeit gebührt deinem Haus, HERR, für alle Zeit.

Ps 93

Dieser sehr alte Hymnus lässt erkennen, dass die Überlegenheit des in der Höhe thronenden göttlichen Königs (V. 1–2.4) über die Chaosströme der Urzeit (V. 3) Einfluss auf das Jetzt hat, sofern der Erdkreis (תבל/*tebel*; V. 1) weiterhin von ihm gesichert bleibt, indem Gott sich als mächtig erweist (V. 4 f.).

Königspsalmen s. u. 2.7.3.2

Das Schöpfungswirken Gottes offenbart sich in einigen weisheitlichen Texten als bewusstes und perfektes Tun („Geheimnis der Schöpfung").

Während die außerbiblischen Beispiele die Beteiligung von Göttinnen an der Menschenschöpfung berichten, wird das Schöpfungshandeln in Gen 1–2 auf den monotheistisch gedachten Gott Israels zurückgeführt. Allerdings finden sich in Gen 1,26 („Lasst uns Menschen machen"), 3,20 („Eva, die Mutter aller Lebenden"; vgl. 4,1 „Und der Mensch erkannte Eva, seine Frau, und sie wurde schwanger und gebar Kain, und sie sprach: Ich habe einen Sohn bekommen mit [Hilfe] des HERRN/JHWHs") oder 3,22 („Siehe, der Mensch ist geworden wie einer von uns") polytheistische Reminiszenzen, die auf eine Göttin oder auf einen Götterrat hinweisen könnten. Das Lied von der präexistenten

Göttinnen im Alten Orient

---

128 Janowski, Königtum; M. Bauks, Art. Chaos, www.wibilex.de; Leuenberger, Konzeptionen, 142 f.

Weisheit (Prv 8,22–31) trägt in der Personifizierung der Weisheit (vgl. Sir 24) wenigstens entfernte Anklänge an eine zum Zeitpunkt der Schöpfung anwesenden Göttin, wie sie in den altorientalischen Mythen überliefert ist. Es betont aber zugleich die Geschöpflichkeit der Weisheit (V. 22), weshalb von einer „schöpfungsimmanenten personifizierten Größe" die Rede ist.[129]

Prv 8
22 Der HERR hat mich geschaffen am Anfang seines Wegs,
vor seinen anderen Werken, vor aller Zeit.
23 In fernster Zeit wurde ich gebildet,
am Anfang, in den Urzeiten der Erde.
24 Als es noch keine Fluten gab, wurde ich geboren,
als es noch keine wasserreichen Quellen gab.
25 Bevor die Berge eingesenkt wurden,
vor den Hügeln wurde ich geboren,
26 als er die Erde noch nicht geschaffen hatte und die Fluren
und die ersten Schollen des Erdkreises.
27 Als er den Himmel befestigte, war ich dabei,
als er den Horizont festsetzte über der Flut,
28 als er die Wolken droben befestigte,
als die Quellen der Flut mächtig waren,
29 als er dem Meer seine Grenze setzte,
und die Wasser seinen Befehl nicht übertraten,
als er die Grundfesten der Erde festsetzte,
30 da stand ich als Werkmeisterin ihm zur Seite
und war seine Freude Tag für Tag,
spielte vor ihm allezeit.
31 Ich spielte auf seinem Erdkreis
und hatte meine Freude an den Menschen.

In abstrakterer Form ist Weisheit als göttliche Begleiterin des Schöpfungsakts in Prv 3,19 thematisiert:

Prv 3
19 Der HERR hat mit Weisheit die Erde gegründet, mit Einsicht hat er den Himmel befestigt.
20 Seine Kenntnis liess die Fluten hervorbrechen, und die Wolken Tau träufeln.

Kosmotheismus
s. u. 2.8.1 und 3.4.4

Interessant ist, dass Weisheit hier – anders als andernorts im Sprüchebuch – über Erfahrungswissen und Lebensklugheit hinausweist und als kosmotheistisches Wissen erscheint, d. h. als ein Wissen vom Weltlauf

---

129 Von Rad, Weisheit in Israel, 189.

und der Weltinganghaltung, welches der Erfahrung vorausgeht und einen magischen Verstehenshorizont voraussetzt.[130] Dieses magische Wissen ist in der Hebräischen Bibel z. B. im Zuge von prophetischen Heilungswundern (z. B. 2Kön 4,8–37) thematisiert und wird von den Gottesmännern als Manifestation des Göttlichen in der Natur umgesetzt.[131] Es wird dargelegt, dass die dreiteilig gezeichnete Welt (Himmel – Erde – Urwasser) mit schöpferischem Vermögen und Fertigkeit geschaffen ist, die gleichsam triadisch durch חכמה/ḥokmâ, תבונה/tebûnâ und דעת/daʿat verkörpert sind und auf kosmotheistisches Wissen verweisen.

Das prominenteste Beispiel für das geheimnisvolle Wirken Gottes in der Schöpfung findet sich im Schöpfungslied (Hi 28) und in der Gottesrede des Hiobbuchs (Hi 38–41). Hi 28 zielt dahin, dass Weisheit für den Menschen nicht zugänglich ist und er gut beraten ist, an ihre Stelle die Gottesfurcht zu setzen: *Hi 28 und 38–41*

> 28,28 Sieh, die Furcht des Herrn, das ist Weisheit, und Böses meiden ist Erkenntnis (vgl. Prv 9,10 u. ö.).

Die auf die Hiobklagen reagierende Gottesrede betont – und lässt sich darin wie eine Fortführung von Prv 8,22 ff. lesen – die Abwesenheit des Menschen (bzw. Hiobs) zu Beginn der Schöpfung:

> 38,4 Wo warst du, als ich die Erde gegründet habe?
> Rede, wenn du es weisst!
> 5 Wer hat ihre Masse bestimmt? Weisst du es?
> Und wer hat die Messschnur über sie gespannt?
> 6 Wo sind ihre Pfeiler eingesenkt,
> und wer hat ihren Eckstein gelegt,
> 7 als alle Morgensterne jauchzten
> und alle Götter[söhne] jubelten?

Auch hier sind urzeitliche Mitwisser, die Göttersöhne (vgl. Hi 1,6; 2,1), genannt, welche Hiob das Wissen um die Schöpfung und ihre Ordnung voraushaben, das Hiob als dem Spätgeborenen fehlt. Hiob ist zur Vorsicht aufgerufen, da ihm das Wissen fehlt, um den Duktus und die Qualität der göttlichen Ordnung (38,2 u. ö. עצה/ʿeṣah „Weltplan") richtig einzuschätzen. Hiob wird auf seine Geschöpflichkeit verwiesen. *Hiob s. u. 2.8.2*

Wie oben bereits gesagt, erweist sich die Datierung der genannten Einzeltexte als schwierig. Offensichtlich ist aber, dass Israel das Thema

---

130 Schipper, Kosmotheistisches Wissen, 487 ff.; vgl. Assmann, Magische Weisheit, 241 ff.
131 Schmitt, Magie, 240–245.

erst spät narrativ verarbeitete und in einen theologischen Rahmen stellte, wenn auch einzelne Motive sehr alt sein können. Das recht junge Alter erklärt, warum die Traditionen innerbiblisch keine Breitenwirkung entfaltet haben, sondern erst in der deutero-kanonischen Literatur Aufnahme fanden. Man rechnet mit literarischen Anfängen in der spätvorexilischen Zeit – wenn man bei der früheren Datierung von Gen 2–4 bleibt – während die weisheitlichen und priesterschriftlichen Traditionen überwiegend in die exilisch-nachexilische Zeit gehören. Die Urgeschichte als Gesamtkomposition hat innerbiblisch keine weitere Aufnahme erfahren.

2.4.4.2 Schöpfung in prophetischen Texten

Ein paar Hinweise auf Schöpfung lassen sich auch in den prophetischen Texten finden, so z. B. in – wohl auch sekundären – Doxologien des Amosbuches (Am 4,13; 5,8; 9,5–6)

Am 4,13

13 Denn sieh, der die Berge gebildet und den Wind geschaffen hat
und der dem Menschen seinen Plan [wörtlich: mit was er sich befasst] kundtut,
der die Morgendämmerung zu Finsternis macht
und seinen Fuss auf die Höhen der Erde setzt:
HERR, Gott der Heerscharen, ist sein Name!

Auffällig ist, dass die für die beiden Schöpfungsberichte charakteristischen Schöpfungsverben יצר/*jṣr* (Gen 2,7 u. ö.; nicht-P) und ברא/*bara'* (Gen 1,1 u. ö.; P) in diesem Hymnus nebeneinander stehen. Daraus zu schließen, dass das die Kenntnis von Gen 1–4 voraussetzen lässt, wäre indes vermessen.

Deutero-Jesaja
s. u. 2.6.3.1

In besonderer Weise ist das Schöpfungsthema in der Exilszeit in Deutero-Jesaja rezipiert, wo es im Geschichtsentwurf verwendet ist. Das geschieht in einer Zeit, in der die alten Verheißungen in Frage gestellt sind: Das Land ist – wenigstens für einige – verloren, das Volk auseinandergerissen und der Abwesenheit des Gottes Israels wird der babylonische Sieg zugeschrieben, der Zerstörung und Exil nach sich zog. Dem Auszug aus Ägypten müsste ein neuer Auszug – nämlich der der Exilanten – aus Babylon folgen. In diese Situation hinein wird die Schöpfungsthematik neu interpretiert und historisierend umgestaltet (Jes 40,21–28).

Jes 40,21–28

21 Wisst ihr es nicht, hört ihr es nicht?
Ist es euch nicht von Anfang an verkündet worden?
Habt ihr es, seit die Erde gegründet wurde, nicht begriffen?

22 Er thront über dem Kreis der Erde,
und wie Heuschreckenschwärme sind ihre Bewohner,
wie einen Schleier breitet er den Himmel aus,
und wie ein Zelt hat er ihn ausgespannt, um darin zu wohnen.
23 Fürsten macht er zunichte,
Richter der Erde macht er zu dem, was wie das Nichts ist.
24 Kaum sind sie gepflanzt, kaum sind sie gesät,
kaum hat ihr Baumstumpf Wurzeln geschlagen in der Erde,
da hat er sie auch schon angehaucht, und sie sind verdorrt,
und wie Stoppeln trägt der Sturm sie davon.
25 Und mit wem wollt ihr mich vergleichen, dass ich ihm gleich wäre?,
spricht der Heilige.
26 Blickt nach oben und seht: Wer hat diese geschaffen?
Er, der ihr Heer hervortreten lässt, abgezählt,
sie alle ruft er mit Namen herbei.
Der Fülle an Kraft wegen, und weil er vor Kraft strotzt,
geht kein Einziger verloren.
27 Warum, Jakob, sagst du,
und, Israel, warum sprichst du:
Mein Weg ist dem HERRN verborgen,
und mein Recht entgeht meinem Gott?
28 Hast du es nicht erkannt, hast du es nicht gehört:
Ein ewiger Gott ist der HERR,
der die Enden der Erde geschaffen hat!

Gleich zu Beginn des in Jes 40,1 beginnenden Trostbuchs wird die gute Nachricht, dass Gott sich seines Volkes annehmen wird, mit seinem anfänglichen Schöpfungshandeln verknüpft (vgl. 42,5). Ähnlich der Gottesrede im Hiobbuch geht es um die Erhabenheit Gottes, die seit Anbeginn der Schöpfung wahrnehmbar ist, von Israel aber nicht wahrgenommen wird (V. 21.27-28 als rhetorische Frage). Auch die Israel bedrängenden, feindlichen Mächte unterliegen ihm, dem Schöpfergott (vgl. Jes 51,12 f.). Das Schöpfungswerk selbst impliziert die Verheißung, dass Gott Israel auch in Zukunft retten wird.

Die umfassendste Passage zur Schöpfungsthematik und ihrer Korrelation zum bevorstehenden, sich in der Geschichte manifestierenden Heilshandeln JHWHs findet sich in Jes 44,24-45,25. Die Zusage geht soweit, dass Gott sich fremder Herrscher bedient, um das Gerichtshandeln an seinem Volk zu beenden und die Restauration herbeizuführen (Jes 44,26-45,1). Die Wiederbesiedlung Jerusalems wird mit dem Trockenlegen der Ströme (als Metapher des urzeitlichen Schöpfungsakts) parallelisiert, und der persische König Kyros wird zum göttlichen Hirten und Gesalbten und zum Ausführenden der Restau-

Königsideologie s. u. 3.4.1

ration berufen. Im weiteren Kontext findet sich auch der Schlüsseltext für die Schöpfungsvorstellung Deutero-Jesajas, die stets an den Ausschließlichkeitsanspruch JHWHs, an seine Einzigkeit, zurückgebunden ist (Jes 45,6b–7):

Jes 45,6b–7
6 [...] Ich bin der HERR und keiner sonst.
7 Der das Licht bildet
und die Finsternis schafft,
der Heil vollbringt
und Unheil schafft,
ich, der HERR, bin es, der all dies vollbringt. [...]

Mit diesem Vers liegt eine Radikalisierung des ordnenden Gestaltens Gottes (gemäß Gen 1) vor: Gott macht alles; er bildet (*jṣr*) das Licht und schafft (*baraʼ*) die Finsternis, die in einen Parallelismus zu Heil (שלום/*šalôm* + עשה/*ʽasah*) und Unheil/Bösem (רע/*raʽ* + *baraʼ*) gesetzt sind. Somit wird die Erschaffung der Ganzheit auf Gott zurückgeführt und jede dualistisch anmutende Gegenmacht ausgeschlossen. Nichts liegt außerhalb des göttlichen Schöpfungshandelns (vgl. Hiob). Allerdings ist das Ziel der Schöpfung nicht die göttliche Allmacht, sondern die Gewähr von Gerechtigkeit und Heil für die Geschöpfe (45,8.18).

Jes 45,18
18 Denn so spricht der HERR, der Schöpfer des Himmels,
er, der Gott, der die Erde gebildet und sie gemacht hat, er gründet sie fest -
nicht als Leere hat er sie erschaffen, damit man auf ihr wohne, hat er sie gebildet -:
Ich bin der HERR und keiner sonst.

Jes 45,7 betont: JHWH ist alleinverantwortlich für Licht und Finsternis, Frieden und Unheil. Der Einzigartigkeit der Aussage steht entgegen, dass in vielen Texten JHWH als Herr der Finsternis erscheint, so z. B. im Exodusgeschehen, wenn er den Ägyptern Finsternis und Tod bringt, Israel aber Befreiung. Auch die oben lediglich erwähnte Doxologie in Am 5,8 betont die Verantwortlichkeit Gottes für Finsternis, wenn er Finsternis zu Morgenlicht verwandelt und den Tag zur Nacht verfinstert. Gewissermaßen ist das, was Texte wie Gen 1 u. a. präfigurieren, in Jes 45,7 dahingehend expliziert, dass die kosmische Befindlichkeit von Dunkelheit und Licht mit der (sozial-)politischen Realität von Heil (d. h. Ganzheit, Frieden) und Bösem korreliert. *Raʽ* „Böses" ist an dieser Stelle wegen des Antonyms *šalôm* aber nicht moralisch, sondern als alles inkludierend zu verstehen.[132]

---

132 Vgl. dazu Berges, Jesaja 40–48, bes. 403–406.

Folglich betrifft das Thema Schöpfung bei Deutero-Jesaja nicht nur die graue Vorzeit, sondern bezieht sich ganz konkret auf die Geschichte: So wie Gott Himmel und Erde geschaffen hat, so beruft er Zion-Israel zu seinem Volk (s. Jes 51,9–16):

> 9 Wach auf! Wach auf! Kleide dich mit Kraft, Arm des HERRN!   Jes 51,9.15 f.
> Wach auf wie in den Tagen der Vorzeit,
> der Generationen längst vergangener Zeiten!
> 15 Und ich bin der HERR, dein Gott,
> der das Meer in Bewegung brachte,
> dass seine Wogen brausten.
> HERR der Heerscharen ist sein Name. 16 Und in deinen Mund habe ich meine Worte gelegt,
> und im Schatten meiner Hand habe ich dich geborgen,
> den Himmel spanne ich aus, und die Erde gründe ich,
> und zu Zion spreche ich: Du bist mein Volk.

Das Schöpfungswirken Gottes offenbart sich immer wieder in seinem geschichtlichen Handeln und unterstreicht die Einheit Gottes in Vergangenheit, Gegenwart und Zukunft. Diese gewendete, eschatologische Hoffnung auf eine „neue Schöpfung" deutet sich im Bild des „neuen Himmels und der neuen Erde" in Jes 65,17; 66,22 an, das auch im Neuen Testament Aufnahme findet (2Petr 3,13; Offb 21,1).

> Das Thema Schöpfung lässt sich in seiner historischen, theologischen und literarischen Funktion folgendermaßen zusammenfassen:
> – Die Chronologien der Bibel geben eine Datierung vor, die den Schöpfungstermin in das Jahr 3760 v. Chr. verlegt. Das erklärt die Jahreszahl des jüdischen Kalenders (2018 = 5778/9), ist aber bekanntlich mit den naturwissenschaftlich-kosmologischen Rekonstruktionen nicht vereinbar. Schöpfung ist in der hebräischen Bibel ein theologisches Konzept und nicht etwa die Beschreibung eines Naturereignisses.
> – Literarisch belegt findet sich das Thema Schöpfung neben den Urgeschichtserzählungen noch in prophetischen und weisheitlichen Texten sowie in einigen Psalmen (z. B. in Ps 8; 104 in hymnischen Kontext, aber auch Ps 19; 74; 89 u. a.). Bezüglich der Datierung der prophetischen wie der Pentateuch-Texte ist auffällig, dass das Thema (erst) seit der exilischen Zeit größeres Interesse erfährt. Außerdem wird deutlich, dass die Motivik und die strukturgebende Spannung von Schöpfung und Zerstörung (Mythos und Gegenmythos) gemeinorientalischen Ursprungs ist, wobei insbesondere die engen Parallelen zu mesopotamischen Traditionen auffallen.
> – Theologisch dient das Thema Schöpfung dem Aufweis der Allmacht und Vorrangstellung des Gottes Israels (Königtum JHWHs) sowie der Herausstellung seiner Einzigkeit (Gen 1). Weiterhin dient es der Beziehungsbestimmung von Gott – Mensch und der Verhältnisbeschreibung von Kosmos – Geschichte

Literatur

Albertz, Rainer: Kulturarbeit im Atramhasis im Vergleich zur biblischen Urgeschichte, in: Ders., Geschichte und Theologie. Studien zur Exegese des Alten Testaments und zur Religionsgeschichte Israels, hg. von G. Kern, I. Kottsieper, J. Wöhrle, Berlin/New York 2003 (BZAW 326), 1–21.

Assmann, Jan: Magische Weisheit. Wissensformen im ägyptischen Kosmotheismus, in: A. Assmann (Hg.), Weisheit. Archäologie der literarischen Kommunikation III, München 1991, 241–257.

–: Rezeption und Auslegung in Ägypten. Das ‚Denkmal memphitischer Theologie' als Auslegung der heliopolitanischen Kosmogonie, in: R.G. Kratz/T. Krüger (Hg.), Rezeption und Auslegung im Alten Testament und seiner Umwelt (FS O.H. Steck), Fribourg/Göttingen 1997 (OBO 153), 125–139.

Bauks, Michaela: Die Welt am Anfang. Zum Verhältnis von Vorwelt und Weltentstehung in Gen 1 und in der altorientalischen Literatur, Neukirchen-Vluyn 1997 (WMANT 74).

–: Le Shabbat. un temple dans le temps, in: ETR 77 (2002), 473–490.

–: Dieu entre fermeté et repentance en Genèse 2–4, in: J.-M. Durant, L. Marti, T. Römer (Hg.), Colères et repentirs divins. Actes du colloque organisé par le Collège de France, Paris, les 24 et 25 avril 2013, Fribourg/Göttingen 2015 (OBO 278), 325–341.

–: Erkenntnis und Leben in Gen 2–3. Zum Wandel eines ursprünglich weisheitlich geprägten Lebensbegriffs, in: ZAW 127 (2015), 20–42.

–: Neuere Forschungen zum altorientalischen „Seele" begriff am Beispiel der Anthropogonien, in: J. van Oorschot/A. Wagner (Hg.), Anthropologien des Alten Testaments, Leipzig 2015 (VWGTH 42), 91–116.

Berges, Ulrich: Jesaja 40–48, Freiburg 2008 (HThKAT).

Berlejung, Angelika: Art. Weltbild, Handbuch theologischer Grundbegriffe zum Alten und Neuen Testament, Darmstadt ⁵2015, 65–72.

Bührer, Walter: Am Anfang … Untersuchungen zur Textgenese und zur relativchronologischen Einordnung von Gen 1–3, Göttingen 2014 (FRLANT 256).

Gertz, Jan C.: Beobachtungen zum literarischen Charakter und zum geistesgeschichtlichen Ort der nichtpriesterschriftlichen Sintfluterzählung, in: M. Beck/U. Schorn (Hg.), Auf dem Wege zur Endgestalt von Genesis bis II Regum, Berlin 2006 (BZAW 370), 41–57.

Glassner, Jean-Jacques: Chroniques mésopotamiennes, Paris 1993.

Grätz, Sebastian: Gericht und Gnade. Die Fluterzählung im Rahmen der biblischen Urgeschichte, in: A. Berlejung (Hg.), Disaster and Relief Management. Katastrophen und ihre Bewältigung, Tübingen 2012 (FAT 81), 143–158.

Grund, Alexandra: Die Entstehung des Sabbats. Seine Bedeutung für Israels Zeitkonzept und Erinnerungskultur, Tübingen 2011 (FAT 75).

Heschel, Abraham Joshua, Der Schabbat – Seine Bedeutung für den heutigen Menschen, Berlin 2001.

Hilgert, Markus, Von Listenwissenschaft und ‚epistemischen Dingen'. Konzeptuelle Annäherungen an altorientalische Wissenspraktiken, in: Gen Philos Sci 40 (2009), 277–309.

Janowski, Bernd: Königtum Gottes in den Psalmen, in: Ders., Gegenwart Gottes in Israel. Beiträge zur Theologie des Alten Testaments, Neukirchen-Vluyn 1993, 148–213.

–: Die lebendige Statue Gottes. Zur Anthropologie der priesterlichen Urgeschichte, in: Ders., Die Welt als Schöpfung. Beiträge zur Theologie des AT, Bd. 4, Neukirchen-Vluyn 2008, 140–171.

Keel, Othmar/Schroer, Silvia: Schöpfung. Biblische Theologien im Kontext altorientalischer Religionen, Göttingen/Fribourg 2002.

Koch, Klaus: Wort und Einheit des Schöpfergottes in Memphis und Jerusalem. Zur Einzigartigkeit Israels, in: Ders., Studien zur alttestamentlichen und altorientalischen Religionsgeschichte, hg. von E. Otto. Göttingen 1988, 61–105.

Krüger, Annette: Das Lob des Schöpfers. Studien zu Sprache, Motivik und Theologie von Psalm 104, Neukirchen-Vluyn 2010 (WMANT 124).

Leuenberger, Martin: Konzeptionen des Königtums Gottes im Psalter. Untersuchungen zu Komposition und Redaktion der theokratischen Bücher IV und V im Psalter, Zürich 2004 (AThANT 83).

Link, Christian: Schöpfung Bd. 2: Schöpfungstheologie angesichts der Herausforderung des 20. Jahrhunderts, Gütersloh 1991 (HAST 7/2).

Lisman, Jan J.W.: Cosmogony, Theogony and Anthropogony in Sumerian Texts, Münster 2013 (AOAT 409).

Löning, Karl/Zenger, Erich, Als Anfang schuf Gott. Biblische Schöpfungstheologien, Düsseldorf 1997.

Meyer, Jan Waalke: Ein Mythos von der Erschaffung des Menschen und des Königs, in: Or. NS 56 (1987), 55–68.

Michel, Andreas: Theologie aus der Peripherie. Die gespaltene Koordination im Biblischen Hebräisch, Berlin/New York 1997.2015 (BZAW 257).

Neumann-Gorsolke, Ute: Herrschen in den Grenzen der Schöpfung. Ein Beitrag zur alttestamentlichen Anthropologie am Beispiel von Psalm 8, Genesis 1 und verwandten Texten, Neukirchen-Vluyn 2004 (WMANT 101).

–: Wer ist der Herr der Tiere? Eine hermeneutische Problemanzeige, Neukirchen-Vluyn 2012 (BThSt 85).

Quirke, Stephen: Creation Stories in Ancient Egypt, in: M.J. Geller/M. Schipper (Hg.), Imagining Creation, Leiden/Boston 2010 (IJS Studies in Judaica 5), 61–86.

Rad, Gerhard von: Weisheit in Israel, Neukirchen-Vluyn ³1985.

Reichmann, Sirje: Psalm 104 und der große Sonnenhymnus des Echnaton, in: M. Pietsch/F. Hartenstein (Hg.), Israel zwischen den Mächten (FS S. Timm), Münster 2009 (AOAT 364), 257–288.

–: Bei Übernahme Korrektur? Aufnahme und Wandlung ägyptischer Tradition im Alten Testament anhand der Beispiele Proverbia 22–24 und Psalm 104, Münster 2016 (AOAT 428).

Rendtorff, Rolf: Genesis 8,21 und die Urgeschichte des Jahwisten, in: KuD 7 (1961), 69–78.

Schellenberg, Annette: Der Mensch, das Bild Gottes?. Zum Gedanken einer Sonderstellung des Menschen im Alten Testament und in weiteren altorientalischen Quellen, Zürich 2011.

Schipper, Bernd: „Die Lehre des Amenemope und Prov. 22,17–24,22. Eine Neubestimmung des literarischen Verhältnisses", in: ZAW 117 (2005), 53–72, 232–248.

–: Kosmotheistisches Wissen. Prov 3,19 f. und die Weisheit Israels, in: S. Bickel/ S. Schroer/C. Uehlinger (Hg.), Bilder als Quellen – Images as Sources. Studies on Ancient Near Eastern Artefacts and the Bible Inspired by the Work of Othmar Keel, Fribourg/Göttingen 2007 (OBO special volume), 487–510.

Schmid, Konrad (Hg.): Schöpfung, Tübingen 2012 (Themen der Theologie 4; utb 3514).

Schmitt, Rüdiger: Magie im Alten Testament, Münster 2004 (AOAT 313).

Schnocks, Johannes: Das Alte Testament und die Gewalt. Studien zu göttlicher und menschlicher Gewalt in alttestamentlichen Texten und ihren Rezeptionen, Neukirchen-Vluyn 2014 (WMANT 136).

Schüle, Andreas: Gottes Schöpfung, in: Walter Dietrich (Hg.), Die Welt der Hebräischen Bibel. Umwelt – Inhalte – Grundthemen, Stuttgart 2017, 412–428.

–: Prolog der Hebräischen Bibel. Der literar- und theologiegeschichtliche Diskurs der Urgeschichte, Zürich 2006 (AThANT 85).

Westermann, Claus: Genesis 1–11, Neukirchen-Vluyn ³1983 (BKAT I/1).

Wilcke, Claus: Altmesopotamische Weltbilder, in: P. Gemeinhardt/A. Zgoll (Hg.), Weltkonstruktionen. Religiöse Weltdeutung zwischen Chaos und Kosmos vom Alten Orient bis zum Islam, Tübingen 2010 (ORA 5), 1–27.

Witte, Markus: Die biblische Urgeschichte. Redaktions- und theologiegeschichtliche Beobachtungen zu Gen 1,1–11,26, Berlin/New York 1998 (BZAW 265).

Zenger, Erich: Gottes Bogen in den Wolken. Untersuchungen zu Komposition und Theologie der priesterschriftlichen Urgeschichte, Stuttgart 1983 (SBS 112).

Zgoll, Annette: Welt, Götter und Menschen in den Schöpfungsentwürfen des antiken Mesopotamien, in: K. Schmid (Hg.), Schöpfung, Tübingen 2012 (utb 3514; Themen der Theologie 4), 17–70.

2.5 JHWH offenbart sich als Gott am Sinai/Horeb: Bund und Weisung

Neben den bisher genannten Offenbarungsformen JHWHs gegenüber seinem Volk ist innerhalb des Pentateuch eine weitere zu nennen, die theologisch einen ganz neuen Aspekt einbringt: Bund und Gesetz bzw. Weisung (Tora). Hier werden zwei Redeformen miteinander verbunden: die Erzählung, die das Selbstverständnis des Gottesvolks (bzw. der Menschen) in Begegnung mit Gott in Form des bekennenden Erzählens von einem Bund ableitet, und der vorschreibende Diskurs des Rechts, der die praktische Dimension göttlicher Offenbarung als „Willen Gottes" konkretisiert.[133]

---

[133] Ricœur, Hermeneutik, 49–52.

Bundesschlüsse begegnen bereits in der Urgeschichte (Gen 9) und in der Erzelterngeschichte (Gen 15; 17). Doch der umfassendste Textkomplex zum Thema Bund findet sich im Exodusbuch im Kontext der Sinaiperikope (Ex 24), die sich an die Auszugserzählung anschließt. Im Buch Deuteronomium findet sich eine zweite Version (Dtn 4,10–24).

Ebenfalls im Deuteronomium findet sich ein solitärer Text, das sogenannte Moselied, in welchem JHWH sich zu Israel als seinem Volk und „Anteil" (חלק/ḥelæq) bekennt (vgl. im Kontext der Schöpfung Ps 33,12 s. o.):

> 9 Der Anteil des HERRN ist sein Volk, Dtn 32,9–12
> Jakob ist sein Erbteil.
> 10 Er fand es im Land der Wüste,
> in der Öde, im Geheul der Wildnis;
> er schützte es, nahm es in Obhut,
> hütete es wie seinen Augapfel.
> 11 Wie ein Adler, der seine Brut aufstört zum Flug
> und über seinen Jungen schwebt,
> so breitete er seine Flügel aus, nahm es
> und trug es auf seinen Schwingen.
> 12 Der HERR allein leitete es,
> kein fremder Gott war mit ihm.

Doch fordert diese Erwählung des Volkes in der Wüste Konsequenzen: die *Treue Israels*, die das Volk jedoch nicht zu leisten vermag (Dtn 32,15–18), was zu seiner Verwerfung führt (Dtn 32,20). Die Alleinwirksamkeit JHWHs (und nicht seine Einzigkeit) ist auch am Ende des Liedes nochmals betont (Dtn 32,39).[134] Das Zusammenspiel von Erwählung – Abfallen des Volkes – Verwerfung durch Gott ist ein wichtiger Bestandteil der Bundestheologie.

Eine andere Terminologie bei gleichem Konzept findet sich in Dtn 7,6–11 (בחר/baḥar „erwählen"):

> 6 Denn du bist ein Volk, das dem HERRN, deinem Gott, geweiht ist. Dtn 7
> Dich hat der HERR, dein Gott, aus allen Völkern auf der Erde für sich
> erwählt als sein eigenes Volk.
> 7 Nicht weil ihr zahlreicher wäret als alle anderen Völker, hat sich der
> HERR euch zugewandt und euch erwählt – denn ihr seid das kleinste
> von allen Völkern –,

---

134 Zur Einzigartigkeit Gottes, die keinesfalls die Nichtexistenz anderer Götter impliziert, sondern auf JHWHs besondere Wirkmächtigkeit zielt vgl. MacDonald, Deuteronomy, 85–95.

8 sondern weil der HERR euch liebte und weil er den Eid [ברית/*berît* „Bund"] hielt, den er euren Vorfahren geschworen hatte, darum führte euch der HERR heraus mit starker Hand und befreite dich aus dem Sklavenhaus, aus der Hand des Pharao, des Königs von Ägypten.
9 So sollst du erkennen, dass der HERR, dein Gott, Gott ist, der treue Gott, der den Bund hält und die Gnade bewahrt denen, die ihn lieben und seine Gebote halten, bis zur tausendsten Generation.
10 Denen aber, die ihn hassen, vergilt er ins Angesicht, und er vernichtet jeden; und er zögert nicht bei dem, der ihn hasst, ins Angesicht vergilt er ihm.
11 Darum halte das Gesetz, die Satzungen und Rechte, die ich dir heute gebe, und handle danach.

Israel ist diesem nachexilischen Text nach das erwählte Volk um den Preis der strikten Separierung von den umliegenden Völkern. Eingeführt ist dies am Beispiel des „Heerbanns" (חרם/*ḥerærm* in 7,1–5), um jeglichem Fremdgötterkult vorzubeugen und der Erwählung zu genügen (vgl. V. 22–26). Israel ist zudem aufgefordert, Gottes Weisung zu halten, um den Status der Erwählung zu bewahren. In der Separierungsforderung unterscheidet sich das Konzept deutlich von dem priesterschriflichen, welches die Leuchtturmfunktion Israels unter den Völkern im Rahmen eines ökumenischen Konzepts hervorhebt (Gen 17).

Exkurs: Heiliger Krieg s.u. 3.5.1.2

Priesterschrift s.u. 2.5.1.4

Das theologische Fazit des gesamten Abschnitts Dtn 7,7–21 ist in der Forderung von V. 11 zusammengefasst, an die in V. 12 ff. das Gehorsamsgebot als Voraussetzung der Landhabe anschließt.

Israel und sein Land s.u. 3.5.1

2.5.1 Die Vorstellungen von Bund

Das Bundesmotiv ist also ein weiteres Narrativ, um das besondere Verhältnis von Gott und Volk zum Ausdruck zu bringen. Es ist ein so prominentes Motiv in der hebräischen Bibel, dass es sogar als „Mitte des Alten Testaments" definiert wurde (vgl. W. Eichrodt; R. Smend). Allerdings wird bei näherer Untersuchung deutlich, dass von dem *einen* Bund JHWHs mit Israel keine Rede sein kann. Das Motiv begegnet in sehr unterschiedlichen Zusammenhängen und zudem in divergierender theologischer Absicht. Man könnte geradezu pluralisch vom „Gott der Bünde" sprechen, was theologisch aber wenig Sinn macht und die Frage aufwirft, welcher Bund denn gilt. Die literarische Verwendung des Bundesmotivs wird deshalb in Unterabschnitten dargelegt, die die theologischen Konzepte der verschiedenen Überlieferungen analysieren: konditionierter Bund im Deuteronomium (s. 2.5.1.2.); konditionierter Bund in der Sinaierzählung (s. 2.5.1.3.); das priesterschriftliche Alternativkonzept (s. 2.5.1.4.). Denn einerseits verlegt letzteres die Bundesschlüsse in die Ur- und Erzelternerzählungen (Gen 9; 17). Andererseits konzentriert sich der Erzählbogen nicht auf die Gabe des Gesetzes, sondern entwickelt sich aus dem ersten Schöpfungsbericht, der Sabbat-Prolepse im Motiv des siebten Tages, über die mit dem Mehrungssegen der Schöpfung verbundenen Bundeszusagen (Gen 9; 17) bis zum Motiv der „Einwohnung Gottes" inmitten Israel am Sinai (Ex 40,33 f.). Erst hier ist das Ziel der Schöpfung erreicht. Die prophetische Literatur konzipiert als weiteres Motiv das des „neuen Bundes" (s. 2.5.1.5.). Hinzukommt der Davidbund als Dynastieverheißung (s. 2.5.1.6.).

Die Vorstellung von Bund im Alten Testament[135] ist ursprünglich profan und entstammt dem altorientalischen Vertragsrecht zur Regelung des sozialen bzw. politischen Zusammenlebens. So kommt auch der hebr. Begriff ברית/*berît* aus dem Vertragsrecht, wobei 1) zwischen Abmachungen unter Gleichen und und 2) Verträge mit deutlichem Machtgefälle (z. B. zwischen König und Vasallen) zu unterscheiden ist. Dazu kommen 3) Bundeskonzepte, die dem Prinzip der Selbstverpflichtung folgen.

Herkunft

Daraus ergibt sich sogleich die Frage, wann es denn dazu kam, die Beziehung Israels zu seinem Gott theologisch als Bund zu interpretieren? Und wie wurde dieser Bund konzipiert: als Verpflichtung von Bundespartnern oder als Verpflichtung eines Höhergestellten, die dem Unterliegenden abverlangt wird, oder als Selbstverpflichtung Gottes? Wir werden sehen, dass im Laufe der alttestamentlichen Literaturgeschichte die drei Konzepte vertreten sind.

Ein Bund zwischen gleichstehenden politischen Vertragspartnern ist z. B. in 1 Kön 5,26 belegt. Hier schließt König Salomo mit König Hiram von Tyrus einen Bund, um den Frieden zu sichern. Ähnlich steht es um den Solidaritätspakt, den Jakob mit seinem Onkel Laban in Gen 31,44 schließt.

Der Bund im profanen Kontext

> 44 So komm nun, wir wollen einen Vertrag schliessen, ich und du. Dieser soll Zeuge sein zwischen mir und dir.
> 45 Da nahm Jakob einen Stein und richtete ihn auf als Mazzebe.
> 46 Und Jakob sprach zu seinen Brüdern: Lest Steine auf! Und sie nahmen Steine und errichteten einen Steinhaufen und hielten dort auf dem Steinhaufen ein Mahl.
> 47 Und Laban nannte ihn Jegar-Sahaduta, Jakob aber nannte ihn Gal-Ed.
> 48 Und Laban sprach: Dieser Steinhaufen ist heute Zeuge zwischen mir und dir. Darum nennt man in Gal-Ed.

Gen 31,44–48

---

135 Vgl. U. Rüterswörden, Art. Bund, www.wibilex.de.

Der aufgerichtete Stein (אֶבֶן/'æbæn) dient als Bundeszeichen der Erinnerung (vgl. die Installation von zwölf Stelen in Ex 24,4). Archäologisch ist eine solche Ritualinstallation mit aufgerichteten Steinmalen (Mazzeben) in Geser (ca. 17./16. Jh. v. Chr.) entdeckt worden, die in der Nähe gefundene Knochen weisen auf Opfertätigkeit an diesem Platz hin.

Abb. 4: Die mittelbronzezeitliche Stelenreihe aus Geser[136]

Von einem Bund zwischen ungleichen Vertragspartners handelt Jos 9,11.

Jos 9,11.15

11 Und unsere Ältesten und alle Bewohner unseres Landes haben zu uns gesagt: Nehmt Wegzehrung mit euch auf den Weg, und geht ihnen entgegen, und sprecht zu ihnen: Wir sind eure Diener, und nun schliesst einen Bund mit uns. […]
15 Und Josua gewährte ihnen Frieden und schloss einen Bund mit ihnen, sie am Leben zu lassen; und die Vorsteher der Gemeinde schworen ihnen dieses zu.

Desweiteren berichtet der Text, dass Josua als Sieger Gnade vor Recht walten lässt und die Selbstverpflichtung ablegt, die überwältigen Feinde nicht zu töten.

Besonders hervorzuheben ist in den genannten Texten die gängige Formulierung des Bundschließens, nämlich „einen Bund schnei-

---

136 Galling, Biblisches Reallexikon, 207, Abb. 49; vgl. R. Schmidt, Art. Mazzebe, www.wibilex.de und P. van der Veen, Art. Geser, www.wibilex.de (mit Abbildung).

den" (hebr. כרת ברית/*karat berît*). Die Formulierung lässt sich aus dem Brauch erklären, dass ein Bundesschluss von einer rituellen Handlung oder einem Opfer begleitet war, das das gegenseitige Engagement der Bündnispartner hervorhebt (vgl. Gen 31,46; Jos 9,11–12.14). Anders reden die priesterschriftlichen Texte von der „Aufrichtung eines Bunds" (*berît* + קום/*qûm* hif.) und akzentuieren durch die Wendung den Bund als eine Gabe Gottes im Sinne seiner Selbstverpflichtung.

2.5.1.1 Der Bund eines Menschen bzw. Israels mit Gott

Die Wendung „einen Bund schneiden" in sakralem Sinne erklärt sich dank des wahrscheinlich sehr jungen Texts in Gen 15, einem der beiden Bundesschlüsse zwischen Abraham und Gott:

> 7 Und er sprach zu ihm: Ich bin der HERR, der dich aus Ur in Kasdäa herausgeführt hat, um dir dieses Land zum Besitz zu geben. 8 Er aber sprach: Herr [*'adonaj*], HERR, woran soll ich erkennen, dass ich es besitzen werde? 9 Und er sprach zu ihm: Bring mir eine dreijährige Kuh, eine dreijährige Ziege, einen dreijährigen Widder, eine Turteltaube und eine junge Taube. 10 Und er brachte ihm alle diese, schnitt sie mitten entzwei und legte je einen Teil dem andern gegenüber, die Vögel aber zerschnitt er nicht. 11 Da stiessen die Raubvögel auf die toten Tiere herab, doch Abram verscheuchte sie. 12 Als aber die Sonne sank, fiel ein Tiefschlaf auf Abram, und sieh, Schrecken, grosse Finsternis, fiel auf ihn. 13 Da sprach er zu Abram: Du sollst wissen, dass deine Nachkommen Fremde sein werden in einem Land, das nicht das ihre ist; und sie werden ihnen dienen, und man wird sie unterdrücken, vierhundert Jahre lang. 14 Doch auch das Volk, dem sie dienen müssen, ziehe ich zur Rechenschaft, und danach werden sie mit reicher Habe ausziehen. 15 Du aber wirst in Frieden zu deinen Vorfahren eingehen, in schönem Alter wirst du begraben werden. 16 Erst in der vierten Generation werden sie hierher zurückkehren, denn noch ist das Mass der Schuld der Amoriter nicht voll. 17 Als die Sonne untergegangen und es finster geworden war, sieh, da waren da ein rauchender Ofen und eine brennende Fackel, die zwischen diesen Stücken hindurchfuhren. 18 An jenem Tag schloss der HERR mit Abram einen Bund, er sprach: Deinen Nachkommen gebe ich dieses Land, vom Strom Ägyptens bis zum grossen Strom, dem Eufrat, 19 die Keniter und die Kenissiter und die Kadmoniter 20 und die Hetiter und die Perissiter und die Refaiter 21 und die Amoriter und die Kanaaniter und die Girgaschiter und die Jebusiter.

Gen 15,7–21

Die aus dem Abrahamzyklus stammende Erzählung nimmt die Väterverheißungen auf (Gen 15,7 Landverheißung; V. 13 Nachkommenschaft; vgl. Gen 12,1–2.6; 17,4ff.8; 28,13f.; 32,10). Zugleich zeigt sie die Performance eines Opferrituals auf, das den Bundesschluss begleitet, wie es insbesondere aus hethitischen oder aramäischen Parallelen belegt ist.[137] Im Durchschreiten der aufgereihten Opfertiere unterzieht sich der Bündnispartner einer konditionierten Selbstverfluchung. Das Ergehen der Opfertiere erwartet auch ihn im Falle des Bundesbruchs. Allerdings ist es hier nicht Abraham, der agiert, sondern JHWH selbst, der als „rauchender Ofen und brennende Fackel" zwischen dem Opfergut hindurchfährt (V. 17) und somit die bedingte Selbstverfluchung auf sich nimmt (s. u. zu Jer 34,18–19). Die altorientalisch überlieferte Bundestheologie wird in diesem sehr späten Text deutlich theologisiert (Jeremias, Theologie, 80f.314f).

Anhand hethischer Staatsverträgen des 2. Jt. lässt sich zudem ein idealtypischer Aufbau erkennen, dessen Einzelelemente sich auch in biblischen Texten finden[138]:
– Präambel zur Identifizierung des Bundesgebers (vgl. Gen 15,7; Ex 20,2);
– Historischer Prolog (vgl. Gen 15,7; Ex 20,2: „Ich bin der HERR, Dein Gott, der dich herausgeführt hat aus dem Land Ägypten […]");
– Bedingungen bzw. Abmachungen des Bundes (in Ex 20 der Dekalog selbst)
– Aufbewahrung und öffentliche Lesung des Bundes (vgl. Jos 24,26):

Jos 24,26 Und Josua schrieb diese Worte in das Buch der Weisung Gottes, und er nahm einen grossen Stein und richtete ihn dort auf, unter der Terebinthe, die beim Heiligtum des HERRN stand.

– die Liste der Zeugen (Eidgötterliste)
– Segens- und Fluchformeln für den Fall der Nichteinhaltung (vgl. Dtn 28)
– der Ritus der Ratifikation (Ex 19,8; 24,3; Jos 24,24)

Ex 24,3 Darauf kam Mose und verkündete dem Volk alle Worte des HERRN und alle Rechtssatzungen. Und das ganze Volk antwortete mit einer Stimme und sprach: Alle Worte, die der HERR geredet hat, wollen wir tun.

– die Auferlegung der Fluchformeln (Dtn 28,16ff.)

---

137 Mendenhall, Recht, 38–47; s. auch den Vertrag von Bargaja von KTK mit Matiel von Arpad (Sfire-Verträge I A, Z. 40; 8. Jh. v.Chr.; KAI 222 A); vgl. O. Rössler, TUAT I, 181f. (Text) und C. Koch, Art. Sfire, www.wibilex.de und zum Überblick über die Texte Koch, Vertrag, Treueid und Bund, 27–37 (heth.).37–52 (neuassyr.).52–77 (aram.).
138 Vgl. U. Rüterswörden, Art. Bund (AT), www.wibilex.de, § 3.1 und Koch, Vertrag, 30.

Die meisten der Strukturelemente in hethitischen Verträgen finden sich in verschiedenen alttestamentlichen Texten wieder und bilden die Grundstruktur von Dtn 4–28. Daraus ist aber keinesfalls zu schließen, dass das theologische Bundesmotiv bereits aus der Frühgeschichte Israels stammte.[139] Nein, es ist ein späteres theologisches Konstrukt, denn – ähnlich den priesterschriftlichen Überlieferungen – ist auch die Rede vom Bund am Sinai/Horeb und die Gesetzesgabe frühestens in exilischen Texten belegt. In der vorexilischen Prophetie z. B. fehlt das Thema völlig. Seine auffällige theologische Akzentuierung erfährt der konditionierte Bund in der deuteronomistischen Theologie, die die Bücher Deuteronomium bis 2 Könige umfasst (DtrG) und auch im Jeremiabuch redaktionelle Spuren hinterließ.[140]

2.5.1.2 Der konditionierte Bund im Deuteronomium

Das Deuteronomium lässt sich als das Vertragswerk eines Bundesschlusses lesen. Exegeten wie E. Otto und H.U. Steymans haben die Verwandtschaft der deuteronomistischen Bundesvorstellung mit neuassyrischen Verträgen aus der Zeit Asarhaddons herausgestellt, die ihrerseits auf Formulierungen in hethitischen Staatsverträgen des 2. Jt. anspielen. Wahrscheinlich ist der Ursprung des Deuteronomiums in der Auseinandersetzung mit Überlieferungen der neuassyrischen Königsideologie zu suchen, die im 7./6. Jh. im Deuteronomium rezipiert wurden. So verbirgt sich z. B. hinter dem Segens- und Fluchkapitel in Dtn 28 ein Loyalitätseid, wie ihn der neuassyrische König seinen Vasallen, und darunter vielleicht auch dem judäischen König Manasse (7. Jh.), abverlangt hat. Der Eid verpflichtet den jeweiligen Vasallen gegenüber dem Kronprinzen zu absoluter Loyalität, um die Herrschaftsübergabe nach dem Tod eines Königs zu sichern. Einzelformulierungen dieses Eids sind in Dtn 28 und 13 miteingeflossen, was zu der Vermutung führt, dass diese Texte relativ genau in der Zeit von 672 bis 612 (dem Untergang des neuassyrischen Reichs und der politischen Übernahme durch die Babylonier) zu datieren sind.[141] Wenn diese historische Rekonstruktion stimmt, dann sind die ehemals politisch motivierten Texte etwa im 7. Jh. kurz vor der josianischen Zeit oder in der josianischen Zeit entstanden. Charakteristisch ist an ihnen der Vorgang der Theologisierung, die den Loyalitätseid für den fremden

---

139 Zur Kritik an Bund als Israels alter Sozialverfassung (Max Weber) und zur Amphiktyonie-Hypothese (Martin Noth) vgl. K. Usener/S. Kreuzer, Art. Amphiktyonie, www.wibilex.de.
140 Vgl. T. Römer, Art. Deuteronomismus, www.wibilex.de.
141 Vgl. Otto, Gesetz, 119 f. mit Verweis auf Steymans, Deuteronomium 28; vgl. auch Koch, Vertrag, 248 ff.

König von diesem loslöst und auf den Gott Israels überträgt. Daraus ergibt sich der Absolutheitsanspruch und die Unbedingtheit der Einhaltung des Bundes Israels mit seinem Gott: Es geht um Leben und Tod.

Wie man sich die Konsequenzen im Falle des Nichtbeachtens vorzustellen hat, beschreibt ein dem deuteronomistischen Denken nahestehender Text in Jer 34 (vgl. Dtn 29,9–14):

Jer 34,12–21

12 Und das Wort des HERRN erging vom HERRN an Jeremia: 13 So spricht der HERR, der Gott Israels: Ich selbst habe mit euren Vorfahren einen Bund geschlossen an dem Tag, als ich sie herausgeführt habe aus dem Land Ägypten, aus einem Sklavenhaus: 14 Nach sieben Jahren sollt ihr ein jeder seinen hebräischen Bruder, der sich dir verkauft hat, entlassen; sechs Jahre lang aber soll er dir dienen, dann sollst du ihn als einen Freigelassenen aus deinem Dienst entlassen. Eure Vorfahren aber haben nicht auf mich gehört und mir ihr Ohr nicht geneigt. 15 Ihr aber seid heute zurückgekehrt und habt getan, was recht ist in meinen Augen, und habt eine Freilassung ausgerufen, jeder für seinen Nächsten, und vor mir habt ihr einen Bund geschlossen in dem Haus, über dem mein Name ausgerufen ist. 16 Dann aber habt ihr euch davon abgewandt und habt meinen Namen entweiht, und ein jeder hat seinen Sklaven und ein jeder hat seine Sklavin zurückgeholt, die ihr als Freie, auf sich selbst gestellt, entlassen hattet, und ihr habt sie euch dienstbar gemacht, so dass sie zu Sklaven und Sklavinnen für euch wurden. 17 Darum, so spricht der HERR: Ihr habt nicht auf mich gehört und habt keine Freilassung ausgerufen, ein jeder für seinen Bruder und ein jeder für seinen Nächsten. Seht, ich rufe über euch eine Freilassung aus, Spruch des HERRN, für das Schwert, für die Pest und für den Hunger, und ich mache euch zum Schrecken für alle Königreiche der Erde. 18 Und die Männer, die meinen Bund übertreten, die die Worte des Bundes nicht eingehalten haben, den sie vor mir geschlossen haben, mache ich zu dem Rind, das sie entzweigeschnitten haben und zwischen dessen Stücken sie hindurchgegangen sind, 19 die Fürsten Judas und die Fürsten Jerusalems, die Eunuchen und die Priester und das ganze Volk des Landes, die hindurchgegangen sind zwischen den Stücken des Rinds. 20 Und ich gebe sie in die Hand ihrer Feinde und in die Hand derer, die ihnen nach dem Leben trachten, und ihre Leichen werden zum Frass für die Vögel des Himmels und die Tiere der Erde. 21 Auch Zidkijahu, den König von Juda, und seine Fürsten werde ich in die Hand ihrer Feinde geben, in die Hand derer, die ihnen nach dem Leben trachten, in die Hand des Heers des Königs von Babel, das von euch abzieht.

Dieser Text verhandelt den recht konkreten Fall eines Bundesbruchs in der Sozialgesetzgebung: Die Freilassung von Schuldsklaven ist nicht so ausgeführt worden, wie es die Rechtstexte vorsehen (vgl. Ex 21,2–11;

Dtn 15,12–15). Der Verstoß führt zur göttlichen Strafe, die aus dem Bundesbruch resultiert. Was mit der Gleichsetzung von Bundesbrüchigem und Rind gemeint ist, das im Zuge des Bundesrituals – ähnlich in hethischen Ritualtexten – „entzweigeschnitten wurde", entspricht den Ausführungen zu Gen 15 (s. o., bes. V. 10.17). Jeder der den Bund geschlossen hat und an der Zeremonie des Durchschreitens der zerteilten Opfertiere beteiligt war, kann – ähnlich den Opfertieren – ein tödliches Ende finden (V. 17 f.). Der performative Akt impliziert eine Selbstverfluchung für den Fall, das der in dem Akt besiegelte Bund gebrochen wird.[142]

In deuteronomistischer Sicht ist es der Bundesbruch, der für Krieg, Zerstörung und Exil verantwortlich ist.[143] 2Kön 17,15.35.37–39 erklärt den Untergang des Nordreichs (722 v. Chr.) mit der anhaltenden Verachtung der Gebote und des Bundes durch Israel, obwohl JHWH es aus Ägypten herausgeführt und sich ihm treu erwiesen hat (V. 7). Das Bundeskonzept im Deuteronomismus wird zu einem theologischen Geschichtsentwurf.

Im Deuteronomium begegnet zum ersten Mal die sogenannte zweigliedrige Bundesformel, die sich von der eingliedrigen Formel im priesterschriftlichen Kontext unterscheidet (Gen 17,7; 29,45; s. aber Ex 6,7a sowie Ezechiel). Locus classicus ist Dtn 26,16–19.[144]

Bundesformel

> 16 Heute gebietet dir der HERR, dein Gott, diese Satzungen und Rechte zu halten. Halte sie und handle danach von ganzem Herzen und von ganzer Seele.
> 17 *Du hast den HERRN heute erklären lassen,* dass er dein Gott sein will und dass du auf seinen Wegen gehen sollst und seine Satzungen, Gebote und Rechte halten und auf seine Stimme hören sollst.
> 18 *Und der HERR hat dich heute erklären lassen,* dass du sein eigenes Volk sein willst, wie er es dir verheissen hat, und dass du alle seine Gebote halten willst
> 19 und dass er dich erhöhen soll über alle Nationen, die er geschaffen hat, zum Lob, zum Ruhm und zur Zierde, und dass du ein Volk sein willst, das dem HERRN, deinem Gott, geweiht ist, wie er es geboten hat.

Dtn 26,16–19

Neben der Ursprungsbegründung der Identität Israels durch gemeinsame Abstammung, wie sie für die Erzelternerzählungen typisch ist, und der heilsgeschichtlichen Variante der Exodustradition, entwirft

---

142 Vgl. Konkel, Vergebung, 63 ff.
143 Ähnlich lässt auch eine Inschrift des Königs Mescha aus Moab, Zeile 4 f. (9. Jh. v. Chr.) erkennen, dass die Unterdrückung des eigenen Landes durch Krieg und Belagerung als göttliche Strafe erklärt wird; vgl. Weippert, Textbuch, 242–248.
144 Vgl. Lohfink, Dtn 26,17–19; Smend, Bundesformel.

das Deuteronomium eine dritte Möglichkeit der Identitätsstiftung, und zwar im Bundesschluss am Horeb, dessen Zentrum die zweigliedrige Bundesformel bildet, welche die Beidseitigkeit der Verpflichtung klar benennt (V. 17–18).[145]

2.5.1.3 Der konditionierte Bund am Sinai

Während das Deuteronomium in seiner Anlage Ähnlichkeit mit einem neuassyrischen Vertragstext hat, der die Voraussetzungen für die Einhaltung des Bunds durch Israel regelt, erzählt das Buch Exodus in epischer Breite von den Umständen, die zu diesem – konditioniert gedachten – Bund geführt haben. Der Bundesschluss verdankt sich einer gewaltigen Theophanie, die sich während des Aufenthaltes Israels in der Wüste am Gottesberg ereignet.

Theophanie Ex 19,3 ff.

3 Mose aber stieg hinauf zu Gott. Und der HERR rief ihm vom Berg her zu: So sollst du zum Haus Jakob sprechen und den Israeliten verkünden: 4 Ihr habt selbst gesehen, was ich Ägypten getan und wie ich euch auf Adlersflügeln getragen und hierher zu mir gebracht habe. 5 Wenn ihr nun auf meine Stimme hört und meinen Bund haltet, werdet von allen Völkern ihr mein Eigentum sein, denn mein ist die ganze Erde, [...]

Das Volk antwortet mit Einwilligung und Reinigung, um die Gottesbegegnung kultisch vorzubereiten.

Einwilligung des Volkes

8 Da antwortete das ganze Volk einmütig und sprach: Alles, was der HERR gesagt hat, wollen wir tun. Und Mose überbrachte dem HERRN die Worte des Volks.

Insgesamt dreimal verpflichtet Israel sich feierlich zum Gehorsam gegenüber Gott (Ex 19,8; 24,3.7), bevor der Bund endlich geschlossen wird (Ex 24).

Bundesritual in Ex 24

1 Und zu Mose sprach er: Steig hinauf zum HERRN, du mit Aaron, Nadab und Abihu und siebzig von den Ältesten Israels, und werft euch nieder in der Ferne. 2 Und Mose allein soll sich dem HERRN nähern, sie aber dürfen sich nicht nähern, und das Volk darf nicht mit ihm hinaufsteigen. 3 Darauf kam Mose und verkündete dem Volk alle Worte des HERRN und alle Rechtssatzungen. Und das ganze Volk antwortete mit einer Stimme und sprach: Alle Worte, die der HERR geredet hat, wollen wir tun. 4 Und Mose schrieb alle Worte des HERRN auf. Früh

---

145 Vgl. Otto, Gesetz, 120.137–139.

am andern Morgen aber errichtete er einen Altar am Fuss des Berges und zwölf Malsteine für die zwölf Stämme Israels. 5 Dann entsandte er die jungen Männer der Israeliten, und sie brachten Brandopfer dar und schlachteten Jungtiere als Heilsopfer für den HERRN. 6 Und Mose nahm die Hälfte des Blutes und goss es in Schalen, und die andere Hälfte des Blutes sprengte er auf den Altar. 7 Dann nahm er das Bundesbuch und las es dem Volk vor. Und sie sprachen: Alles, was der HERR geredet hat, wollen wir tun, und wir wollen darauf hören. 8 Darauf nahm Mose das Blut und sprengte es über das Volk und sprach: Seht, das ist das Blut des Bundes, den der HERR mit euch geschlossen hat, mit all diesen Worten. 9 Da stiegen Mose und Aaron, Nadab und Abihu und siebzig von den Ältesten Israels hinauf. 10 Und sie sahen den Gott Israels, und unter seinen Füssen war ein Gebilde wie aus einer Platte von Lapislazuli und klar wie der Himmel selbst. 11 Gegen die Vornehmen der Israeliten aber streckte er seine Hand nicht aus. Und sie schauten Gott und assen und tranken. 12 Und der HERR sprach zu Mose: Steig herauf zu mir auf den Berg und bleibe hier! Ich aber will dir die Steintafeln geben, die Weisung und das Gebot, die ich aufgeschrieben habe, um sie zu unterweisen. 13 Da machte sich Mose mit seinem Diener Josua auf, und Mose stieg den Gottesberg hinan.

Wichtige Phasen des beschriebenen Bundesrituals sind die schon genannte Gehorsamsverpflichtung Israels (V. 3), die Verschriftlichung des göttlichen Willens durch Mose (V. 4a), die Errichtung eines Altars und der zwölf Steinmale, um den Bundesschluss mit einem Opfer zu begehen und in späteren Zeiten zu erinnern (V. 4b). Die anschließende Lesung aus dem sogenannten Bundesbuch (ספר הברית/*sepher habberît*; V. 7) setzt ein schriftliches Dokument voraus, das den Bundesschluss dokumentiert. Der nur hier und im Kontext der Priesterweihe (Ex 29,20 f. und Lev 8,23 f.[146]) belegte Ritus der Besprengung des Volkes mit Blut betont den Übergang von der profanen Sphäre in den Bereich des Heiligen, wodurch die Nähe Israels zu Gott hervorgehoben ist. Auch die Schilderung des Bundesmahls mit der Gottesschau der Ältesten Israels (Ex 24,9–11; anders 33,18–23) markiert den außergewöhnlichen Charakter des Ereignisses, ohne dass die grundsätzliche Einschränkung der Gottesbegegnung hinterfragt würde (Jeremias, Theologie, 106 f.). Im Anschluss an das Mahl wird Mose von Gott zur Entgegennahme der Tafeln aufgefordert (V. 12 f.), von deren göttlicher Herstellung und Übergabe Ex 31,18 berichtet. Zwischen dem Aufstieg auf den Sinai in Ex 19 und dem Bundesschluss in Ex 24 kommen zwei Gesetzeswerke zu stehen, nämlich der ethische Dekalog (die „Zehn Gebote"; Ex 20,2–

Begründung des Bilderverbots s. u. 3.2.2

---
146 Vgl. Hieke, Levitikus 1–15, 351 f.

17)[147] und – nach einer kurzen Zwischenbemerkung zur Reaktion des Volks – das Bundesbuch (Ex 20,23–23,33).[148] In Ex 25 setzt ein ganz neuer Erzählabschnitt ein, in dem es um Anweisung und Ausführung zum Bau eines Wüstenheiligtums geht.

Die um die Gesetzesgabe kreisende Sinaiüberlieferung[149] begegnet nochmals in Ex 32 mit der Erzählung vom goldenen Kalb, die als Paradigma der Bundesbrucherzählungen gilt (vgl. Dtn 9,7–10,19):

Bundesbruch Ex 32

1 Das Volk aber sah, dass Mose lange nicht vom Berg herabkam. Da versammelte sich das Volk um Aaron, und sie sprachen zu ihm: Auf, mache uns Götter, die vor uns herziehen. Denn dieser Mose, der Mann, der uns aus dem Land Ägypten heraufgeführt hat – wir wissen nicht, was mit ihm geschehen ist. 2 Da sprach Aaron zu ihnen: Reisst die goldenen Ringe ab, die eure Frauen, eure Söhne und eure Töchter an den Ohren tragen, und bringt sie mir. 3 Da rissen sich alle die goldenen Ringe ab, die sie an ihren Ohren trugen, und brachten sie Aaron. 4 Und er nahm es aus ihrer Hand und bearbeitete es mit dem Meissel und machte daraus ein gegossenes Kalb. Da sprachen sie: Das sind deine Götter, Israel, die dich aus dem Land Ägypten heraufgeführt haben! 5 Und Aaron sah es und baute davor einen Altar. Und Aaron rief und sprach: Morgen ist ein Fest für den HERRN. 6 Und früh am andern Morgen opferten sie Brandopfer und brachten Heilsopfer dar, und das Volk setzte sich, um zu essen und zu trinken. Dann standen sie auf, um sich zu vergnügen. [...] 19 Und als er sich dem Lager näherte, sah er das Kalb und die Reigentänze. Da entbrannte der Zorn des Mose, und er warf die Tafeln hin und zerschmetterte sie unten am Berg.

Der (nur angedeutete Bundes-)Bruch (V. 8) und die Zerstörung der Bundestafeln (V. 19) werden mit dem göttlichen Wunsch nach Fortsetzung der Beziehung (Wiederaufnahme der Verheißungen in Ex 33,1–6) und der Erzählung eines neuen Bundesschlusses (Ex 34) verbunden. Ex 32–34 bilden einen Block, der inmitten der Beschreibungen des priesterschriftlichen Wüstenheiligtums die Frage reflektiert, wie und unter welchen Bedingungen – nach den historischen Katastrophen (Zerstörung des Nordreichs bzw. Exilzeit) das Gottesverhältnis mit Israel neu Gestalt nimmt (Jeremias, Theologie, 212–222). Der Bundesbruch geschieht durch die Herstellung eines Gottesbildes, für das es weder ein göttliches Geheiß noch Zustimmung gäbe. Israel macht sich

---

147 Vgl. M. Köckert, Art. Dekalog, www.wibilex.de.
148 W. Oswald, Art. Bundesbuch, www.wibilex.de.
149 Eine späte Datierung des Erzählkomplexes vertritt indes Pfeiffer, Jahwe aus dem Süden, 260–268.

selbst einen Gott, wobei unklar bleibt, ob sich das Bild auf einen fremden (d. h. heidnischen) Gott oder auf die Präsentation JHWHs bezieht. Zahlreiche Indizien weisen auf die Uneinheitlichkeit der Erzählung hin (V. 8 vs. 15–20; 11–14 vs. 25–29; 30–34 vs. 35), deren ältesten Kern eine ursprünglich vielleicht noch unpolemische Götterbildtradition des Nordreichs (vgl. Ex 32,1–6) bildet, die nach Ende des Nordreichs in judäischen Augen unangemessen erschien und in der Bilderfrage eine kritisch reflektierende Neuinterpretation erfuhr.[150]

Bilderverbot s. u. 3.2

> 1 Und der HERR sprach zu Mose: Haue dir zwei Steintafeln zurecht wie die ersten. Dann will ich auf die Tafeln die Worte schreiben, die auf den ersten Tafeln gestanden haben, die du zerschmettert hast. 2 Und sei bereit für den Morgen, und am Morgen steige auf den Berg Sinai und tritt vor mich dort auf dem Gipfel des Berges. 3 Niemand aber darf mit dir hinaufsteigen, und auf dem ganzen Berg darf sich niemand sehen lassen. Auch die Schafe und Rinder dürfen nicht gegen den Berg hin weiden. 4 Da hieb er zwei Steintafeln zurecht wie die ersten, und früh am Morgen stieg Mose den Berg Sinai hinan, wie der HERR es ihm geboten hatte, und er nahm zwei Steintafeln mit sich. 5 Der HERR aber fuhr in der Wolke herab und trat dort neben ihn. […] 8 Und sogleich neigte sich Mose zur Erde und warf sich nieder 9 und sprach: Wenn ich Gnade gefunden habe in deinen Augen, Herr, so gehe der Herr in unserer Mitte. Wohl ist es ein halsstarriges Volk, doch vergib unsere Schuld und unsere Sünde, und nimm uns an als dein Eigentum. 10 Da sprach er: Sieh, ich schliesse einen Bund. Vor deinem ganzen Volk werde ich Wunder tun, wie sie auf der ganzen Erde und unter allen Völkern nicht geschaffen worden sind. Und das ganze Volk, in dessen Mitte du bist, wird das Werk des HERRN sehen. Furchterregend ist, was ich mit dir tun will. 11 Halte, was ich dir heute gebiete. Sieh, ich vertreibe vor dir die Amoriter und die Kanaaniter und die Hetiter und die Perissiter und die Chiwwiter und die Jebusiter. 12 Hüte dich davor, mit den Bewohnern des Landes, in das du kommst, einen Bund zu schliessen, damit sie nicht zu einem Fallstrick werden in deiner Mitte.

Ein neuer Bundesschluss Ex 34

Auffällig ist, dass Ex 34 Gottes Absicht, mit Israel einen Bund zu schließen, zwar einführt (V. 10.27), doch an keiner Stelle auf einen vorangehenden Bundesschluss Bezug nimmt. Nur der vermutlich redaktionelle V. 1 schafft die Verbindung zu Ex 24. Deshalb ist bisweilen vermutet worden, dass es mit Ex 34 ursprünglich gar nicht um Bundes-

---

150 Vgl. K. Koenen, Art. Goldenes Kalb, www.wibilex.de; nach Albertz, Exodus 19–40, 282 f. umfasst die ältere Exoduskomposition 32,1–6.15*.19–25.30–34* und ist exilisch zu datieren.

erneuerung geht, sondern hier eine vierte Variante des Bundeskonzepts vorliegt (vgl. Gen 9/17; Gen 15; Ex 24). In Ex 34 ging es ursprünglich nicht um einen Bundesbruch, sondern um ein programmatisches Bundeskonzept, das Gottes Verheißung, sich Mose und Israel durch Wunder erfahrbar zu machen, hervorhebt.[151] Die sogenannte „Gnadenformel"[152] in Ex 34,6–7 unterstreicht das Wesen Gottes in dem Spannungsverhältnis von Zorn und Güte.

Gnadenformel Ex 34,5–7

5 Der HERR aber fuhr in der Wolke herab und trat dort neben ihn. Und er rief den Namen des HERRN aus.
6 Und der HERR ging an ihm [an seinem Angesicht; vgl. 33,14.29 f.] vorüber und rief: Der HERR, der HERR, ein barmherziger (רחום/raḥûm) und gnädiger (חנון/ḥannûn) Gott, langmütig [in Bezug auf seinen Zorn] und von grosser Gnade (חסד/ḥæsæd) und Treue (אמת/'æmæt),
7 der Gnade bewahrt Tausenden, der Schuld, Vergehen und Sünde vergibt, der aber nicht ungestraft lässt, sondern die Schuld der Vorfahren heimsucht an Söhnen und Enkeln, bis zur dritten und vierten Generation.

Es ist grammatisch nicht eindeutig, wer eigentlich den Gottesnamen ausruft: Gott oder Mose. Wenn man – wie z. B. R. Albertz – davon ausgeht, dass Gott das Subjekt ist, findet sich hier eine weitere Namensoffenbarung neben Ex 3 und 6. Die emphatisch durch zweifaches JHWH eröffnete Gnadenformel (V. 6 f.) lässt vier Eigenschaften Gottes erkennen, die sein überbordendes Gnadenhandeln zum Ausdruck bringt: Sie unterstreicht, dass sich die Güte Gottes in seiner Vergebung von Schuld zeigt (V. 7a), welche aber zugleich Grenzen kennt, jenseits derer Vergebung unmöglich wird und die Strafe bis in die dritte oder vierte Generation fortdauert. Sie begründet „das Wunder, dass Gott ein Volk, das ihn schon in der Stunde seiner Offenbarung von sich gestoßen hat und das sich selbst als wesenhaft abtrünnig oder widerspenstig bezeichnet, von Gott nicht, wie zu erwarten, vernichtet oder verworfen, sondern zwar gestraft, aber noch einmal angenommen worden ist" (Jeremias, Theologie, 294; vgl. Ps 103,8–11).[153] Die Gnadenformel bietet außerdem die theologische Grundlage für eine Überarbeitung des Dodekapropheton im Sinne der Spannung von Schuld und Gnade, Gericht und Heil (vgl. Joel 2,12–14; Mi 7,18–20; anders Jon 4,2 – s. auch Dan 9,9 f.).[154]

---

151 Konkel, Rekonstruktion, 128–133.177–243; vgl. Jeremias, Theologie, 308–311; anders Albertz, Exodus 19–40, 304 f., der die Gottesvision für die ursprüngliche Fortsetzung von Ex 32,19–25.30–34aα.b.35 hält.
152 Spieckermann, Barmherzig.
153 Vgl. zur Wirkungsgeschichte Albertz, Exodus 19–40, 313 ff.
154 Scoralick, Gottes Güte, 131–203 und Wöhrle, Abschluss, 401–419 zur Formung des Dodekapropheton als „Gnadenkorpus" des 3. Jh. in Aufnahme der Gnadenformel.

Der Bundesschluss in Ex 34 ist als „Vertragswerk" mit dem sogenannten „Privilegrecht" oder „kultischen Dekalog" in V. 11–26 verbunden; so ist ein weiterer Rechtstext neben Bundesbuch und Dekalog eingefügt, der Fragen des Gottesverhältnisses, des Alltags und des Festkalenders regelt.

Auf der Ebene des Endtextes ist in dem Erzählablauf von Ex 19–34 von Erwählung – Bund – Bundesbruch – Reue – neuer Bund *das* fortlaufende Muster für die Geschichte Israels mit Gott präfiguriert: das Volk Israel ist dem Vertrag mit Gott nicht gewachsen und immer wieder auf Fürbitte (durch Mose in Ex 32,11–14.30–35; 34,8–9) und Gottes Reue und Einlenken (32,14) angewiesen. Anders als DtrG und Ex 24 unterstreicht Ex 34 das Konzept eines gestifteten Bundes, der die Umkehr Israels nicht voraussetzt – derselbe Gedanke findet sich auch in der prophetischen Rede vom neuen Bund.

2.5.1.4 Der priesterschriftliche Bund als „Gnadenbund"

Die Priesterschrift lässt sich theologisch gesprochen als eine sukzessiv erfolgende Offenbarungsgeschichte[155] charakterisieren. Im Zuge dieser Geschichte ist auch hier von zwei Bundesschlüssen die Rede, die aber strenggenommen nicht als Bund im Sinne einer Verpflichtung von Untergebenen, sondern als Selbstverpflichtung Gottes zu verstehen sind, in der Gott – trotz der Widrigkeiten – an seiner Schöpfung festhält (Gen 9,11). Danach schließt er einen ewigen Bund mit Abraham und knüpft an ihn seine Verheißungen (Gen 17,2–8). Der Bund gilt schließlich als gegenseitige Verpflichtung, deren Gegenpart für Abraham und sein Volk lediglich im Akt der Beschneidung als Zeichen der Zugehörigkeit zum Bund besteht. Es geht um das Bekenntnis zu JHWH und nicht – wie beim konditionierten Bund – um das Einhalten von Geboten. Der Bund ist weniger Vertrag als Stiftung.[156] Derjenige, der sich der Beschneidung entzieht, wird aus dem Sozialverband „herausgeschnitten" (כרת/*krt* nif.), weil er den Bund gebrochen hat (Gen 17,14). Allerdings ist die sog. *karet*-Sanktion (Lev 7,20–21) auffällig, da die Passivformulierung das handelnde Subjekt – also wer den Ausschluss vollzieht – nicht präzisiert.[157] Die Strafe gilt zudem dem Einzelnen, und nicht dem ganzen Volk, dessen Bund und Verheißung – anders als im DtrG – ewig gelten.[158] Dass diese theologische

---

155 Vgl. Bauks, Gen 1, 333 ff.
156 Konkel, Vergebung, 69.
157 Vgl. Hieke, Levitikus, 322 f. Die ursprüngliche Zugehörigkeit der Verse ist diskutiert, vgl. dazu Schmid, Gibt es eine ‚abrahamitische Ökumene', 67 ff.
158 Nihan, Covenant, 103.

Deutung von Bund in der weiteren Auslegungsgeschichte nicht unumstritten blieb, zeigen jüngere priesterschriftliche Fortschreibungen in Lev 26,3.9.11–13, die der theologische Grundposition P's (s. auch Lev 26,40–45) widersprechen, dass der Bund nicht doch ausgesetzt werden kann und die Untreue von Gott geahndet wird.

An die Stelle der Weisung tritt in der priesterschriftlichen Offenbarungsgeschichte das Motiv der Gottesbegegnung (Schekina „Einwohnung").

Schekina
s. u. 3.4.3; 3.5.1.3

Tab. 5: Offenbarung Gottes in Etappen (P^G)

Gen 1,2 ruach elohîm	Wind/Atem/Geist Gottes, der über allem schwebt	„Noch-Nicht" der Offenbarung Gottes
Gen 1,3 Und Gott sprach: …	Gottes Wort	Offenbarung Elohims in und durch die Schöpfung
Gen 17,1 Und JHWH erschien … (zeigt sich) …	JHWH/Gott zeigt sich	Offenbarung als El Schaddai, um den Bund aufzurichten (vgl. 28,3; 35,11; Ex 6,3)
Ex 6,2 Ich bin JHWH	Ich bin JHWH	Offenbarung als JHWH
Ex 6,7	Israel, mein Volk – JHWH, sein Gott; Exodus ins verheißene Land	
[Ex 16,10] Kebôd JHWH	Erscheinen der Herrlichkeit	Entdeckung des Sabbats
Ex 24,16	Herrlichkeit wohnt auf	dem Berg Sinai
Ex 29,45–46	Verheißung unter den Kinders Israels zu wohnen → Gotteserkenntnis	
Ex 39,32.43		Die Söhne Israels taten [Bau der Stiftshütte] wie Gott es Mose befohlen hatte – Mose sieht das Werk an …
Ex 40,17.34b		Und es geschah im 1. Monat, im 2. Jahr, am 1. Tag: Herrlichkeit JHWHs erfüllt die Wohnstatt

Der die gesamte Menschheit erschaffende Gott offenbart sich Abraham als El Schaddai und schließlich Mose unter seinem Namen JHWH. Die Begegnung zwischen Gott und seinem Volk bedarf einiger Vorkehrungen, denen die Texte im Exodusbuch gewidmet sind. Sprachlich wie inhaltlich bilden Schöpfung und Heiligtumbau in der Wüste die Inklusion der priesterschriftlichen Gesamterzählung:

Tab. 6: Die Rahmung von P^G

Anfang der Priesterschrift (P^G)	Ende der Priesterschrift (P^G)
Gen 1,31a: Und Gott sah alles an, was er gemacht hatte, und siehe, es war sehr gut.	Ex 39,43a: Und Mose sah das ganze Werk, und siehe, sie hatten es gemacht.
2,1: So wurden vollendet der Himmel und die Erde mit ihrem ganzen Heer.	39,32a: So wurden alle Arbeiten für die heilige Zeltwohnung vollendet.
2,2a: Und Gott vollendete am siebten Tage sein Werk, das er gemacht hatte.	40,33b: Und Mose vollendet das ganze Werk.
2,3a: Und Gott segnete den siebten Tag.	39,43b: Und Mose segnete sie.

Im Anschluss an Installation (Gen 1,22.28; 2,3) und Revision der Weltordnung nach der Flut (Gen 9,1 ff.) erfolgt der erste Bundesschluss (9,8 f.) mit Noah. Dieser zeichnet sich als universaler Bund aus mit einem universalen Bundeszeichen („Bogen in den Wolken"). Im Folgenden fokussiert sich die Erzählung auf die Selektion Abrahams und seiner Nachfahren: Unter den Abrahamsöhnen gilt der Bund deshalb nur Isaak und nicht Ismael (17,2.7.9.21), wenn auch beide Söhne am göttlichen Segen sowie an dem Bundeszeichen, der Beschneidung, partizipieren (17,20.23).¹⁵⁹ Eine erste Erfüllung finden die an Abraham und seine Nachfahren ergangenen Verheißungen in Ex 1,7 (Volkswerdung Israels); die Großerzählung zielt auf die Erfüllung des Wohnen Gottes inmitten seines Volk in der Vollendung des Wüstenheiligtums, dem „Zelt der Begegnung" (Ex 6,7; 29,44–46; Ex 40,34 f.). Die Landverheißung bleibt bestehen (Ex 6,6), aber bis zum Buchende uneingelöst.

Bogen in den Wolken s.o. 2.4.3

Anders als in den nicht-priesterlichen Texten (Ausnahme: Gen 15) gehören die priesterschriftlichen Bundesschlüsse in die Ur- und Erzelterngeschichte Israels. Dieser Bund wird nicht „geschnitten", sondern aufgerichtet (הקים ברית/*heqîm berît*). An die Stelle von Vertragstexten und Geboten treten die zwei symbolisch zu verstehende Bundeszeichen (der Bogen Gottes in den Wolken in 9,18 und die Beschneidung in 17,11). Beide lassen sich nicht als Erfüllung des Bundes durch den Menschen interpretieren. Das erste Zeichen erwächst aus der Selbstverpflichtung Gottes, den Kriegsbogen zu entäußern und die Weltordnung kein weiteres Mal zu gefährden. Ein Bruch dieses Bundes

---

159 Wöhrle, Integrative Function.

durch den Menschen ist nicht im Blick. Das zweite Zeichen ist ein gestiftetes Erkennungs- bzw. Unterscheidungszeichen der zu JHWH Gehörigen. Beschneidung war wenigstens in babylonischem und persischem Kontext ein typisch judäischer Brauch, den die beiden anderen Kulturen nicht kannten. So wurde die Beschneidung in der hellenistischen Zeit zu einem wichtigen Differenzmarker zwischen jüdischer und griechischer Bevölkerung und erhielt zunehmend identitätsstiftende Bedeutung.[160]

2.5.1.5 Der „neue Bund" in der Prophetie

Der Bund als zweiseitige Verpflichtung hat im Laufe der mitunter unheilvoll verlaufenden Geschichte Israels eine wichtige theologische Funktion erhalten, indem er der Begründung des Unheils diente: Weil Israel von seinem Gott abgefallen ist und die Gebote nicht gehalten hat, hat Gott seinerseits den Bund gekündigt und Israel seinen Feinden preisgegeben. In der Gerichtsprophetie ist die Einsicht der untilgbaren Sündhaftigkeit des Menschen präsent.

Jer 17,1
1 Mit eisernem Griffel ist die Sünde Judas aufgeschrieben, mit einer Spitze aus Diamant,
eingeritzt in die Tafel ihres Herzens und in die Hörner ihrer Altäre.

Das theologische Problem des konditionierten Bundes reflektierend (s. o. bereits zu Gen 9; 17 oder Ex 34), entfaltet ein wahrscheinlich jüngerer Text des Jeremiabuches in Jer 31 den neuen Bund (im Sinne der Wiederherstellung), der auf ein Verrechnen der Schuld Israels verzichtet:

Jer 31,27–34
27 Sieh, es kommen Tage, Spruch des HERRN, da besäe ich das Haus Israel und das Haus Juda mit Menschensaat und Tiersaat.
28 Und wie ich über sie gewacht habe, um auszureissen und niederzureissen, zu vernichten und zu zerstören und Unheil anzurichten, so werde ich über sie wachen, um aufzubauen und zu pflanzen! Spruch des HERRN.
29 In jenen Tagen wird man nicht mehr sagen: Die Vorfahren haben unreife Früchte gegessen, den Kindern aber werden die Zähne stumpf!,
30 sondern jeder wird für seine eigene Schuld sterben; jedem Menschen, der die unreifen Früchte isst, werden die eigenen Zähne stumpf.
31 *Sieh, es kommen Tage, Spruch des HERRN, da schliesse ich einen neuen Bund mit dem Haus Israel und mit dem Haus Juda,*

---

160 U. Zimmermann, Art. Beschneidung (AT), www.wibilex.de; vgl. Römer, Beschneidung.

> 32 *nicht wie der Bund, den ich mit ihren Vorfahren geschlossen habe an dem Tag, da ich sie bei der Hand nahm, um sie herauszuführen aus dem Land Ägypten; denn sie, sie haben meinen Bund gebrochen, obwohl doch ich mich als Herr über sie erwiesen hatte! Spruch des HERRN.*
> 33 *Dies ist der Bund, den ich mit dem Haus Israel schliessen werde nach jenen Tagen, Spruch des HERRN: Meine Weisung habe ich in ihr Inneres gelegt, und in ihr Herz werde ich sie ihnen schreiben.* **Und ich werde ihnen Gott sein, und sie, sie werden mir Volk sein.**
> 34 *Dann wird keiner mehr seinen Nächsten und keiner seinen Bruder belehren und sagen: Erkennt den HERRN! Sondern vom Kleinsten bis zum Grössten werden sie mich alle erkennen, Spruch des HERRN, denn ich werde ihre Schuld verzeihen, und an ihre Sünden werde ich nicht mehr denken.*

Der alte Bund, der mit den Vorfahren geschlossen worden war (V. 32) ist gescheitert, veranlasst Gott aber zu einem neuen Bund (vgl. die Bundesformel in V. 33: „Und ich werde ihnen Gott sein, und sie werden mir Volk sein"), in dem die göttliche Weisung „in ihr Inneres gelegt" ist. Anstatt auf die Wandlung Israels zu setzen, schafft Gott einen neuen Menschen, in den der Gehorsam gegenüber Gottes Willen bereits eingestiftet ist (so explizit in Ez 11,19; 36,26 f.; Jes 59,21).[161] Vorbereitet ist der Gedanke in dem Votum der Tempelrede (Jer 7), über dessen Gehorsamsanspruch Jer 33 (s. u.) noch hinausgeht:

Bundesformel s. o. 2.5.1.2

Neuschöpfung

> 22 *Über Brandopfer und Schlachtopfer habe ich euren Vorfahren nichts gesagt und ihnen nichts geboten an dem Tag, da ich sie herausgeführt habe aus dem Land Ägypten!*
> 23 *Vielmehr habe ich ihnen dies geboten: Hört auf meine Stimme, dann werde ich euch Gott sein, und ihr werdet mir Volk sein. Und geht getreu auf dem Weg, den ich euch gebiete, damit es euch gut geht.*

Jer 7,22–23

Auch hier tritt an die Stelle des Einhaltens von Geboten die innere Haltung gegenüber Gott.

2.5.1.6 Der Davidbund

In der Abschiedsrede Davids (2Sam 23,5) ist der Bund an das Königtum und die Königsideologie rückgebunden. In 2Sam 7,8–16, der sogenannten dynastischen Verheißung, ist die Herrschaft der Davididen

---

161 Vgl. Schmidt, Jeremia, 146 f.; noch pointierter verknüpft J. Jeremias die Neusetzung mit Neuschöpfung (Theologie, 411).

auf ewig (V. 13) festgeschrieben. Umstritten ist, ob das Orakel eine alte Überlieferung oder aber erst exilischen Ursprungs ist.¹⁶²

2Sam 7,12–16
12 Wenn sich deine [Davids] Tage vollenden und du dich zu deinen Vorfahren legst, werde ich nach dir deinen Nachkommen, der von dir abstammt, auftreten lassen, und ich werde sein Königtum befestigen.
13 Er wird meinem Namen ein Haus bauen, und für alle Zeiten werde ich den Thron seines Königtums fest stehen lassen.
14 Ich werde ihm Vater sein, und er wird mir Sohn sein. Wenn er sich vergeht, werde ich ihn mit einem menschlichen Stock züchtigen und mit menschlichen Schlägen.
15 Meine Gnade aber wird nicht von ihm weichen, wie ich sie von Saul habe weichen lassen, den ich vor dir entfernt habe.
16 Und dein Haus und dein Königtum sollen für alle Zeiten Bestand haben vor dir; dein Thron soll allezeit fest stehen. […]
24 Du aber hast dir dein Volk Israel für alle Zeiten als Volk fest gegründet, und du, HERR, bist ihnen Gott geworden.

Bundesformel
s. o. 2.5.1.2

V. 14a verweist in freier Assoziation der Bundesformel auf den Bund zwischen Gott (Vater) und Salomo (Sohn), während V. 24 (sek.) die Formulierung auf das Volk ausweitet und somit die inhaltliche Brücke zum Sinaibund geschlagen ist: Denn JHWH hat das Königtum Davids um Israels willen eingesetzt. Auch in Davids Abschiedsrede wird das Bundesmotiv – der Natanweissagung entsprechend – mit der Dynastieverheißung verbunden und explizit als ewiger Bund qualifiziert.

2Sam 23,5
5 Steht nicht so mein Haus zu Gott?
Einen ewigen Bund hat er mir gesetzt,
wohlgeordnet in allem und bewahrt.
All mein Heil und alles, was gefällt,
lässt nicht er es wachsen?

Doch soll sich diese Zusage historisch nicht bewahrheiten. Schließlich durfte Juda bekanntlich seit der babylonischen Eroberung (587/586 v. Chr.) keinen Davididen als König mehr stellen. Ps 89,4–5.29ff; reagiert auf dieses Faktum mit einer Klage und mahnt gegenüber Gott die Einhaltung des Bundes an (V. 39 f.).

Ps 89
4 Ich habe einen Bund geschlossen mit meinem Erwählten, habe David, meinem Diener, geschworen:

---

162 Siehe dazu Pietsch, Sproß Davids, 24–26.51–53, der von einer Urfassung des 9. Jh. in V. 12–16* ausgeht; 43 f. zu 2Sam 23,5.

> 5 Für ewig gründe ich deine Nachkommenschaft,
> und für alle Generationen erbaue ich deinen Thron. […]
> 29 Ewig bewahre ich ihm meine Gnade,
> und mein Bund hat für ihn Bestand. […]
> 36 Ein für alle Mal habe ich bei meiner Heiligkeit geschworen,
> und wie sollte ich David belügen:
> 37 Ewig soll seine Nachkommenschaft bestehen
> und sein Thron wie die Sonne vor mir,
> 38 wie der Mond, der ewig fest steht,
> ein treuer Zeuge in den Wolken. Sela
> 39 Aber du hast verstossen, verworfen,
> zürnst gegen deinen Gesalbten.
> 40 Widerrufen hast du den Bund mit deinem Diener,
> zu Boden geworfen, entweiht sein Diadem.

Ps 89,4–5 (vgl. 37 f.) betont, dass David die Festigkeit seines Thronsitzes, d. h. seiner Macht, Gott zu verdanken hat, ein Motiv, das auch in neuassyrischen Heilsorakeln begegnet und in der Königsideologie als altorientalisches Gemeingut verankert ist.[163]

Unter den zahlreichen kritischen Referenzen gegenüber David, die im Jeremiabuch begegnen, wird an einer Stelle der Davidbund als ewiger Bund explizit erinnert und sein fortwährender Bestand – ähnlich der Schöpfungsordnung – für immer bestätigt.

> 20 So spricht der HERR: Wenn ihr meinen Bund mit dem Tag und meinen Bund mit der Nacht aufheben könntet, so dass es Tag und Nacht nicht mehr gäbe zu ihrer Zeit,
> 21 könnte auch mein Bund mit David, meinem Diener, aufgehoben werden, so dass er keinen Nachkommen hätte, der auf seinem Thron König wäre, und auch mein Bund mit den Leviten, den Priestern, die meine Diener sind.
> 22 Unzählbar wie das Heer des Himmels und unmessbar wie der Sand am Meer, so zahlreich werde ich die Nachkommen Davids, meines Dieners, machen und die Leviten, die mir zu Diensten sind.

Jer 33,20–22

Dem widerspricht aber Jer 36,30 ff. Ein Text wie Ps 132 erinnert daran, dass auch die Dynastieverheißung an David von der Einhaltung des Bundes abhängig ist.

---

163 Vgl. dazu Steymans, Deinen Thron, zu Beispielen assyrischer Königsorakel (z. B. das Ischtarorakel K 4310 = SAA 9.1.6).

Ps 132,11–12

> 11 Der HERR hat David geschworen,
> gewiss rückt er davon nicht ab:
> Einen Spross aus deinem Geschlecht
> will ich auf deinen Thron setzen.
> 12 Wenn deine Söhne meinen Bund halten
> und mein Gesetz, das ich sie lehre,
> sollen auch ihre Söhne für immer
> auf deinem Thron sitzen.

Königtum und Eschatologie s. u. 3.4

Doch gegen die Erfahrung des konkreten Verlusts der davidischen Dynastie angesichts des konditionierten Bundes wird die Unlöslichkeit der Bindung Gottes an David wider allen Augenschein postuliert und – auch in der königslosen nachexilischen Zeit – auf die Einlösung der Verheißung beharrt (Jer 33,20–22; Ps 78,69–72).

Im Bundesmotiv erfährt die Offenbarung JHWHs eine neue Darstellungsform. Der Gott der Bünde bzw. Bundesschlüsse nimmt verschiedene Adressaten in den Blick: die gesamte Schöpfung (Menschheit und Tierwelt) im Noahbund (Gen 9; P), Abraham und die von ihm abstammenden Völker (Gen 17; 32 P; neben Ismael und Esau gilt der Bund selbst aber lediglich Isaak und Jakob-Israel) und zuletzt die Zuspitzung auf das Volk Israel im Sinaibund (nicht-P) bzw. Horebbund (Dtn/DtrG). Zwar entstammen die einzelnen Bundesschlüsse unterschiedlichen literarischen Traditionen (dtr; nicht-priesterlich; priesterlich), doch begegnen sie in der Endgestalt des biblischen Texts als ein theologisch einschlägiges Konzept, das in verschiedenen Varianten das Faktum des Bunds zwischen Israel und seinem Gott zu einem Pfeiler alttestamentlicher Theologie macht. Allerdings ist die Bundesvorstellung keineswegs eine der ältesten (so M. Weber; M. Noth), sondern aller Wahrscheinlichkeit erst in Auseinandersetzung mit den neu-assyrischen Vasallenverträgen entstanden, welche die neu-assyrischen Könige im 7. Jh. v. Chr. auch mit Juda (z. B. Manasse) geschlossen haben (L. Perlitt; H.U. Steymans). In diesem konkreten historischen Rahmen entsteht als älteste theologische Tradition die deuteronomistische Sicht auf den Bund, die einen für die beiden Partner verpflichtenden Vertrag voraussetzt. Landgabe und Einstehen Gottes für sein Volk als Gegengabe für Israels Treue sind die Inhalte, die jedoch – in subversiver Weise – Gott und nicht dem assyrischen König (so insbes. E. Otto) loyal entgegenzubringen sind. Der Entwurf war geeignet, in der Exilszeit den Untergang der judäischen Monarchie mit der Untreue der Könige und des Volks als Bundesbruch gegenüber JHWH zu erklären. Er eignete sich aber weniger, einen Ausweg aus der Katastrophe zu zeigen und ein neues Gottesverhältnis zu entwerfen. Diesem Defizit entspricht die Priesterschrift mit dem Entwurf eines von Anfang an gestifteten und ewig geltenden Bundes, der die Menschen einlädt, durch ein kleines symbolisches Zeichen (Beschneidung) dazuzugehören und – post factum – dem nachexilischen Volk neue Hoffnung gibt. Der Bund ist in deuteronomistischen Traditionen direkt mit dem Motiv der Weisung verbunden und umfasst darin neben den Ideen von Erwählung und Verheißung zugleich die der Drohung und Verfluchung für den Fall, dass Israel von der göttlichen Weisung abfällt.

Literatur

Albertz, Rainer: Exodus 19–40 (ZBKAT 2.2), Zürich 2015.
Baltzer, Klaus: Das Bundesformular, Neukirchen-Vluyn ²1964 (WMANT 4).
Bauks, Michaela: Gen 1 als Programmschrift der Priesterschrift, in: A. Wénin (Hg.), Studies in the Book of Genesis. Literature, Redaction and History, Leuven 2001 (BETL 155), 333–345.
Hieke, Thomas: Levitikus 1–15 (HThKAT), Freiburg 2014.
Koch, Christoph: Vertrag, Treueid und Bund. Studien zur Rezeption des altorientalischen Vertragsrechts im Deuteronomium und zur Ausbildung der Bundestheologie im Alten Testament, Berlin/New York 2008 (BZAW 383).
Konkel, Michael: Eine Rekonstruktion der Redaktionsgeschichte der hinteren Sinaiperikope (Exodus 32–34) vor dem Hintergrund aktueller Pentateuchmodelle, Tübingen 2008 (FAT 58).
–: Vergebung ohne Umkehr. Die Bundestheologie als theologische Mitte des Pentateuch, in: B. Biberger/M. Gerwing/J. Schmiedl (Hg.). Bundestheologie. Gott und Mensch in Beziehung, Vallendar 2015, 59–82.
Lohfink, Norbert: Dtn 26,17–19 und die Bundesformel, ZThK 91 (1969) 517–553.
MacDonald, Nathan: Deuteronomy and the Meaning of ‚Monotheism', Tübingen 2003 (FAT 2/1).
McCarthy, Dennis J.: Der Gottesbund im Alten Testament. Ein Bericht über die Forschung der letzten Jahre, Stuttgart ²1967 (SBS 13).
Mendenhall, George: Recht und Bund in Israel und dem alten Vorderen Orient, Zürich 1960 (ThSt 64).
Nihan, Christophe: The Priestly Covenant. Its Reinterpretation And The Composition of „P", in: S. Shectman/J. Baden (Hg.), The Strata of the Priestly Writings, Zürich 2009 (AThANT 95), 87–134.
Noth, Martin: Das System der zwölf Stämme Israels, Stuttgart 1930 (BWANT 52).
Otto, Eckart: Deuteronomium, Berlin/New York 1999 (BZAW 284).
–: Mose und das Gesetz. Die Mose-Figur als Gegenentwurf politischer Theologie zur neuassyrischen Königsideologie im 7. Jh. v. Chr., in: Ders. (Hg.), Mose. Ägypten und das Alte Testament, Stuttgart 2000 (SBS 189), 43–83.
–: Altorientalische und biblische Rechtsgeschichte. Gesammelte Studien, Wiesbaden 2008 (BZABR 8).

Perlitt, Lothar: Bundestheologie im Alten Testament, Neukirchen-Vluyn 1969 (WMANT 36).

Pietsch, Michael: Dieser ist der Spross Davids. Studien zur Rezeptionsgeschichte der Nathanverheissung im alttestamentlichen, zwischentestamentlichen und neutestamentlichen Schrifttum, Neukirchen-Vluyn 2003 (WMANT 100).

Pfeiffer, Henrik: Jahwes Kommen von Süden: Jdc 5, Hab 3, Dtn 33 und Ps 68 in ihrem literatur- und theologiegeschichtlichen Umfeld, Göttingen 2005 (FRLANT 183).

Ricœur, Paul: Hermeneutik der Idee der Offenbarung, in: Ders., An den Grenzen der Hermeneutik. Philosophische Reflexionen über die Religion, München 2008, 41–83.

Römer, Thomas: Beschneidung in der Hebräischen Bibel und ihre literarische Begründung in Gen 17, in: M. Jung/M. Bauks/A. Ackermann (Hg.), Dem Körper eingeschrieben. Verkörperung zwischen Leiberleben und kulturellem Sinn, Heidelberg 2016, 227–241.

Schmid, Konrad: Gibt es eine ‚abrahamitische Ökumene'. Überlegungen zur religionspolitischen Theologie der Priesterschrift in Gen 17, in: A.C. Hagedorn/H. Pfeiffer (Hg.), Die Erzväter in der biblischen Welt (FS M. Köckert), Berlin/New York 2009 (BZAW 400), 67–92.

Schmidt, Werner H.: Der ‚neue' Bund als Antwort auf Jeremias kritische Ansichten, in: C Dohmen/C. Frevel (Hg.), Für immer verbündet (FS F.-L. Hossfeld), Stuttgart 2007 (SBS 211), 187–193.

–: Das Buch Jeremia Kapitel 21–52 (ATD 21), Göttingen 2013.

Scoralick, Ruth: Gottes Güte und Gottes Zorn. Die Gottesprädikationen in Exodus 34,6f und ihre intertextuellen Beziehungen zum Zwölfprophetenbuch, Freiburg i. Br. 2002 (Herders Biblische Studien 33).

Smend, Rudolf: Die Bundesformel, in: Ders., Die Mitte des Alten Testaments. Exegetische Aufsätze, München 2002, 1–29.

Spieckermann, Hermann: „Barmherzig und gnädig ist der Herr ...", in: ZAW 102 (1990), 1–18.

Steymans, Hans Ulrich: Deuteronomium 28 und die *adê* zur Thronfolgeregelung Asarhaddons, Freiburg (Schweiz)/Göttingen 1995 (OBO 145).

–: „Deinen Thron habe ich unter den großen Himmeln fest gemacht". Die formgeschichtliche Nähe von Ps 89,4–5.20–38 zum neuassyrischen Hof, in: E. Otto/E. Zenger (Hg.), „Mein Sohn bist du" (Ps 2,7). Studien zu den Königspsalmen, Stuttgart 2002 (SBS 192), 184–235.

Veijola, Timo: Die ewige Dynastie. David und die Entstehung seiner Dynastie nach der deuteronomistischen Darstellung, Helsinki 1975 (AASF.B 193).

Weber, Max: Das antike Judentum (1917–19), in: Die Wirtschaftsethik der Weltreligionen, Bd. 3, Tübingen 1921.

Weippert, Manfred: Historisches Textbuch zum Alten Testament, Göttingen 2010 (GAT 10).

Wöhrle, Jakob: Der Abschluss des Zwölfprophetenbuchs. Buchübergreifende Redaktionsprozesse in den späten Sammlungen, Berlin 2008 (BZAW 389).

–: The Integrative Function of the Law of Circumcision, in: R. Achenbach/ R. Albertz/J. Wöhrle (Hg.), The Foreigner and the Law. Perspectives from the Hebrew Bible and the Ancient Near East, Wiesbaden 2011 (BZAR 16), 71–87.
Zimmerli, Walther: Sinaibund und Abrahamsbund, in: Ders., Gottes Offenbarung. Gesammelte Aufsätze, München 1963 (TB 19), 205–216.

2.5.2 Die Vorstellungen von Weisung und Gesetz

Innerhalb der Tora („Weisung") bzw. des Pentateuch nehmen die Rechtstexte breiten Raum ein: Fünf der vierzig Kapitel des Exodusbuchs, das gesamte Buch Levitikus und der überwiegende Anteil des Deuteronomium („das zweite Gesetz") enthalten Rechtsbestimmungen, die den Kult und das Zusammenleben der Israeliten regeln. Durch die Rückbindung an die Bundesschlüsse in Ex 24 und 34 (vgl. Dtn 4,1.13; 5,2f.) sind die Rechtstexte als Weisung an das Volk in die Heilsgeschichte integriert. Während das christliche Interesse an der Tora sich vorrangig auf das Erzählgut bezieht, hat die jüdische Rezeption neben der erzählenden Verkündigung (Haggada) gerade der Weisung in den insgesamt 613 Rechtstexten der Tora (Halacha) hohe Bedeutung beigemessen. Spätestens in der nachexilischen Zeit (d. h. der Zeit des Zweiten Tempels ca. 515 v. Chr. – 70 n. Chr.) entstand eine Tora-Frömmigkeit, die mit dem Wirken des Schriftgelehrten Esra (Mitte des 5. Jh. oder Beginn des 4. Jh. v. Chr.) in Verbindung gebracht wird (Esr 7; Neh 8). Seitdem gilt die Tora als zentrales Symbol der göttlichen Offenbarung, deren öffentliche Lesung den jüdischen Gottesdienst bis heute prägt.

Die zentrale Mittlerfigur der göttlichen Weisung ist Mose (Ex 20,18–21). Er schreibt das mündlich erhaltene göttliche Gesetz im Bundesbuch (Ex 20,22–23,33) auf (Ex 24,4.7) und verpflichtet das Volk darauf (Ex 24,3). Schließlich erhält er die von Gott geschriebenen beiden Steintafeln (Ex 24,12) zur Unterweisung, die im Rahmen der Erzählung vom Bundesbruch (Goldenes Kalb; Ex 32) einen zweiten Bericht erhalten (31,18; 32,15f.), an den sich die Gabe eines weiteren Gesetzestexts („Privilegrecht" oder „Kultischer Dekalog"; Ex 34,10–26) anschließt. Auf der synchronen Erzählebene geht es um den Ersatz für die von Mose zerbrochenen Tafeln (Ex 32,19); in der überlieferungsgeschichtlichen Betrachtung aber um eine weitere Variante des Bundes, der sich nach Ex 34,1–6 einem göttlichen Gnadenakt verdankt.

Mose s.o. 2.1 und 2.5.1.1–2

2.5.2.1 Die Gesetzessammlungen

Neben den Rechtsordnungen und Sakralvorschriften in den beiden aus exilisch-nachexilischer Zeit stammenden Dekalogfassungen (*„ethischer Dekalog"* in Ex 20,1–17 und Dtn 5,6–21) dürften vor allem die auf älteren Traditionen basierenden Rechtssammlungen des Bundesbuchs (Ex 20,22–23,33*) mit dem sakral ausgerichteten „kultischen Dekalog" oder „Privilegrecht" (Ex 34,10–26; vgl. auch Dtn 12,1–16,17) für das literarische Gerüst der Tora strukturbildend sein.[164] Beide sind erst in einem zweiten Schritt historisiert und im Kontext der Sinaithematik zu Auflistungen der Bundesverpflichtungen Israels ausgestaltet worden. In der zweiten Hälfte des Exodusbuchs folgen thematisch ganz anders geartete Anweisungen und Durchführungsbestimmungen für den Bau des Zelts der Begegnung („Stiftshütte"; Ex 25–31; P frühnachexilisch) bzw. zur Einrichtung des Priesteramts (Ex 29). Letztere werden in dem Rechtsbuch *par excellence,* Levitikus, nochmals aufgenommen (Lev 8–9) und um Vorschriften über die rituelle Darbringung von Opfern und Weihgaben (Lev 1–7,27), Speisevorschriften sowie Bestimmungen zur rituellen Reinheit (Lev 10,8–15) und für den Versöhnungstag (יום הכפרים/Jom Kippur; Lev 16)[165] ergänzt. In Lev 17–26 findet sich das sogenannte *Heiligkeitsgesetz* (vgl. Lev 19,2) als sekundäre Ergänzung (P^s) zu der priesterschriftlichen Grundschicht (P^G), das die religiösen Lebensordnungen Israels thematisiert und die vorangehenden Rechtssammlungen im 5. Jh. v. Chr. neu interpretiert.[166] Ähnlich wie das Exodusbuch enthält auch das Numeribuch Gesetzesmaterial, das in z. T. narrativer Einbindung die Struktur der Kultusgemeinde, der Priesterschaft und weitere sakralrechtliche Vorschriften seit der persischen Zeit regelt (Num 1–10.15.17–19).[167] Hinzukommen Weisungen zum Erbrecht (Num 27; 36), zur Opferordnung (Num 28–30) und zum Asylrecht (Num 35). Die älteste umfangreichere Gesetzessammlung bilden wohl Teile des Deuteronomiums, das auf der Grundlage der Bestimmungen des *Bundesbuchs* (Ex 20,22–23,33) in spätvorexilischer Zeit als Neuregelung die Zentralisation des Kults in Jerusalem einführt (Dtn 12–16; vgl. 2Kön 22 f.). Daran schließen sich z. Zt. des Reformkönigs Josia notwendig gewordene politische und sozialrechtliche Regelungen an (Dtn 17–26), welche eine Art „Ur-Deuteronomium" formieren.[168] Das Material wird in einer erweiterten Fassung als Abschiedsrede des Mose stilisiert, die das Zusammenleben Israels, sobald es – aus dem Exil – ins verheißene Land kommt, ordnet.[169]

---

164 Zur Diskussion der Datierung vgl. Crüsemann, Tora, 168 f.199 f.
165 Vgl. dazu C. Körting, Jom Kippur, www.wibilex.de.
166 T. Seidl, Art. Heiligkeitsgesetz, www.wibilex.de; s. auch K. Grünwaldt, Art. Leviticus, www.wibilex.de; Nihan, Priestly Torah, 395 ff.
167 Vgl. R. Achenbach, Art. Numeri, www.wibilex.de, § 3; Ders., Vollendung, 137–140 zu umfassenden „theokratischen Bearbeitungen" der Tora im Buch Numeri in spätpersischer und hellenistischer Zeit.
168 Vgl. K. Grünwaldt, Art. Recht, www.wibilex.de, § 3 zu den einzelnen Rechtssammlungen.
169 Vgl. U. Rüterswörden, Art. Deuteronomium, www.wibilex.de, § 4 zur literarischen Entstehung und Finsterbusch, Deuteronomium, 48–63.

Wirkungsgeschichtlich herausragend ist das שמע ישראל/Šemaʿ Israel (Dtn 6,4 f.), als ursprüngliche Einleitung des Ur-Deuteronomiums (vgl. E. Otto z.St.). Der Appell hebt als Hauptgebot – die Liebe zu Gott hervor und verpflichtet zur Verehrung des einen JHWH an einem einzigen Ort, nämlich Jerusalem. Dem Bekenntnis kommt noch im gegenwärtigen jüdischen Ritus auf den Mezuzot (an Türen befestigten Schriftkapseln) und Tefillin (Gebetsriemen) wie auch im Sabbatkontext große Bedeutung zu:

Wirkungsgeschichtlich relevante Rechtstexte

Zur Einzigkeit JHWHs s. u. 3.1.3

> 4 Höre, Israel: Der HERR, unser Gott, ist der einzige HERR.
> 5 Und du sollst den HERRN, deinen Gott, lieben, von ganzem Herzen, von ganzer Seele und mit deiner ganzen Kraft.

Dtn 6,4–5

Die Liebesmetapher umschreibt die uneingeschränkte Loyalität zu JHWH.[170] Ähnlich bedeutsam ist das Liebesgebot in Lev 19,18b in einer Reihe von sozialen und kultischen Einzelbestimmungen des Heiligkeitsgesetzes, die das Herzstück des Buchs wie der gesamten Tora bilden – die spätestens seit dem 4. Jh. v. Chr. in der heutigen Form vorliegt:[171]

> 17 Du sollst deinen Bruder nicht hassen in deinem Herzen. Du sollst deinen Nächsten zurechtweisen. So wirst du seinetwegen keine Sünde auf dich laden.
> 18 Du sollst nicht Rache üben an den Angehörigen deines Volks und ihnen nichts nachtragen, sondern du sollst deinen Nächsten lieben wie dich selbst [oder: er ist wie du]. Ich bin der HERR.

Liebesgebot Lev 19

Nächstenliebe heißt in V. 17, dass der „Bruder" auf seine Fehler aufmerksam gemacht wird und Dinge, die die Grundlage für Hass legen könnten, an- und ausgesprochen werden (vgl. Mt 18,15–17). In Verbindung mit V. 18 wird aber klar, dass Voraussetzung dafür die Nächstenliebe ist. Rache oder Groll (oder Nachtragendsein) wird als Negativreaktion des Bruders ausgeschlossen und in das Gebot der Nächstenliebe gewandelt: Liebe wird zur Grundgesinnung des Einzelnen Gott und dem Menschen gegenüber.

Der oben in der Klammerbemerkung angezeigte Übersetzungsunterschied in der Begründung für das Liebesgebot ist von hoher Relevanz:
– כמוך/kamôka „wie du" lässt sich attributiv zu לרע/lereaʿ „Nächsten" begreifen und impliziert dann die ontologische Grundaussage von der Gleichheit der Menschen (Sir 31,15 hebr.; 19,13–17; 28,1–7 griech.). Liebe „ist die grundlegende Form jedweden sozialen Lebens, weil sie

---
170 Rütersworden, Die Liebe Gottes.
171 Krochmalnik, Schriftauslegung, 62 f.

auf der elementaren anthropologischen Bestimmung von Gleichheit als einer Gleich-Bedürftigkeit aufruht."[172] Der Grundsatz des „er ist wie du" begegnet schon in Gen 5,3, wo gesagt ist, dass Seth, der Sohn Adams, zu seinem Ebenbild geschaffen ist. Gott hat alle Menschen gottebenbildlich geschaffen, deswegen sind alle Menschen gleich und haben gleichen Anteil an der Heiligkeit Gottes.
- „wie dich selbst" (vgl. die Lutherübersetzung und LXX: ὡς σεαυτόν/'ws seautón; Jub. 46,1–2) bezieht sich adverbiell auf das Lieben. Der Vers beinhaltet somit eine Aufforderung zur Selbstliebe neben der Nächstenliebe.

Da das Liebesgebot in einem größeren Kontext von Geboten steht, die die Arglist und Heimtücke gegenüber anderen thematisieren, dürfte der Nächste als Bezugswort auch an dieser Stelle im Vordergrund stehen und der attributiven Lesart der Vorrang zu geben sein. In diesem Sinne präzisiert Rabbi Hillel die Grundgesinnung Gott und Menschen gegenüber folgendermaßen „Was dir nicht lieb ist, das tue auch deinem Nächsten nicht. Das ist die ganze Tora und alles andere ist nur Erläuterung; geh und lerne sie."[173] Liebe ist also nicht als Emotion, sondern als eine innere Einstellung zum Gegenüber geschildert, die sich in äußeren Taten manifestiert. Dazu passt die Nähe des Gebots zu neuassyrischen Vasallenverträgen, die die politische Loyalität zum beherrschenden König als „Liebe" umschreiben: „Wenn ihr Assurbanipal, den Kronprinzen vom ‚Nachfolgehaus', den Sohn Asarhaddons, König von Assyrien, nicht wie eure Seelen liebt [...]", dann drohen Strafen der assyrischen Götter über die Vasallen zu kommen (VTE § 24).[174]

Der „Nächste" meint zuerst den Mitisraeliten, aber in V. 34 wird das Konzept zur Fremdenliebe erweitert. Das Verbot der Rache schließt ein, dass auch der Feind in das Gebot der Nächstenliebe mit einzubeziehen ist als „Spezialfall" des Nächsten.

Das als „Abhilfe gegen jegliche Rachegelüste, Hass im Herzen, Groll im Denken"[175] anerkannte Gebot der Nächstenliebe lässt sich als eine Liebe verstehen, die sich ähnlich wie in Dtn 10,18–19 (Gottes Liebe zu den Fremden) in Taten manifestiert. Diese Liebe hat nicht nur dem Bruder, d. h. Israel, sondern auch dem Fremden zu gelten (19,33–34).

Lev 19,33–34   33 Und wenn ein Fremder bei dir lebt in eurem Land, sollt ihr ihn nicht bedrängen.

---

172 Schüle, Denn er ist wie du, 531; vgl. Hieke, Levitikus 16–27, 700.734f.
173 Babylonischer Talmud, Traktat Shabbat 31a; vgl. Goldschmidt, Talmud Bd. 1, 522.
174 Vgl. TUAT I/2, 166 (Übersetzung: R. Borger).
175 Hieke, Levitikus 16–27, 731.

> 34 Wie ein Einheimischer soll euch der Fremde gelten, der bei euch lebt. Und du sollst ihn lieben wie dich selbst, denn ihr seid selbst Fremde gewesen im Land Ägypten. Ich bin der HERR, euer Gott.

Beide Gebote (Gottes- und Nächstenliebe) überliefern die Evangelien im Doppelgebot der Liebe als höchstes Gebot (Mt 22,37–40; Mk 12,29–31; Lk 10,25–28; vgl. in Qumran CD 6,20–7,1) und zitieren sie wiederum im attributiven Sinne. Das zeigt die Verknüpfung des Gebots mit dem Gleichnis vom barmherzigen Samariter (Lk 10,25–37):

> 25 Da stand ein Gesetzeslehrer auf und sagte, um ihn auf die Probe zu stellen: Meister, was muss ich tun, damit ich ewiges Leben erbe?
> 26 Er sagte zu ihm: Was steht im Gesetz geschrieben? Was liest du da?
> 27 Der antwortete: Du sollst den Herrn, deinen Gott, lieben mit deinem ganzen Herzen und mit deiner ganzen Seele und mit all deiner Kraft und mit deinem ganzen Verstand, und deinen Nächsten wie dich selbst.
> 28 Er sagte zu ihm: Recht hast du; tu das, und du wirst leben.
> 29 Der aber wollte sich rechtfertigen und sagte zu Jesus: Und wer ist mein Nächster?
> 30 Jesus gab ihm zur Antwort: Ein Mensch ging von Jerusalem nach Jericho hinab und fiel unter die Räuber.
> […]

Lk 10

Denn jeder Mensch ist der Nächste, da er „wie du" ist und – in priesterschriftlicher Diktion – Anteil an der Gottebenbildlichkeit hat. Das Doppelgebot der Liebe ist von der Goldenen Regel (Mt 7,12; vgl. Tob 4,16) nicht zu trennen[176]:

> 12 Also: Wie immer ihr wollt, dass die Leute mit euch umgehen, so geht auch mit ihnen um! Denn darin besteht das Gesetz und die Propheten.

Goldene Regel Mt 7,12

Die „goldene Regel" ist die pointierteste Interpretation des Liebens „wie dich selbst"/„wie du" im Liebesgebot von Lev 19,18. Diskussionen, die die positive Formulierung von Mt 7,12 (vgl. Röm 13,8–12) für genuin christlich halten, da die jüdischen Traditionen negative (und nicht so umfassende) Formulierungen hätten, gehen fehl. Denn Passagen wie Sir 31,15 (hebr.) oder Targum Jonathan zu Lev 19,18, in denen Liebesgebot und goldene Regel bereits verknüpft sind, lassen auf die jüdische Herkunft schließen.[177]

---

176 Vgl. z. B. Wengst, Jesus; A. Moenikes, Art. Liebe/Liebesgebot (AT), § 2.2.
177 Vgl. Mathys/Heiligenthal, Art. Goldene Regel, 573–575; A. Moenikes, Art. Liebe/Liebesgebot, § 3.

Die Zehn Gebote — Ebenso wirkmächtig ist der sogenannte ethische Dekalog (Ex 20,1–17 und Dtn 5,6–21), der fast wörtlich übereinstimmend an zwei prominenten Stellen als *das* Bundesdokument des Sinai bzw. Horebbundes in die Erzählung eingefügt ist (Ex 19,1 ff.; Dtn 5,3). Es handelt sich um das einzige alttestamentliche Gesetzkorpus, das dem Volk unmittelbar von Gott gegeben ist, nach Dtn 5,22 sogar von Gott selbst auf die Tafeln geschrieben ist, während die anderen Gebote durch Moses Vermittlung übergeben sind. Damit wird der Dekalog zu einer Art *Gründungsurkunde der Gottesbeziehung Israels*,[178] die sich aus einer Präambel und einer Reihe von Ge- und Verboten zusammensetzt. Vermutlich ist die Fassung des Deuteronomiums die (etwas) ältere, in der aus den Kernaussagen des apodiktischen Rechts ein Leittext für die Zeit des babylonischen Exils gebildet wurde. Die Präambel in Dtn 5,6 erinnert an den Auszug aus Ägypten, der den bevorstehenden Auszug aus der babylonischen Vormacht in Aussicht stellen könnte. Das Sabbatgebot (Dtn 5,12–15) verknüpft die Heiligung des siebten Tages mit der sozialrechtlichen Bestimmung, dass alle Kreatur an diesem Tag ruhen solle, und begründet dies damit, dass Israel sich darin an die eigene Befreiung aus Ägypten erinnere. Anders erklärt die Exodusfassung die Einhaltung des Ruhegebots mit der Präfiguration des Sabbats im Ruhen Gottes am siebten Tag, worin die Schöpfung ihren Abschluss findet. Israel wird aufgefordert, dem gleichzutun *(imitatio Dei)*. Der Dekalog regelt die religiösen und sozialen Pflichten, die auf den gelungenen Zusammenhalt der Gemeinschaft in sakraler und gesellschaftlicher Perspektive zielen.

Weiteres Gesetzesmaterial — Zu den eigentlichen Gesetzessammlungen kommen die in die Großerzählung eingefassten „Gebote" hinzu wie das präfigurierte Sabbatgebot in Gen 2,2–3 (vgl. Ex 16,23–30), die sogenannten noachidischen Gebote in Gen 9,1–6 oder der Verweis auf Abrahams Gesetzestreue in Gen 26,5, der typische hebräische Gesetzestermini (מצות/*miṣwôt*; חקות/*ḥuqôt*; תורות/*tôrôt*) aufgreift.

2.5.2.2 Rechtssprache

Die gängigen hebräischen Termini sind neben תורה/*tôrâ* „Weisung" (Pl. תורות/*tôrôt* „Weisungen") מצות/*miṣwôt* „Gebote", חקות/*ḥuqôt* und משפטים/*mišpaṭîm* „Satzungen und Rechtssätze" sowie עדות/*'edût* das „Zeugnis", die mit Ausnahme des letzten Begriffs, der vornehmlich in priesterschriftlichen Texten begegnet, breit belegt sind.

---

178 Jeremias, Theologie, 364; Hervorhebung im Original. Vgl. M. Köckert, Art. Dekalog, www.wibilex.de zum Aufbau und den formalen Uneinheitlichkeiten; Graupner, Zehn Gebote.

Formsprache und Syntax führten zu der Unterscheidung in kasuistisches und apodiktisches Recht. Erstmals untersuchte A. Alt die „Anwendung dieses Form und Inhalt zugleich untersuchenden und zu den Wurzeln im Leben vordringenden Verfahrens auf die verschiedenen Formulierungen des israelitischen Rechts".[179] Von besonderem Interesse war für ihn das in weiten Teilen nach kasuistischem Recht formulierte Bundesbuch mit seinen Konditionalsätzen in der 3. Person im Stil von Protasis – Apodosis (z. B. Ex 21,18–19), dessen Anfänge er in die „normale israelitische Gerichtsbarkeit" der Ältesten situierte.

Kasuistische Rechtssätze

> 18 Wenn Männer in Streit geraten und einer den andern mit einem Stein oder mit der Faust schlägt, so dass er zwar nicht stirbt, aber im Bett liegen muss,
> 19 später aber wieder aufstehen und draussen am Stock gehen kann, so bleibt straffrei, der geschlagen hat. Er muss ihn nur entschädigen für das Versäumte und für die Heilung aufkommen.

Ex 21

Es geht darin um ein Alltagsrecht, das Fälle von Körperverletzung oder aber Schuldrecht, Haftpflicht, Schadensersatz, Veruntreuung etc. regelt. Parallelen zu anderen altorientalischen Rechtsbüchern erklärte Alt nicht durch direkte Abhängigkeiten der einzelnen Rechtsbücher, sondern allgemeiner durch eine allen benachbarten Völkern gemeinsame Rechtskultur. Davon unterscheiden sich die knapper gefassten, aber in weitaus vielgestaltigerer Form begegnenden apodiktischen Rechtsformulierungen (z. B. Ex 21,12; Dtn 27,15–26), die er in den Kontext eines Gottesrechts stellt, das er – zumal ihm noch keine altorientalischen Parallelen bekannt waren – für genuin israelitisch hält. Für ihn gehörte das apodiktische Recht nicht in die Gerichtsbarkeit, sondern formt „das Kernstück eines sakralen Akts von nationalem Ausmaß" (324), wie es z. B. die Fluchreihe in Dtn 27 zeige. Die apodiktischen Rechtstexte gehören nach Alt in den weiteren Kontext des Bundesschlusses zwischen Gott und Israel. Allerdings sind die beiden Rechtsformen in den verschiedenen Korpora oft nebeneinander belegt.

Apodiktische Rechtstexte

Inzwischen ist sowohl die zu strikte Aufteilung in apodiktische und kasuistische Rechtstexte relativiert als auch die Verhältnisbestimmung von „genuin israelitisch" bzw. „von der Umwelt übernommen" revidiert worden. Zum einen ist deutlich geworden, dass die traditionellen altorientalischen Rechtssammlungen – wie z. B. die sumerischen Gesetze des Urnammu von Ur und Kodex des Lipit-Ischtar sowie die altbabylonischen Kodizes von Eschnunna, und Hammurabi – grundsätzlich keine präskriptiven Rechtsbestimmungen enthalten, anhand derer konkret

---
179 Alt, Ursprünge, 285; zur Kritik E. Gerstenberger, Wesen.

Jurisdiktion durchgeführt werden könnte. Vielmehr führen sie deskriptiv in Musterfälle ein, die der (mündlichen) Rechtspraxis dienlich sind.[180] Zum anderen führte der Vergleich mit den jüngst erschlossenen altorientalischen Rechtstexten zu dem Verständnis, dass die in Dtn 13* und 28* bezeugten Rechtstexte ganz im Stil von assyrischen Treueeiden *(adê)* gestaltet sind, wie sie der neuassyrische Großkönig Asarhaddon seinen Vasallen, und darunter wahrscheinlich auch dem judäischen König Manasse, auferlegt hatte.[181] Israel, das selbst keine von Königen erlassenen Kodizes überliefert hat, missbrauchte das neuassyrische Vertragsformular, um es im Deuteronomium auf die Beziehung Gott-Volk (anstelle von König-Volk) zu adaptieren. Somit hat sich zwar Alts These des Sakralrechts bestätigt, aber seine Einschätzung, dass es sich um eine frühe israelitische Einzeltradition handele, ist zu korrigieren.

Die Funktion der apodiktischen Rechtssätze besteht darin, Grenzen zu markieren, deren Überschreitung die Gemeinschaftsordnung Israels bedroht (zur Formulierung אל/*'al* + Jussiv oder aber als Prohibitiv לא/*lo'* + Indikativ; s. Dekalog Ex 20,3–5.7.13–17; Dtn 5,7–9.11.17–21), während das kasuistische Recht den Fall der Wiedergutmachung im Schadensfall anhand von konkreten Einzelbeispielen regelt (Jeremias, Theologie, 57 f.).

2.5.2.3 Theologische Implikationen – Tora und Talion

Tora „Weisung für Israel"
Das hebräische Nomen תורה/„*tôrâ*" begegnet im Plural wie im Singular, kann konkrete Einzelbestimmungen wie auch das große Ganze mit der Abstraktbedeutung „Weisung" bezeichnen. Tora ist außerdem das Synonym zu Pentateuch/5 Bücher Mose und bezeichnet spätestens seit persischer Zeit ein Schriftkorpus, das nicht mehr nur Rechtsbestimmungen im engeren Sinne, sondern auch Erzählliteratur zu einer langen Reihe von theologischen Themen enthält. Eine Stelle wie Joh 10,34, die Ps 82,6 als *nomos* „Gesetz" zitiert, zeigt darüber hinaus, dass selbst Texte des dritten Kanonteils zur „Weisung" gezählt werden konnten.[182] Leider ist der prozesshafte theologische Übergang von konkreter Rechts- zu identitätsstiftender Erinnerungsliteratur im Zuge der Rezeptionsgeschichte, verstärkt durch die griechische Übersetzung von *tôrâ* durch νόμος/*nomos* „Gesetz", immer mehr aus dem Blick geraten und hat dazu geführt, die jüdische Religion als gesetzeszentriert zu verunglimpfen.[183]

---

180 Vgl. Schmid, Literaturgeschichte, 102–104.
181 Vgl. U. Rüterswörden, Art. Deuteronomium, www.wibilex.de, § 4; vgl. Otto, Gesetz, 129–132. S.o. 2.5.1.2.
182 Vgl. A. Martini/S. Talarbadon, Art. Jüdische Schriftauslegung, www.wibilex.de, § 1.
183 Vgl. in diesem Zusammenhang Crüsemann, Das Alte Testament, 212–223.

F. Crüsemann hat die Entwicklungsgeschichte von תורות/*tôrôt* zur *tôrâ* folgendermaßen skizziert[184]:   *Geschichte der Rechtstexte*
Am Beginn der Rechtsgeschichte standen zwei, dem heutigen Bundesbuch und Privilegrecht verwandte Rechtssammlungen (9. Jh. v. Chr.), von denen das eine (Ex 34,11 ff.)

> „Regeln für eine strikte Alleinverehrung des eigenen Gottes im Kontext einer bäuerlichen Lebenswelt der Eisenzeit, das andere (Ex 21 f.) […] eine Rechtssammlung in altorientalischer Tradition [formuliert], in der gewichtige gesellschaftliche Grundkonflikte der Epoche einer rechtlichen, d. h. auf Ausgleich zielenden Regelung zugeführt werden" (424).

In diesem Nukleus göttlicher Weisung in Form von Rechtsbestimmungen geht es um den Schutz der rechtlich und ökonomisch Schwächsten. Das daran anschließende deuteronomistische Recht ergänzt vor allem um die politischen und gesellschaftlichen Institutionen und die Regelung des Umgangs innerhalb der Familien, mit Tieren und Umwelt; das priesterschriftlich beeinflusste Recht nimmt Fragen nach Kult, Landbesitz und Freiheit in den Blick und unterstellt Israel dem göttlichen Gebot, wie es sich seit der Schöpfung erweist. Nachpriesterliche und spät-deuteronomistische Ergänzungen (insbes. Num; Dtn*) ergänzen den Bestand um weitere Bestimmungen, der dann im Zuge der Formierung des Pentateuch zu dem umfassenden, Erzähl- und Rechtsmaterial umfassenden Werk wird. Auf wessen Veranlassung es zu Abschluss und „Kanonisierung" der Tora kam, d. h. zu dem Entschluss, dass den Texten nicht mehr hinzuzufügen sei (Dtn 4,1–2 vgl. 13,1), ist umstritten.   *Kanonformel s. u. 3.6.1*

> 1 Und nun höre, Israel, die Satzungen und Rechte, die ich euch lehre,   *Dtn 4,1–2*
> damit ihr danach handelt und am Leben bleibt und in das Land kommt
> und es in Besitz nehmt, das der HERR, der Gott eurer Vorfahren, euch gibt.
> 2 Ihr sollt nichts hinzufügen zu dem, was ich euch gebiete, und sollt
> auch nichts davon wegnehmen, sondern ihr sollt die Gebote des HERRN,
> eures Gottes, halten, die ich euch gebe.

Die These von der persischen Reichsautorisation und die Kritik an dem Modell[185] kann an dieser Stelle nicht diskutiert werden. Die Schlüsselerzählung Esr 7,12–26 (das sog. Artaxerxes-Reskript) scheint für das   *Reichsautorisation*

---

184 Crüsemann, Tora, 424 f.
185 Frei, Zentralgewalt; vgl. Schmid, Persische Reichautorisation, in einer umsichtigen Darstellung des in letzter Zeit (zu) sehr kritisierten Konzepts; ähnlich D.M. Carr, The Rise of Torah, 54 ff.

dort zitierte „Gesetz (Tora) deines Gottes" (V. 14 u. ö.) einen Prozess vorauszusetzen, der als rechtliche Inkraftsetzung der Tora nach dem Vorbild einer persischen Reichsautorisation interpretiert werden kann. Diese institutionelle Anerkennung durch die persische Zentralgewalt – wie sie aus anderen Kontexten bekannt ist – könnte zur Kanonisierung des ersten der drei Teile der Hebräischen Bibel beigetragen haben. Ob die Darstellung in Esr 7 nun fiktiv ist und nur dem Wunschdenken der Verfasser entspricht oder aber die historische Genese der Tora als jüdisches „Gesetz" wiederspiegelt, lässt sich nach jetzigem Stand nicht endgültig beantworten.[186]

Die Rechtsform der Talio

Das Talionsrecht – das dem deutschen Rechtsempfinden anders als z. B. dem US-amerikanischen fremd ist – charakterisiert die Rechtssammlungen des alten Israel inhaltlich und ist für das Zusammenleben bestimmt. Es geht von dem Grundsatz aus, dass im Schadensfall oder nach der Verübung von Delikten, z. B. an Personen, das jeweilige Ergehen bzw. der Schaden zu kompensieren ist. Es geht dabei nicht um Strafe. Ein hebr. Begriff für Strafe fehlt sogar, da entsprechend

Weisheitsliteratur s. u. 2.8.1

dem Grundsatz des Tun-Ergehen-Zusammenhangs eine Tat selbst ihre Folgen in negativer wie positiver Hinsicht entfaltet.[187] Im Anschluss an eine Unrechtshandlung geht es darum, den Zusammenhalt der Gemeinschaft weiterhin zu gewährleisten, indem der Verlust wieder gut gemacht wird (שלם/*šlm* pi. „vollständig machen"; vgl. שלום/*šalôm*) und so der Rechtsfrieden wiederhergestellt wird.[188] Diesem Prozess ist eine kosmische Dimension zu eigen. Es geht nämlich um nichts anderes als um die Wiederherstellung der Weltordnung. In einigen Fällen ist Sühnung nötig, um die geschädigte Ordnung wiederherzustellen.

Die sogenannte Talionsformel (Ex 21,24 f.) begegnet im Bundesbuch:

Ex 21,22–25

22 Wenn Männer miteinander raufen und dabei eine schwangere Frau stossen, so dass sie vorzeitig gebärt, sonst aber kein Schaden entsteht, wird der Schuldige mit einer Geldbusse bestraft, so wie der Ehemann der Frau sie ihm auferlegt, und er soll sie vor Richtern bezahlen.
23 Entsteht aber weiterer Schaden, sollst du Leben für Leben geben,
24 Auge für Auge, Zahn für Zahn, Hand für Hand, Fuss für Fuss,
25 Brandmal für Brandmal, Wunde für Wunde, Strieme für Strieme.

Der konkrete Rechtsfall bezieht sich auf die Körperverletzung einer Frau, die durch eine Geldstrafe kompensiert wird, oder – für den Fall

---

186 Schmid, Reichsautorisation, 505.
187 Vgl. A. Freuling, Art. Strafe, www.wibilex.de, § 1.2.
188 Graupner, Vergeltung.

einer Totgeburt als Folge – mit der Tötung des Täters im Sinne einer 1:1-Vergeltung.

Allerdings findet sich in Ex 21,13 ein gemäßigtes Schuldmaß, wenn im Falle der fahrlässigen Tötung nur Asyl in Aussicht gestellt ist, d. h. der Täter aus der Gemeinschaft verstoßen wird. Die Tötung des Täters wird also nicht unbedingt vollzogen. Ähnlich sieht es im Fall von Körperverletzung aus: Ex 21,18–19 sieht vor, dass die Arbeitskraft der verletzten Person zu ersetzen ist und die Heilungskosten für sie zu zahlen sind. Es ist also anzunehmen, dass es bei der Talionsformel nicht um Vergeltung (Rache), sondern um eine angemessene Ausgleichszahlung geht, die dazu dient, die gemeinschaftliche wie kosmische Ordnung wiederherzustellen. Allerdings gibt es auch Hinweise auf eine Reihe todeswürdiger Verbrechen wie im Fall von Blutschuld (Ex 21,12–14), Misshandlung bzw. Verfluchung der Eltern (Ex 21,15.17) oder Ehebruch (Lev 20,10; Dtn 22,22–27).

Als exemplarischer Beleg für die Durchführung der Todesstrafe dient Gen 9,5–6[189]:

> 5 Und nur euer Blut in Bezug auf eure Leben will ich einfordern;
> von der Hand jedes Tieres will ich es einfordern/
> und von der Hand des Menschen,
> von der Hand des Mannes seines [von ihm getöteten] Bruders
> will ich einfordern die Lebendigkeit des Menschen.
> 6 Einer, der das Blut des Menschen vergießt,
> *um des Menschen willen* (בָּאָדָם *bāʾādām*) wird sein Blut vergossen werden,/
> denn als Bild Gottes hat er den Menschen gemacht (Übersetzung J. Schnocks).

Gen 9,5–6

Anders als die meisten Übersetzungen, die die hebr. Präposition *be* instrumental übersetzen („durch den Menschen wird sein Blut vergossen"), ist hier ein *be*-pretii vorausgesetzt. Die Übersetzung der passivischen Konstruktion intendiert, dass offen bleibt, wer die Vollstreckung denn eigentlich vornimmt. Dieser Fall lässt sich in Todesrechtssätzen häufig beobachten[190]: Die Entscheidung über die Vollstreckung wird letztlich Gott selbst zugewiesen und nicht den Menschen. Anders sind Bestimmungen im Deuteronomium zu verstehen, die die Ausführung in Form von Steinigung dem Kollektiv überantworten (Dtn 13,11 u. ö.; Ausn. Dtn 19,12 und 21,22). Eine weitere Formulierung ist – neben der *karet*-Formel in Lev – die *biartha*-Formel, nach der die Ausrottung des Bösen aus s/deiner Mitte gefordert ist (vgl. Dtn 13,5 u. ö.). Das geschieht

Todesrecht
s. o. 2.5.1.4

---

189 J. Schnocks, Art. Todesstrafe, www.wibilex.de, § 2; vgl. Ders., Gewalt, bes. 73–95.
190 Vgl. Hieke, Todesstrafe.

aber nicht auf göttliche Forderung hin, sondern stellt das Resultat im Prozess einer Rechtsfindung dar. Auch in den Gottesreden des Heiligkeitsgesetzes (z. B. Lev 20,14; 21,9; 24,10–23) und in Num 35,9–34 findet sich die Todesstrafe – diesmal aus kultischen Gründen von Gott selbst eingesetzt.[191]

Die Standardübersetzung für Tora kann nicht „Gesetz", sondern muss „Weisung" lauten, auch wenn sich zahlreiche Gesetzestexte in der als Tora bezeichneten Textsammlung finden. Die Tora ist aber kein Gesetzbuch, sondern beinhaltet ethische Weisung für das Leben innerhalb der menschlichen Gemeinschaft sowie in der Begegnung mit Gott.

2.5.3 Die Murr-Erzählungen als Paradigma des Bundesbruchs und als Präfigurationen der Krise

Ausgehend von Ex 32, der Erzählung vom Goldenen Kalb, lassen sich eine Reihe weiterer Erzählungen benennen, die im narrativen Kontext der Wüstenwanderung in der einen oder anderen Art einen drohenden Bundesbruch verhandeln und somit – auf theologischer Ebene – das störrische Volk in der Krise, die Konsequenzen („Gericht") und die Wiederherstellung der Gemeinschaft mit Gott thematisieren. In einer Reihe von Texten begegnet das Verb „murren" (hebr. לון/lûn nif. oder hif.).[192]

Zwischen der Auszugs- (Ex 1–14.[15,1–21]) und der Sinaierzählung (Ex 19–40; Ausn. 32) finden sich folgende Episoden, die z. T. in Numeri wiederaufgenommen sind und von insgesamt zehn Aufständen handeln (Num 14,22).

Ex, 15,22–27	Murren des Volks Israel – die Wasser von Mara
Ex 16	Murren der Gemeinde Israel – Gottes Gabe von Manna und Wachteln (Einführung Sabbat)
Ex 17,1–7	Murren des Volks Israel – die Wasser von Massa und Meriba
Ex 32	Unmut des Volks Israel – das goldene Kalb und Zerstörung und Neugabe der Rechtstafeln nach Fürbitte des Mose (Ex 32,31–32; 34,1)
Num 11	Unmut des Volks Israel gegen das Manna – Gabe der Wachteln – Tod des unersättlichen Volks

---

191 Vgl. dazu Schnocks, Gewalt, 93–95.
192 Vgl. R. Achenbach, Art. Murren, www.wibilex.de; L. Schmidt, Art. Wüstenwanderung, www.wibilex.de, § 2.

Num 12	Protest Miriams und Aarons gegen Mose
Num 13–14	Murren des Volks Israel gegen das Land – Moses Fürbitte und Gnadenformel (14,18) – Tod in der Wüste bzw. Ausschluss der Aufständischen aus dem verheißenen Land
Num 16–17	Aufstand Datans und Abirams und das Murren der Korachiten und der Gemeinde Israel – Untergang der Aufständischen
Num 17,6–28	Murren der Gemeinde Israel – Sühnung der Schuld durch Aaron
Num 20	Hadern der Gemeinde Israel gegen Mose und Aaron – Mose gibt „Haderwasser" und wird für sein voreiliges Tun bestraft: Nicht Mose und Aaron dürfen in das verheißene Land einziehen (Num 20,12; Dtn 31,2 vgl. Tod Aarons Num 33,38; Dtn 10,6 und Moses Dtn 32,50–52; Dtn 34,4–6), sondern Josua übernimmt die Aufgabe, das Volk in das Land zu führen (Dtn 31,3)
Num 21,4–9	Unmut des Volks Israel aus Hunger – Schlangenplage – Errichtung der ehernen Schlange durch Mose

Es lassen sich zwei Typen von Murr-Erzählungen unterscheiden (L. Schmidt): die einen thematisieren die Klage Israels über Durst oder Hunger, die Gott beseitigt; die anderen das Murren Israels aus Unglauben, Unzufriedenheit oder Angst (insbes. Num 11; 13–14; 21). Komplizierter gestaltet ist Num 20, weil hier Mose und Aaron selbst nicht auf Gott vertrauen und eigenwillig handeln, weshalb sie bestraft werden und nicht in das verheißene Land einziehen dürfen, während das Ziel, das Volk erhält Wasser, erreicht ist.

Die Zeit Israels in der Wüste wird in den – zu unterschiedlichen Schichten gehörenden – Pentateucherzählungen zu einem Sinnbild des Abfalls von Gott. Unglaube, Nichtrespekt der Tora wie auch Fremdgötterkult sind die Ursachen für die Trennung Israels von Gott, die schließlich auch zum (Bundes-)Bruch und zu dessen Neukonstituierung führt (Ex 32; 34).

Ex 32 handelt von der rechten JHWH-Verehrung, die nicht bildhaft sein kann – und polemisiert im Duktus einer Ätiologie des Untergangs gegen die alte Nordreichtradition, die JHWH in den Stierbildern von Bethel und Dan verehrt hat (1Kön 12,28–30 Jerobeam I.), wie es die gemeinsame Formel (Ex 32,4b; 1Kön 12,28bβ) belegt:[193]

---

193 Vgl. K. Koenen, Art. Goldenes Kalb, wibilex; Ders., Art. Bethel, wibilex.

Ex 32,4   Das sind deine Götter, Israel, die dich aus dem Land Ägypten heraufgeführt haben!

Es bleibt diskutiert, ob dieser erste Abschnitt der umfangreichen Erzählung vom Goldenen Kalb den ältesten Teil, die „Kultlegende" bildet, die einen positiven Kern der Nordreichtraditonen beinhaltet[194], oder aber eine spätere deuteronomistisch verantwortete polemische „Neufassung von 1Kön 12,25–30*" darstellt.[195] Theologisch entscheidend ist, dass mit der Erzählung ein bereits im Sinaikontext beheimatetes Ereignis von „Ursünde" Israels begegnet, das zum „Sinnbild einer fatalen Einheit Israels in seiner Neigung zum Abfall" wird.[196] Die Pluralverwendung von Elohim (s. Ex 32,1.4) nimmt hier also einerseits die zwei Standbilder im JHWH-Kult des Nordreichs auf, von denen das erste in Bethel, das zweite in Dan stand. Andererseits ist der Plural doppeldeutig und kann auch im Sinne der Fremdgötterpolemik verstanden werden. So ist z. B. in Num 25,3 mit Baal Peor ein erstes Mal explizit von Fremdgötterkult die Rede. Es handelt sich um ein tragendes deuteronomistisches Motiv zur Beschreibung des Abfalls Israels von Gott, das zu der maßgeblichen theologischen Begründung für das Exil wird.

In Dtn 1,19–45* ist die Wüstenzeit deutlich erkennbar auf die Lage der Exilszeit nach 587/6 v. Chr. übertragen, die als Strafe für Israels Unglauben gedeutet wird und in die Geschichte vom goldenen Kalb, der Neugabe des Gesetzes und dessen Aufbewahrung in der Bundeslade mündet (Dtn 9–10,1–5.8*). Ex 17,2b.7 ergänzt ein weiteres theologisches Motiv, das Motiv der Prüfung Gottes (נסה/*nsh*) durch Israel.

Wüstenzeit als ideale Zeit

In der vorexilischen Prophetie Hoseas ist Israels Zeit in der Wüste jedoch als ein idealer Zustand beschrieben (Hos 9,10; 11,1) und – historisierend – auf das Ende des Nordreichs 722 v. Chr. und die sich daran anschließende Zeit als „Wüstenzeit" übertragen. Diese Phase des Übergangs ist als Rückkehr in die Wüste gezeichnet, die für die Nordreichbewohner Hoffnung auf Neuanfang bedeutet (Hos 2,5.16–17). Ähnliches Denken findet sich bei den Exilspropheten des 6. Jh. v. Chr., die neben einem neuen Exodus auch neue Wunder in der Wüste erwarten (Jes 41,17–20; 43, 18–21; Jer 31,2–3 vgl. noch Jer 2,2–6).

---

194 Koenen, Bethel, 141–149, bes. 144–147; vgl. Ders., Art. Goldenes Kalb, § 1.3.
195 Köhlmoss, Beth-El, 185 mit Hinweis auf die narrative Grundstruktur der Jerobeam-Erzählung, der wenigstens Ex 32,1–4 zugrunde gelegt sei, während V. 5–6 nicht mehr 1Kön 12 paraphrasiert, sondern mit dem Altarbau und der Nachahmung der Bundesszene von Ex 24,9–11 die Begründung eines „ketzerischen Kults" beschreibt.
196 Köhlmoos, Beth-El, 186.

Literatur

Achenbach, Reinhard: Die Vollendung der Tora. Studien zur Redaktionsgeschichte des Numeribuches im Kontext von Hexateuch und Pentateuch, Wiesbaden 2003 (BZAR 3).

Alt, Albrecht: Die Ursprünge des israelitischen Rechts (1934), in: Ders., Kleine Schriften zur Geschichte des Volkes Israel, Bd. 1, München ⁴1968, 278–332.

Aurelius, Erik: Der Fürbitter Israels. Eine Studie zum Mosebild im Alten Testament, Lund 1988 (CB.OT 27).

Dozeman, Thomas B.: Hosea and the Wilderness Wandering Tradition, in: S.L. McKenzie/T. Römer (Hg.), Rethinking the Foundations (FS J. Van Seters), Berlin/New York 2000 (BZAW 294), 55–70.

Carr, David M.: The Rise of Torah, in: G.N. Knoppers/B.M. Levinson (Hg.), The Pentateuch as Torah, 39–56.

Crüsemann, Frank: Die Tora. Theologie und Sozialgeschichte des alttestamentlichen Gesetzes, Gütersloh ²1997.

–: Das Alte Testament als Wahrheitsraum des Neuen. Die neue Sicht der christlichen Bibel, Gütersloh 2011.

Finsterbusch, Karin: Deuteronomium. Ein Lehrbuch, Göttingen 2012 (utb).

Frei, Peter: Zentralgewalt und Lokalautonomie im Achämenidenreich, in: Ders./K. Koch, Reichsidee und Reichsorganisation im Perserreich, Fribourg/Göttingen 1984 (OBO 55), 7–43.

Gerstenberger, Erhard S.: Wesen und Herkunft des „apodiktischen Rechts", Neukirchen-Vluyn 1965 (WMANT 20).

Goldschmidt, Lazarus: Der babylonische Talmud Bd. 1, Darmstadt 1996.

Graupner, Axel: Die zehn Gebote im Rahmen alttestamentlicher Ethik. Anmerkungen zum gegenwärtigen Stand der Forschung, in: H. Graf Reventlow (Hg.), Weisheit, Ethos und Gebot. Weisheits- und Dekalogtraditionen in der Bibel und im frühen Judentum, Neukirchen-Vluyn 2001 (BThSt 43), 61–95.

–: Vergeltung oder Schadensersatz? Erwägungen zur regulativen Idee alttestamentlichen Rechts am Beispiel des *ius talionis* und der mehrfachen Ersatzleitung im Bundesbuch, in: EvTh 65 (2005), 459–477.

Hieke, Thomas: Das Alte Testament und die Todesstrafe, in: Bibl. 85 (2004), 349–374.

–: Levitikus 16–27 (HThK), Freiburg 2014.

Joosten, Jan: People and Land in the Holiness Code. A Exegetical Study of the Ideational Framework of the Law in Leviticus 17–26, Leiden 1996 (VT.S 67).

Knoppers, Gary N./Bernard M. Levinson (Hg.), The Pentateuch as Torah. New Models for Understanding Its Promulgation and Acceptance, Winona Lake 2007, 39–56.

Köckert, Matthias: Die zehn Gebote, München 2008.

Köhlmoos, Melanie: Bet-El – Erinnerungen an eine Stadt. Perspektiven der alttestamentlichen Bet-El-Überlieferung, Tübingen 2006 (FAT 49).

Koenen, Klaus: Bethel. Geschichte, Kult und Theologie, Freiburg (Schweiz)/Göttingen 2003 (OBO 192).

Krochmalnik, Daniel: Schriftauslegung. Die Bücher Levitikus, Numeri, Deuteronomium im Judentum, Stuttgart 2003 (NSK.AT 33,5).

Mathys, Hans-Peter/Roman Heiligenthal: Art. Goldene Regel, TRE 8 (1984), 570–575.

Nihan, Christophe: From Priestly Torah to Pentateuch. A Study in the Composition of the Book of Leviticus, Tübingen 2007 (FAT II/25).

Otto, Eckart: Das Gesetz des Mose, Darmstadt 2007.

–: Deuteronomium 4,44–11,32, Freiburg 2012 (HThKAT).

Rüterswörden, Udo: Die Liebe Gottes im Deuteronomium, in: M. Witte u. a. (Hg.), Die deuteronomistischen Geschichtswerke. Redaktions- und religionsgeschichtliche Perspektiven zur ‚Deuteronomismus'-Diskussion in Tora und Vorderen Propheten, Berlin/New York 2006 (BZAW 365), 229–238.

Schart, Aaron: Mose und Israel im Konflikt. Eine Redaktionsgeschichtliche Studie zu den Wüstenerzählungen, Freiburg (Schweiz)/Göttingen 1990 (OBO 98).

Schmid, Konrad: Persische Reichautorisation und Tora, in: ThR 71 (2006), 494–506.

–: Literaturgeschichte des Alten Testaments, Darmstadt 2008.

Schmidt, Ludwig: Das 4. Buch Mose. Numeri Kapitel 10,11–36,13, Göttingen 2004 (ATD 7/2).

Schmidt, Werner H./Axel Graupner/Holger Delkurt: Die zehn Gebote im Rahmen alttestamentlicher Ethik, Darmstadt 1993 (Edf 281).

Schnocks, Johannes: Das Alte Testament und die Gewalt. Studien zu göttlicher und menschlicher Gewalt in alttestamentlichen Texten und ihren Rezeptionen, Neukirchen-Vluyn 2014 (WMANT 136).

Schüle, Andreas: Denn er ist wie du. Zu Übersetzung und Verständnis des alttestamentlichen Liebesgebots Lev 19,18, in: ZAW 113 (2001), 515–534.

Wengst, Klaus: Der Jesus der Evangelien als Ausleger der Tora, BiKi 65 (2010) 28–32.

–: Das Regierungsprogramm des Himmelreichs. Eine Auslegung der Bergpredigt in ihrem jüdischen Kontext, Stuttgart 2010.

2.6 JHWH offenbart sich in Gericht und Heil: die prophetische Literatur

Eine weitere Redeform neben Erzählung und Weisung ist der prophetische Diskurs. In ihm fällt die Idee der Gottesoffenbarung zusammen mit derjenigen eines doppelten Autors des Wortes (und der Schrift s. Jer 36), denn hinter dem Wort oder Spruch des Propheten steht das Gotteswort.[197] Die ältesten historisch fassbaren Figuren der alttestamentlichen Prophetenbücher sind die Propheten des 8. Jahrhunderts

---

197 Ricœur, Hermeneutik der Idee der Offenbarung, 43 f.

(Amos, Hosea, Micha, Jesaja). Aus dieser Zeit sind Prophetensprüche überliefert, die von nachfolgenden Generationen verschriftlicht wurden, so dass in einem länger andauernden Überlieferungsprozess die heute vorliegenden fünfzehn Prophetenbücher (die sogenannten „Schriftpropheten" Jesaja, Jeremia, Ezechiel und die „Zwölf kleinen Prophetenbücher" (das Dodekapropheton) entstanden, von denen die ältesten ins 8. Jh. v. Chr., die jüngsten ins 6./5. Jh.v. Chr. (Haggai, Sacharja, Maleachi und Joel) gehören, welche z. T. Fortschreibungen bis ins 3. Jh. v. Chr. erfahren haben. Das in der LXX-Tradition den Schriftpropheten zugerechnete Buch Daniel (2. Jh. v. Chr.) zählt streng genommen zur apokalyptischen Literatur, die lange nach dem Untergang des Königtums kurz vor Beginn der hasmonäischen Herrschaft im 2. Jh. v. Chr. entstanden ist.   Apokalyptik s. u. 2.6.4

Das Phänomen der Prophetie ist außerhalb der schriftprophetischen Bücher (die hebräische Tradition bezeichnet diese als נביאים אחרים/ *nebî'îm aḥarîm,* die Hinteren Propheten) bereits in den Samuel- und Königsbüchern für die gesamte Königszeit belegt (in jüdischer Tradition die נביאים ראשונים/*nebî'îm reš'ônîm,* die Vorderen Propheten). Hier begegnen – neben Einzelerwähnungen, dass auch Mose (Dtn 34,10), Miriam (Ex 15,20f.; Num 12,2), Bileam (Num 22–24) und Debora (Ri 4,4) zu den Propheten gezählt werden – seit Samuel immer wieder Gestalten wie Nathan, Elia, Micha ben Jimla (1Kön 22), Elisa oder auch die Prophetin Hulda (2Kön 22,14–20), die unmittelbaren Einfluss auf das Geschick des Königtums nehmen. Außerdem finden auch ekstatische Prophetengruppen um Samuel (1Sam 10,5–12; 19,20–24), Elia (1Kön 18) und Elisa (2Kön 2ff.) Erwähnung.   Hintere und Vordere Propheten

Nicht allen im AT auftretenden Propheten ist also ein eigenes Buch gewidmet. Während in den Schriftpropheten vorrangig die prophetisch übermittelte Botschaft, die von ihnen verkündeten Gottessprüche und deren Überlieferungsprozess tradiert ist (Ausnahmen: Teile von Jeremia und Jona mit hohem Erzählanteil), liegen von den Vorderen Propheten vor allem Prophetenerzählungen und -legenden, d. h. Geschichten zu ihrem Leben und Wirken vor (Visionen, Wunder- und Symbolhandlungen, Auftritte in historischen Situationen).[198]

Propheten[199] werden im Alten Testament „Gottesmänner" (איש האלהים/ *'îš ha'elohîm;* 1Sam 2,27; 1Kön 17,24), von Gott berufene „Seher" (ראה/ *roœh;* 1Sam 9,9 oder חזה/*hozœh;* 2Sam 24,11) und „Propheten" (נביא/ *nabî':* Am 3,7) genannt, die dem König wie auch dem Volk ein Gottesorakel übermitteln. Es handelt sich um einen Berufsstand, der institutionell mit Heiligtum und Tempel assoziiert ist (z. B. Samuel, Ezechiel,

---

198 K.-P. Adam, Art. Prophetenerzählung, www.wibilex.de, § 1.1.3.
199 Vgl. A. Schart, Art. Prophetie, www.wibilex.de.

Sacharja), andere Figuren wirken im Palast oder am Hof (z. B. Nathan, Jesaja, Jeremia). Eine nicht zu vernachlässigende dritte Gruppe ist unabhängig von diesen Institutionen (z. B. Amos; s. auch 1Kön 14,2; 2Kön 1,6). Das Prophetenamt vererbt sich nicht von Vater zu Sohn weiter, wie es z. B. bei Königen und Priestern der Fall ist, sondern es ist das Ergebnis einer Berufung: In 1Kön 19,16 befiehlt Gott Elia (neben zwei Königen) Elisa zu seinem Prophetennachfolger zu salben.

1Kön 19,15–16

15 Und der HERR sprach zu ihm [Elia]: Geh, kehre zurück auf deinen Weg in die Wüste, nach Damaskus, und geh und salbe Chasael zum König über Aram.
16 Und Jehu, den Sohn des Nimschi, sollst du zum König salben über Israel, und Elischa, den Sohn des Schafat, aus Abel-Mechola, sollst du zum Propheten salben an deiner Statt.

Die vordergründige Aufgabe der Propheten besteht also darin, das gesellschaftliche Leben zu begleiten und den Willen Gottes für das menschliche bzw. vornehmlich für das königliche Handeln kundzutun. So regelt ein Prophet z. B. die Nachfolge von Königen, berät in Kriegssituationen und bestimmt so das politische Verhalten mit. Auch mischt er sich in Rechtsfragen ein (vgl. Nathan in der Bathsebaerzählung 2Sam 12; Elia im Streit um Naboths Weinberg 1Kön 21). Er tut dies aber nicht aus eigenen Stücken – d. h. er ist mehr als ein „Politberater" –, sondern fungiert eigentlich als Stimme oder Sprachrohr Gottes. Das zeigt die – ursprünglich aus dem diplomatischen Bereich stammende – Botenformel „so spricht/sprach JHWH" (כה אמר/koh 'amar JHWH).[200] Sie unterstreicht, dass der Prophet im Auftrag Gottes spricht. Deshalb kann er auch gegen seinen Willen und in anderer Absicht eingesetzt sein als es ihm selbst richtig scheint (Num 22,34 ff.). Die formelhafte Markierung von Prophetensprüchen als Gottesrede begegnet schon in Briefen aus Mari (18. Jh. v. Chr.)[201] und dient dazu, die Autorität des Propheten auszuweisen. Einen zweiten Ausweis seiner Autorität liefern die biblischen Berufungsberichte.[202] Das AT kennt davon eine ganze Reihe, die in unterschiedlichen literarischen Kontexten begegnen wie z. B. 1Sam 3 (Samuel), Jes 6 (Jesaja), Jer 1 (Jeremia), Ez 1,1–3.15 (Ezechiel), Jes 40,6–8 (anonymer Prophet [?]; genannt Deutero-Jesaja) und Am 7,14 f. (Amos) neben Ex 3 und Ri 6,11–24 (Gideon) bzw. 1Sam 9,1–10,16 (Saul). Wäh-

Botenformel

Berufungsbericht

---

200 Vgl. dazu J. Krispenz, Art. Botensendung/Botenformel/Botenspruch, www.wibilex.de. Die Formel wird mitunter zu einer Ermächtigungsformel für die Verkündigung (vgl. Ez 1–3); vgl. Wagner, Prophetie, 310.
201 Vgl. Wagner, Prophetie, 136–141.
202 A. Schart, Art. Berufung/Berufungsbericht (AT), www.wibilex.de, bes. § 1.

rend die prophetischen Berufungsberichte meist als Selbstberichte überliefert sind (Ausnahme Am 7), sind die von Mose, Gideon und Saul als Fremdberichte in der 3. Person geschildert. Die Berichte setzen sich aus verschiedenen Etappen, nämlich der Erwählung, der Berufung und der Investitur zusammen. Der eigentliche Berufungsbericht enthält 1) die Beschreibung der Umstände, 2) den göttlichen Auftrag mit Sendung, Beschreibung der Aufgabe und weiterer Details, 3) den Einwand des Berufenen und 4) die Entkräftigung des Einwands durch Gott, indem er seinen Beistand zusichert bzw. eine Zeichenhandlung tut, 5) was zur Annahme des Auftrags führt (diese fehlt in Ex 3, findet sich aber z. B. in Jes 6,8). Das Jonabuch in seiner Ganzheit lässt sich als Satire eines Berufungsbericht lesen.[203]

Prophetinnen und Propheten traten im gesamten alten Orient auf und agierten auf sehr unterschiedliche Weisen, die in deduktive und induktive Divination unterschieden werden.[204] Während sich die deduktive Divination in der Kommunikation mit dem Göttlichen medialer (z. B. Rauch, Öl) oder technischer Hilfsmittel (Lose; Eingeweideschau; Astronomie) bedient und als Mantik gilt, beschränkt sich die induktive Divination auf eine direkte Form von Kommunikation, die durch Visionen, Auditionen oder durch Träume erreicht wird (vgl. Joseph). In einigen Fällen werden letztere durch Tempelschlaf (Inkubation) evoziert (vgl. 1Sam 1).

Deduktive und induktive Divination

Joseph s. u. 2.8

Zwar ist die deduktive Divination in deuteronomistischen Texten ausdrücklich verboten und als auszurottender Fremdgötterkult angesehen (Dtn 18,9–12; 2Kön 17,17; 21,6), doch zeigen zahlreiche Belege bis in die Schriftprophetie hinein, dass einige Praktiken nicht nur verbreitet, sondern durchaus respektiert waren (Jes 3,3; Ps 27,4 „Opferschau" als Leberschau; Losorakel in 1Sam 28,6). Außerdem zeigt eine Erzählung wie 1Sam 28, dass die Totenbeschwörung Samuels zwar aus theologischen Gründen verboten, aber dennoch wirksam ist.[205] Die häufigste Form von induktiver Divination ist die Untergruppe der intuitiven oder auch inspirierten Divination, die Prophetie. Sie besteht aus Weissagungen/Orakeln, wie sie bereits im 2. Jahrtausend in Texten aus Mari, im 1. Jahrtausend in Tell Deir Allah oder Assyrien begegnen. Neben der Wortverkündigung sind auch symbolische Zeichenhandlungen als prophetische Handlungen belegt (Jer 13; Ez 4–5 u. ö.).

Prophetie ist eine gemeinorientalische Institution mit einer recht begrenzten Fundlage. Bereits in 1Kön 18,19 u. ö. sind die Propheten

Altorientalische Parallelen

---

203 Vgl. Schart, Berufung/Berufungsbericht (AT), § 4.3.
204 Vgl. A. Lange, Art. Divination (AT), www.wibilex.de; Cancik-Kirschbaum, Prophetismus, 45 f.
205 R. Schmitt, Art. Magie (AT), www.wibilex.de.

von Baal und Aschera neben Elia sowie in Jer 27,9 die in den Krieg reisenden Propheten der phönizischen, ammonitischen, edomitischen und moabitischen Könige erwähnt. In der mesopotamischen Literatur begegnen Propheten in Texten seit dem 19. Jh. v. Chr. in Königs- und Beamtenbriefen aus Mari und Eschnunna (*muḫḫûm; āpilum*) sowie in den Heilsorakeln der neuassyrischen Könige Asarhaddon und Assurbanipal des 7. Jh. v. Chr. in Ninive (*maḫḫû; raggimu*). Westsemitische Inschriften wie z. B. drei Briefe aus Lachisch bezeugen die Bezeichnung *nabî'*, während die Inschrift des Zakkur von Hammath (800 v. Chr.) und die Wandinschrift aus Deir 'Allah (8. Jh. v. Chr.) den Titel des *ḥozæh* belegt. In der Zakkur-Inschrift wie im ägyptischen Reisebericht des Wenamon (11. Jh. v. Chr.) begegnet auch der Titel *'addn* (Seher). Der altorientalische Vergleich[206] lässt neben inhaltlichen Parallelen auch form- und gattungsgeschichtliche Anleihen erkennen (s. die Botenformel in Mari). Die in literarischen Sammlungen zusammengefassten Sprüche an den neuassyrischen König sind in charakteristischer Weise eingeleitet:

K. 4310　　Kol. I: 5 [Asarh]addon, König der Länder, fürchte dich nicht [...] 12 Die große Herrin bin ich. 13 Ich bin die Ischtar von Arbela, 14 die ich deine Feinde 15 vor deinen Füßen niederwerfe [...].[207]

In dem Spruch begegnet die häufig belegte „Beschwichtigungsformel" (M. Weippert), die sich auch in hebräischen Texten findet: *'al tira'* „Fürchte dich nicht" (Ez 2,6 u. ö.). Detailanalysen der Heilsorakel Deutero-Jesajas im Vergleich mit den neuassyrischen Königsorakeln des 7. Jh. v. Chr. haben gezeigt, dass die dem biblischen Psalter zugeordnete Gattung des „priesterlichen Heilsorakels" ursprünglich gar nicht dem priesterlichen Bereich, sondern dem höfisch-prophetischen Kontext entstammt.[208]

Priesterliches Heilsorakel s. u. 2.7

Der Vergleich mit den neuassyrischen Prophetien lässt erkennen, dass bis in einzelne Redewendungen hinein (z. B. hebr. *'al tira'*; akk. *la tapallaḥ* „fürchte dich nicht") der Sitz im Leben der Gattung nicht im Tempel, sondern im königlichen Umfeld liegt. Rudimente königlicher Heilsorakel sind in einigen biblischen Prophetentexten noch auffindbar – wenn auch in demotisierter Form, d. h. auf Jakob/Israel (so z. B.

---

206 Vgl. M. Nissinen, Prophetie (Alter Orient), www.wibilex.de und Ders., Prophets (Textsammlung).
207 Vgl. TUAT II/I, 56 (Übersetzung K. Hecker).
208 Weippert, Aspekte, 313 f.; Nissinen, Fear Not, 158–160.

Jes 41,8–13.14–16; 43,1–7 und 44,1–5), auf den Gottesknecht (42,6 f.), aber auch auf den Perserkönig Kyros (45,1–7) bezogen.

Allerdings dürfte es sich hier und besonders deutlich in Jes 45,1–7 um eine „Kontrafaktur […], d. h. ein Heilsorakel für Israel im Gewand eines Königsorakels für einen auswärtigen Fürsten" handeln, die mit der ursprünglichen Institution des Orakels an einen bestimmten König nichts mehr zu tun hat. Möglicherweise wurde das Formular über babylonische Prophetien, die in einer ähnlichen Tradition standen, bekannt.[209]

Der Person, die das göttliche Orakel empfängt, ist aufgetragen, den Inhalt an den genannten Adressaten zu übermitteln. Die Verschriftlichung der Orakel[210] setzte wohl im 8. Jh. v. Chr. angesichts der assyrischen Bedrohung in Nord- und Südreich ein. Sie dürfte einerseits der – bereits in Mari und neuassyrischen Texten nachweisbaren – Archivierung zwecks späterer Überprüfung dienen, ob das Vorhergesagte auch tatsächlich eingetroffen ist. Sie verhilft andererseits dazu, die Sprüche in neuen historischen Situationen, d. h. in einer sekundären Fortsetzung des Kommunikationsprozesses neu zu verwerten. Sie trägt auch dazu bei, dass das von König und Volk mitunter verworfene Wort nicht verloren geht, sondern in schriftlicher Form überdauert (Jes 6,16–18; 30,8; Jer 36). Im Alten Testament gilt schon die Erstverwendung der Orakel zumeist nicht einem einzelnen König (Ausnahmen finden sich vor allem in der Vorderen Prophetie; s. aber auch Jes 7,1–17; Am 7,10–17), sondern Israel als Ganzheit. Bereits die Zusammenstellung verschiedener Sprüche erfolgt als eine theologische Relektüre, die das ursprüngliche Prophetenwort sukzessiv in neue Kontexte stellt. In der spätnachexilischen Zeit

> „ist eine immer stärkere *theologische Tendenz* bei den prophetischen Tradenten spürbar, durch derartige Bezüge *hinter den vielen überlieferten Prophetentexten den einen gemeinsamen Gotteswillen zu erfassen*" (Jeremias, Theologie, 131; Hervorh. im Orig.).

Der Vorwurf der falschen Prophetie begegnet häufig: Entweder erhalten sie gar kein Gotteswort (so Jer 23,13–28; Jer 27,9–15.18; 28 [Hananja]) oder sie verfälschen das Gotteswort zu ihrem eigenen Gunsten (Mi 3,1–

Wahre und falsche Prophetie

---

209 Weippert, Ich bin Jahwe, 58, allerdings fehlen bislang Primärquellen; s. aber die syrische Inschrift des Königs Zakur von Hamat, Z. 13 (8. Jh.); vgl. TUAT I/6, 626 f. (W.C. Delsman).
210 Ein interessantes Beispiel dafür ist die in situ gefundene, allerdings fragmentarische Inschrift aus Tell Deir Alla, Orakel eines Sehers namens Balaam (vgl. Num 22–24) zweifarbig mit Tinte auf der Innenseite eines Hauses dokumentiert; vgl. TUAT, Bd. 8, 459–474 (E. Blum).

5). Ein Kriterium falscher Prophetie ist nach dem „Prophetengesetz" (Dtn 18) neben dem Ausbleiben des angesagten Ereignisses das Reden im Namen von Fremdgöttern (V. 19–22). In Jer 23 sind die verschiedenen Aspekte zusammengeführt:

Jer 23
13 Auch bei den Propheten Samarias habe ich Ärgerliches gesehen:
Im Namen des Baal haben sie geweissagt,
und mein Volk, Israel, haben sie in die Irre geführt.
14 Bei den Propheten Jerusalems aber habe ich Grässliches gesehen:
Ehebruch und Leben in Lüge,
und **den Übeltätern stärken sie die Hände,**
damit sie nicht zurückkehren, jeder von seiner Bosheit.
Wie Sodom sind sie mir alle geworden
und seine Bewohner wie Gomorra.
15 Darum, so spricht der HERR der Heerscharen über die Propheten:
Sieh, ich gebe ihnen Wermut zu essen
und lasse sie giftiges Wasser trinken,
denn von den Propheten Jerusalems
ist Gottlosigkeit ausgegangen über das ganze Land.
16 So spricht der HERR der Heerscharen:
Hört nicht auf die Worte der Propheten, die euch weissagen!
Sie täuschen euch,
sie verkünden die Schauung ihres eigenen Herzens,
nicht das, was aus dem Mund des HERRN kommt. [...]
28 Der Prophet, der einen Traum hat, soll einen Traum erzählen, der aber, der mein Wort hat, soll treu mein Wort sagen. Was hat das Stroh mit dem Getreide gemein? Spruch des HERRN.

Außerdem sind in diesem Text die über Träume erfahrenen Gottesorakel suspekt geworden; stattdessen wird das Wort Gottes machtvoll herausgestellt (V. 28 f.). Die Stärke des jeremianischen Gottesbildes ist seine Ambivalenz, die die erfahrene Geschichte widerspiegelt:

Jer 23
23 Bin ich denn ein Gott der Nähe, Spruch des HERRN,
und nicht auch ein Gott der Ferne?

Die falschen Propheten bestärken zwar das Volk, sind aber im Angesicht des Untergangs von der Realität der (politischen) Geschichte längst eingeholt. Denn Gott offenbart sich nicht immer als der seinem Volk nahe und rettende Gott, sondern auch als der ferne, der das Gericht bringt (vgl. Jeremias, Theologie, 184–187). Letztlich ist es Gott selbst, der die wahre Prophetie von der falschen unterscheidet und je nach Bedarf für seinen Plan sogar nutzt (vgl. 1Kön 22,19–23). Der Gott, der sich als „Ich bin, der ich bin" eingeführt hat, bleibt in seiner Verkündigung als einer alternativen Form der Offenbarung ebenso frei wie in der geschichtlichen oder an seiner Weisung orientierten Offenbarung. W. Zimmerli hat herausgestellt, dass „im Bereich des prophetischen Wortes die Wesenszüge des at. Offenbarwerdens Gottes ihre schärfste Profilierung erhalten" (Grundriß, 161). Einerseits sind die Propheten damit befasst, das Königtum in Israel zu legitimieren und seine Autorität zu stärken (1 Sam 9–11; 2 Sam 7; 1 Kön 11,29 ff.). Andererseits sind es ebenfalls Propheten, die das falsche Gebaren der König anprangern und die Vorrangstellung JHWHs vor den Ansprüchen des Königtums verteidigen (z. B. 1 Kön 17 ff.). So ist es vor allem die vorexilische Schriftprophetie, die Königtum und Gottesvolk Israel in ihrem Existenzrecht vor JHWH in Frage stellt. Zwar sind die Untreue Israels und der Abfall von Bund und Geboten auch in vielen Pentateuchtexten beherrschendes Thema, doch gewinnt es gerade in der vorexilischen Prophetie hohe Aufmerksamkeit, ohne dass das Anliegen in den aus dem Pentateuch bekannten narrativen Mustern formuliert wäre. Diese Erkenntnis führte zu dem Streit, inwieweit die Propheten weniger aus den heilsgeschichtlichen Traditionen als vor allem aus dem Gottesrecht in Bundesbuch und Dekalog zu erklären seien.[211] Andere gingen hingegen von einem intendierten „unbedingten Nein der Propheten" (R. Smend) gegenüber dem hergebrachten heilsgeschichtlichen Denken aus.[212] Unabhängig davon, wie man sich in dieser Frage entscheidet, steht fest: Das Charakteristikum der im 8. Jh. v. Chr. aufkommenden Prophetie ist die Unheilsweissagung. Und darin liegt eine Perspektivierung, die, anders als in den altorientalischen Prophetien, nicht zum Nutzen des Auftraggebers im Einvernehmen mit Gott eine Lösung sucht, sondern das unbedingt drohende Unheil und Gericht erkennt und vorhersagt.

Gerichtsankündigung

Literatur

Cancik-Kirschbaum, Eva: Prophetismus und Divination. Ein Blick auf die keilschriftlichen Quellen, in: M. Köckert/M. Nissinen (Hg.), Propheten in Mari, Assyrien und Israel, Göttingen 2003 (FRLANT 201), 33–53.
Cornelius, Izak: Aspects of the Iconography of the Warrior Goddes Istar and Ancient Near Eastern Prophecies, in: M. Nissinen/C.E. Carter (Hg.), Images and Prophecy in the Ancient Eastern Mediterranean, Göttingen 2009 (FRLANT 233), 15–40.
Frevel, Christian: Geschichte Israels, Stuttgart 2015.
Jeremias, Jörg: Das Rätsel der Schriftprophetie, in: ZAW 125 (2013), 93–117.

---

[211] Zimmerli, Grundriß, 164 f. und Ders., Gesetz, 99.
[212] Vgl. Smend, Nein des Amos, bes. 66 ff.; Kratz, Das Neue.

Koch, Heidemarie: Es kündet Dareios der König. Vom Leben im persischen Großreich, Mainz 1992.

Kratz, Reinhard G.: Das Neue in der Prophetie des Alten Testaments, in: Ders., Prophetenstudien Kleine Schriften, Bd. 2, Tübingen 2011 (FAT 74), 49–70.

Nissinen, Martti: Prophets and Prophecy in the Ancient Near East, Atlanta 2003 (Writings from the Ancient World 12).

–: Fear Not. A Study on an Ancient Near Eastern Phrase, in: M.A. Sweeney/ E. Ben Zvi (Hg.), The Changing Face Form Criticism for the Twenty-First Century, Grand Rapids, MI 2003, 122–161.

Ricœur, Paul: Hermeneutik der Idee der Offenbarung, in: Ders., An den Grenzen der Hermeneutik. Philosophische Reflexionen über die Religion, München 2008, 41–83.

Smend, Rudolf: Das Nein des Amos, in: Ders., Die Mitte des Alten Testaments, München 1986, 85–103.

Wagner, Andreas: Prophetie als Theologie. Die so spricht Jahwe-Formeln und das Grundverständnis alttestamentlicher Prophetie, Göttingen 2004 (FRLANT 207).

Weippert, Manfred: Aspekte israelitischer Prophetie im Lichte verwandter Erscheinungen des Alten Orients, in: Mauer, G./Magen, U. (Hg.), Ad bene et fideliter seminandum (FS K. Deller), Neukirchen-Vluyn 1988 (AOAT 220), 287–319.

–: Ich bin Jahwe – Ich bin Ishtar von Arbela. Deuterojesaja im Lichte der neuassyrischen Prophetie, in: B. Huwyler u.a. (Hg.), Prophetie und Psalmen (FS K. Seybold), Münster 2001 (AOAT 280), 31–59.

Zimmerli, Walther: Das Gesetz und die Propheten. Zum Verständnis des Alten Testaments, Göttingen 1963.

2.6.1 JHWH, der Richter in der vorexilischen Prophetie

Die Anfänge der vorexilischen Schriftprophetie sind insofern schwierig zu rekonstruieren als unbedingt zu unterscheiden ist zwischen den historischen Prophetenfiguren, deren Wortverkündigung in Form von Sprüchen später durch die sogenannten Trägerkreise verschriftlicht worden ist, und der eigentlichen Verschriftlichung mit einer komplizierten Überlieferungsgeschichte, die vom Prophetenwort bis zur letzten Version des Buchs oder – wie im Falle des Dodekapropheton („Zwölf-Prophetenbuch") oder des Jesaja-Buchs – sogar bis zur letzten Form der Schriftrolle hineinreicht. Daraus ergibt sich für die theologische Rekonstruktion, dass die verschiedenen Prophetenschriften aufeinander Bezug nehmen. Deutlich ist das im Jesaja-Buch in seinen drei Teilen, auffällig ist es aber auch in anderen Kontexten.

Um den historischen Ort der Prophetenfigur zu bestimmen, sind den Prophetenbüchern häufig historisierende Einführungsverse vorangestellt (s. Am 1,1):

> 1 Die Worte des Amos – er war unter den Schafzüchtern von Tekoa –, Am 1
> die er geschaut hat über Israel, in den Tagen des Ussija, des Königs von
> Juda, und in den Tagen Jerobeams, des Sohns von Joasch, des Königs
> von Israel, zwei Jahre vor dem Erdbeben.

Einerseits wirken diese Angaben sehr präzise und ermöglichen die Einordnung in eine bestimmte Periode der Geschichte Israels. Andererseits sagen diese Datierungen aber nichts über die literarische Entstehung des Buchs aus. Die Voranstellung der judäischen Königsnamen deutet auf eine Südreichperspektive hin, die den historischen Ort der Botschaft erst nach dem Untergang des Nordreichs mit dem Ziel der besseren Kontextualisierung eingefügt hat. Die Überschrift zum Hosea-Buch ergänzt in der Reihe der judäischen Könige noch die Namen Jotam, Ahas und Hiskia und legt somit nahe, dass Hosea jünger ist als Amos bzw. länger gewirkt hat. Deshalb präsentiert man Amos gern als den „ältesten" Schriftpropheten. Doch sagt diese historische Rekonstruktion nichts über das Alter der Verschriftlichung der Worte aus. Selbst wenn die Person Amos älter gewesen sein sollte, ist offensichtlich, dass im Laufe der Buchwerdung die Hosea-Überlieferung bereits bekannt war und Passagen des Amos-Buchs eindrücklich geprägt hat. Vereinzelt und gezielt ist dies auch umgekehrt der Fall (Hos 8,14; s. u.), aber merklich ist der Einfluss des Hosea-Buchs auf Amos, was darauf schließen lässt, dass das Amos-Buch erst verschriftlicht worden ist, als es das Hosea-Buch zumindest in Form einer umfangreicheren Komposition der Worte (ggf. in einer Vorform von Hos 4–11*) bereits gab, die hohes Ansehen genoss und von anderen Prophetenbücher (z. B. Jeremia) aufgenommen wurde.[213]

2.6.1.1 Amos

Der Prophet Amos lebte – wie die für das Dodekapropheton charakteristische, sekundär ergänzte Buchüberschrift bezeugt – in der ersten Hälfte des 8. Jh., als Großgrundbesitzer in dem (wahrscheinlich in Juda gelegenen) Tekoa. Er zieht in das Nordreich Israel an den Hof, um dem politisch wie wirtschaftlich durchaus erfolgreichen König Jerobeam II. (787–747 v. Chr.)[214] Misswirtschaft vorzuwerfen (Am 3,12; 4,1–3) und das Gericht Gottes vorauszusagen (Am 7,11.16 f.; s. u.). Eine für die prophetischen Bücher typische Gattung, die Völkersprüche (Orakel

---

213 Jeremias, Anfänge, 52 f.
214 Vgl. T. Wagner, Art. Jerobeam II., www.wibilex.de, § 4; Frevel, Geschichte, 168 f.; anders bezieht Levin die theologisch motivierten Rekurse auf Jerobeam I. (Levin, Amos und Jerobeam I.).

gegen die Nachbarvölker Israels) dienen im Amos-Buch – ausnahmsweise – als Eröffnung (Am 1,3–2,3). Der Fortgang konzentriert sich dann aber vor allem auf die Verfehlungen Israels. Der sekundär in die Fremdvölkersprüche ergänzte Israel-Spruch (s. u. Am 2,6–8) kritisiert vor allem den Rechtsbegriff: Obwohl Israel das von Gott erwählte Volk ist (Am 3,2 s. u.), pervertiert es die ihm zugedachten Weisungen, missachtet das Sozialrecht und kehrt nicht um (3,10–4,11). Im performativen Akt einer antizipierten Totenklage („Leichenlied" קינה/ *qînâ* in 5,1–18, eingeleitet durch הוי/*hôj* „wehe"; vgl. 2Sam 1,17) wird der Untergang Israels antizipiert. Die genannten Themen werden zur Begründung des Schuldaufweises aufgenommen und münden in die Vorhersage vom Tag JHWHs als dem Tag des Gerichts (5,18–20). Der nächste Klageduktus ist dem pervertierten Kultbetrieb gewidmet, der das Volk ins Exil treibt (Am 5,21–27). Im Anschluss geht es nochmals um soziale Belange und Kritik an dem übertriebenen Luxus der Reichen (Am 6). Das nahende Gericht wird in anschaulichen Visionsberichten mit Unheilsworten (bzw. Unheilsorakeln)[215] dramaturgisch geschickt dargelegt (7,1–9; 8,1–2; 9,1–4), welche die unbedingte Gerichtsankündigung noch einmal zuspitzen:

Am 8,1–2

1 Dies liess Gott der HERR mich sehen: Sieh, ein Korb mit reifem Obst. 2 Und er sprach: Was siehst du, Amos? Und ich sagte: Einen Korb mit reifem Obst. Da sprach der HERR zu mir: Reif für das Ende ist mein Volk Israel. Ich werde nicht länger an ihm vorbeigehen!

In dem Wortspiel vom reifen Obst (קיץ/*qajiṣ*) und Ende (קץ/*qeṣ*) ist das Schicksal Israels besiegelt: Es ist verdorben, seine Zeit ist um und sein Ende naht. Vor diese vierte Vision in Am 8,1–2 ist eine Notiz von Amos' Berufung in einen Fremdbericht eingefügt.[216]

Am 7,10–17

10 Und Amazja, der Priester von Bet-El, sandte zu Jerobeam, dem König von Israel, um ihm zu sagen: Amos hat sich gegen dich verschworen, mitten im Haus Israel! Das Land kann seine Worte nicht ertragen!
11 Denn so hatte Amos gesprochen:
Jerobeam stirbt durch das Schwert,
und Israel muss in die Verbannung,
fort von seinem Boden!
12 Da sagte Amazja zu Amos: Seher, geh, fliehe ins Land Juda und iss dort dein Brot, und dort magst du weissagen!

---

215 Vgl. J. Krispenz, Art. Prophetische Redeformen, www.wibilex.de.
216 Zum Aufbau vgl. P. Höffken, Art. Amos/Amosbuch, www.wibilex.de, § 3.3.2 und 5.

13 In Bet-El aber darfst du nicht mehr weissagen, denn es ist ein königliches Heiligtum und ein königliches Haus.
14 Daraufhin sprach Amos zu Amazja: Ich bin kein Prophet, und ich bin kein Schüler eines Propheten, sondern ich bin ein Viehhirt und ritze Maulbeerfeigen.
15 Der HERR aber hat mich weggenommen von den Schafen, und der HERR hat zu mir gesprochen: Geh, weissage meinem Volk Israel!
16 Und nun, höre das Wort des HERRN! Du sagst: Du darfst nicht weissagen gegen Israel und deinen Worten nicht freien Lauf lassen gegen das Haus Isaak!
17 Darum, so spricht der HERR: Deine Frau wird Hurerei treiben in der Stadt, und deine Söhne und deine Töchter fallen durch das Schwert, und dein Boden wird mit der Messschnur verteilt. Und du wirst auf unreinem Boden sterben, und Israel muss in die Verbannung, fort von seinem Boden.

Diese Erzählung ist in mehrfacher Hinsicht aufschlussreich. Verglichen mit dem typischen Schema fällt der Berufungsbericht sehr knapp aus (V. 15). Es wird lediglich auf die Sendung und ihren Inhalt verwiesen (V. 17). Wie üblich weist der Prophet seine Autorität durch die Botenformel „So spricht JHWH" (V. 17) aus. Auffällig ausführlich ist die Beschreibung der Umstände, die zu dieser Rückerinnerung an die Berufung geführt haben: Der Prophet wird durch den Hof der Verschwörung bezichtigt, weil er gegen den amtierenden König weissagt und den Untergang von ihm, seiner Familie sowie den Verlust des Landes und das Exil verkündet. Als der oberste Priester dies vernimmt, wendet er sich an den König (V. 10), zitiert als höchster Kultbeamter Amos zu sich (V. 11), verweist ihn des Landes (V. 12) und verwarnt ihn mit dem Hinweis, dass Bethel politisches und kultisches Zentrum ist (V. 13). Amos bemüht in seiner Verteidigung verschiedene Argumente: Er ist kein Prophet *(nabî')* und unterliegt somit auch nicht den königlichen Institutionen als Kult- oder Hofbeamter (schon Amasja hat ihn als ḥozæh „Seher" angesprochen in V. 12); eigentlich ist er nämlich Landmann. Jedoch hat Gott selbst ihn „weggenommen" und beauftragt, dem Volk Israel ein Unheilsorakel zu überbringen; ein Auftrag, dem er sich nicht entziehen kann (s. u. zu Am 3,8). Amos ist als „freier" Prophet berufen, der keiner staatlichen Institution, sondern nur Gott selbst untersteht. Wenn auch die Historizität der Person nicht nachweisbar ist, so dürfte die Zeitangabe doch einen ungefähren Ausgangspunkt für die Amos-Überlieferungen geben.[217]

Berufungsbericht s. o. 2.6

---
217 Vgl. Kratz, Worte des Amos, 58–60 zu den Problemen der Bestimmung des historischen Orts der Figur.

Insbesondere die Visionen des Amos (Am 7,1–8; 8,1 f.; 9,1–4) vermitteln die Erkenntnis der Unabwendbarkeit des Gerichts. Auf die ersten drei Visionen (Am 7,1–6.7) folgt in V. 8–10 ein erstes Unheilsorakel, das die Zerstörung Israels ankündigt und die vorangehenden Versuche, Vergebung oder wenigstens Mitleid bei Gott zu erreichen, als gescheitert darstellt. In 8,11 folgt – im Anschluss an die oben zitierte vierte Vision von der verdorbenen Ernte – ein anderes Orakel, das im Anschluss an die Prophetenerzählung die historisch konkret gestalteten Orakel des Berufungsberichts (Am 7,11.17 s. o.) bestätigt.

Die Erzählung zeichnet ein Szenario auf, das den Propheten in großen Schwierigkeiten beschreibt: Obwohl er vom königlichen Hof und vom Priester wegen seines Redens verfolgt und ihm gedroht wird, ihn wegen Verschwörung zu belangen, bleibt sein Urteil fest und er wiederholt in V. 17 gegen alle Anfeindung das Orakel ein drittes Mal. In Kap. 8 schließen sich weitere Visionen vom Untergang Israels an, die folgenden Höhepunkt finden (9,1.4).

Am 9,1–4.7

1 Ich sah den Herrn über dem Altar stehen, und er sprach:
Schlage auf das Kapitell,
dass die Schwellen beben,
schneidet ihnen allen den Lebensfaden ab, am Kopf!
Und was von ihnen bleibt,
bringe ich um mit dem Schwert.
Keiner von ihnen wird entkommen,
und keiner von ihnen wird sich retten!
2 Würden sie es mit Verbissenheit bis ins Totenreich schaffen,
holte meine Hand sie auch von dort,
und stiegen sie hinauf in den Himmel,
holte ich sie auch von dort herab.
3 Und verstecken sie sich auf dem Gipfel des Karmel,
spüre ich sie auch dort auf und hole sie,
und verbergen sie sich vor meinen Blicken auf dem Meeresgrund,
gebiete ich auch dort der Schlange, und sie wird sie beissen.
4 Und gehen sie gefangen vor ihren Feinden her,
gebiete ich auch dort dem Schwert, und es bringt sie um:
Zum Bösen und nicht zum Guten richte ich mein Auge auf sie! […]
7 Seid ihr für mich nicht wie die Kuschiter, ihr Israeliten?, Spruch des HERRN.
Habe ich Israel nicht heraufgeführt aus dem Land Ägypten
und die Philister aus Kaftor und Aram aus Kir?

Dieser fünften Vision nach ist es schließlich JHWH selbst, der in seinem Heiligtum aufbricht, um Israel das Gericht zu bringen. Wenn man nach den Gründen für die Vehemenz seines Auftretens fragt, dann findet man einen wichtigen Hinweis in Am 3,2.7f., dem Beginn der Amos-Sprüche-Sammlung (Am 3–6):

> 1 Hört dieses Wort, das der HERR über euch gesprochen hat, ihr Israeliten, über die ganze Sippe, die ich heraufgeführt habe aus dem Land Ägypten: 2 Allein um euch habe ich mich gekümmert
> von allen Sippen des Erdbodens.
> Darum werde ich an euch
> all eure Verschuldungen heimsuchen. […]
> 7 Gott der HERR tut nichts,
> ohne seinen Dienern, den Propheten,
> seinen Plan offenbart zu haben!
> 8 Ein Löwe hat gebrüllt –
> wer würde sich nicht fürchten?
> Gott der HERR hat gesprochen –
> wer würde nicht weissagen?

Am 3,1–2.7–8

In diesem theologisch überarbeiteten Spruch (der Ägyptenbezug in V. 1b ist ergänzt; vgl. 2,10; 9,7) geht es darum hervorzuheben, dass die Erwählung Israels Konsequenzen hat: Gott hat Israel erwählt und sich gekümmert – demzufolge wird jeder Abfall von Gott geahndet. Und das Instrument der Ahndung ist der Prophet. Er ist in den Plan eingeweiht, scheint auf Gedeih und Verderb an Gott gebunden zu sein (V. 8).

Das Thema des Bruchs zwischen Gott und Israel konkretisiert sich im Amos-Buch insbesondere an zwei Themen:

Die soziale Ungleichheit, die in Israel herrscht, wird angeprangert. Amos argumentiert in seiner Sozial- und Rechtskritik mit Forderungen, wie sie sich auch im Bundesbuches finden (Am 2,6–8 vgl. Ex 22,15 (?).24–26.28; s. auch Am 3,9–11.13–16; 5,10–13; 6,2–24). Diese werden in dem sekundär ergänzten Israelspruch inmitten der ähnlich lautenden Fremdvölkersprüche (1,3–2,3) folgendermaßen zugespitzt:

> 6 So spricht der HERR:
> Wegen der drei Vergehen Israels
> und wegen der vier
> nehme ich es nicht zurück,
> denn den Gerechten verkaufen sie für Geld
> und den Armen für ein Paar Schuhe.
> 7 Im Staub der Erde treten sie nach dem Kopf der Hilflosen,
> und die Elenden drängen sie ab.

Am 2,6–8

> Und ein Mann und sein Vater gehen zur selben jungen Frau,
> um meinen heiligen Namen zu entweihen.
> 8 Und auf gepfändeten Kleidern räkeln sie sich
> neben jedem Altar,
> und sie trinken den Wein derer, die eine Busse zahlen müssen,
> im Haus ihres Gottes.

Neben diesen Anklagen finden sich in dem Buch aber auch Aussagen, in denen vorsichtig die Hoffnung auf Umkehr zum rechten Handeln und Vergebung zum Ausdruck gebracht ist:

Am 5,14–15
> 14 Sucht das Gute und nicht das Böse, damit ihr am Leben bleibt!
> Dann wird der HERR, der Gott der Heerscharen, bei euch sein, so wie ihr es immer gesagt habt.
> 15 Hasst das Böse und liebt das Gute und bringt das Recht zur Geltung im Tor.
> Vielleicht ist der HERR, der Gott der Heerscharen, dem Rest Josefs gnädig.

Zum Zweiten attackiert Amos Israel wegen seines Kultbetriebs. Denn der reiche Opferkult für JHWH vermag die Selbstsucht der Opfernden nicht zu rechtfertigen und führt zudem den Kultbetrieb als Gottes-Dienst *ad absurdum* (Am 4,4; 5,5.21–27):

Am 5,21–27
> 21 Ich hasse, ich verabscheue eure Feste,
> und eure Feiern kann ich nicht riechen! –
> 22 Es sei denn, ihr brächtet mir Brandopfer dar! –
> Und eure Speiseopfer – sie gefallen mir nicht!
> Und das Heilsopfer von eurem Mastvieh – ich sehe nicht hin!
> 23 Weg von mir mit dem Lärm deiner Lieder!
> Und das Spiel deiner Harfen – ich höre es mir nicht an!
> 24 Möge das Recht heranrollen wie Wasser
> und die Gerechtigkeit wie ein Fluss, der nicht versiegt.
> 25 Habt ihr mir in der Wüste vierzig Jahre lang Schlachtopfer und Speiseopfer dargebracht, Haus Israel?
> 26 Ihr werdet Sikkut, euren König, forttragen und Kijun, eure Bilder, den Stern eurer Götter, die ihr euch gemacht habt!
> 27 Und ich werde euch in die Verbannung führen, über Damaskus hinaus!, spricht der HERR, Gott der Heerscharen ist sein Name.

Die in Am 5,14 f. (s. o.) geäußerte „bedingte Lebenszusage" (J. Jeremias) erfüllt sich am Ende nicht und lässt den Untergang des Nordreichs näherkommen (5,27), welcher sich wenige Jahre nach dem Auftreten des Amos im Zuge der Eroberungen und Zerstörungen durch die Assyrerkönige Sargon II. und Sannherib (722 v. Chr.) historisch bewahrheitet.[218]

Auffällig sind die abschließenden Verse des Buches (Am 9,11–15), die ein an die „Hütte Davids" (V. 11) gerichtetes Heilsorakel beinhalten, das auf das Südreich/Juda zielt. Dieser sekundäre Anhang zu dem Prophetenbuch bezeugt eine Relektüre aus der Zeit des babylonischen Exils, in der die ursprüngliche Nordreichprophetie zu neuer Geltung kommt.[219] Die Relektüre bleibt nicht auf diesen Anhang beschränkt, sondern umfasst eine systematische Überarbeitung des gesamten Prophetenbuchs, die über die Verhältnisse des historischen Amos theologisch weit hinausweist.

2.6.1.2 Hosea

Sowohl in formaler als auch in inhaltlicher Hinsicht ist das im Nordreich und etwa zeitgleich verankerte Hoseabuch (vgl. Hos 1,1) von der kunstvollen Komposition des Amosbuchs sehr verschieden.[220] So fehlen in den prophetischen Spruchsammlungen die Passagen zur Sozialkritik (Ausnahme bilden die sekundären Summarien in Hos 6,7–7,2 + Verweis auf den Bund; 12,8 f.) und Rechtskritik (nur Hos 5,1; 10,4), die für Amos so typisch sind. Zentral ist vielmehr die Kultkritik (Hos 4), die mit dem Leitmotiv des Buchs, der Hurerei, verknüpft ist. Vermutlich finden sich in Hos 4–11 ältere Hoseaworte, die im Rückblick auf die Zerstörung des Jerusalemer Tempels zusammengestellt und um die Ehebruchepisode in Hos 1–3 sowie die Kapitel 12–14 ergänzt worden sind (Jeremias, Theologie, 137 f.). So wird das Bundesmotiv, das im Bild der zerrütteten Ehe gestaltet ist (Hos 1–3), zum zweiten theologischen Motiv: Der Prophet ist von Gott aufgefordert, das zerrüttete Verhältnis zwischen Gott und Israel performativ in seinem eigenen Leben darzustellen, indem er eine als treulos bekannte Frau namens Gomer heiratet (Hos 1,2).

> 2 Der Anfang des Redens des HERRN durch Hosea: Der HERR sprach zu Hosea: Geh, nimm dir eine hurerische Frau und Hurenkinder, denn das Land treibt entsetzliche Hurerei, ist dem HERRN fern!   Hos 1

---

218 Vgl. zu den Zeitumständen Frevel, Geschichte, 242–245.254–260 und Weippert, Textbuch, 296–325 zur Quellenlage.
219 Zur Buchentstehung und Redaktionsgeschichte vgl. P. Höffken, Amos/Amosbuch, www.wibilex.de, § 3; Jeremias, Amos, 133–137, und Schart, Entstehung, 50.95 ff.252 ff.
220 Zu Aufbau und Komposition vgl. H.-P. Neef, Art. Hosea/Hoseabuch, www.wibilex. de § 3.

Zwei der aus dieser Ehe hervorgehenden Kinder tragen die sprechenden Namen „Kein Erbarmen" (לא רחמה/*lo ruḥamâ*; 1,6) und „Es ist nicht mein Volk" (לא עמי/*lo ʿammî*; 1,9) und verkörpern darin das Israel bevorstehende Gericht. Die Liebhaber der Frau symbolisieren die Fremdgötter bzw. den Baal-Kult, den Israel vollzieht anstatt seinen Gott JHWH zu verehren und an dessen Segen zu partizipieren (2,7–15).

In dem Motiv des Auszugs in die Wüste (2,16 ff.) als Chance für einen Neubeginn der Beziehung deuten sich hier wie auch andernorts Heilsperspektiven an.

Hos 4–12 beinhaltet die Anklage Israels, die sich in zwei Teile gliedern lässt[221]:

Hos 4,1–11,11: Inhaltlich geht es um Treuebruch (4,1–5,7) mit Anmerkungen zu kultischen Verfehlungen und zur Schuld der Führer; die anschließende Klage des Volks bezieht sich auf die Kriegsnöte und provoziert die Abweisung JHWHs (5,8–6,6); die Gerichtsrede (6,7–9,9) thematisiert Israels Schuld und integriert umfassende Geschichtsrückblicke (9,10–11,11). Themen wie Erwählung in der Wüste (z. B. Hos 9,10–17; 11,1–7), Bund (Hos 2,18–25; 6,7–11; 8,1–3; 10,3 f.; vgl. 12,2) und Bilderverbot (4,1–3; 8,4–6) finden ebenso Aufnahme wie die Polemik gegen den Baalskult (2,4–15) oder das goldene Kalb zur Verehrung JHWHs (8,5). Der erste Teil endet mit einem Heilswort, das die theologische Mitte des Buches bildet (Hos 11,8–11):

Hos 11

8 Wie könnte ich dich preisgeben, Efraim,
wie dich ausliefern, Israel?
Wie könnte ich dich preisgeben wie Adma,
wie dich behandeln wie Zebojim?
Mein Herz sträubt sich,
all mein Mitleid ist erregt.
9 Meinem glühenden Zorn werde ich nicht freien Lauf lassen,
Efraim werde ich nicht noch einmal vernichten,
denn ich bin Gott und nicht irgendwer,
heilig in deiner Mitte,
und ich werde in keine Stadt eindringen.
10 Hinter dem HERRN werden sie herziehen,
wie ein Löwe wird er brüllen.
Wenn er brüllt, werden sie zitternd vom Meer her kommen.
11 Zitternd wie ein Vogel werden sie aus Ägypten kommen
und wie eine Taube aus dem Land Assur.
Und ich werde sie in ihren Häusern wohnen lassen! Spruch des HERRN.

---

221 Neef, Art. Hosea, § 3. Vgl. Jeremias, Hosea 4–7, 56.

Die Grundsatzerklärung, dass JHWH zu seinem Volk trotz seines Zorns hält, sichert zu, dass die vollständige Vernichtung ausbleibt. Während Amos an der Übermacht von Israels Schuld festhält (Am 7.7f; 8,1), lässt Gottes Wesen diesen Zug nach Hosea nicht zu (11,9) und lässt Israel stattdessen ein zweites Mal aus Ägypten zurückkehren (11,11 vgl. 2,16 f. – dazu Jeremias, Theologie, 145 f.).

Der zweite Teil (Hos 12–14) besteht aus einem Rückblick auf Jakob als einen sehr ambivalenten Stammvater (Hos 12) sowie auf Israels Schuld als Grund für Samarias bzw. Ephraims Zerstörung (Hos 13,1–14,1). Wiederum positiv gewendet endet der Teil und damit das Buch mit einer Einladung zur Umkehr und Heilszusagen (Hos 14,2–9).

Auffällig ist in diesem prophetischen Buch die große thematische Verbundenheit mit den Erzählthemen von Pentateuch/Tora, auf die allerdings recht vage angespielt ist. Tragend ist die Auseinandersetzung mit dem Baalskult, die einerseits als Fortsetzung der Elia-Tradition (vgl. 1Kön 18 Gottesurteil am Karmel), andererseits als Vorgriff auf die Fremdgötterpolemik des Deuteronomismus zu verstehen ist. Wenn von den „Baalim" die Rede ist, geht es längst nicht mehr um den kanaanäischen Wettergott dieses Namens. Vielmehr ist der Name zur Chiffre für jegliche Form eines nicht konformen JHWH-Kults und fehlende JHWH-Erkenntnis geworden und leistet darin dem deuteronomistischen Denken Vorschub.[222] Sozialkritik fehlt im Hoseabuch, begegnet aber bei den beiden Südreichpropheten Micha und Jesaja. Wegen der großen Nähe zu deuteronomistischen Themen (insbes. Hos 4–14) sieht man in Hosea einen geistigen Vater des Deuteronomismus (J. Jeremias).[223]

<small>Nationalkult s. u. 3.1.2</small>

2.6.1.3 Jesaja 1–39

Die in der christlichen Theologie wohl am meisten rezipierte Schriftprophetie begegnet im Jesajabuch, dessen erster Teil (Jes 1–39) in Teilen vorexilischen Ursprungs ist („Proto-Jesaja"). Ein Prophet namens Jesaja wirkte in der zweiten Hälfte des 8. Jahrhunderts im Südreich und kannte den Niedergang des Nordreichs und seine Folgen.[224] Etwas jünger als Amos und Hosea erlebte er die Zerstörung Israels und den Zuzug vieler Menschen in Jerusalem wie auch die große Angst der Judäer, dass ihnen das gleiche Schicksal widerfahren könnte: Die poli-

---

222 Vgl. S. Grätz, Art. Baal, www.wibilex.de, § 4.2.3.
223 Anders Yee, Composition and Tradition, 305–313, die stattdessen von umfassenden deuteronomistischen Überarbeitungen der ursprünglichen Prophetensprüche seit der exilischen Zeit ausgeht.
224 Vgl. zum Aufbau des Buchs J. Kreuch, Art. Jesaja/Protojesajabuch, www.wibilex.de, § 3.

tische Lage ist kritisch, einerseits durch den bevorstehenden syroefraimitischen Krieg (734–732 v. Chr.), in dem sich das Nord- und das Südreich als Gegner gegenüberstehen und in welchem Jesaja dem König zu Neutralität gegenüber dem syr.-aram. Bündnis rät (s. u. Jes 7,1–9), andererseits durch die reale Bedrohung Assurs auch Jerusalems, welches seinerseits nach der Zerschlagung des syrisch-aramäischen Bündnisses ebenfalls Opfer der assyrischen Belagerung durch Sanherib wird (701 v. Chr.). Die schwierige historische Situation, die Juda nur knapp der Eroberung entgehen lässt, ist ausführlich in dem historischen Anhang zum Buch beschrieben (Jes 36–39). Diese Kapitel stellen eine weitgehende Dublette aus den Königsbüchern dar (2Kön 18,13–19,37).[225]

Auch im Jesajabuch ist die Untreue Israels ein wichtiges Thema, das in der Parabel vom Weinberg (Jes 5,1–7) mit Gott als dessen Gärtner („Freund"; V. 1) eine poetische Darstellung findet.

Jes 5
1 Erlaubt, dass ich singe von meinem Freund,
das Lied meines lieben Freundes von seinem Weinberg.
Mein Freund hatte einen Weinberg,
an steiler Höhe,
überaus fruchtbar.
2 Und er grub ihn um und befreite ihn von Steinen, und er bepflanzte ihn mit edlen Reben, und in seiner Mitte baute er einen Turm, und auch eine Kelter schlug er darin aus. Und so hoffte er, dass er Trauben trage, doch er brachte stinkende Fäulnis hervor.
3 Und nun, Bewohner von Jerusalem und Männer aus Juda, richtet doch zwischen mir und meinem Weinberg.
4 Was bliebe noch zu tun für meinen Weinberg, das ich nicht getan hätte? Wie konnte ich hoffen, er würde Trauben tragen – stinkende Fäulnis hat er hervorgebracht!
5 Und nun erlaubt, dass ich euch wissen lasse, was ich mit meinem Weinberg mache:
Seine Hecke ausreissen,
dann soll er kahl gefressen werden;
seinen Zaun einreissen,
dann soll er zertreten werden.
6 Und ich habe ihn zur Verwüstung freigegeben,
er wird nicht geschneitelt werden und nicht behackt,
und Dornen und Disteln werden aufspriessen in ihm.

---

225 Vgl. 2Chr 32,1–23; s. aber auch Jes 22,1–14, insbes. 8b–11, inmitten der Fremdvölkersprüche Jes 13–27; s. R. Heckl, Art. Hiskia, www.wibilex.de, § 2.3 und detaillierter Frevel, Grundriß, 781–786 und Ders., Geschichte Israels, 245–260.

Und was die Wolken betrifft, so werde ich Befehl geben,
keinen Regen mehr auf ihn fallen zu lassen.
7 Der Weinberg des HERRN der Heerscharen ist das Haus Israel,
und die Männer aus Juda sind, was er aus Leidenschaft gepflanzt hat.
Und er hoffte auf Rechtsspruch, doch seht: Rechtsbruch!
Und auf Gerechtigkeit, doch seht: Schlechtigkeit!

Nach der idyllischen Schilderung der Liebe des Freundes zu seinem Weinberg und der Enttäuschung über die faulen Früchte (V. 1–2), nimmt die Darstellung eine dramatische Wende, indem die Bewohner Jerusalems und Judas unvermittelt angesprochen sind, um über den Fall zu richten (V. 3–4). Ebenso unvermittelt fällt der Erzähler selbst sein vernichtendes Urteil (V. 5–6) und lässt in V. 7 die Entschlüsselung der Allegorie vom Weinberg folgen, die die eigentlichen Protagonisten enttarnt: JHWH und Juda (vgl. die Umkehr des Bildes in Jes 27,2–9).

Ähnlich wie im Amosbuch stehen in Jes 1–5 Recht und Gerechtigkeit im Vordergrund, deren Bruch das Weinberglied in dem Bild der faulen Trauben umschreibt. Die sich an die Parabel anschließenden Weherufe (eingeleitet durch *hôj* „Wehe") kritisieren Kumulation von Besitz (5,8–10), unverantwortliche Lebensweise (5,11–17) sowie Vergehen gegen die soziale Ordnung und falsche Selbsteinschätzung (5,18–24).[226] Soziale Zerrüttung, menschlicher Verfall und religiöser Hochmut als Folge der Missachtung der Tora (5,24) sind die beherrschenden Themen, deren Folgen das Weinberglied eindrücklich skizziert: Wie der in seinem Garten bzw. Weinberg sehr engagierte Gärtner auf schlechtes Gedeihen mit Abkehr reagiert und die Idylle der Zerstörung preisgibt, so verwirft auch Gott sein Volk, weil es Recht bricht und Gerechtigkeit versagt (vgl. die Ansage des kriegerisch ausgeführten Strafgerichts in 5,25–30). Prägend für die Theologie Jesajas ist die Gegenüberstellung von Gottes „Gerechtigkeit" bzw. „Gemeinschaftstreue" (צדקה/*ṣedaqâ*) und „Heiligkeit" (הקדוש/*haqqadôš*; 5,16), die Konsequenzen für die menschliche Existenz nach sich zieht.

Innerhalb der sogenannten Jesaja-Denkschrift (Jes 6,1–9,6)[227], die das theologische Kernstück zum Thema der Gottesherrschaft im Jesaja-Buchs bildet, findet sich die großartige Vision mit dem prophetischen Berufungsbericht (Jes 6):

---

226 Vgl. Beuken, Jesaja 1–12, 157.
227 Vgl. T. Wagner, Art. Jesaja-Denkschrift, www.wibilex.de; de Beuken spricht von der „Immanuel-Schrift" (Jesaja 1–12, 50–52).

Jes 6,1–13   1 Im Todesjahr des Königs Ussijahu sah ich den Herrn auf einem Thron sitzen, hoch und erhaben, und der Saum seines Gewandes füllte den Tempel. 2 Über ihm standen Serafim; sechs Flügel hatte ein jeder, mit zweien hielt ein jeder sein Angesicht bedeckt, mit zweien hielt ein jeder seine Füsse bedeckt, und mit zweien hielt ein jeder sich in der Luft. 3 Und unablässig rief der eine dem anderen zu und sprach:
Heilig, heilig, heilig ist der HERR der Heerscharen!
Die Fülle der ganzen Erde ist seine Herrlichkeit.
4 Und von der Stimme dessen, der rief, erzitterten die Türzapfen in den Schwellen, und das Haus füllte sich mit Rauch. 5 Da sprach ich: Wehe mir, ich bin verloren! Denn ich bin ein Mensch mit unreinen Lippen, und ich wohne in einem Volk mit unreinen Lippen, und meine Augen haben den HERRN der Heerscharen gesehen! 6 Da flog einer der Serafim zu mir, eine glühende Kohle in seiner Hand, die er mit einer Dochtschere vom Altar genommen hatte. 7 Und die liess er meinen Mund berühren, und er sprach: Sieh, hat das deine Lippen berührt, so verschwindet deine Schuld, und deine Sünde wird gesühnt. 8 Und ich hörte die Stimme des Herrn sagen: Wen werde ich senden? Und wer von uns wird gehen? Da sprach ich: Hier bin ich, sende mich! 9 Und er sprach: Geh, und sprich zu diesem Volk: Hören sollt ihr, immerzu hören, begreifen aber sollt ihr nicht! Und sehen sollt ihr, immerzu sehen, verstehen aber sollt ihr nicht! 10 Mach das Herz dieses Volks träge, mach seine Ohren schwer, und verklebe seine Augen, damit es mit seinen Augen nicht sieht und mit seinen Ohren nicht hört und damit sein Herz nicht begreift und damit es nicht umkehrt und sich Heilung verschafft. 11 Da sprach ich: Herr, bis wann? Und er sprach: Bis die Städte verödet sind und niemand mehr in ihnen wohnt und die Häuser menschenleer sind und der Boden völlig verwüstet wird. 12 Und der HERR wird die Menschen weit fortführen, und die Einsamkeit wird gross sein im Herzen des Landes. 13 Und ist noch ein Zehntel darin, so soll es noch einmal kahl gefressen werden, wie es bei der Terebinthe und wie es bei der Eiche ist, von denen beim Fällen etwas stehen bleibt. Ein heiliger Same ist, was von ihm stehen bleibt.

Berufungsbericht   Es handelt sich um einen typischen prophetischen Berufungsbericht in der Ich-Erzählung, der sich in eine Vision (V. 1–7), die in die Umstände der Berufung einführt, und in eine Audition (8–13a) gliedern lässt. Die Audition thematisiert den göttlichen Auftrag mit Sendung, die Jesaja sofort annimmt. Die Beschreibung der Aufgabe führt zu seiner Rückfrage, bis wann die Verstockung gilt (Einwand des Berufenen) und ist gefolgt von der Entkräftung des Einwands durch Gott, der im Anschluss an die Vernichtung einen Rest in Aussicht stellt, der Bestand hat (V. 13b). Folgende Aspekte sind an diesem Bericht hervorzuheben:

- Die sehr majestätisch angelegte Offenbarung JHWHs ist im Tempel von Jerusalem situiert. Das Trishagion („Heilig, heilig, heilig") wie auch der Titel JHWH Zebaoth („der Heerscharen"; V. 3) entstammen der Jerusalemer „Zionstheologie" als eines typisch judäisch geprägten theologischen Konzepts. *Königsideologie s. u. 3.4.1*
- Der Prophet weiß um seine Unreinheit als Bewohner dieses Volkes; er wird kultisch gereinigt und somit für sein Amt befähigt. Die Begegnung mit dem Heiligen (Jes 6,3) macht die Reinigung von Unreinheit (טמא/ṭm') und Sühnung der Sünde (כפר/kpr pu + חטאת/ḥaṭṭ'at) nötig (Jes 6,7).
- Der Prophet erhält einen widersinnigen Auftrag: Er soll zwar zum Volk sprechen, kann aber die Nachricht nicht wirklich vermitteln, sondern wird das Volk verstocken, damit es nicht versteht und erkennt (בין/bîn; ידע/jada'; Jes 6,9 f.). *Verstockungsauftrag s. o. 2.2.1*

Die Heiligkeit Gottes und die Verbundenheit des Propheten mit seinem Volk sind aufeinander bezogen. Die Frage „bis wann/wie lange" (Jes 6,11) zeigt an, dass der Prophet an der Idee der Rettung festhält. Das Motiv der Verstockung des Volkes zeigt, dass das Gericht auch im Jesajabuch unabwendbar ist. Doch durchzieht das in Jes 6,13 angedeutete Motiv des „Rests" (שאר ישראל/še'ar Israel), der gerettet wird, das gesamte Jesaja-Buch und bereitet die Restauration des Volkes am Ende des vollzogenen Gerichts vor.

Der Gott Israels offenbart sich im Gericht als Reaktion auf den Ungehorsam des Volkes. Zugleich wird aber in Jes 6,13bβ, einem vermutlich nachexilischen Nachtrag, unterstrichen, dass Gott sein Volk nicht aufgibt, es nicht verlässt, sondern ihm nach vollzogener Strafe einen Neuanfang verheißt: Aus dem verbleibenden Baumstumpf wird ein heiliger Same (s. u. Jes 11,1) hervorgehen.

Der Berufungsbericht eröffnet die sogenannte Jesaja-Denkschrift, eine Sammlung von Texten, die von den Weheworten in Kap. 5 und dem Kehrversgedicht in 9,7–10,4 umschlossen und bestens in den ersten Teil des Buchs Jes 1–12 integriert ist.[228] Auf die Berufungserzählung folgt der Fremdbericht einer historisch anmutenden Begebenheit: Jesaja trifft als Hofprophet den amtierenden König Ahas, um ihn im syro-efraimitischen Krieg zu beraten, was einer für Propheten durch-

---

228 Vgl. dazu T. Wagner, Art. Denkschrift, www.wibilex.de, § 3 und Ders., Gottes Herrschaft, 294 (tabellarischer Überblick zur literarischen Entstehung von Jes 6,1–9,6 als Korpus); Beuken, Jesaja 1–12, 30–32.50–53.130, setzt eine sukzessiv auf der Basis von Jes 6,1–8,18 entstandene „Immanuelschrift" (5,1–9,6) in Ringkomposition voraus, die schließlich in 9,7–11,16 drei Ergänzungen erhalten hat.

aus typischen Aufgabe enstpricht: Wie soll sich Jerusalem gegenüber dem syro-aramäisch-israelitischen Bündnis verhalten?

Jes 7,7–9

7 So spricht Gott der HERR: Das wird nicht gelingen, und das wird nicht geschehen!
8 Denn das Haupt von Aram ist Damaskus, und das Haupt von Damaskus ist Rezin, und binnen fünfundsechzig Jahren wird Efraim zerschlagen und kein Volk mehr sein.
9 Und das Haupt von Efraim ist Samaria, und das Haupt von Samaria ist der Sohn des Remaljahu. Glaubt ihr nicht, so bleibt ihr nicht!

Das Orakel, dass der Prophet hier äußert, hält den König dazu an abzuwarten und verweist ihn und das Volk darauf, „Festigkeit in dem Einen [zu] suchen, dem es seine Existenz verdankt und gegen den es so oft gefehlt hat"[229] (V. 9b; s. das zweifache אמן/'aman „fest sein" hif. und nif. in absolutem Gebrauch). Darin liegt sein Glaube begründet.

Ein weiterer wirkungsgeschichtlich wichtiger Text ist die Immanuelweissagung (Jes 7,14–16):

Jes 7,14–17

14 Deshalb wird der Herr selbst euch ein Zeichen geben: Seht, die junge Frau ist schwanger, und sie gebiert einen Sohn. Und sie wird ihm den Namen Immanu-El [= Gott ist mit uns] geben.
15 Dickmilch und Honig wird er essen, bis er versteht, das Böse zu verwerfen und das Gute zu wählen.
16 Denn bevor der Knabe versteht, das Böse zu verwerfen und das Gute zu wählen, wird das Land verlassen sein, vor dessen zwei Königen du dich fürchtest.
17 Über dich, über dein Volk und über das Haus deines Vaters wird der HERR Tage bringen, wie sie nicht gekommen sind seit dem Tag, an dem Efraim von Juda abgewichen ist – den König von Assur!

Dieser Text, der später als Prophetie des neutestamentlichen Messias („Gesalbten") galt und sogar zum Referenztext der Jungfrauengeburt Jesu durch Maria wurde (Mt 1,21)[230], ist mehrdeutig. Wie die Namen von Hoseas Kindern das Gericht verkörpern, so symbolisiert der Name des Königssohns das Gegenteil: Gott steht zu seinem Volk. Allerdings wird das Gericht nicht ausbleiben und die zeitlichen Umstände bleiben schwierig: Auch wenn Juda sich – dem Rat von Jes 7,9 entsprechend – gegen das syro-efraimitische Bündnis entschieden hat und der Unterwerfung der nördlichen Gebiete Palästinas

---

229 Beuken, Jesaja 1–12, 201.
230 Vgl. Rösel, Jungfrauengeburt.

durch die Assyrer (ca. 722 v. Chr.) entging, so belagerte der assyrische König Sanherib 701 v. Chr. Jerusalem dennoch, so dass die Judäer den drohenden Untergangs hautnah erlebten, den das Land schließlich 125 Jahre später mit der babylonischen Belagerung ereilt hat. So lässt sich die vorliegende messianische Weissagung auf verschiedene Könige beziehen, deren Aufgabe es war, Krisenmomente zu bewältigen. Die theologische Nachricht lautet, dass Gott mit seinem Volk ist (Jes 7,14), dieses aber im Gegenzug – ggf. auch wider allen Augenschein – an ihm festhalten muss (Jes 7,9b). Die sich anschließenden Unheilsorakel (7,18–25) thematisieren das unabdingbare assyrische Strafgericht, das sich – ähnlich wie in Hos 1,3–9 – durch die Geburt und zeichenhafte Namengebung von Jesajas Sohn Maher-Schalal-Chasch-Bas („schnelle Beute – rascher Raub") in Form einer prophetischen Zeichenhandlung bestätigt (8,1–4). Weitere Gerichtsankündigungen, Fremdvölkersprüche u. a. schließen sich an, in denen das bleibende Pardox der jesajanischen Verkündigung dargelegt wird.

Abb. 5: König Jehu von Israel unterwirft sich dem assyrischen König Salmanassar III. (858–823 v. Chr.; Schwarzer Obelisk aus Nimrud/Kalchu).

Der Schwarze Obelisk Salmanassars III. dokumentiert Tributzahlungen des knienden Jehu, König Israels, an den assyrischen König ikonographisch und inschriftlich: „Abgabe nahm ich in Empfang von Jehu, dem Sohne Omri's [s. dazu aber 2 Kön 10]: Silber, Gold, eine Schale aus Gold, ein *zuqutu*-Gefäß aus Gold, Becher aus Gold,

Eimer aus Gold, Zinn, ein Szepter für die Hand des Königs und Jagdspieße."²³¹

Bewahrung erfährt nicht nur ein kleiner Rest, sondern sie gilt auch der „Weisung" (Jes 8,16–18):

Jes 8,1–4.16–18

1 Und der HERR sprach zu mir: Nimm dir eine grosse Tafel, und schreibe darauf mit menschlichem Griffel: Besitz von Eilebeute-Raschgeraubt.
2 Dann will ich mir Urija, den Priester, und Secharjahu, den Sohn des Jeberechjahu, als vertrauenswürdige Zeugen bestellen.
3 Und ich kam der Prophetin nahe, und sie wurde schwanger und gebar einen Sohn. Da sprach der HERR zu mir: Gib ihm den Namen Eilebeute-Raschgeraubt.
4 Denn noch bevor der Knabe rufen kann: Mein Vater!, und: Meine Mutter!, wird man den Reichtum von Damaskus und die Beute aus Samaria vor den König von Assur tragen. […]
16 Was bezeugt ist, einschliessen! Die Weisung versiegeln in [/mit] meinen Schülern!
17 Und ich werde auf den HERRN warten, der sein Angesicht verbirgt vor dem Haus Jakob, und auf ihn werde ich hoffen.
18 Sieh, ich und die Kinder, die der HERR mir gegeben hat, sind Zeichen und Wahrzeichen in Israel, vom HERRN der Heerscharen, der auf dem Berg Zion wohnt.

Es ist auf den ersten Blick nicht klar, ob es sich in V. 16 metaphorisch um die Bewahrung der Botschaft Jesajas im Herzen seiner Schüler als ein Geheimwissen handelt oder ob es ganz konkret um das Versiegeln der Weisung (חתום תורה/ḥtm + tôrâ) in einem Schriftstück durch die Schüler (בלמדים/belimudîm; 8,16) geht.²³² In dem besprechenden Monolog erläutert der Prophet seine Absicht: Indem er die Weisung versiegelt, wird sie für die Nachwelt gesichert (vgl. Jes 30,8). Das bevorstehende Gericht wird als Verhüllung von Gottes Angesicht – im Sinne von Wegsehen oder Unachtsamkeit – beschrieben (vgl. Dtn 31,17 f.; 32,29 u. ö.). Doch setzt Jesaja die erneute Zuwendung Gottes voraus und erwartet sie (V. 17a). Martin Luther hat Jes 8,1–18 als wichtigen Baustein für seine Lehre von Gott als „Deus absconditus et revelatus" (WA 40/II 329,17–330,32) angesehen: Gott verbirgt sich im Gericht an

---

231 Zur Übersetzung vgl. TUAT I, 362 (R. Borger); Weippert, Textbuch, 264; zur Abbildung: British Museum, London, NR. 118885. D. Jericke, Art. Omri, www.wibilex.de mit Abb. 2.
232 So z. B. Barthel, Prophetenwort, 233–236 mit Hinweis auf Ruth 4,7; vgl. Beuken, Jesaja 1–12, 230.

Israel/Juda und offenbart sich zugleich seinem Propheten und dessen Söhnen als „Gott mit uns" (Immanuel), der als JHWH Zebaot, der auf dem Berg Zion wohnt (V. 18), stets zugegen ist. Trotz des Gerichtshandelns an seinem Volk ist der bleibende Bezug auf Israel durch den Propheten und seine Schüler gegeben: „Der verborgene Gott bleibt im prophetischen Wort und in der prophetischen Existenz zeichenhaft präsent."[233]

Die Verse Jes 8,16–18 bilden den ersten Abschluss der Jesaja-Denkschrift[234], an die sich sekundär zwei weitere Heilsorakel anschließen, die im christlich-liturgischen Kontext von zentraler Bedeutung sind (vgl. Mt 4,16).

> 1 Das Volk, das in der Finsternis geht,   Jes 9,1–6
> hat ein grosses Licht gesehen,
> die im Land tiefsten Dunkels leben,
> über ihnen ist ein Licht aufgestrahlt.
> 2 Du hast die Nation zahlreich werden lassen,
> hast die Freude für sie gross gemacht.
> Sie haben sich vor dir gefreut,
> wie man sich freut in der Erntezeit,
> wie man jubelt, wenn man Beute verteilt.
> 3 Denn das Joch, das auf ihnen lastet,
> und den Stab auf ihrer Schulter,
> den Stock dessen, der sie treibt,
> hast du zerschmettert wie am Tag Midians.
> 4 Denn jeder Stiefel, der dröhnend aufstampft,
> und der Mantel, der im Blut geschleift ist,
> der wird brennen,
> wird ein Frass des Feuers sein.
> 5 Denn ein Kind ist uns geboren,
> ein Sohn ist uns gegeben,
> und auf seine Schulter ist die Herrschaft gekommen.
> Und er hat ihm seinen Namen gegeben:
> Wunderbarer Ratgeber, Heldengott,
> Starker, Friedensfürst.
> 6 Die Herrschaft wird grösser und grösser,
> und der Friede ist grenzenlos
> auf dem Thron Davids
> und in seinem Königreich;
> er gründet es fest

---

233 Barthel, Prophetenwort, 241.
234 Beuken, Jesaja 1–12, 51; vorsichtiger Schmid, Jesaja, 33–36.92.

und stützt es durch Recht und durch Gerechtigkeit,
von nun an für immer.
Dies vollbringt der Eifer des HERRN der Heerscharen.

Das Motiv der Sohnesverheißung (vgl. Jes 7,14; 8,3) ist hier im Stile eines Danklieds gestaltetet. Es geht dabei einerseits um die Vermehrung des Volkes (V. 2), die an die Volksverheißung an die Väter (Gen 12,2 u. ö.), ihre Erfüllungsnotiz (Ex 1,7 u. ö.; vgl. auch Ez 33,24) wie auch an die in den Prophetenbüchern häufig verhandelte Verheißung von Israels Restauration (z. B. Hos 2,1) erinnert. Anderseits konzentriert sich der Text auf die perfektische Ankunft des in Jes 7,14 angekündigten Königs, der vier vielversprechende Thronnamen trägt (V. 5b), die seine ideale Amtsführung umreißen: Das Königsorakel (V. 6) präsentiert ihn als Davididen, der mit Größe, Frieden sowie mit Recht und Gerechtigkeit (משפט וצדקה/*mišpaṭ weṣedaqâ*) für immer regieren wird. Das Prädikat „für immer" entspricht der Zusage einer auf Dauer angelegten Königsherrschaft der Davididen, wie sie auch in der Nathanweissagung (2Sam 7,16 עד עולם/*'ad 'ôlam*) begegnet. Darin erhält die recht konkrete Verheißung (vielleicht Josias?) zugleich auch eine eschatologische Note, die sie als messianisch und auf die Zukunft gerichtet markiert und der später erfolgten Übertragung auf Jesus als den erwarteten Messias Vorschub leistet.

Königsideologie s. u. 3.4

Die letzte große messianische Weissagung findet sich in Jes 11,1–9:

Jes 11,1–9

1 Und aus dem Baumstumpf Isais wird ein Schössling hervorgehen,
und ein Spross aus seinen Wurzeln wird Frucht tragen.
2 Und auf ihm wird der Geist des HERRN ruhen,
der Geist der Weisheit und der Einsicht,
der Geist des Rates und der Kraft,
der Geist des Wissens und der Furcht des HERRN.
3 Und er wird die Furcht des HERRN atmen,
und er wird nicht richten nach dem, was seine Augen sehen,
und nicht entscheiden nach dem, was seine Ohren hören:
4 Den Machtlosen wird er Recht verschaffen in Gerechtigkeit,
und für die Elenden im Land wird er einstehen in Geradheit.
Und mit dem Knüppel seines Mundes wird er das Land schlagen
und mit dem Hauch seiner Lippen den Frevler töten.
5 Und Gerechtigkeit wird der Schurz an seinen Hüften sein
und Treue der Gurt um seine Lenden.
6 Und der Wolf wird beim Lamm weilen,
und die Raubkatze wird beim Zicklein liegen.
Und Kalb, junger Löwe und Mastvieh sind beieinander,
und ein junger Knabe leitet sie.

7 Und Kuh und Bärin werden weiden,
und ihre Jungen werden beieinander liegen,
und der Löwe wird Stroh fressen wie das Rind.
8 Und der Säugling wird sich vergnügen an der Höhle der Viper,
und zur Höhle der Otter streckt ein Kleinkind die Hand aus.
9 Nirgendwo wird man Böses oder Zerstörerisches tun
auf meinem heiligen Berg,
denn das Land ist voll von Erkenntnis des HERRN,
wie von Wasser, das das Becken des Meeres füllt.

Das bereits in Jes 6,13b verwendete Bild vom austreibenden Baumstumpf wird in Jes 11,1 erneut bemüht und mit der Referenz auf Isai, den Vater Davids (1Sam 16), deutlich an die Südreichtraditionen rückgebunden. Allerdings ist die Dynastie diesem Text nach unterbrochen, um schließlich aber doch dank des kleinen Schösslings Fortsetzung zu erfahren (חטר/*ḥoṭær*; vgl. den in dem Weihnachtslied „Es ist ein Ros entsprungen" zitierten „Reis" [so die Übersetzung M. Luthers z.St.]). Der neue Herrscher trägt ideale Züge (Weisheit, Planung, Erkenntnis und JHWH-Furcht in V. 2–3), die in Jes 2,4 mit Gott selbst assoziiert sind.

Die Vision vom Tierfrieden (V. 6–8) erinnert an das urgeschichtliche Thema, dass sich wegen der anwachsenden Bosheit (Gen 6,5–7.12; 9,2, vgl. Jes 11,9) die in Gen 1 beabsichtigte Schöpfungsordnung verkehrt; dem wird in Jes 11,6–9 ein Neuanfang auf Gottes heiligen Berg („Zion") entgegengestellt.

Königsideologie s. u. 3.4

Das im Jesaja-Buch ebenfalls verwendete Leichenlied ist im Sinne einer Untergangsklage verwendet (s. o. Am 5; vgl. Jes 5; 10,1–4a), die Totenklage, Tag JHWHs und Gerichtsmetaphorik in einen Zusammenhang stellt.[235] Die Klagen gelten den widerspenstigen Söhnen (30,1–5), die in Ägypten Hilfe suchen (Jes 31,1–3; vgl. weitere Weherufe in Jes 28,1; 29,1.15; 33,1) und thematisieren Jerusalem/Zion, wobei stets das Eingreifen JHWH Zebaoths/des Heiligen im Zentrum steht. Im letzten Beleg (Jes 33,1–23) ist nicht mehr das Volk Israel-Juda, sondern eine feindliche Macht im Visier, vor der Zion zu retten ist. Das Kapitel endet mit der Verheißung von der Wiederherstellung des Zion durch Gott, der nicht mehr nur vor dem sündhaften Volk, sondern auch vor äußeren Angriffen zu schützen ist (Jes 32,15–20); ein klassisches Motiv der Zionstheologie ist hier sekundär um apokalyptische Bezüge ergänzt (vgl. die Jesaja-Apokalypse in Jes 24–27). Während Kap. 34 den eigentlichen Abschluss Proto-Jesajas bildet, bevor in 36–39 der Geschichtsrückblick folgt (vgl. 1Kön 18,13–20,19), greift das redaktio-

Apokalyptik s. u. 2.6.4

---

235 Vgl. C. Hardmeier, Art. Totenklage (AT), www.wibilex.de, § 3.2.1.

nelle Kap. 35 thematisch auf die Botschaft Deutero-Jesajas vor. Bereits der erste Teil des Jesaja-Buches („Proto-Jesaja") enthält Abschnitte, die die Gerichtsankündigung auf dem Hintergrund der Erfahrung des Untergangs von Juda 587/586 v. Chr. theologisch reflektieren.

Die vorexilische Prophetie eines Amos, Hosea, Jesaja oder auch Micha sagt im Auftrag Gottes das göttliche Gericht voraus, welches mit Kult- oder Sozialkritik begründet wird. Sie endet 701 v. Chr. abrupt in der Zeit, als Juda dasselbe Schicksal wie Israel zu ereilen scheint: Der assyrische König Sanherib steht vor Jerusalem, doch gelingt es ihm – wie durch ein Wunder – nicht, die Stadt einzunehmen. Hiskia lässt in Eile einen Tunnel graben (archäologisch bezeugt als Siloahtunnel, berühmt wegen seiner Inschrift[236]), der den Zugang zur Wasserversorgung der Stadt während der mehrjährigen Belagerung sichert. Sanheribs Heer muss schließlich die Belagerung wegen einer Seuche im Heereslager abbrechen. Verantwortlich zeichnet dafür ein „Engel JHWHs" (2Kön 19,35f.; Jes 37,36f.; vgl. Herodot, Historiae II,141 als ägyptische Legende) und Juda kommt mit großem Schreck davon. Auch diese Bücher voller Unheilsprophetien sind von Elementen des Heils durchzogen, die zumeist auf jüngere Bearbeitungen hinweisen. Insbesondere die messianischen Texte Jesajas haben eine große Wirkungsgeschichte erfahren.

Literatur

Barthel, Jörg: Prophetenwort und Geschichte. Die Jesajaüberlieferung in Jes 6–8 und 28–31, Tübingen 1997 (FAT 19).
Beuken, Willem A.M.: Jesaja 1–12 (HThKAT), Freiburg u.a. 2003.
–: Jesaja 28–39 (HThKAT), Freiburg u.a. 2010.
Frevel, Christian: Grundriß der Geschichte Israels, in: E. Zenger u.a., Einleitung in das Alte Testament, Stuttgart ⁸2012, 701–869.
–: Geschichte Israels, Stuttgart 2015.
Jeremias, Jörg: Der Prophet Amos (ATD 24,2), Göttingen ³2013.
–: Hosea 4–7. Beobachtungen zur Komposition des Buches Hosea, in: Ders., Hosea und Amos. Studien zu den Anfängen des Dodekapropheton, Tübingen 1996, 55–66 (FAT 13).
–: Die Anfänge des Dodekapropheton, in: Ders., Hosea und Amos. Studien zu den Anfängen des Dodekapropheton, Tübingen 1996 (FAT 13), 34–54.
Kratz, Reinhard G.: Die Worte des Amos von Tekoa, in: M. Köckert/M. Nissinen (Hg.), Propheten in Mari, Assyrien und Israel, Göttingen 2003 (FRLANT 201), 54–89.

---

236 Vgl. K. Bieberstein, Art. Jerusalem, www.wibilex.de, § 6.3.5 und R. Heckl, Art. Hiskia, www.wibilex.de, § 2.3.2 sowie Weippert, Textbuch, 326–337.

Levin, Christoph: Amos und Jerobeam I., in: VT 45 (1995), 307–317.
Rösel, Martin: Die Jungfrauengeburt des endzeitlichen Immanuel, in: JBTh 6 (1991), 135–151.
Schart, Aaron: Die Entstehung des Zwölfprophetenbuchs. Neubearbeitungen von Amos im Rahmen schriftenübergreifender Redaktionsprozesse, Berlin/New York 1998 (BZAW 260).
Schmid, Konrad: Jesaja 1–23 (ZBK.AT 19/1), Zürich 2011.
Steck, Odil Hannes: Bereitete Heimkehr. Jesaja 35 als redaktionelle Brücke zwischen dem Ersten und dem Zweiten Jesaja, Stuttgart 1985 (SBS 121).
Wagner, Thomas: Gottes Herrschaft. Eine Analyse der Denkschrift (Jes 6,1–9,6), Leiden 2006 (VT.S 108).
Weippert, Manfred: Historisches Textbuch zum Alten Testament, Göttingen 2010 (GAT 10).
Yee, Gale A.: Composition and Tradition in the Book of Hosea. A Redaction Critical Investigation, Atlanta 1987 (SBL Diss. Series 102).

2.6.2 JHWH, der strafende Gott in der exilischen Prophetie

Plötzlich schweigen die Propheten einige Jahrzehnte. Neben Zephanja, Nahum und Habakuk wird das prophetische Wort vor allem unter Jeremia in der Josia-Zeit (639–609 v. Chr.) wieder laut. Jeremia ist besonders mit dem Enkel Josias, König Jojakim (608–598 v. Chr.), im ständigen Widerstreit. Mit ihm wird die prophetische Gerichts- und Unheilsverkündigung akut.

Tab. 7: Die Chronologie Judas

701	der assyr. König Sanherib vor Jerusalem – Ende der frühen Prophetie
ab 622	Josia – Jojakim, Könige von Juda (**Jeremia**)
605	Schlacht von Karkemisch; Übergang von assyr. zu babylon. Einfluss über Juda: Spaltung in eine probabylon. oder proägypt. Koalition
586	Fall Jerusalems durch den babylon. König Nebukadnezar II.
586–538	Babylon. Vorherrschaft und Exil; Propheten **Ezechiel** (Exil), **Jeremia** (Jerusalem/Palästina) **und Deutero-Jesaja** (Jerusalem/Palästina)
582	Ermordung Gedaljas als Statthalter; Flucht Jeremias nach Ägypten
550	Kyros II. von Persien unterwirft Medien
539	Kyros erobert Babylon Ende des Neubabylonischen Reiches; Juda wird zu Jehud in der Provinz Transeuphratene (**Tritojesaja**)

539–331	Persisches Weltreich
539–529	Kyros der Große
520	**Haggai und Sacharja,** Serubbabel und Josua
515/423	Einweihung des Zweiten Tempels unter Darius I. bzw. II.

2.6.2.1 Jeremia

Ein wichtiger Prophet der späten Königszeit und des Exils ist Jeremia aus Anathot, Sohn eines Priesters an einem der kleinen Reichsheiligtümer, die im Zuge der josianischen Reform (622/621 v. Chr.) geschlossen worden sind. Seine Botschaft richtet sich vor allem gegen die Politik Jojakims, einen Sohn des im Kampf von Pharao Necho getöteten Königs Josia. Anders als bei den meisten anderen Schriftpropheten erhält der Leser durch mehrere Fremdberichte Kenntnis über das Ergehen des Propheten und die Zeitumstände seit der Belagerung Jerusalems (588/87 v. Chr.; vgl. die ausführlichen Prophetenerzählungen in Jer 20,1–6; 26–29; 37–44). Er erfährt außerdem etwas über die tiefe Empathie gegenüber Gottes Leiden an seinem Volk (die sog. „Konfessionen"[237]).

Prophetischer Berufungsbericht

Jeremia wird von Gott berufen (Jer 1,4–10) mit dem Verweis, dass er von Mutterleib an für sein Amt bereitet war (Jer 1,4). Insofern ist jeder Einwand (das junge Alter; 1,6) zwecklos, zumal der Prophet mit Gottes Beistand rechnen kann (1,8.17), und Gott ihm die Worte in den Mund legt (1,9).

Wie in der Hosea-Tradition sind auch in Jer 2–3 die Fremdgötter als Baalim beschrieben, die keine Götter sind (2,11.27 f.); auch das Bild des Ehebruchs (מצאתים/*meṣaʾtîm* in 2,33 f. bzw. זונה/*zônah* in 3,1–5; zu 3,6 vgl. Hos 4,13) ist übernommen und neu artikuliert. Die Aufforderung zu Umkehr und neuem Lebenswandel (4,1 f.) fruchtet aber nicht, was der Grund für das anhaltende Leiden des Propheten ist. In dem Abschnitt Jer 7–20 sticht insbesondere die Tempelrede hervor, die die Zerstörung dieser zentralen Institution judäischen Glaubens thematisiert, deren Bestand als Wohnort Gottes von der schlechten Lebensführung Israels

Monotheismus s. u. 3.1

gefährdet ist (Jer 7,3–11) und durch die Fremdgötterkulte (z. B. die Himmelskönigin in Jer 7,16–20; 44) entheiligt wird (s. u. Ezechiel).

Anders als bei Amos und Jesaja ist die Totenklage nicht als rhetorisches Stilmittel verwendet, um das bevorstehende Gericht als etwas bereits Eingetroffenes darzustellen. Im Jeremiabuch dient die Totenklage dazu, die Kriegsfolgen von 587/586 v. Chr. vorwegnehmend zu

---

237 Vgl. Schmidt, Jeremia,1–20, 233–235; K. Finsterbusch, Art. Konfessionen Jeremias, www.wibilex.de.

vergegenwärtigen (Jer 4,8; 6,26) oder aber die realen Opfer zu beklagen bzw. durch Klagefrauen beklagen zu lassen (Jer 9,19). Deshalb hat man dem Propheten nachträglich auch die Klagelieder (Threni), die eigentlich Stadtklagen auf den Untergang Jerusalems sind, zugeschrieben.[238] Neben der genretypischen Verwendung bezieht sich der Weheruf in Jer 22 nicht so sehr auf den realen Tod Josias im Gefecht (Jer 22,10; vgl. 2Kön 23,30), als auf König Jojakim und sein bevorstehendes unwürdiges Ende (V. 13–19). Doch traf das Vorhergesagte historisch nicht ein, da Jojakim wohl schon 598 v. Chr., also vor der babylonischen Eroberung Jerusalems, friedlich verstorben ist (vgl. 2Kön 24,6).[239]

Die Ernsthaftigkeit der Untergangsankündigung zeigt die sogenannte Tempelrede (Jer 7)[240]:

Einleitung: 1 Das Wort, das vom HERRN an Jeremia erging: Jer 7,1–15
Auftrag mit Ortsangabe: 2 Stell dich ins Tor zum Haus des HERRN und rufe dort dieses Wort aus und sprich: Hört das Wort des HERRN, ganz Juda, die ihr durch diese Tore hineingeht, um euch vor dem HERRN niederzuwerfen.
Nach Botenformel Ermahnung: 3 So spricht der HERR der Heerscharen, der Gott Israels: Macht eure Wege besser und eure Taten, dann will ich euch wohnen lassen an dieser Stätte. 4 Verlasst euch nicht auf verlogene Worte wie diese: Der Tempel des HERRN, der Tempel des HERRN, das ist der Tempel des HERRN. 5 Macht vielmehr eure Wege besser und eure Taten. Wenn ihr wirklich Recht schafft untereinander 6 und den Fremden, die Waise und die Witwe nicht unterdrückt – und kein unschuldiges Blut an dieser Stätte vergiesst – und nicht anderen Göttern nachlauft, zu eurem eigenen Unheil, mit bedingte Heilszusage 7 dann werde ich euch wohnen lassen an dieser Stätte, in dem Land, das ich euren Vorfahren gegeben habe, vor langer Zeit für immer.
Doppelte Anklage mit Urteil: 8 Seht, ihr verlasst euch auf die verlogenen Worte – ohne Nutzen. 9 Stehlen, töten und ehebrechen und falsch schwören und dem Baal Rauchopfer darbringen und anderen Göttern nachlaufen, die ihr nicht kennt! 10 Und da kommt ihr und tretet vor mich in diesem Haus, über dem mein Name ausgerufen ist, und sprecht: Wir sind gerettet!, um dann all diese Abscheulichkeiten zu begehen! 11 Ist denn dieses Haus, über dem mein Name ausgerufen ist, in euren Augen eine Räuberhöhle geworden? Auch ich, seht, ich habe es

---

238 Koenen, Threni, 4f. zum Genre der קנות/*qinôt* und 29–36 zur vermeintlichen Verfasserschaft Jeremias.
239 Vgl. dazu Frevel, Geschichte Israels, 270–274.
240 Schmidt, Jeremia,1–20, 175 f. beschreibt sie als zugehörig zur Gattung der Klagelieder (s. u. 2.7.)

gesehen! Spruch des HERRN. 12 Geht doch zu meiner Stätte in Schilo, wo ich anfangs meinen Namen habe wohnen lassen, und seht, was ich ihr angetan habe wegen der Bosheit meines Volks Israel. 13 Und nun, weil ihr all diese Taten begeht, Spruch des HERRN, obwohl ich zu euch geredet habe, immer wieder eifrig geredet habe, und ihr nicht gehört habt und ich euch rief und ihr nicht geantwortet habt:
Urteil über den Tempel: 14 Was ich Schilo angetan habe, werde ich dem Haus antun, über dem mein Name ausgerufen ist und auf das ihr vertraut, und der Stätte, die ich euch und euren Vorfahren gegeben habe.
Urteil über das Volk 15 Und ich werde euch von meinem Angesicht verstossen, wie ich all eure Brüder verstossen habe, alle Nachkommen Efraims.

Wie bereits die vorangehenden Buchkapitel handelt auch Jer 7–8,3 von der Ankündigung des göttlichen Gerichts. Die Leitfrage, was Hilfe und Schutz (Jer 2,13.27f.) gibt, wird in Kap. 7 breit entfaltet (7,4.8.14). Die Grundlagen, auf die das Volk Israel bislang gebaut hat (Tempel und Wort), halten nicht mehr (vgl. Jer 26 als Wiederaufnahme der Tempelkritik). Es folgen Polemiken auf diverse Kultformen (Kult der Himmelskönigin in 7,16–20, Opferkritik in 7,21–29 und Tophet-Polemik in 7,30ff.; vgl. Jer 19,4–7; 32,35) gefolgt von einer Gerichtsansage in 7,32–8,3.

Die Kult- bzw. Tempelkritik ist nicht neu. Schon Amos (4,4; 5,5; 9,1 s.o.) und Hosea (10,2.8; 12,12) übten Kritik am Kult der Nordreichheiligtümer wie Micha Kritik am Zion übte (3,11, zitiert in Jer 26,18). Jeremia steht also in der prophetischen Tradition der Kultkritik, die jedoch mit der historischen Vorbedingung der Kultzentralisation auf Jerusalem noch eine besondere Zuspitzung erfährt, da es nach einer Zerstörung des Tempels keinerlei Alternative für die Kultausübung mehr gibt. Es ist nicht klar, ob es sich mit dieser Anspielung auf Schilo (vgl. 1Sam 4) um eine Erinnerung der frühen Königszeit handelt oder aber auf ein zeitgenössisches Ereignis in assyrischer Zeit, von dem die biblischen Texte nicht weiter berichten[241] Die Tempelkritik geht mit Sozialkritik einher (Jer 7,9); diesbezügliche Verfehlungen können durch Kult nicht einfach weggewaschen werden:

„Es handelt sich um eine Religionskritik, die aus dem eigenen Glauben erwächst, von innen, nicht von außen kommt, nicht an fremden Kulten geübt wird, sondern ‚Fundamente', Grundlagen des eigenen Glaubens eben aus diesem Glauben – auf Grund eines anderen Gottesverständnisses – in Zweifel zieht."[242]

---
241 Vgl. Schmidt, Jeremia 1–20, 178.
242 Schmidt, Jeremia 1–20, 180f.

Andere Passagen handeln vom Leiden des Propheten an seiner Verkündigung im Selbstbericht („Konfessionen Jeremias": Jer 11,18–12,6; 15,10–21; 17,14–18; 18,18–23), die exemplarisch für das Leiden Gottes selbst stehen. Aus der Gottesperspektive ist Israel als Erbbesitz (נחלה/ *naḥalâ*) beschrieben (Jer 12,7ff; vgl. 45,4; s. Dtn 32), den er preisgibt, d. h. den Feinden überlässt, oder als ein Weinberg, der von fremden Hirten geplündert wird, wobei die Begründung sehr allgemein gehalten ist (V. 7 Verlassen des Hauses, Aufgeben des Erbteils). Die fünfte und letzte Konfession (Jer 20,7–18) zeigt die tiefe Hoffnungslosigkeit des Propheten an, die nicht nur Israel, sondern auch sein eigenes Schicksal betrifft.

Landfrage s. o. 2.5.1; s. u. 3.5.2.3

> 14 Verflucht ist der Tag, an dem ich geboren wurde;
> der Tag, an dem meine Mutter mich geboren hat, er sei nicht gesegnet.
> 15 Verflucht ist der Mann, der meinem Vater die Botschaft brachte: Ein Sohn ist dir geboren worden!
> Wie glücklich hat er ihn gemacht!
> 16 Und jener Mann soll sein wie die Städte, die der HERR umgestürzt und deren er sich nicht erbarmt hat.
> Dann wird er Schreie hören am Morgen und Kriegslärm zur Mittagszeit.
> 17 Denn er hat mir nicht den Todesstoss gegeben im Mutterleib,
> und meine Mutter wurde nicht mein Grab,
> und ihr Leib blieb nicht schwanger für immer.
> 18 Warum nur kam ich aus dem Mutterleib?
> Um Mühsal zu sehen und Qual?
> In Schande sind meine Tage vergangen.

Jer 20,14–18

Die Verfluchung des eigenen Geburtstages (vgl. Jer 15,10; Hi 3,1–16) grenzt an eine Selbstverfluchung und zeigt die Aussichtslosigkeit des Propheten in seinem Amt an. Als 605 v. Chr. der militärische Durchbruch des babylonischen Königs Nebukadnezar bei Karkemisch erfolgt, der die assyrische Vormacht endgültig beendet und Palästina einen neuen Machthaber beschert, deutet sich auch der Untergang Judas an. Jer 36 berichtet von Jojakims Verwerfung der prophetischen Gerichtsankündigung und von der Zerstörung der angefertigten Niederschrift:

> 1 Und im vierten Jahr des Jehojakim, des Sohns von Joschijahu, des Königs von Juda, erging dieses Wort vom HERRN an Jeremia: 2 Nimm dir eine Schriftrolle und schreibe darauf alle Worte, die ich zu dir gesprochen habe über Israel und über Juda und über alle Nationen, von dem Tag an, an dem ich zu dir gesprochen habe, seit den Tagen des Joschijahu bis zum heutigen Tag. […] 8 Und Baruch, der Sohn des Nerija, handelte all dem gemäss, was Jeremia, der Prophet, ihm geboten hatte, und verlas die Worte des HERRN aus der Schrift im Haus des HERRN. 9 Und im

Jer 36,1–32

fünften Jahr des Jehojakim, des Sohns von Joschijahu, des Königs von Juda, im neunten Monat, rief man das ganze Volk in Jerusalem und alles Volk, das aus den Städten Judas nach Jerusalem kam, zu einem Fasten auf vor dem HERRN. […] 11 Und Michajehu, der Sohn des Gemarjahu, des Sohns von Schafan, hörte alle Worte des HERRN aus der Schrift. [… *die erste Verlesung vor dem Volk* (V. 9–13); V. 14–19 *die zweite Verlesung vor hohen Beamten; dritte Verlesung vor dem König* (V. 21–26):] 20 Dann kamen sie zum König in den Hof, die Rolle aber hatten sie in der Kammer des Elischama, des Schreibers, hinterlegt. Und sie berichteten dem König alle Worte. 21 Da sandte der König den Jehudi, um die Rolle zu holen, und dieser nahm sie aus der Kammer des Elischama, des Schreibers. Und Jehudi las sie dem König und allen Oberen, die beim König standen, vor. 22 Und der König sass im Winterhaus, im neunten Monat, und das Kohlenbecken vor ihm war angezündet. 23 Und immer wenn Jehudi drei oder vier Spalten vorgelesen hatte, zerschnitt er sie mit dem Schreibermesser und warf sie in das Feuer, das im Kohlenbecken brannte, bis die ganze Rolle im Feuer vernichtet war, das im Kohlenbecken brannte. […]

27 Und das Wort des HERRN erging an Jeremia, nachdem der König die Rolle mit den Worten, die Baruch nach dem Diktat Jeremias geschrieben hatte, verbrannt hatte: 28 Nimm dir eine andere Rolle und schreibe alle früheren Worte darauf, die auf der früheren Rolle waren, die Jehojakim, der König von Juda, verbrannt hat. 29 Und über Jehojakim, den König von Juda, sollst du sagen: So spricht der HERR: Du hast diese Rolle verbrannt und gesagt: Warum hast du darauf geschrieben: Der König von Babel wird kommen, und dieses Land wird er verwüsten, und Mensch und Tier in ihm wird er ein Ende bereiten. 30 Darum, so spricht der HERR über Jehojakim, den König von Juda: Ihm wird niemand bleiben, der auf dem Thron Davids sässe! Und sein Leichnam wird weggeworfen daliegen in der Hitze am Tag und im Frost bei Nacht. 31 Und an ihm, an seinen Nachkommen und an seinen Dienern werde ich ihre Schuld heimsuchen, und über sie und über die Bewohner Jerusalems und über den Mann aus Juda werde ich all das Unheil bringen, das ich ihnen angekündigt habe. Sie aber haben nicht gehört. 32 Und Jeremia nahm eine andere Rolle und gab sie Baruch, dem Sohn des Nerijahu, dem Schreiber, und nach dem Diktat Jeremias schrieb dieser darauf alle Worte der Schrift, die Jehojakim, der König von Juda, im Feuer verbrannt hatte, und viele ähnliche Worte wurden ihnen hinzugefügt.

<small>Kanonbildung und kulturelles Gedächtnis s. u. 3.6.1

Davidbund s. o. 2.5.1.6</small>

In diesem umfänglichen Text kommt es besonders auf die Verse 30 ff. an, die anzeigen, dass der Untergang Judas beschlossene Sache ist und die Davididen – gegen alle Dynastieverheißungen – ein politisches Auslaufmodell darstellen. Gewissermaßen pervertiert Jeremia hier die gängigen prophetischen Thron- und Dynastieorakel (anders Jer 23,5). Zwar unterwirft sich Jojakim widerwillig dem babylonischen König (2 Kön 24,1), kündigt aber nach drei Jahren das Vasallenverhältnis auf und verursacht so den folgeschweren Rachefeldzug des babylonischen Königs. Das Wort gegen Jojakim schließt das Volk mit ein, das sich ebenfalls auf das göttliche Gericht vorbereiten und die politische Demütigung annehmen soll. Der Prophet, dem die Worte Gottes im Zuge seiner Berufung in den Mund gelegt sind (Jer 1,9; in 15,6 sogar von Jeremias verspiesen werden; vgl. Ez 3,1–3), wird nun mit dem Ziel der Bewahrung zur Verschriftlichung dieser Worte aufgefordert, was ihm Anfeindungen und Angst vor Verfolgung und Tod beschert. Das Prophetenwort soll als Prophetenschrift für die zukünftigen Generationen konserviert werden.

Jer 27 ist ein Beispiel dafür, wie prophetische Unheilsbotschaft in einem ganz anderen Medium, einer Symbolhandlung, dargestellt werden kann: JHWH beauftragt Jeremia, ein Joch zu tragen, worin die Fremdherrschaft Nebukadnezars über Palästina verkörpert wird. Die Zeichenhandlung evoziert einen Streit, in dem ein „falscher Prophet" (d. h. der dem König willige Prophet Chananja) und Jeremia um die rechte Deutung des Jochs ringen:

> 28 1 Und in jenem Jahr, am Anfang der Königsherrschaft des Zidkija, des Königs von Juda, im vierten Jahr, im fünften Monat, sprach Chananja, der Sohn des Asur, der Prophet aus Gibeon, im Haus des HERRN vor den Augen der Priester und des ganzen Volks zu mir: 2 So spricht der HERR der Heerscharen, der Gott Israels: Zerbrochen habe ich das Joch des Königs von Babel! 3 Alle Geräte des Hauses des HERRN, die Nebukadnezzar, der König von Babel, von dieser Stätte weggenommen und die er nach Babel gebracht hat, bringe ich binnen zweier Jahre an diese Stätte zurück. 4 Und Jechonja, den Sohn des Jehojakim, den König von Juda, und alle Verbannten aus Juda, die nach Babel gekommen sind, bringe ich zurück an diese Stätte, Spruch des HERRN, denn das Joch des Königs von Babel werde ich zerbrechen.
> 5 Da sprach Jeremia, der Prophet, zu Chananja, dem Propheten, vor den Augen der Priester und vor den Augen des ganzen Volks, aller, die im Haus des HERRN standen – 6 Jeremia, der Prophet, sprach: Amen! So soll der HERR handeln! Möge der HERR deine Worte, die du geweissagt hast, erfüllen und die Geräte des Hauses des HERRN und alle Verbannten aus Babel zurückbringen an diese Stätte! 7 Aber höre doch dieses Wort, das ich in deine Ohren und in die Ohren des ganzen Volks spreche: 8 Die Propheten, die schon lange Zeit vor mir und vor dir gewesen sind, sie haben über viele Länder und über grosse Königreiche geweissagt von Krieg und Unheil und Pest. 9 Der Prophet, der von Frieden weissagt

Jer 28,1–17

> [für ihn gilt:] – wenn das Wort des Propheten eintrifft, wird der Prophet erkannt werden, den wirklich der HERR gesandt hat. 10 Da nahm Chananja, der Prophet, die Jochstange vom Nacken Jeremias, des Propheten, und zerbrach sie. 11 Und Chananja sprach vor den Augen des ganzen Volks: So spricht der HERR: Ebenso werde ich binnen zweier Jahre das Joch Nebukadnezzars, des Königs von Babel, vom Nacken aller Nationen brechen. Jeremia aber, der Prophet, ging seines Wegs.
> 12 Und das Wort des HERRN erging an Jeremia, nachdem Chananja, der Prophet, die Stange vom Nacken Jeremias, des Propheten, gebrochen hatte: 13 Geh und sage zu Chananja: So spricht der HERR: Stangen aus Holz hast du zerbrochen, an ihrer Statt aber werde ich Stangen aus Eisen machen. 14 Denn so spricht der HERR der Heerscharen, der Gott Israels: Ein eisernes Joch habe ich auf den Nacken all dieser Nationen gelegt, damit sie Nebukadnezzar, dem König von Babel, dienen. Und sie werden ihm dienen! Und selbst die Tiere des Feldes habe ich ihm gegeben. 15 Und Jeremia, der Prophet, sprach zu Chananja, dem Propheten: Höre doch, Chananja. Der HERR hat dich nicht gesandt, du aber, du hast dieses Volk auf Lüge vertrauen lassen. 16 Darum, so spricht der HERR: Sieh, ich schicke dich weg vom Erdboden, noch in diesem Jahr bist du ein toter Mann, denn du hast Abtrünnigkeit gepredigt gegen den HERRN. 17 Und Chananja, der Prophet, starb in jenem Jahr, im siebten Monat.

Hier ist ein weiteres theologisches Thema des Jeremiabuchs angesprochen: Die Erzählung thematisiert den Konflikt zwischen wahrer und falscher Prophetie (vgl. Jer 23,9–32 als disparate Sammlung). Jeremia legt sich auf Befehl JHWHs das Joch auf, welches die Zwangsherrschaft Nebukadnezars verkörpert und das Volk auf diese politische Realität hinweisen soll. Der mit Jeremia konkurrierende Hofprophet Chananja zerstört das Symbol (V. 10) und sagt die kurz bevorstehende Restauration voraus (V. 11), die von Jeremia negiert wird (V. 14). Im Zentrum der Erzählung steht die Botschaft von V. 9b: Das tatsächlich eingetretene Wort wird anzeigen, welcher von beiden der wahre JHWH-Prophet ist. Der rasche Tod Chananjas (V. 16 f.) nimmt das Urteil aber bereits vorweg.

Eine zweite Schlüsselerzählung, in der es um die Folgen des Streits um falsche Prophetie geht, ist Jer 32, die Erzählung vom Ackerkauf. Während einer königlichen Haftstrafe des Propheten wegen der „falschen" Weissagung, dass Jerusalem von Babel eingenommen werde, erhält Jeremia ein Wort JHWHs, das ihm aufträgt, von einem Verwandten in seiner Eigenschaft als Löser einen Acker zu kaufen. Der Vorgang wird auf dem Wachhof mit einem Kaufbrief und unter Zeugen besiegelt; und das Schreiben wird Jeremias Sekretär Baruch anvertraut, damit er es in einem Tongefäß konserviere, denn „man wird noch (wieder) Häuser, Felder und Weinberge kaufen in diesem Lande" (V. 15; Übersetzung W.H. Schmidt).

Über den familienrechtlich bedingten Vorgang der Lösung und die Hintergründe (vgl. Ruth 1–4) erfährt der Leser nichts, vielmehr geht es um eine Zeichenhandlung theologischen Ausmaßes: Der Prophet, der von der Eroberung und dem Untergang Jerusalems überzeugt ist, investiert auf Gottes Geheiß hin in einen Acker, der so gewissermaßen zum verheißungsvollen Unterpfand für die Restauration wird.[243]

Auch nachdem 598/597 v. Chr. ein erster Bevölkerungsschub ins Exil geführt worden ist, lässt Jeremia nicht ab, Unheil zu predigen: Die mögliche Restauration und ein Neuanfang des erwählten Volkes mit seinem Gott scheint vorerst auf die nach Babylon exilierten Menschen beschränkt, was das folgende Bildwort verdeutlicht (Jer 24,1–10):

> 1 Der HERR liess mich sehen, und sieh: Zwei Körbe mit Feigen waren vor den Tempel des HERRN bestellt. Dies geschah, nachdem Nebukadnezzar, der König von Babel, den Jechonjahu, den Sohn des Jehojakim, den König von Juda, und die Fürsten von Juda und die Schmiede und Metallarbeiter aus Jerusalem in die Verbannung geführt und sie nach Babel gebracht hatte. 2 In einem Korb waren sehr gute Feigen, wie Frühfeigen, im anderen Korb aber waren sehr schlechte Feigen, so schlecht, dass sie ungeniessbar waren. 3 Und der HERR sprach zu mir: Was siehst du, Jeremia? Und ich sagte: Feigen. Die guten Feigen sind sehr gut, die schlechten aber sind sehr schlecht, so schlecht, dass sie ungeniessbar sind. 4 Da erging das Wort des HERRN an mich: 5 So spricht der HERR, der Gott Israels: Wie diese guten Feigen, so wohlwollend werde ich die Verbannten aus Juda ansehen, die ich von dieser Stätte in das Land der Kasdäer [= Babylonier] geschickt habe. 6 Und wohlwollend werde ich mein Auge auf sie richten, und ich werde sie zurückbringen in dieses Land, und ich werde sie aufbauen und nicht niederreissen, und ich werde sie einpflanzen und nicht ausreissen. 7 Und ich werde ihnen ein Herz geben, damit sie mich erkennen – dass ich der HERR bin. Dann werden sie mir Volk sein, und ich, ich werde ihnen Gott sein, denn mit ihrem ganzen Herzen werden sie zurückkehren zu mir. 8 Und wie die schlechten Feigen, die so schlecht sind, dass sie ungeniessbar sind, so spricht der HERR, so werde ich Zidkijahu machen, den König von Juda, und seine Fürsten und den Rest von Jerusalem, die übrig geblieben sind in diesem Land, und die, die im Land Ägypten wohnen. 9 Und auf Unheil bedacht werde ich sie zum Schrecken machen für alle Königreiche der Erde, zum Hohn und zum sprichwörtlichen Gespött und zur Verfluchung an allen Orten, wohin ich sie versprenge. 10 Und ich werde ihnen das Schwert, den Hunger und die Pest schicken, bis sie ausgemerzt sind auf dem Boden, den ich ihnen und ihren Vorfahren gegeben habe.

Jer 24,1–10

---

243 Schmidt, Jeremia 21–52, 152–159.

Die Vision (V. 1–3) und das Deutewort (V. 5–10) sind literarisch mehrschichtig und verweisen deutlich auf deuteronomistisch beeinflusste Reaktualisierungen. Zudem erinnert das Bild des Korbs mit Feigen an die Vision aus Am 8,1–2, die im Jeremiabuch aber in eine bedingte Heilsankündigung verändert ist: Den Exilierten wird nach vollzogenem Gericht Heil vorausgesagt (Bestätigung durch die *Bundesformel* in V. 7; vgl. Jer 7,23) während der von den Babyloniern eingesetzte König Zedekia und die Jerusalemer Oberschicht untergehen und zum Gespött der Völker werden.

Bundesformel s. o. 2.5.1.2

In einem Brief Jeremias an die Verbannten (Jer 29), der die Heilserwartungen skizziert, wird die Zeit, die die Exilierten in Babylon verbringen, auf 70 Jahre prognostiziert (V. 10). Für diese Zeit sollen sie sich in Babylon in ihrem Leben einrichten und nicht den Voraussagungen falscher Propheten für eine baldige Rückkehr Glauben schenken (V. 8f.15.21.24–26). Ähnlich wie schon im Jesaja-Buch findet sich in Jer 23,3 die Idee des Rests (vgl. 40,11.15; 41,10.16; 42,2.15; Jes 6,13; 7,3 u. ö.), der die Restauration erfahren wird. Auch ist von einem *neuen Bund* die Rede, der den alten ersetzen wird (31,31–34). Ob dieses Thema ursprünglich jeremianisch ist, also auf den Propheten selbst zurückzuführen ist, oder aber späterer deuteronomistischer Redaktion entstammt, bleibt diskutiert.

Neuer Bund s. o. 2.5.1.5

2.6.2.2 Ezechiel

Zeitlich parallel zu Jeremia illustriert ein weiteres prophetisches Buch den Gerichtsvollzug in einer spektakulären Auszugsvision Gottes aus dem verunreinigten Jerusalemer Heiligtum. Ezechiel (oder Hesekiel) übermittelt seine Verkündigung aus dem babylonischen Exil, zu dessen ersten Schub (597 v. Chr.) er als Priester gehört. Sein Geschichtsabriss der Exilszeit steht unter dem Motto: „Sie sollen erkennen: Ich bin JHWH". Damit erhält das Exil als göttliches Strafgericht zugleich deutlichen Offenbarungscharakter. Gemeinsam mit Jesaja hat Ezechiel das Verstockungsmotiv: Die Botschaft, die er weiterträgt, wird nicht gehört. Parallelen ergeben sich weiterhin im Aufbau und in der Motivik der Berufungsberichte. Der Selbstbericht Ezechiels enthält eine Vision und Audition, die Jes 6 hinsichtlich der Erhabenheit des Geschehens und in der Komplexität seiner Darstellung noch übertrifft.

Selbstvorstellungsformel s. o. 2.1.2

Ez 1,1–9.26–28

1 Und im dreissigsten Jahr, im vierten Monat, am Fünften des Monats, als ich unter den Verbannten am Fluss Kebar war, öffnete sich der Himmel, und ich sah göttliche Schauungen. 2 Am Fünften des Monats – es war das fünfte Jahr der Verbannung des Königs Jojachin – 3 erging wahrhaftig das Wort des HERRN an Ezechiel, den Sohn des Busi, den Priester,

im Land der Kasdäer [= Babylonier], am Fluss Kebar, und dort kam die Hand des HERRN über ihn. 4 Und ich sah, und sieh: Vom Norden kam ein Sturmwind, eine grosse Wolke und flackerndes Feuer, und rings um sie war ein Glänzen, und darin, im Feuer, sah es aus wie Bernstein. 5 Und mitten darin war die Gestalt von vier Wesen, und dies war ihr Aussehen: Sie hatten Menschengestalt. 6 Und jedes hatte vier Gesichter, und jedes von ihnen hatte vier Flügel. 7 Und ihre Beine waren aufrechte Beine, und ihre Fusssohlen waren wie die Fusssohle eines jungen Stiers, und sie funkelten, es war wie der Anblick blanker Bronze. 8 Und unter ihren Flügeln waren Menschenhände, an ihren vier Seiten, und alle vier hatten ihre Gesichter und ihre Flügel. 9 Ihre Flügel berührten einander. Wenn sie sich bewegten, änderten sie nicht die Richtung, jedes bewegte sich geradeaus [...] 26 Und oberhalb des Gewölbes, das sich über ihren Köpfen befand, war, dem Aussehen von Saphirgestein gleich, die Gestalt eines Throns, und auf der Gestalt des Throns, oben auf ihm, war die Gestalt von einem, der das Aussehen eines Menschen hatte. 27 Und ich sah: Es war wie der Anblick von Bernstein, es hatte das Aussehen von Feuer in einem Gehäuse, aufwärts von dem, was aussah wie seine Hüften, und abwärts von dem, was aussah wie seine Hüften, ich sah etwas, das das Aussehen von Feuer hatte, und ringsum war ein Glanz. 28 Wie das Aussehen des Bogens, der am Regentag in der Wolke ist, so war das Aussehen des Glanzes ringsum. Das war das Aussehen der Gestalt der Herrlichkeit des HERRN. Und ich sah und fiel nieder auf mein Angesicht. Dann hörte ich die Stimme von einem, der redete.

Die ausführlich beschriebene Vision bereitet die Gottesoffenbarung (V. 28) vor, die zwar in der komplizierten Formulierung „das Aussehen der Gestalt der Herrlichkeit JHWHs" (הוא מראה דמות כבוד יהוה/ *hû' mar'eh demût kebôd* JHWH) unbestimmt bleibt, aber gleichzeitig die ungeheure Nähe der Begegnung unterstreicht. Daran schließt sich die paradoxe Sendung des Propheten an (Ez 2): Obwohl sich das Volk als widerspenstig erweist und sich auflehnt gegenüber Gott, wird der Prophet zu ihnen gesendet („mögen sie hören oder es lassen"; V. 5.7). Die Botschaft, die zu überbringen ist, inkorporiert er quasi, indem er die Schriftrolle, auf der sie geschrieben steht, verzehrt.

> 1 Und er sprach zu mir: Du Mensch, iss, was du vorfindest, iss diese Schriftrolle, und geh, sprich zum Haus Israel! 2 Und ich öffnete meinen Mund, und er liess mich jene Rolle essen. 3 Und er sprach zu mir: Mensch, gib deinem Bauch zu essen und fülle dein Inneres mit dieser Schriftrolle, die ich dir gebe! Da ass ich sie, und in meinem Mund wurde sie wie Honig, süss. 4 Und er sprach zu mir: Auf, du Mensch, geh zum Haus Israel, und sprich zu ihnen mit meinen Worten. [...] 10 Und er

Ez 3

sprach zu mir: Du Mensch, alle meine Worte, die ich dir sage, nimm sie auf in dein Herz, und höre sie mit deinen Ohren. 11 Und auf, geh zu den Verbannten, zu denen aus deinem Volk, und sprich zu ihnen und sage ihnen: So spricht Gott der HERR! – Mögen sie hören oder es lassen!

Ezechiels Auftrag ist – wie schon bei seinen Vorgängern – von Vergeblichkeit geprägt. Er identifiziert sich durch das Essen der Rolle mit Gottes Wort und Auftrag und antizipiert in Zeichenhandlungen am eigenen Körper die bevorstehenden Strafen des Volks (Ez 4–5).

Das Gericht ist – seit der ersten Exilierungswelle – bereits im Vollzug und wird in einer für das Ezechiel-Buch charakteristischen Weise als Auszug Gottes aus seinem Volk beschrieben: Der im Tempel wohnende Gott verlässt seinen heiligen Ort in Folge der Vergehen seines Volkes. Er verlässt sein Volk und dessen Gebiet, bevor er es dem Untergang preisgibt. Gewissermaßen geht Gott selbst ins Exil. In Ez 8 wird der Prophet in einer Vision nach Jerusalem geführt, um sich als nach Babylon Verbannter ein Bild von der Situation in der entfernten Heimat zu machen.

Ez 8   1 Und im sechsten Jahr, im sechsten Monat, am Fünften des Monats, als ich in meinem Haus sass und die Ältesten von Juda vor mir sassen, fiel dort auf mich die Hand Gottes des HERRN. 2 Und ich sah, und sieh: Da war eine Gestalt, die das Aussehen von Feuer hatte; abwärts von dem, was aussah wie seine Hüften, war Feuer, und von seinen Hüften an aufwärts sah es aus wie Glanz, wie der Anblick von Bernstein. 3 Und er streckte etwas wie eine Hand aus und nahm mich bei meinen Haaren, und Geist hob mich empor zwischen Himmel und Erde und brachte mich mit göttlichen Schauungen nach Jerusalem, an den Eingang des Tors zum Inneren, das nach Norden gerichtet ist, wo der Ort des Bilds der Eifersucht ist, das Eifersucht weckt. 4 Und sieh: Dort war die Herrlichkeit des Gottes Israels; es war wie die Erscheinung, die ich in der Ebene gesehen hatte. 5 Und er sprach zu mir: Du Mensch, richte deine Blicke nach Norden! Da richtete ich meine Blicke nach Norden, und sieh: Nördlich vom Tor stand der Altar, am Eingang stand dieses Bild der Eifersucht. 6 Da sprach er zu mir: Mensch, siehst du, was sie tun? Grosse Abscheulichkeiten sind es, die das Haus Israel hier verübt: Von meinem Heiligtum halten sie sich fern! Aber du wirst weitere grosse Abscheulichkeiten sehen.

Ihm wird das gottlose Treiben der Bürger in Tempel und Stadt vorgeführt, das sich in Fremdgötterkult, d. h. dem Aufstellen von fremden Gottesbildern (גלולים/*gillûlîm* „Scheusale" bzw. „Bild der Eifersucht") äußert. Letztlich führt all das dazu, dass Gott in einer spektakulären Auszugsvision Jerusalem verlässt (Ez 10,1ff; 11,22ff.).

> 10,1 Und ich sah, und sieh: Über dem Gewölbe, das über dem Haupt Ez 10–11
> der Kerubim war, war etwas wie Saphirgestein; etwas, das aussah wie
> die Gestalt eines Throns, war über ihnen zu sehen. 2 Und er sprach zu
> dem Mann, der in Leinen gekleidet war; er sprach: Geh hinein in das
> Räderwerk, unter den Kerub, und nimm zwei Hände voll von den glü-
> henden Kohlen, die zwischen den Kerubim sind, und streue sie über
> die Stadt. Und vor meinen Augen ging er hinein. 3 Und als der Mann
> hineinging, standen die Kerubim südlich des Hauses, und die Wolke
> füllte den inneren Vorhof. 4 Da erhob sich die Herrlichkeit des HERRN
> von dem Kerub hin zur Schwelle des Hauses, und das Haus wurde von
> der Wolke erfüllt, und der Vorhof war erfüllt vom Glanz der Herrlichkeit
> des HERRN. 5 Und bis in den äusseren Vorhof war das Geräusch der
> Flügel der Kerubim zu hören, gleich der Stimme von El-Schaddai, wenn
> er spricht. […] 18 Und die Herrlichkeit des HERRN verliess die Schwelle
> des Hauses und blieb über den Kerubim stehen. 19 Und die Kerubim
> hoben ihre Flügel, und vor meinen Augen erhoben sie sich vom Boden,
> als sie sich entfernten, und die Räder genau wie sie. Und am Eingang
> des östlichen Tors am Haus des HERRN blieb die Herrlichkeit des Gottes
> Israels stehen, und sie war oben über ihnen. […]
> 11,22 Und die Kerubim hoben ihre Flügel, und die Räder bewegten sich
> genau wie sie, und die Herrlichkeit des Gottes Israels war oben über
> ihnen. 23 Und die Herrlichkeit des HERRN stieg auf aus der Mitte der
> Stadt, und über dem Berg, der im Osten der Stadt liegt, blieb sie stehen.
> 24 Geist aber hatte mich emporgehoben und brachte mich in einer
> Erscheinung durch den Geist Gottes nach Kasdäa, zu den Verbannten.
> Und die Erscheinung, die ich gesehen hatte, stieg auf, hinweg von mir.
> 25 Und ich sprach zu den Verbannten alle Worte des HERRN, die er
> mich hatte sehen lassen.

Somit ist der Hoffnung, die auf dem Tempel und der zugesagten Offenbarung Gottes inmitten seines Volkes liegt, der Boden entzogen: Seit Gottes Auszug aus Jerusalem sind Stadt und Volk verwaist.[244] Erst mit dem Projekt des Tempelwiederaufbaus (Ez 40–48 sek.) ist in Aussicht gestellt, dass die כבוד/Kebôd JHWH nach Jerusalem zurückkehrt (Ez 43,1–9):

> 1 Dann liess er mich zu dem Tor gehen, das nach Osten gerichtet war. Ez 43
> 2 Und sieh, die Herrlichkeit des Gottes Israels kam von Osten, und das
> Geräusch war wie das Geräusch von Wassermassen, und von seiner
> Herrlichkeit leuchtete das Land. 3 Und das Aussehen der Erscheinung,

---

[244] Die Wucht der Bilder lässt sich gut als Traumaerfahrung und -bewältigung interpretieren; vgl. Posener, Ezechielbuch. Zur kabôd-Theologie vgl. ausführlich Wagner, Gottes Herrlichkeit, 238–285.

die ich sah, war wie die Erscheinung, die ich gesehen hatte, als ich kam, um die Stadt zu vernichten, und das waren Erscheinungen wie die Erscheinung, die ich am Fluss Kebar gesehen hatte. Da fiel ich nieder auf mein Angesicht. 4 Und die Herrlichkeit des HERRN kam in das Haus auf dem Weg durch das Tor, das nach Osten lag. 5 Und Geist hob mich empor und brachte mich in den inneren Vorhof, und sieh, das Haus war erfüllt von der Herrlichkeit des HERRN. 6 Und ich hörte einen, der aus dem Haus zu mir redete, während neben mir ein Mann stand. 7 Und er sprach zu mir: Du Mensch, das ist die Stätte meines Throns und die Stätte meiner Fusssohlen, wo ich inmitten der Israeliten für immer wohnen werde! Und das Haus Israel wird meinen heiligen Namen nicht mehr unrein machen – weder sie noch ihre Könige – durch ihre Hurerei und mit den Leichen ihrer Könige auf ihren Kulthöhen, 8 als sie ihre Schwelle an meine Schwelle und ihren Türpfosten neben meinen Türpfosten gesetzt haben, so dass zwischen mir und ihnen nur die Mauer war. Und so haben sie meinen heiligen Namen unrein gemacht mit ihren Abscheulichkeiten, die sie verübt haben, und ich habe sie in meinem Zorn vertilgt. 9 Nun werden sie ihre Hurerei und die Leichen ihrer Könige von mir fernhalten, und ich werde für immer in ihrer Mitte wohnen.

Der Auszug des Gottes aus seinem Tempel ist ein Thema, das im Alten Orient in den Stadtklagen (z. B. die Klagen über Ur u. a.) wie auch ikonographisch an assyrischen Palastwänden, die die Feldzüge der Könige dokumentieren, begegnet. Anders als in Ez 10–11 ist es jedoch ein Zeichen der Erniedrigung im Kriegs- oder Katastrophenfall: Die Götter(statuen) werden aus ihrem Tempel herausgeholt und damit um Würde, Wirkmacht sowie um die Fortführung der ihnen zu leistenden Riten gebracht (s. Abb. 9). Diese typische und sehr demütigende Kriegsfolge verkehrt Ezechiel zu einer gegenteiligen Aussage: Gott entflieht dem eigenen Tempel und traditionellen Kult angesichts seines widerborstigen Volkes und überlässt die Stadt der Plünderung und Zerstörung.

Infragestellung der Zionstheologie s. u. Abb. 9

Im Ezechielbuch findet sich der Schuldaufweis Israels in sehr unterschiedlichen Gattungen dargestellt wie in Parabeln (Ez 15; 17) oder anderen Bildreden, die mitunter auch als Geschichtsrückblicke dienen (Ez 16; 23). In bildsprachlicher Weise sind auch zahlreiche Fremdvölkerorakel ausgestaltet (Ez 28; 31 f.), ein Effekt, der die hohe Poetizität des Buchs ausmacht.

Das Buch enthält aber auch Hinweise auf eine heilvolle Zeit, die auf das Gericht folgt (Ez 37,1–14).

Ez 37,1–10

1 Die Hand des HERRN war auf mir, und durch den Geist des HERRN führte er mich hinaus, und mitten in der Ebene liess er mich nieder, und diese war voller Gebeine.

2 Und er führte mich an ihnen vorbei, rings um sie herum, und sieh, in der Ebene waren sehr viele, und sieh, sie waren völlig vertrocknet.
3 Und er sprach zu mir: Du Mensch, werden diese Gebeine wieder lebendig werden? Und ich sprach: Herr, HERR, du weisst es.
4 Und er sprach zu mir: Weissage über diese Gebeine und sprich zu ihnen: Ihr vertrockneten Gebeine, hört das Wort des HERRN!
5 So spricht Gott der HERR, zu diesen Gebeinen: Seht, ich lasse Geist in euch kommen, und ihr werdet leben.
6 Und ich gebe euch Sehnen und lasse Fleisch wachsen an euch, und ich überziehe euch mit Haut und lege Geist in euch, und ihr werdet leben, und ihr werdet erkennen, dass ich der HERR bin.
7 Und ich weissagte, wie es mir geboten worden war, und als ich geweissagt hatte, war da ein Lärmen, und sieh, ein Beben, und Gebeine rückten aneinander, eines an das andere.
8 Und ich schaute hin, und sieh, auf ihnen waren Sehnen, und Fleisch war gewachsen, und darüber zog er Haut, Geist aber war nicht in ihnen.
9 Und er sprach zu mir: Weissage über den Geist, weissage, Mensch, und sprich zum Geist: So spricht Gott der HERR: Geist, komm herbei von den vier Winden und hauche diese Getöteten an, damit sie leben.
10 Und ich weissagte, wie er es mir geboten hatte, und der Geist kam in sie, und sie wurden lebendig und stellten sich auf ihre Füsse, ein sehr, sehr grosses Heer.

Typisch ist in diesem Zusammenhang die Vision der auferstehenden Gebeine vom Totenacker (Ez 37; vgl. Hos 6,1–3). Zahlreiche Exegeten[245] sehen darin den Bericht einer Neuschöpfung in Analogie zu Gen 2 (allerdings ist bei der Belebung des Menschen im zweiten Schöpfungsbericht nicht von רוח/*rûaḥ* „Hauch, Geist", sondern von נשמת חיים/*nišmat ḥajjîm* „Hauch, Atem des Lebens" die Rede; s. aber Ps 104,29 f.). Diese wurde als Wiederbelebung oder Auferstehungsvision interpretiert, wie man es aus dem Deutewort der Parabel schließen kann.

11 Und er sprach zu mir: Du Mensch, diese Gebeine sind das ganze Haus Israel! Sieh, sie sagen: Unsere Gebeine sind vertrocknet, und unsere Hoffnung ist dahin. Wir sind abgeschnitten!
12 Darum weissage und sprich zu ihnen: So spricht Gott der HERR: Seht, ich öffne eure Gräber, und ich lasse euch, mein Volk, aus euren Gräbern steigen und bringe euch auf Israels Boden.
13 Und ihr werdet erkennen, dass ich der HERR bin, wenn ich eure Gräber öffne und euch, mein Volk, aus euren Gräbern steigen lasse.

Ez 37,11–14

---

245 So z. B. Fischer, Tod und Jenseits, 181ff; vgl. auch Haag, Das hellenistische Zeitalter, 245 ff.

14 Und ich werde meinen Geist in euch legen, und ihr werdet leben, und ich werde euch auf euren Boden bringen, und ihr werdet erkennen, dass ich der HERR bin. Ich habe gesprochen, und ich werde es tun! Spruch des HERRN.

Auf V. 11 und die Nennung des *Tertium comparationis*, Volk Israel, folgt das Erweiswort in V. 12–13a. In ihm ist eine neue Realität ins Auge gefasst: Der Totenacker ist nun kein unberührtes Schlachtfeld mehr, sondern ein Gräberfeld, aus dem Gott sein Volk herausruft – wobei einige sprachliche Anleihen an die Exodustradition auffallen. Besonders V. 14 ist doppeldeutig gehalten. Hier ist von „meinem (= Gottes) Geist/Odem" die Rede, der den Toten neu gegeben wird. Die Wiederbelebung Israels wird als der größtmögliche Selbsterweis Gottes in der Geschichte beschrieben. Doch bleibt mit W. Zimmerli

> „festzustellen, daß Ez 37,1–14 mit den beiden unter sich verschiedenen Bildern von der Wiederbelebung der unbestattet daliegenden Totengebeine und von der Öffnung der Gräber und dem Herausholen der dort Begrabenen zu neuem Leben das Geschehen der Wiederherstellung und der neuen Sammlung des politisch untergegangenen Gesamtisrael aussagen will. An eine Erweckung von Einzelmenschen aus dem Tode ist ebenso wenig gedacht wie an ein Sondergeschehnis mit den Exulanten des Nordreichs. […] Es ist hier […] nicht etwa an die Scheolvorstellung angeknüpft, in der man im älteren Israel am ehesten noch den Gedanken an ein Weiterexistieren oder, richtiger, Weiterdämmern der individuellen Person nach dem Tode finden könnte. Vielmehr ist mit der Vorstellung von der Auflösung des Menschen im Tode (im Sinne von Koh 12 7) voller Ernst gemacht. Nur durch eine neue Aussendung des Lebenshauches, also durch ein Geschehen, das ganz von vorn beginnt, wo nach Gen 2, 7 die Erschaffung des ersten Menschen geschah, kann neues Leben entstehen."[246]

Diese Auslegung teilen andere Exegeten nicht und tragen literarkritische Überlegungen in den Text ein, indem sie das Mittelstück V. 4–10 für eine späte makkabäische Erweiterung halten, die die Vorstellung von der individuellen Auferstehung in den älteren Textbestand einträgt.[247]

---

246 Zimmerli, Ezechiel, 900.
247 So Mosis, Ez 37, 168–171; vgl. Bartelmus, Ez 37, 384 f., der nur V. 7a.8b–10a als makkabäische Ergänzung ausscheidet; zum Ganzen Schnocks, Rettung, 161–242 und Posener, Ezechielbuch, 252–266.

Zwingend scheint mir die Argumentation einer späteren Ergänzung nicht, wenn auch deutlich ist, dass der Text in seiner Auslegungs- und Wirkungsgeschichte zu Neuinterpretationen geradezu einlädt. Doch ist die individuelle Auferstehung nicht das erste Ziel. Es geht zuerst um den politischen Neuanfang Gottes mit Israel. Das Leichenfeld ist das Schlachtfeld des Volkes, das von Gott zu neuem (politischen) Leben berufen wird.

Theologisch lassen sich im Ezechielbuch zahlreiche Querbezüge zu prophetischen und priesterschriftlichen Texten herstellen. Die Umschreibung von Israels Schuld als Ehebruch (Ez 16; 23) erinnert an Hosea, die Beschreibung der Gegenwart Gottes als *kebôd* JHWH, die aus Gründen seiner Verunreinigung den Tempel verlässt, präsentiert einen Gegenentwurf zur priesterschriftlichen Überlieferung des Zelts der Begegnung (Ex 26–40), in dem sich nach Einhaltung aller vorgesehenen Maßnahmen die *kebôd* JHWH am Ende niederlässt („Schekina"; Ex 40,34). Hos 1–2

Anders als im deuteronomistisch geprägten Jeremia-Buch, das die Offenbarung JHWHs im Bund problematisiert und als zukünftige Verheißung einen neuen Bund erwartet (Jer 31,31–34), vollzieht sich Offenbarung im Ezechielbuch in der Schekina, der Einwohnung bzw. Anwesenheit Gottes in seinem Volk. Die politische Katastrophe als Gerichtshandeln Gottes erklärt sich aus der Profanation des Tempels durch das Volk und die dadurch erzwungene Abkehr Gottes von seinem Tempel. Demnach begründet der Schuldaufweis das Exil mit der Verantwortlichkeit Israels für sein untreues, gottloses Handeln. Innerhalb dieses Aufrisses ist es nur konsequent, dass – wahrscheinlich spätere Kreise – die Restauration als Neuentwurf des Tempels beschreiben, der die Rückkehr Gottes in sein Volk nach vollzogenem Gericht erst ermöglicht (Ez 40–48).

> Für die vorexilischen Propheten bis hin zu Jeremia und Ezechiel ist die Gerichtsbotschaft prägend: Das widerspenstige Volk (Israel) wird von Gott dem Untergang geweiht. Die einzelnen Schriften zeigen in sehr unterschiedlicher Rhetorik die Gründe für die Unabdinglichkeit des Gerichts auf, dessen Wurzel in der Sozial- und Kultkritik liegt. Sie versuchen, die traumatischen Erfahrungen zu verbalisieren und umzulenken. Spätere Theologen haben in die Spruchsammlungen Heilsorakel ergänzt, die die Schrift für die Zeit nach dem erfolgten Gericht aktualisieren und für neue Situationen bedeutsam werden lassen.

Literatur

Bartelmus, Rüdiger: Ez 37,1–14, die Verbform *weqatal* und die Anfänge der Auferstehungshoffnung, in: ZAW 97 (1985), 366–389.
Fischer, Alexander A.: Tod und Jenseits im Alten Orient und Alten Testament, Neukirchen-Vluyn 2005.
Frevel, Christian: Geschichte Israels, Stuttgart 2016 (Studienbücher Theologie).
Haag, Ernst: Das hellenistische Zeitalter. Israel und die Bibel im 4. bis 1. Jahrhundert, Stuttgart u. a. 2003 (BE 9).
Koenen, Klaus: Klagelieder (Threni) 1,1–5,22, Neukirchen-Vluyn 2015 (BKAT 20).
Maier, Christl: Jeremia als Lehrer der Tora. Soziale Gebote des Deuteronomiums in den Fortschreibungen des Jeremiabuches, Göttingen 2002 (FRLANT 196).
Mosis, Rudolf: Ezechiel 37,1–14. Auferweckung des Volkes – Auferweckung von Toten, in: R. Brandscheidt u. a. (Hg.), Schöpfungsplan und Heilsgeschichte (FS E. Haag), Trier 2002, 123–173.
Posener, Ruth: Das Ezechielbuch als Traumaliteratur, Leiden 2012 (VT.S 154).
Schmid, Konrad: Buchgestalten des Jeremiabuches, Neukirchen-Vluyn 1996 (WMANT 72).
Schmidt, Werner H.: Jeremia,1–20, Göttingen 2008 (ATD 20).
–: Das Buch Jeremia. Kapitel 21–52, Göttingen 2013 (ATD 21).
Schnocks, Johannes: Rettung und Neuschöpfung. Studien zur alttestamentlichen Grundlegung einer gesamtbiblischen Theologie der Auferstehung, Göttingen 2009 (BBB 158).
Wagner, Thomas, Gottes Herrlichkeit. Bedeutung und Verwendung des Begriffs kāôd im Alten Testament, Leiden 2012 (SVT 151).
Zimmerli, Walther: Ezechiel, 25–48 (BKAT 13/2); Neukirchen-Vluyn ²1979.

2.6.3 JHWH, der erbarmende Gott: die Restauration Israels in nachexilischer Zeit

An die Gerichtsankündigung und den Gerichtsvollzug schließen sich in der prophetischen Literatur Entwürfe zur Restauration Israels an, vermittelt durch Propheten wie Deutero- und Trito-Jesaja, Haggai und Sacharja.

2.6.3.1 Jesaja 40–66

Seit Bernhard Duhms Jesajakommentar (1892) untergliedern die Exegeten das Jesajabuch in drei Teile, d. h. in Proto-Jesaja mit Anteilen des gleichnamigen Jerusalemer Propheten des 8. Jh., in Deutero-Jesaja, einen anonymen Propheten der Exilszeit (Jes 40–55) und Trito-Jesaja, bestehend aus redaktionellen Ergänzungen aus nach-exilischer Zeit

(Jes 56–66).²⁴⁸ Zuletzt wurde die These eines anonymen Propheten dahingehend verändert, dass es sich nicht um prophetische Literatur handelt, sondern um einen Verfasserkreis aus der Zeit vor dem Bau des zweiten Tempels, der ähnlich wie Threni in großer Nähe zu levitischen Tempelsängern stand.²⁴⁹ Die drei Teile sind in ihrer Motivik und in ihrem theologischen Aussagegehalt deutlich aufeinander bezogen, was die materiale Zusammenschau in ein und derselben Schriftrolle erklärt. Zwar kommt das Wirken Jesajas, Sohn des Amoz (Jes 1,1), in 39,8 zu seinem Ende, doch ist seine Botschaft damit nicht obsolet geworden, sondern wird in den folgenden, mehr als 150 Jahre jüngeren Texten immer wieder aufgenommen und interpretiert.

Für Deutero-Jesaja offenbart sich Gott seinem Volk nach vollzogenem Gericht vorbehaltlos. Charakteristisch für die theologische Verkündigung in Jes 40–55 sind neben weiteren Heilsankündigungen (z. B. 41,17–20; 42,14–17; 43,16–21; 45,14–17; 49,7–12) insbesondere die sehr formalisierten Heilsorakel (Jes 41,8–13.14–16; 43,1–4.5–7; 44,1–5; [54,4–6]).²⁵⁰

Ein neuer Offenbarungsbegriff

1 Und nun, so spricht der HERR, dein Schöpfer, Jakob,
und der dich gebildet hat, Israel:
Fürchte dich nicht,
denn ich habe dich erlöst,
ich habe dich bei deinem Namen gerufen,
du gehörst zu mir.
2 Wenn du durch Wasser gehst – ich bin bei dir,
und durch Flüsse – sie überfluten dich nicht.
Wenn du durch Feuer schreitest, wirst du nicht verbrannt,
und die Flamme versengt dich nicht.
3 Denn ich, der HERR, bin dein Gott,
der Heilige Israels, dein Retter.
Ägypten habe ich als Lösegeld für dich hingegeben,
für dich Kusch und Saba.
4 Weil du teuer bist in meinen Augen,
geachtet bist, und weil ich dich liebe,
gebe ich Menschen für dich
und Völker für dein Leben.

Jes 43,1–4

---

248 Vgl. K. Koenen, Art. Tritojesaja/Tritojesajabuch, www.wibilex.de. Er plädiert für eine eigene Prophetenschicht gefolgt von redaktionellen Ergänzungen, die Jes 40–55 mit dem letzten Teil verbindet.
249 Berges, Jesaja 40–48, 37–44; vorsichtiger Hermisson, Deuterojesaja, 664f., der an der Einzelgestalt festhält.
250 J. Krispenz, Art. Prophetische Redeformen, www.wibilex.de, § 3.1.

Heilsorakel Das Heilsorakel ist eingeleitet durch die Ermutigungsformel „fürchte dich nicht [...]" (אל תירא/*'al tîra'*, hier: V. 1bα), auf die die perfektische Begründung folgt (V. 1bβ.3–4a) und als Ziel die daraus hervorgehende positive Konsequenz der Bewahrung, die eigentliche Heilszusage (V. 2.4b). Die bevorstehende Restauration wird in dem Bild der „Lösung" bzw. des „Loskaufs" (גאל/*g'l*; V. 1b) zum Ausdruck gebracht. Der Ausdruck entstammt dem Sippenrecht und bezeichnet den Rückkauf einer in Schuldknechtschaft stehenden Person („Löser", „Erlöser"). Das Bild unterstreicht sowohl die ursprüngliche tiefe Verbundenheit mit JHWH als auch die tiefe Abhängigkeit von anderen Machtverhältnissen, aus der JHWH sein Volk zurückkauft. Die Schuld liegt bei Israel, die Befreiung bei JHWH (vgl. Jes 43,22–28). Die verbleibenden Rekurse auf Unheil und Gerichtsrede wie in Jes 43,22–28; 48,1–12 dienen der literarischen Inszenierung: In den kritischen Blick auf die Völkerwelt ist Israel mahnend eingeschlossen.[251]

Die Heilsorakel ähneln neuassyrischen Königsorakeln, bestehend aus Ermutigungsformel, Selbstvorstellung, Zusage von Beistand und Schutz sowie einen Rückblick auf das frühere Handeln der Gottheit am König und ggf. eine neue Verheißung.[252] All diese Elemente finden sich auch in dem genannten Textzitat wieder, allerdings in etwas anderer Form: An die Stelle der Selbstvorstellung der jeweiligen assyrischen Gottheit ist die Gottesprädikation JHWHs als „Schöpfer", „der dich gebildet hat" (V. 1a) getreten; „Heiliger Israels" deutet auf die Unzerstörbarkeit der Beziehung hin. Hinter der personalen Anrede Jakob-Israel steht kein Individuum (der assyr. König; vgl. etwa Gen 32,29), sondern das Volk (V. 1). Die Zusage göttlichen Beistands wird perfektisch formuliert: Denn die Rettung ist bereits erfolgt „ich habe dich erlöst und freigekauft" (V. 1b) um den Preis der Fremdvölker (V. 3). Allerdings zeigt das sich direkt anschließende zweite Heilsorakel in 41,8–13 die eigentliche Motivation Gottes für sein Handeln: V. 11 „Ich, ich bin der HERR, und keinen Retter gibt es außer mir" lässt die theozentrische Bestimmung deutlich erkennen. „Ehre und Lobpreis Gottes sind Ziel und selbstverständliche Folge seines Wirkens" (Jeremias, Theologie 265 f.). Für die meisten Texte steht – wie bereits in der Eröffnung dargelegt – fest: Die Schuld ist abgezahlt und das Kommen JHWHs als Anbruch der neuen Heilszeit für das Volk steht kurz bevor (vgl. die Zitation von Jes 40,3[f.] in Mk 1,3; Mt 3,3; Lk 3,4–6 und Joh 1,23).

---

251 Vgl. Berges, Jesaja 40–48, 50 f. und Jeremias, der auch das Kyros-Orakel als Auseinandersetzungsliteratur verhandelt (Theologie, 269–272).
252 Vgl. Weippert, „Ich bin Jahwe", bes. 50.

1 Tröstet, tröstet mein Volk!,   Jes 40,1–11
spricht euer Gott.
2 Redet zum Herzen Jerusalems und ruft ihr zu,
dass ihr Frondienst vollendet,
dass ihre Schuld abgetragen ist.
Aus der Hand des HERRN musste sie nehmen
das Doppelte für all ihre Sünden.
3 Horch, ein Rufer:
Bahnt den Weg des HERRN in der Wüste,
in der Steppe macht die Strasse gerade für unseren Gott!
4 Jedes Tal wird sich heben,
und senken werden sich alle Berge und Hügel,
und das Unebene wird flach,
und was hügelig ist, wird zur Ebene.
5 *Und die Herrlichkeit des HERRN wird sich offenbaren,*
und gemeinsam wird alles Fleisch es sehen.
Der Mund des HERRN hat gesprochen!
6 Horch, einer spricht: Rufe!
Und er sagt: Was soll ich rufen?
Alles Fleisch ist Gras, und alles, was gut ist daran, ist wie die Blume
auf dem Feld.
7 Das Gras vertrocknet, die Blume verwelkt,
wenn der Atem des HERRN darüberweht.
Wahrlich, das Volk ist Gras!
8 Das Gras vertrocknet, die Blume verwelkt,
das Wort unseres Gottes aber besteht für immer.
9 Steig auf einen hohen Berg, du Freudenbotin Zion!
Erhebe deine Stimme mit Kraft,
du Freudenbotin Jerusalem!
Erhebe sie, fürchte dich nicht!
Sag den Städten Judas: Seht, euer Gott!
10 Sieh, Gott der HERR, er kommt als ein Starker,
und sein Arm übt die Herrschaft aus für ihn.
Sieh, sein Lohn ist bei ihm,
und seine Belohnung zieht vor ihm her.
11 Wie ein Hirt weidet er seine Herde,
die Lämmer sammelt er auf seinen Arm,
und er trägt sie an seiner Brust,
die Muttertiere leitet er.

Die Eröffnung des „Trostbuchs" ist an das nach der babylonischen Zerstörung im Land verbliebene Volk adressiert und spricht ihm die Fortdauer der Offenbarung Gottes in seinem Wort zu. Auf die Visionen eines Amos, Jesaja oder Ezechiel tritt nun das Hören des göttlichen Worts ins Zentrum des Interesses (V. 3.5.6.8). Das JHWH*wort* ist die geschichtsgestaltende, in allem Wandel bleibende Macht. JHWH wird in V. 9–11 in einer doppelten Rolle geschildert: als Starker (Militärjargon) und königlicher Hirte der sein Volk schützt und herausführt aus der Verbannung. Der Textausschnitt ist durch zahlreiche Rück- und Vorverweise mit den übrigen Buchteilen aufs Engste verwoben[253]: Wüste und Steppe (40,3) begegnen in der Heilsvision von 35,1.6, wo Gott für das Heil den Weg bahnt (35,8; 40,3) und sich das Kommen JHWHs ankündigt (35,4; 40,10). Das Rufen eines (himmlischen) Wesens begegnet in diesem rudimentären Berufungsbericht (40,3.6, vgl. 6,3) zusammen mit der Reaktion des Propheten (40,6, vgl. 6,5) und der Rede von JHWHs Herrlichkeit (כבוד/*kebôd* JHWH; 40,5, vgl. 6,3). Doch hat sich die Beauftragung des Propheten zur Gerichtsankündigung (Jes 6,9 ff.) an dieser Stelle in einen pluralischen Aufruf zur Tröstung (40,1) gewandelt. Die Heilsperspektive ist in dem wohl sekundären Danklied von Jes 12 bereits antizipiert und der Trost angekündigt (12,1). Die vom Verwelken bedrohte Blume begegnet als Metapher für die Hauptstadt Samaria schon in Jes 28,1–4, wird aber in 40,7 f. zu einem Kontrastbild für die Lebendigkeit des göttlichen Worts, das zerstören und wiederaufbauen kann. Das Heil gilt auch nicht Samaria, sondern lediglich dem „Rest seines Volkes", den judäischen Exilierten in Babylon (28,5; vgl. 11,11.16). Das Heilsorakel in Jes 40 ist an Jerusalem gerichtet, dessen Schuld (Jes 1,4) nun beglichen ist (40,2) und dessen krankes Herz (1,5) nun als Herz adressiert ist (40,2). Dem formelhaft eingeleiteten Schuldaufweis „der Mund JHWHs hat gesprochen" in Jes 1,20 entspricht hier die mit derselben Formel eingeleitete Heilszusage (40,5; vgl. 58,14). Das Bild der Rückkehr des vorsorgenden Herrn und Hirten zum Zion, der mit kraftvollem Arm waltet (40,9–11), wird in Jes 52,7–10 als eingetroffen bestätigt („dein Gott ist König") und aufs Engste mit Jerusalem und seinem Berg verbunden. Das effektive göttliche Wort (40,6–8) ist in Jes 55,10 f. thematisiert (+ Naturmetaphorik). Die Erfüllung, dass sich Gottes Herrlichkeit in Jerusualem/Zion offenbaren wird (Jes 40,5; vgl. 35,2; 58,8) wird in der Heilszusage von Jes 60–62 bestätigt.

Streng genommen sind zwei Adressaten der Heilsbotschaft genannt: in Kapitel 40–48 ist es ein männliches Du, Jakob – Israel (41,8.14; 42,23; 43,1.22 u. ö.), während in Kapitel 49–55 häufig ein weiblicher Adressat, nämlich Zion bzw. Jerusalem, angesprochen ist. Es lassen sich darin verschiedene theologische Traditionen vermuten, die miteinander verbunden worden sind.

---

253 Vgl. Berges, Jesaja 40–48, 83–87 zu den intertextuellen Bezügen.

Das Buch Deutero-Jesaja ist ein sehr gutes Beispiel für einen Prozess argumentierender Theologisierung, der ältere Traditionen aufnimmt, um sie innovativ zu thematisieren und an die neue Situation anzupassen. Insbesondere fünf theologische Themen sind charakteristisch:

Die theologischen Themen

1. JHWH wird König
Wichtiges Thema ist das JHWH-Königtum, ein an den Jerusalemer Tempel und den Berg Zion gebundenes Thema

Zionstheologie

> 7 König geworden ist dein Gott ... 10 Entblößt hat JHWH seinen heiligen Arm vor den Augen sämtlicher Völker. Und es sehen alle Enden der Erde die Heilshilfe unseres Gottes.

Jes 52

In dieser Passage kommt eine Vorstellung zum Tragen, die das menschliche Königtum minimisiert. JHWH wird zum Weltenkönig deklariert (vgl. Mi 5,1–4a). Und Jerusalem wird zu seinem Ausgangspunkt, zum Nabel der Welt. In Zukunft wird es JHWH selbst sein, der „Gerechtigkeit" צדקה/ṣedaqâ unter die Völker bringt. Einerseits geht es um die Abwertung menschlicher Herrscher, andererseits findet der auf Israel allein bezogene Anspruch Gottes ein Ende. Es kommt ein universaler Anspruch des JHWH-Kults über Israel hinaus in den Blick, der das religiöse Bewusstsein reformiert.

2. Monotheismus
Anders als bei Jeremia und Ezechiel scheinen auf den ersten Blick alle anderen Götter zu verschwinden. Sie werden zumindest nicht mehr als lebendig gedacht. Während die heidnischen Götter (Jes 44,9–20) aus Menschenhand gefertigte Figuren und Hauch bzw. „Nichtse" sind (40,18–20; 41,6f.29; 43,10f.; 44,9–20.24–28; 46,5f.; vgl. Jer 2,27–29; 32,34f.), ist JHWH der Schöpfer und Erhalter der ganzen Welt. Deutero-Jesaja kommt hier zu einem universalisierten und monotheistisch geprägten Gottesbild (Jes 43,10; 44,6; 45,5–6). Der Gott JHWH ist für die ganze Welt zuständig – und nicht mehr nur ein Nationalgott für die kleine Gruppe Israel. Dieser Anspruch und diese Form der Ausweitung des Gottesbildes ist ein in persischer Zeit entstehender Neuansatz. Daher wird mit Deutero-Jesaja häufig die Geburt des alttestamentlichen Monotheismus verbunden.[254] Allerdings finden sich Ausnahmen zur Regel: So fällt seit Buchbeginn „Tröstet, tröstet, mein Volk" (40,1) die Anwesenheit pluralischer Formulierungen auf, die von

Monotheismus s.u. 3.1

---

254 Berges, Jesaja 40–48, 45.382.403 insbes. zu Jes 44,24–45,7; vgl. Albani, Deuterojesajas Monotheismus, 200: JHWH ist der Herr über Schöpfung und Geschichte, dessen Vorhersagen allein eintreffen.

der Annahme eines „theoretischen" oder „expliziten" Monotheismus wegführen. Neben Jes 40,1–8.25–26 bieten auch Jes 45,12 und 51,9–11 Pluralformulierungen, die nicht die alleinige Existenz des Gottes Israels betonen, sondern ihn als einzigen Elohîm hervorheben.[255] In diesem Sinne äußert sich auch J. Jeremias vorsichtiger, wenn er vom „*sog. Monotheismus DJes*" (Theologie, 270) spricht und zu der Aussage „Nur in ihm ist Heil" (Jes 45,24) anmerkt: Es „wird vermieden, die Götter und Mächte zu benennen, auf die die Völker bisher ihr Vertrauen gesetzt haben, um von ihnen ihr ‚Heil zu erlangen', [...] Die Existenz derartiger Mächte wird weder bejaht noch verneint. Wohl aber wird entschieden ihre Möglichkeit bestritten, zum Wohl der Menschen zu wirken" (370). Von einem theoretischen, exklusiven bzw. expliziten Monotheismus ist das aber noch weit entfernt.

3. JHWH bedient sich in seinem Heilsplan fremder Herrscher
Die Eroberung durch Fremdvölker, die politisch immer eine Katastrophe darstellt (das „babylonische Exil"), wird als ein Durchgangsstadium geschildert, aus dem JHWH mithilfe eines anderen Fremdherrschers, des persischen Königs Kyros, der die babylonische Vorherrschaft übernimmt, herausführt. Das Thema trägt zur Ausprägung des monotheistischen und universalistischen Gottesbildes bei.

Jes 44,28–45,4

28 der zu Kyros spricht: Mein Hirt!
Und alles, was mir gefällt, wird er vollenden.
Und zu Jerusalem wird er sagen: Es wird aufgebaut werden!,
und zum Tempel: Werde gegründet!
1 So spricht der HERR zu seinem Gesalbten, zu Kyros,
den ich bei seiner Rechten ergriffen habe,
um Nationen vor ihm zu unterwerfen –
und Königen werde ich den Gürtel von den Hüften reissen –,
um Türen vor ihm zu öffnen,
und Tore werden nicht verschlossen bleiben.
2 Ich selbst werde vor dir herziehen,
und bergiges Gelände mache ich flach,
Türen aus Bronze zerbreche ich,
und eiserne Riegel schlage ich in Stücke.
3 Und ich werde dir Schätze aus der Finsternis geben

---

255 Vgl. Olyan, Isaiah 40–55, 190 ff., der neben den Pluralanreden in Jes 40,1–8.25–26; 45,12; 51,9–11 zudem auf das zionstheologische Epitheton JHWH Zebaoth („der Heerscharen") verweist sowie auf Stellen, die JHWH als Kämpfer gegen chaotische Mächte zeichnen (51,9–12) und somit ein dualistisches Konzept wenigstens andeuten.

> und versteckte Reichtümer,
> damit du erkennst, dass ich es bin, der HERR,
> der dich bei deinem Namen ruft, der Gott Israels.
> 4 Um meines Dieners Jakob willen,
> um Israels, meines Erwählten, willen,
> deshalb habe ich dich bei deinem Namen gerufen.
> Ich gebe dir einen Ehrennamen,
> auch wenn du mich nicht erkannt hast.

Auf geniale Art und Weise suggeriert Deutero-Jesaja in dem Kyros-Orakel (Jes 44,24–45,7), dass der Untergang Jerusalems und das Exil zu Gottes Heilsplan gehören: Alles dient dazu, einerseits Israel auf den rechten Weg zu bringen und andererseits die Unzerstörbarkeit Zions zu beweisen (vgl. Jes 49,13–16). Schließlich macht JHWH den Mann aus dem Norden (vgl. 41,25), den persischen König Kyros, stark, um die Rückkehr Israels in sein Land (zum Zion) zu ermöglichen und den (Fort-)Bestand Jerusalems und des Tempels zu erwirken. Der persische Großkönig wird als Willensvollstrecker JHWHs stilisiert. Der Schöpfergott JHWH (V. 7) ist geschichtsmächtig, er salbt den fremden König und macht ihn zu seinem „Messias" (V. 1), ein Ritus, der charakteristisch für die Einsetzung der Könige in Israel-Juda ist.[256] So wird Kyros für die heilsgeschichtliche Ordnung instrumentalisiert, um am Ende gleichfalls Gottes Offenbarung zu erfahren (V. 3). Der Textabschnitt findet eine frappante Parallele im sog. Kyros-Zylinder, in dem sich der persische König als Marduk gefälliger Herrscher präsentiert, der nach der Eroberung Babylons 539 v. Chr. den – von den babylonischen Königen vernachlässigten – Kult in Babylon wieder einführt.

> 11 Alle Länder insgesamt musterte er [= der Gott Marduk], er prüfte (sie), 12 er suchte einen gerechten Herrscher nach seinem Herzen, er faßte ihn mit seiner Hand: Kyrus, den König von Anschan, berief er, zur Herrschaft über das ganze All sprach er seinen Namen aus. […] 15 Er befahl ihm nach seiner Stadt Babel zu gehen […] 17 Ohne Kampf und Schlacht liess er ihn in Babel einziehen. Babel rettete er vor der Bedrängnis. Nabonid, den König, der ihn nicht verehrte, überantwortete er ihm. 18 Die Einwohner von Babel insgesamt, das ganze Land Sumer und Akkad, Fürsten und Statthalter knieten vor ihm nieder, küßten seine Füße, freuten sich über seine Königsherrschaft, es leuchtete ihr Antlitz. 19 ‚Der Herr, der durch seine Hilfe die Toten lebendig gemacht hat, der in Not und Unheil allen wohlgetan hat' – so huldigten sie ihm freudig, sie verehrten

Kyros-Zylinder

---
256 Vgl. E.-J. Waschke, Art. Messias (AT), www.wibilex.de; s. o. 2.6.

seinen Namen. 20 Ich Kyrus, König des Weltreichs ... 22 dessen Regierung Bel [= Marduk] und Nebo liebgewannen und dessen Königsherrschaft sie zur Erfreuung ihres Herzens wünschten – als ich friedlich in Babel eingezogen war, 23 schlug ich unter Jubel und Freude im Palaste des Herrschers den Herrschaftssitz auf [...] Tag um Tag kümmerte ich mich um seine [Marduks] Verehrung. [...].[257]

Auch Marduk hat Kyros erwählt, damit er das Recht und den angemessenen Marduk-Kult in Babylon restauriert (Z. 19.23). Motivparallelen beider Texte sind die Handergreifung, Namensnennung, Weltherrschaft und der wunderbare Sieg, weshalb man die Texte sogar als literarkritisch voneinander abhängig postuliert hat.[258]

4. Schöpfung

Zu Jes 44,24–45,7
s.o. 2.4.4.2

Ein besonderer Zug Deutero-Jesajas liegt in der Verwendung des Schöpfungsthemas[259], das gleich in der Bucheröffnung (Jes 40,12–14.21–24.26) begegnet.

Jes 40,12–14

12 Wer hat mit der hohlen Hand das Wasser gemessen
und mit der Spanne seiner Hand den Himmel abgemessen?
Und wer erfasst mit dem Drittelmass den Staub der Erde
und wiegt mit der Waage die Berge
und mit Waagschalen die Hügel?
13 Wer hätte den Geist des HERRN geprüft,
und welcher Mensch wäre sein Ratgeber, würde ihn unterweisen?
14 Mit wem könnte er sich beraten, der ihm Einsicht verschafft
und ihn belehrt hätte über den Pfad des Rechts
und ihn Erkenntnis gelehrt hätte
und ihm nun den Weg der Einsicht wiese?

JHWH ist der Schöpfer der Welt (vgl. Jes 42,5; 45,12; 51,13) und als dieser nimmt er auch Einfluss auf die Geschichte. Das Universum und die Weltgeschichte laufen nach seinem Gesetz und den von ihm eingesetzten Regeln ab (משפט/*mišpaṭ*, דעת/*daʿat*, תבונה/*tebûnâ*). Der Schöpfungsbeweis läuft auf einen Geschichtsbeweis hinaus, der dem

---

257 TUAT I/4, 408 ff. (R. Borger); vgl. ausführlich Albani, Deuterojesajas Monotheismus, 179–182.
258 Vgl. dazu Leuenberger, Kyros-Orakel, 253, der in der biblischen Variante eine „intensive Auseinandersetzung mit der dominanten ‚Leitkultur'" Babyloniens sieht, die das persische Vorbild in einen Grundsatztext des universalisierten Monotheismus umformt.
259 Vgl. A. Schellenberg, Art. Schöpfung, www.wibilex.de, § 4.5 mit einer Liste aller Texte in Jes 40–66.

hier und jetzt lebenden Menschen sein Geschick als sinnvoll und Gott gewollt erscheinen lässt. Wenn Deutero-Jesaja also von Schöpfung spricht, denkt er weniger an Urzeit und Weltentstehung, sondern benutzt das Thema, um seine heilvollen Implikationen für die aktuelle historische Lage aufzuzeigen (vgl. auch Jes 40,21–24): Der Gott, der am Anfang die Weltordnung zu schaffen vermochte, hat auch die Macht, die aussichtsloseste politische Situation umzukehren und in historischer Hinsicht eine neue Ordnung zu bewirken. Der zitierte Text lässt außerdem vermuten, dass das Schöpfungsthema einher geht mit dem Monotheismus. Ähnlich wie in Gen 1 einzelne Verse als Reaktionen auf babylonische Mythen und ihre Theologie zu verstehen sind, erinnert auch Jes 40,12–14 an einen Ritualtext zum babylonischen Neujahrsfest (DT 109), der über den Haupt- und Schöpfergott Marduk sagt:

> „Der über den Himmel geht, die Erde prüfend überblickt, die Wasser des Meeres auslotet, sich um die Bebauung des Kulturlandes kümmert, der in E'edul wohnt, Herr über Babylon, hehrer Marduk. Der die Schicksale aller Götter festsetzt, der dem König, der ihn verehrt, ein reines Szepter verleiht!"[260]

Der Gott Israels auf dem Zion nimmt dies für sich als einziger Elohim in Anspruch.

> 26 Blickt nach oben   Jes 40,26
> und seht: Wer hat diese geschaffen?
> Er, der ihr Heer hervortreten lässt, abgezählt,
> sie alle ruft er mit Namen herbei.
> Der Fülle an Kraft wegen, und weil er vor Kraft strotzt,
> geht kein Einziger verloren.

Deutero-Jesaja erfindet eine Art „kosmologischen Gottesbeweis" (K. Koch)[261], der darin besteht, dass niemand fähig ist die Schöpfung zu erfassen (vgl. Hi 38,4 ff.). Aus der schöpfungsbedingten Souveränität Gottes erwächst auch seine Wirkmächtigkeit in der konkreten historischen Situation.

5. Der Knecht-JHWHs (עבד יהוה/*ӕbӕd* JHWH)
In Jes 40–55 findet sich häufig die Bezeichnung Israels als Knecht JHWHs in z. T. widersprüchlicher Weise. Während Jes 42,19 von Israel als einem blinden Knecht (JHWHs) und einem tauben Boten spricht,

---

260 TUAT II/2, 216 (K. Farber); vgl. Albani, Der eine Gott, 130 ff.
261 Koch, Profeten 2, 137.

wendet sich das Heilsorakel in Jes 43,5–13 an den erwählten Knecht (V. 10). Besondere Erwähnung verdienen die erstmals in dem Kommentar von B. Duhm (1892) rekonstruierten vier „Gottesknechtslieder" (Jes 42,1–9; 49,1–6; 50,4–11; 52,13–53,12).[262] Das Motiv des Gottesknechts wird darin mehrfach auf Israel bezogen, deutet aber gleichzeitig auf die Erwählung eines Knechts in individualer Zeichnung, die in Jes 52–53 die neutestamentlichen christologischen Aussagen antizipiert.

Bezogenheit von AT und NT s. u. 3.6.3

Die Interpretation ist aber dadurch erschwert, dass sich verschiedene Deutungen für die Gestalt des Gottesknechts anbieten:
a) In der kollektiven Deutung repräsentiert der Gottesknecht das ideale Israel. Der Knecht ist mehrfach als Israel angeredet.
b) Die individuell-prophetische Deutung präsentiert ihn als denjenigen, der Weisung gibt (42,4) oder wie ein scharfes Schwert wirkt (49,2). Die Art der Verkündigung und des Leidens lässt ihn aber auch als ein Individuum dastehen, das ein Prophetenamt wahrnimmt.
c) Die individuell-königliche Deutung kommt besonders in Jes 52–53 zum Tragen wegen der höfischen Form der Präsentation (53,13–15 s. aber schon 42,1 ff.).

Der „Gottesknecht" wird zu einem *„Hoheits- und Niedrigkeitstitel in einem"* (Jeremias, Theologie, 275; Hervorh. im Orig.). Während das erste und letzte Lied als Gottesrede qualifiziert ist, haben die beiden mittleren die Perspektive einer Knechtsrede. Es geht insbesondere um die Funktion des Knechts in der Völkerwelt. Jes 42,1–9 thematisiert das göttliche Recht, das einerseits zur Begnadigung Israels führt und andererseits Israels Auftrag nach sich zieht, dieses Recht den Völkern zu vermitteln („ich mache dich zum Bund mit dem Volk, zum Licht der Nationen" V. 6; vgl. Jes 49,8). Unter „Bund" ist hier jedoch nicht die von JHWH auferlegte Verpflichtung gemeint, sondern eine göttliche Selbstverpflichtung und Zusage, die der gesamten Völkerwelt gilt.[263] Das zweite Lied (Jes 49,1–6) nimmt das Thema in Form einer biographisch stilisierten Darstellung auf, betont einerseits die Erwählung des Knechts von Mutterleib an (V. 1.5; vgl. Jer 1,5) sowie die von ihm empfundene Vergeblichkeit seines Auftrags (V. 4), die aber erstaunlicherweise eine Auftragserweiterung nach sich zieht: Der Knecht soll nicht nur „Jakob zurückbringen und Israel sammeln" (vgl. V. 5 f.), sondern „zum Licht für die Nationen werden" (V. 6). Davon unterscheiden sich

---

262 Der Textumfang ist allerdings umstritten. So sieht z. B. Hermisson 42,5 ff. und 50,10 f. als spätere Zusätze an (Deutero-Jesaja, 417).
263 Berges, Jesaja 40–48, 237.

das dritte und vierte Lied, in denen die Treue sowie das Leiden des Gerechten im Vordergrund stehen (vgl. die Konfessionen Jeremias).

Eine besondere Wirkungsgeschichte widerfuhr Jes 52,13–53,12, einem schon philologisch äußerst komplizierten und z. T. unübersetzbaren Text, der das Leiden des Knechts *„von vornherein aus der Perspektive der kommenden Erhöhung"* darstellt (Jeremias, Theologie, 278; Hervorh. im Orig.).

> 13 Sieh, mein Diener wird Erfolg haben,   Jes 52,13–53,12
> er wird emporsteigen, wird hoch erhoben und sehr erhaben sein.
> 14 Wie sich viele über dich entsetzt haben -
> so entstellt, nicht mehr menschlich war sein Aussehen,
> und seine Gestalt war nicht wie die eines Menschen -,
> 15 so wird er viele Nationen besprengen,
> und Könige werden ihren Mund vor ihm verschliessen.
> Denn was ihnen nie erzählt wurde, werden sie gesehen haben,
> und was sie nie hörten, werden sie verstanden haben.
> 53,1 Wer hat geglaubt, was uns verkündet wurde;
> und der Arm des HERRN, über wem ist er offenbar geworden?
> 2 Und wie ein Säugling wuchs er auf vor ihm
> und wie eine Wurzel aus dürrem Land.
> Er hatte keine Gestalt und keine Pracht,
> dass wir ihn angesehen hätten,
> und sein Aussehen war nicht so,
> dass er uns gefallen hätte.
> 3 Verachtet war er und von Menschen verlassen,
> ein Mann der Schmerzen und mit Krankheit vertraut
> und wie einer, vor dem man das Gesicht verhüllt,
> ein Verachteter, und wir haben ihn nicht geachtet.
> 4 Doch unsere Krankheiten, er hat sie getragen,
> und unsere Schmerzen hat er auf sich genommen.
> Wir aber hielten ihn für einen Gezeichneten,
> für einen von Gott Geschlagenen und Gedemütigten.
> 5 Durchbohrt aber wurde er unseres Vergehens wegen,
> unserer Verschuldungen wegen wurde er zerschlagen,
> auf ihm lag die Strafe, die unserem Frieden diente,
> und durch seine Wunden haben wir Heilung erfahren.
> 6 Wie Schafe irrten wir alle umher,
> ein jeder von uns wandte sich seinem eigenen Weg zu,
> der HERR aber liess ihn unser aller Schuld treffen.
> 7 Er wurde bedrängt,
> und er ist gedemütigt worden,
> seinen Mund aber hat er nicht aufgetan

wie ein Lamm, das zur Schlachtung gebracht wird,
und wie ein Schaf vor seinen Scherern verstummt.
Und seinen Mund hat er nicht aufgetan.
8 Aus Drangsal und Gericht wurde er herausgenommen,
doch sein Geschick – wen kümmert es?
Denn aus dem Land der Lebenden wurde er herausgeschnitten,
der Schuld meines Volks wegen hat es ihn getroffen.
9 Und bei Frevlern gab man ihm sein Grab
und bei Reichen, als er starb,
obwohl er keine Gewalttat verübt hatte
und kein Trug in seinem Mund war.
10 Dem HERRN aber gefiel es, ihn mit Krankheit zu schlagen.
Wenn du ihn zur Tilgung der Schuld einsetzt,
wird er Nachkommen sehen, wird er lange leben,
und die Sache des HERRN wird Erfolg haben durch ihn.
11 Der Mühsal seines Lebens wegen wird er sich satt sehen,
durch seine Erkenntnis wird er, der Gerechte, mein Diener, den Vielen Gerechtigkeit verschaffen,
und ihre Verschuldungen, er wird sie auf sich nehmen.
12 Darum werde ich ihm Anteil geben bei den Vielen,
und mit Starken wird er Beute teilen
dafür, dass er sein Leben dem Tod hingegeben hat
und sich den Übeltätern zurechnen liess.
Er hat die Sünde vieler getragen,
und für die Übeltäter trat er ein.

Der Textabschnitt[264] lässt sich in einen zweiteiligen Gottesspruch (52,13–15; 53,11aβ–12) gliedern, der einen umfassenden Mittelteil umschließt. Dieser lässt folgende Themenfelder erkennen: In 53,1–6 geht es in Form einer Wir-Rede um die kritische Reflexion des Gehörten angesichts der Biographie des Knechts. Sie umfasst Leben, Tod und Begräbnis des Knechts bei abschließender Betonung seiner Unschuld (V. 2–9). H.-J. Hermisson hat das Procedere als ungerechtfertigtes Vorgehen gegen einen vermeintlich „falschen Propheten" interpretiert. Doch geht die Geschichte weiter, indem klargestellt wird, dass das Geschehene dem göttlichen Heilsplan entspricht (V. 5b.10). Der Knecht wird gewissermaßen instrumentalisiert, um die fremde, dem Knecht aufgeladene Schuld zu tragen und darin für das Volk Gerechtigkeit vor Gott zu erwirken (V. 11). Der Knecht bewirkt Schuldausgleich (V. 10a: אשם/ʾašam) für die Schuld des Unglaubens Israels. „Durch Tod und neues Leben des Knechts wird Israel zum Glauben kommen, zum Glauben an die Bot-

---

264 So Hermisson, Deuterojesaja, 417.

schaft, die der Knecht auszurichten hatte, damit zum Glauben an Jahwes Heilsplan."²⁶⁵ Und bei den unmittelbaren Adressaten („Wir") hat das neue Leben mit der Erkenntnis des Geschehenden sogleich begonnen. Es geht darin aber wohl nicht um eine Opfergabe, um den zürnenden Gott zu versöhnen („Sühnetod"), sondern um ein „weltbewegendes Geschehen, durch das Menschen grundlegend verändert werden [...] In seinem [des Knechts] Geschick ist Gott selbst getroffen" (ebd.). Die Botschaft richtet sich nicht nur an Israel, sondern darüber hinaus an die gesamte Menschheit, wie es der Verbund mit den anderen Gottesknechtsliedern sowie die Eröffnung des Gottesspruchs in 54,15 nahelegen.

Israels Zuwendung zu Gott s.u. 3.5.2

Es ist erwogen worden, dass eine reale historische Figur den Hintergrund im vierten Gottesknechtslied bildet. Neben den vorexilischen Königen dachte man z.B. an den Hoffnungsträger und letzten davidischen Spross Serubbabel (vgl. Hag 2,23; Sach 6,10–13) oder an Kyros (vgl. Jes 42,5ff.; 49,8ff.).²⁶⁶ Doch ist die Erzählung so sehr stilisiert und von Übertreibung geprägt, dass eine konkrete historische Gestalt eher unwahrscheinlich ist. Eine historisierende Konkretisierung erfuhr die Figur im christologischen Kontext, in dem sie auf die Passion des Jesus von Nazareth Anwendung fand (Apg 8,28ff.).²⁶⁷

Hiob s.u. 2.8.1

Unter den drei großen Prophetenbüchern sticht Jes 40–66 insofern heraus, als das Gericht abgeschlossen ist und sich das Heilshandeln Gottes an seinem Volk bereits vollzieht. Es gibt Anklänge an eine neue Schöpfung (Jes 43,16–17; 65,17; 66,22) und an einen neuen Exodus (Jes 35,1.6.10; 43,16.19; 51,9–11; 63,12 f.; vgl. Jes 11,11.15; Jer 16,14–15). Während Jer 31,31–33 explizit von einem neu zu schließenden Bund und Neusetzung²⁶⁸ (vgl. aber „ewiger Bund" in 32,40) handelt, im Ezechielbuch vom „neuen Herz und neuen Geist" (+ impliziter Bundesformel; Ez 11,19–20; vgl. Ez 37,26) sowie der „Verheißung eines ewigen Bunds" (Ez 16,60; vgl. 34,25) die Rede ist, betont Deutero-Jesaja ausdrücklich die Stabilität und Unzerstörbarkeit des Noah-Bundes, der in der Völkerwelt durch das heilige Israel verkörpert wird (Jes 49,8; 54,9–10²⁶⁹; 59,21; s. aber „ewiger Bund" in Jes 55,3; 61,8). Doch bedarf die implizite Theologie der alten Überlieferungen angesichts der zeitgeschichtlichen Umstände der Neuformulierung.

---

265 Hermisson, Deuterojesaja, 424.
266 Vgl. zur Diskussion Hermisson, Deuterojesaja, 464–466; Berges, Jesaja 49–54, 46 f., der die Heimkehrer aus dem Exil als Adressaten ansieht.
267 Vgl. zur Rezeptionsgeschichte Hermission, Deuterojesaja, 429–460.
268 Vgl. Schmidt, Jeremia 21–52, 147 zu Jer 31,31–34 und U. Rüterwörden, Art. Bund, www.wibilex.de, § 3.2.
269 Hermisson, Deuterojesaja, 518–525 betont die endgeschichtliche Dimension, die in die Urgeschichte eingetragen wird, um eine kurze Zeit des Zorns durch eine endgültige Heilszeit abzulösen.

Die Erwählung Israels durch JHWH bleibt bestehen, doch sie gründet sich nicht auf den Auszug aus Ägypten, sondern auf die Heimkehr aus Babylon.[270]

Insofern findet eine deutliche Neubewertung der Traditionen statt. Die Texte des sog. Trito-Jesaja (Jes 56–66)[271], die etwa seit 520 v. Chr. entstanden sein dürften, widmen sich ungeduldig der Frage, wann das in Deutero-Jesaja angesagte Heil denn endlich eintrifft. Es wird nicht so sehr in Form der Tempelrestauration (Jes 66,1–2; anders aber Jes 58,12; 60,7; 64,9f.), wie sie bei Haggai und Sacharja breit thematisiert ist, erwartet, sondern der neue Tempel ist abhängig gedacht vom gegenwärtigen Verhalten Israels, das immer noch von der herzlosen kultischen Verrichtung sowie der Unterdrückung der Volksgenossen geprägt ist (58,3–8). Das rechte Handeln wird zur Voraussetzung für das erwartete Heil.

2.6.3.2 Haggai und Sacharja

Zeitgleich mit Trito-Jesaja sind Teile der kultprophetisch inspirierten Bücher Haggai und Sacharja (1–8) anzusetzen, die durch einige Zeitangaben aufeinander bezogen sind. Sie behandeln die Einweihung des neuen Tempels in Jerusalem, dessen Realisierung aber durchaus kritisch wahrgenommen wurde (vgl. Hag 1,1–2,19).

Die sieben Nachtgesichte Sacharjas in Sach 1–6 stellen prophetische Visionen dar, die sich auf Israels Heil im Äußeren (die Feinde; Sach 2,1–4) und Inneren (2,5–5,11: Wohlstand, Ausgrenzung derer, die straffällig sind, Entfernung der Sünde außerhalb der Grenzen Israels) beziehen, ein Heil, das als universale Friedensherrschaft Gottes am Ende auch auf das ehemals feindliche Gebiet ausstrahlen wird.[272] Anders als die Visionen der vorexilischen bzw. exilischen Zeit, tritt jetzt in der Figur des Deuteengels *(angelus interpres)* ein Vermittler auf, wobei die – meist verrätselte – Bildsprache häufig unklar bleibt. Die Mitte der Gesamtkomposition bildet die fünfte Vision.

Sach 4,1–14

1 Und der Bote, der durch mich redet, kehrte zurück und weckte mich wie einen, der aus seinem Schlaf geweckt wird.
2 Und er sprach zu mir: Was siehst du? Da sagte ich: Ich habe gesehen, und sieh: ein Leuchter, ganz aus Gold, und oben auf ihm seine Schale!

---

270 Schmid, Theologie, 72.
271 Vgl. K. Koenen, Art. Tritojesaja, www.wibilex.de.
272 Zur Gliederung vgl. H. Delkurt, Art. Sacharja, www.wibilex.de, § 2.3.

Und an ihm waren seine sieben Lichter: je sieben Röhren für die Lichter, die oben auf ihm waren.
3 Und bei ihm waren zwei Ölbäume, einer rechts neben der Schale und einer zu seiner Linken.
4 Daraufhin sagte ich zu dem Boten, der durch mich redet: Was hat es mit diesen auf sich, mein Herr?
5 Und der Bote, der durch mich redet, antwortete und sprach zu mir: Du weisst nicht, was es mit diesen auf sich hat? Und ich sagte: Nein, mein Herr.
6 Daraufhin sagte er zu mir: Dies ist das Wort des HERRN an Serubbabel: Nicht durch Kraft und nicht durch Stärke, sondern mit meinem Geist!, spricht der HERR der Heerscharen.
7 Wer bist du, grosser Berg? Vor Serubbabel wirst du zur Ebene! Er wird den letzten Stein bringen; da werden Rufe erschallen: Gnade, Gnade sei mit ihm!
8 Und das Wort des HERRN erging an mich:
9 Die Hände Serubbabels haben den Grundstein zu diesem Haus gelegt, und seine Hände werden es zu Ende führen! Und du wirst erkennen, dass der HERR der Heerscharen mich zu euch gesandt hat.
10 Wer hat da den Tag der kleinen Dinge verachtet? Man wird sich freuen und den Stein mit Zinn sehen in der Hand Serubbabels! Sieben sind es, die Augen des HERRN, sie schweifen über die ganze Erde.
11 Daraufhin sagte ich zu ihm: Was hat es mit diesen zwei Ölbäumen auf sich, rechts vom Leuchter und zu seiner Linken?
12 Und zum Zweiten sagte ich daraufhin zu ihm: Was hat es mit den beiden Ölbaum-Ähren auf sich, die an der Seite der zwei Röhren aus Gold sind, die das Gold an sich herabfliessen lassen?
13 Da sprach er zu mir: Du weisst nicht, was es mit diesen auf sich hat? Und ich sagte: Nein, mein Herr.
14 Da sprach er: Das sind die beiden Gesalbten, die beim Herrn der ganzen Erde stehen.

Die Vision zeichnet einen siebenarmigen Leuchter, die Menora, als „Bekenntnissymbol" des Jerusalemer Tempels (R. Hanhart)[273], flankiert von zwei Ölbäumen. Sie zielt auf die Einsetzung von zwei Figuren, die Israel voranstehen, einer königlichen Gestalt, dem letzten Davididen Serubbabel, dem der Wiederaufbau des Tempels obliegt (V. 9), und einer priesterlichen Gestalt („Gesalbten"; V. 13; vgl. Sach 3,1–7 zur Ein-

---

273 Vgl. Voß, Menora; vgl. Hanhart, Sacharja, 257–263, hier 263. Zur Abbildung vgl. M. Bauks, Art. Bilderverbot, www.wibilex.de, Abb. 15. Die vorliegende Abbildung ist die Wiedergabe einer Replik aus dem Museum of Jewish People Beit Hatefutsot, Tel Aviv.

führung eines Hohenpriesters namens Josua). Das Deutewort (V. 14) sieht vor, dass beide in einem Doppelamt von weltlicher und geistlicher Herrschaft (Dyarchie) in Funktion treten. Doch trägt in Sach 6,11 der Hohepriester allein die Krone und wird zum Platzhalter für den zukünftigen König (3,8).[274] Die Siebenzahl dient als Symbol der Vollkommenheit JHWHs wie auch das Phänomen des Lichts sein Wesen bestimmt.[275]

Abb. 6: Titusbogen in Rom: Die Menora wird als Attribut des Jerusalemer Tempels von den römischen Soldaten nach der Eroberung Jerusalems 70 n. C. als Beutegut nach Rom gebracht.

Auf die sieben Visionen folgen eine Reihe sekundär ergänzter Texte in Sach 9–13.14, die sich als Prosatexte von dem vorangehenden poetischen Material deutlich unterscheiden. Auch in ihnen geht es um das kommende Heil Ganz-Israels (Sach 9–10) bzw. lediglich Judas (Sach 11), dem dann aber JHWH selbst als König voransteht (Sach 14,9–17: „Theokratie"). Nach dem Gericht über die Völker werden auch sie an der Wallfahrt zum Zion zum Herrn der Heerscharen, JHWH Zebaoth, und darin am Heil partizipieren.

Königsideologie
s. u. 3.4

Während der neue Tempel tatsächlich gebaut wurde, hat sich die Hoffnung auf einen neuen davidischen König nicht erfüllt. Der wohl in hellenistische Zeit zu datierenden Text Sach 9,9–10 trägt deutlich messianische Züge.[276]

---

274 Vgl. Hanhart, Sacharja, 255 f.
275 Hanhart, Sacharja, 264.
276 Vgl. E.-J. Waschke, Art. Messias (AT), www.wibilex.de, § 2.3.

> 9 Juble laut, Tochter Zion,   Sach 9,9–10
> jauchze, Tochter Jerusalem,
> sieh, dein König kommt zu dir,
> gerecht und siegreich ist er,
> demütig und auf einem Esel reitend,
> auf einem Fohlen, einem Eselsfohlen.
> 10 Und ich werde die Streitwagen ausrotten in Efraim
> und die Pferde in Jerusalem.
> Und der Kriegsbogen wird ausgerottet.
> Und er verheisst den Nationen Frieden.
> Und seine Herrschaft reicht von Meer zu Meer
> und vom Strom bis an die Enden der Erde.

Während Jes 40,9–11 (s. o.) mit einem weiblichen Heroldruf die Rückkehr Gottes und das bevorstehende Heil für Israel erklingen lässt, ist es in Sach 9,9 ein männlicher Rufer, der sich an die im Hebräischen weiblich und mitunter personifiziert gedachte Stadt Jerusalem richtet und ihr die bevorstehende Ankunft und Rückkehr des Königs anmeldet.[277] Der König ist weder namentlich genannt, noch ist etwas über seine Herkunft gesagt.[278] Sein Reittier ist nicht etwa ein davidisches Requisit, sondern Zeichen seiner Armut (עָנוֹ/ʿanô; עָנִי/ʿanî; V. 9). Die Verse zeichnen den König geradezu als Gegenfigur zu den Königen der damaligen Zeit wie Darius III. oder Alexander der Große und beabsichtigen die „Relativierung der Macht der Mächtigen".[279] Sein Friedensreich realisiert sich nämlich nicht in militärischer Stärke, sondern darin, dass er sich von Gott helfen lässt.

Niedrigkeit

Jes 9,5 s. o. 2.6.1.3

Die vorliegende prophetische Utopie erlangt mit der neutestamentlichen Wirkungsgeschichte vom Einzug Jesu in Jerusalem herausragende Bedeutung (in Auslegung von Mt 21,1–11; Mk 11,1–10; Lk 19,29–38; Joh 12,12–19). Die in den Evangelien erzählte Geschichte setzt die historischen Bedingungen eines Wallfahrtsfests z. Zt. Jesu voraus, zu dem Pilger zu Fuß oder auf Eseln anreisten. Auch wenn man den Text zeichenhaft für das Wirken Jesu und nicht als reale Hintergrundbeschreibung des Passazuges nach Jerusalem analysiert, steht die Niedrigkeitsaussage theologisch im Vordergrund.[280]

Sach 9 (vgl. auch 8,20–22) erinnert an die Friedensutopie des Micha-Buchs, ebenfalls aus (spät)persischer Zeit (Mi 4,1–3; vgl. Jes 2,2–4):

---

277 Vgl. Willi-Plein, Deuterosacharja, 59.
278 Zum historischen Ort in spätpersischer Zeit vgl. Willi-Plein, Deuterosacharja, 64–70.
279 Willi-Plein, Deuterosacharja, 77.
280 Willi-Plein, Deuterosacharja, 79–81.

Mi 4,1–3
> 1 Und in fernen Tagen wird der Berg des Hauses des HERRN fest gegründet sein,
> der höchste Gipfel der Berge,
> und er wird sich erheben über die Hügel.
> Und Völker werden zu ihm strömen,
> 2 und viele Nationen werden hingehen und sagen:
> Kommt und lasst uns hinaufziehen zum Berg des HERRN,
> zum Haus des Gottes Jakobs,
> damit er uns in seinen Wegen unterweise
> und wir auf seinen Pfaden gehen.
> Denn vom Zion wird Weisung ausgehen
> und das Wort des HERRN von Jerusalem.
> 3 Und er wird für Recht sorgen zwischen vielen Völkern
> und mächtigen Nationen Recht sprechen, bis in die Ferne.
> Dann werden sie ihre Schwerter zu Pflugscharen schmieden
> und ihre Speere zu Winzermessern.
> Sie werden das Schwert nicht erheben, keine Nation gegen eine andere,
> und das Kriegshandwerk werden sie nicht mehr lernen.

Hier sind es die Menschen selbst, die in der eschatologischen Heilszeit eine Völkerwallfahrt zum Zion durchführen und dazu ihre Waffen in Friedenswerkzeug umschmieden. Auch dieser Text enthält deutliche Hinweise auf die (vorexilische) Zionstheologie der Zionslieder, doch widmet er diese theologisch um. Denn es geht nicht um eine mythische Überhöhung des Tempelberges, sondern um dessen eschatologische Erwartung in Form der Überführung präsentischer Heilsideologie in die Zukunft. In einer zukünftigen Zeit wird Frieden zwischen den Völkern möglich sein; ein Konzept, das eine enorme Wirkungsgeschichte entfaltet hat.[281]

Die exilisch-nachexilische Prophetie zielt auf die theologische Möglichkeit der Restauration Israels und die bleibende Gottesbeziehung. Alte Traditionen werden aufgenommen und auf die nachexilischen Verhältnisse hin aktualisiert. Neue Formen bilden sich aus, die den Übergang von der nationalstaatlichen Zeit zum Judentum des Zweiten Tempels prägen.

---

281 Vgl. K. Koenen, Art. Schwerter zu Pflugscharen, www.wibilex.de; Jeremias, Theologie, 435–437; Kessler, Micha, 176–188 zur Spruceinheit Mi 4,1–5; 188–190 zur Wirkungsgeschichte.

Literatur

Albani, Matthias: Der eine Gott und die himmlischen Heerscharen. Zur Begründung des Monotheismus bei Deuterojesaja im Horizont der Astralisierung des Gottesverständnisses im Alten Orient, Leipzig 2000 (ABG 1).
–: Deuterojesajas Monotheismus und der babylonische Religionskonflikt unter Nabonid, in: M. Oeming/K. Schmid (Hg.), Der eine Gott und die Götter. Polytheismus und Monotheismus im antiken Israel, Zürich 2003 (AThANT 82), 171–201.
Berges, Ulrich: Jesaja 40–48, Freiburg 2008 (HThKAT).
–: Jesaja 49–54, Freiburg 2015 (HThKAT).
Hanhart, Rudolf: Sacharja 1,1–8,23, Neukirchen-Vluyn 1998 (BKAT 7/1).
Hermisson, Hans-Joachim: Deuterojesaja 49,14–55,13, Neukirchen-Vluyn 2014 (BKAT 11/3).
Janowski, Bernd: Er trug unsere Sünden. Jes 53 und die Dramatik der Stellvertretung, in: Ders., P. Stuhlmacher (Hg.), Der leidende Gottesknecht. Jesaja 53 und seine Wirkungsgeschichte, Tübingen 1996 (FAT 14), 27–48.
Kessler, Rainer: Micha, Freiburg ²2000 (HThKAT).
Koch, Klaus: Die Profeten, Bd. 2, Babylonisch-persische Zeit, Stuttgart/Berlin/Köln ²1988.
Leuenberger, Martin: Kyros-Orakel und Kyros-Zylinder. Ein religionsgeschichtlicher Vergleich ihrer Gottes-Konzeption, in: VT 59 (2009), 222–256.
Olyan, Saul M.: Is Isaiah 40–55 Really Monotheistic?, in: JANER 12 (2012), 190–201.
Schmid, Konrad: Gibt es eine Theologie im Alten Testament? Zum Theologiebegriff in der alttestamentlichen Wissenschaft, Zürich 2013 (ThSt 7).
Schmidt, Werner H.: Das Buch Jeremia. Kapitel 21–52, Göttingen 2013 (ATD 21).
Voß, Jens: Die Menora. Gestalt und Funktion des Leuchters im Tempel zu Jerusalem, Fribourg/Göttingen 1993 (OBO 128).
Weippert, Manfred: „Ich bin Jahwe" – „Ich bin Istar von Arbela". Deuterojesaja im Lichte der neuassyrischen Prophetie, in: B. Huwyler u. a., Prophetie in den Psalmen (FS K. Seybold), Münster 2001 (AOAT 280), 31–59.
Willi-Plein, Ina: Deuterosacharja, Neukirchen-Vluyn 2014 (BKAT 14/7.2.1).

2.6.4 JHWH, der Gott der Apokalyptik

Einzelmotive und auch die Bildwelt eines Prophetenbuchs wie Sacharja, Ezechiel (Ez 1–3; 37–39), Joel („Tag JHWHs") oder auch Tritojesaja fanden breite Aufnahme in der apokalyptischen Literatur (z. B. Offb.; Mk 13; 1Hen), ohne dass die Bücher selbst immer gleich als apokalyptisch anzusehen wären. Als typische Merkmale der Apokalyptik gelten Anonymität (Pseudephigraphie) der Literatur, Monotheismus, Determinismus, Theodizee, Nationalismus, Dualismus, Symbolsprache, Engel- bzw. Dämonenvorstellungen und Auferstehungsglaube.

Der Aspekt der Anonymität bzw. Pseudepigraphie stellt sich in der hebräischen Bibel nicht, da diese als Traditionsliteratur allmählich und ohne Hinweise auf die Autorschaft gewachsen war. Erst durch die griechische Literatur beeinflusst entwickelt sich seit dem 2. Jh. v. Chr. „Autorenliteratur" (z. B. Jesus Sirach). In der Schriftprophetie war es zwar üblich, die Schrift auf eine historische Person zurückzuführen, doch besagt das nicht, dass die Figur auch ihr Autor war. Zu diesem Eindruck verleiten erst die redaktionellen Buchüberschriften. Es ist diese Konvention, die in den apokalyptischen Büchern aufgegeben wurde, indem die Herkunft der apokalyptischen Schau verschleiert wird.

Zur alttestamentlichen Apokalyptik zählt das jüngste Werk der Hebräischen Bibel, das Buch Daniel, das sich in die Mitte des 2. Jh. v. Chr. datieren lässt. Ein weiterer apokalyptischer Text findet sich in Jes 24–27[282], ein ebenfalls in das 2. Jh. datierter Einschub in das Jesajabuch.[283] In einer Endzeitschilderung wird Gottes Gericht und Sieg über verschiedene Weltreiche thematisiert, die als kosmische oder auch mythische Gegenmächte gezeichnet sind (24,13–23; Leviathan in 27,1). Erstmals begegnet in diesem Kontext das Thema der Überwindung des Todes durch Gott (25,6–8), worin ein erster Beleg für individuelle Auferstehungshoffnung erkennbar ist (26,19).

Jes 25

6 Auf diesem Berg aber wird der HERR der Heerscharen allen Völkern ein fettes Mahl zubereiten, ein Mahl mit alten Weinen, mit fettem Mark, mit alten, geläuterten Weinen.
7 Und verschlingen wird er auf diesem Berg
die Hülle, die Hülle über allen Völkern,
und die Decke, die über alle Nationen gedeckt ist.
8 Den Tod hat er für immer verschlungen,
und die Tränen wird Gott der HERR von allen Gesichtern wischen,
und die Schmach seines Volks wird er verschwinden lassen von der ganzen Erde,
denn der HERR hat gesprochen.

Ps 22 s. u. 2.7.1

Das in V. 6 zitierte eschatologische Freudenmahl begegnet nochmals in Ps 22,28–32, in dem den gesamten Klagepsalm eschatologisierenden Schlussabschnitt. Der sich anschließende Trost, dass der Tod und das Leid Israels für immer verschwinden, nimmt im Folgetext noch konkretere Form an.

---

282 Beuken zieht es hingegen vor, von einem eschatologischen Text zu reden, da spezifische Merkmale apokalyptischer Literatur fehlen.
283 Vgl. E.G. Daphni, Art. Jesajaapokalypse, www.wibilex.de; zum Ganzen Janowski, Konfliktgespräche, 336–346 (hier auch zu Ps 16; 49; 73).

> 19 Deine Toten aber werden leben,   *Jes 26,19*
> ihre Leichname stehen wieder auf.
> Wacht auf, und jubelt, ihr Bewohner des Staubs!
> Denn ein Tau von Lichtern ist dein Tau,
> und die Erde wird die Schatten gebären.

Jenseitshoffnung bezieht sich an dieser Stelle erstmals auf das menschliche Individuum, ein Gedanke, der in Dan 12,2 ein weiteres Mal begegnet. Das Motiv unterscheidet sich darin von dem Motiv der eher symbolisch zu deutenden „Auferstehung" des zerstreuten Volkes nach dem Exil (Ez 37).   *Zu Ez 37 s.o. 2.6.2.2*

> 1 Und in jener Zeit wird Michael auftreten, der grosse Fürst, der schützend über den Kindern deines Volks steht. Und es wird eine Zeit der Bedrängnis sein, wie noch keine gewesen ist, seit es Nationen gibt, bis zu jener Zeit. Und in jener Zeit wird dein Volk gerettet werden, jeder, der sich aufgezeichnet findet in dem Buch.   *Dan 12,1–4*
> 2 Und viele von denen, die im Erdenstaub schlafen, werden erwachen, die einen zu ewigem Leben und die anderen zu Schmach, zu ewigem Abscheu.
> 3 Die Verständigen aber werden glänzen wie der Glanz der Himmelsfeste, und wie die Sterne diejenigen, die viele zur Gerechtigkeit geführt haben, für immer und ewig.
> 4 Du aber, Daniel, halte die Worte geheim und versiegle das Buch bis zur Zeit des Endes. Viele werden umherstreifen, damit die Erkenntnis sich mehre.

Charakteristisch für die apokalyptische Literatur ist die Einführung der Figur des Engelfürsten Michael, der in das Geschick der Menschen eingreift. Angesichts der Verfolgung aus religiöser Überzeugung und ggf. bevorstehendem Martyriums rückt der Abschnitt vehement die Theodizee ins Zentrum, d.h. die Frage, wie der Einsatz für die Sache Gottes gerecht entgolten werden kann, wenn seine treuen Anhänger in den Tod gehen (vgl. 2Makk 7,7–14).[284]

> 7 Als der Erste so aus dem Leben geschieden war, führten sie den Zweiten auch hin, um ihren Mutwillen mit ihm zu treiben; und sie zogen ihm vom Kopf Haut und Haar ab und fragten ihn, ob er Schweinefleisch essen wollte oder den ganzen Leib Glied für Glied martern lassen.   *2Makk 7*
> 8 Er aber antwortete in der Sprache seiner Väter und sagte: Ich will's nicht tun. [9] Daher marterten sie ihn weiter wie den Ersten.

---

[284] Übersetzung: Luther Bibel 2017; vgl. Tilly, 1Makkabäer, 169–175.

9 Als er nun in den letzten Zügen lag, sprach er: Du verruchter Mensch, du nimmst uns wohl das zeitliche Leben; aber der König der Welt wird uns, die wir um seiner Gesetze willen sterben, wieder erwecken in der Auferstehung zum ewigen Leben.
10 Danach nahmen sie den Dritten und trieben auch mit ihm ihren Mutwillen. Und als sie es von ihm forderten, streckte er sogleich die Zunge heraus und hielt unerschrocken die Hände hin
11 und sagte tapfer: [11] Diese Glieder sind mir vom Himmel gegeben; darum will ich sie gern gering achten um seiner Gesetze willen; denn ich hoffe, er wird sie mir wiedergeben.
12 Der König aber und sein Gefolge wunderten sich darüber, dass der Jüngling so mutig war und die Marter für nichts achtete.
13 Als auch dieser aus dem Leben geschieden war, peinigten sie den Vierten ebenso und geißelten ihn.
14 Als es aber mit ihm zum Sterben ging, sprach er: Das ist ein großer Trost, dass wir auf Gottes Verheißungen trauen: Wenn uns Menschen töten, wird er uns wieder auferwecken. Du aber wirst nicht auferweckt werden zum Leben.

Die aus dem 1. Jh. v. Chr. stammende Schrift thematisiert ausführlich die makkabäische Revolte gegen den seleukidischen König Antiochus IV. Epiphanes, die Verfolgung der Juden durch ihn und den legendären Einsatz der sieben Söhne einer Mutter, den jüdischen Brauch bis in den Foltertod zu bewahren (2 Makk 7). Belohnt wird dieser Einsatz „bis in den Tod" mit der Aussicht auf Auferstehung zum ewigen Leben (V. 9.14), worin explizite Jenseitserwartung formuliert ist. Diese beschreiben Jes 26,19 und Dan 12,2 als ein Aufwachen aus dem Todesschlaf (vgl. dazu auch Hi 3,13 ff.; 14,12). Die deuterokanonische Schrift Weish 3,14 führt außerdem die Vorstellung von der Unsterblichkeit der Seele ein.

Die Auferstehung der Toten findet sich demnach erst sehr spät in der theologiegeschichtlichen Entwicklung der Todes- oder Jenseitsvorstellungen im Alten Testament, ohne eine Lehre auszubilden.[285] Und sie bleibt innerbiblisch auch nicht unumstritten (Skepsis äußert z. B. die ebenfalls junge Schrift Qoh 3,1–15.19–22; 6,6; 9,1–6). Denn die Sterblichkeit des Menschen ist eine Grundkonstituente alttestamentlicher Anthropologie, die bereits im Akt der Menschenschöpfung aus dem Staub des Erdbodens (2,6), zu dem der Mensch am Ende auch zurückkehrt (3,19), angelegt ist. Nur in wenigen biblischen Belegen entgehen Menschen dem Tod durch Entrückung (Henoch in Gen 5,24; Elia in 2Kön 2,3.5.9–10). Andere erfahren zwar eine Totenerweckung

Sterblichkeit
s. o. 2.4.2; s. u. 3.4

---

[285] Vgl. zur Genese K. Liess, Art. Auferstehung (AT), www.wibilex.de; Meinhold, Zur „Ewigkeits"-Perspektive, 28 f.

(1Kön 17,17–24; 2Kön 4,8–37; 2Kön 13,20f.); die bedeutet aber lediglich einen Aufschub im Sinne einer Verlängerung des Lebens, nicht aber Unsterblichkeit oder ewiges Leben.

Weiterhin ist in der apokalyptischen Literatur das Thema des Determinismus in der Weltgeschichte von Bedeutung. In Dan 2 ist von einer Abfolge von vier Reichen gemäß einem Dekadenschema („Äonenwende") berichtet[286], das die zunehmende Machtperversion und die daraus resultierende Beziehungslosigkeit von Gott und Mensch darstellt. Den Höhepunkt markiert die Zerstörung des letzten Reichs (Dan 2,34f.; Dan 11,31–45), das aber am Ende der Weltzeit als ewiges Gottesreich wiedererstehen soll (Dan 2,44f; vgl. Dan 7,13f.; Offb 21).[287] Fremdkönig und Gott sind häufig in einem dualistischen Verhältnis dargestellt, welches anzeigt, dass die Weltzeit zu Ende geht, was eine Zeit gesteigerten Leids mit sich bringt. Die Figur des Menschensohns fungiert als supranaturalistisch skizzierter Mittler, der nach dem Völkergericht auftritt und zur Heilszeit überleitet (Dan 7,13) oder aber das Gericht selbst vollzieht (1Hen 46.48.62f.). Der Vehemenz dieser Texte, die auf das bevorstehende Leid und Gericht verweisen, stehen die evtl. älteren Erzählungen von Daniel und seinen Freunden (Dan 1–6) entgegen, die die Unausweichlichkeit von Gericht und Endzeit nicht kennen und stattdessen in ihrem Gottvertrauen „tröstliche Vorbilder für die angefochtene Gemeinde" sein wollen (Jeremias, Theologie, 451).

> Mit dem Ende des Königtums nach der babylonischen Eroberung neigt sich auch die Prophetie ihrem Ende zu und findet eine neue Ausdrucksform in der Apokalyptik. Charakteristisch ist hier das Streben nach einer Ausweitung der Kategorien von Raum und Zeit und die Erschließung neuer Daseinsformen und -bereiche. Weltende, Neuschöpfung, Himmelsreisen und Jenseitsvorstellungen sind neue literarische Topoi, die das altorientalische Weltbild transformieren.

Literatur

Beuken, Willem A.M.: Jesaja 1–12, Freiburg 2012 (HThKAT).
Janowski, Bernd: Konfliktgespräche mit Gott. Eine Anthropologie der Psalmen, Neukirchen-Vluyn 2003, ²2006.
Kessler, Rainer: Micha, Freiburg ²2000 (HThKAT).
Koch, Klaus: Daniel 1–4, Neukirchen-Vluyn 1994 (BKAT 22/2).

---

286 Vgl. dazu R. Liwak, Art. Weltreiche, www.wibilex.de, § 5.
287 Zur Konvergenz mit der Profanisierung des Jerusalemer Tempels durch den Seleukidenherrscher Antiochus IV. Epiphanes (168 v. Chr.; vgl. 1Makk 1,54) vgl. F. Ueberschaer, Art. Antiochus IV. Epiphanes, www.wibilex.de.

Koenen, Klaus/Roman Kühschelm, Zeitenwende. Perspektiven des Alten und Neuen Testaments, Würzburg 1999 (NEB Themen 2).
Meinhold, Arndt: Zur „Ewigkeits"-Perspektive des zeitlichen Menschen im alten Israel, in: J. Kotjatko-Reeb, S. Schorch/J. Thon/B. Ziemer (Hg.), Nichts Neues unter der Sonne? Zeitvorstellungen im Alten Testament (FS Ernst-Joachim Waschke), Berlin/Boston 2014 (BZAW 450), 21–35.
Leuenberger, Martin: Haggai, Freiburg 2015 (HThKAT).
Schipper, Bernd U./Georg Plasger, Apokalyptik und kein Ende?, Göttingen 2007 (BTSP 29).
Tilly, Michael: 1 Makkabäer, Freiburg 2015 (HThKAT).
Willi-Plein, Deuterosacharja, Neukirchen 2014.2016 (BKAT 14/7.2 1–2).

2.7 Israels Klage und Lob im Psalter: Spiegelungen der Gottesoffenbarungen

Neben der zentralen Funktion des Gottesworts in der weisenden Form (Tora) und der ankündigenden Form (Prophetie) ist es das gottesdienstliche Wort, in der die Antwort des Menschen ihre deutlichste Form erhält.[288] Es ist das Verdienst C. Westermanns, auf die besondere Wichtigkeit des Gottes*lobs* im Psalter hingewiesen zu haben. Obwohl sich im Psalter unter den 150 Psalmen mehrheitlich Klagepsalmen finden, lässt sich der hebräische Titel des Buchs „Buch der Lobgesänge" (ספר תהלים/*sefer tehillîm*) gut aus seiner Grundstruktur heraus verstehen, die in der Abfolge der Psalmen von der Klage zum Lob führt. Während die meisten Klagelieder sich in den beiden Sammlungen Ps 3–41 und 51–72 (Ausn. 140–143) finden, begegnen Lobpsalmen („Danklied" תודה/*tôdâ*) überwiegend in den Sammlungen nach Ps 90 (Ausnahme Ps 120–134 „Wallfahrtslieder"), um schließlich in das Lob des Schlusshallel (Ps 146–150) zu münden. Im Übrigen ist selbst für die Klagepsalmen charakteristisch, dass sie mit einer Aufforderung zum Lob oder in einem Danklied enden (s. u. Ps 22; Ausnahme Ps 88). Somit ist auch in die Klage stets Gotteslob aufgenommen. Zudem sind die Gruppen von Klagepsalmen kompositionell von zahlreichen Hymnen unterbrochen (vgl. Ps 8; 19; 29; 33 etc.), die von der Klage zum beschreibenden Lob überführen.

In Anlehnung an die Torastruktur der fünf Bücher Mose umfasst auch der Psalter fünf durch sekundäre Überschriften geformte Bücher (1–41; 42–72; 73–89; 90–106; 107–150), von denen jedes mit einer

---
288 Westermann, Lob und Klage, 20 f. 200 f.; Ders., Theologie, 17–21 und Kapitel 5: Die Antwort im Reden, 134–152 zu den Psalmen. Ricœur spricht von der Bewegung in Richtung auf die zweite Person als Gegenüber (Hermeneutik, 56).

Segensformel („Schlussdoxologie" mit abschließendem „Amen") schließt.[289] Unter den zahlreichen Psalmenüberschriften, die eine Reihe von Psalmen David zuweisen, präzisieren einige eine konkrete Situation seines Lebens, in welcher er den Psalm gebetet haben soll, und vernetzen die Texte so mit den Erzählungen der Samuelbücher. Die fachsprachliche Gruppenbezeichnung „Elohistischer Psalter" bezieht sich auf eine Gruppe von Psalmen (Ps 42/43–82), die das Tetragramm weitgehend vermeiden und darin einen Hinweis auf eine restriktive Verwendung des Gottesnamens bereits in alttestamentlicher Zeit geben.

Gottesnamen-gebrauch s. u. 3.3

Die so skizzierte Grundstruktur des Psalters legt allerdings nahe, dass die sukzessive Entstehung des Psalters und seine Endkomposition[290] nicht als ein „Gesang- oder Gebetbuch" dem Jerusalemer Kultbetrieb entspringt, sondern vielmehr ein theologisch komponierter „Meditationstext"[291] ist, wie es insbesondere die Rahmung (Ps 1–2; 146–150) nahelegt. Ps 1–2 dient geradezu als „Eingangsportal" des Psalters, wobei die beiden Psalmen durch gemeinsame Semantik (ישׁב/jšb „thronen", דרך/dæræk „Weg" und אבד/'abd „untergehen") trotz unterschiedlicher weisheitlicher bzw. messianischer Gewichtung aufeinander bezogen sind. Der erste Psalm stellt „die Beherzigung der Weisung JHWHs poetisch mit Hilfe der horizontalen Wegemetaphorik" dar, während der zweite „die in der Relation ‚Himmlischer König'/‚Irdischer Sohn' zum Ausdruck kommende Wegweisung für die Völker anhand vertikaler Bezüge (4: Gott im Himmel/6: König auf dem Zion/2.10: Könige/Richter der Erde) entfaltet."[292] Fünf Halleluja-Psalmen („Schlusshallel" Ps 146–150) beschließen den Psalter. Für den stark theologisierenden Charakter sprechen außerdem die offensichtliche Davidisierung, die Transformierung des konkreten Tempelkults bzw. dessen Opferpraxis in den Bereich der Gottesoffenbarung an Israel sowie der weisheitlich-belehrende Charakter vieler Psalmen.

Die hebräische Bibel umfasst auch außerhalb des Psalters Psalmentexte, die häufig als theologisch pointierende Zusammenfassungen der Narration dienen; so z. B. Schilfmeerlied (Ex 15); Moselied (Dtn 32,1–43); Deboralied (Ri 5); Lied der Hanna (1Sam 2,1–10; vgl. Lk 1,46–55 Magnifikat der Maria); letzte Worte Davids (2Sam 23); Danklied des Erlösten (Jes 12); ein Jubellied des Gottesvolks (Jes 26,1–6); letzte Worte Hiskias (Jes 38,9–20); Psalm des Jona (Jon 2,1–10) oder Psalm

Psalmen außerhalb des Psalters

---

289 Midrasch Tehillim zu Ps 1,1: „Mose gab Israel die fünf Fünftel der Thora, und David gab den Israeliten die fünf Bücher der Psalmen" (Wünsche, Midrasch Tehillim I, 2).
290 Vgl. zur schwierigen Frage der Datierung der Einzelpsalmen und zur im 6. Jh. v. Chr. beginnenden Kompositions- und Redaktionsgeschichte des Psalters Zenger, Einleitung, 362–367.
291 Vgl. Zenger, Der Psalter als Heiligtum, 115–128; Janowski, Buchreligion, 226.
292 Janowski, Psalmen 1–2, 4f.

Habakuks (Hab 3). Das Danklied des Königs in Ps 18 findet eine Dublette in 2Sam 22 und Davids Danklied anlässlich der Aufstellung der Lade in Jerusalem in 1Chr 16 ist eine Komposition aus Ps 105; 96; 106. Die Klagelieder Jeremias (Threni) gehören ebenfalls zu den Psalmentexten (Volks-, Individual- bzw. Stadtklagen) wie auch das deutero-kanonische Buch Jesus Sirach Psalmen (Sir 22,27–23,6; 36,1–22; 51,1–12) bzw. hymnische Lehren (Sir 39,12–35; 42,14–43,33) mit Psalmenzitaten umfasst.

2.7.1 Psalmentheologie und Gattung

Die Psalmen folgen dem streng dialogischen Schema der als vorausgehend gedachten Ansprache Gottes und der im jeweiligen Psalm erfolgenden Antwort der Menschen. Die im Anschluss an die Studien von H. Gunkel und J. Begrich[293] rekonstruierten Gattungen wie Hymnus, Dank- und Klagelieder (jeweils des Einzelnen oder des Volkes), sowie weitere formal etwas uneinheitlichere Genres wie z. B. Thronbesteigungslied, Königs-, Wallfahrts- oder Weisheitspsalmen verweisen auf sehr unterschiedliche Lebensbereiche, auf welche die Psalmen „antworten". Sozialer und institutioneller Hintergrund („Sitz im Leben") bildet der Kultbetrieb, wenn auch die uns heute vorliegende Psalterkomposition schriftgelehrt-theologischem Interesse entspringt[294] und somit einem theologischen Entwurf ähnelt, den Martin Luther als „kleine Biblia"[295] charakterisiert hat. In kaum einem anderen alttestamentlichen Buch stehen die Rede Gottes und das Reden von Gott so nahe beieinander.

In besonderer Weise lässt sich die Eigenart von Psalmentheologie an der Gattung der Klagen des Einzelnen verdeutlichen. Ps 22 soll zur Darlegung verschiedener Teilaspekte als Beispieltext dienen.

Ps 22,1–32

1 Für den Chormeister. Nach der Weise „Hindin der Morgenröte". Ein Psalm Davids.
2 Mein Gott, mein Gott, warum hast du mich verlassen,
bist fern meiner Rettung, den Worten meiner Klage?
3 Mein Gott, ich rufe bei Tag, doch du antwortest nicht,
bei Nacht, doch ich finde keine Ruhe.
4 Du aber, Heiliger,

---

293 Vgl. dazu R. Müller, Art. Psalmen, www.wibilex.de, § 2.2. und 3. S. hier auch zur alternativen Einteilung in beschreibendes Lob (Danklied) und berichtendes Lob (Hymnus) nach C. Westermann (Lob und Klage, 61 ff.87 ff.; vgl. auch Crüsemann, Studien).
294 Vgl. Zenger, Der Psalter als Buch, 157.
295 Vorrede zum Psalter (1528), WA.DB 10/1, 98–104; vgl. Janowski, Die ‚kleine Biblia', 382.

thronst auf den Lobgesängen Israels.
5 Auf dich vertrauten unsere Vorfahren,
sie vertrauten, und du hast sie befreit.
6 Zu dir schrien sie, und sie wurden gerettet,
auf dich vertrauten sie, und sie wurden nicht zuschanden.
7 Ich aber bin ein Wurm und kein Mensch,
der Leute Spott und verachtet vom Volk.
8 Alle, die mich sehen, verspotten mich,
verziehen den Mund und schütteln den Kopf:
9 Wälze es auf den HERRN. Der rette ihn,
er befreie ihn, er hat ja Gefallen an ihm.
10 Du bist es, der mich aus dem Mutterschoss zog,
der mich sicher barg an der Brust meiner Mutter.
11 Auf dich bin ich geworfen vom Mutterleib an,
von meiner Mutter Schoss an bist du mein Gott.
12 Sei nicht fern von mir,
denn die Not ist nahe;
keiner ist da, der hilft.
13 Zahlreiche Stiere sind um mich,
Baschanbüffel umringen mich.
14 Sie sperren ihr Maul auf gegen mich,
ein reissender, brüllender Löwe.
15 Wie Wasser bin ich hingeschüttet,
und es fallen auseinander meine Gebeine.
Wie Wachs ist mein Herz,
zerflossen in meiner Brust.
16 Trocken wie eine Scherbe ist meine Kehle,
und meine Zunge klebt mir am Gaumen,
in den Staub des Todes legst du mich.
17 Um mich sind Hunde,
eine Rotte von Übeltätern umzingelt mich,
sie binden mir Hände und Füsse.
18 Zählen kann ich alle meine Knochen.
Sie aber schauen zu, weiden sich an mir.
19 Sie teilen meine Kleider unter sich
und werfen das Los um mein Gewand.
20 Du aber, HERR, sei nicht fern,
meine Stärke, eile mir zu Hilfe.
21 Errette vor dem Schwert mein Leben,
aus der Gewalt der Hunde meine verlassene Seele.
22 Hilf mir vor dem Rachen des Löwen,
vor den Hörnern der Wildstiere.
Du hast mich erhört.

23 Ich will deinen Namen meinen Brüdern verkünden,
in der Versammlung will ich dich loben.
24 Die ihr den HERRN fürchtet, lobt ihn,
alle Nachkommen Jakobs, ehret ihn,
erschauert vor ihm, alle Nachkommen Israels.
25 Denn er hat nicht verachtet
noch verabscheut
des Elenden Elend,
hat sein Angesicht nicht vor ihm verborgen,
und da er schrie, erhörte er ihn.
26 Von dir geht aus mein Lobgesang in grosser Versammlung,
meine Gelübde erfülle ich vor denen, die ihn fürchten.
27 Die Elenden essen und werden satt,
es loben den HERRN, die ihn suchen.
Aufleben soll euer Herz für immer.
28 Alle Enden der Erde
werden dessen gedenken und umkehren zum HERRN,
und vor ihm werden sich niederwerfen
alle Sippen der Nationen.
29 Denn des HERRN ist das Reich,
und er herrscht über die Nationen.
30 Vor ihm werfen sich nieder alle Mächtigen der Erde,
vor ihm beugen sich alle, die in den Staub sinken.
31 Erzählen wird man vom Herrn der Generation,
32 die noch kommt,
und verkünden seine Gerechtigkeit dem Volk,
das noch geboren wird. Er hat es vollbracht.

Tab. 8: Psalm 22 in Form eines Triptychons[296]:

V. 1	Überschrift	Ritualanweisung
V. 2aα	**Invocatio:** „Mein Gott, mein Gott" (eli, eli)	Vorgabe des Dialogcharakters durch das Demonstrativpronomen
V. 2aα	**Eingangsklage:** „warum hast du mich verlassen?"	Notschilderung I: Hinterfragung des Verlassenheitszustands durch Gott
V. 2b–3		Schilderung der Dauer und Erfolglosigkeit des Klagens

---

296 Vgl. Bauks, Feinde, 21 f.: Ps 22,2–12; 13–22; 23–32.

V. 4–6	Vertrauensbekenntnis I (Du aber …)	Appel an den thronenden Gott gefolgt von historischem Rückblick: Gottes Heilshandeln an den Vätern
V. 7–9	**Ich-Klage** (Ich aber …) ⇒ Freund/Feind-Klage	Notschilderung II: die Situation des Beters („Respektlosigkeit der Leute")
V. 10–11	Vertrauensbekenntnis II (Du bist es …)	biographischer Rückblick: von Geburt an (s. V. 2)
V. 12	**Bitte I:** Sei nicht fern von mir …	(vertrauensvolle) Bitte für die Gegenwart als Drehscheibe zwischen Klagegang I (V. 2–11) und II (13–19)
V. 13–14	Feind-Klage I	Feindschilderung: wilde Tiere
V. 15–16	**Ich-Klage** ⇒ Gott-Klage (16b)	Notschilderung III: innere Auflösung (Todesgefahr)
V. 17	Feind-Klage II	Feindschilderung: wilde Tiere und Aggressoren
V. 18–19	**Ich-Klage** ⇒ Freund/Feind-Klage	Notschilderung IV: innere und äußere Auflösung
V. 20–22ba	**Bitte II:** Du aber, JHWH, sei nicht fern	(vertrauensvolle) Bitte mündet in die Erhörungsgewißheit
V. 22bb	**Stimmungsumschwung** „Du hast mich erhört" mündet in	Erhörung infolge von Auflehnung, Anklage und zuversichtlicher Erwartung

b) Elemente des Dank- bzw. Lobliedes und Hymnus

V. 23–27	Toda	Aufruf zur Lob- und Dankfeier
V. 23	Lobgelübde (Kohortativ)	Selbstaufforderung zum Lob (Voluntativ; 1. Person)
V. 24–25	Aufforderung der Gemeinde zum Lob (Imperative/3. P.)	gefolgt von der Begründung (V. 25) (2. und 3. P.)
V. 26	Lobgelübde	Selbstaufforderung zum Lob (1. Person)
V. 27	Aufforderung zum Lob (Jussiv)	(3. Person)

V. 27b	Segensformel (2. P.)	
V. 28–32	eschatologischer Hymnus	Theologische Deutung
V. 28		Erinnerung und Proskynese
V. 29		Doxologie auf das YHWH-Königtum
V. 30–31		Verschiedene Arten/Bereiche, um Gott zu loben
V. 32	Aufruf zum Lob	Schlußformel: Er hat es vollbracht.

Das den Psalmen zugrundeliegende „Prinzip der Dialogizität" lässt sich an einigen stilistischen Mitteln in Ps 22 gut zeigen:

Die Invocatio mit dem repetitiven „Mein Gott" (V. 2) fordert Gott emphatisch zum Zuhören der Notschilderung auf, wird in V. 3 nochmals aufgenommen, um schließlich in der direkten Anrede („Du") einen Appell (V. 4) und ein Vertrauensbekenntnis im historischen Rückblick auf das göttliche Handeln an den Vätern (V. 5–6) zu platzieren. So bringt der Beter gleich zu Beginn des Psalms seine Hoffnung zum Ausdruck. Die sich anschließende Ich-Klage setzt die Notschilderung der Eingangsklage fort und lenkt die Aufmerksamkeit auf die Not des Beters[297], die auch aus der Respektlosigkeit der Mitmenschen (Feinde/Freunde) resultiert (V. 7–9). Das daran anschließende zweite Vertrauensbekenntnis bezieht sich auf die eigene Biographie, den Tag der Geburt, und das Wissen, dass Gott für den Beter stets da war (V. 10–11). Daraus erwächst folgerichtig die Bitte an Gott, dass er auch in der Gegenwart eingreifen möge (V. 12). Im Wechsel der bildreichen Feind-Klagen (V. 13–14; 18–19) und Ich-Klagen (15–16; 18–19) kommt es zu einer zweiten Bitte um Rettung (V. 20–22a), die dann in die Erhörungsgewissheit mit Stimmungsumschwung (22b) überführt. Dieser Teilvers zeigt, dass der Kommunikationsprozess gelungen ist und Gott tatsächlich zugehört und die Klage des Beters angenommen hat (s. o. V. 2).

Von der Klage zum Lob

In V. 22 wechselt die Gattung, und ein breit ausgeführtes Danklied schließt sich an den Klageteil an. Auf die Selbstaufforderung zum Lob und das Lobgelübde (V. 23.26) folgt die Aufforderung der Gemeinde mit kurzer Begründung (V. 24–25.27a) bzw. Segensformel (27b). Am

---

297 Der Beter oder die Beterin sind nicht als historische Figur, sondern als poetische Funktion – ähnlich dem lyrischen Ich in der Poesie – zu begreifen.

Ende steht ein eschatologischer Hymnus (V. 28–32) mit der resümierenden Schlussformel „er hat es vollbracht" (V. 32b).[298]

Die Dialogizität zwischen Beter und Gott lebt von der changierenden Bewegung zwischen drei Personengruppen, die in den gattungstypischen Sprechrichtungswechseln zum Ausdruck kommt: Gott (begegnet nie in [direkter] Rede, sondern in 2. oder 3. Person) – die Feinde (reden in indirekter Rede/Zitat, V. 9; sonst in 3. Person) – der Beter (in direkter Anrede; in 1. Person). Das theologische Zentrum bildet das „Konfliktgespräch mit Gott" (B. Janowski). Die Klage verliert sich nicht in breiten und langausgedehnten Schilderungen des Leids, vielmehr erwächst der Psalm aus den Elementen des Vertrauens, das der Beter in Gott hat, wie das emphatische „Mein Gott" in V. 2 bereits zeigt.

Zielgerichtetes Vertrauensparadigma

„An ihrem [der Klagen] Anfang wird das Grundvertrauen aktualisiert, es ermöglicht in einem zweiten Schritt den Weg aus der Klage zur Bitte. Am Ende trägt es die Erhörungsgewißheit, die Leidenssituation des Betenden zu bewältigen."[299]

Die ebenso ausführlichen Feindschilderungen (V. 8 f. 13 f. 17–19) dramatisieren zwar die Leiderfahrung, dienen aber vor allem als Negativfolie, die demonstriert, dass von den Menschen (gleichgültig, ob Freund oder Feind) keine Hilfe zu erwarten ist (V. 12), wodurch das Vertrauensparadigma in seiner existenziellen Bedeutung nochmals hervorgehoben ist.

Zwar hat man versucht, den recht unvermittelt eintreffenden Stimmungsumschwung (V. 22bβ) im kultischen Kontext als die konkret stattfindende Übergabe eines priesterlichen Heilsorakels zu erklären.[300] Doch ist durch Analogien mit assyrischen Königsorakeln deutlich geworden, dass Heilsorakel eine prophetische und keine priesterliche Gattung darstellen. Somit ist zumindest der ursprüngliche Tempel- und Kultbezug unwahrscheinlich.[301] Überzeugender ist die Orientierung an dem Konzept der Audienz eines altorientalischen Herrschers, das hier auf die Gottheit übertragen ist. Demnach gilt für die Psalmen ähnlich

Stimmungsumschwung

Heilsorakel s. o. 2.6.3.1

---

298 Vgl. Bauks, Feinde, 22.36–38; Janowski, Konfliktgespräche, 349–355; Seybold, Poetik, 186–189.
299 Vgl. Markschies, „Ich aber vertraue auf dich, Herr!", 386 f., der den Begriff des „zielgerichteten Vertrauensparadigmas" prägt; vgl. Bauks, Feinde, 132–138; Janowski, Konfliktgespräche, 75–82.
300 Erstmals Begrich, Das priesterliche Heilsorakel; zustimmend Westermann, Lob und Klage, 51–56; Weippert, Aspekte, 313 f. (prophetisches Heilsorakel); zur Kritik ausführlich Zernecke, Gott und Mensch, 322–329.
301 Vgl. ausführlich zur Diskussion Rechberger, Von der Klage, 55–132.

wie für mesopotamische Handerhebungsgebete: „Beten ist hier die Kunst, die Gottheit zum Handeln zu bewegen."³⁰² D.h. der Beter tritt vor seinen Gott und versucht mit allen Mitteln, das göttliche Eingreifen zu erwirken. Die narrative Funktion des Stimmungsumschwungs bzw. der Erhörung in Form einer Leerstelle besteht darin, zwischen Erkenntnisprozess, Gotteserkenntnis und Sprachgeschenk zu changieren. Auf diese Weise wird die Klage (תפלה/*tiphelâ*) in (ein) Lob(lied) (תהלה/*tehillâ*; V. 26) gewendet.³⁰³

Eschatologischer Hymnus

Wegen des evtl. sekundär ergänzten eschatologischen Hymnus' in V. 28–32 und wegen einiger Einzelmotiven („Wurm", V. 7a; vgl. Jes 41,14 und „verachtet vom Volk", V. 7b; vgl. Jes 49,7; 53,3; Jer 49,15; „der Leute Spott", V. 7b; vgl. Jes 49,7; 53,3; 41,14) wurde der Psalm in den theologischen Kontext des „leidenden Gerechten" (Deutero-Jesaja) gestellt. Bei der allzu freien Assoziation (es fehlt jeglicher Hinweis auf die Stellvertretung des Beters!) dürfte es sich um eine Rückprojektion handeln, die durch den Psalmengruppenkontext (s.u.) und vor allem durch das Zitat der Invocatio wie auch einiger Einzelmotive in den Passionsberichten der Evangelien herrührt (Zitat V. 2a: Mk 15,34par.; Kopfschütteln der Passanten V. 8: Mk 15,29; Verspottung V. 9: Mk 15,30f.; Todesstaub V. 16: Joh 19,28; Hände und Füße V. 17: Joh 20,25.27; Teilung der Kleider V. 19: Mk 15,24; Joh 19,24).³⁰⁴ Zudem legt der Psalm in seiner theologischen Ausrichtung größere Nähe zum Hiobstoff als zum Gottesknechtsmotiv nahe.

2.7.2 Psalmentheologie und stilistische Mittel

Nicht nur die Gattung und Komposition eines Psalms lässt die hohe theologische Aussagekraft des Texts erkennen. Hinzu kommen strukturelle und poetische³⁰⁵ Beobachtungen, die zum theologischen Gewicht von Psalmen beitragen.

Stichwortverkettung

Ein wichtiges theologisches Bezugssystem ist im Zuge der Zusammenstellung von Psalmengruppen durch Stichwortverkettung (Concatenatio) erreicht. Der Beispieltext Ps 22 gehört zur zweiten Gruppe des ersten Davidpsalters (Ps 15–24), die folgenden chiastischen Aufbau aufweist³⁰⁶ (Tab. 9):

---

302 Vgl. Bauks, Feinde, 135–137 mit Zitat aus Zgoll, Für Sinne, hier 38.
303 Vgl. zu den rezeptionsästhetischen und theologischen Implikationen Erbele-Küster, Lesen, 163–177.
304 Vgl. dazu Janowski, Konfliktgespräche, 355–365.
305 Vgl. B. Weber, Art. Poesie (AT), www.wibilex.de.
306 Vgl. M. Millard, Art. Psalter, www.wibilex.de; Ders., Komposition, 25; Hossfeld/Zenger, „Wer darf", und Saur, Königspsalmen, 302–304 zu „protomessianischkönigstheologischem Denken".

Toreingangsliturgie	Ps 15	Ps 24
Vertrauenspsalm des Einzelnen	Ps 16	Ps 23
Klagelied des Einzelnen	Ps 17	Ps 22
Königsdanklied	Ps 18	Ps 20 f.
Schöpfungshymnus/Torapsalm	Ps 19	

Das theologische Zentrum bildet der wahrscheinlich jüngste der Texte, Ps 19 (Torapsalm), mit den Königspsalmen Ps 18; 20 f. (einem Zwillingspsalm), die klassische Elemente der Königsideologie, nämlich den König/David als Stellvertreter Gottes auf Erden, in die Gruppe eintragen. Dazu bildet Ps 22 mit einigen typischen Elementen der Armentheologie (vgl. Ps 22,4–6.24–27) einen Kontrapunkt, der jedoch auf die Gemeinsamkeit des Gerechten als König oder aber JHWH-treuen Armen zielt. Die theologische Trias – Bedeutung der Tora, Erwählung des Königs und des Armen als königlicher Mensch *par excellence* – bereitet das messianische Verständnis der Psalmengruppe vor (vgl. משיח/*mašîaḥ* „Gesalbter" in Ps 18,51; 20,7), das durch die LXX-Version und vor allem durch die neutestamentliche Rezeptionsgeschichte von Ps 22 fest implantiert wird.[307]

Es entstehen also einerseits Sinnzusammenhänge zwischen Nachbarpsalmen durch gemeinsame Schlüsselbegriffe, und andererseits werden durch die Psalmentitel, Doxologien sowie die Rahmenpsalmen (Ps 1; 2; 146–150) Sinnzusammenhänge im Gesamtpsalter geschaffen, die zur formalen und theologischen Vereinheitlichung des Korpus beitragen.[308]

In Ps 22 finden sich zahlreiche synonyme Parallelismen (V. 3.6.8.10 f. 13.17), manchmal in chiastischer Anordnung (V. 23), während antithetische Parallelismen fehlen (vgl. dazu Prv 15,8). Durch die Beschreibung ein und desselben Sachverhalts durch zwei oder drei parallele Aspekte „entsteht eine produktive Unschärfe und Plastizität der Aussage".[309] Das Stilmittel der Stereometrie bewirkt eine besondere Multiperspektivität der Darstellung. So lässt die Abfolge von Ich- und Feind-Klagen in Ps 22,13–19.21 nicht erkennen, worin die Not des Beters eigentlich besteht: in körperlichem Gebrechen, wie es V. 15 f. suggeriert, Verfolgung (V. 13 f.17), Krieg (V. 21) oder sozialer Ausgrenzung (V. 18b–19)?

Stereometrie und Parallelismus membrorum

---

307 Vgl. zur theologischen Einordnung der Psalmengruppe Bauks, Feinde, 95–103 und zur LXX-Fassung und ihrem eschatologischen Deutehorizont vgl. 156–173.
308 Vgl. zum Ganzen Zenger, Psalter als Buch.
309 Janowski, Die ‚Kleine Biblia', 390 ff. zu Ps 22; vgl. Ders., Konfliktgespräche, 13–21 zu poetischen Stilmitteln.

Metaphorik Die in den genannten Beispielen widersprüchliche oder sich überlagernde Bildsprache verhindert die Erwartung monokausaler Lösungen und potenziert somit in Ps 22,13–21 die Leiderfahrung des Beters ins Unermessliche, um die abschließende Bitte an Gott um Rettung (V. 21 f.) dramaturgisch geschickt vorzubereiten. Vergleiche und Metaphern sind die Verwandlung von Gewohntem und führen zu neuen, nicht durch Konventionen abgesicherten Wort- und Bildkombinationen. Ihre Verwendung ist aber nicht allein ästhetischen Kriterien (Poetik), sondern der theologischen Ausdrucksform geschuldet, die den Weg vom Leid zur Erhörung als zielgerichtetes Vertrauensparadigma skizziert.

Unbestimmtheitsstellen Das Kunstvolle der Unbestimmtheitsstellen („Leerstellen") besteht darin, die Offenheit in der Beschreibung der Notsituation wie der Bitte zu wahren. Diese Leerstellen sind nicht nur eine unumgängliche Sache, die darin bedingt ist, dass ein Text nur begrenzten Raum hat und darum Sachverhalte nur paradigmatisch darstellt; sondern sie dienen auch dazu,

> „den Rezeptionsvorgang der Psalmen immer wieder von neuem [zu] initiieren. Dabei wird deutlich, daß sich das Lesen der Psalmen als offener und unabschließbarer Prozeß vollzieht, in dessen Rahmen sich das Selbst-, Gottes- und Feindverhältnis des Beters transformiert."[310]

Es sind also gerade die Leerstellen eines Psalms, die seine existentielle Aussagekraft und Wirkung für die nachfolgenden (Leser-)Generationen ermöglichen.

Somit ist es wenig ergiebig, in der Ich-Klage von V. 15–16 deutliche Krankheitssymptome ausfindig machen zu wollen. Auch die sehr polyphonen Feindschilderungen, wenn der Beter sich von Stieren und Büffeln umringt (V. 13), von brüllenden, reißenden Löwen bedroht (V. 14) oder Hunden umgeben sieht (V. 17), lassen sich nicht rationalisieren.[311] Numeruswechsel, Tiervergleiche und das Nebeneinander von tiergestaltigen und anthropomorphen Feindschilderungen (V. 8 f. 18 f.) machen eine eindeutige Identifizierung unmöglich und fordern so den realen Leser auf, sich in den beschriebenen Erfahrungen wiederzufinden und sich den Psalm persönlich anzueignen. Paul Ricœur spricht von der aktualisierenden Perpetuierung, die durch Worte einerseits und literarische Poetisierung andererseits religiöse Erfahrung vermittelt.[312]

---

310 Erbele-Küster, Lesen, 141.
311 Anders aber z. B. Seybold, Poetik, 205, der die ersten drei Tiere für metaphorisch stilisiert, den Hund als „Bluthund" aber für real hält.
312 Ricœur, La plainte comme prière, 279.285.

2.7.3 Psalmentheologie in Auseinandersetzung mit Themen anderer biblischer Bücher

Der Psalter verdient den Ehrentitel der „Kleinen Biblia", weil kaum ein anderes biblisches Buch so kleinteilig mit den Konzepten, Themen und Motiven der übrigen Bücher verbunden ist. Dieser Sachverhalt wird an den Aspekten Schöpfung, Königtum Gottes (und Wallfahrt zum Zion), Geschichte Israels und Tora/Weisheit dargestellt.

2.7.3.1 Schöpfungspsalmen und Schöpfung in den Psalmen

Schöpfung spielt im Psalter in vielfacher Weise eine Rolle. Zum Einen finden sich echte Schöpfungshymnen (Ps 8; 104), zum Anderen zahlreiche Anspielungen auf JHWH als Schöpfer, der Himmel und Erde durch sein Wort schuf (Ps 33,6.9), die Erde über den Fluten gründete (Ps 24,1f.; 104,5–7) und sich im Bezähmen der Fluten als Garant der geschaffenen Weltordnung erweist (Ps 29,10; 65,7f.; 89,10; 93; 104,6–9) oder aber mythische Wesen besiegt (Ps 74,13f.; 89,11).[313] Die Himmel sind vom göttlichen Glanz erfüllt (Ps 8,5; 19,2) und verkünden Gottes Gerechtigkeit (Ps 97,6). Seine Geschöpfe sind sterblich geschaffen (Ps 8,5; 49,13; 89,48f.; 103,14–16; 144,4; 146,4). Dennoch wird dem Menschen in Ps 8 eine besondere königliche Stellung zugewiesen, indem er – allerdings in deutlicher Abschwächung von Gen 1,26f. – „wenig geringer gemacht ist als Gott" (V. 6), „unseren Herrscher" (V. 2.9; JHWH אדנינו/*'adunejnû*), ihm die anderen Lebewesen aber unterstellt sind (V. 7–9; vgl. Gen 1,28ff.). Hymnischer Lob wird dem Schöpfer (und Richter) der Welt in Ps 98,4–9; 148; 150,6 zuteil. Besonders reichhaltig an Schöpfungsmotivik ist Ps 104: Hier spendet Gott der Erde Fruchtbarkeit (Ps 104,13), flößt den Geschöpfen mit seinem Atem Leben ein, den er am Lebensende wieder zurücknimmt (Ps 104,30; vgl. Gen 2,7; Ez 37,5f.8–10.14; Hi 27,3; 34,14), er tränkt und speist die Geschöpfe (Ps 104,11.15.27f.; vgl. 145,15f; 147,9). Neu ist die Vorstellung Gottes „als *himmlischer* König mit einem Palast und ‚Bediensteten' in den himmlischen Wassern", der als höchster Gott seine Schöpfung gewissenhaft versorgt. Hier begegnet erstmals alttestamentlich die Rede von Gott als Himmelskönig, was eine Datierung des Psalms in persischer Zeit nahelegt.[314] Die verschiedenen Räume innerhalb des Weltbilds werden ausgehend vom Himmel zur Erde bis in die Berge und Wasser der Meere in dem Psalm systematisch durchschritten und als eine Vielzahl von Lebensräumen unterschiedlicher Lebewesen

Schöpfung im Psalter s. o. 2.4.4.1

Weltbild s. o. 2.4.1 mit Abb. 3

---

313 Vgl. M. Bauks, Art. Chaos/Chaoskampf, www.wibilex.de; Dies., Chaos.
314 Krüger, Lob, 445.

beschrieben, unter denen der Mensch nur eines darstellt. Belebte wie unbelebte Natur sind als harmonisches Ganzes dargestellt, das einem zyklischen – und nicht teleologischen – Ablauf unterliegt (s. V. 30a die Erneuerung der Erde als Umkehrung des Todes in V. 29). Die Themenfelder „Abhängigkeit der Schöpfung von Gott" *(creatio continua)* und „Kreislauf des Lebens" sind im alten Orient und Ägypten weit verbreitete Motive.[315] Vor allem Ps 104,20–30 ist wiederholt mit dem Großen Amarnahymnus des Echnaton verglichen worden, wobei große Ähnlichkeit nicht von der Hand zu weisen sind. Ob aber die Beobachtungen zulassen, den in die nachexilische Zeit datierten Ps 104 in literarischer Abhängigkeit zu einem Text des 14. Jh. v. Chr. zu setzen, bleibt insofern fraglich, als die Einzelmotive nicht genuin ägyptisch, sondern gemeinorientalisch sind.[316]

Kosmotheologie im Alten Orient s. u. 3.4.3–4

2.7.3.2 Königspsalmen, Königtum Gottes und Wallfahrt zum Zion

Den fünf Büchern des Mose entsprechen die fünf Bücher der Psalmen Davids. Dieser oben bereits genannten Beobachtung entspricht die zweite, dass zahlreiche Psalmen David zugeschrieben werden, wobei 13 Überschriften direkten Bezug auf Episoden seines Lebens nehmen (Ps 3; 7; 18; 34; 51; 54; 56; 59; 60; 63; 142). Weiterhin gehört ein Königspsalm, Ps 2, zur Rahmung des gesamten Psalters. In Ps 2,2 wird mit dem „Gesalbten" *(mašîaḥ)* an die traditionelle Davidgestalt erinnert, mit der der Beter sich identifizieren soll und die ihn dank der zahlreichen Psalmenüberschriften, die auf David verweisen, durch das Korpus begleitet. Ein weiteres Thema ist die Aufrechterhaltung der Hoffnung auf Restitution, die in den Psalter einen eschatologischen Charakter einträgt. Neben dem frommen Beter als Individuum ist in vielen Klagen oder Dankliedern Israel als Kollektiv angesprochen.[317]

Königspsalmen

Der in nachexilischer Zeit unter Verwendung alter Traditionen (V. 1–9*)[318] komponierte Ps 2 ist nicht nur Teil des Psalterproömiums, sondern leitet gleichzeitig das erste Psalmenbuch ein, so wie die ebenfalls jüngeren Königspsalmen Ps 72 und 89 direkt vor dem dritten bzw. vierten Buch das Thema „Königtum" in betonter Position in den Psalter eintragen. Das vierte und fünfte Buch unterscheiden sich insofern, als

---

315 Vgl. dazu Krüger, Lob, 333–380.
316 Vgl. dazu ausführlich Krüger, Lob, 403–422; zum Text Assmann, Ägyptische Hymnen und Gebete, 217–223. S. o. 2.4.4.1.
317 Vgl. Hartenstein, Psalmen 2–3, 81 f.
318 Zur literarischen Abgrenzung Saur, Königspsalmen, 27–37; Hartenstein begrenzt den alten Kern indes auf V. 7–9, der in nachexilischer Zeit zur Einleitung eines messianischen Psalters wurde (Psalmen, 98.120 f.).

der königliche Aspekt auf JHWH selbst übertragen ist, der als Königsgott den irdischen Herrscher ablöst. Weitere Königspsalmen finden sich in Ps 18; 21 f.; 45; 101; 110; 132; 144; darunter sind einige, die mehr um das königliche Weltordnungsdenken (Ps 18; 21; 45; 72) kreisen, während andere (Ps 20; 132; 144) das in nachexilischer Zeit entstehende Konzept eines eschatologischen Messias eintragen. Im redaktionellen Prozess der Gruppenbildung ist von der ursprünglichen Trias Ps 18.20 f. und einer messianischen Überarbeitung in Ps 20 auszugehen, die aber tendenziell durch weitere Ergänzungen in Ps 21,8.10.14 (110 f.) und insbes. Ps 18,47–50 (57.77 f.) verstärkt worden ist. Mit Ps 132 wurden Lade-, David- und Zionstraditionen ergänzt und Ps 144 stellt eine nachexilische Bildung auf der Textgrundlage von Ps 18 und 8 dar.[319] Die Überlieferungsgeschichte der Einzelpsalmen lässt erkennen, wie konkretes vorexilisches Material über die ursprünglich irdisch gedachten Königstraditionen in ein zukünftiges Heilskonzept transformiert ist, das Parallelen in den theokratischen Vorstellungen von der Königsherrschaft JHWHs aus der Zeit des Zweiten Tempels findet. Besonders gut lässt sich dieser Vorgang an Ps 20 rekonstruieren, der deutlich späte redaktionelle Überarbeitungen des ursprünglichen Kerntexts (V. 2–5.6a.8 f.) aufweist, welcher Parallelen mit einem aramäischen Psalm (Papyrus Amherst 63; 4. Jh. v. Chr.) aufweist, der in eigener Weise die Tradition aufgenommen und aktualisiert hat. In Ps 20,7 wird mit dem Gesalbten *(mašîaḥ)* sekundär ein zukünftiger Hoffnungsträger eingefügt, der den Stimmungsumschwung herbeiführt (V. 6b.10) und das Motiv des Königtums einer eschatologisierenden Neubewertung unterzieht.[320]

Königsideologie
s. u. 3.4

Die sogenannten JHWH-König-Psalmen (Ps 47; 93; 96; 97; 99) sind eine Art theokratisierte Fassung der Königspsalmen. Sie bilden eine formal recht uneinheitliche Gruppe, der vor allem der Ausruf יהוה/ מלך *JHWH malak* „JHWH ist König geworden" bzw. „JHWH herrscht als König" gemeinsam ist (Ps 93,1; 96,10; 97,1; 99,1; vgl. 47,9).[321] Der Ruf dürfte sich sowohl auf den Moment der Thronbesteigung JHWHs als auch auf die Fortdauer seiner Herrschaft und seinen andauernden Einsatz in der Welt beziehen. In der mittleren Königszeit erhält die JHWH-König-Konzeption ihre erste Gestalt, die theologisch den Ort der Gottespräsenz (Tempel, Zion, Heiliger Berg), die räumliche Ausdehnung über Himmel und Erde, die temporale Dauer (Schöpfung und

JHWH-König-Psalmen

---

319 Vgl. Saur, Königspsalmen, 57.92–110.246–268.299–304.
320 Vgl. Saur, Königspsalmen, 80–96.
321 Vgl. Bauks, Chaos, und Müller, Jhwh als Wettergott, 77–83; Leuenberger, Konzeptionen, 139–142.260–264 (zur Literargeschichte). Er weitet die Gruppe trotz fehlender Königsprädikation auf Ps 93–100 sowie auf Ps 24* (vgl. V. 8–10); 29* aus.

Geschichte), die Ordnungsstruktur (Recht und Gerechtigkeit) unter Berücksichtigung des menschlichen Königs als Repräsentant Gottes auf Erden zum Thema hat. Charakteristisch sind Formulierungen mit hymnischen Imperativen, die mit dem Vorgang der Proklamation des Gottkönigs in tempeltheologischem Kontext korrelieren (Ps 47; 96; 99,5–9). Wenigstens Ps 93,1–4 wird als eine sehr alte Tradition angesehen, während andere Texte bevorzugt in die nachexilische Zeit datiert sind, da sie eine theokratische Relektüre in der königslosen Zeit erkennen lassen (z. B. Ps 96*; 99). Weiterhin geht es in den späteren Ergänzungen um das Verhältnis Israels als erwählten Erbteil JHWHs zu den Völkern (Ps 47,5).

Stilform der behobenen Krise s. o. 2.4.4.1

Zionslieder

Eng verwandt mit den JHWH-Königspsalmen sind die Zionslieder (Ps 46; 48; 76; 84; 87); darin geht es zwar nicht um das Königtum Gottes, wohl aber um den (Berg) Zion als seinen Wohnort, einen mythisch gezeichneten Mittelpunkt, von dem aus Gott den feindlichen Mächten und Völkern trotzt und über die Welt herrscht (Ps 46,2–8; 48,5–8).

Raum und Zeit s. u. 3.4.3

Wallfahrt zum Zion

Auch die sogenannten Wallfahrtspsalmen (שיר המעלות/*šîr hamaʿalôt* in Ps 120–134; darunter Ps 126) thematisieren die Gottesstadt Zion mit dem Ziel der Gottesbegegnung als Ausgangspunkt göttlichen Segens.[322] Das Thema begegnet außerdem in den aus persischer Zeit stammenden Heilsorakeln in Mi 4,1–5 (par. Jes 2,2–4; vgl. Jes 60,3; Hag 2,1–9 und Sach 8,20–22)[323] im erweiterten Motiv der Völkerwallfahrt zum Zion. Doch geht es hier nicht (mehr) um die mythische Überhöhung des existierenden Tempelbergs, sondern um den zukünftigen Zion, auf dem die Völker die zum umfassenden Frieden führende Unterweisung erhalten. Anders als in den frühen altorientalischen Traditionen, in denen die bezwungenen Fremdvölker zum Tempel ziehen, um Tribut zu leisten[324] (vgl. Hag 2,7; Jes 60,17), geht es vorrangig um eine Wallfahrt mit dem Ziel, die göttliche Weisung zu erhalten und nach der Rückkehr Schwerter zu Pflugscharen umzuschmieden (Mi 4,3).[325]

---

322 Körting, Zion, 132–144.
323 Vgl. zu Datierung und Abhängigkeitsverhältnis Kessler, Micha, 179–183.
324 Vgl. den sumerischen Tempelbauhymnus des Gudea von Lagasch (SAHG 146 f.; 156); in persischer Zeit ändert sich das Motiv zu einer positiven Völkerwallfahrt wie z. B. ein Relief im Hundert-Säulen-Saal der Palastanlage in Persepolis erkennen lässt; vgl. dazu Ego, Völkerchaos, 131–137.
325 S. o. 2.6.3.2; zur Wirkungsgeschichte vgl. K. Koenen, Art. Schwerter zu Pflugscharen, www.wibilex.de; Kessler, Micha, 185–190.

2.7.3.3 Geschichte als hermeneutischer Schlüssel

Die Doxologien, die die fünf einzelnen Psalmenbücher beschließen, thematisieren „geschichtstheologisch prominente Stationen der Geschichte Israels".[326]

Ps 41,14 beschließt die erste Psalmengruppe, die sich der individuellen Geschichte Davids zuwendet, während Ps 72,18f. – das Ende des einzigen Psalms, der Salomo zugewiesen ist – die universale Völkerherrschaft thematisiert, Aspekte, die in Ps 3–41; 42–72 auch in messianischer Perspektive reflektiert werden. Anders widmen sich Ps 73–89 dem Untergang des davidischen Königtums, woraufhin die dritte Doxologie (Ps 89,50.53) den Untergang von Königtum und Davidbund (vgl. Ps 2 und 72) beklagt. Die vierte Doxologie in 106,48 führt über zu einem Bußgebet des Volkes, welches die Preisgabe Israels an die Völker beklagt und um Rettung bittet. Der letzte Teil (Ps 107–145) leitet in die Epoche der Restitution (+ Schluss-Hallel 146–150) über. Der vorliegende Geschichtsaufriss lässt somit eine auffällige Nähe zur prophetischen bzw. deuteronomistischen Konzeption erkennen.

Daneben finden sich im Psalter aber auch explizite Geschichtspsalmen, die einen umfassenden Aufriss der Geschichte Israels geben (Ps 77,14–21; 78; 105; 106; [114]; 135; 136). Israels Rettung am Schilfmeer ist in Ps 77 und 114 thematisiert und mit dem Motiv der urzeitlichen Fluten verwoben. Ps 78, 105–106 behandeln die Heilsgeschichte vom Exodus über die Wüstenzeit bis zur Landnahme. Während Ps 78, 105 und 106 eine narrativ entfaltete Reflexion der Geschichte Israels bis zum Exil bieten, präsentieren die Ps 135–136 die poetisierte Fassung eines gezielt monotheistisch ausgerichteten Gotteslobs in der Geschichte. Die Schöpfung ist als eine allen Dingen vorausgehende Wundertat JHWHs bestimmt (Ps 136,4–9; vgl. 135,5–7). Die Psalmen legen durch ihre jeweilige Relektüre der Tora einen eigenen geschichtstheologischen Abriss in poetischer Form vor. Ihr besonderes Interesse liegt darin, den Erinnerungsprozess paradigmatischer (d.h. erinnerter) Geschichte (E. Voegelin) zu reflektieren, der als Interpretationsvorgang darauf zielt, einen neuen aktualisierenden Erzählzusammenhang zu schaffen und so Identität und kollektives Gedächtnis auszubilden.[327]

Israel und sein Land s.u. 3.5.1

Die Platzierung der Texte innerhalb der Psalmengruppen zeigt das strategische Interesse an diesen Texten: Ps 78 bildet die kompositionelle Mitte der wegen ihrer Titel sogenannten Asaphpsalmen (Ps 73–83), die Zwillingspsalmen 105f. und 135f. stehen am Ende des vierten Psalmen-

---
326 Kratz, Die Tora Davids, 21–27.
327 Vgl. Gärtner, Geschichtspsalmen, 2.9–32.

buchs bzw. leiten die letzte Davidsammlung (138–146) ein. Die Doxologien stehen somit an psalterkompositorischen wie psalterredaktionellen Scharnierstellen.[328]

2.7.3.4 Tora und Weisheit in den Psalmen

Ps 1,1–2
1 Wohl dem, der nicht dem Rat der Frevler folgt
und nicht auf den Weg der Sünder tritt,
noch sitzt im Kreis der Spötter,
2 sondern seine Lust hat an der Weisung des HERRN
und sinnt über seiner Weisung Tag und Nacht.

Die vorliegende Seligpreisung („Makarismus") zur Eröffnung des Psalters ist dem Einzelpsalm wie dem ganzen Buch als Motto vorangestellt, das den Beter zu Gebet oder Meditation über die Tora JHWHs anleitet. Die Tora ist es, die ihn zum Gerechten werden lässt und von den Frevlern grundlegend unterscheidet (vgl. die Inklusion mit Ps 146). Die seit Anfang der Sammlung sichtbare „weisheitliche Imprägnierung" des Psalters[329] äußert sich motivlich in dem engen Bezug von Weisheit und Weisung (תורה/tôrâ). Sie findet sich zudem in der weisheitlichen Überarbeitung einzelner Psalmen wieder. Psalmen, wie der Geschichtspsalm Ps 78, der JHWHs Wundertaten in Schöpfung und Geschichte thematisiert, tragen ebenfalls weisheitliche Züge (78,1–4; vgl. Ps 37; 49; 73; 90; 127; 133). Außerdem liegen explizite Weisheitspsalmen vor, die häufig – ähnlich den Geschichtspsalmen – strukturbildende Ecktexte von Teilkompositionen oder Psalmenbüchern sind. So werden die wegen ihres Titels sogenannten korachitischen Teilkompositionen Ps 42–49 und 84–88 durch Weisheitspsalmen beschlossen. Oder das dritte, vierte und fünfte Psalmenbuch setzt mit einem Weisheitspsalm (Ps 73; 107) bzw. einer weisheitlichen Komposition (Ps 90–92) ein. Von der Tora/Weisung Gottes ist u. a. noch in Ps 19,8 und 119,1.72 die Rede, den beiden anderen „Torapsalmen" neben Ps 1, die von großem theologischen Gewicht bzw. im Fall von Ps 119 von beeindruckender Länge sind und zur kontinuierlichen Meditation der Tora sowie zur religiösen Praxis anhalten. Weitere Psalmen, die mit dem Makarismus „wohl dem […]" (אשרי/*aschrej*) einsetzen, finden sich in Ps 112 und 128. Auf die Praxis des Meditierens und Memorierens weist auch die Stilform des Akrostichons hin, des Alphabetpsalms, dessen Sätze oder Verse mit den 22 Buchstaben des hebräischen Alphabets beginnen (z. B. Ps 119), die dem Nutzer als Erinnerungsstützen dienen. Im Zentrum

---

328 Gärtner, Geschichtspsalmen, 387.
329 Zenger, Psalter als Heiligtum, 123 f.; vgl. Oeming, Wisdom, 161 f.

dieser Psalmen steht der Beter in seiner Besinnung auf das Gelingen des eigenen Lebens, auf das Schicksal der Gerechten und Frevler sowie über die Schöpfung und Gesetz/Weisung.

> Die Offenbarungen JHWHs gegenüber seinem Volk bzw. dem individuellen Beter sind getragen von der Klage als Dialogform oder aber dem Lob wie dem Hymnus als Respektbekundung vor dem Göttlichen. Die Präsentation Gottes als Schöpfer, König und Bezwinger Zions knüpfen an mythische Konzepte an, die seine umfängliche Herrschaft in Raum und Zeit hervorheben. Davon unterscheiden sich die auf Geschichtserinnerung zielenden oder als Aufruf zur Weisheit dienenden Psalmen. Allen ist gemeinsam, dass sie Gottesoffenbarung und -erfahrung in ihrer großen Vielfalt spiegeln. Gemeinsam ist den Klagen und Dankliedern, dass sie Gott nicht in der dritten (s. Hymnus), sondern in der zweiten Person ansprechen.

Literatur

Assmann, Jan: Ägyptische Hymnen und Gebete, Fribourg/Göttingen 1999 (OBO).

Bauks, Michaela: Die Feinde des Jahwisten und die Freunde Ijobs. Untersuchungen zur Freund-Klage im Alten Testament und am Beispiel von Ps 22, Stuttgart 2004 (SBS 203).

–: Chaos als Metapher für die Gefährdung der Weltordnung, in: B. Janowski/ B. Ego (Hg.), Das biblische Weltbild und seine altorientalischen Kontexte, Tübingen 2001 (FAT 32), 431–464.

Begrich, Joachim: Das priesterliche Heilsorakel, in: Ders., Gesammelte Studien zum Alten Testament, München 1964 (TB 21), 217–231.

Crüsemann, Frank: Studien zur Formgeschichte von Hymnus und Danklied in Israel, Neukirchen-Vluyn 1969 (WMANT 32).

Ego, Beate: Vom Völkerchaos zum Völkerkosmos. Zu einem Aspekt der Jerusalemer Kultkonzeption, in: A. Grund/A. Krüger/F. Lippke (Hg.), Ich will dir danken unter den Völkern. Studien zur israelitischen und altorientalischen Gebetsliteratur (FS B. Janowski), Gütersloh 2013, 123–141.

Erbele-Küster, Dorothea: Lesen als Akt des Betens. Eine Rezeptionsgeschichte der Psalmen, Neukirchen-Vluyn 2001 (WMANT 87).

Gärtner, Judith: Die Geschichtspsalmen. Eine Studie zu den Psalmen 78, 105, 106, 135 und 136 als hermeneutische Schlüsseltexte im Psalter, Tübingen 2012 (FAT 84).

Gunkel, Hermann; zu Ende geführt von Joachim Begrich: Einleitung in die Psalmen, Göttingen ⁴1985.

Hartenstein, Friedhelm: Psalmen 2–3, Neukirchen-Vluyn 2015 (BKAT 40/1–2).

Hossfeld, Frank-Lothar/Erich Zenger: Psalmen II: Ps 51–100 (HThKAT), Freiburg 2000.
–: „Wer darf hinausziehen zum Berg JHWHs?". Zur Redaktionsgeschichte und Theologie der Psalmengruppe 15–24, in: G. Braulik u. a. (Hg.), Biblische Theologie und gesellschaftlicher Wandel (FS N. Lohfink), Freiburg/Basel/Wien, 166–182.
Janowski, Bernd: Die ‚kleine Biblia'. Zur Bedeutung der Psalmen für eine Theologie des Alten Testaments, in: E. Zenger/Ders. (Hg.), Der Psalter in Judentum und Christentum, Freiburg 1998 (HBS 18), 381–420.
–: Konfliktgespräche mit Gott. Eine Anthropologie der Psalmen, Neukirchen-Vluyn ⁴2013
–: Psalmen 1–2, Neukirchen-Vluyn 2012 (BKAT 15/1-1).
–: Auf dem Weg zur Buchreligion. Transformationen des Kultischen im Psalter, in: F.-L. Hossfeld/J. Bremer/T.M. Steiner (Hg.), Trägerkreise in den Psalmen, Göttingen 2017, 223–261.
Kessler, Rainer: Micha, Freiburg ²2000 (HThKAT).
Kratz, Reinhard G.: Die Tora Davids, in: ZThK 93 (1996), 1–34.
Krüger, Annette: Das Lob des Schöpfers. Studien zu Sprache, Motivik und Theologie von Psalm 104, Neukirchen-Vluyn 2010 (WMANT 124).
Körting, Corinna: Zion in den Psalmen, Tübingen 2006 (FAT 48).
Leuenberger, Martin: Konzeptionen des Königtums Gottes im Psalter. Untersuchungen zu Komposition und Redaktion der theokratischen Bücher IV und V im Psalter, Zürich 2004 (AThANT 83).
Markschies, Christoph: „Ich aber vertraue auf dich, Herr!". Vertrauensäußerungen als Grundmotiv in den Klageliedern des Einzelnen, in: ZAW 103 (1991), 386–398.
Millard, Matthias: Die Komposition des Psalters. Ein formgeschichtlicher Ansatz, Tübingen 1994 (FAT 9).
Müller, Reinhard: Jhwh als Wettergott. Studien zur althebräischen Kultlyrik anhand ausgewählter Psalmen, Berlin/New York 2008 (BZAW 387).
Oeming, Manfred: Wisdom as a Hermeneutical Key to the Book of Psalms, in: L.F. Perdue (Hg.), Scribes, Sages, Seers. The Sage in the Eastern Mediterranean World, Göttingen 2009 (FRLANT 219), 154–162.
Rechberger, Uwe: Von der Klage zum Lob. Studien zum Stimmungsumschwung in den Psalmen, Neukirchen-Vluyn 2013 (WMANT 133).
Ricœur, Paul: Hermeneutik der Idee der Offenbarung, in: Ders., An den Grenzen der Hermeneutik. Philosophische Reflexionen über die Religion, München 2008, 41–83.
–: La plainte comme prière, in: P. Ricœur/A. LaCocque, Penser la Bible, Paris 1998, 279–304.
Saur, Markus: Die Königspsalmen. Studien zur Entstehung und Theologie, Berlin/New York 2004 (BZAW 340).
Seybold, Klaus: Poetik der Psalmen, Stuttgart 2003.
Voegelin, Eric: Ordnung und Geschichte, Bd. 2: Israel und die Offenbarung. Die Geburt der Geschichte, hg. von J. Jeremias und F. Hartenstein, München 2005.

Weippert, Manfred: Aspekte israelitischer Prophetie im Lichte verwandter Erscheinungen des Alten Orients, De bene et fideliter seminandum (FS K. Deller), hg. v. G. Mauer u. U. Magen, Neukirchen-Vluyn 1988 (AOAT 220), 287–319.

Westermann, Claus: Lob und Klage in den Psalmen, Göttingen ⁶1983.

Wünsche, August: Midrasch Tehillim, Bd. 1, Trier 1892.

Zenger, Erich: Der Psalter als Buch. Beobachtungen zu seiner Entstehung, Komposition und Funktion, in: Ders. (Hg.), Der Psalter in Judentum und Christentum, Freiburg 1998 (HBS 18), 1–57.

–: Der Psalter als Heiligtum, in: B. Ego/A. Lange/P. Pillhofer (Hg.), Gemeinde ohne Tempel/Community without Temple, Tübingen 1999 (WUNT 118), 115–130.

Zenger, Erich/Frank-Lothar Hossfeld: Das Buch der Psalmen, in: Ders. u. a. (Hg.), Einleitung in das Alte Testament, hg. von C. Frevel, Stuttgart ⁸2012, 428–452.

Zernecke, Anna: Gott und Mensch in Klagegebeten aus Israel und Mesopotamien. Die Handerhebungsgebete Ištar 10 und Ištar 2 und die Klagepsalmen Ps 38 und Ps 22 im Vergleich, Münster 2011 (AOAT 387).

Zgoll, Annette: Für Sinne, Geist und Seele. Vom konkreten Ablauf mesopotamischer Rituale zu einer generellen Systematik der Ritualfunktionen, in: E. Zenger (Hg.), Ritual und Poesie. Formen und Orte religiöser Dichtung im Alten Orient, im Judentum und im Christentum, Freiburg 2003 (HBS 36), 24–46.

2.8 Traditionelle Weisheit und weisheitliche Skepsis – Kosmotheologie als Gottesoffenbarung

Weisheitsliteratur ist eine im gesamten Alten Orient und in Ägypten breit belegte Redeform, die einerseits in Form von Listenwissenschaft frühes Wissenschaftsdenken bezeugt, welches das natürliche, kosmische oder religiöse Wissen enzyklopädisch sammelt und listenhaft zur Darstellung bringt (vgl. 1Kön 5,12–14). Andererseits liegen breite Narrationen in mythischer oder epischer Form vor, in denen theologische oder anthropologische Grundprobleme *(conditio humana)* verhandelt sind. Hinzu kommen die Gattung der Spruchsammlung wie auch weisheitsskeptische Schriften, die in Form von Streitgesprächen oder anderen Textformen Fragen nach der Gerechtigkeit, dem Bösen in der Welt und andere ethisch-moralische Belange verhandeln. – Sie alle zählen zur Lehr- und Unterweisungsliteratur und haben direkten Einfluss auf die Literatur Israel-Judas genommen (vgl. Jes 10,13; 19,12; 47,10).[330]

Listenwissenschaft

Anthropologie

Theodizee

Auch das Alte Testament beinhaltet Weisheitsschriften wie Proverbien/Sprüche, Hiob und Qohelet/Prediger, die man, vergleich-

---

330 Vgl. Römer, Die weisheitliche Literatur; M. Weigl, Art. Weisheitliche Gattungen, www.wibilex.de.

bar zum David zugeschriebenen Psalter, in späterer Zeit dem weisen König Salomo (vgl. 1Kön 3,16–28; 5,9–14; 10,1–13) zugeschrieben hat (Ausn. Qoh). Weiterhin zählen Erzählungen wie Gen 2–3 – zumal wenn man sie im Kontext der Urgeschichte als Erzählung von Schöpfung und Flut wahrnimmt – zur Gattung mythisch-weisheitlicher Erzählungen, wie sie insbesondere aus Mesopotamien mit Werken wie *Atraḫasis* und *Gilgameš* bekannt sind.[331] Auch die Josephsnovelle (Gen 37–50*) oder die Bücher Jona und Ruth tragen deutlich weisheitliche Züge, da sie midraschhaft theologische Konzepte reflektieren und reaktualisieren.

Schöpfung und Flut s. o. 2.4.3

Viele der genannten Texte gehören ursprünglich in den Schul- und Tempelbetrieb, wo sie als Sammlung der kulturprägenden Wissensstoffe sowie als paradigmatischer Lehrstoff für zukünftige Könige, Beamte und Priester (Schulcurricula) dienen.[332] Der Begriff Weisheit (Derivate von חכם/ḥkm) umfasst sowohl tiefe Erkenntnis durch Lehre und Meditation (Ps 19,8) als auch praktische Fertigkeiten in Berufszweigen wie Bildhauerei (Jes 40,20), Spinnerei (Ex 35,25f.; 36,8) oder in der Profession der Klagefrauen (Jer 9,16). Weisheit hat also auch etwas mit Erfahrungswissen zu tun.

Kulturelle Identität

2.8.1 Theologie und Weisheit im Proverbienbuch

Die durch sieben Überschriften eingeleiteten Spruchsammlungen dieses Buchs präsentieren das, was man als „traditionelles weisheitliches Denken" bezeichnen kann. Ihnen steht ein Prolog voran (Prv 1,1–7). Die Zuschreibung an Salomo als Autor ist sekundär und erklärt sich aus der ihm zugeschriebenen Weisheit (vgl. 1Kön 3).

Prv 1,1–7

1 Die Sprüche Salomos, des Sohns Davids, des Königs von Israel.
2 Sie lehren Weisheit und Unterweisung, verständige Worte zu verstehen,
3 Unterweisung anzunehmen, die verständig macht, Gerechtigkeit, Recht und Geradheit.
4 Einfältigen verleihen sie Klugheit, einem jungen Mann Wissen und Umsicht.
5 Der Weise hört und lernt dazu, und der Verständige erwirbt Kenntnisse,
6 so dass er Spruch und Anspielung versteht, die Worte der Weisen und ihre Rätsel.
7 Die Furcht des HERRN ist der Anfang der Erkenntnis, Toren verachten Weisheit und Unterweisung.

---

331 Vgl. dazu ausführlich Gerhards, Conditio humana, 105–187.
332 Vgl. Carr, Mündlich-schriftliche Bildung, und Ders., Schrift und Erinnerungskultur, 187–198, zum langsamen Aufkommen eines textgestützten Bildungswesens in Israel seit Beginn der Königszeit.

Der Prolog lässt ein doppeltes pädagogisches Konzept erkennen, welches sich einerseits an Schüler (1,4) wie auch an Fortgeschrittene und Schriftgelehrte (1,5 f.) richtet. Es geht dabei um lebenslanges Lernen anhand der Frage nach der Erkenntnisfähigkeit des Menschen, dem Verhältnis von empirischer Weltbeobachtung und JHWH-Glauben sowie um die Grenzen bzw. Leistung weisheitlichen Denkens.[333] Charakteristisch ist die Retribution („Vergeltung"), anders formuliert der Tun-Ergehen-Zusammenhang (K. Koch) oder die konnektive Gerechtigkeit (J. Assmann) als Grundbedingung eines gelungenen Sozialgefüges. Das Konzept setzt voraus, dass es im Leben einen engen Zusammenhang zwischen Tat/Rede (hebr. דבר/*dabar* bezeichnet beides) und der jeweiligen Folge gibt, also „die Tat zum Täter zurückkehrt"[334] (vgl. Prv 10,2; 11,25; 12,3.14.21; 14,11; 21,21; 22,8). Prototypisch für dieses Denken steht Prv 26,27.

Tun-Ergehen-Zusammenhang

> 27 Wer eine Grube gräbt, fällt hinein,
> und wer einen Stein wälzt, auf den rollt er zurück.

Prv 26,27

Nach K. Koch folgt der Zusammenhang der „schicksalswendenden Tatsphäre" aber nicht nur einer „immanenten Kausalität des menschlichen Tuns"[335], ist also kein Naturgesetz, sondern wird von JHWH vergolten bzw. wörtlich übersetzt „vollständig gemacht" (שלם/*šlm*; vgl. Prv 25,21 f.).

> 21 Wenn dein Feind hungrig ist, gib ihm zu essen,
> und wenn er durstig ist, gib ihm zu trinken.
> 22 Denn so häufst du glühende Kohlen auf sein Haupt,
> und der HERR wird es dir vergelten [„vollständig machen"].

Prv 25,21–22

Doch ist dem Konzept des „Vollständigmachens" zugleich eine soziale Dimension inne. Die alten Gesellschaften sind am Kollektiv, nicht am menschlichen Individuum ausgerichtet, und deshalb ist die Gerechtigkeitsvorstellung zutiefst geprägt von der kommunikativen Solidarität (d. h. „konnektiven Gerechtigkeit") als einem Füreinander-Handeln.[336]

> 18 Wer schuldlos seinen Weg geht, dem wird geholfen,
> wer aber krumme Wege geht, kommt plötzlich zu Fall.

Prv 28,18

---

333 Vgl. zur Gliederung Schipper, Sprüche, 13–17.
334 Janowski, Tat; vgl. G. Freuling, Art. Tun-Ergehen-Zusammenhang, www.wibilex.de, § 2 zur Forschungsgeschichte.
335 Koch, Gibt es ein Vergeltungsdogma, 93 mit Hinweis auf Prv 29,6.
336 Vgl. hierzu Assmann, Maat, 58 ff. u. ö. aufgenommen durch Janowski, Tat, 178–186.

Die passivische Formulierung der Sentenz verweist darauf, dass eigentlich unbestimmt bleibt, wer die Hilfe bzw. den Fall verursacht (vgl. zu weiteren Passivformulierungen Prv 11,31; 13,13.21). Kompensation könnte demnach sowohl aus göttlicher als auch aus menschlicher Tat durch Dritte erfolgen. Und in dieser Offenheit gewinnt die Aussage eine ethische Dimension: sie ist „nicht eine Bestimmung des Seins, sondern des Sollens"[337] und erhält appellativen Charakter.

Das Proverbien- bzw. Sprüchebuch, das in besonderem Maße vom Tun-Ergehen-Zusammenhang geprägt ist, verkörpert eine pädagogisch ausgerichtete Weisheit, die in Lehrreden (Prv 1–9; 22,17–24,22) oder in Sentenzen- und Spruchweisheit (Prv 10–31*) zum Ausdruck kommt.[338] Auffällig ist die metaphorische Sprache wie das Motiv des Wegs (דרך/ dæræk), das für die Lebensführung steht, oder das Motiv der Frucht (פרי/perî) des Handelns für das menschliche Ergehen, und weiterhin der Dualismus von Frevler (רשע/rašāʿ) und Gerechtem (צדיק/ṣadîq). Letzterer unterstreicht die Unbedingtheit der Wahl, die jeder Mensch zu treffen hat (vgl. Prv 14,25). Probleme werden nicht diskutiert oder differenziert verhandelt, sondern thetisch fixiert und zur allgemeinen Orientierung empfohlen. Die Bildung, die der Mensch hier erhält, dient dazu, ihn vom Weg der Frevler abzubringen und in die Schar der Gerechten einzureihen, die Gerechtigkeit, Recht und Geradheit (צדק ומשפט ומישרים/ṣædæq ûmišpaṭ ûmejšarîm) in der Sozialordnung leben und bezeugen (s. o. Prv 1,3).

Weisheit

Die hebräische Sprache kennt neben dem Schlüsselbegriff חכמה/ ḥokmah „Weisheit" ein größeres Wortfeld an Begriffen: Die Verben חכם/ḥkm, בין/bîn, ידע/jdʿ (und die dazugehörigen Nomen) sind inhaltlich nicht deutlich voneinander zu unterscheiden und kommen in verschiedenen Kombinationen häufig im Parallelismus vor. Ein weiterer wichtiger Begriff ist עצה/ʿeṣâ „(Welt-) Plan" (s. bes. Hiob). Neben theoretischem und praktischem Wissen wie angeborener Intelligenz bezeichnet die Semantik außerdem Weisheit im Sinne tiefer Einsicht oder Erkenntnis, die für ein gelingendes Leben unverzichtbar ist.[339]

Folgerichtig bezieht sich die Rede von Weisheit in der Regel auf Menschen (Ausn. Prv 30,24–28: Ameisen, Klippdachse, Heuschrecken und Eidechsen). In der Spruchweisheit hat sie häufig die Aufgabe, anhand sehr konkreter Beispiele wiederkehrende Grundstrukturen menschlichen Ergehens und Verhaltens zu vermitteln und den Adressaten zum rechten Umgang bzw. zur richtigen Entscheidung anzulei-

---

337 Janowski, Tat, 191.
338 Vgl. dazu Freuling, ‚Wer eine Grube gräbt …', 98–108. Zur vielfältigen Formsprache vgl. M. Weigl, Art. Weisheitliche Gattungen, www.wibilex.de.
339 Vgl. zu Textbeispielen J. Hausmann, Art. Weisheit, www.wibilex.de, § 1.1.

ten. Die sozialen Bereiche, auf die die Sprüche sich beziehen, betreffen den königlichen Hof (Spr 20,26; 31,1–9), die städtische Gesellschaft und das Beamten- oder Bauerntum („Volksweisheit"). Die Sprüche fanden Verwendung in der Ausbildung von Beamten, Schreibern, Priestern und Diplomaten – wie auch von Frauen (Prv 31).[340]

Literarische Parallelen zur alttestamentlichen Spruchdichtung[341] begegnen insbesondere in ägyptischen Lehrtraditionen: Prv 22,17–23,11 bzw. 24,22 finden weitgehende Parallelen in der Weisheit des Amenemope und lassen direkte Abhängigkeit vermuten.[342] Die aramäischen Achikarsprüche (IX, 14–16) geben z. B. die Verbindung von Weisheit und Gottesfurcht vor.[343] Das Werk erinnert stilistisch wegen der Hoflegende des assyrischen Helden, die die spruchweisheitliche Sammlung umrahmt, an die Komposition des Hiobbuchs (s. u.).

Altorientalische Bezüge

Weisheit hinterlässt im Proverbienbuch auf den ersten Blick einen profanen Charakter, denn JHWH ist eigentlich nur in Prv 1–9 und den JHWH-Sprüchen (Prv 10 f.) sowie in Prv 15 f. explizit genannt. Das schließt aber seine implizite Anwesenheit keineswegs aus. Denn es ist charakteristisch für weisheitliche Literatur, dass Gott als hinter den Dingen stehender Beweger handelt (vgl. die Josephserzählung, insbes. Gen 50,20). Weisheitsliteratur liegt demnach ein anderes Offenbarungskonzept zugrunde, einerseits eine Theologie auf „empirischer Basis" im Sinne einer „natürlichen" Theologie.[344] Andererseits wird an die Stelle der Offenbarung Gottes in der Geschichte (Israels) die Gabe der Weisheit durch Gott (Prv 2,1–9) gesetzt. Sie geht – zumal in den jüngeren Texten – einher mit der Weisung (תורה/*tôrâ*) von Vater und Mutter und ist Licht auf dem Weg zum Leben (Prv 6,20–23). Weisheit ist eng verbunden mit Gottesfurcht, die als der Anfang der Erkenntnis angesehen ist (Prv 1,7; vgl. 2,5; 9,10; 31,30). Gottesfurcht führt zu einem guten und langen Leben (Prv 10,27; 14,26–27; 19,23) und ist dem Erwerb der Erkenntnis vorgelagert (Prv 9,10–12).

Theologische Implikationen

Kosmotheismus s. u. 3.4.4

10 Der Weisheit Anfang ist die Furcht des HERRN, und den Heiligen erkennen, das ist Verstand.

Prv 9,10–12

---

340 Vgl. I. Fischer, Art. Frauen in der Literatur (AT), www.wibilex.de § 8.7; Dies., Gotteslehrerinnen, 212–221.
341 Zu altorientalischen Parallelen vgl. TUAT III/2, 195–319 (Weisheitstext in ägyptischer Sprache); Schipper, Sprüche, 17–39; Reichmann, Bei Übernahme Korrektur?, 57–111.
342 Vgl. Schipper, Lehre, 236 f.; vgl. V. P.-M. Laisney, Art. Lehre des Amenemope, www.wibilex.de.
343 I. Kottsieper, Art. Achikar, www.wibilex.de; vgl. Kottsieper, Weisheit, 154 f.; Weigl, Achikar-Sprüche.
344 Vgl. dazu Schipper, Sprüche, 52–60, bes. 55. S.u. 3.4.4.

11 Denn durch mich werden deine Tage viel werden und die Jahre deines Lebens sich mehren.
12 Bist du weise, so bist du's dir zugut; bist du ein Spötter, so musst du's allein tragen.

Dieses Denken macht auch für den sogenannten „Sündenfall" in Gen 2–3 einen anderen Interpretationsrahmen wahrscheinlich: Indem in der Erzählung der Drang nach Erkenntnis dem Gebot Gottes vorgeordnet und ihm nachgegeben wird (Gen 3,1–5), ist der Vorrang des Göttlichen vom Menschen in Frage gestellt.[345] Zahlreiche Sprüche (Prv 16,9; vgl. 16,1–3) zielen auf die Erkenntnis der Ambivalenz menschlichen Planens und Handelns, dessen Gelingen letztlich von Gott abhängt.

Prv 16,9

9 Das Herz des Menschen plant seinen Weg,
aber der HERR lenkt seinen Schritt.

Mitunter kann das Lenken Gottes aber auch erstaunliche Wege nehmen, wenn man die Verwicklungen in der Josephserzählung bedenkt, durch die Gott zielgerichtet hindurchführt und sich auf überraschende Weise erfahrbar macht.

Frau Weisheit und die Schöpfung

Weisheit und Schöpfung sind ein wichtiges Thema in nachexilischen Überlieferungen (Prv 1–9). In einer Rede des Vaters oder Weisheitslehrers (1,8.10 u. ö. bis 7,1.24), die Ähnlichkeit mit ägyptischen Lehren hat (Amenenope und Amenemhet), geht es um die rechte Wahl zwischen Gehorsam und Ungehorsam als Frucht der Lehre (4,1–9). Frau Weisheit wird darin in zwei Reden als Mittlerin zwischen Gott und Mensch präsentiert (Prv 1,20–33; 8,1–36). Nach Prv 8,22–31 war sie als erstes Geschöpf von Anfang an dabei, als Gott die Weltordnung schuf. Für G. von Rad erfolgt in der Weisheit die Selbstoffenbarung der Schöpfung, indem sich „die Weltordnung wie eine Person in einer direkten Anrede werbend und fördernd an den Menschen wendet."[346] Das „konspirative Dabeisein der Weisheit" erinnert an das Agieren von Göttinnen in ägyptischen und anderen altorientalischen Texten.[347] Weisheit ist als transzendentes Geschöpf Mittlerin der Weltordnung (Prv 8,22–31), Gastgeberin (Prv 9,1–6) oder Lebensbaum (3,17–20). Sie hält den Menschen zu gelingendem Leben an (Prv 8,35) und vermittelt Gottesfurcht (1,7), die vor der – ebenfalls weiblich personifizierten – Torheit

Schöpfung in Weisheitsliteratur
s. o. 2.4.4.1

---

345 Vgl. Bauks, Erkenntnis.
346 Von Rad, Weisheit, 204; vgl. Baumann, Weisheitsgestalt, 44 f.48.
347 Keel/Schroer, Schöpfung 221; Schroer, Weisheit, 169; vgl. Baumann, Weisheitsgestalt, 52–57.312–315.

("fremde Frau") bewahrt.[348] Die deutliche Personifizierung der Weisheit als eine in aller Öffentlichkeit agierende Frau, die für Recht und Gerechtigkeit eintritt (Prv 1,20–33; vgl. Weish.Sal. 8,2–18; 9,4), bereitet das jüngere Phänomen der Toraweisheit vor (vgl. Sir 24,23–39; 39; Weish 10 und Bar 4,1), um schließlich in neutestamentlichen Schriften in die Vorstellung von Christus als Weisheitslehrer transferiert zu werden (Kol 1,15; vgl. Weish.Sal. 9,4).[349] Die Weisheit in Prv 1–9 konstituiert die Welt und in Prv 8,22–31 präfiguriert sie ein „gestaltgewordenes Theologumenon, das bis dahin [in den Sprüchen der älteren Weisheit] nur implizit ausgedrückt worden ist."[350] Zugleich steht sie aber auch für ein kosmotheistisches Wissen, das der Erfahrungsweisheit vorausgeht.

Kosmotheismus s. u. 3.4.4

> Schon der Prolog des Sprüchebuchs bestimmt als Adressaten der Unterweisung die Schüler wie den Weisen selbst (Prv 1,1–7). Das Buch dient also einerseits der Ausbildung in den Grundzügen weisheitlichen Denkens und fordert andererseits zur vertieften weisheitlich-theologischen Reflexion auf. Es geht über die Auseinandersetzung mit Erfahrungswissen, welches den Menschen zum Leben befähigt, weit hinaus. Die Gültigkeit des Tun-Ergehen-Zusammenhangs innerhalb des Sozialgefüges ist das eine Thema. Das Buch thematisiert zudem ein kosmotheistisches Wissen, das die Welt nicht nur als profanen Lebensraum erfahrbar macht, sondern ein göttlich eingerichtetes Gefüge voraussetzt, das dem weisen Gerechten für ein gelingendes Leben angeraten wird. Ein weiteres wichtiges Thema ist das ausgewogene Verhältnis von menschlicher Erkenntnis und Gottesfurcht, die in Balance zueinander stehen müssen. Im Unterschied zu den vorangehenden Literaturformen ist es in diesem theologischen Konzept nicht Gott, der sich dem Menschen offenbart, sondern vielmehr der Mensch, der Gott in der Welt zu entdecken sucht, um an seiner Weisheit zu partizipieren. Weisheit kann man nicht erlangen, sondern muss sich auf eine lebenslange Suche nach ihr begeben.

Literatur

Assmann, Jan: Maat. Gerechtigkeit und Unsterblichkeit im alten Ägypten, München 1990.
–: Monotheismus und Kosmotheismus. Ägyptische Formen des „Denkens des Einen" und ihre europäische Rezeptionsgeschichte, Heidelberg 1993 (Sitzungsberichte der Heidelberger Akademie der Wissenschaften).

---

348 Maier, Fremde Frau, 252–269.
349 Vgl. C. Maier, Art. Weisheit (Personifikation) (AT), www.wibilex.de; Fischer, Gotteslehrerinnen, 174–203.
350 Baumann, Weisheitsgestalt, 287 mit Verweis auf G. von Rads Rede von der „personifizierende Verbildlichung" von Theologie (Weisheit, 226).

Bauks, Michaela: Erkenntnis und Leben in Gen 2–3. Zum Wandel eines ursprünglich weisheitlich geprägten Lebensbegriffs, in: ZAW 127 (2015), 20–42.

Baumann, Gerlinde: Die Weisheitsgestalt in Proverbien 1–9. Traditionsgeschichtliche und theologische Studien, Tübingen 1996 (FAT 16).

Carr, David M.: Mündlich-schriftliche Bildung und die Ursprünge antiker Literaturen, in: H. Utzschneider/E. Blum (Hg.), Lesarten der Bibel. Untersuchungen zu einer Theorie der Exegese des Alten Testaments, Stuttgart u.a. 2006, 183–198.

–: Schrift und Erinnerungskultur. Die Entstehung der Bibel und der antiken Literatur im Rahmen der Schreiberausbildung, Zürich 2015 (ThWANT 108).

Fischer, Irmtraud: Gotteslehrerinnen. Weise Frauen und Frau Weisheit im Alten Testament, Stuttgart 2006.

Freuling, Georg: „Wer eine Grube gräbt …". Der Tun-Ergehen-Zusammenhang und sein Wandel in der alttestamentlichen Weisheitsliteratur, Neukirchen-Vluyn 2004 (WMANT 102).

Gerhards, Meik: Conditio humana. Studien zum Gilgameschepos und zu Texten der biblischen Urgeschichte am Beispiel von Gen 2–3 und 11,1–9, Neukirchen-Vluyn 2013 (WMANT 137).

Janowski, Bernd: Die Tat kehrt zum Täter zurück. Offen Fragen im Umkreis des ‚Tun-Ergehen-Zusammenhangs', in: Ders., Die rettende Gerechtigkeit, Neukirchen-Vluyn 1999 (BThAT), 165–191.

Keel, Othmar/Silvia Schroer, Schöpfung. Biblische Theologien im Kontext altorientalischer Religionen, Göttingen/Fribourg 2002.

Koch, Klaus: Gibt es Gibt es ein Vergeltungsdogma im Alten Testament? in: Klaus Koch, Spuren des hebräischen Denkens. Beiträge zur alttestamentlichen Theologie, hg. von B. Janowski/M. Krause, Neukirchen-Vluyn 1991, 65–103.

Kottsieper, Ingo: Die alttestamentliche Weisheit im Licht aramäischer Weisheitstraditionen, in: B. Janowski (Hg.), Weisheit außerhalb der kanonischen Weisheitsschriften, Gütersloh 1996 (VWGTh 10), 128–162.

Maier, Christl: Die „fremde Frau" in Proverbien 1–9. Eine exegetische und sozialgeschichtliche Studie, Fribourg/Göttingen 1995 (OBO 144).

Rad, Gerhard von: Weisheit in Israel, Neukirchen-Vluyn 1970, ³1985.

Reichmann, Sirje: Bei Übernahme Korrektur? Aufnahme und Wandlung ägyptischer Tradition im Alten Testament anhand der Beispiele Proverbia 22–24 und Psalm 104, Münster 2016 (AOAT 428).

Römer, Thomas: Die weisheitliche Literatur, in: Ders./J.-D. Macchi/C. Nihan (Hg.), Einleitung in das Alte Testament, Zürich 2013, 551–562.

Schipper, Bernd: Kosmotheistisches Wissen. Prov 3,19f. und die Weisheit Israels, in: S. Bickel/S. Schroer/C. Uehlinger (Hg.), Bilder als Quellen – Images as Sources. Studies on Ancient Near Eastern Artefacts and the Bible Inspired by the Work of Othmar Keel, Fribourg/Göttingen 2007 (OBO special volume), 487–510.

–: Die Lehre des Amenemope und Prov 22,17–24,22. Eine Neubestimmung des literarischen Verhältnisses (Teil I und II), in: ZAW 116/117 (2005), 53–72; 232–248.

–: Hermeneutik der Tora. Studien zur Traditionsgeschichte von Prov 2 und zur Komposition von Prov 1–8, Berlin/Boston 2012 (BZAW 432).

–: Sprüche (Proverbia) 1–15, Göttingen 2018 (BKAT 17/1).

Schmid, Hans Heinrich: Wesen und Geschichte der Weisheit, Berlin 1966 (BZAW 101).

Schroer, Silvia: Die göttliche Weisheit und der nachexilische Monotheismus, in: M.-Th. Wacker/E. Zenger (Hg.), Der Gott und die Göttin. Gottesvorstellungen des biblischen Israel im Horizont feministischer Theologie, Freiburg 1991 (QD 135), 151–182.

Weigl, Michael: Die aramäischen Achikar-Sprüche aus Elephantine und die alttestamentliche Weisheitsliteratur, Berlin 2010 (BZAW 399).

2.8.2 Hiob und die skeptische Weisheit

Das Hiobbuch zeigt unter den Weisheitsschriften besondere Brisanz. Es fallen mehrere Eigenheiten auf: 1) Das Buch ist deutlich zweigeteilt, da die Hioberzählung einen poetischen Teil – bestehend aus Streitgesprächen Hiobs mit drei Freunden (Hi 3–27), einem Weisheitslied (Hi 28), der Belehrung Elihus (Hi 32–37) und den Gottesreden (Hi 38 f.) – umrahmt.[351] 2) Die Hiobdichtung hinterlässt einen sehr skeptischen Eindruck zu Weisheit und Erkenntnis. 3) Die Hioberzählung skizziert in hyperbolischer Weise die Situation eines über alle Maßen reichen und gerechten Nichtisraeliten namens Hiob („Ijob"), der aus einem unbekannten Land Uz stammt und durch eine Fülle von Schicksalsschlägen alles außer sein nacktes Leben verliert. Daraus ergibt sich die Frage nach der Gerechtigkeit angesichts seines unverschuldeten Leids, welche die Prämisse des traditionellen Tun-Ergehen-Zusammenhangs in Frage stellt. 4) Die Rahmenerzählung erklärt Hiobs Anfechtung durch eine weitere, theologische Eigenheit, den Pakt einer Gegenfigur (Satan „Ankläger") mit Gott.

Es ist äußerst diskutiert, ob die Rahmenhandlung eine ursprüngliche Prosalegende über einen leidenden Gerechten darstellt, die aus der Königszeit stammt und sukzessive um die Dialoge, den Weisheitshymnus Hi 28 und die Elihu-Reden ergänzt worden ist, oder umgekehrt eine ursprüngliche Hiobdichtung sekundär mit einem Pro- und Epilog versehen worden ist. Mit Ausnahme des sicherlich sekundären Einschubs der Elihureden ist die Redaktionsgeschichte umstritten.[352] Eine Datierung der Gesamterzählung in das 5. Jh.–3. Jh. v. Chr. liegt aus philologischen und theologischen Gründen nahe.

Die Rahmenerzählung

---

351 Vgl. zu Fragen der Komposition wie der Überlieferungs- und Redaktionsgeschichte M. Witte, Art. Hiob, www.wibilex.de.

352 Vgl. Witte, Vom Leiden zur Lehre, 1–55 und Ders., Art. Hiob, § 4.3; van Oorschot, Entstehung.

Hi 1,6–11

6 Eines Tages aber kamen die Götter, um vor den HERRN zu treten, und auch der Satan kam mit ihnen.
7 Da sprach der HERR zum Satan: Woher kommst du? Und der Satan antwortete dem HERRN und sprach: Ich habe die Erde durchstreift und bin auf ihr hin und her gezogen.
8 Und der HERR sprach zum Satan: Hast du auf meinen Diener Hiob geachtet? Auf Erden ist keiner wie er: Er ist schuldlos und aufrecht, er fürchtet Gott und meidet das Böse.
9 Der Satan aber antwortete dem HERRN und sprach: Ist Hiob ohne Grund gottesfürchtig?
10 Hast du nicht ihn und sein Haus und alles, was er hat, ringsum beschützt? Das Werk seiner Hände hast du gesegnet, und seine Herden haben sich im Lande ausgebreitet.
11 Doch strecke deine Hand aus und taste seine ganze Habe an – wenn er dich dann nicht ins Angesicht lästert!

Prüfung

Der Prolog gibt einen *äußeren* Anlass für das Leid, die Prüfung (נסה/nsh):

„Die *Zulassung des Leids* [durch Gott] hat offenbar einen Zweck, nämlich den, eine gegen Hiob gerichtete Anschuldigung zu widerlegen, und zwar die Behauptung des Satans, daß ‚die Frömmigkeit Ijobs nicht uneigennützig', sondern berechnend sei, [Anders gesagt:] daß also Hiob fromm sei, weil [bzw. damit] es ihm gut gehe (Wohlstand → Frömmigkeit), und nicht umgekehrt (Frömmigkeit → Wohlstand)."[353]

Der sogenannte Hiobprolog ist davon geprägt, dass dem „umsonst" des satanischen Verdachts (Hi 1,9; 2,4) das göttliche „grundlos" des Leidens (2,3) gegenübersteht (vgl. חנם/ḥinnam[354]).

Neben der Erklärung des Leids wird außerdem das nach normativem Anspruch angemessene Verhalten berichtet (Hi 1,20 f.; 2,8–13).

Hiob 1,20–21

20 Da stand Hiob auf und zerriss sein Gewand und schor sein Haupt, und er liess sich zur Erde sinken und warf sich nieder
21 und sprach:
Nackt bin ich gekommen aus dem Leib meiner Mutter,
und nackt gehe ich wieder dahin.
Der HERR hat gegeben, der HERR hat genommen,
der Name des HERRN sei gepriesen.

---

353 Janowski, Erde, 2 (Hervorhebung im Original).
354 Vgl. dazu Ebach, Umsonst; vgl. dazu Bauks, Was ist der Mensch, 7 m. Anm. 35.

Gott scheint den Vorwurf des Satans, dass Hiobs Gottesfurcht Handelsware sei, in Frage zu stellen. Dem entspricht Hiobs Niedrigkeitsgestus „im Staub sitzend" (2,8.13) den Fortgang seines Schicksals hinzunehmen, bis er am Ende – übrigens immer noch im Staub sitzend (42,6) – Restitution erfährt und in seinen alten Stand zurückversetzt wird (Epilog; Hi 42,7–17). Der Prolog setzt im Motiv der Prüfung die, im weisheitlichen Denken so zentrale, Gottesfurcht voraus und grenzt sich so von einem hermetisch gedachten Tun-Ergehen-Zusammenhang ab. Diesem „Lösungsmodell", der Frage nach unverschuldetem Leid zu begegnen, folgen im poetischen Mittelteil des Buchs weitere Ansätze, die die klassische Weisheit ebenfalls hinterfragen. Betont geht es darin einerseits um intensive Welt- und Erfahrungsbezüge und andererseits um das religiöse *Subjekt*, das über das Konzept der konnektiven, d. h. im Kollektiv verorteten Gerechtigkeit hinausweist und an persönlicher Frömmigkeit orientiert ist.[355]

Es geht in der Hiobdichtung um a) die funktionierende Weltordnung des Tun-Ergehen-Zusammenhangs (insbesondere in der Auseinandersetzung mit den Freunden); b) die zerbrechende Weltordnung angesichts der Erfahrung unschuldigen Leids (in den Hiobreden) und c) die verborgene Weltordnung (Hi 28; עצה/*'eṣâ* „Plan" in Hi 12,13; 38,2; 42,3 [Gottesreden]).

Weisheitlich-theologisches Denken in der Hiobdichtung

Im Zentrum steht die Frage: Wie kann Hiob dazu kommen, dem subjektiv erfahrenen, unschuldigen Leid zu trotzen und sich seiner Loyalität gegenüber Gott zu vergewissern? Was die sogenannte weisheitliche Lehrerzählung in Prolog und Epilog narrativ und einlinig skizziert, wird in den poetischen Texten im Stil altorientalischer Auseinandersetzungsliteratur vielstimmig ausgestaltet: Denn jeder Erzählblock wendet sich aus einer neuen Perspektive der Hiobfrage zu und beugt durch die widersprüchliche Komplexität dem Reduktionismus in der Sache vor.[356] Typisch ist der diskurshafte Stil[357], der einerseits sehr beredt das Zerbrechen des weisheitlichen Tun-Ergehen-Zusammenhangs vor Augen führt und andererseits der Profilierung des Gegen- und Miteinanders unterschiedlicher theologischer Positionen dient.

Es handelt sich dabei um einen typischen Zug von „Auseinandersetzungsliteratur" bzw. „Vorwurfdichtungen" im Alten Orient.[358] Charakteristisch sind der Gattungsmix und die Verfremdung

---

355 Vgl. dazu Leuenberger, Konsequente Erfahrungstheologien, 34.
356 Newsom, Book of Job, 32–71, bes. 49f. sowie 263 „the contradictory complexity" als zentrales Thema.
357 Vgl. Saur, Sapientia discursiva; Leuenberger, Erfahrungstheologien.
358 Vgl. Sitzler, Vorwurf, 119–137.231; Uehlinger, Hiob; Dell, Book of Job.

("misuse"; K. Dell) bis zur bewussten Verkehrung (Inversion), die auch das Hiobbuch beherrschen. Charakteristisch ist weiterhin der Wechsel von Klage, Hymnus, Dialog/Monolog sowie das Einbetten von Umkehrsprüchen, die z. B. Vergangenes und Gegenwart kontrastieren, oder auch die Integration von traditionellen Weisheitssprüchen. Eine narrative Einleitung bereitet mitunter die Gesprächssituation der Protagonisten vor. Die Sprecherfigur ist häufig als Weiser stilisiert, kann aber – wie z. B. bei Ipuwer[359] oder Hiob – durchaus aus anderem Kontext bekannt sein (vgl. Hiob in Ez 14,14.20). Weiterhin ist typisch, dass Texte der Auseinandersetzungsliteratur eine negativ erfahrene Gegenwart beklagen, die im Fortgang des Texts überwunden wird. Die Texte formulieren keinen Traktat über eine wie auch immer verfasste Weltordnung, sondern eine durch intensiven Welt- und Erfahrungsbezug gesättigte theologische Reflexion. Während im Hiobbuch die drei Freunde weitgehend in den Spuren der klassischen Weisheit (vgl. Prv) verbleiben und von Hiobs Unrecht überzeugt sind, strengt Hiob[360] einen Rechtsstreit mit Gott an und fordert ihn auf, seine Schuld in einer Anklageschrift zu attestieren (Hi 31,35). Er zeigt sich von seinem unschuldigen Leid überzeugt (Hi 3; 4,7–8), wie es das negative Sündenbekenntnis[361] und das ebenfalls ägyptisch beeinflusste Waagemotiv (Hi 31,3–6) andeuten: „Worauf es ankommt, um in dieser Welt voranzukommen und im Totengericht auf der Schwelle zur anderen Welt zu bestehen, ist die Maat-Konformität des Herzens."[362] Hiobs Reinigungseid (31,1–40) mit dem negativen Sündenbekenntnis spitzt Hiobs Anspruch auf eine göttliche Anklageschrift nochmals zu.

Zur Theodizee im Hiobbuch s. u. 3.5.3

---

359 Ipuwer begegnet auf einem Grabrelief aus Sakkara (19. Dyn.). Sangil-kinam-ubbib („Sangil reinige den Gerechten") aus der „Babylonischen Theodizee" und Shubshi-meshre-Shakkan aus „Ludlul bel nemeqi" sind durch einen späteren Verfasser in die klassische Zeit verortet, um eine weisheitliche Tradition zu verankern, die Autorschaft wird also zu einem Stilmittel (dazu Sitzler, Vorwurf, 131–135; Schellenberg, Hiob und Ipuwer).
360 Möglicher Weise ist es ein redaktioneller Einschub; vgl. dazu van Oorschot, Entstehung, 175 ff.
361 Das negative Sündenbekenntnis ist ein im ägyptischen Totengericht verankertes Ritual (vgl. Assmann, Inszenierung, 56–59); begegnet aber auch im Zuge des babylonischen Neujahrsfests; vgl. Pongratz-Leisten, Das „negative Sündenbekenntnis".
362 Vgl. dazu Assmann, Wende der Weisheit, 31 (unter Verweis auf die Stele London BM 142, Ramesside Inscriptions III,218 f.); H. Altenmüller, Art. Jenseitsvorstellungen (Ägypten), www.wibilex.de mit Abb. 4.

Abb. 7: Das Wiegen des Herzens des Verstorbenen im Vergleich mit der Feder der Gerechtigkeit im ägyptischen Totengericht: Hi 31,6: So wäge Gott mich auf gerechter Waage, und er wird erkennen, dass ich schuldlos bin.

Auffällig sind die intensiven Gott-Klagen in ihrer unerhörten und an Blasphemie grenzenden Sprache (Hi 9,22–24; 30,19.23). Auf die Klagen folgt – trotz eines kaum wahrnehmbaren „zielgerichteten Vertrauensparadigmas" – im Anschluss an die Gottesreden unerwartet der Stimmungsumschwung Hiobs (42,2–6). Wirkt der Stimmungsumschwung in den Psalmen noch relativ situationsnahe, so zeigt sich im Hiobbuch (vgl. Ps 89,53) eine radikale Transformation, wenn dort das „Loben Jhwhs in der tiefsten Notlage erfolgt und damit komplett von dem (gemäß dem Tun-Ergehen-Zusammenhang vorauszusetzenden positiven) Situationsbezug entkoppelt wird."[363]

<small>Psalmentheologie s.o. 2.7.1</small>

Zwar geht diesem eine Epiphanie (38,1; 40,6) voraus, doch bleibt Gott in seiner Rede die Antwort auf Hiobs Bitte nach einer Begründung für sein Leid schuldig. Stattdessen erfolgt eine Belehrung, die einen kleinen Einblick in die verborgene Weltordnung gibt (38,4ff.) und Hiob darüber aufklärt, dass er nicht das Zentrum der Schöpfung ist, sondern sich diese mit vielen kleinen Nebenwelten (vgl. die Tierlisten in 38,39–39,30) teilt, für deren Erhalt *(creatio continua)* Gott ebenso verantwortlich ist wie für das Ergehen Hiobs. Selbst die in anderen biblischen Texten mit der chaotischen Urzeit assoziierten Wesen wie Leviathan (vgl. Jes 27,1; Ps 74,14; 104,26; Hi 3,8) und Behemot erhalten einen Ort in der göttlichen Schöpfungsordnung (vgl. Hi 40,23–41,26) und führen darin gewissermaßen eine Parallelexistenz zum Satan als Wesen zwischen Gott und Mensch (Hi 1–2).[364]

<small>Verborgene Weltordnung</small>

---

363 M. Leuenberger, Art. Gebet, www.wibilex.de, § 2.2.1. Hinweisen lässt sich auf Psalterdoxologien, wie z. B. Ps 89,53 oder auf Hi 1,21 f.; 2,9 f.). Außerdem wäre Hi 42,4 als weitere Parallele zu ergänzen.
364 Vgl. Bauks, „Was ist der Mensch", 6ff.

Der Monolog Gottes begegnet in der Stilform eines zur Frage im Munde Gottes gewandelten Lobs des Schöpfers. Funktional wirkt die Gottesrede als Antwort auf Hiobs Klagen wie ein für die Klagepsalmen postuliertes Heilsorakels, das dem Stimmungsumschwung vorausgeht. Den Stimmungsumschwung bezeugt Hiob in 42,2–6.

Spiritualisierungen der Klage s. u. 3.5.3

P. Ricœur spricht in diesem Zusammenhang von drei „Spiritualisierungen der Klage" (Eingeständnis der Machtlosigkeit Hiobs; Anklage gegen Gott und Hinwendung zu Gott trotz des Leids), die aus der intellektuellen Aporie herausführen, dass Hiob keine Antwort auf die Frage nach dem Grund für sein Leid erhält[365], und die Wende bewirken. Dieser Dreischritt hilft, das Gegen- und Miteinanders der verschiedenen Weisheitspositionen im Hiobbuch theologisch zu profilieren und als kompositionellen Bestandteil zu erklären. Die traditionellen Weisheitslehren (Tun-Ergehen-Zusammenhang und Gottesfurcht) sowie das Weltordnungsdenken werden an Hiobs subjektiver Erfahrung gemessen.

Aufnahme zentraler theologischer Motive des AT

Im Hiobbuch finden sich deutliche Anspielungen und Auseinandersetzungen mit theologischen Topoi. So enthält die Eingangsklage Hiobs (Hi 3) eine Verkehrung von Elementen des ersten Schöpfungsberichts (Gen 1). Im Duktus der Verfluchung des Tags der eigenen Geburt geht der Text die verschiedenen Stationen der Werke der Scheidung in Gen 1 entlang mit dem Ziel, die Hoffnungslosigkeit Hiobs gegenüber seinem Schöpfer zum Ausdruck zu bringen.

Verfluchung des Tags der Geburt: Hi 3,1–11

1 Danach tat Hiob seinen Mund auf und verfluchte seinen Tag.
2 Und Hiob begann und sprach:
3 Getilgt sei der Tag, da ich geboren wurde,
und die Nacht, die sprach: Ein Knabe ist empfangen worden.
4 Jener Tag werde Finsternis,
Gott in der Höhe soll nicht nach ihm fragen,
und kein Lichtstrahl soll auf ihn fallen.
5 Finsternis und Dunkelheit sollen ihn einfordern,
dichte Wolken sollen über ihm lagern,
Tagverfinsterung soll ihn überfallen.
6 Dunkelheit raffe jene Nacht dahin,
zu den Tagen des Jahres geselle sie sich nicht,
sie gehe nicht ein in die Zahl der Monate.
7 Unfruchtbar sei jene Nacht,
kein Jubel kehre bei ihr ein.
8 Verwünschen sollen sie, die den Tag [cj. das Meer] verfluchen,
die den Leviatan aufstören können.

---

365 Ricœur, Das Böse, 57 f.

> 9 Finster seien die Sterne ihrer Dämmerung,
> sie hoffe auf Licht, doch es komme nicht,
> und die Strahlen der Morgenröte schaue sie nicht.
> 10 Denn sie hat mir die Pforte des Mutterleibs nicht verschlossen
> und vor meinen Augen das Leid nicht verborgen.
> 11 Warum durfte ich nicht umkommen im Mutterschoss,
> aus dem Mutterleib kommen und sterben?

Der Text stellt eine Inversion von Gen 1 dar: Im Stil der Antithese soll Licht in Finsternis zurückfallen (Hi 3,4a; vgl. Gen 1,3), die Nacht soll durch Urfinsternis verdunkeln (V. 6a; vgl. Gen 1,2), die Zeitenwechsel sollen aufgehoben (V. 6b.9; vgl. Gen 1,4–5.14–18) und der fruchtbare Leib der Mutter verschlossen werden (V. 10; vgl. Gen 1,28). Die wohlgeordnete Schöpfung wird in ihr Gegenteil verkehrt, was mit der mythischen Anleihe Leviathans und des Meeres (cj. V. 8) illustriert wird, Figuren, die den drohenden Rückfall aus der Weltordnung in den vorweltlichen Zustand symbolisieren.[366] Die Beschreibung zielt mit der Infragestellung der Geburt von Anfang an (V. 1) auf Hiobs Todeswunsch. An die Stelle der für Klagepsalmen typischen Bitte um Rettung tritt hier ein Abgesang auf die Güte seiner Erschaffung, die das sehr gute Prädikat der Schöpfungsordnung (Gen 1,31) fundamental in Frage stellt. Möglicherweise geht es darum, dass der Tag von Hiobs Geburt gestrichen werden soll, damit die Stabilität der Welt erhalten bleibt[367], aber denkbar ist auch der unbedingte Todeswunsch. Hi 12,13–15 skizzieren den Weltplan (עצה/*ʿezâ*) Gottes als einen verkehrten bzw. negierten Weltplan, denn „wenn er die Wasser zurückhält, herrscht Dürre, und wenn er sie loslässt, verheeren sie das Land" (Hi 12,15). Das bleibt aber nicht das letzte Wort (vgl. 38,2; 40,3), denn Gott spricht Hiob ab, den Weltplan erfassen zu können, was dieser am Ende auch eingesteht (42,3–6).

Ein zweites Schöpfungsmotiv, die Bestimmung des Menschen in der Schöpfung, findet sich in Hiob 7 in pervertierter Form zur Darstellung gebracht.

> 16 Ich gebe auf, ich will nicht ewig weiterleben.
> Lass ab von mir, denn nur ein Hauch sind meine Tage.
> 17 Was ist der Mensch, dass du ihn wichtig nimmst
> und auf ihn achtest,
> 18 dass du ihn jeden Morgen prüfst,
> ihn jeden Augenblick erprobst?

Was ist der Mensch? Hi 7,16–21

---

366 Bauks, Schöpfer, 106 f.
367 So Schmid, Innerbiblische Schriftdiskussion, 247: Hi 3 als Trialog von Gen 1, Jer 20,14.18, Jes 53,7.

19 Wann endlich blickst du weg von mir,
lässt mich in Ruhe, nur für einen Atemzug?
20 Wenn ich gesündigt habe, was schadet es dir, du Hüter der Menschen?
Warum hast du mich zu deiner Zielscheibe gemacht,
dass ich mir selbst eine Last bin?
21 Und warum vergibst du nicht mein Vergehen
und verzeihst nicht meine Schuld?
Nun werde ich mich in den Staub legen,
und wenn du mich suchst, so bin ich nicht mehr da.

Schöpfung in Psalter
s. o. 2.4.4.1

Hi 7,17–18 bezieht sich weniger auf Gen 1,26 f. (Gottebenbildlichkeit) zurück, als auf Ps 8,5–6. Bereits Ps 8 lässt bezüglich der hymnisch klingenden Bestimmung von Gen 1,26 f. eine leicht veränderte Perspektive erkennen, da der Mensch „wenig niedriger als Gott" geschaffen ist. Hi 7 unterbietet die Aussage ins Beängstigende.[368] V. 17 ist ein wörtliches Zitat von Ps 8,5a, wobei die Verbsemantik vertauscht ist: anstelle von זכר/*zkr* „gedenken" ist גדל/*gdl* pi. „groß ziehen" gewählt, womit der Bewunderung der von Gott zugewiesenen kreatürlichen Wichtigkeit des Menschen in Ps 8 die spöttische Anspielung auf sein rein physisches Wachstum entgegengesetzt ist. Das an sich neutrale „Prüfen" (פקד/*pqd*; Ps 8,5) ist in V. 17 durch שית/*šît* + לב/*leb* „sein Herz auf etwas setzen" ersetzt, eine Wendung, die sonst nur mit Menschen als Subjekt verwendet ist. In V. 18 ist *pqd* aufgenommen, doch ist die Bedeutung hier durch das wertende „Erproben" (בחן/*bḥn*) negativ konnotiert. Hiob fühlt sich von Gott beobachtet, und zwar in dem Sinn, dass Gott ihm nachstellt (vgl. Hi 9,24; 2,8), während sich der Psalmist von Gottes segnendem Handeln getragen weiß. Nimmt man V. 16.19.21 hinzu, die in Ps 39,12.14 Parallelen finden, stellt man fest, dass Hi 7 den Gedanken des sorgenden Gottes aus Ps 8 mit dem der bedrängenden göttlichen Gegenwart aus Ps 39 kombiniert, um zu der Negativaussage zu kommen, dass der leidende Gerechte Gott als eine existenzielle Bedrohung empfindet.

---

368 Bauks, „Was ist der Mensch", 1 ff.; vgl. Schmid, Innerbiblische Schriftdiskussion, 259 f.

Das Hiobbuch ist einerseits eine kritische Auseinandersetzung mit einem Grundpfeiler weisheitlicher Theologie, dem Tun-Ergehen-Zusammenhang. Andererseits entspricht das Buch in seinem Aufbau einem Klagepsalm, dessen unvermittelter Stimmungsumschwung (Hi 42,1–6) Hiobs Lage neu bewerten lässt. Die bis an die Blasphemie grenzenden Klagen Hiobs münden in die Vergewisserung der Gottesbeziehung und die Einsicht des begrenzten menschlichen Verstehens der göttlichen Ordnung. An die Stelle der Frage nach dem Grund („warum?") seines Leidens tritt die nach der Finalität („wozu?").

Literatur

Assmann, Jan: Die Wende der Weisheit im Alten Ägypten, in: B. Janowski (Hg.), Weisheit außerhalb der kanonischen Schriften, Gütersloh 1996 (VWThG 10), 20–38.

–: Eine liturgische Inszenierung des Totengerichts aus dem Mittleren Reich. Altägyptische Vorstellungen von Schuld, Person und künftigem Leben, in: Ders./T. Sundermeier (Hg.), Schuld, Gewissen und Person, Gütersloh 1997 (Studien zum Verstehen fremder Religionen 9), 27–63.

Bauks, Michaela: Der eine Schöpfer und die anderen. Die Motive von Schöpfung und Chaos als Hinweise auf die Transformation des Gottesbildes im Hiobbuch, in: L. Bormann (Hg.), Schöpfung, Monotheismus und fremde Religionen. Studien zu Inklusion und Exklusion in den biblischen Schöpfungsvorstellungen, Neukirchen-Vluyn 2008 (BThSt 95), 99–124.

–: „Was ist der Mensch, dass du ihn großziehst?". Überlegungen zur narrativen Funktion des Satans im Hiobbuch, in: Dies./P. Riede/K. Liess (Hg.), Was ist der Mensch, dass du seiner gedenkst (Ps 8,5). Aspekte einer theologischen Anthropologie (FS B. Janowski), Neukirchen-Vluyn 2008, 1–13.

Dell, Katharine J.: The Book of Job as Sceptical Literature, Berlin/New York 1991 (BZAW 197).

Ebach, Jürgen: „Ist es ‚umsonst', daß Hiob gottesfürchtig ist?". Lexikographische und methodologische Marginalien zu הנם in Hi 1,9, in: E. Blum/Chr. Macholz/E.W. Stegemann (Hg.), Die hebräische Bibel und ihre zweifache Nachgeschichte (FS R. Rendtorff), Neukirchen-Vluyn 1990, 319–335.

Janowski, Bernd: „Die Erde ist in die Hand eines Frevlers gegeben". Zur Frage nach der Gerechtigkeit Gottes im Hiobbuch, in: H. Lichtenberger/H. Zweigle (Hg.), Wo ist Gott? Die Theodizee-Frage und die Theologie im Pfarramt, Neukirchen-Vluyn 2009, 1–17.

Kunze, Andreas: Der Mensch auf der Waage. Die Vorstellung vom Gerichtshandeln Gottes im ägyptischen Totenbuch (TB 125) und bei Hiob (Ijob 31), in: BZ 45 (2001), 235–250.

Leuenberger, Martin: Konsequente Erfahrungstheologien im Hiob- und Qoheletbuch, in: M. Saur (Hg.), Die theologische Bedeutung der alttestamentlichen Weisheitsliteratur, Neukirchen-Vluyn 2012 (BThSt 125), 33–66.

Newsom, Carol A.: The Book of Job. A Contest of Moral Imagination, Oxford 2003.

Oorschot, Jürgen van: Die Entstehung des Hiobbuches, in: T. Krüger/ M. Oeming/K. Schmid/C. Uehlinger (Hg.), Das Buch Hiob und seine Interpretationen. Beiträge zum Hiob-Symposium auf dem Monte Verità vom 14.–19. August 2005, Zürich 2007 (AThANT 88), 165–184.

Pongratz-Leisten, Beate: Das „Negative Sündenbekenntnis" des Königs anläßlich des babylonischen Neujahrsfestes und die *kidinnutu* von Babylon, in: J Assmann/T. Sundermeier (Hg.), Schuld, Gewissen und Person, Gütersloh 1997 (Studien zum Verstehen fremder Religionen 9), 83–101.

Ricœur, Paul: Das Böse. Eine Herausforderung für Philosophie und Theologie, Zürich 2006.

Saur, Markus (Hg.): Die theologische Bedeutung der alttestamentlichen Weisheitsliteratur, Neukirchen-Vluyn 2012 (BThSt 125).

–: Sapientia discursiva. Die alttestamentliche Weisheitsliteratur als theologischer Diskurs, in: ZAW 123 (2011), 236–249.

Schellenberg, Annette: Hiob und Ipuwer. Zum Vergleich des alttestamentlichen Hiobbuchs mit ägyptischen Texten im Allgemeinen und den Admonitions im Besonderen, in: T. Krüger/M. Oeming/K. Schmid/C. Uehlinger (Hg.), Das Buch Hiob und seine Interpretationen. Beiträge zum Hiob-Symposium auf dem Monte Verità vom 14.–19. August 2005, Zürich 2007 (AThANT 88), 55–79.

Schmid, Konrad: Innerbiblische Schriftdiskussion im Hiobbuch, in: Ders., Schriftgelehrte Traditionsliteratur. Fallstudien zur innerbiblischen Schriftauslegung, Tübingen 2011 (FAT 77), 243–265.

Sitzler, Dorothea: Vorwurf gegen Gott. Ein religiöses Motiv im alten Orient, Wiesbaden 1995 (SOR 32).

Uehlinger, Christoph: Hiob im altorientalischen Kontext, in: T. Krüger/ M. Oeming/K. Schmid/C. Uehlinger (Hg.), Das Buch Hiob und seine Interpretationen. Beiträge zum Hiob-Symposium auf dem Monte Verità vom 14.–19. August 2005, Zürich 2007 (AThANT 88), 97–163.

Witte, Markus: Vom Leiden zur Lehre. Der dritte Redegang (Hiob 21–27) und die Redaktionsgeschichte des Hiobbuches, Berlin/New York 1994 (BZAW 230).

2.8.3 Die späte Weisheit: Qohelet, Jesus Sirach, Weisheit Salomos

Die in diesem Kapitel verhandelten Schriften charakterisieren die späte Weisheit, entstammen also frühestens der hellenistischen Zeit und sind somit griechischen Einflüssen ausgesetzt. Während Qohelet zur hebräischen Bibel gehört, haben Jesus Sirach und Weisheit Salomos erst über die Septuaginta Eingang in den Kanon gefunden, gehören also zu den deuterokanonischen Schriften. Den drei Büchern ist gemeinsam, dass Schöpfungstheologie fundamentaler Bestandteil des Denkens ist.

2.8.3.1 Qohelet

Das Buch Prediger (hebr. Qohelet; griech. Ekklesiastes) stammt frühestens aus der zweiten Hälfte des 3. Jh. v. Chr. und ist – wie schon das Hiobbuch – von großer Skepsis gegenüber den traditionellen Weisheitskonzepten charakterisiert. Wegen seiner Form und Denkweise stellt es ein Unikum unter den biblischen Büchern dar und wird häufig in die Nähe hellenistischer Philosophie gerückt mit Themen wie die Entdeckung des Ichs und des individuellen Freiheitsgefühls.[369] Es stellt eine Sentenzensammlung in Form einer autoritativen Lehre[370] dar, die ein Prolog (Qoh 1,1–3) einleitet und ein Epilog (12,8–14) mit Kolophon (V. 9–11)[371], das Qohelet als einen Weisen qualifiziert, beschließt. Der – in der dritten Person eingeführte – Erzähler präsentiert die in 1,12 einsetzende Ich-Rede eines Königs namens Qohelet, die in 2,26 endet und dann mit der Ich-Rede eines Weisen ab 3,1 fortfährt. Der Weise und der König stehen sich in ihrer Aussageabsicht mitunter antithetisch gegenüber; so ist die Sprüchesammlung insgesamt nicht immer kohärent, sondern dient – in der griechischen Stilform der Diatribe – der Belehrung.[372]

> Qoh 1,1–3
> 1 Die Worte Kohelets, des Sohnes Davids, des Königs in Jerusalem.
> 2 Nichtig und flüchtig [הבל הבלים/*habel habalîm*], sprach Kohelet, nichtig und flüchtig, alles ist nichtig.
> Was einmal geschah, wird wieder geschehen
> 3 Welchen Gewinn [יתרון/*jitrôn*] hat der Mensch von seiner ganzen Mühe und Arbeit [עמלו שיעמל/*'amalô šæja'amal*] unter der Sonne?

Hier wie in der sogenannten Königstravestie bzw. -fiktion (Qoh 1,12–2,26) legt der „Davidsohn" dar, dass auch die Suche nach Weisheit wie alles „nichtig und ein Greifen nach Wind" (הבל/*hæbæl*) ist (1,17; vgl. 2,11.17.26; 4,4.16; 6,9). Die Frage „was ist der Mensch" (vgl. Ps 8,5; Hi 7,17) ist auch hier zu einem pessimistischen Abgesang gestaltet. Reflexionen über kosmische Abläufe (1,4–3,15) oder über gesellschaftliche, wirtschaftliche und religiöse Belange (3,16–6,12) führen zu der Frage, worin denn das Gute für den Menschen liegen könnte und was die Weisheit dazu auszutragen vermag (7,1–10,20). Ins Zentrum rückt

---

369 Vgl. Bühlmann, Kohelet, 605, und Ders., Structure logique.
370 So Köhlmoos, Kohelet, 31.
371 Die Rahmung Qoh 1,1 und 12,9–11 ist wahrscheinlich sekundär, um dem Werk höhere Autorität zu schaffen; Köhlmoos, Kohelet, 32 f.
372 Zu den literarkritischen bzw. redaktionsgeschichtlichen Modellen vgl. Schellenberg, Kohelet, 14–16, die selbst von der Einheitlichkeit der Schrift mit Ausnahme von 12,9–14 ausgeht.

immer wieder die Frage nach dem Gewinn (יתרון/*jitrôn*) des Lebens (Qoh 2,3.11; 3,9; 5,8.15; 7,12, 10,10). Weitere theologische Leitbegriffe sind Vergänglichkeit oder Nichtigkeit (*hæbæl*), Gut (טוב/*ṭob*), Weisheit (חכמה/*ḥokmâ*), Wissen und Erkenntnis (דעת/*da'at*), Herz (לב/ *leb* – im Hebr.: Ort des Denkens), Schicksal (מקרה/*miqræh*) und Mühe (עמל/*'amal*), von denen drei bereits den Prolog strukturieren. Qohelet wendet sich mitunter an einen Adressaten („jungen Mann"; 4,17 u. ö.; vgl. 11,9), dem er seine Erkenntnisse mitteilt und den er zum Handeln auffordert (5,1; 7,13.14 oder 11,9 „Freu dich"). Die Selbstpräsentation als König (1,12) erinnert an ein Königstestament[373], das einerseits als Untergattung der ägyptischen Lebenslehren (Ipuwer und Achikar) bekannt ist, andererseits an das Mosetestament im Deuteronomium erinnert, das der Legitimierung der Tora dient (s. bes. Dtn 1,1–5). Wahrscheinlich bedient sich die Verfasserschaft der Königs- oder Salomofiktion[374] bewusst, um dem Buch die Rezeptionsrichtung eines idealen Königs vorzugeben, der sich durch besondere Weisheit und Tempelbautätigkeit hervorhebt.

Königsideologie s. u. 3.4

Weiterhin geht es um den Gestaltungsrahmen, in dem sich die göttliche Offenbarung erweist:

Qoh 3,14

14 Ich erkannte, dass alles, was Gott schafft, endgültig ist. Nichts ist ihm hinzuzufügen, und nichts ist davon wegzunehmen. Und Gott hat es so gemacht, dass man sich vor ihm fürchtet.

Mit Gott verbindet den Prediger Gottesfurcht angesichts dessen, was dieser in der Vergangenheit für ihn geleistet hat. Hingegen ist Gott nicht als der geschichtlich Tätige verstanden. So heißt es in Qoh 5,1: „Sei nicht vorschnell mit deinem Mund, und dein Herz übereile sich nicht, etwas vor Gott zu bringen. Denn Gott ist im Himmel, und du bist auf der Erde. Darum mach nicht viele Worte."

„Gott" begegnet hier als Gottheit (Elohîm, nie JHWH) oder Demiurg, der sich in der einmal geschaffenen Welt nicht weiter offenbart und keine Theophanie mehr vorsieht. ER ist fern. Ebenso wenig traut Qohelet dem Kausalnexus des Tun-Ergehen-Zusammenhangs, der besagt, dass es jedem Gerechten gut geht, und derjenige, der im Leid steht, Übles getan haben *muss*. Dementsprechend wird in Qoh 8,12–14 das erlernte Wissen kritisch mit der tatsächlichen Erfahrung korreliert:

---

373 Vgl. Blumenberg, Rolle, bes. 2–9 und Koh, Royal Autobiography.
374 Reinert, Salomofiktion, 133–149; der Kern der Fiktion liegt in 1,12–4,16, die aber in 4,17–11,6 entfaltet ist.

> 12b Ich aber weiss: Es ist gut für die Gottesfürchtigen, dass sie sich fürchten vor Gott.
> 13 Und es ist nicht gut für den Frevler und er wird nicht länger leben als ein Schatten, wenn er sich nicht fürchtet vor Gott.
> 14 Es gibt Nichtiges, das auf Erden geschieht: Es gibt Gerechte, denen es ergeht, als hätten sie gehandelt wie Frevler, und es gibt Frevler, denen es ergeht, als hätten sie gehandelt wie Gerechte. Ich dachte: Auch dies ist nichtig.

Qoh 8,12b–14

Weiterhin problematisiert er, wie denn das Göttliche erfahrbar ist, wenn der Mensch durch sein Erfahrungswissen Ausnahmen in der Retribution wahrnimmt, zugleich aber nur begrenzt auf seine Erkenntnis setzen kann (s. o. Prv 16,9; vgl. Qoh 7,13; 8,17).[375]

> 11 Alles hat er so gemacht, dass es schön ist zu seiner Zeit. Auch die ferne Zeit hat er den Menschen ins Herz gelegt, nur dass der Mensch das Werk, das Gott gemacht hat, nicht von Anfang bis Ende begreifen kann.
> 12 Ich erkannte, dass sie nichts Besseres zustande bringen, als sich zu freuen und Gutes zu tun im Leben.
> 13 Und wenn irgendein Mensch bei all seiner Mühe isst und trinkt und Gutes geniesst, ist auch dies ein Geschenk Gottes.
> 14 Ich erkannte, dass alles, was Gott schafft, endgültig ist. Nichts ist ihm hinzuzufügen, und nichts ist davon wegzunehmen. Und Gott hat es so gemacht, dass man sich vor ihm fürchtet.

Qoh 3,11–14

Als Fazit bleibt dem Menschen nichts anderes übrig, als sein Leben angemessen zu leben (vgl. Qoh 3,1–8: „Für alles gibt es eine Stunde, und Zeit gibt es für jedes Vorhaben unter dem Himmel …"), den Schöpfergott anzuerkennen und ihm – als angemessene Haltung *coram Deo* – mit Gottesfurcht zu begegnen. Das sich andeutende *carpe-diem*-Motiv („pflücke den Tag"; s. 3,12 f.) ist keine hellenistische Erfindung, sondern begegnet bereits im Meissner-Millard-Fragment des Gilgameš-Epos (1800 v. Chr.):[376]

> 1 Gilgamesch, wohin läufst du?
> Das Leben, das du suchst, wirst du nicht finden!
> Als die Götter die Menschheit erschufen,
> wiesen sie der Menschheit den Tod zu,

Kol. II, 1–7

---

375 Vgl. Leuenberger, Erfahrungstheologien, 40 ff.
376 TUAT III/4, 664 f. (K. Hecker); vgl. die äg. Harfnerlieder (Neues Reich) in TUAT II/6, 906–909 (H.-J. Thissen).

> 5 nahmen das Leben in ihre eigene Hand.
> Du, Gilgamesch, voll sei dein Bauch,
> Tag und Nacht sei andauernd froh, du!

Die Schankwirtin rät dem um seinen toten Freund Enkidu trauernden und den eigenen Tod fürchtenden König Gilgameš, sein Leben zu genießen, denn der Mensch ist für den Tod bestimmt (vgl. Qoh 3,19–22). Diese Anschauung ist aber vor allem in griechischen Texten verbreitet.[377] Mit dieser Überzeugung hebt sich die Schrift von den gleichzeitig aufkommenden eschatologischen und apokalyptischen Tendenzen einer Jenseitserwartung ab, wie sie in Jes 25,8; Dan 12 oder auch Ps 49,16 begegnet.

Jenseitserwartung s. o. 2.6.4; s. u. 3.5.3

2.8.3.2 Jesus Sirach

Die ursprünglich hebräisch verfasste und etwa 190 v. Chr. entstandene Spruchsammlung ist die erste mit einem Verfassernamen versehene Schrift im deuterokanonischen Kontext (Sir 50,29). Sie entstand in Jerusalem und thematisiert die Weisheitsvorstellungen des 2. Jh. v. Chr. in Auseinandersetzung mit den griechisch-hellenistischen Einflüssen. Das Werk wurde vom Enkel des Verfassers ca. 132 v. Chr. in Alexandrien ins Griechische übersetzt, um der dortigen jüdischen Bevölkerung die jüdischen Werte zu vermitteln.

Mit folgendem Makarismus gab der Verfasser im Epilog seiner Sammlung gewissermaßen ein Motto:

Sir 50,28 f.

> „Wohl dem Manne, der über sie [die vorher ausgesprochenen Lehren] nachsinnt; und der, der sie im Sinn behält, wird weise werden. Denn die Furcht des Herrn bedeutet Leben."[378]

Demnach bietet die Sammlung an Sprüchen (משל/*mašal*) die Lehre eines weisen Schreibers oder Lehrers (Sir 24; 38,24–39,11), die Weisheit vermittelt und dem, der die Lehren beherzigt, zur rechten Lebensführung verhilft. Weisheit ist der Schlüsselbegriff schlechthin, wie die vielen Belege von Derivaten der Wurzel חכם/*ḥkm* (bzw. griech. *sophia* etc.) anzeigen. Die Texte waren im antiken Judentum sehr umstritten, was erklärt, dass lediglich die griechische Fassung in der griechischen Tradition kanonisiert worden ist.[379] Während Midraschim

---

377 Vgl. Uehlinger, Qohelet; Braun, Kohelet und die frühhellenistische Popularphilosophie.
378 Übersetzung aus dem Hebr.: Sauer, Jesus Sirach, 343.
379 Vgl. Sauer, Jesus Sirach, 17 f.

wie Bereschit Rabba 41,3 und Qohelet Rabba 12,1 Verse aus Ben Sira als heilige Schrift zitieren, verdammt der babylonische Talmud Traktat Sanhedrin 28a in den Worten Rabbi Akibas (1. Hälfte des 2. Jh. n. Chr.) diejenigen, die das Buch auch nur lesen. Das Buch ist nicht in den hebräischen Bibelkanon aufgenommen worden.

Innerhalb der Weisheitsliteratur ist für die Schrift charakteristisch, dass sie einen positiven Zugang zur Weisheit bietet: Weisheit ist von Gott geschaffen (Sir 1; 24; vgl. Prv 8,22 ff.) und dient dem Lobpreis des Wirkens Gottes in der Schöpfung (Sir 42,15–43,33). Sie wirkt als sein immaterielles und vormaterielles Werkzeug in Schöpfung *und* Geschichte (Sir 42,15–49,16: „Lob der Väter der Vorzeit"). Zudem erlangt sie als angewandte Weisheit universelle Geltung, die insbesondere Israel aber auch die individuelle Frömmigkeit prägt und das Leben in schwierigen Zeiten zu meistern hilft. Dank der Tora, die eine Art Weltgesetz darstellt (Sir 24,23–27; 38,34b; 45,4; vgl. 1,26)[380], wird die Weisheit dem Menschen zugänglich und der Wille Gottes offenbar (vgl. zur Gottesfurcht; Sir 1,11–13; 2,7–9). Gleichzeitig bleibt die Weisheit als Wohnort Gottes an Jakob-Israel (24,8) sowie an den Tempel in Jerusalem mit seinem Kult und seiner Priesterschaft rückgebunden (Sir 24,15–21; 50).[381] Wichtig ist die Figur des weisen Schreibers (Sir 24; 38,24–39,11), dem der verantwortungsvolle Umgang mit den heiligen Schriften obliegt.[382]

Kanon s. u. 3.6.1

Bereits aus der Vielzahl der weisheitlichen Themen wird deutlich, dass sich Jesus Sirach als ein Schmelztiegel der verschiedenen Weisheits- und „Weisungs"-Traditionen präsentiert, die in der hebräischen Bibel ausgebildet und überliefert sind.

2.8.3.3 Weisheit Salomo

Diese recht geschlossene griechisch-sprachige Schrift eines unbekannten Verfassers aus Alexandria (1. Jh. n. Chr.) stellt eine fiktive Mahnrede Salomos an die Herrschenden dar (Weish. 1,1–6,25), an die sich ein Rückblick auf die Jugend (6,22–11,1), ein Gebet zu Beginn seiner Regierungszeit, das ihm zu Weisheit verholfen hat (9,1–18), sowie eine Betrachtung der Geschichte Israels (11,2–19,22) anschließen. Das Proömium der Schrift (Kap. 1) nimmt die wichtigsten Themen und ihren Bezug auf das Hauptmotiv des Gelingens göttlicher „Gerechtigkeit" vorweg (Kap. 10–19): Es geht um Themen wie das rechte Gottesbild, Geist und Weisheit als Mittler von Gottes Nähe und Gemeinschaft, Bil-

---

380 Vgl. Wischmeyer, Kultur, 270–273; Reiterer, The Sociological Significance.
381 Zur Schekinavorstellung vgl. Janowski, Einwohnung Gottes, 31 ff.
382 Vgl. dazu ausführlich Reiterer, Scribe, 224 f.231 f.239 f.

dung und Erziehung, Menschenfreundlichkeit der Weisheit, richtiges und falsches Reden bzw. Handeln, Fragen nach Leben, Tod und Unvergänglichkeit und schließlich um das Heil in der Schöpfungsordnung. In all dem kommt der Weisheit eine besondere Rolle zu.

Weish 7,25–28

25 Denn sie ist ein Hauch der Macht Gottes
Und die lichte Ausströmung der Herrlichkeit des Allherrschers.
Deshalb fällt nichts Verunreinigendes auf sie.
26 Denn sie ist der Abglanz des ewigen Lichtes
Und der fleckenlose Spiegel des göttlichen Wirkens
Und das Bild seines Gut-Seins.
27 Sie ist zwar nur Eine, aber sie vermag alles.
Obwohl sie in sich selbst bleibt, erneuert sie doch alles.
Und durch alle Generationen hindurch geht sie in heilige Menschen ein
Und schafft so Freunde Gottes und Propheten.
28 Denn Gott liebt nur den, der mit der Weisheit zusammenwohnt.[383]

Auch hier ist die Weisheit personifiziert und von Gott herkommend gezeichnet. Sie hat die Herrlichkeit (hebr. כבוד/*kabôd*; griech. δόξα/*doxa*) eines Gottes oder Königs. Gemeint ist, dass der transzendente Gott dank der Weisheit in die immanente Welt hineinragt, sich offenbart (V. 25) und die Welt mittels Weisheit verändert, indem diese in die Menschen hineinströmt (V. 27). V. 28 spricht von der Liebe Gottes zum Weisen, impliziert aber zugleich, dass nur derjenige, der Weisheit nachgeht, auch Gott liebt.[384] Sie besteht seit Beginn der Schöpfung (9,2.9) und trägt zum Erhalt der Welt (7,27) und der Menschheit bei (9,11.18). Von ihr geht Erkenntnis (7,15–21), Voraussicht (8,8) und Wohlstand (7,11–12) wie auch Unsterblichkeit (8,13.17)[385] aus.

Es finden sich in dem Buch zahlreiche Rekurse auf Texte der hebräischen Bibel in griechischer Übersetzung, insbesondere auf prophetische Bücher (Jesaja) und Psalmen sowie auf die Genesis und das Sprüchebuch. Obwohl es sich offensichtlich um eine jüdische Schrift handelt, findet sich das Buch in christlichen Kontexten überliefert.

2.8.4 Didaktische Lehrerzählungen in weisheitlichem Kontext

Tora und Weisheit im Psalter s. o. 2.7.3.4

Weisheitliches Denken begegnet nicht nur in den sogenannten Weisheitsschriften. Es war oben bereits von einer Reihe Weisheitspsalmen die Rede, die insbesondere die Wichtigkeit von Tora und Gottesfurcht

---

383 Übersetzung von Hübner, Weisheit Salomos, 101.
384 Vgl. Hübner, Weisheit Salomos, 112.
385 Schmid, Loss of immortality.

hervorheben. Hinzu kommen einige Prosatexte, die in ihrem Denken oder in ihrer Formsprache als weisheitlich beeinflusst gelten. Sie haben den Charakter einer weisheitlichen bzw. didaktischen Lehrerzählung, die sich auf den ersten Blick – wie jede normale Erzählung – mit einem Spannungsbogen und ihren unterhaltsamen oder auch sensationellen Zügen lesen lässt, auf dem zweiten Blick aber – ähnlich einer Parabel – auf einen tieferen Sinn verweist und eine „Moral" der Geschichte erkennen lässt. In Lehrerzählungen sind die Figuren nicht einfach Figuren, sondern Typen, deren Interaktion paradigmatische Bedeutung hat. Sie „besticht nicht durch logische Argumentation, sondern durch einen analogischen Entwurf."[386]

Parabeln
s. u. 2.8.4.5

2.8.4.1 Die Josephserzählung

Die Josephserzählung (Gen 37–50* – ohne Gen 38;48*–49)[387] folgt auf die Erzelterngeschichten (Gen 12–36) und ist über die genealogische Notiz zu Joseph (Gen 37,2) mit den übrigen das Buch Genesis strukturierenden Genealogien verbunden (2,4a; 5,1 Adam; 6,9 Noah; 10,1 Noahsöhne; 11,27 Abraham; 25,19 Isaak; 37,2 Jakob). Die literarische Funktion der ursprünglich unabhängigen Josephserzählung bzw. -novelle[388] besteht darin zu erklären, wie es eigentlich dazu kam, dass die Kinder Jakobs/Israels erst über den Umweg Ägypten in das an die Väter Abraham, Isaak und Jakob verheißene Land einziehen konnten. Erzeltern- und Exodusüberlieferungen waren ursprünglich parallellaufende Traditionen, die erst in dem priesterschriftlichen Werk miteinander verschmolzen und zu einer identitätsstiftenden Erzählung ausgestaltet wurden.[389] Somit bedurfte es einer narrativen Brücke, um die beiden Erzählblöcke miteinander zu verschmelzen. Durch geschickte Einbettung von Erzählelementen in den einen oder anderen Kontext – wie die Notiz über Josephs Geburt (30,22–24), die Einwanderung der Jakobsöhne nach Ägypten (46,1–47,12) und den Tod Jakobs in Ägypten (Gen 49,29–50,14) und die wohl nachträgliche „Adoption" Josephs als Jakobsohn und Stammesvater – bildet die Erzählung trotz des gerade in stilistischer Hinsicht sehr auffälligen Bruchs zu den vorangehenden Erzählungen den logischen Übergang zur Exoduserzählung. Die Wiederaufnahme der Genealogie der Jakobsöhne (vgl. Gen 35,22–26) sowie die Notiz von Josephs Tod in Ex 1,1–6 stärken die Verbindung der Erzeltern- und der Exodustradition.

---

386 Vgl. Koenen, Gerechtigkeit, 298.
387 Zu überlieferungsgeschichtlichen und redaktionsgeschichtlichen Entwürfen vgl. R. Lux, Art. Josef/Josefsnovelle, www.wibilex.de, vgl. Uehlinger, Genesis 37–50.
388 Vgl. dazu K. Koenen, Erzählende Gattungen, www.wibilex.de, § 2.3.
389 Schmid, Erzväter und Exodus, 56–78.

Bereits G. von Rad hat die ursprüngliche Novelle als eine „didaktische Lehrerzählung"[390] bezeichnet: Sie handelt von dem Konflikt Josephs mit seinen Brüdern und seinem wundersamen Aufstieg am ägyptischen Hof, wo er zum Wesir (Vizekönig) seines Gastlands avanciert (vgl. das Resümee in Ps 105,16–22). Diese Position ermöglicht es ihm, die inzwischen wegen einer Hungersnot nach Ägypten geflohenen Brüder wiederzutreffen und aufzunehmen. Die verschlungenen Erzählstränge zeichnen sich durch Unvorhersehbarkeit aus. Eine Reihe wunderbarer Zufälle und wichtiger Träume führen schließlich zu der „unerhörten Begebenheit"[391] seines unerwarteten Aufstiegs im Fremdland. Es lässt sich darin Verwandtschaft mit dem Genre der Diasporanovelle erkennen (s. Esther; Daniel)[392], was die Datierung der Schrift in persisch-hellenistischer Zeit in einem ägyptischen Kontext wahrscheinlich macht. Die Erzählzüge verweisen auf ein durch die göttliche Vorsehung bestimmtes Weltbild, in welchem Gott nicht sichtbar agiert, sondern der unsichtbare Weltenlenker ist, der sowohl das Geschick der Israeliten wie das der Ägypter beeinflusst (45,5 f.; 50,20). In diesem universalisierten Gottesbild wird von Gott in all seiner Überlegenheit als Elohim – und nur in einem Abschnitt von JHWH (so Gen 39,2–5.21.23) – gesprochen. Auffällig ist, wie positiv Ägypten (zumal im Vergleich mit Ex 1–15) geschildert ist.

Monotheismus s. u. 3.1

Typische weisheitliche Elemente sind die Traumdivination (37,19) und ihre Deutung (Oneiromantie), die als außergewöhnliches „praktisches Wissen" Josephs beschrieben ist (40,12–18; 41,12) und auf eine göttliche Gabe zurückgeführt wird (40,8; 41,16–32). Zudem erweist sich Joseph als weiser Ratgeber (Gen 41,25–40) und gottesfürchtig (42,18). An die Stelle des traditionellen Tun-Ergehen-Zusammenhangs tritt in dieser Erzählung der Gedanke der Vergebung. Joseph vergilt den Brüdern nicht, wie sie ihm getan haben, sondern sucht die Begegnung und Schuldeinsicht der Brüder und lädt zur Versöhnung ein.[393]

2.8.4.2 Jona

Diese zu den „Kleinen Prophetenbüchern" zählende Schrift unterscheidet sich schon durch ihre Form: Anstelle von Prophetensprüchen bzw. Orakeln thematisiert sie eine Prophetenlegende, die durch märchenhafte Züge hervorsticht: Sie handelt von einem Propheten, der

---

390 Von Rad, Weisheit, 67–69.
391 Vgl. R. Lux, Art. Joseph/Josephsnovelle, www.wibilex.de, mit Rekurs auf J.W. Goethe.
392 Meinhold, „... damit wir leben können und nicht sterben müssen!".
393 Koenen, Gerechtigkeit, 286–289.291 f. mit Hinweis auf die Parallelen in der ägyptischen Sinuheerzählung (vgl. E. Blumenthal, in: TUAT III/5, 884–911).

beauftragt ist, Feindesland (Ninive war die assyrische Hauptstadt) zur Umkehr zu JHWH zu bringen. Als er sich diesem – doch unerhörten – Auftrag verweigert, wird er auf einer Schiffsreise von einem großen Fisch verschluckt und von diesem an Land gebracht, um seinen Auftrag doch noch zu versehen und Ninive vor dem Untergang zu bewahren. Es ist deutlich, dass die Erzählung zwischen Groteske und Parodie changiert: ein Prophet, der den Feind retten soll statt dem eigenen Volk zu dienen; ein Fisch, der zum göttlichen Heilsinstrument wird; im Bauch des Fisches singt Jona einen Dankpsalm (weil er seinem Auftrag entgangen ist?). Jona akzeptiert jedenfalls seinen prophetischen Auftrag nicht und wird wütend, als Ninive umkehrt und Gott sein Gericht aussetzt (Jon 4,1). Damit ist der Duktus der sonst bekannten prophetischen Unheilsprophetie ins Gegenteil verkehrt. Sein Unmut wird in der parodistischen Verwendung der Gnadenformel deutlich (Ex 34,6): *Berufungsbericht s. o. 2.6.1* *Gnadenformel s. o. 2.5.1.3*

> 2 Und er betete zum HERRN und sprach: Ach, HERR, war nicht eben das meine Rede, als ich in meiner Heimat war? Darum bin ich zuvor nach Tarschisch geflohen! Denn ich wusste, dass du ein gnädiger und barmherziger Gott bist, langmütig und reich an Gnade, und einer, dem das Unheil leidtut. *Jon 4,2*

Der Vers hebt hervor, dass ihm Gottes Barmherzigkeit nicht nur ein Rätsel, sondern eine unerträgliche Zumutung ist. Das zentrale Motiv der Paränese (Belehrung) findet sich zugespitzt in der das Buch abschließenden Episode von der Rizinusstaude, die Gott pflanzt um Jona zu erfreuen, dann aber auch wieder verdorren lässt. An ihr wird deutlich, dass Gottes Barmherzigkeit den menschlichen Horizont übersteigt und letztlich rätselhaft bleibt. Formal wird dies durch die offene Frage am Ende der Schrift noch betont (Jon 4,10 f.).[394]

> 10 Da sprach der HERR: Dir tut es leid um den Rizinus, um den du dich nicht bemüht und den du nicht grossgezogen hast, der in einer Nacht geworden und in einer Nacht zugrunde gegangen ist.
> 11 Und da sollte es mir nicht leidtun um Ninive, die grosse Stadt, in der über hundertzwanzigtausend Menschen sind, die nicht unterscheiden können zwischen ihrer Rechten und ihrer Linken, und um die vielen Tiere? *Jon 4,10–11*

So wird das Urteil letztlich der Leserschaft überlassen, was Barmherzigkeit Gottes denn ist. Charakteristisch ist für das Jonabuch auch, dass es das fremde Volk Ninive (3,5) oder die fremdländischen Matrosen

---

394 Vgl. M. Gerhards, Art. Jona/Jonabuch, www.wibilex.de, § 6; Ders., Studien.

(1,16) sind, die sich zu JHWH bekennen, während Jona lernen muss, dass Gottes Barmherzigkeit und Reue ebenso den Nichtisraeliten gilt (Jeremias, Theologie, 443 f.). Somit ist die Vorstellung von JHWH als Gott eines bestimmten Volkes in Frage gestellt und ein Beitrag zu einem universalistischen Gottesbild geleistet.

2.8.4.3 Ruth

Das Ruthbuch ist vielleicht weniger eine weisheitliche[395] als didaktische Lehrerzählung, da sich nur wenig weisheitliche Themen oder Formelemente finden lassen. Dennoch findet die Erzählung, was die Intention angeht, ihren Ort („Sitz im Leben") in Ausbildung und Unterweisung. Denn sie legt dar, wie sich das Leben von zwei leidgeplagten, aber JHWH-treuen Witwen *(personae miseriae)* dank Gottes Führung am Ende doch zum Guten wendet. Zugleich gehört sie – und auch das weist sie den Bereichen Ausbildung und Unterweisung zu – zur schriftauslegenden Literatur.[396] Da Ruth Moabiterin ist, hinterfragt die Schrift mit der sehr positiv gezeichneten Hauptfigur einerseits die schlechte Beziehung, die Israel im Zuge seiner Geschichte zu diesem Nachbarvolk hatte, andererseits die Mischehen- und Einwandererpolemik, wie sie in jüngeren Büchern wie Esra und Nehemia (Esr 9–10; Neh 13 „Moabiterparagraph") propagiert ist. Weiterhin geht es um wichtige sozialgeschichtliche Aspekte wie – sehr zentral – um das Leviratsrecht (Schwagerehe), nämlich darum, eine Witwe zu versorgen und zugleich einem kinderlos Verstorbenen Nachkommenschaft zu sichern (Dtn 25,5–10; vgl. auch Gen 38). Es geht außerdem um das Armenrecht der Ährenlese (Ruth 2; vgl. Lev 19,9; Dtn 24,19–21) sowie die Auslösung aus Schuldsklaverei bzw. Wirtschaftsarmut durch einen „Löser" (גאל/ *go'el*; Ruth 4; Dtn 25,23–28; Lev 25). Die Figuren Ruth und Boas tragen aber auch weisheitliche Züge, die

> „als Leitbilder einer Lebenspraxis dargestellt [sind], die auf verwandtschaftliche Solidarität als Verwirklichung von ‚Liebe, Güte und Treue' (חסד/*ḥæsæd*) setzt und von ihr Lebensförderung für die Gemeinschaft erhofft."[397]

---

395 Jedoch hat Zenger, Rut, 24 f., das „novellistische Ereignis" der Erzählung „als praxisbezogenes Paradigma" charakterisiert und deshalb der Gattung „weisheitliche Novelle" zugeordnet.
396 I. Fischer, Art. Rut/Rutbuch, wibilex, § 4.2.; vgl. Dies., Rut, 81–85 mit vielen Belegen für zitathafte Anspielungen z. B. auf Gen 12; 19,30–38; 24; 38 z. T. in einer Art prä-midraschhaften Stils.
397 Zenger, Rut, 25.

Anders als es die Situierung des Buchs in einigen christlichen Bibeln zwischen den Richter- und Samuelbüchern wegen der Nennung Ruths in alttestamentlichen und neutestamentlichen Genealogien als Großmutter Davids (Ruth 4,18–22; vgl. Mt 1,1–18) sowie das ähnliche Milieu mit den Erzelternerzählungen suggerieren, handelt es sich um ein Spätwerk der hebräischen Bibel, wie es die Mischehenthematik, der andere Texte kommentierende Stil oder die z. T. aramäisch durchsetzte Sprache nahelegen. Deutlich ist zudem, dass das Buch in gebildeten Kreisen entstanden ist, die ein deutlich aufgewertetes Bild von Frauen in der antiken Gesellschaft zeichnen. Die weiblich dominierte Perspektive lässt sogar erwägen, ob nicht ein Buch in weiblicher Verfasserschaft vorliegt[398]: Dafür spricht die empathische Behandlung von Problemen, denen Frauen in antiken Gesellschaften strukturell ausgesetzt waren, und die Absicht der Lehrerzählung, andere Frauen anzuhalten, nicht im Elend zu verharren, sondern im Glauben an Gottes Fügung das Leben gemäß dem Vorsatz der Liebe, Güte und Treue selbst in die Hand zu nehmen. Darüber hinaus ist Israel mit seiner auf Gemeinschaftstreue zielenden Gesetzgebung als ein positiver Ort gezeichnet, der soziale Probleme und Belange zu regeln vermag. Darin sind traditionelle theologische Werte wie Gesetzesgehorsam und die Gültigkeit des Tun-Ergehen-Zusammenhangs grundsätzlich bestätigt, ohne dass eigene Institutionen (Ausnahme: Gericht im Tor), wie sie in der nachexilischen Zeit ausgebildet sind, genannt wären.[399]

2.8.4.4 Esther

Eine weitere Schrift, die Theologie in weiblicher Perspektive schreibt, liegt mit dem Buch Esther vor. Das Lokalkolorit der Erzählung ist der persische Hof, an dem es der jungen, jüdisch-stämmigen Königin Esther gelingt, ein höfisches Komplott gegen die im Reich lebenden Juden zu vereiteln und ihr Volk vor einem Genozid, gewissermaßen dem ersten Pogrom in der Geschichte, zu retten. Das Werk, das man häufig mit der in hellenistischer Zeit aufkommenden Gattung des Romans vergleicht[400], handelt von den Gefahren, denen ein Volk wegen seines Glaubens in

---

398 Fischer, Rut, 93 f.; vorsichtiger Köhlmoos, Ruth, XVII.
399 Den Streit um die Institutionen legen die Bücher Esra-Nehemia dar ausgehend vom Tempelbau und der mit ihm assoziierten Rückführung der Exilierten als „Jerusalemer Kultgemeinde", der die imperiale persische Politik entgegengesetzt ist (Esr 4,1–5; s. o. Reichsautorisation); vgl. Willi, Grundzüge, 78 ff.
400 Vgl. Macchi, Le livre d'Esther, 83.87–90 bestehend aus Exposition, Krise, Umschwung, Auflösung, Schluss; A. Meinhold denkt an eine Diasporanovelle mit durchaus belehrendem Ton (Buch Esther, 15–17); Ego, Esther, 39 f. betont das „Hybrid-Gebilde", welches Züge einer Festätiologie, der weisheitlich geprägten Geschichtsschreibung und von Hofgeschichten trägt.

einer fremden Umwelt ausgesetzt ist. Es enthält eine sekundäre Ätiologie des jüdischen Purimfestes (Est 3,7[.13]). Die Narration ist strukturiert durch zehn Festmäler (J.-D. Macchi), in deren Verlauf die Intrige und das daraus resultierende Ergehen des jüdischen Volks dramatischen Schwankungen ausgesetzt ist, sowie durch das sogenannte Spiegelprinzip (reversal structure), das die Verkehrung bestimmter Ereignisse zum Guten unterstreicht und in der Ehrung Mordechais kulminiert (B. Ego). Historisierende Rückgriffe auf den Krieg zwischen Amalek und Israel (Ex 17,8–16; Dtn 25,17–19) oder die Agag-Saul-Tradition (1Sam 15) dienen der Charakterisierung der Figuren: Haman ist als der Amalekiter Agag (3,1 u. ö.) gezeichnet, Mordechai als Nachfahre Sauls (2,5). Sie lassen die angefeindete Lage des Volks als paradigmatisch erscheinen, wenn auch das Happy end nicht auf sich warten lässt.[401]

Mit zwei griechischen und einer hebräischen Fassung liegen Erzählungen von unterschiedlichem Umfang und mit markanten Unterschieden vor. Die hebräische Version stammt wahrscheinlich aus der Zeit der Makkabäeraufstände in späthellenistischer Zeit, transponiert aber die Zeitumstände zurück in die persische Zeit Xerxes' I. (5. Jh. v. Chr.).[402] Das könnte evtl. die Gewalt verherrlichenden Tendenzen im Rahmen der Selbstverteidigung des Volks sowie den nationalistischen Charakter erklären, die in Aufnahme der JHWH-Krieg-Traditionen der Josua-Richter-Erzählungen stehen (Motiv des Schreckens; vgl. Est 9,2–4.18; 8,17). Wenigstens die hebräische Fassung ist keine „theologische" Schrift im eigentlichen Sinne. An keiner Stelle ist Gottes Handeln oder auch nur genuin jüdische Religionspraxis thematisiert. Somit ist – ähnlich wie in der Josephserzählung – letztlich die Leserschaft selbst aufgefordert, das Wirken Gottes in dem Geschehen zu erkennen (*passivum divinum*; vgl. Est 4,14: erwartete Hilfe von anderer Seite).[403] Außerdem handeln die Personen nach stereotypen Mustern, so ist Mordechai der צדיק/*sadiq* und sein Gegenspieler Haman als רשע/*rašaʿ* gezeichnet (Est 5,9–7,10), was sehr an die geläufige weisheitliche Gegenüberstellung erinnert.

Exkurs s. u. 3.5.1.2

2.8.4.5 Fabeln und Parabeln

Neben der didaktischen Lehrerzählung ist als weitere weisheitliche Gattung auch die Fabel anzuführen. Sie unterscheidet sich von der erstgenannten, da ihre Figuren oder Charaktere vor allem Tiere oder Pflanzen sind (vgl. Aesop; Jean de La Fontaine; vgl. aber schon sume-

---

401 Vgl. E. Brünenberg-Bußwolder, Art. Ester, wibilex, § 8 und Macchi, Le livre d'Esther, 93 ff. 103 f.
402 Vgl. Macchi, Le livre d'Esther, 52 f.
403 Vgl. Macchi, Ester, 632.

rische Streitgespräche wie z. B. „Getreidekorn und Schaf" oder „Hacke und Pflug"). Die Erzählungen verweisen bereits durch die ungewöhnliche Protagonistenwahl und die daraus resultierende Verfremdung der vorfindlichen Welt auf eine zweite oder übertragene Verständnisebene, die von etwas Typischem handelt. Und darin weist sich die Parabel als belehrender Text aus. In der aramäischen Achikarschrift sind Parabeln mit Sprüchen kombiniert. In der Hebräischen Bibel begegnen sie in prophetischen und historischen Büchern.

> 8 Die Bäume gingen hin, um einen König über sich zu salben. Und sie sprachen zum Ölbaum: Sei du König über uns!
> 9 Der Ölbaum aber sprach zu ihnen: Soll ich mein Fett aufgeben, mit dem man Götter und Menschen ehrt,
> und hingehen, um mich über den Bäumen zu wiegen?
> 10 Da sprachen die Bäume zum Feigenbaum:
> Komm du, werde du König über uns!
> 11 Der Feigenbaum aber sprach zu ihnen: Soll ich meine Süsse aufgeben und meine köstliche Frucht
> und hingehen, um mich über den Bäumen zu wiegen?
> 12 Da sprachen die Bäume zum Weinstock:
> Komm du, werde du König über uns!
> 13 Der Weinstock aber sprach zu ihnen: Soll ich meinen Wein aufgeben, der Götter und Menschen fröhlich macht, und hingehen, um mich über den Bäumen zu wiegen?
> 14 Da sprachen alle Bäume zum Dornbusch:
> Komm du, werde du König über uns!
> 15 Und der Dornbusch sprach zu den Bäumen: Wenn ihr wirklich mich salben wollt, damit ich König über euch bin, kommt und sucht Zuflucht in meinem Schatten!
> Wenn aber nicht, wird Feuer ausgehen vom Dornbusch und die Zedern des Libanon verzehren.

Jotam-Fabel Ri 9,8–15

Die wahrscheinlich ursprünglich selbständige Fabel[404] erzählt, wie die Bäume untereinander einen König für sich erwählen. Die drei ersten Kandidaten – die wichtigsten Kulturpflanzen Palästinas – Öl- und Feigenbaum sowie Weinstock lehnen die Königswürde ab und weisen auf ihre eigentliche Bestimmung hin, ein Dornbusch nimmt sie hin-

---

404 Anders jedoch Bartelmus, Jothamfabel, mit dem Hinweis, dass es ein typisches Merkmal von Parabeln sei, nur an einem speziellen Punkt mit dem größeren Kontext verbunden zu sein (hier Abimelech und der Dornbusch), während das übrige Bildfeld nichts zur Sache tue. Er verweist auf das Weinberglied Jes 5 und 2Sam 12. Müller, Königtum, 15 f., denkt, dass die Fabel erst durch den sekundären V. 15b (Sprechrichtungswechsel!) in die Erzählung eingepasst wurde.

gegen an und fordert dann die übrigen Bäume auf, in seinem Schatten Schutz zu suchen (Ri 9,15; vgl. 2Kön 14,9/2Chr 25,18).

Im Kontext des Richterbuchs, das vom Ringen um einen Führer geprägt ist (vgl. Ri 17,6 u. ö. sek.), hat man dieser Parabel eine klare, nämlich antimonarchistische Botschaft nachgesagt.[405]

Entweder geht es um die Kritik an der Zurückweisung der Aufgabe durch die drei „fähigeren" Bäume, die so dem unnützen Dornbusch die Führung überlassen. Die Kritik richtete sich dann gegen einzelne Könige, die ihres Amtes nicht würdig sind. Oder aber sie richtet sich gegen die Institution der Monarchie an sich. Die Fabel trägt profanen Charakter, gewinnt aber durch den Gesamtkontext des Richterbuchs und das Abwägen, ob eine Gesellschaft mit oder ohne (menschlichen) König besser dasteht, eine theologische Note.

Das Baummotiv findet sich aber auch in prophetischen Bildworten: Zedern und andere Bäume bezeichnen entweder in Gleichnissen oder Träumen dem Untergang geweihte Könige (Fremdherrscher wie Pharao als Zeder in Ez 31,2–12 oder Nebukadnezar als Baum in Dan 4,7–24) oder aber in Heilsorakeln den zukünftigen Davididen (Zeder in Ez 17,22–24; vgl. Ri 9,15).

Für die Gattung der Parabel findet sich ein Beispiel in 2Sam 12:

2Sam 12,1–7

1 Und der HERR sandte Natan zu David. Und der kam zu ihm und sprach zu ihm: Es waren zwei Männer in einer Stadt, der eine war reich, und der andere war arm.
2 Der Reiche besass Schafe und Rinder in grosser Zahl,
3 der Arme aber besass nichts ausser einem einzigen kleinen Lamm, das er gekauft hatte, und er zog es auf, und zusammen mit seinen Kindern wurde es bei ihm gross. Es ass von seinem Bissen, trank aus seinem Becher und schlief an seiner Brust, und es war für ihn wie eine Tochter.
4 Da kam ein Besucher zu dem reichen Mann, und diesen reute es, eines von seinen eigenen Schafen oder Rindern zu nehmen, um es für den Reisenden zuzubereiten, der zu ihm gekommen war. Und so nahm er das Lamm des armen Mannes und bereitete es für den Mann zu, der zu ihm gekommen war.
5 Da entbrannte der Zorn Davids heftig über den Mann, und er sprach zu Natan: So wahr der HERR lebt: Der Mann, der das getan hat, ist ein Kind des Todes!

---

405 Vgl. Müller, Königtum, 27–30; anders Frolov, Judges, 194f, der den Dornbusch (אטד/'aṭad) als hochgewachsenen Christusdorn identifiziert, der für die Robustheit steht, die es im Königsamt braucht, welche die genannten Kulturpflanzen nicht liefern können. Zur Diskussion vgl. Groß, Richter, 508–510.

6 Und das Lamm soll er vierfach ersetzen, weil er das getan hat und weil er kein Mitleid hatte.
7 Natan aber sprach zu David: Du bist der Mann!

Nach dem Ehebruch Davids mit Batseba und der Ermordung ihres Mannes, um diesen zu vertuschen, erzählt der Prophet Nathan seinem König diese Parabel von den beiden ungleichen Männern (V. 1bα–4). Sie löst bei David große Entrüstung aus, wobei auffällt, dass ihm nicht an der Rekompensation des Armen gelegen ist (vgl. Ex 21,37), sondern die Proklamation der Todverfallenheit des Reichen ins Zentrum rückt. Sie führt ihn zu einer bedingten (Selbst-)Verfluchung, ohne dass er den Fall mit dem eigenen Tun identifizierte (V. 5–6). Darauf folgen zwei Gerichtsworte des Propheten an den König (V. 7b–12) und dessen Sündenbekenntnis (V. 13a; vgl. Ps 51,2.5 ff.). Das *tertium comparationis* von Davids Vergehen und der Parabel liegt in der Gewalt des Stärkeren und der Entrechtung des Untergebenen. Mit seiner Tat hat David sich der Heilstaten JHWHs (vgl. 2 Sam 7; Dynastieverheißung) als unwürdig erwiesen und wird bestraft. Sein Vergehen ist nicht in erster Linie das erotische Abenteuer mit tödlichem Ausgang, sondern die Eigenmächtigkeit, mit der er in die Erbfolge der Davidsöhne und potenziellen Nachfolgern eingreift, indem er die Witwe Batseba in sein Haus holt und sein Harem und die Nachkommenschaft vergrößert. Im Gegenzug zu seiner Tat werden Davids Frauen im Zuge der Thronfolgewirren umkommen und das Kind aus der Verbindung mit Batseba gleich nach der Geburt sterben.[406] Die Geschichte lässt sich als klarer Tun-Ergehen-Zusammenhang auflösen. Die Tat fällt auf David zurück, doch stirbt nicht er, sondern Gott hält an der dynastischen Verheißung fest. Als weiteres Beispiel für eine theologisch einschlägige Parabel sei noch auf das Weinberglied in Jes 5 verwiesen.

Königsideologie s. u. 3.4

2.8.4.6 Deuterokanonische Lehrerzählungen

Auch die in griechischer Sprache überlieferten deuterokanonischen Schriften Judith, Susanna und Tobit gehören zu den weisheitlichen Lehrerzählungen. Das Tobitbuch[407], eine lehrhafte Diasporanovelle aus dem 3./2. Jh. v. Chr., thematisiert die Verwirklichung des Tun-Ergehen-Zusammenhangs in einer Situation hiobhaften Leids, die auf göttliche Initiative zurückzuführen ist. Das Leid wird mitunter – ähnlich wie in der Hiobrahmenerzählung – durch das Eingreifen von Dämonen erklärt; doch erscheinen gleichzeitig Engelwesen als Mittler und

Tobit

---

406 Vgl. Oswald, Nathan, 114–129.
407 Vgl. T. Nicklas, Art. Tobit/Tobitbuch, www.wibilex.de.

Hüter der Protagonisten, was deutliche Veränderungen im Gottesbild erkennen lässt.

Die Erzählung will zu Frömmigkeit und Nächstenliebe trotz des Wissens um aussichtslos wirkende Situationen aufrufen, in dem Vertrauen, dass Gott in seiner Barmherzigkeit daraus errettet.[408] Hier findet sich z. B. der älteste Beleg für die „Goldene Regel" (Mt 7,12; Lk 6,31) in Tob 4,15 (vgl. babylonischer Talmud, Traktat Shabbat 31a).

Goldene Regel s. o. 2.5.2.3

Susanna

Auch die Erzählung von Susanna im Bade[409], die zu den griechischen Zusätzen des Danielbuchs gehört, nimmt insbesondere in der Theodotionfassung den Tun-Ergehen-Zusammenhang auf: Anhand des perfiden Auflauerns von zwei Ältesten, die die gottesfürchtige Susanna überwältigen wollen, entscheidet sich diese, von den beiden vor die Wahl gestellt, für den Tod, um der Zudringlichkeit und Verleumdung der beiden zu entgehen. Daniel, durch ihr Bittgebet von Gott berufen, rettet sie aus dem Dilemma. Die Ältesten werden getötet. Somit ist dargelegt, dass auf die Tat das entsprechende Ergehen folgt und des Menschen Hoffnung in Gott erfüllt wird.

Judith

Diese im 1. Jh. v. Chr. entstandene griechische Erzählung legt eine Kollage verschiedener das Volk Israel bedrohender Situationen in assyrischer und babylonischer Zeit vor. Es geht um eine Belagerung Jerusalems, die Judith durch selbstlose Hingabe ihrer Person an den General Holofernes zu einem guten Ende bringen will. Durch Ermordung des Generals entgeht sie dem sich selbst zugewiesenen Schicksal, wendet aber erfolgreich das Blatt für ihr Volk. Deutlich sind die Parallelen mit der Tötung Siseras durch Jael in Ri 4–5, eine Erzählung zur Frühgeschichte Israels.

Mit Ausnahme des Proverbienbuchs, für das sich vorexilische Traditionen voraussetzen lassen, sind die übrigen sogenannten Weisheitsschriften Spätprodukte der hebräischen Bibel. Leitbegriffe sind Weisheit und Erkenntnis (in unterschiedlicher Ausprägung), Gottesfurcht und Torafrömmigkeit, die aber nicht in jeder Schrift gleichermaßen vertreten sind. Das Gottesbild verzichtet zumeist auf göttliche Offenbarung in der Geschichte (Ausnahme Esther; Judith), wie auch Israel als Volk in vielen Texten zurücktritt. An die Stelle von Geschichte tritt die Offenbarung Gottes in der Schöpfung, also eine Art natürliche Theologie oder besser Kosmotheologie, die mitunter dazu führt, dass der Mensch angesichts seiner Position innerhalb der Schöpfung ins Staunen gerät und sich der unbedingten Angewiesenheit auf seinen Schöpfer bewusst wird. Daraus

---

408 Vgl. Koenen, Gerechtigkeit, 283–286 zu Tobit und Susanna.
409 Vgl. Himbaza, Das griechische Danielbuch; K. Koenen, Art. Susanna/Susanna-Erzählung, www.wibilex.de.

entsteht als folgerichtige Reaktion die Gottesfurcht, die ihrerseits aber wieder mit der Nachfolge göttlicher Weisung (Tora) bzw. der Rückbesinnung auf diese Weisung (Umkehr) verbunden ist und gerade in der jüngeren Weisheit (Jesus Sirach, Weisheit Salomo; s. noch Prv 6,20–23) zu einer expliziten Torafrömmigkeit ausgeprägt wird, wie sie auch im Psalter ansatzweise begegnet. Tora ist „lebendiger Austausch, Bildung, die auf Praxis ausgerichtet ist, zur Verwirklichung drängt und in Handlung umgesetzt werden will. Sie ist nicht die konkrete, detaillierte Vorschrift, nicht der apodiktisch oder kasuistisch formulierte Rechtssatz, nicht der kultische Brauch oder Ritus – wohl als steht sie als Quelle und Ursprung hinter all dem und verleiht ihm Verbindlichkeit, Wahrheit, Autoritat, Kanonizität."[410]

Literatur

Bartelmus, Rüdiger: Die sogenannte Jothamfabel. Eine politisch-religiöse Parabeldichtung, in: ThZ 41 (1985), 97–120.

Blumenberg, Elke: Die Rolle des Königs in der ägyptischen und biblischen Weisheit, in: D.J.A. Clines u. a. (Hg.), Weisheit in Israel. Beiträge des Symposiums „Das AT und die Kultur der Moderne" anlässlich des 100. Geburtstags von G. von Rad, Münster 2003 (ATM 12), 1–36.

Braun, Rainer: Kohelet und die frühhellenistische Popularphilosophie, Berlin 1973 (BZAW 130).

Bühlmann, Alain: La structure logique du livre de Qohélet. Ou comment être sage sous les Ptoléméens, München 2000 (BN.B 12).

–: Kohelet, in: T. Römer./J.-D. Macchi/C. Nihan (Hg.), Einleitung in das Alte Testament, Zürich 2013, 605–613.

Ego, Beate: Tobit, Gütersloh 1981 (JSHRZ III,5).

–: Ester, Göttingen 2017 (BKAT.AT 21).

Fischer, Irmtraud: Rut, Freiburg 2001 (HThKAT).

Frolov, Serge, Judges, Grand Rapids, MI/Cambridge 2013 (FOTL).

Gerhards, Meik: Studien zum Jonabuch, Neukirchen-Vluyn 2006 (BThSt 78).

Groß, Walter, Richter, Freiburg 2009 (HThKAT).

Himbaza, Innocent: Das griechische Danielbuch, in: T. Römer./J.-D. Macchi/ C. Nihan (Hg.), Einleitung in das Alte Testament, Zürich 2013, 706–712.

Hübner, Hans: Die Weisheit Salomos, Göttingen 1999 (ATD Apokr 4).

Janowski, Bernd: Die Einwohnung Gottes in Israel. Eine religions- und theologiegeschichtliche Skizze zur biblischen Schekina-Theologie, in: B. Janowski/ E.E. Popkes (Hg.), Das Geheimnis der Gegenwart Gottes. Zur Schechina-Vorstellung in Judentum und Christentum, Tübingen 2014 (WUNT 318), 3–40.

---

410 So Willi, Grundzüge, 101.

Jeremias, Jörg: Die Propheten Joel, Obadja, Jona, Micha, Göttingen 2007 (ATD 24,3).
Köhlmoos, Melanie: Ruth, Göttingen 2009 (ATD 9).
–: Kohelet. Der Prediger Salomos, Göttingen 2015 (ATD 16,5).
Koenen, Klaus: Gerechtigkeit und Gnade. Zu den Möglichkeiten weisheitlicher Lehrerzählungen, in: J. Mehlhausen (Hg.), Recht – Macht – Gerechtigkeit, Gütersloh 1998 (VWGTh 14), 274–303.
Koh, Yv O.: Royal Autobiography in the Book of Qohelet, Berlin/New York 2006 (BZAW 369).
Krüger, Thomas: Kohelet, Neukirchen-Vluyn 2000 (BKAT.AT 19).
Kottsieper, Ingo: Susanna, in: O.H. Steck/R.G. Kratz/I. Kottsieper, Das Buch Baruch. Der Brief Jeremias. Zusätze zu Esther und Daniel, Göttingen 1998 (ATD. Apokrpyphen Bd. 5).
Legrand, Thierry: Jesus Sirach, in: T. Römer/J.-D. Macchi/C. Nihan (Hg.), Einleitung in das Alte Testament, Zürich 2013, 750–758.
Leuenberger, Martin: Konsequente Erfahrungstheologien im Hiob- und Qoheletbuch, in: M. Saur (Hg.), Die theologische Bedeutung der alttestamentlichen Weisheitsliteratur, Neukirchen-Vluyn 2012 (BThSt 125), 33–66.
Lux, Rüdiger: Jona. Prophet zwischen Verweigerung und Gehorsam, Göttingen 1994 (FRLANT 162).
Macchi, Jean-Daniel: Ester, in: T. Römer u. a. (Hg.), Einleitung in das Alte Testament, Zürich 2011, 627–633.
–: Le livre d'Esther, Genève 2016 (CAT XVI).
Meinhold, Arndt: Das Buch Esther, Zürich 1983 (ZBK 13).
–: „… damit wir leben können und nicht sterben müssen!". Lebensfülle als Quintessenz israelitisch-jüdischer Identität in Diaspora und Land nach der Erzähltheologie in der Josephsgeschichte, in: A. Berlejung/R. Heckl (Hg.), Ex oriente Lux. Studien zur Theologie des Alten Testaments (FS R. Lux), Leipzig 2012 (ABG 39), 77–108.
Müller, Reinhard: Königtum und Gottesherrschaft. Untersuchungen zur alttestaementlichen Monarchiekritik, Tübingen 2004 (FAT 2/3), 13–34.
Neher, Martin: Wesen und Wirken der Weisheit in der Sapientia Salomonis, Berlin/New York 2004 (BZAW 333).
Oswald, Wolfgang: Nathan der Prophet. Eine Untersuchung zu 2Sam 7 und 12 und 1Kön 1, Zürich 2008 (AThANT 94).
Reinert, Andreas: Die Salomofiktion. Studien zu Struktur und Komposition des Koheletbuches, Neukirchen-Vluyn 2010 (WMANT 126).
Reiterer, Friedrich V.: The Sociological Significance of the Scribe as the Teacher of Wisdom in Ben Sira, in: L.G. Perdue (Hg.), Scribes, Sages, and Seers. Sages in the Eastern Mediterranean World, Göttingen 2008 (BZAW 219), 218–244.
Sauer, Georg, Jesus Sirach (Ben Sira), Gütersloh 1981 (JSHRZ III,5).
–: Jesus Sirach/Ben Sira, Göttingen 2000 (ATD. Apokryphen 1).
Schellenberg, Annette: Erkenntnis als Problem. Qohelet und die Diskussion um das alttestamentliche Erkennen, Fribourg/Göttingen 2002 (OBO 188).
–: Kohelet, Zürich 2013 (ZBK 17).

Schmid, Konrad: Erzväter und Exodus. Untersuchungen zur doppelten Begründung der Ursprünge Israels innerhalb der Geschichtsbücher des Alten Testaments, Neukirchen-Vluyn 1999 (WMANT 81).
–: Loss of Immortality. Hermeneutical Aspects of Gen 2–3 and Its Early Receptions, in: Schmid, K., Riedweg, C. (Hg.), Beyond Eden. The Biblical Story of Paradise (Genesis 2–3) and Its Reception History, Tübingen 2008 (FAT II/34), 58–78.
Schwienhorst-Schönberger, Ludger (Hg.): Das Buch Kohelet. Studien zur Struktur, Geschichte, Rezeption und Theologie, Berlin/New York 1997 (BZAW 254).
Uehlinger, Christoph: Qohelet im Horizont mesopotamischer, levantinischer und ägyptischer Weisheitsliteratur, in: L. Schwienhorst-Schönberger, Das Buch Kohelet, Stuttgart 2012 (NSTK 14,2), 155–247.
–: Genesis 37–50: Der ‚Josef-Roman', in: T. Römer u. a. (Hg.), Einleitung in das Alte Testament, Zürich 2013, 217–232.
Willi, Thomas: Grundzüge des Israelbildes in spätpersischer Zeit nach dem Buch Esra-Nehemia, in: Ders., Juda – Jehud – Israel, Tübingen 1995 (FAT 12), 41–117.
Wischmeyer, Oda: Die Kultur des Buches Jesus Sirach, Berlin/New York 1995 (BZNW 77).
Witte, Markus: Theologien im Buch Jesus Sirach, in: M. Saur (Hg.), Die theologische Bedeutung der alttestamentlichen Weisheitsliteratur, Neukirchen-Vluyn 2012 (BThSt 125), 91–127.
Zenger, Erich, Rut, Zürich 1986 (ZBK.AT 8).

2.9 Theologische Strömungen in der hebräischen Bibel

Nach dieser *tour d'horizon* durch viele Schriften der hebräischen Bibel werden nun die wichtigsten theologischen Strömungen nochmals zusammengetragen, um eine chronologische Sicht auf die verschiedenen Gottesvorstellungen und Offenbarungsweisen nehmen zu können.

Zu den ältesten überlieferten Narrationen dürfte der Kern der Jakobüberlieferung (Gen 25.27–35*) gehören, die dem Nordreich entstammt (s. Ortsangaben wie Bethel in Gen 28 und Pnuel in Gen 32) und Legenden eines „Patriarchenlebens" in einer halb-nomadisch und als Sippenverband organisierten Gesellschaft wiedergibt. Die ursprüngliche Überlieferung hat nach dem Untergang des Nordreichs so manche theologische Überarbeitung erfahren, darunter in spätvorexilischer bzw. (nach-)exilischer Zeit die Zusammenführung mit der Abrahamtradition und die Ergänzung Isaaks zu einer genealogischen Reihe sowie die Ergänzung um die Themen Verheißung und Segen (26,1–33; 28,13–16; 32,10–13; 35,9–15; älter ist evtl. Gen 27,29.39 f.). Der ursprüngliche Zyklus um den listigen und geschäftstüchtigen Sippenchef hatte vermutlich kein genuin theologisches Anliegen, sondern zielte auf Ahnenverehrung in Form von Heldengeschichten. Es lässt sich somit für die ältesten Traditionen auch nur wenig bezüglich des Gottesbildes aussagen (s. aber Gen 31,53). Liedgut wie Ex 15,1.21 oder Ausschnitte des Deborialeds in Ri 5 sind als der älteste, vielleicht schon aus vorgeschichtlicher Zeit stammende Überlieferungsbestand angesehen. Demnach wären einerseits die Hinweise auf einen Durchzug durchs Meer (Ex 15,1.21) wie auch die Herkunft des Gottes JHWH aus Seïr (Ri 5,2–5; vgl. Dtn 33,2; Hab 3,3 und Ps 68,7–9) sehr alte, vorerst wohl mündlich überlieferte Traditionen. Sie dienten der Ausbildung von Gruppenidentität einer Volksgruppe, aus der das spätere Volk Israel mit hervorging („kulturelles Gedächtnis"). Theologisch prägend ist hier, dass Gott aktiv als *Geschichts*gott in das Geschehen eingreift.

Sippengott s.u. 3.1.1

JHWH aus Seïr s.u. 3.1.1

Für die ältere Exegese stand noch fest, dass es mit der Gründung der Monarchie unter David (ca. 1000 v. Chr.) vermehrt zu literarischer Tätigkeit „am Hofe" kam, der sich erste literarische Werke wie z. B. das Jahwistische Geschichtswerk (J) verdankten (G. von Rad). Diese Hypothese ist inzwischen weitgehend verabschiedet (anders zuletzt D. Carr), da archäologische und epigraphische Hinweise auf eine Jerusalemer „Hochkultur" im 10. Jh. fehlen, so dass mit umfassender literarischer Produktion vor dem 8. Jh. v. Chr. kaum zu rechnen ist. Reste älterer Textbestände könnten sich in den Königsbüchern finden, die auf die „Annalen der Könige von Israel (1Kön 14,19 u. ö.) bzw. Juda" (1Kön 14,29 u. ö.) sowie auf ein „Buch der Geschichte Salomos" (1Kön 11,41) anspielen, über deren ursprüngliche Form jedoch nichts bekannt ist.

Es ist davon auszugehen, dass auch eine Reihe von *Rechts-, Kult- wie auch Weisheitstexten* frühen vorexilischen Ursprungs sind.

Unter den *Rechtstexten* werden Teile des Bundesbuchs (Ex 20,22–23,33) als Zeugnisse alten Sippenrechts angesehen, die zuerst zu einer Sammlung von Musterfällen für die Rechtsprechung zusammenstellt wurden, um schließlich in der fortgeschrittenen Königszeit theologisiert und zu einem Rechtskorpus geformt zu werden, aus dem positives Gottesrecht abgeleitet wurde (vgl. die Einleitung in Ex 20,22–21,1).

Älteres *Kultmaterial* wird unter den Jerusalemer Kultpsalmen wie den JHWH-Königs-Psalmen (z. B. Ps 29; 93; 110), den Zionspsalmen (Ps 9; 15; 24; 46; 132) und den Königsliedern (Ps 2; 18; 20f.; 45; 72; 89; 110; 144; 2Sam 23,1–7) vermutet. Das vorherrschende Thema der JHWH-König- wie der Zionspsalmen ist die Uneinnehmbarkeit Jerusalems. Dieser Ruf ist bereits auf die jebusitische Zeit vor David bezogen (vgl. 2Sam 5,6–16) und gewinnt später – im Angesicht der assyrischen Bedrohung – neue Relevanz. Ps 29 und 68 könnten wegen ihres Baal- bzw. Gottesbergbezugs auf Kultmaterial des Nordreichs mit kanaanäischen Wurzeln rekurrieren. Auch der Tempelweihspruch

Salomos (1Kön 8,12 f. LXX) ist als alte Tradition postuliert worden, die Auskunft über die Anfänge der Jerusalemer Kulttraditionen gibt und ein ursprünglich solar geprägtes Gottesbild bezeugt. Jerusalemer Kult s.u. 3.1.2

Wenn auch die genaue Datierung u. a. wegen fehlender historischer Bezüge in poetischen Texten schwierig ist (Ausn. Ps 137 mit deutlichem Babylonbezug), so ist es doch dank des religionsgeschichtlichen Vergleichs möglich, Einblick in das hohe Alter einiger Traditionen (wenn auch nicht der Einzelpsalmen!) zu bekommen: Der menschliche König wie der (im Himmel thronende) Gottkönig, JHWH, üben Gerechtigkeit (צדקה/ṣedaqâ), indem sie die Feinde unterwerfen. JHWH, der die Weltordnung erhaltende Gott, und Zion als sein heiliger Berg – all das sind Themen, die genuin altorientalisch sind und die Kulturen Kanaans geprägt haben. Die Motive durchziehen die gesamte hebräische Literaturgeschichte bis in die Zeit des zweiten Tempels und darüber hinaus. Königsideologie s.u. 3.4.

Ein ähnlich hohes Alter lässt sich für das *weisheitliche Spruchmaterial* annehmen, das ebenfalls z.T. ältere Traditionen aufnimmt (vgl. z. B. Prv 22,17–24,22 als Parallele zur ägyptischen Lehre des Amenemope). Die Sprüche wurden sukzessiv in Sammlungen zusammengefasst und erst sehr spät, d. h. in persischer Zeit, durch die Lehrreden (Prv 1–9) ergänzt und in die heute vorliegende Buchform gebracht. Es ist davon auszugehen, dass Sprüche – wie im gesamten Alten Orient üblich – im Lehrkontext verwendet wurden. Neben Erfahrungswissen geht es darin auch um theologische Reflexionen über den – ebenfalls gemeinorientalischen – Tun-Ergehen-Zusammenhang oder um kosmotheologisches Wissen. Auch das Motiv der Gottesfurcht findet sich schon in der älteren Spruchweisheit (Prv 10,1–22,16) in Verbindung mit Retribution (Prv 10,27; 14,26 f.; 15,16; 16,6; 19,23; 22,4). Es galt außerdem langezeit als theologisches Charakteristikum einer der älteren Pentateuchquellen („Elohist"; 8. Jh. v. Chr.), der Texte wie Gen 22,8.12.14; 28,17; Ex 1,21; 3,5; 20,18–20 zugewiesen wurden. Doch wird Gottesfurcht eigentlich erst in deuteronomistischen Texten zu dem theologisch prägenden Leitbegriff (vgl. Dtn 6,13.24), woraus generelle Kritik an einer vorexilischen Datierung der betroffenen Pentateuchtexte entstand (z. B. bezüglich Gen 22,12).

Ebenfalls ältere Traditionen hat man in der Sammlung von Liebeslyrik im „Hohelied" *(Canticum canticorum)* vermutet, die Parallelen zu den ägyptischen Harfnerliedern (Neues Reich) aufweisen und erst in der späteren Rezeption als Allegorie der Liebe Gottes zu seinem Volk (oder auch zur Kirche) theologisch ausgelegt worden sind (anderes L. Schwienhorst-Schönberger). Ebenfalls hohes Alter wird für einzelne annalistische Notizen und Listenmaterial wie auch für die Ladetradition (W. Dietrich) in den Samuel- bzw. Königsbüchern angenommen.

Theologische Themen finden sich in der frühen Königszeit am ehesten in der Kultsprache einiger Psalmen, die auf die Welt erhaltende Funktion des göttlichen (oder auch irdischen) Königs abheben und die wichtige Position des Götterbergs Zion für den Erhalt der Weltordnung betonen. Daran schließt die sogenannte „Chaosmotivik" als andauernde Spannung von Lebensförderung und -minderung an. Es geht um Königsideologie als ein charakteristisches Thema altorientalischen Weltordnungsdenkens. Zwei weitere theologische Themen, die bereits in den ältesten überlieferten Texten anklingen, sind das Rettungshandeln JHWHs im Zuge eines Meerwunders (Ex 15,1.21) sowie die religionshistorische Verortung des Gottes Israel am südlichen Sinai (Ri 5,4f.). Darin handelt es sich um eine partikulare Gruppenzugehörigkeit, die für die Religion Israels insgesamt traditionsbildend wurde.

Synkretismus s. u. 3.1.1 — Inwieweit die Jakobslegenden anfangs eine theologische Intention verfolgten, ist nicht mehr sicher auszumachen. Als Nordreichtradition dienten sie jedoch später der Autorisierung Bethels als Hauptstadt bzw. Heiligtum des Nordreichs (Gen 28; 31; 35; vgl. Hos 12,3–4.12). Die *Exodus*variante des Usurpators Jerobeam (1Kön 11–12), der aus ägyptischem Exil zurückkam um das Nordreich zu gründen, hat strukturelle Ähnlichkeit mit den Vorgängen in Ex 2; 4–5, was darauf schließen lässt, dass die ältere Exodustradition (Ex 15,1.21) angesichts der Verhältnisse des 9. Jh. eine erste Neuadaptation erfuhr.

In der mittleren Königszeit, die von der assyrischen Bedrohung charakterisiert ist, lassen sich – wenigstens als Anfangspunkte der jeweiligen Überlieferung – erste prophetische Bücher verankern (Amos, Micha, Hosea, Jesaja), in denen sich vereinzelt Anspielungen auf die Zeitumstände des 8. Jh. finden (assyrischer Vorstoß; syro-ephraimitischer Krieg; König Hiskias Herrschaft). Die Botschaft wurde in den nachfolgenden politischen Umbruchzeiten immer wieder erweiternd überarbeitet und auf die neue historische Situation hin aktualisiert. Das Gottesbild der Prophetie des 8. Jh. intendiert deutliche Kritik und Gerichtsankündigung zu Ungunsten des Volks, das sich seinem Gott untreu erweist und göttliche Weisung – vgl. die Sozial- und Kultkritik – nicht befolgt. Untreue und Nichtbeachtung der „Gerechtigkeit" bzw. „Gemeinschaftstreue" (צדקה/*ṣedaqâ*) führen zu einem Prozess, in dem dem Volk Schuld nachgewiesen und ein erstes Gerichtshandeln den Untergang des Nordreichs herbeiführt. Der göttliche Auftrag an die Propheten zeichnet sich dadurch aus, dass sie zwar zum Volk gehen, doch ihre Botschaft nicht erhört wird, so dass die Mission nicht etwa eine Umkehr des Volkes nach sich zieht, sondern zum unabwendbaren *Unheilsprophetie* — Gericht führt. Gott offenbart sich seinem Volk im Gericht.

Die wohl älteste überlieferte Tradition stammt aus dem Nordreich und rankt sich um Hosea. Sie setzt die Jakobs-, Exodus- und Wüstentradition voraus und entwickelt sie theologisch weiter, indem Israel mit dem sehr eigenwilligen Patriarchen als Modell des murrenden Exodusvolkes identifiziert wird (Hos 11,1–4). Theologisch vorherrschend ist die Exklusivität JHWHs gepaart mit Fremdgötterpolemik, unter der Voraussetzung propagiert, dass dies bereits in der Frühzeit des Volkes gegolten habe, Israel aber davon abgefallen sei – eine Behauptung die religionsgeschichtlich nicht überzeugt, sondern vielmehr die theologische Fiktion begründet, dass Israel immer schon JHWH allein verehrt habe. Hosea führt also die theologisch prägende Kombination von JHWH-Exklusivität und Götterpolemik ein („JHWH-Allein-Bewegung"), die Schule macht und sich in verschiedenen Kontexten wiederfindet (Dtn 6,4–9; Ex 20,1–3 u. a.). Es scheint so, dass sich das „Gericht" 722 v. Chr. fast nahtlos an Hoseas Unheilsprophezeiung angeschlossen habe. Mit der Zerstörung des Nordreichs droht dessen kulturelles Gedächtnis unterzugehen. Doch überdauern eine Reihe der Traditionen im Südreich, wo sie gesammelt, redigiert und an die neuen Verhältnisse angepasst werden (vgl. z. B. Hos 4,15; 5,5; Am 9,1 ff.). Der mit Hosea fast zeitgleich wirkende Südreich-Prophet Jesaja (Kap. 1–11; 28–32) ist zwar nicht weniger pessimistisch in seiner Gerichtsvorhersage, unterscheidet sich aber insofern von den Nordreichtraditionen, als in seinem Buch gezielt an die Jerusalemer Zionstradition, das Symbol der Unverwundbarkeit und Uneinnehmbarkeit, angeknüpft ist. Trotz des Verstockungsauftrags wird Gott nicht als der strikt vergeltende und ins Gericht führende Gott gezeichnet, sondern an der – grundsätzlichen – Unzerstörbarkeit der göttlichen Heilszusage wenigstens für einen „Rest" des Volks festgehalten. Vermutlich haben nicht die Propheten selbst ihre Sprüche verschriftlicht, sondern erst ihre Schülerkreise (Jes 8,16), die z. B. durch die Ergänzung der Berufungsberichte (Am 7 und Jes 6) zur Identifizierung und Autorisierung der Botschaft beitrugen.

JHWH-Allein-Bewegung
s. u. 3.1.2

Jerusalemer Zionstradition
s. u. 3.4.1 und 3.4.3

In die assyrische Zeit könnten auch die Anfänge der ursprünglich eigenständigen Mose-Exodus-Erzählung gehören, worauf die Umwidmung der Fundlegende Sargons I. auf Mose (Ex 2) hinweist. Möglicherweise mündete diese Komposition – ohne die Plagenepisoden – direkt in die Meerwunderzählung, um durch Überlieferungen zur Wüstenzeit und zur Landnahme (Jos 6*.9 f.*) ausgebaut zu werden in der Intention, dem von den Propheten vorhergesagten Gericht mittels einer *kollektiven* Ursprungserzählung theologisch gegenzusteuern.

Entgegen der heute vorliegenden Reihenfolge der biblischen Bücher stammt also – literarhistorisch gesprochen – die umfassende Darstellung der Frühgeschichte Israels, wie sie sich im Pentateuch findet, erst aus der Zeit nach den ersten Verschriftlichungen der Prophetie des 8. Jhs. Sie entspringt dem Wunsch nach Untergangsbewältigung (zuerst des Nord-, dann des Südreichs).

Kultreform Josias
s. u. 3.1.3 und 3.2.3

Die parallel erfolgende Abfassung des Deuteronomiums in Form eines „Ur-Deuteronomiums" (Dtn 12–28*; eingeleitet durch Dtn 6,4 f.) lässt sich mit der Kultreform verbinden, die Josia nach 622 v. Chr. in Jerusalem durchführte. Sie setzt den mit dem Bundesbuch begonnenen Vorgang der Theologisierung des Rechts fort. 2Kön 23,24 betont, dass alle Taten des Königs Josia geschehen, um die Worte des Gesetzes auszuführen. Darunter sticht in besonderer Weise die Kultzentralisation auf Jerusalem hervor, welche die Schließung der übrigen Reichsheiligtümer zur Folge hatte (so der Primärsinn der „Einzigkeit" JHWHs in Dtn 6,4). Von einer solchen Kultzentralisation handelt auch Dtn 12 ff., so dass vermutet werden kann, dass sich hinter diesen Kapiteln die verschollene Rolle verbergen könnte, die der Priester Hilkia im Tempel fand und dem König vorlegte (2Kön 22,3–20). Formal ist die spätvorexilische Fassung des Deuteronomiums gemäß dem Schema eines assyrischen Vasallenvertrags des 8. Jh. komponiert (Dtn 12–28*), der jedoch nicht vor dem assyrischen König, sondern vor dem Gott Israels geschlossen wird. Der in Form eines Loyalitätseides geschlossene Bund obliegt der Einhaltung der in ihm dargelegten Weisungen durch Israel (תורה/*tôrâ*/תורות/*tôrôt*), die z. T. revidierte Überarbeitungen von Gesetzen aus dem Bundesbuch sind. Im Falle des Fehlverhaltens wird durch die am Ende verbrieften Fluchformeln die Bestrafung des untreuen Partners vorausgesagt. Das Deuteronomium erhielt seit der babylonischen Zeit (Dekalog: Dtn 5) bis in die spätnachexilische Zeit (Dtn 4) umfassende Zusätze und Reaktualisierungen, nachdem es in der babylonischen Zeit zu einer ersten Fassung des sogenannten Deuteronomistischen Geschichtswerks (DtrG: Dtn – Jos; Ri – 2Kön) kam. Die darin verwendeten Textblöcke gehen ihrerseits z. T. auf älteres Material zurück (vgl. die Annalen der Könige von Israel respektive Juda in 1Kön 14), das dank des DtrG zwar überliefert ist, aber nur in einer dem deuteronomistischen Geschichtsabriss angepassten Form. Der Tenor dieses Werks lautet einerseits: Weil Juda untergegangen ist, müssen die Könige Judas gefehlt haben; und somit ist das Ende der Monarchie verdient. Deutlich verhandelt ist andererseits auch eine Reflexion über die Schuld des Nordreichs (vgl. die stark tendenziöse Darstellung der Nordreichkönige) und darin des Gottesvolks schlechthin (2Kön 17; Ex 32). Die Offenbarung Gottes begegnet in den hoseanisch-deuteronomistischen Traditionen in ihrer unerbittlichsten Erscheinungsform. Die Treue Gottes und die Erwählung Israels (Dtn 32) bleiben nicht folgenlos. Der Bundesschluss ist konditioniert und zieht unabwendbar Gottes Gericht nach sich, falls Israel die Weisung nicht einhält und von seinem Gott abfällt (vgl. die zweigliedrige Bundesformel Dtn 26,17 f.).

Heiliges Land
s. u. 3.5.1

Die Existenz Israels in seinem Land ist von wichtigen Voraussetzungen abhängig. Das שמע ישראל/*Šemaʿ* Israel (Dtn 6,4–9) enthält ein mehrdeutiges Programm, das die Einzigkeit JHWHs für Israel und die rechte Haltung Israels, die von Treue und Ergebenheit bestimmt sein soll, propagiert und zu einer verkörperten Form und Umsetzung im Ritus bestimmt ist (V. 7–9). Weitere neuassyrische Formulare, wie ein Krönungsritual, haben z. B. für die Anlage von Ps 72 Pate gestanden.

Gegen Ende des Südreichs treten wiederum Propheten auf, die das Ende des Königtums begleiten: Jeremia und Ezechiel. Während Ezechiel zum Jerusalemer Kultpersonal zählte, das mit der ersten Exilierungswelle 592 v. Chr. Jerusalem verließ, am Chabur in Babylonien siedelte und dort eine Version des Gerichts entwarf, die den Untergang Jerusalems mit der Flucht JHWHs aus dem Tempel erklärt, verbrachte Jeremia lange Jahre in Jerusalem vor allem in Auseinandersetzung mit König Jojakim (Kap. 1–25; vgl. sekundär Jer 36); doch auch seinem Vorgänger Josia und dessen Kultreform gegenüber wird Kritik laut (Jer 8,8 als Reaktion auf 2Kön 22). Zahlreiche biographische Notizen in dem Buch zeichnen die Figur als einen besonders unglücklichen Propheten, der an seiner Mission allmählich zerbricht (Jer 11,18–20; 12,1–6; 15,10–21; 17,14–18; 18,18–23). Beide Bücher haben in exilisch-nachexilischer Zeit Fortschreibungen großen Stils erfahren: So liefert Ez 40–48 die Vision für einen neuen Tempel, wie überhaupt das Hauptthema des Buchs die kultische Begegnung mit JHWH ist. Das Buch Jeremia enthält zahlreiche implementierte z. T. deuteronomistisch gefärbte Überarbeitungen, Fremdberichte über Jeremia (Kap. 26–45), das „Trostbuch" (Kap. 31 f.), den historischen Anhang (Kap. 52) und weitere Ergänzungen, die mitunter bis ins 3. Jh. v. Chr. reichen und den Grundbestand der prophetischen Botschaft neu interpretieren (so z. B. die Bewertung der Gola in Jer 24 oder die Rede vom „neuen Bund" in Jer 31,31–34). Während Jeremias Offenbarungskonzept am besten in Auseinandersetzung mit deuteronomistischer Theologie zu verstehen ist, entwirft Ezechiel ein völlig neues Kult- und Heiligkeitskonzept, das den Auszug Gottes aus seinem Heiligtum nicht mehr als Schwäche oder Ohnmacht (im Zuge der Eroberung fremder Mächte) versteht, sondern als aktive Flucht aus dem entheiligten Bezirk. Das Thema der Einwohnung Gottes inmitten seines Volks und die dafür notwendigen Umstände bzw. Voraussetzungen hat etwa zeitgleich im Pentateuch seine ausführlichste literarische Form erhalten.

Seit der spätvorexilischen und vor allem in der exilisch-nachexilischen Zeit entstehen die größeren Erzählkomplexe der Pentateuchtraditionen wie auch das DtrG als Dokumente des kulturellen Gedächtnisses, die der Kontingenzbewältigung angesichts der nationalen Katastrophe dienen. Die unter dem Siegel J (= Jahwist), JE (Jehovist), L (= Laienschrift) oder besser „Nicht-P" bezeichneten Texte umfassen ältere Überlieferungen der Urgeschichte (Gen 2–4; 6–8[?]), eine Reihe

Kulturelles Gedächtnis und Kontingenzbewältigung im DtrG

Erzelternerzählungen (sekundär: Verheißungen an Abraham in Gen 12,1–3 u. a.; vgl. Ez 33,24; Jes 41,8; 51,2; und Gen 15,7) sowie Mose- und Exodustraditionen, die aber bislang nur unverbunden nebeneinander existierten oder aber im DtrG lediglich knappe Aufnahme fanden. Rechts- und vor allem Kulttexte treten in den nicht-P-Kompositionen zurück. Die Erzählungen von der Existenz Israels vor der Landnahme dienen dazu, dem Volk im Exil Hoffnung und eine konkrete Vorstellung für die erhoffte Restauration zu geben. Auffällig ist die Königslosigkeit, die einerseits der erzählten Zeit von der semi-nomadischen „Frühgeschichte Israels" geschuldet ist, andererseits aus Sicht der erzählenden Theologen dem Faktum entspricht, dass die politischen Umstände noch keine Einschätzung zulassen, wie das „neue" Israel im Anschluss an die Exilszeit verfasst sein könnte. Die narrative Transposition des Exils zurück in die vermeintliche Frühgeschichte ist ein erzählerischer Trick, um die aktuellen historischen Probleme als bereits durchlebt zu beschreiben und daraus Hoffnung für die anstehende Bewältigung der Krise zu schöpfen: Gott hat sich Israel in der Geschichte längst offenbart – warum soll die einst gegebene Hoffnung nicht erneut tragfähig sein („kollektives Vertrauensbekenntnis")? Ein wichtiges Thema sind die Erzelterntraditionen, die Material für Gottesbegegnungen bieten, die unter dem Segens- und Verheißungsaspekt theologisch weiter entwickelt werden. Hinzu kommt die Sinaitradition (Ex 19–Num 10), deren Alter umstritten ist. Man geht entweder von alten Traditionen in Ex 19,10–19; 20,18–21*; 24,3–5* aus, die erweitert wurden oder aber von einer ersten umfassenderen Komposition in frühnachexilischer Zeit. Eine der am Sinai angesiedelten Erzähleinheiten betont die Rücksichtslosigkeit des Volks, die den Zorn Gottes herbeiführt (das goldene Kalb in Ex 32; vgl. 1Kön 12; 2Kön 17). Die im Kontext von Ex 32–34 verwendete Gnadenformel (Ex 34,6–7) hebt jedoch hervor, dass die Zusagen Gottes weiterhin Bestand haben – und richtet sich somit direkt gegen die deuteronomistisch geprägte Ansicht, dass die Fehler der Eltern die Kinder bis in die nachfolgenden Generationen belasten (Dtn 5,9 u. ö.). Die Kapitel formen demnach wahrscheinlich eine dritte Tradition von Bundesschlüssen neben denen vom Sinai (Ex 24) bzw. Horeb (Dtn 1,6; 7,9–12; 26,16–19) und denen der Priesterschrift (s. u.). Eine weitere Variante, die die Exilserfahrung („Diaspora") als positive Führung Gottes darlegt, findet sich in der weisheitlich geprägten Josepherzählung. Die verschiedenen Weiterbildungen haben die Dezentralisierung von Tempel, Kult und Jerusalem im Blick und ersetzen die Identität Israels, die bislang auf Königtum und Land basierte, durch die Tora.

Im Exil entstand auch die in der Fachsprache Deutero-Jesaja (40–55) benannte Schrift mit einem völlig anderen, nämlich theologisierten

Geschichtsbild. Das Gericht ist vollzogen, und Gott erwählt nun einen Fremdherrscher, um sein Volk zu restituieren und sich der ganzen Welt als universaler Gott zu offenbaren. Israel nimmt darin eine Art Stellvertreterfunktion ein: Das erwählte Volk wird als Gottesknecht zu der Bühne, auf der sich der universale Schöpfer als geschichtsmächtiger Gott offenbart. Entscheidender Vorstoß in dem theologischen Denken ist die aufkommende Universalisierung des Gottesbilds, die einhergeht mit einem wenigstens inkludierenden Monotheismus, der sich dezidiert und in z. T. sehr polemischer Weise von den Gottesvorstellungen der umliegenden Völker abgrenzt.

<small>Stellvertreterfunktion Israels</small>

<small>Inkludierender Monotheismus der Perserzeit s. u. 3.1.4</small>

Das Thema „Monotheismus" beschäftigt auch die sogenannte Priesterschrift (P), die wahrscheinlich erst in nachexilischer Zeit entstand. Sie legt erstmals einen kompletten Entwurf von der Frühgeschichte Israels vor, der ausgehend von der Schöpfung über die Erzeltern (insbesondere Abraham + Genealogien), Mose, Exodus bis zur Ankunft Israels am Sinai die Geschichte der Offenbarung Gottes inmitten seines Volks thematisiert und somit alle großen Pentateuch-Themen zu einem Gesamtentwurf verbindet. Es geht in dem Werk weniger um Geschichtsdarstellung als um Theologie. Während die deuteronomistischen Texte das Gericht als unumgänglich beschreiben, da die Grundvoraussetzung – nämlich der in die Frühgeschichte vordatierte Bund und seine Weisung/Tora (Dtn) – nicht befolgt worden sind, setzt die Priesterschrift an die Stelle des konditionierten „Bundesgesetzes" den seit Menschheitsbeginn geltenden „Gnadenbund" (Gen 9). An die Stelle menschlichen Gehorsams treten Reinigung und Kult, um Gott trotz der gravierenden Verstöße, die der Mensch begeht, begegnen zu können und Gottes Dasein „in der Mitte des Volkes" nachhaltig zu sichern. Es geht in diesem Konzept zudem um das Bekenntnis der Zugehörigkeit zu dem Gott (Gen 17: Beschneidung), der von Anfang an für die Belange aller Menschen wie vor allem für Israel sorgt. Dabei wird die ursprünglich universell ausgelegte Zuständigkeit Gottes für die gesamte Menschheit allmählich auf einzelne Personen (Noah, die Patriarchen) bzw. auf Israel als das Gottesvolk konzentriert. Opferdienste finden erstmals im Zelt der Begegnung am Sinai statt, einer Art Chiffre für den noch zerstörten Jerusalemer Tempel, fehlen indes in den P-Vätererzählungen wie Gen 17 oder 35,9–15, entgegen der Parallelüberlieferung zum Altarbau in Gen 32 (nicht-P). P scheint das deuteronomistische Gesetz der Kultzentralisation selbstverständlich vorauszusetzen. Einige Riten gewinnen erst in diesem Werk ihre nachhaltige Bedeutung wie Sabbat (Gen 2,1–3 u. ö.; sek. Ex 16), Beschneidung (Gen 17) und Passa (Ex 12,1–20) und entwickeln sich seitdem zu wichtigen religiösen Charakteristika des antiken Judentums. Charakteristisch für die Erzählungen ist das Konzept priesterlichen Scheidens und Differen-

<small>Gnadenbund; s. o. 2.5.1.4</small>

zierens in Rein und Unrein, die Beziehung zwischen Priestertum und Volk sowie in Israel und Nichtisrael. Nachpriesterliche Redaktionen haben zahlreiche Kultgesetze ergänzt (z. B. das Heiligkeitsgesetz in Lev 16–26) und weite Teile des Buchs Numeri, wenn auch unter Aufnahme älterer Traditionen (z. B. der aaronitische Segen in Num 6,24–26; vgl. die beiden Silberamulette aus Ketef Hinnom; 7./6. Jh. v. Chr.), zu einer Bucheinheit zusammengestellt.

<small>Ritual- und Kultpraxis s. u. 3.5.2.1</small>

In dieser Zeit wurden wichtige Voraussetzungen für die Gründung der nachexilischen Tempelgemeinde mit ihrer Priesterklasse als Führungselite geschaffen, wie sie später bei Propheten wie Haggai und Sacharja und in den Chronikbüchern ausführlich thematisiert sind. In all diesen Texten ist für die Gottesbegegnung der Kultbezug mit einem besonderen Heiligkeitskonzept von eminenter Bedeutung.

Das wichtigste literarische Ereignis in persischer Zeit ist neben dem Wiederaufbau des Tempels – man spricht von der „Zeit des Zweiten Tempels" – der Abschluss der Tora, d. h. einer ersten Komposition der Bücher Genesis bis Deuteronomium, die die Abtrennung des Deuteronomiums vom Deuteronomistischen Geschichtswerk (Dtn – 2Kön) voraussetzt. Als Anlass für die Formierung dieses Textkorpus' vermutet man die persische Reichsautorisation, die den religiösen Gruppierungen in den besetzten Gebieten ein solches Projekt vorgab, das spätestens in hellenistischer Zeit zur verbindlichen heiligen Schrift der Juden *(Ioudaioi)* wurde, in der wichtige *identity marker* wie Sabbat, Speise- und Reinheitsgesetze, die großen Wallfahrtsfeste und die Beschneidung präsentiert, diskutiert und geregelt sind. Damit einher geht die Torafrömmigkeit, die eine gewisse Form der Abstrahierung und Intellektualisierung religiöser Offenbarung einführt. Sie wird ihrerseits mit dem weisheitlich konnotierten Thema der Gottesfurcht, wie sie verstärkt in der jüngeren Weisheit (Prv 1,7 u. ö.), in Psalmen (Ps 19; 119 u. ö.), bei Hiob (Hi 1,1.8; 6,14; 28,28), Qohelet (Qoh 3,14 u. ö.) und Jesus Sirach (Sir 1,11–13; 2,7–9 u. ö.) begegnet, verknüpft. Da es sich mit Gottesfurcht um ein anthropologisches Grundphänomen im Umgang mit dem Göttlichen handelt, das religionsgeschichtlich breit belegt ist, ist das hohe Alter des Motivs auch für die Religion Israels vorauszusetzen. Allerdings wird das ursprüngliche Verständnis der Furcht vor dem Numinosen in der nachexilischen Zeit in ein völlig neues Konzept transformiert, das auf JHWH-Verehrung, Anerkennung und Bekenntnis zielt und insbesondere in den Weisheitspsalmen und einigen deuterokanonischen Büchern unmittelbar an die Tora geknüpft ist (Ps 19,8–11). Außerdem lässt sich eine Ausweitung der Bereiche innerhalb des religiösen Weltbilds beobachten: JHWH wird gleichermaßen zum Herrn der Scheol, des Himmels wie auch der Erde – hier als sichtbarer Ersatz für den verlorenen irdischen König (Ps 145–147).

<small>Persische Reichsautorisation s. o. 2.5.2.3</small>

<small>Kanon und Schrift s. u. 3.6</small>

<small>Torafrömmigkeit</small>

In hellenistischer Zeit nehmen theoretische Reflexionen zur Weisheit (Prv 1–9; Hi 28) und zur *conditio humana*, wie sie bei Hiob (Hi 32–37) und Kohelet begegnen, breiten Raum ein. Als neue theologische Themen kommen apokalyptische (Jes 24–27; Dan) und messianische Tendenzen (insbes. im Psalter) auf.

JHWH und das Jenseits s. u. 3.1.5

Die hellenistische Zeit brachte einerseits die Übersetzung der Tora in die griechische Sprache (Septuaginta/LXX; ca. 300 v. Chr.) und somit erstmals ein im Umfang fixiertes Textkorpus hervor. Andererseits regte sie zum wechselseitigen Transfer griechisch-jüdischen Gedanken- und Kulturguts im seleukidischen Reich an, woraus u. a. Schriften wie Qohelet und Jesus Sirach erwuchsen, die das traditionelle weisheitliche Denken weiter ausgestaltet haben. Seit 175 v. Chr. kam es unter der Herrschaft des Seleukidenkönigs Antiochus IV. Epiphanes zu Einschränkungen der jüdischen Gebräuche sowie zur Errichtung eines Zeuskults im Jerusalemer Tempel, der das Kultzentrum profanisierte. Diese Krise spiegelt sich neben den historiographisch anmutenden Beschreibungen in 1–2 Makkabäer (vgl. 2 Makk 3–7) zudem in apokalyptischen Büchern wie Daniel oder Äth. Henoch oder auch in spätweisheitlichen Lehrerzählungen wie Esther und Judith wider. Aus dieser Krise resultierten Erfahrungen von Verfolgung und Sanktion, die einerseits zu eschatologischen Hoffnungen (Dan 7) und andererseits zur Ausprägung eines Märtyrertums führte, das für die religiösen Werte bis zur Aufgabe des eigenen Lebens einsteht (2 Makk 7). Die theologische Überzeugung der Unbedingtheit des göttlichen Anspruchs forciert das Nachdenken über Tod und Jenseits.

Märtyrertum s. o. 2.6.4

Der Verbreitungsgrad biblischer Schriften im 2. Jh. v. Chr. lässt sich aus dem „Lob der Väter" (Sir 44–49) erkennen, der auf Stoffe quasi aller hebräischen Bücher der Bibel rekurriert, woraus geschlossen werden kann, dass sie zum Wissensschatz („Curriculum") der damaligen Zeit gehörten.

Tab. 10: Überblick über die theologischen Strömungen

Epoche	Nordreich (Israel)	Südreich (Juda/Jehud)	Jerusalem
Vormonarchische Zeit (vor 1000 v. Chr.).	Ältere Traditionen: Rechts-, Kult- und Listenmaterial ⇓	Ältere Traditionen: Rechts-, Kult- und Listenmaterial ⇓	Kanaanäische Traditionen ⇓
Königzeit David bis Reichsteilung (1000–926/2 v. Chr.)	Jakobstraditionen ⇓	Abraham-/ Isaaktraditionen ⇓	Weisheit Kult Joseph (?) ⇓
Israel/Juda bis zur Eroberung Samarias (Ende des Nordreichs) (926/2–722/0 v. Chr.)	Prophetische Traditionen Amos(?), Hosea & deuteronomisch-deuteronomistische Traditionen & weitere Erzählstoffe ⇒	Prophetische Traditionen Micha, Jesaja & deuteronomisch-deuteronomistische Traditionen & weitere Erzählstoffe ⇓	⇓
Juda als verbleibendes Reich bis zum Fall Jerusalems (Ende des Südreichs/Juda) (926/2–587/6 v. Chr.)		Ausbildung literarischer Werke: 1. 2. Schriftpropheten & Deuteronomium & andere Einzeltraditionen ⇓	3. 4. Weisheit Kulttraditionen ⇓
Exilszeit (597–539 v. Chr.)		Prophetische und Deuteronomistische Fortschreibungen & nicht-P-Traditionen ⇓	Priesterliche Traditionen (P; Ezechiel) und Deutero-Jesaja ⇓
Nachexilische Zeit (Perserzeit) 539–332 v. Chr.		Eschatologische Strömungen (schriftgelehrte Prophetie Joel; Maleachi; Jona als Prophetenlegende) ⇒	Priesterliche und theokratische Strömungen (Haggai, Sacharja; Esra; Nehemia) ⇓
Hellenistische Zeit (312–63 v. Chr.)		Ergänzungen: eschatologische Texte (Jes 24–27; Daniel), weisheitliche durch priesterl. Vermittlung: Qumran; Apokalyptik; Jesus Sirach u. v. a.	Endredaktionen ⇓ Kanonbildung

Die hebräische Bibel/das Alte Testament ist demnach eine Urkunde des antiken Judentums, die seit der persisch-hellenistischer Zeit allmählich den uns heute vorliegenden Umfang erhielt. Das theologische Interesse richtet sich auf Fragen nach den verschiedenen Formen göttlicher Offenbarung, nach Monotheismus, Kult, Motiven wie Bund, Recht, Land innerhalb eines umfassenden historisch anmutenden Narrativs, das wir heute als „Glaubensgeschichte" Israels lesen.

Kanonwerdung
s. u. 3.6.1

Sie verdankt sich einer kontinuierlichen Auslegung und Neuinterpretation z. T. sehr alter Traditionen, die als „innerbiblische Exegese" und nicht erst in der Rezeption der deuterokanonischen oder jüngeren rabbinischen Auslegungen begegnet.

S. Einleitung

> „Das Konzept der Autorität von Texten im alten Israel war [...] zutiefst dialektisch: Der Bruch mit der Tradition drückt sich in der Sprache der Tradition aus. [...] In der göttlichen Erzählstimme des biblischen Rechts und der biblischen Prophetie zeigt sich in Wahrheit die menschliche Erzählstimme mit ihrer Kraft zum Wandel: Die Stimme von Autoren, Denkern und Schriftstellern, die sich leidenschaftlich mit der Tradition auseinandersetzen." (B. Levinson).

Es ist schließlich dieses hermeneutische Spiel der theologischen Traditionen, das die „Wirklichkeit des Möglichen" der Gottesbeziehung in der Aneignung der Traditionen auch dem modernen Leser vermittelt. Der biblische Kanon ist also weniger ein fixiertes Schriftkorpus als „ein umgrenzter Raum für die Interpretation [...], in dem die theologischen Bedeutungen in einer Wechselbeziehung zu den Formen der Rede stehen" (P. Ricœur). Die überlieferten Redeformen implizieren die literarisch bedeutungsvollen Spannungen und Gegensätze (Narrationen der Tora versus Sprüche der Prophetie; Gesetzgebung versus Weisheit oder Hymnus), deren theologischer Gehalt sich aus dem konkurrierenden Miteinander der verwendeten Redeformen ablesen lässt.

Literatur

Carr, David M.: Einführung in das Alte Testament. Biblische Texte – imperiale Kontexte, Stuttgart 2013.
Davis, Philip/Römer, Thomas (Hg.): Writing the Bible. Scribes, Scribalism and Script, London/New York 2013.
Dietrich, Walter: Samuel (1Sam 1–12), Neukirchen-Vluyn 2011 (BKAT 8/1).
Gertz, Jan C. u. a. (Hg.): Grundinformation Altes Testament, Göttingen [4]2010 (utb 2745).

Knoppers, Gary N./Levinson, Bernard M.: The Pentateuch as Torah. New Models for Understanding Its Promulgation and Acceptance, Winona Lake/ IN 2007.

Kratz, Reinhard G.: Die Komposition der erzählenden Bücher des AT. Grundwissen der Bibelkritik, Göttingen 2000 (utb 2157).

Levinson, Bernard M.: Der kreative Kanon. Innerbiblische Schriftauslegung und religionsgeschichtlicher Wandel im Alten Israel, Tübingen 2012.

Ricœur, Paul: Philosophische und Theologische Hermeneutik, in: Evangelische Theologie Sonderheft (1974), 24–45.

Römer, Thomas: How to Write a Literary History. A Response to David Carr and Konrad Schmid, in: Indian Theological Studies 50 (2013), 9–20.

–/u. a. (Hg.): Einleitung in das Alte Testament, Zürich 2013.

Schmid, Konrad: Literaturgeschichte des Alten Testaments. Eine Einführung, Darmstadt 2008.

Schwienhorst-Schönberger, Ludger (Hg.): Das Hohelied im Konflikt der Interpretationen, Frankfurt/M. 2017.

Zenger, Erich/Frevel, Christian (Hg.), Einleitung in das Alte Testament, Stuttgart ⁸2012.

3. Alttestamentliche Theologie als polyphone Rede von Gott

Der dritte Teil dieses Lehrbuchs wird Fragen alttestamentlicher Theologie beispielhaft an ausgewählten Themen vertiefen, die die Polyphonie in der Auseinandersetzung mit dem Gottesbild unterstreichen. Dabei finden die verschiedenen Offenbarungsweisen Gottes im Bezug auf die biblisch vorausgesetzten Grundformen (Erzählung, Recht, Prophetie, Hymnus, Weisheit), in der diese überliefert sind, Berücksichtigung. Ein Lehrbuch kann nicht die Funktion haben, die theologischen Themen einer eigens entworfenen Systematik einzuordnen, wie dies in den gängigen theologischen Entwürfen der Fall ist. Die vorgenommene Themenauswahl ist an einigen für die Gegenwart wichtigen – und zwar vorrangig *theo*logischen und nicht *anthropo*logischen – Fragestellungen orientiert wie „Monotheismus", „Bilderverbot", „Gottesname", die drei wichtige Tabus in der jüdischen Gottesvorstellung thematisieren: der Umgang mit anderen Göttern, die bildliche Gottesdarstellung und der Umgang mit dem Gottesnamen. Weiterhin geht es um Themen wie „Königtum und Eschatologie", sowie „Israels Geschick" unter besonderer Berücksichtigung der Themen „Land" (mit einem Exkurs zum „Heiligen Krieg") und „Zuwendung zu Gott" (Kult, Theodizee). Es mag verwundern, dass die großen theologischen Narrative wie Schöpfung, Auszug, Bund oder Sinai in diesem Teil fehlen. Sie sind in Kapitel 2 ausführlich und die jeweiligen theologischen Kontexte interpretierend dargestellt. Am Ende der Darstellung stehen Überlegungen zur historischen Entstehung und zur Hermeneutik des jüdisch-christlichen Kanons und seiner Rezeption in den sogenannten Schriftreligionen. In dem sich anschließenden Anhang werden religionspraktische Vorgaben wie z. B. curriculare Standards bzw. die letzte Revision der Perikopenreihe mit ihren Ergänzungen um alttestamentliche Texte präsentiert und mit den entsprechenden Kapiteln des Lehrbuchs korreliert, um die theoretische Ausbildungsphase des Universitätsstudiums mit der schulischen bzw. kirchlichen Praxis besser zu verknüpfen.

Theologische Entwürfe s.o. 1.1

3.1 Monotheismus

Die Geschichte Israels mit seinem Gott JHWH wurzelt in den Kulturen des Vorderen Orients und ist ohne diese Einflüsse nicht zu verstehen. Das Abgrenzungsbewusstsein gegenüber den Vorläufer- und Nachbartraditionen und der religiös-universalisierende Alleinvertretungsanspruch des antiken jüdischen Monotheismus ist erst ein Produkt der griechisch-römischen Zeit. Bis dahin lässt sich auf der Grundlage archäologischer und epigraphischer Funde wie auch der biblischen Literatur ein weitaus bunteres Bild religiöser Traditionen rekonstruieren.

Der Begriff Monotheismus ist ein uns heute geläufiger Begriff zur Umschreibung eines zentralen Aspektes der Gottesvorstellung in den drei großen Schriftreligionen: Judentum, Christentum und Islam. So ist es nicht verwunderlich, dass der im 17. Jh. n. Chr. anhand von Theismusdebatten entwickelte Begriff die religionsgeschichtlichen Verhältnisse der Levante im 1. Jahrtausend v. Chr. nicht präzise beschreibt. Die Texte des Alten Testaments reflektieren einen steten Wandel im Gottesbild, der mit der Antonymie von Mono- und Polytheismus nur bedingt zu erfassen ist, zumal die hebräische Bibel eine Reihe von Belegen bereit hält, die Polytheismus voraussetzen. Anders findet sich der Begriff „Polytheismus" in größerer zeitlicher Nähe schon bei Philo von Alexandrien im 1. Jh. n. Chr. (z. B. De migratione Abrahami § 69,12) als religiöser Abgrenzungsbegriff.

Trotz der verbreiteten These, dass Mose (als Priester des ägyptischen Gottes Aton)[1] den Monotheismus nach Israel gebracht habe, lassen sich erste Hinweise auf eine kritische Auseinandersetzung mit Fremdgötterkulten frühestens seit der Prophetie des 8. Jh. v. Chr. verorten („ethischer Monotheismus").[2] Überhaupt ist die große Anzahl an Götter*namen* (und nicht nur Titel oder Epitheta), die in biblischen Texten begegnen, auffällig und weist auf polytheistische Züge hin.[3]

In einem für die Forschungsgeschichte wegweisenden Aufsatz hat M. Weippert die Entwicklung zum Monotheismus, wie sie sich in den Texten des Alten Testament aund im Rückgriff auf außerbiblische Quellen rekonstruieren lässt, in fünf Phasen unterteilt:

3.1.1 Phase 1: Die Frühgeschichte

In der Anfangsphase der Geschichte Israels war die Religion Israels polytheistisch. Texte wie Dtn 32,8–9; Ps 82; Ps 89,4–8 spiegeln wider, dass JHWH ursprünglich ein wahrscheinlich sogar untergeordneter Gott in

---

1 Vgl. S. Freud, Ein Mann namens Moses; zum Ganzen Assmann; Moses der Ägypter; Ders., Herrschaft und Heil, 257–267 zur ägyptische Moserezeption; s. auch Ders., Monotheismus und Kosmotheismus, zu den kategorialen Unterschieden des kosmologisch geprägten Monotheismus in Amarna und des überwiegend politisch geprägten in Israel (s. u. 3.3.4).
2 So z. B. A. Kuenen und J. Wellhausen – vgl. dazu MacDonald, Deuteronomy, 21–52.
3 Vgl. den Überblick von H. Pfeiffer, Art. Gottesbezeichnungen/Gottesnamen (AT), www.wibilex.de und Weippert, Synkretismus.

einem kanaanäischen Pantheon oder Götterrat war, dem El oder Eljon an der Spitze vorstand. Selbst wenn der Staatskult in der frühen Königszeit ein JHWH-Kult war, lässt sich diese Beschränkung nicht generell auf den Volksglauben bzw. die Familienreligion übertragen. Die Erzelternerzählungen geben Hinweise auf Sippengötter, so die Verehrung des Gott Nahors durch Laban neben der des Gottes Jakobs durch den Patriarchen (Gen 31,53 – „Monolatrie"). Auch lassen sie Hausgötter (die Teraphim in Gen 31,19.34–35) erkennen sowie einen Gott namens Schaddai (Gen 17,1, vgl. auch Hi 19,29, Pl.) oder andere Gottesbezeichnungen wie „Schrecken Isaaks" ([?] Gen 31,42.53) und „Starker Jakobs" (Gen 49,24; vgl. auch Jes 49,26; 60,16; Ps 132,2.5), welche vermutlich von einzelnen Stämmen oder Volksgruppen als Schutzgott verehrt wurden. Trotz der allmählichen Identifizierung dieser Göttertraditionen mit JHWH steht somit der anfängliche Polytheismus Israels in der Familien- oder Stammesreligion außer Frage, der sich auch mit der Einführung des Königtums nicht verlor. Einzelnen Göttern waren Kultstätten gewidmet (במות/bemôt „Höhen"), an denen manchmal auch mehrere Götter verehrt werden konnten. So weist z. B. die Bileaminschrift von *Tell Dēr 'Allā* im Jordantal auf eine recht illustre Götterrunde hin, in der der JHWH-Name indes fehlt (s. aber Num 22–24). Andere Inschriften, die man in der Karawanserei Kuntilet 'Aǧrūd im südlichen Negev gefunden hat, verweisen auf einen „Polyjahwismus": zwei Reisende richten ihre Segensformel sowohl an „JHWH von Teman" als auch an „JHWH von Samaria", hinter denen sich wahrscheinlich zwei unterschiedliche Manifestationen des Gottes JHWH verbergen, der zudem im Verbund mit „seiner Aschera" (s. auch Ḥirbet el-Qōm) um Segen angerufen wird. Trotz des vieldiskutierten Possessivpronomens, das auf den ersten Blick von der Deutung Ascheras als Göttin wegzuführen scheint (s. aber 2Kön 23,6), ist davon auszugehen, dass die Passage auf eine JHWH zugeordnete weibliche Gottheit (Paredros) anspielt. Eine Begleiterin JHWHs namens Anat ist noch im 6./5. Jh. v. Chr. in der jüdischen Militärkolonie Elephantine (Oberägypten) belegt.[4]

Anfänglicher Polytheismus

3.1.2 Phase 2: Der Weg zum Nationalkult

Phase 2a: Die frühe Königszeit

Mit Beginn der Monarchie hat sich das religiöse System nicht schlagartig geändert. Ob der Nationalgott JHWH ursprünglich die Züge eines kanaanäischen Wettergotts trug oder vielmehr eine Gottheit des

---

4 Vgl. A. Rohrmoser, Art. Elephantine § 3, www.wibilex.de; B. Becking, Art. Jahwe, www.wibilex.de.

El-Typs war, ist umstritten. Die ständige Polemik gegen den Wettergott Baal sowie eine Reihe von gemeinsamen Merkmalen lassen eine Nähe zu ihm vermuten, man denke z. B. an seinen Wohnsitz auf einem Berg, die Beschreibung der Theophanien als meteorologisches Phänomen, das Epitheton des „Wolkenfahrers" (Ps 68,5)[5], die Stierbilder in den Staatsheiligtümern von Bethel und Dan (1Kön 12,19) sowie die Paredros Anat in Elephantine (sonst Schwester und Geliebte des Baal von Ugarit).[6] Es könnte sich dabei jedoch auch um das Resultat einer allmählichen Baalisierung des JHWH-Kults in Aufnahme religiöser Nachbartraditionen handeln. Denn es gibt auch eine Reihe von Ähnlichkeiten mit dem Göttervater El. Bereits die Volksbezeichnung Israel (der Name bedeutet „El streitet") weist auf die besondere Verbundenheit mit ihm hin (vgl. Immanuel „mit uns ist El" in Jes 7,14; Jes 8,8 oder den messianische Titel אל גבור/ʾel gibbôr „heldenhafter El" in Jes 9,5). Auch lassen sich an El bestimmte theologische Traditionen wie die Schöpfung rückbinden (s. das ugaritische Epitheton ʾel qn ʾrz „El, Schöpfer der Erde" in KAI 26A III:18[7], das auch in Gen 14,19 begegnet). Der Gott namens JHWH könnte ursprünglich aus dem südlichen Edom stammen (Dtn 32,2; Ri 5,5–6; Ps 68,9.18; Hab 3,3)[8] und hat Züge Els übernommen (s. auch Ex 6,3). So ist JHWH – wie El – als ein väterlicher Gott gezeichnet (Dtn 32,6; Ps 102,28; Hi 36,26; Jes 40,28 etc.), thront inmitten eines Rates (1Kön 22,19; Jes 6,1–6; Hi 1–2, vgl. Gen 1,26; Gen 28,19), wohnt in einem Zelt (Ex 33,7–11; Num 12,5.10; Dtn 31,14–15, vgl. KTU 1.2 III 5) oder inmitten der

Göttin   kosmischen Wasser (Ps 47,5; 87; Jes 33,20–22). Els Gattin Attirat ist zumindest etymologisch verwandt mit Aschera, die insbesondere in der deuteronomistischen Kultkritik als Tempelinstallation des Nordreichs (Samaria: 2Kön 13,6; vgl. 17,16) wie auch Jerusalems begegnet (1Kön 15,13; 2Kön 18,4; 21,7; 23,4).[9]

Der Nationalgott JHWH wurde in der Königszeit im Rahmen eines Staatskults verehrt, der unter königlicher Aufsicht stand und in der biblischen Darstellung spätestens unter Salomo im Jerusalemer Tempel und – nach dem Schisma in Nord- und Südreich – auch in den entsprechenden Nordreichhauptstädten in einem Heiligtum verehrt wurde.

---

5   Vgl. KTU 1.3 II 40; KTU 1.4 III 11.18 und V 60; KTU 1.5 II 7; KTU 1.19 I 43 f.; TUAT III/6, 1130 mit Anm. 91. 1133.1140.1142 f. (M. Dietrich/O. Loretz).
6   Zur Baalisierung vgl. Weippert, Synkretismus; zu den Psalmenbelegen Müller, JHWH als Wettergott, 241 ff.
7   Vgl. TUAT I/6, 643 (H.-P. Müller).
8   Smith, Early History; anders aber Pfeiffer, Jahwes Kommen; dazu Leuenberger, JHWHs Herkunft.
9   Vgl. C.M. Meier, Art. Göttin, www.wibilex.de.

Der Jerusalemer Kult integriert zudem eine dritte Tradition jebusitischen Ursprungs. Der Tempelbetrieb war ursprünglich dem Sonnengott Schalem gewidmet, nach dessen Namen die Stadt (Jeru-Schalem „Stadt Schalems") auch benannt ist. Er ist ein Gott, der für Gerechtigkeit und Recht einsteht und ikonographisch durch den Kerubenthron dargestellt ist (s. u. Abb. 8a).¹⁰ Die Ladetradition¹¹ (s. u. Abb. 8b) verweist auf einen davon unabhängigen vorstaatlichen Kult, ist aber mit der Überführung des Palladiums in den Tempel (1Kön 8,3–8) vom Fetisch zum Postament bzw. Schemel des Kerubenthrons umgedeutet und so in die kanaanäische Kulttradition integriert worden. Wenigstens die griechische Übersetzung von Salomos Tempelweihspruch (1Kön 8,12f.LXX; vgl. auch 2Sam 12,12) lässt an einen Sonnenkult denken.¹² Sonnenmetaphorik begegnet zur Gottesbeschreibung vielfach in Psalmentexten (Ps 84,12; 104,27f.; 145,15f.; vgl. 19,5; 46,6 sowie Num 6,25). Da es unmöglich ist unter dem heutigen Tempelberg archäologisch zu graben, bleibt die Rekonstruktion des Jerusalemer Kults auf die literarischen Zeugnisse und auf Analogievergleiche mit Nachbarkulturen verwiesen.

Kerubenthron und Lade

Abb. 8: a) Rekonstruktion der Lade¹³ und b) des Kerubenthrons (Elfenbeinplakette aus Megiddo; 13./12. Jh. v. Chr.)¹⁴

---

10 Vgl. zuletzt Keel, Geschichte Jerusalems 1, 189–197.
11 Vgl. S. Kreuzer, Art. Lade, www.wibilex.de; vgl. kritisch aber Porzig, Lade, 155 ff.212 ff. zum Umfang der ursprünglichen Ladeerzählung in 1Sam 4–6* (vgl. 2Chr 5).
12 Vgl. Keel, Geschichte Jerusalems 1, 268–272.
13 Rekonstruktion der Lade (nach Ex 35,17–20; P) nach Gressmann, Altorientalische Bilder, Tafel 27 Abb. 513; vgl. Zwickel, Der salomonische Tempel, 105–109.
14 Thron mit schützenden Keruben (Elfenbeinplakette; Megiddo; 13./12. Jh.); vgl. Loyd, OIP 52, plate 4/2b; vgl. BODO, Nr. 10890.

Phase 2b: Das Nordreich im 9. Jh.

Sowohl die vorteilhaftere topographische Lage als auch die politisch-kulturelle Prädominanz vermitteln einen besseren Einblick in die religionsgeschichtliche Entwicklung des Nordreichs im 9./8. Jh. v. Chr. Besonders in den Richter- und Königsbüchern ist die Konkurrenz JHWHs gegen Baal thematisiert, was die Zweigleisigkeit des religiösen Systems illustriert. Als der Baalkult nach der Heirat des israelitischen Königs Ahab mit der phönizischen Prinzessin Isebel (1Kön 16,31) in Samaria den JHWH-Kult zu verdrängen drohte, formierten sich unter den JHWH-Propheten Elia und Elisa eine mächtige, evtl. auch politisch motivierte Opposition, die in Form von Götterordalen (1Kön 18) und Wunderhandlungen (1Kön 17,17ff.; 2Kön 4–5) die Priorität des JHWH-Glaubens unter Beweis stellen und den konkurrierenden Baalkult ausrotten wollte. B. Lang sieht in diesen Propheten die Vorbereiter der *„JHWH-Allein-Bewegung"* (B. Lang), die spätestens seit dem 8. Jh. die Alleinverehrung des Landesgottes propagierte. Der Usurpator des Nordreichs, Jehu, der 841 v. Chr. auf brutale Weise die Omridendynastie beseitigte und anstelle mit den phönizischen Stadtstaaten zu koalieren, das Bündnis mit den Assyrern suchte, wird als politischer Garant dieser religiösen Reformziele präsentiert (2Kön 10,18–31). Er war aber zugleich der König, der die recht erfolgreiche Außenpolitik der Omriden unterbrach und das Nordreich in die assyrische Vorherrschaft überführte.

3.1.3 Phase 3: Die assyrisch-babylonische Zeit

Die Zeit der assyrischen Präsenz in Palästina (ab 2. Hälfte 8. Jh. v. Chr.) ist eine Hochzeit des religiösen Synkretismus. Auch wenn nicht sicher ist, ob die Assyrer ihren Vasallen den eigenen Staatskult tatsächlich aufoktroyierten[15], so lassen sich unter den zahlreichen ikonographischen Fundstücken der Levante vermehrt assyrische und später babylonische Einflüsse nachweisen. Zum einen erwähnen biblische Texte astrale Elemente wie die Verehrung des Sonnengottes Schamasch oder des Mondgottes von Harran sowie der Gestirne insgesamt (Jer 8,2), zum anderen erinnert die Erwähnung des Kults für die „Himmelskönigin" (Jer 7,18; Jer 44,17–19.25) an den babylonisch-assyrischen Ischtarkult.[16] Ez 8,14 spielt zudem auf die rituelle Tammuzklage an. In derselbe Zeit kommt auch der phönizische Molechkult auf, eine

---

15 Spieckermann, Juda, 369ff.; kritisch Pietsch, Kultreform, 476–481.
16 Zu den ikonographischen Funden Keel/Uehlinger, 2001, 386ff.; Keel, Geschichte 1, 489–492.

Kinderweihe- bzw. ein Gabenopfer (Menschenopfer?), das große Polemik in der deuteronomistischen Literatur hervorrief.[17] Der Prophet Hosea ist der erste, der die aggressive assyrische Invasionspolitik als Strafe JHWHs für die Untreue des Volkes Israel deutet, seit es „aus der Knechtschaft Ägyptens" in das Land kam (vgl. Hos 13,4). Hosea dringt auf eine „religionsinterne Grenzziehung, die als Abgrenzung nach außen interpretiert wird".[18] Er deklariert zudem die geläufigen mantischen Praktiken, Götterbilder und Opferkulte Israels, die seit Jahrhunderten im Land beheimatet waren, als Fremdgötterkult und verlangt ihre Ausrottung mit dem Ziel, die Alleinverehrung JHWH durchzusetzen. Fortgesetzt wird diese theologische Linie in deuteronomistisch gefärbten Texten wie Dtn 6,4 f., der Einleitung des in der Josiazeit formierten Kultgesetzes (Ur-Deuteronomium).[19] Den biblischen Berichten nach brachten die judäischen Könige Hiskia (2 Kön 18) und Josia (2 Kön 22–23) das – vom deuteronomischen Gesetz inspirierte – Dogma von der Alleinverehrung JHWHs durch eine Kultreform voran. Im Mittelpunkt der josianischen Reform stand die Zentralisation des JHWH-Kults in Jerusalem. Durch die Schließung der Landesheiligtümer und die Kultkonzentration auf den Jerusalemer Tempel geriet der Kultbetrieb unter die absolute Kontrolle des Königs und seiner Priester („Kultreinheit").[20] Doch selbst diese Reform war nicht von nachhaltigem Erfolg. Zumindest im Volksglauben blieben einige synkretistische Kultformen (Himmelskönigin in Jer 7; Jer 44; rituelle Tammuzklage Ez 8,14) erhalten, die von Oppositionspropheten wie Jeremia und Ezechiel für den Untergang Judas verantwortlich gemacht wurden. Selbst im Tempel von Jerusalem wurden, wenn man Ezechiels Berichten über die גלולים/gillulîm Glauben schenkt, Kultbilder aufgestellt (Ez 8), die schließlich den freiwilligen „Auszug Gottes aus seinem Heiligtum" zur Folge hatten.

S.u. Abb. 9

Die ursprüngliche Einleitung zum deuteronomistischen Kultgesetzes in Dtn 12–26 (das שמע ישראל/Šemaʿ Israel) unterstreicht den Anspruch JHWHs auf exklusive Verehrung:

4 Höre, Israel: JHWH, unser Gott, ist der einzige JHWH (יהוה אחד/JHWH ʾæḥad). 5 Und du sollst JHWH, deinen Gott, lieben, von ganzem Herzen, von ganzer Seele und mit deiner ganzen Kraft.

Shemaʿ Israel Dtn 6

---

17 Michel, Gott und Gewalt, 44–53; Bauks, Jephtas Tochter, 40–55.
18 Weippert, Synkretismus, 22.
19 Kritisch dazu McDonald, The Date of the Shema, 779 ff., der den Text in Bezug zur Theologie des Zweiten Tempels setzt und ihn somit jünger datiert.
20 Pietsch, Kultreform, 474–476.

Für die Übersetzung des ersten Teilverses sind folgende Möglichkeiten diskutiert:
a) JHWH ist unser Gott, ist einer; d. h. JHWH allein ist der Gott Israels (Monolatrie).
b) JHWH, unser Gott, JHWH ist einer/einzig (vgl. LXX – inkludierender Monotheismus).
c) JHWH unser Gott ist ein (einziger) JHWH (Monojahwismus im Zuge der Kultzentralisation).
d) JHWH ist unser Gott, JHWH allein; d. h. ein Bekenntnis Israels zu JHWH als dem einzig existenten Gott (exkludierender Monotheismus).

Die Übersetzungen im Sinne von „Einzigkeit" JHWHs (a.; b.; d.) wurden kritisiert, da die gängige Wendung im Hebr. לבדו/*lebadô* „für sich allein" lauten müsste (vgl. Dtn 4,35).[21] Die Wendung יהוה אחד/*JHWH 'æḥad* ziele nicht auf die Ausschließlichkeit, sondern auf die Einzigartigkeit Gottes unter den sonst verehrten Göttern. E. Aurelius[22] gibt der Version c) den Vorzug und deutet die ursprüngliche Bedeutung auf dem Hintergrund der jüdisch-israelitischen Verschmelzung der verschiedenenorts belegten JHWH-Verehrung: Beide Reiche verehren den Gott JHWH als Nationalgott und präsentieren einen Polyjahwismus. So ist JHWH von Samaria inschriftlich neben JHWH von Teman belegt, was auch die Existenz eines Kults für JHWH von Jerusalem voraussetzen lässt. Nach dem Untergang des Nordreichs und der Entstehung des Großreichs Juda soll dieser Polyjahwismus ersetzt werden durch einen neuen, integrativen Nationalkult, der einen einzigen, für alle Bewohner gültigen JHWH an einem Ort, nämlich dem Tempel von Jerusalem, voraussetzt.

Polyjahwismus

Auch wenn die josianische Kultzentralisation anfangs kein Fremdgötterverbot intendierte, so trat im Zuge deuteronomistischer Überarbeitungen die Fremdgötterpolemik deutlich auf den Plan. Erstaunlich ist aber, dass die deuteronomistische Literatur wenig über die Identität der fremden Götter aussagt, sie also selten beim Namen nennt, sondern recht allgemein von „anderen"/„fremden" Göttern (אלהים אחרים/*'ælohîm 'aḥarîm*) spricht. Sie werden gewissermaßen zur Chiffre der JHWH- und Israelfeindlichkeit überhaupt, deren Verehrung nach den Aussagen des deuteronomistischen Geschichtswerks

Fremdgötterpolemik

---

21 MacDonald erklärt im Vergleich mit dem Motiv der Liebe und Verehrung der einzigartigen Geliebten (Hhl 6,8–9) die Alleinstellung JHWHs als „der eine unter den Göttern" und nicht im Sinne existenzieller Einzigkeit (Deuteronomy, 73 f.; vgl. Dtn 4,35.39 und 32,39).

22 Aurelius, Die fremden Götter, 150 f.; vgl. auch MacDonald, Deuteronomy, 62–75.

zum Untergang von Staat und Tempel im Zuge der babylonischen Eroberung führt. Sowohl der Kult außerhalb Jerusalems als auch die Bilderverehrung gerieten in Verdacht, *per se* Fremdgötterkult zu sein, selbst wenn sie JHWH gewidmet waren. Diese Ansicht spiegelt auch das erste Gebot des Dekalogs wider (Dtn 5,7–10; par. Ex 29,4–6 bzw. später Dtn 4,15–20).

> 6 Ich bin der HERR, dein Gott, der dich herausgeführt hat aus dem Land Ägypten, aus einem Sklavenhaus.
> 7 Du sollst keine anderen Götter haben neben mir.
> 8 Du sollst dir kein Gottesbild machen, keinerlei Abbild von etwas, was oben im Himmel, was unten auf der Erde oder was im Wasser unter der Erde ist.
> 9 Du sollst dich nicht niederwerfen vor ihnen und ihnen nicht dienen, denn ich, der HERR, dein Gott, bin ein eifersüchtiger Gott, der die Schuld der Vorfahren heimsucht an den Nachkommen bis in die dritte und vierte Generation, bei denen, die mich hassen,
> 10 der aber Gnade erweist tausenden, bei denen, die mich lieben und meine Gebote halten.

Bilderverbot Dtn 5

Insbesondere die Formulierung „Du sollst dir kein *Gottesbild* (פסל/ *pæsæl*) machen, [Ex 20,4 ergänzt: *und (zwar)*] keinerlei Abbild/Gestalt (כל־תמונה/*kol-temûnâ*) von etwas, was oben im Himmel, was unten auf der Erde oder was im Wasser unter der Erde ist. Du sollst dich nicht niederwerfen vor *ihnen* und *ihnen* nicht dienen ..." lässt offen, auf wen oder was sich die Pluralpronomina beziehen.

In Ex 20,4 sind פסל/*pæsæl* „Bild" und תמונה/*temûnâ* „Abbild, Gestalt" – gegenüber Dtn 5,8, wo der zweite Begriff unverbunden folgt und als erläuternde Apposition zu verstehen ist – durch die Konjunktion „*und*" verbunden. Sieht man darin eine aufzählende Nebeneinanderstellung der Begriffe, beziehen sich die Pluralpronomina auf Bild *und* Gestalt als zwei verschiedene Größen. Der Leser hätte es somit mit zwei verschiedenen Bildtypen zu tun, von denen der zweiten, *temûnâ* „Gestalt/Erscheinung/Figur" ein abstrakterer Charakter zukäme. Demnach könnte die wohl jüngere Exodusversion erstens das Bilderverbot vom Fremdgötterverbot trennen und zweitens das Bilderverbot umfassender als ein Verbot jeglicher Gottes- bzw. Kultdarstellung definieren.[23] Wenn man die Konjunktion aber explikativ versteht[24], dann bestünde zwischen den beiden Versionen inhaltlich

---
23 So Dohmen, Bilderverbot, 210–230; vorsichtiger Wagner, Monotheismus, 9 f.
24 So Schmidt, Die zehn Gebote, 73 f.; Hartenstein, Hermeneutik des Bilderverbot, 96 f.

kein Unterschied. Die Pluralpronomina bezögen sich dann über das Bilderverbot hinweg auf das Fremdgötterverbot und verbänden beide Gebote sogar miteinander.[25] Im Anschluss an die Selbstvorstellung JHWHs, die in V. 9b inklusorisch beschließt, indem sie auf die Konsequenzen der Nichteinhaltung verweist, erscheint das Bilderverbot deshalb wie eine „Konkretisierung des Fremdgötterverbots" (W. Zimmerli). Und so bereitet der Anspruch auf JHWH-Exklusivität unter den Göttern das Bilderverbot wie das Namensverbot (V. 11) vor.

3.1.4 Phase 4: Die exilische und persische Zeit

Frühestens in der Exilszeit findet sich in den Texten des anonymen Heilspropheten Deuterojesaja erstmals ein Programm, das den impliziten oder inkludierenden Monotheismus (Monolatrie) zu einem expliziten bzw. exkludierenden Monotheismus verändert (Jes 43,10; 44,6 und 45,5–6). Doch setzen andere Texte des Buchs die Existenz anderer Götter oder zumindest anderer Mächte voraus (vgl. Jes 40,1–8; 40,25–26; 45,12; 51,9–11).[26] Das Durchbohren der Meerdrachen Rahab und Tannin und das Austrocknen des Meeres, um die Erlösten (גאולים/*ge'ûlîm*) zu retten (Jes 51,9 f.), sind Bilder, die auf die urzeitliche Chaosmotivik verweisen mit dem Ziel, die uranfängliche Vorrangstellung Gottes inmitten anderer göttlicher Mächte zu betonen (vgl. die Erschaffung der תנינם/*tannînim* in Gen 1,21). Es handelt sich um ein traditionelles Motiv der Jerusalemer Theologie. Da bis in die späte Perserzeit ungebrochen polytheistische Praktiken z. B. in dem Diaspora-Heiligtum jüdischer Söldner in Elephantine/Ägypten nachweisbar sind[27], kann von einem generell exkludierenden Monotheismus jedoch noch keine Rede sein.

Das in unserer Zeit geläufige Konzept des Monotheismus, das den Gedanken der universalen Gültigkeit des einen Gottes für alle Menschen und Völker verficht und andere Götter – als Gruppen- oder Nationalgottheiten – als obsolet darstellt, hat den Ausschluss der Existenz anderer göttlicher Wesen zur Voraussetzung (vgl. Jes 43,10–11; Jes 45,14; aber auch Dtn 4,35.39; Dtn 32,39; Gen 1,1 u. a.). Insbesondere die priesterschriftlichen Texte zeichnen die Genese dieses Gottesbildes nach: Während in den Genesistexten (P) nahezu ausschließlich und allgemein von אלהים/*ælohîm* „Gott" die Rede ist, wird dieser in Ex 6,3 mit dem

---

25 So bereits Zimmerli, Das zweite Gebot, 240 f.
26 Zur Begriffsproblematik Schmid, Differenzierungen, 16 ff.; zu Deutero-Jesaja Olyan, Isaiah 40–55, und Leuenberger, Kyros-Edikt.
27 Vgl. H. Niehr, Religio-Historical Aspects, 228–244 und Frevel, Der Eine, 260 ff. zu Befunden in Samaria des 4. Jhs v. Chr. u. a. Orten jüdischer Diaspora; s. auch Smith, God in Translation, 193–242.

Vätergott namens Schaddai (vgl. Gen 17,1) identifiziert, der sich von nun an unter dem Namen JHWH (V. 2) offenbart. Dass es sich dabei stets um denselben Gott handelt, steht für den in die nachexilische Zeit datierten Autorenkreis außer Frage. Dennoch finden sich auch in diesem Korpus Texte, die polytheistische Anleihen erkennen lassen: Auffällig ist die Pluralwendung in Gen 1,26 „Lasst uns Menschen machen [...]", die an einen nicht weiter genannten Thron- oder Götterrat, wie er in Ps 82 etc. vorausgesetzt wird, erinnert. Sie könnte sich aber im vorliegenden Erzählkontext ebenso auf die mitschaffende Erde beziehen (vgl. Gen 1,11 f.; anders 1,20 f.).[28] Auch die Charakterisierung des Menschen zum Bilde Gottes als männlich und weiblich enthält nicht nur den Hinweis auf die Zweigeschlechtlichkeit des geschaffenen Menschen, sondern lässt sich auch als Reminiszenz an eine altorientalische Muttergottheit verstehen, die jedoch in Gen 1 Gott selbst verkörpert. Die Stelle zeigt weniger polemische als apologetische Züge, wie schon Sonne, Mund und Sterne als Himmelslichter geschaffen werden, die andernorts babylonischen Gottheiten erinnern (Gen 1,16). Überhaupt ist die Aufnahme weiblicher Bilder zur Charakterisierung des Gottes Israels seit der Exilszeit auffällig (Jes 44,2.4: 46,3; 49,15; vgl. Hos 11,3–4; 14,9; Dtn 32,6.18). Die Vision in Sach 5,5–11 von der Exilierung der „Bosheit", die als Frau und Göttin personifiziert ist, könnte sogar auf die explizite Verbannung einer in Jehud verehrten Göttin (vgl. Jer 7,18; 44,17–19) in das pagane Sinear anspielen.[29] Eine positive Eingliederung weiblicher Gotteszüge findet sich in der Darstellung von Frau Weisheit in Prv 1–9, auf deren Pfaden die Menschen wandeln sollen – ein Konzept, das ebenfalls von einem exkludierenden Monotheismus abrücken lässt.[30] Das strukturelle Problem innerhalb des monotheistischen Denkens besteht darin, den Einbruch des Bösen zu erklären, ohne auf eine göttliche Gegenmacht zu verweisen. Dieses Dilemma führte zur Ausbildung dualistisch anmutender Systeme (Angelologie, Dämonologie inkl. Satan; Söhne des Lichts und der Finsternis insbesondere in der deuterokanonischen Literatur bzw. Qumran).[31]

Weibliche Gotteszüge 2.8.1

Wie das seit dem 9. Jh. belegbare „JHWH-allein"-Motiv zeigt, dürfte es sich bei der Entwicklung zum Monotheismus nicht um eine kontingente Entwicklung handeln, sondern um eine sich allmählich herauskristallisierende bewusste theologische Engführung mit kulturspezifisch abgrenzender Intention. Dank einer sich formierenden

---

28 Vgl. dazu Bauks, Gottesbild.
29 Zur Diskussion Keel, Geschichte Jerusalems 2, 1021–1023; kritisch aber Hanhart, Sacharja, 352–382, der in ihr eine Allegorie der Gottlosigkeit sieht.
30 Baumann, Weisheitsgestalt, 315 f.
31 Vgl. H. Frey-Anthes, Art. Satan, www.wibilex.de; U. Dahmen, Art. Belial, www.wibilex.de.

Monotheistische Tendenzen im Alten Orient

theologischen Bewegung gelingt es seit der Josiazeit im 6. Jh., die traditionelle judäische Religion umzudeuten und zu behaupten, dass der Nationalgott JHWH schon immer Anspruch auf Einzigartigkeit erhoben hätte.[32] In diese Überzeugung hinein gehört auch das Zusammenstellen von Schöpfungserzählungen, die ein traditionelles Thema im Alten Orient sind, um die Vorrangstellung eines Gottes narrativ zu entfalten. Formen theologischer Engführung sind schon außerhalb des alten Israel begegnet wie der allerdings auf wenige Jahrzehnte begrenzte Vorstoß Echnatons in der äg. Amarna-Religion (14. Jh.)[33], monotheistische Tendenzen der Marduktheologie im 13. Jh. oder die „Kultreform" des Nabonid im 6. Jh. v. Chr. in Babylonien.[34] Vergleichbare Tendenzen einer theologischen Engführung belegt auch die Behistun/Bisutun-Inschrift des persischen Königs Darius der Große, welche ihn neben dem „Herrn des Himmels", Ahuramazda (als Flügelsonne), auch ikonographisch darstellt.[35]

> So bezeugt die Behistun-Inschrift: „Ich bin Darius, der Großkönig, König der Könige, König in Persien, König der Länder, des Hystapes Sohn, des Arsames Enkel, ein Achämenide. Es kündigt Darius der König: Nach dem Willen Ahuramazdas bin ich König. Ahuramazda hat mir die Königsherrschaft verliehen. [Es folgt die Aufzählung die Aufzählung von 23 beherrschenden Nationen] Es kündet Darius der König: Diese Länder, die mir zugekommen sind – nach dem Willen Ahuramazdas wurden sie mir untertan. Sie brachten mir Tribut. Was ihnen von mir gesagt wurde, sei es bei Tag oder Nacht, das taten sie …" (TUAT I, 422, § 7)
> Am Ende heißt es: „Wer Ahuramazda verehren wird, nur ihm soll sein Gebet gelten, sowohl solange er lebt wie auch nach seinem Tode." (Übersetzung H. Koch, Iran, 106).

Herr des Himmels

Die Schlusspassage der Inschrift fordert auch für den persischen Gott Ahuramazda einen Ausschließlichkeitsanspruch, der nicht als strikter Monotheismus, sondern als eine die anderen Götter umschließende, also inkludierende Verehrung des Himmelsgottes gedeutet ist. Dieses Konzept ließ es zu, dass auch die Götter der beherrschten Völker in dem religiösen System ihren Platz finden konnte. Der Ahuramazda

---

32 Lang, „Jahwe-allein-Bewegung", 82 f.
33 Vgl. S. Hardekopf, Art. Amenophis IV./Echnaton, www.wibilex.de; K. Knigge-Salis, Art. Aton/Aton-Hymnen, www.wibilex.de; vgl. Hornung, Das Denken des Einen. Zum Vergleich Echnatons mit der biblisch gezeichneten Mosefigur im Zuge politischer Theologie vgl. Assmann, Herrschaft und Heil, 259–264; Ders., Exodus, 396.
34 Albani, Deuterojesajas Monotheismus; Porter, Anxiety.
35 Hutter, Religionen, 197 ff; Koch, Religionen: Iran, 98–115.

zugeeignete Titel vom „Herrn des Himmels" und „Gott der Götter" begegnet auch in späten Geschichtspsalmen, die JHWHs Exklusivität dank seiner Güte oder aber dank seiner Vorherrschaft in Schöpfung und Geschichte zu erkennen geben (Ps 136,2.26; vgl. Ps 135,5.15–18). Die Bezeichnungen begegnen zudem in späten biblischen Texten (Esr 1,2; Neh 1,4 u. ö. [hebr.] sowie in Dan 2,18 f.37.44; Esr 5,11 u. ö. [aram.]).[36]

3.1.5 Phase 5: Die hellenistische Zeit

Als in persischer Zeit der Übersetzungsvorgang vom persischen Konzept des Baal Schamem („Herr des Himmels") auf die umliegenden religiösen Systeme und ihre Lokalgötter übertragen wurde, formierte sich gleichzeitig eine wahrscheinlich priesterlich getragene Opposition, die Synkretismen in den biblischen Texten tilgen wollte. Man kann geradezu von theologischer Zensur (M. Smith) ausgehen, die vor allem in textgeschichtlichen Varianten innerhalb hebräischer oder griechischer Manuskripte erkennbar wird. Am offensichtlichsten ist dieser Vorgang in Ps 82, einem Psalm des sogenannten Elohistischen Psalters, in dem das Tetragramm konsequent durch „Elohim" ersetzt worden ist.

> 1 Ein Psalm Asafs.   Ps 82
> Gott (אלהים/'ælohîm) steht in der Gottesversammlung (בעדת־אל/ba'adat-'El), inmitten der Götter ('ælohîm) hält er Gericht:
> 2 Wie lange wollt ihr ungerecht richten und die Frevler begünstigen? *Sela*
> 3 Schafft Recht dem Geringen und der Waise, dem Elenden und Bedürftigen verhelft zum Recht.
> 4 Rettet den Geringen und den Armen, befreit ihn aus der Hand der Frevler.
> 5 Sie wissen nichts und verstehen nichts, im Finstern tappen sie umher, es wanken alle Grundfesten der Erde.
> 6 Ich habe gesprochen: Götter *('ælohîm)* seid ihr und Söhne des Höchsten (עליון/'æljôn) allesamt.
> 7 Doch fürwahr, wie Menschen sollt ihr sterben und wie einer der Fürsten fallen.
> 8 Steh auf, Gott *('ælohîm)*, richte die Erde, denn dein Eigentum sind die Nationen alle.

---

36 „Gott des Himmels" (שמים אלהים/'ælohîm šemayim) begegnet auch in den Elephantinepapyri (TUAT I/3, 254) sowie in Tob 10,11; Jud 5,8 u. ö.; „Herr des Himmels" in Dan 5,23 (מרא־שמיא/mare' šemayi); Dan 4,34 (מלך שמיא/mælæk šemayi) „König des Himmels"); vgl. Niehr, Der höchste Gott, 45 ff.

Die gehäufte Verwendung des geläufigen Appelativums Elohim führt in diesem polytheistisch anmutenden Text zu echten Verständnisproblemen. Die verschiedenen göttlichen Protagonisten bleiben in ihren Bezügen unklar, da das Appelativ sowohl eine Einzelfigur (V. 1a; 6) wie auch eine Göttergruppe (V. 1b und 6) bezeichnet. Setzt man in V. 1a und 6 aber das Tetragramm ein, gewinnt die Szene an Kohärenz: JHWH steht auf in der Götterversammlung Els bzw. Eljons (V. 6) und klagt die anderen Götter an, sich nicht gerecht zu verhalten und deshalb ihren göttlichen Status zu verlieren.

Ein weiteres Beispiel für Zensur findet sich in Dtn 32,8–9 (MT):

Dtn 32   8 Als der Höchste den Nationen ihren Erbbesitz zuteilte, als er die Menschen voneinander schied, bestimmte er die Gebiete der Völker nach der Zahl der Israeliten. 9 Der Anteil des HERRN (JHWH) ist sein Volk, Jakob ist sein Erbteil.

Es sind verschiedene Texthandschriften belegt, die die auf den ersten Blick inhaltlich sinnvoll erscheinende Aussage, dass der höchste Gott die Gebiete der Völker nach der Zahl der Söhne Israels (= die Stämme) zugewiesen hat (V. 8), verändern: Zwei Manuskripte belegen die Variante „nach der Zahl der Söhne Gottes" (4QDeut^j + LXX 848, 106c) und deuten im Sinne eines inkludierenden Monotheismus, der jedem Volk/Gebiet seinen Gott zuweist. Die meisten LXX-Manuskripte übersetzten durch „Engel Gottes" und harmonisieren die Aussage dahingehend, dass für einzelne Gebiete Zwischenwesen zuständig sind. Vermutlich belegt der hebräische Text aus Qumran die älteste Version. Es handelte sich demnach – wie in Ps 82 – um eine Götterversammlung, in der aus der Fülle der Nationen über die Zuweisung Israels zu JHWH entschieden wird. Die explizit polytheistischen Belege für eine Götterversammlung hätten in der Fassung des masoretischen Texts (MT) eine Zensur erfahren, die den biblischen Text monotheistisch deutet und die inhaltlichen Bezüge neu setzt.[37]

Grenzen der Übersetzbarkeit

Die Grenzen der Übersetzbarkeit von Gottesbildern werden in der Mitte des 2. Jh. v. Chr. umso deutlicher markiert, nachdem der seleukidische Herrscher Antiochus IV. Epiphanes im Jerusalemer Tempel einen Kult für Zeus Olympus etablierte, der ebenfalls mit Baal Schamem identifiziert wurde (1Makk 1,1–15.43.52; 3,15; 2Makk 5,15; 6,2). 1Makk 1,54 berichtet von einem Sakrileg beim Brandopferaltar; 2Makk 6,5 von unzulässigen Opfern. Die Maßnahmen führten jedenfalls historisch zu den makkabäischen Aufständen und zu einer radikalen Besinnung auf jüdische Werte in kritischer Auseinandersetzung mit

---

37 Smith, God in Translation, 193–216 mit weiteren Beispiele.

den hellenistischen Anhängern im eigenen Volk. Neben der politischen Emanzipation von der seleukidischen Fremdherrschaft und der Errichtung des hasmonäischen Königtums zogen diese Aufstände zunehmend auch religiöse Polarisierung innerhalb der jüdischen Gruppen nach sich. Synkretismen, wie die vertikale Übersetzbarkeit von altorientalischen Gottesvorstellungen im Laufe der eigenen Geschichte oder die horizontale, d. h. die Identifizierung der verehrten Götter innerhalb des Konzepts vom „Gott des Himmels", erfuhren nun tiefe Ablehnung.[38] Die verschiedenen Offenbarungsweisen Gottes konzentrieren sich auf die Offenbarung Gottes durch sein Wort, seine Weisung (Tora), und erfahren Standardisierung durch Literaturwerdung und Kanonisierung.[39] In den schriftlichen Überarbeitungen der Tradition, wie sie heute in der hebräischen Bibel greifbar sind, wird ein Transformationsprozess der Gottesbilder erkennbar, der an die Stelle von Architektur, Bildern und Nationalkult zunehmend die Tora setzt sowie der Synagogengottesdienst nach der Tempelzerstörung 70 n. Chr. an die Stelle des Tempelkults tritt. Das Wirken Gottes vollzieht sich nunmehr in Sprachbildern, die in verschiedenen, aber durch den Kanon doch begrenzten Redeformen (Narration, Recht, Prophetie, Weisheit und Hymnus) begegnen und durch das Individuum oder die Gemeinschaft als neue Form der Gottesoffenbarung rezipiert werden können.[40]

Offenbarung Gottes in Wort und Schrift

Kanonwerdung s. u. 3.6.1

Bibelhermeneutik s. o. 1.4

> Die geläufige Rede vom monotheistischen Gott der Bibel trägt anachronistische Züge. Es geht in den allermeisten alttestamentlichen Texten nicht um den Glauben an den einzigen Gott, sondern um die Treue zu dem Gott, der Israel durch seine Geschichte führt und sich dem Einzelnen als Gott offenbart. Die Religionsgeschichte der Levante zeigt, dass Israel sich in der kanaanäisch-syrischen Kultur in stetiger politischer und gleichzeitig kultureller Auseinandersetzung mit den Nachbarn bewegt hat. Ausgehend von einem deutlich polytheistisch geprägten Gottesbild gefolgt von dem Aufkommen einer „JHWH-Allein-Bewegung" hat sich allmählich ein Ausschließlichkeitsanspruch herausgebildet, der jedoch nachhaltig im Spannungsfeld zu den benachbarten – mehrheitlich polytheistisch denkenden – Kulturen stand und sich seiner eigenen religiösen Formen immer wieder neu vergewissern musste. Implizite Theologie und Abgrenzung gegen die Götterbilder und -vorstellungen der Anderen werden seit der Exilszeit ein wichtiges Moment, das die jüdische Identität der Zeit des zweiten Tempels nachhaltig prägt.

---

38 Smith, God in Translation, 288 ff. mit Hinweis auf 1 Makk 4,9–11 als Beispiel für die Auflösung vertikaler Übersetzbarkeit und 1 Makk 2,22–29; 2 Makk 3,24 gegen die horizontale mit einem Plädoyer für die Einzigartigkeit und universelle Bedeutung des jüdischen Gottes; vgl. auch die Areopagrede des Paulus in Apg 17.
39 Vgl. van der Toorn, The Iconic Book; s. u. 3.3.
40 Vgl. dazu Wagner, Monotheismus, 14–19.

Literatur

Albani, Matthias: Deuterojesajas Monotheismus und der babylonische Religionskonflikt Nabonids, in: M. Oeming/K. Schmid (Hg.), Der eine Gott und die Götter. Polytheismus und Monotheismus im antiken Israel, Zürich 2003 (AThANT 82), 171–201.

Assmann, Jan: Monotheismus und Kosmotheismus. Ägyptische Formen eines „Denkens des Einen" und ihre europäische Rezeptionsgeschichte, Heidelberg 1993 (Sitzungsberichte der Heidelberger Akademie der Wissenschaften Philosoph.-Hist. Klasse 1993/2).

–: Moses der Ägypter. Entzifferung einer Gedächtnisspur, Frankfurt ³2001.

–: Herrschaft und Heil. Politische Theologie in Altägypten, Israel und Europa, Frankfurt 2002.

–: Monotheismus und die Sprache der Gewalt, in: P. Walter (Hg.), Das Gewaltpotential des Monotheismus und der dreieine Gott, Freiburg u. a. 2005 (QD 216), 18–38.

–: Exodus. Die Revolution der alten Welt, München 2015.

Aurelius, Eric: Die fremden Götter im Deuteronomium, in: M. Oeming/K. Schmid (Hg.), Der eine Gott und die Götter. Polytheismus und Monotheismus im antiken Israel, Zürich 2003 (AThANT 82), 145–169.

Bauks, Michaela: Jephtas Tochter. Traditions-, religions- und rezeptionsgeschichtliche Studien zu Richter 11,29–40, Tübingen 2010 (FAT 71).

–: Gottesbild und Menschenbild. Zum Spannungsverhältnis von priesterschriftlichem Monotheismus und mythischen Versatzstücken in Gen 1, in: J. van Oorschot/A. Wagner (Hg.), Gottesbild und Menschenbild, Leipzig 2018 (VWThG).

Baumann, Gerlinde: Die Weisheitsgestalt in Proverbien 1–9. Traditionsgeschichtliche und theologische Studien, Tübingen 1996 (FAT 16).

Becking, Bob, Die Gottheiten der Juden in Elephantine, in: M. Oeming/K. Schmid (Hg.), Der eine Gott und die Götter. Polytheismus und Monotheismus im antiken Israel, Zürich 2003 (AThANT 82), 203–226.

Dohmen, Christoph: Das Bilderverbot. Seine Entstehung und seine Entwicklung im Alten Testament, München ²1989 (BBB 62).

Freud, Sigmund: Der Mann Moses und die monotheistische Religion, Stuttgart (1939) 2010.

Frevel, Christian: Rez. H. Pfeiffer, Jahwes Kommen aus dem Süden, in: OLZ 103 (2008), 712–718.

–: Der Eine oder die Vielen? Monotheismus und materielle Kultur in der Perserzeit, in: C. Schwöbel (Hg.), Gott – Götter – Götzen. XIV. Europäischer Kongress für Theologie (11.–15. September 2011 Zürich), Leipzig 2013 (VWGTh 38), 238–265.

Hanhart, Robert: Sacharja 1,1–8,23 (BKAT 7/1), Neukirchen 1998.

Hartenstein, Friedhelm/Moxter, Michael: Hermeneutik und Bilderverbot, Leipzig 2016 (THLZ.F 26).

Hornung, Erich: Monotheismus im pharaonischen Ägypten, in: O. Keel (Hg.), Monotheismus im Alten Testament und seiner Umwelt, Fribourg 1980 (BB 14), 84–97.
–: Das Denken des Einen im alten Ägypten, in: M. Krebernik/J. v. Oorschot (Hg.), Polytheismus und Monotheismus in den Religionen des Vorderen Orients, Münster 2002 (AOAT 298), 21–32.
Hutter, Manfred: Religionen in der Umwelt des Alten Testaments I, Stuttgart 1996 (Studienbücher Theologie 4,1), 197–210.
Keel, Othmar: Die Geschichte Jerusalems und die Entstehung des Monotheismus, Bde 1–2, Göttingen 2007 (OLB IV,1–2).
Keel, Othmar/Uehlinger, Christoph: Göttinnen, Götter und Gottessymbole. Neue Erkenntnisse zur Religionsgeschichte Kanaans und Israels aufgrund bislang unerschlossener ikonographischer Quellen, Freiburg ⁵2001 (QD 134).
Koch, Heiderose, Teil I: Iran – die Religion der Iraner, in: V. Haas/H. Koch, Religionen des Alten Orients: Hethiter und Iran, Göttingen 2011 (GAT I/1).
Kratz, Reinhard G./Hermann Spieckermann (Hg.): Götterbilder – Gottesbilder – Weltbilder, Bd. 1: Ägypten, Mesopotamien, Persien, Kleinasien, Syrien, Palästina; Bd. 2: Griechenland und Rom, Judentum, Christentum und Islam, Tübingen 2006 (FAT 2/17–18).
Lang, Bernhard: Die Jahwe-allein-Bewegung, in: Ders. (Hg.), Der einzige Gott. Die Geburt des biblischen Monotheismus, München 1981, 47–83.
–: Die Jahwe-Allein-Bewegung. Neue Erwägungen über die Anfänge des biblischen Monotheismus, in: M. Oeming/K. Schmitt (Hg.), Der eine Gott und die Götter. Polytheismus und Monotheismus im antiken Israel, Zürich 2003 (AThANT 82), 97–11.
Leuenberger, Martin: Jhwhs Herkunft aus dem Süden. Archäologische Befunde – biblische Überlieferungen – historische Korrelationen, in: ZAW 122 (2010), 1–19.
–: Kyros-Orakel und Kyros-Zylinder. Ein religionsgeschichtlicher Vergleich ihrer Gottes-Konzeptionen, in: VT 59 (2009), 244–256.
MacDonald, Nathan: Deuteronomy and the Meaning of ‚Monotheism‘, Tübingen 2003 (FAT 2/1).
–: The Date of the Shema (Deuteronomy 6:5–5), in: JBL 136 (2017), 795–782.
Michel, Andreas: Gott und Gewalt gegen Kinder, Tübingen 2003 (FAT 37).
Müller, Reinhard: Jahwe als Wettergott. Studien zur althebräischen Kultlyrik anhand ausgewählter Psalmen, Berlin/New York 2008 (BZAW 387).
Niehr, Herbert: Der höchste Gott. Alttestamentlicher Glaube im Kontext syrisch-kanaanäischer Religion des 1. Jahrtausends v. Chr, Berlin 1990 (BZAW 190).
–: Religio-Historical Aspects of the Early Post-Exilic Period, in: B. Becking u. a. (Hg.), The Crisis of Israelite Religion. Transformation of Religous Tradition in Exilic and Post-Exilic Times, Leiden 1999 (OTS 42), 228–244.
Olyan, Saul M.: Is Isaiah 40–55 Really Monotheistic?, in: JANER 12 (2012), 190–201.

Pietsch, Michael: Die Kultreform Joisas. Studien zur Religionsgeschichte Israels in der späten Königszeit, Tübingen 2013 (FAT 86).

Pfeiffer, Henrik: Jahwes Kommen von Süden: Jdc 5, Hab 3, Dtn 33 und Ps 68 in ihrem literatur- und theologiegeschichtlichen Umfeld, Göttingen 2005 (FRLANT 211).

Porter, Barbara N.: The Anxiety of Multiplicity. Concepts of Divinity as One and Many in Anient Assyria, in: B.N. Porter (Hg.), One God Or Many? Concepts of Divinity in the Ancient World, Winona Lake 2000, 211–271.

Porzig, Peter C.: Die Lade im Alten Testament und in den Texten vom Toten Meer, Berlin/New York 2009 (BZAW 397).

Renz, Johannes/Wolfgang Röllig, Handbuch der althebräischen Epigraphik, Bd. II/1, Darmstadt 1995.

Schmid, Konrad: Differenzierungen und Konzeptualisierungen der Einheit Gottes in der Religions- und Literaturgeschichte Israels. Methodische, religionsgeschichtliche und exegetische Aspekte zur neueren Diskussion um den sogenannten ‚Monotheismus' im antiken Israel, in: M. Oeming/K. Schmid (Hg.), Der eine Gott und die Götter. Polytheismus und Monotheismus im antiken Israel, Zürich 2003 (AThANT 82), 11–38.

Schmidt, Werner H. u. a.: Die zehn Gebote im Rahmen alttestamentlicher Ethik, Darmstadt 1993 (Edf 281).

Smith, Mark S.: The Early History of God. Yahweh and the other Deities in Ancient Israel, San Francisco 1990.

–: The Origins of Biblical Monotheism. Israel's Polytheistic Background and the Ugaritic Texts, Oxford 2001, 135–148.

–: God in Translation: Deities in Cross-Cultural Discourse in the Biblical World, Tübingen 2008 (FAT 57).

Spieckermann, Hermann: Juda unter Assur in der Sargonidenzeit, Göttingen 1982 (FRLANT 129).

Toorn, Karel van der: The Iconic Book. Analogies between the Babylonian Cult of Images and the Veneration of the Torah, in: Ders. (Hg.), The Image and the Book. Iconic Cults, Aniconism, and the Rise of Book Religion in Israel and the Ancient Near East, Leuven 1997 (CBET 21), 229–248.

Wagner, Andreas: Alttestamentlicher Monotheismus und seine Bindung an das Wort, in: Ders. (Hg.), Gott im Wort – Gott im Bild. Bildlosigkeit als Bedingung des Monotheismus?, Neukirchen-Vluyn 2005, 1–22.

Weippert, Manfred: Synkretismus und Monotheismus: Religionsinterne Konfliktbewältigung im alten Israel (1990), in: Ders., Jahwe und die anderen Götter. Studien zur Religionsgeschichte des antiken Israel in ihrem syrisch-palästinischen Kontext, Tübingen 1997 (FAT 18), 1–24.

–: Historisches Textbuch zum Alten Testament, Göttingen 2010 (GAT 10).

Zimmerli, Walther: Das zweite Gebot (1950), in: Ders., Gottes Offenbarung. Gesammelte Aufsätze, München ²1969 (TB 19), 234–248.

Zwickel, Wolfgang: Der salmonische Tempel, Mainz 1999 (Kulturgeschichte der antiken Welt 83).

3.2 Bilderverbot

In persisch-hellenistischer werden zwei weitere Charakteristika jüdischer Theologie ausgebildet: das Bilderverbot und das Verbot der Aussprache des Gottesnamens *(Qidduš hašem)*. Es wurde bereits darauf hingewiesen, dass im ersten Gebot des Dekalogs Fremdgötterverbot und Bilderverbot aufs engste miteinander verbunden sind. Texte wie Jes 44,9–20; 46,1; Jer 50,2.38; 51,47.52; Dan 5 polemisieren gegen die Kultbilder anderer Götter, was in Jes 40,18–20; 44,6–11 und 46,5–8 mit JHWHs Anspruch auf Exklusivität und Unvergleichbarkeit begründet wird.

Gottesname s. u. 3.3

Es geht um die folgenden drei Aspekte: 1. Die historische Entwicklung der Bildlosigkeit JHWH; 2. Begründungen des Bilderverbots; 3. Tora statt Kultbild (1Makk 3,48).

3.2.1 Die historische Entwicklung der Bildlosigkeit JHWHs

Entgegen der verbreiteten Annahme, dass das Bilderverbot einen alten Grundpfeiler alttestamentlicher Theologie darstellt, hat die Erforschung der ikonographischen Zeugnisse der Levante gezeigt: In Israel gab es Bilder (S. Schroer) und diese Bilder bezogen sich offensichtlich auf religiöse Inhalte und konnten auch dazu dienen, die Präsenz des Gottes Israels, JHWH, darzustellen. Außerdem ist hervorzuheben, dass die Panthea der orientalischen Kulturen zahlreiche Götterbilder hatten, deren jeweilige Darstellungsform häufig regional oder auch zeitlich determiniert war (vgl. O. Keel/C. Uehlinger). Zur Götterverehrung gehörte die bildliche Darstellung sowie die am menschlichen Leben orientierte Behandlung der Götterstatuen in den Tempeln (Bekleidung; Ernährung; Prozessionen und Götterreisen). Die geläufigsten Darstellungsformen sind in Rundplastik und Flachbild zu unterscheiden.[41] Die Art der Darstellung kann menschen-, tier- oder mischgestaltig sein, die entweder als Einzeldarstellungen oder Bildkompositionen verarbeitet sind. Funktional handelt es sich um Götter- oder Kultbilder. Während letztere dem kultischen Gebrauch in Tempeln bzw. Heiligtümern oder auf Prozessionen dienen, haben die ersten Schutz bzw. Segen spendenden Charakter. Sie repräsentieren die Gottheit in Form von Amuletten, kleinen Statuetten (Terafim; Gen 31,19.34 f.)[42], die die Menschen von der Geburt bis ins Grab begleiteten.

---

41 Uehlinger, Götterbild, 871 ff.; vgl. auch A. Nunn, Art. Götterbild, www.wibilex.de.
42 Vgl. R. Schmitt, Art. Hausgott/Terafim, www.wibilex.de.

Eine Götter- bzw. Kultstatue wurde nicht als ein unbelebter Gegenstand angesehen, sondern sie

> „war die Inkarnation des Gottes; alle Kulthandlungen waren auf das Kultbild hin ausgerichtet: Vor ihm wurden die Opfer dargebracht, anlässlich bestimmter Zeremonien wurden die Götterbilder in feierlicher Prozession aus dem Tempel geführt …".[43]

Wenn Götter menschen- oder tiergestaltig dargestellt sind, geht es nicht darum, ihr Aussehen abzubilden, sondern ihre Wirkmächtigkeit („Numen") zum Ausdruck zu bringen. Anstelle des „Ähnlichkeitsbildes" geht es um das „Repräsentationsbild".[44] So symbolisiert der Löwe Stärke und Macht und gilt als Herr über Leben und Tod. Stier und Schlange stehen für Fruchtbarkeit, die Schlange auch für Weisheit. Eine materiale Identität von Gott und Bild ist nicht gegeben. Dennoch ist der Raub eines Götterbildes aus dem Tempel nicht nur ein materieller Verlust wertvollen Materials, sondern bedeutet ein Sakrileg. Das Bild kann nicht einfach ersetzt werden, und der Verlust birgt zudem große Gefahren. Im Zuge von Eroberungen können Statuen aus dem Tempel geraubt und die Götter somit in ihrer Wirkmächtigkeit beeinträchtigt oder gar zerstört werden.[45] Das Bild besitzt numinose Kräfte (vgl. die Lade in 1Sam 5).

Abb. 9: Wegführung von Götterbildern nach der Eroberung einer Stadt (Samaria oder Qarqar?; Relief aus dem Palast Tiglat-Pilesers III., 745–727 v. Chr., in Nimrud)

---

43 Renger, Kultbild, 313. Zur Götterbildherstellung und Belebung der Statue s. ausführlich Berlejung, Theologie.
44 Berlejung, Theologie, 58.
45 Schenker, Profanation; zum Relief vgl. Uehlinger, Anthropomorphic Cult Statuary, 125f. und M. Bauks, Art. Bilderverbot, www.wibilex.de mit Abb. 4.

Das Hebräische unterscheidet als wichtigste Begriffe in פסל/*pæsæl* „Kultbild" (2Kön 21,7 für Aschera; פסל/*psl* „behauen/schnitzen") als geschnitztes Bild, behauenes Steinbild oder Gussbild (auch מסכה/ *massekâ*) sowie in profane Bilder, צלם/*ṣælæm* (neben דמות/*demût* in Gen 1,26f.; 5,3; vgl. דמה/*dmh* „gleichen, ähnlich sein"). Allerdings sind Kultbilder im Alten Testament häufig gar nicht als plastische, konkrete Darstellungen, sondern, wie z. B. im Falle der Aschera, als ein natürlich belassener Holzpfahl beschrieben, der weder figürlich ausgearbeitet noch bemalt war, sondern einen Baum in stilisierter Form darstellt. Die meisten figürlichen Darstellungen beziehen sich auf Fremdgötter und werden durch einen zweiten hebräischen Begriff näher bezeichnet (vgl. Jes 40,19; 44,10; s. auch Ex 32,4.8 [vgl. Dtn 9,12; 2Kön 17,16; Hos 13,2] zur Bezeichnung des Goldenen Kalbs). Daneben finden sich Belege für Masseben, sogenannte Kultstelen (1Kön 14,23 u.ö. neben Aschera), wie man sie archäologisch in Geser als Vertragszeichen (vgl. Gen 31,45) bzw. in Hazor als Denkmal für Verstorbene gefunden hat (vgl. Gen 35,20). Masseben sind in Assyrien, Syrien, Palästina bis zur arabischen Halbinsel neben figürlichen Darstellungen belegt.[46] Philo von Byblos (2. Jh. n.C.) bezeichnete diese als Baitylos/Betyle (hebr. Lehnwort für „Gotteshaus"[47]), was ihre repräsentative Funktion unterstreicht.

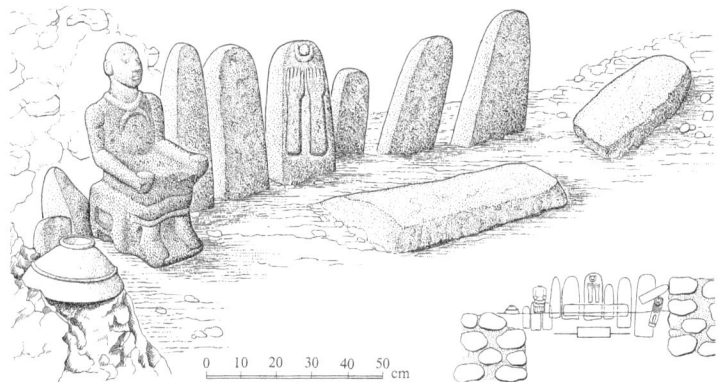

Abb. 10: Spätbronzezeitliches Stelenheiligtum in Hazor (Areal C)[48]

---

46 Galling, Biblisches Reallexikon, 208 mit Abb. 49/4; vgl. W. Zwickel, Art. Hazor, www. wibilex.de mit Abb. 16. Zu den Funden von Kultstatuen in Palästina vgl. Uehlinger, Anthropomorphic Cult Statuary.
47 Zitiert durch Euseb von Caesarea, Praeparatio evangelica I, 10,23.
48 Abbildung aus Galling, BRL 2. Auflage, Abb. 49. Vgl. R. Schmitt, Art. Mazzebe, www. wibilex.de mit Abb. 3.

Kultbild JHWHs	Diskutiert ist, ob es denn zu irgendeinem Zeitpunkt ein offizielles Götter- oder Kultbild von JHWH gegeben hat, das – wie in den anderen altorientalischen Kulturen üblich – in einem Tempel oder Heiligtum verehrt, von Zeit zu Zeit auf Prozessionen der Kultgemeinde präsentiert wurde und eventuell in den assyrischen Kriegswirren des 8. Jh. oder 6. Jh. verloren gegangen ist. So berichten die Königsbücher in Bethel und Dan von einem Stierbild, das möglicherweise schon in vorstaatlicher Zeit im JHWH-Kult verankert war (1Kön 12). Der hebräische Begriff עֵגֶל/*ʿægæl* „kleiner Stier" bezieht sich im Alten Testament in 19 von 45 Belegen auf ein Kultbild.[49] Besonders das Hoseabuch lässt die ursprünglich positive Aufnahme noch erahnen, wenn sich der Autor ohne jegliche Fremdgottpolemik zwar von JHWH als Stier distanziert (Hos 8,1–6*; 10,5–6a; 13,2 sek.), aber eigentlich nur die Selbstpräsentation des Staates und seine Eigeninitiatve, Bilder zu schaffen, angreift (8,4a.5), nicht aber das Bildmotiv an sich. Da der Stierkult ursprünglich aus Bethel (d.h. „Haus des El") stammt und erst im Laufe der Geschichte auf JHWH übertragen wurde, stellt sich die Frage, welchem Gott es eigentlich gilt?[50] Es ist nicht auszuschließen, dass die Umwidmung sogar erst unter Jerobeam I. – und nicht etwa schon in vorstaatlicher Zeit unter dem Patriarchen Jakob (so Gen 28) – erfolgt ist; und dies aus dem Interesse heraus, für das Nordreich nach der Separation von Jerusalem einen eigenen Staatskult zu schaffen (1Kön 12,20–30).[51] Ebenfalls diskutiert ist, ob das Stierbild die ältere Mazzebe verdrängt hat oder umgekehrt das Stierbild durch eine (bildlose) Mazzebe ersetzt wurde, was auf eine theologische Korrektur der Gottesvorstellung des Nordreichs hinweisen würde.[52] Möglich wäre aber auch, dass Mazzebe und Stierbild nebeneinander in Bethel gestanden haben, die Stele im Vorhof, der Stier im Allerheiligsten, von denen das Stierbild die ältere Tradition darstellte, die in die Zeit vor Jerobeam zurückführt.[53] Der Stierkult wäre dann von El bzw. Baal herkommend auf JHWH übertragen worden. Für unseren Zusammenhang ist wichtig, dass der Stier die Präsenz der Gottheit als theriomorphes Kultbildes darstellte. Er ähnelt darin der ehernen Schlange (Num 21,9), die Hiskia (8./7. Jh. v.Chr.) zwar aus dem Tempel entfernt haben soll (Nehuschtan; 2Kön 18,4), die aber im samaritanischen JHWH-Tempel auf dem Garizim in hellenistischer Zeit archäologisch weiter belegt ist.[54]
S.o. Abb. 9	

---

49 Vgl. dazu Dohmen, Bilderverbot, 152; Koenen, Bethel, 128f.132.
50 Jeremias, Hosea, 106–108.130f.; Hartenstein, Hermeneutik des Bilderverbots, 128–136.
51 Vgl. auch Köhlmoos, Bet-El, 135–138 zu der Königkritik von Hos 10,1–8.
52 Vgl. Mettinger, Aniconism, 192.203 zur ersten Verdrängungshypothese, Dohmen zur zweiten.
53 Koenen, Bethel, 99f.133–135.
54 Vgl. Magen, Mount Gerizim Excavation II., 157, Abb. 283.

Umstritten ist weiterhin, inwieweit auch der Jerusalemer Tempel ein JHWH-Kultbild kannte. Jes 6 oder Ez 1 scheinen dies zu belegen. Die supranaturalistischen Schilderungen könnten aber auch, statt auf eine überdimensionierte reale Kultstatue zu verweisen, lediglich eine metaphorische Darstellung der Wirkmächtigkeit Gottes in einer Visionsschilderung sein. Allerdings könnte selbst der sehr junge Text Dtn 4,25–27 noch ein sehr konkretes Kultbild vor Augen haben, gegen das sich die Polemik richtet. So wurden die Wendung „das Angesicht JHWHs schauen" in Ps 11,7; oder Ps 24,7–10 bzw. 68,25–26 nicht metaphorisch, sondern als Verweis auf eine konkrete Götterbildprozession verstanden.[55]

> 25 Wenn du dann Kinder und Kindeskinder hast und ihr im Land heimisch geworden seid, und ihr frevelt und macht euch ein Gottesbild in irgendeiner Gestalt und tut, was dem HERRN, deinem Gott, missfällt, und reizt ihn, 26 so rufe ich heute Himmel und Erde als Zeugen auf gegen euch, dass ihr bald getilgt sein werdet aus dem Land, in das ihr über den Jordan zieht, um es in Besitz zu nehmen. Ihr werdet nicht lange darin wohnen, sondern ganz aus ihm getilgt werden.

Dtn 4

Allerdings lässt sich die Frage „warum im Jerusalemer Tempel kein anthropomorphes Kultbild gestanden haben dürfte" (O. Keel) durchaus mit den gänzlich fehlenden Hinweisen auf irgendein JHWH-Bild beantworten. Dieses Faktum lässt sich dahin deuten, dass in Judäa

> „die Polemik gegen allerhand figurative Kultobjekte (Stier und Schlange) […] schlussendlich auch zur Ablehnung der heiligen Steine und der Lade als originäre israelitische Gottessymbolen geführt habe."[56]

Man kann für den Jerusalemer Kult einen im altorientalischen Kontext minder geläufigen Sonderweg der Gottesverehrung voraussetzen, der von Anfang an nicht anthropomorph orientiert war, sondern die Präsenz Gottes in Lade, Thron oder Stele darstellte und im Laufe der Geschichte eine fortschreitende Reduktion bis hin zum Bilderverbot erfuhr.[57]

---

55 So Köckert, Entstehung, 281 f.; vgl. dazu auch Niehr, Search, 81–87; Aspects, 233 f.; s. auch van der Toorn, Iconic Book, 239 ff.
56 Keel, Warum, 281.
57 Zum Götterbild als Normalfall altorientalischen Kultbetriebs vgl. A. Nunn, Art. Götterbild, www.wibilex.de, hier § 5 zu nicht bildhaften Darstellungsformen außerhalb Israels; M. Bauks, Art. Bilderverbot, www.wibilex.de, § 3.4 zu einer Münzdarstellung aus Jehud und einem Thronwagen als etwaige JHWH-Darstellung (vgl. Uehlinger, Anthropomorphic Cult Statuary, 150–152.) Zum Ganzen Hartenstein, Hermeneutik, 58–66.

3.2.2 Begründungen des Bilderverbots

Monotheismus *s. o. 3.1.3*

Im Rahmen der Überlegungen zur Entstehung des Monotheismus ist das Bilderverbot im Dekalog als eine Konkretisierung des Fremdgötterverbots charakterisiert worden. Der exklusive JHWH-Glaube sah in jedem Götterbild den Einzug fremder, nicht JHWH gemäßer Kultformen, was mit der Beobachtung einher geht, dass eine ikonographisch klar definierte JHWH-Kultstatue fehlt und die Stiersymbolik des Nordreichs in Juda als Fremdgötterkult diffamiert und als Grund

Kultbildpolemik

für den Untergang interpretiert wurde. Möglicherweise steht hinter dieser Ansicht eine grundsätzliche Kritik an einer „Doppelung der Wirklichkeit", die der natürlichen Welt eine anthropomorph gestaltete Götterwelt entgegenstellt.[58] In narrativer Weise setzen sich insbesondere Passagen des Deutero-Jesaja-Buchs mit der Kultbildpolemik auseinander. Passagen wie „Vor mir wurde kein Gott gebildet, und nach mir wird keiner sein" (Jes 43,10) oder „Ich bin der Erste und der Letzte, außer mir ist kein Gott" (Jes 44,6; vgl. Jes 41,4; 45,5–6.18; 46,9 u. ö.) zeigen an, dass man um die Existenz und Präsenz anderer Götter im kulturellen Umfeld durchaus wusste, diese aber ablehnte und als „nichtig" bzw. Nichtsnutze zu verbannen suchte. Eindrucksvoll wird dieser Gedanke in der sekundär ergänzten „Götterbildtravestie",[59] Jes 44,9–20, formuliert:

Jes 44,9–18

9 Die Bildner der Bilder sind alle nichtig, und ihre Lieblinge nützen nichts, und ihre Zeugen [d. h. die Verehrer], sie sehen nichts und verstehen nichts, damit sie zuschanden werden.
10 Wer hat je einen Gott gebildet und ein Bild gegossen, damit es nichts nützt?
11 Sieh, alle seine Gefährten werden zuschanden, und die Handwerker, sie sind Menschen! Sollen sie sich doch alle versammeln, sich aufstellen, sie werden erschrecken, allesamt werden sie zuschanden.
12 Man hat Eisen zum Messer geschmiedet und es in der Kohlenglut bearbeitet, und unermüdlich hat man es mit Hämmern geformt, und mit starkem Arm hat man es schliesslich angefertigt. Sogar gehungert hat man, und die Kraft ist geschwunden, man hat kein Wasser getrunken und ist ermattet.
13 Der Zimmermann hat die Richtschnur ausgespannt, unermüdlich hat er mit dem Griffel vorgezeichnet, es mit den Schnitzmessern ausgeführt und mit dem Zirkel vorgezeichnet, und wie das Bild eines Menschen hat

---

58 Vgl. dazu Hartenstein, Weltbild und Bilderverbot, 20 f.
59 Berges, Jesaja 40–48, 337 f.

er es schliesslich ausgeführt, wie ein Prachtstück von einem Menschen, damit es in einem Haus stehe.

14 Er ist gegangen, um sich Zedern zu fällen, und hat eine Steineiche genommen oder eine Eiche, und unter den Bäumen des Waldes hat er ihn kräftig werden lassen für sich. Er hat Lorbeer gepflanzt, und der Regen hat ihn gross gemacht,

15 und dann hat er einem Menschen als Brennholz gedient. Und dieser hat davon genommen und hat sich damit gewärmt. Er zündet es an und backt Brot! Er macht einen Gott daraus! Und schliesslich hat er sich niedergeworfen, hat es zum Bild gemacht und sich vor ihm verbeugt.

16 Die eine Hälfte davon hat er im Feuer verbrannt, auf dieser Hälfte isst er Fleisch, brät einen Braten, damit er satt wird. Auch wärmt er sich und sagt dann: Ah, mir ist warm geworden, ich habe das Feuer gesehen.

17 Und was davon übrig ist, hat er zu einem Gott gemacht, zu seinem Bild, vor ihm verbeugt er sich und wirft sich nieder, und zu ihm betet er und spricht: Rette mich, denn du bist mein Gott.

18 Sie haben nichts erkannt und begreifen nichts, denn ihre Augen sind so verklebt, dass sie nichts sehen, und ihr Herz ist so, dass sie keine Einsicht haben!

Voraussetzung der Kontroverse ist die Einzigkeit JHWHs (Jes 44,6; s. o.) und die Identifizierung der Götter mit den von Menschen gemachten Bildern (Jes 44,10.15.17), vorangetrieben von der Überzeugung, dass der Prozess der Herstellung, die Hersteller und das Material die (begrenzte) Qualität des Produkts bestimmen. Der Verweis auf die technische Herstellung unterstreicht die Gebundenheit an die menschliche Sphäre und schmälert die Heiligkeit und Exklusivität. Handwerker und Verehrer sind hier gleichermaßen angeklagt. Besonders hervorgehoben ist aber die Nutzlosigkeit der Bilder. Die Schlussreflexion „Sie haben nichts erkannt und merken nicht ..." (V. 18) spricht den Handwerkern ihren sonst so hoch veranschlagten Respekt ab. Während im Alten Orient die Vorstellung verbreitet ist, dass die Herstellung von Kultbildern ein Sonderfall der Menschenschöpfung sei und deshalb den Künstlern ein besonderes Gottesverhältnis nachgesagt wird[60], ist hier polemisch von חרש/ḥaraš die Rede, das neben „Kunsthandwerk" auch „Zauberei" bedeutet (Jes 44,11b). Im theologischen Denken des Deutero-Jesaja-Buchs kann das auf irdischem Weg entstandene Bild folgerichtig nur zu *einem* Wirklichkeitsbereich gehören, nämlich zur sichtbaren immanenten Welt. Die Teilhabe der Figur an einer Gottheit, die intakte Ursprungsbeziehung zwischen Gott und Statue ist nicht gegeben, so dass jede Grundlage für ein kultisches

---

60 Berlejung, Handwerker, 114–134; Dies., Theologie, 94–172.

Gelingen fehlt (vgl. Jes 46,1–7; Jer 10,6–16).[61] In der letzten Konsequenz sind die Verehrer anzuklagen und zu verfluchen. „Zurückgewichen, tief in Schande sind, die auf Standbilder (פסל/*pæsæl*) vertrauen, die zu Gussbildern (מסכה/*massekâ*) sagen: Ihr seid unsere Götter!" (Jes 42,17). All diese Passagen zeigen, wie eng das Bilderverbot und das Fremdgötterverbot miteinander verbunden sind.

Eine der jüngsten Ergänzungen zum Buch Deuteronomium findet sich in Dtn 4,10–20:

Dtn 4

10 Als du am Choreb vor dem HERRN, deinem Gott, standst, da sprach der HERR zu mir: Versammle mir das Volk, dass ich sie meine Worte hören lasse, damit sie lernen, mich zu fürchten alle Tage, die sie auf der Erde leben, und damit sie es auch ihre Kinder lehren.
11 Da kamt ihr und standet unten am Berg. Der Berg aber brannte lichterloh bis in den Himmel hinein bei Finsternis, Wolken und Dunkel.
12 Und der HERR sprach zu euch aus dem Feuer. Den Schall der Worte habt ihr gehört, nur einen Schall, doch eine Gestalt habt ihr nicht gesehen.
13 Und er verkündete euch seinen Bund, den er euch zu halten gebot, die zehn Worte, und er schrieb sie auf zwei steinerne Tafeln.
14 Mir aber gebot der HERR damals, euch Satzungen und Rechte zu lehren, damit ihr danach handelt in dem Land, in das ihr zieht, um es in Besitz zu nehmen.
15 So hütet euch um eures Lebens willen, ihr habt ja keine Gestalt gesehen, als der HERR am Choreb aus dem Feuer zu euch sprach:
16 Frevelt nicht und macht euch kein Gottesbild, das etwas darstellt, kein Standbild, kein Abbild eines Mannes oder einer Frau,
17 kein Abbild eines Tiers auf der Erde, kein Abbild eines Vogels, der am Himmel fliegt,
18 kein Abbild eines Kriechtiers auf dem Erdboden, kein Abbild eines Fischs im Wasser unter der Erde.
19 Und blicke nicht auf zum Himmel, und schau nicht auf Sonne, Mond und Sterne, das ganze Heer des Himmels, und lass dich nicht verführen, sie anzubeten und ihnen zu dienen. Der HERR, dein Gott, hat sie allen Völkern unter dem ganzen Himmel zugeteilt.
20 Euch aber hat der HERR genommen und herausgeführt aus dem Schmelzofen, aus Ägypten, damit ihr sein eigenes Volk sein sollt, wie es heute der Fall ist.

Der spätexilische Textabschnitt ist eine theologische Kommentierung des Dekalogs, die den Gedanken unterstreicht, dass Gott innerwelt-

---

61 Vgl. Hartenstein, Hermeneutik, 89–94.115–128 (Datierung in hellenistische Zeit).

lich nicht darstellbar ist (Dtn 4,12 „keine Gestalt" תמונה/*temunâ*), sondern nur eine Stimme hat, und weder in irgendeinem Bildnis (פסל תמונת כל־סמל/*pæsæl temûnat kol-samæl*), noch als männliches, weibliches oder tierisches Abbild (תבנית/*tabnît*; Dtn 4,16–18) oder als Gestirn (Dtn 4,19) präsent ist. In diesen Formulierungen schimmert das Fremdgötterverbot deutlich durch (V. 19b). Die an den Horeb verlegte Sinaitheophanie ist in Dtn 4 bewusst bildlos beschrieben (Feuer, Schall von Worten) und korreliert darin mit der Anschauung, dass ein Mensch, der Gott sieht, des Todes ist (Ex 33,20; vgl. Ex 3,6; 1Kön 19,13; Jes 6,2; Gen 19,17.26). Die theologische Aussage zielt darauf, dass allein JHWH wirkmächtig ist. Jenseits aller Götterpolemik „entsteht (hier) auf dem Boden des Erwählungsgedankens Israels eine ‚gestufte Offenbarungslehre'"[62]: Noch ist Gott den anderen Völkern verborgen, gibt sich diesen erst langsam zu erkennen. Und in diesem Prozess werden dann auch die Bilder obsolet. Sie drohen die Offenbarung in das Vorstadium zurückfallen zu lassen. Somit wird in dieser theologischen Phase das Fremdgötterverbot in ein wirkliches Bilderverbot transformiert. Die aus drei bildsprachlichen Nomen bestehende redundante Wendung *pæsæl temûnat kol-samæl tabnît* „Gottesbild, das etwas darstellt, Standbild, Abbild (eines Mannes oder einer Frau)" (V. 16) scheint jegliches Abbild – d. h. nicht nur konkrete Kultbilder, wie Götterfigurinen etc., sondern auch Symbolfiguren, Postamenttiere etc. – zu untersagen. Erst hier ist konsequente Bildlosigkeit im Kult gefordert. Häufig werden solche Bilder in späten Texten als Initiative ihrer Verehrer verdammt (vgl. Ex 20,22 f.; 34,17; Lev 19,4; 26,1 und Dtn 27,15).

3.2.3 Tora statt Kultbild (1Makk 3,48)

Infolge der im 1. Jt. verbreiteten polytheistischen Tendenzen in Palästina wie im gesamten Alten Orient, ist sicher, dass auch Israel – wie die Nachbarvölker – einen Nationalgott verehrte, der mit fortschreitender Zeit einen zunehmenden Anspruch auf Exklusivität erhob. Was die JHWH-Verehrung von den anderen Völkern wahrscheinlich unterschied, war das Fehlen eines gestalteten Götterbildes. Mazzeben, Lade und Kerubenthron wie auch Stierbilder können nicht darüber hinwegtäuschen, dass eine anthropomorphe Götterstatue in vorexilischer Zeit für Israel und Juda bislang nicht nachgewiesen werden konnte.

Die josianische Kultreform, die neben der Kultzentralisation die Bereinigung des JHWH-Kults verfolgte, korreliert mit der Auffindung eines Buches im Tempel (2Kön 22,10 ff.), das Bestimmungen enthält, die Dtn 12 ff. nahestehen. Exegeten seit W.M.L. de Wette (1805/6)

---

62 Dohmen, Bilderverbot, 207; anders Köckert, Entstehung, 275–282.

haben dafür plädiert, dass es sich bei diesem im Tempel wiederentdeckten Buch um eine Art „Ur-Deuteronomium" handelt, das zur Zeit Hiskias vorlag (vgl. zu einer ersten Kultreform 2Kön 18,4–6), zur Zeit Manasses aber in Vergessenheit geriet und erst unter Josia religionspolitischen Einfluss gewann. Die literargeschichtlichen Überlegungen lassen erkennen, dass die sog. josianische Reform weitaus mehr als eine bloße Kultreform gewesen sein muss: Sie war zugleich eine breite nationale, soziale und religiöse Erneuerungsbewegung, welche die historische Chance, die das Zurückweichen der assyrischen Fremdmacht bot, entschlossen zu einer Neukonstituierung des israelitischen Staates nutzte.[63] Der kultische Bereich wurde durch die Kultzentralisation und das Zurückdrängen von diversen kultischen Traditionen außerhalb und innerhalb Jerusalems reformiert (2Kön 23,4–24; Dtn 12,1–21).[64] Das Ziel lag darin, zur religiös-nationalen Erneuerung die kulturelle Identität Israels gegen alle fremdkulturellen Einflüsse von außen abzuschotten und außerdem das neue Zusammengehörigkeitsgefühl der jungen Nation jenseits aller historischen und religiösen Differenzen (Kanaan, Nordreich-Südreich) zu konsolidieren. Dabei ging es auch um die Abschaffung von Kultsymbolen („Kultreinigung"). Neben der berichteten Beseitigung von Mazzeben, Ascheren, Kultprostitution sowie des assyrischen Omen- und Beschwörungswesens (2Kön 23,5.11) implizierte die Reform auch ein Bilderverbot im JHWH-Kult. So wurde jeder in deuteronomistischer Sicht nicht als JHWH würdig erachtete Kult zum kanaanäisches Fremderbe deklariert. Selbst wenn es sich mit den beiden Reformberichten um rein literarische Konstrukte handeln sollte, die ein Postulat der Zeit des 2. Tempels darstellen[65], so bleibt doch hervorzuheben, dass die Bestimmungen mit einer Reihe von archäologischen Beispielen übereinstimmen, die auf einen ikonographischen Paradigmenwechsel im Kultbetrieb des 6. Jh. hinweisen: Es ist auffällig, dass in der bis dahin breit belegten Siegelkunst die Vorliebe für Bilder deutlich abnimmt. Die als Baum stilisierten Göttinnen verschwinden auf den Bildträgern ebenso wie die zahlreichen Astralsymbole. In einer Gruppe von Bullen, die aus den ersten Jahren des 6. Jh. stammen, finden sich weder anthropomorphe Gottesdarstellungen (assyrisch oder kanaanäisch) noch Astralsymbolik (Sichelmond, Stern). Diese Motivik ist durch Pflanzen- und Architekturmotive ersetzt. Etwas anders liegt der Befund bei einigen wenigen judäischen Namenssiegeln, auf denen sich wie auf benachbarten

---

63 Vgl. z. B. Albertz, Religionsgeschichte I, 310 ff.
64 Zu der erst sekundären Verknüpfung mit dem Buchkontext vgl. Pietsch, Kultreform, 480 f.
65 So z. B. Niehr, Aspects, 240.

moabitischen und ammonitischen Namenssiegeln noch Kultikonographie (Mondgott; nackte Göttin) findet. Daraus lässt sich schließen, dass unter den Jerusalemer Eliten um 600 v. Chr. Astralsymbolik nicht mehr *en vogue* war, während solche Traditionen im ländlichen Bereich fortlebten. Ein vergleichbarer Bruch ist in der Epigraphik wahrnehmbar, der sich als Kompetenztransfer JHWHs mit Segensvollmacht zum universalen Weltschöpfer wie auch zum Herrscher des Totenreiches vollzieht. Außerdem verschwindet Aschera in inschriftlichen Segensformeln (so Arad; Lachisch anders noch Ḥirbet el-Qōm oder Kuntilet ʿAǧrūd). Anstatt von einer josianischen *Kult*reform wäre besser von einer politisch-religiösen Unabhängigkeitserklärung mit anti-assyrischer Stoßrichtung zu sprechen.[66] Dazu passt auch die Bilderkritik, die jeglichem Synkretismus, d. h. der Verschmelzung mit nicht-jahwistischen Kulttraditionen, vorbeugen will: Ohne Götterbilder und Göttersymbole ist auch der Kult fremder Götter nicht mehr vermittelbar.[67] Da Kultbilder in Zeiten politischer Krisen und Kriege zudem gefährdete Objekte (vgl. Jes 36,18–20; 37,13; 46,1–4) und vor Raub zu schützen sind (s. o. Abb. 9), gerät der programmatische Verzicht in unsicheren politischen Zeiten zum Vorteil.[68]

Es lässt sich die Schlussfolgerung ziehen, dass das alttestamentliche Bilderverbot literarisch (vgl. Ex 20 und Dtn 5) und inhaltlich vom Fremdgötterverbot und vom Gebot der Alleinverehrung JHWHs nicht zu trennen ist. Schon die prophetische Bilderkritik enthält Kritik an der Ambivalenz der Kultbilder, da aufgrund der Nähe der Bildsprache zu den kanaanäischen Kulttraditionen der Alleinverehrungsanspruch JHWHs nicht garantiert werden kann. Das Bilderverbot ist also kein ursprünglicher Bestandteil der JHWH-Religion, sondern ein spätes theologisches Konzept, das jedoch auf anikonische Tendenzen im JHWH-Kult zurückgreifen kann. Mit seiner Ausformulierung in nachexilischer Zeit wurden bildsprachliche Element ersetzt und es entstand die deuteronomistische Namenstheologie oder die Kabod- bzw. Herrlichkeits-Theologie bei P oder Ezechiel. Die positive Übertragung und Metaphorisierung des Gottes*bilds* findet sich auch in dem Konzept der Gottebenbildlichkeit. Nach Gen 1,26–28 ist die ursprünglich königlich gedachte Gottebenbildlichkeit auf den erschaffenen Menschen an sich transferiert („demotisiert"). Es ist nicht mehr das unbelebte Bild, sondern das Geschöpf selbst, das die

Namenstabu
s. u. 3.3

---

66 Uehlinger, Kultreform; Pietsch, Kultreform.
67 Niehr, Aspects, 240.
68 Vgl. Schenker, Profanation; Hartenstein, Hermeneutik, 119–122.

Präsenz und Wirkmächtigkeit JHWHs präsentiert.[69] Das Rudiment eines Gottes*symbols* überdauert zuerst literarisch (Sach 4,14), dann auch materiell (s. Titusbogen in Rom) in der Menora, dem siebenarmigen Tempelleuchter. Das Judentum kennt darüber hinaus ein zweites Kultobjekt in Form der Schriftrolle der Tora. Sie verkörpert das kulturelle Gedächtnis und ersetzt längerfristig sowohl das Kultbild als auch den Kultort (Tempel von Jerusalem). Auffällig ist, dass die Schriftrolle eine dem Götterbild auffällig analoge Behandlung erfährt: Wie vormals Götterstatuen im Alten Orient so dient auch die Tora als Ort von Gelübdesprechung, begleitet Feldzüge, wird in Kultprozessionen vom Herstellungsort in den Kultraum überführt und eingesegnet oder – wenn sie ausgedient hat – feierlich in einer Geniza begraben. Die Tora ist als Verkörperung des Wortes Gottes ähnlich wie das Götterbild Kultobjekt und Medium in einem: sie verweist den Leser auf eine Wirklichkeit, die außerhalb seiner selbst liegt und wird als Kultobjekt mit außergewöhnlicher Sorgfalt, d.h. rituell behandelt.[70] 1Makk 3,48 reflektiert diese Analogie:

Sach 4; s. o. 2.6.3.2

Torafrömmigkeit

1Makk 3

46 Und sie sammelten sich und zogen nach Massepha gegenüber von Jerusalem, denn in Massepha war einstmals ein Gebetsort für Israel. 47 Und sie fasteten an jenem Tag, legten Bußgewänder an, (streuten) Asche auf ihr Haupt und zerrissen ihre Kleider. 48 Und sie rollten das Buch des Gesetzes auf, so wie die Völker die Bilder ihrer Götzen befragten.[71]

Der Textauszug thematisiert die öffentliche Toralesung im Zuge einer Kriegsansprache zur Ermunterung der Kämpfer, die der Vergegenwärtigung Gottes dient (vgl. Dtn 20,2–8) und an dieser Stelle sogar explizit mit der Funktion eines Kultbild (Gottesbefragung) verglichen ist.

Die Tora als Ersatz für den Tempel wird zu einem geläufigen Konzept in der rabbinischen Theologie. So finden sich in der Mischna mAvot 1,2 folgende drei „Säulen" des Judentums beschrieben[72]:

„Auf drei Dingen (be)steht die Welt: auf der Tora (*'al hatôrâ)*, auf dem Gottesdienst (*'al ha'ªbôdâ*) und auf dem Tun von Liebeswerken (*'al gᵉmîlût ḥªsādîm*)."

---

69 Janowski, Lebendige Statue.
70 Vgl. dazu van der Toorn, The Iconic Book, 242–244.
71 Übersetzung und Kommentierung: Tilly, 1 Makkabäer, 123 ff.
72 Vgl. zu den beiden folgenden Übersetzungen Schreiner, Wo man Tora lernt, 376.380.

Die Formulierung erinnert an die Reihe in 2Chr 31,21, die aber anstelle der „Liebeswerke" מצוה/*miṣwâ* „das Gebot" nennt. Die Auslegung in Machsor Vitry präzisiert mAv 1.2

> „Jetzt, da es den Tempel (und Tempelgottesdienst) nicht mehr gibt, wird die Welt erhalten durch die Tora, durch das Tun von Liebeswerken und durch das Gebet *(tefillâ)*, denn das Gebet ist an die Stelle der ʿabôdâ [d. h. des Gottesdienstes] getreten, denn ‚größer ist das Gebet als die Opfer, wie es heißt (Jes 1,11): ‚Was soll mir die Fülle eurer Opfer' etc."

Die hier dargelegte Reflexion über den Opferkult ist seit der vorexilischen Zeit durch die prophetische Kultkritik vorbereitet. Sie hat das Umdenken vom Tempelkult zu Tora/Weisung und Gebet als neue Orte göttlicher Offenbarung vorbereitet.

Nun kennt das Bilderverbot im antiken Judentum prominente Ausnahmen wie z. B. die Fresken der Synagoge von Dura Europos[73] (3. Jh. n. Chr.) oder die Fussbodenmosaiken in palästinischen Synagogen, die ein Nebeneinander von Auslegungen und Traditionen bis in das 6. Jh. n. Chr. beobachten lassen.[74]

Abb. 11: Bindung Isaaks (Fußbodenmosaik in der Synagoge von Bet Alfa; 6. Jh.)

---

73 Kraeling, Excavations at Dura-Europos, Bd. 8,1, bes. 69–239 mit zahlreichen Darstellungen biblischer Geschichten (AT).
74 Levine, Ancient Synagogues Revealed: vgl. M. Bauks, Art. Bilderverbot, www.wibilex.de mit Abb. 16.

Wie der Monotheismus ist auch das Bilderverbot keine Konstante der israelitisch-judäischen Gottesvorstellung und hat eine sehr divergierende Geschichte durchlaufen, die kaum von der Entstehung des Eingottglaubens zu trennen ist. Götterbilder wurden zunehmend als Gefährdung der eigenen Religion wahrgenommen, da die Eindeutigkeit der Verehrung wegen des hohen Synkretismus der Symbolwelt nicht gegeben war. Zwar sind für JHWH trotz vielzähliger religiöser Bildquellen in Palästina keine repräsentativen figuralen Darstellungen auszumachen, doch gibt es eine Reihe von Gottessymbolen (Stelen, Kerubenthron, Lade, Menora, Tora), die materiell und literarisch bezeugt sind. Im Laufe des 1. Jahrtausends v. Chr. verloren einige (z. B. Nehuschtan, Lade) an Relevanz und wurden verboten bzw. gerieten als „alte" Tradition in Vergessenheit. Gleichzeitig gewannen andere (z. B. Menora, Torarolle) an Bedeutung. Die Synagoge in Dura Europos und einige palästinische Synagogen der ersten Hälfte des 1. Jahrtausends n. Chr. zeigen, dass das Bilderverbot nicht absolut galt, da religiöse Bildkunst wider biblische Weisung (Dtn 4) fortbestand.

Literatur

Albertz, Rainer: Religionsgeschichte Israels in alttestamentlicher Zeit, Göttingen 1992 (GAT 8/1).
Berges, Ulrich: Jesaja 40–48, Freiburg 2008 (HThKAT).
Berlejung, Angelika: Der Handwerker als Theologe, in: VT 46 (1996), 145–168.
–: Die Theologie der Bilder. Herstellung und Einweihung von Kultbildern in Mesopotamien und die alttestamentliche Bilderpolemik, Fribourg/Göttingen 1998 (OBO 162).
Dohmen, Christoph: Das Bilderverbot. Seine Entstehung und seine Entwicklung im Alten Testament, Frankfurt a. M. ²1987 (BBB 62).
Grund, Alexandra: Verfehlter Gottesdienst, andere Götter, Kultbilder. Grundformen der Religionskritik im Alten Testament, in: M. Hofheinz/R.J. Meyer zu Hörste-Bührer (Hg.), Theologische Religionskritik. Provokationen für Kirche und Gesellschaft, Neukirchen-Vluyn 2014 (FRT 1), 34–62.
Hartenstein, Friedhelm: Weltbild und Bilderverbot. Kosmologische Implikatonen des biblischen Monotheismus, in: C. Markschies/J. Zachhuber (Hg.), Die Welt als Bild. Interdisziplinäre Beiträge zur Visualität von Weltbildern, Berlin/New York 2008 (AKG 107), 15–37.
Hartenstein, Friedhelm/Moxter, Michael: Hermeneutik und Bilderverbot, Leipzig 2016 (THLZ.F 26).
Janowski, Bernd: Die lebendige Statue Gottes. Zur Anthropologie der priesterlichen Urgeschichte, in: M. Witte (Hg.), Gott und Mensch im Dialog (FS O. Kaiser), Berlin/New York 2004 (BZAW 345/1–2), 183–214.
Jeremias, Jörg: Der Prophet Hosea, Göttingen 1983 (ATD 24/1).

Keel, Othmar: Warum im Jerusalemer Tempel kein anthropomorphes Kultbild gestanden haben dürfte, in: G. Boehm (Hg.), Homo Pictor, München/Leipzig 2001 (Colloquium Rauricum 7), 244–282.
–: Die Geschichte Jerusalems und die Entstehung des Monotheismus, Teile 1 und 2, Göttingen 2007.
Keel, Othmar/Christoph Uehlinger: Götter, Göttinnen und Göttersymbole, Freiburg ⁵2001 (QD 134).
Köckert, Matthias: Die Entstehung des Bilderverbots, in: B. Groneberg/H. Spieckermann (Hg.), Die Welt der Götterbilder, Berlin/New York 2007 (BZAW 376), 272–290.
–: Vom Kultbild Jahwes zum Bilderverbot. Oder: Vom Nutzen der Religionsgeschichte für die Theologie, in: ZThK 106 (2009), 371–406.
Köhlmoos, Melanie: Bet-El – Erinnerungen an eine Stadt. Perspektiven der alttestamentlichen Bet-El-Überlieferung, Tübingen 2006 (FAT 49).
Koenen, Klaus: Bethel. Geschichte, Kult und Theologie, Fribourg/Göttingen 2003 (OBO 192).
Kraeling, Carl H.: The Excavations at Dura-Europos, Bd. 8,1: The Synagogue, Mithraeum, and Christian Chapel, New Haven 1956, Neudruck 1979.
Lang, Bernhard: Die Jahwe-Allein-Bewegung, in: Ders. (Hg.). Der einzige Gott. Die Geburt des biblischen Monotheismus, München 1981, 47–83.
Levine, Lee I.: Ancient Synagogues Revealed, Jerusalem 1981 (IES).
Lux, Rüdiger: Das Bild Gottes und die Götterbilder im Alten Testament, in: ZThK 110 (2013), 133–157.
Magen, Yitzhak: Mount Gerizim Excavation II. A Temple City, Jerusalem 2008 (JSP 8).
Mettinger, Tryggve N.D.: Israelite Aniconism. Developments and Origins, in: K. van der Toorn, The Image and the Book. Iconic Cults, Aniconism, and the Rise of Book Religion in Israel and the Ancient Near East, Leuven 1997 (BET 21), 173–204.
–: No Graven Image. Israelite Aniconism in Its Near Eastern Context, Stockholm 1995 (CBOT 42).
Niehr, Herbert: In Search of YHWH's Cult Statue, in: K. van der Toorn (Hg.), The Image and the Book. Iconic Cults, Aniconism, And the Rise of Book Religion in Israel and the Ancien Near East, Leuven 1997, 73–95.
–: Religio-historical Aspects of the ‚Early Post-Exilic' Period, in: B. Becking/M.C.A. Korpel (Hg.), The Crisis of Israelite Religion, Leiden 1999 (OS 42), 228–244.
–: Götterbild und Bilderverbot, in: M. Oeming/K. Schmid (Hg.), Polytheismus und Monotheismus im antiken Israel, Zürich 2003 (AThANT 82), 227–247.
Pietsch, Michael: Die Kultreform Joisas. Studien zur Religionsgeschichte Israels in der späten Königszeit, Tübingen 2013 (FAT 86).
Renger, Johannes: Art. Kultbild. A. Philologisch, RlA 6, Berlin/New York 1980–1983, 307–314.
Schenker, Adrian: La profanation d'images cultuelles dans la guerre, in: RB 108 (2001), 321–330.

Schmidt, Brian B.: The Aniconic Tradition: On Reading Images and Viewing Texts, in: D.V. Edelman (Hg.), The Triumph of Elohim. From Yahwisms to Judaisms, Grand Rapids/MI 1996, 75–105.

Schreiner, Stefan: Wo man Tora lernt, braucht man keinen Tempel. Einige Anmerkungen zum Problem der Tempelsubstitution im rabbinischen Judentum, in: B. Ego/A. Lange/P. Pilhofer (Hg.), Gemeinde ohne Tempel/Community without Temple, Tübingen 1999 (WUNT 118), 371–392.

Schroer, Silvia: In Israel gab es Bilder. Nachrichten von darstellender Kunst im Alten Testament, Fribourg/Göttingen 1987 (OBO 74).

Tilly, Michael: Antijüdische Instrumentalisierungen des biblischen Bilderverbots, in: A. Wagner (Hg.), Gott im Wort – Gott im Bild. Bildlosigkeit als Bedingung des Monotheismus?, Neukirchen-Vluyn 2005, 23–30.

–: 1 Makkabäer, Freiburg 2015 (HThKAT).

Uehlinger, Christoph, Art. Götterbild, in: Neues Bibellexikon 1 (1991), 872–892.

–: Gab es eine joschijanische Kultreform? Plädoyer für ein begründetes Minimum, in: W. Groß (Hg.), Jeremia und die deuteronomistische Bewegung, Bodenheim 1995 (BBB 98), 57–89.

–: Art. Bilderverbot, RGG[4] 1 (1996), 1574–1577.

–: Anthropomorphic Cult Statuary in Iron Age Palestine and the Search for Yahweh's Cult Images, in: K. van der Toorn (Hg.), The Image and the Book. Iconic Cults, Aniconism, And the Rise of Book Religion in Israel and the Ancien Near East, Leuven 1997, 97–155.

Van der Toorn, Karel: The Iconic Book. Analogies between the Babylonian Cult of Images and the Veneration of the Torah, in: Ders. (Hg.), The Image and the Book. Iconic Cults, Aniconism, And the Rise of Book Religion in Israel and the Ancien Near East, Leuven 1997, 229–246.

Veijola, Timo: Das 5. Buch Mose. Deuteronomium Kapitel 1,1–16,17, Göttingen 2004 (ATD 8,1).

Wagner, Andreas: Alttestamentlicher Monotheismus und seine Bindung an das Wort, in: Ders. (Hg.), Gott im Wort – Gott im Bild. Bildlosigkeit als Bedingung des Monotheismus?, Neukirchen-Vluyn 2005, 1–22.

Zimmerli, W.: Das zweite Gebot, in: Ders., Gottes Offenbarung, München 1963 (TB 19), 234–248.

3.3 Bedeutung und Verwendung des Gottesnamens

Ein drittes Charakteristikum jüdischer Theologie, das sich seit der Zeit des zweiten Jerusalemer Tempels herausgebildet hat, ist die Heiligung und allmähliche Tabuisierung des Gottesnamens (קדוש השם/ *Qidduš hašem*). Dieses Lehrbuch setzt ein mit der Offenbarung Gottes in seinen Namen. Insbesondere die Erzählungen in Ex 3 und 6 (vgl. Ex 34,5) haben zum Thema, wie Gott Mose vorstellig wird und welche Namen er hat: Er ist präsentiert als Gott der Väter

Offenbarung des Gottesnamens s.o. 2.1

(Abraham, Isaak und Jakobs), El Schaddai und JHWH, sein Eigenname, der zudem durch eine Namensätiologie erläutert wird (3,14). Die priesterschriftliche Erzählung in Ex 6 bringt die Namensoffenbarung sogar in eine chronologische Abfolge: Gott offenbart sich als Elohim der Menschheit, als El Schaddai den Vätern und unter seinem Namen JHWH dem Volk Israel und Mose. Diese in nachexilischer Zeit nötige Reflexion, um die aus verschiedenen religiösen Traditionen stammenden Gottesbilder zueinander in Beziehung zu setzen und – im Sinne des fortschreitenden Monotheismus – miteinander als Appellative ein und desselben Gottes namens JHWH zu identifizieren, erfährt in der nachexilischen Zeit eine Korrektur. Bereits der Dekalog belegt das sogenannte Namensmissbrauchverbot (Ex 20,7/Dtn 5,11; s. u.), das den Gebrauch des Gottesnamens einschränkt; der (sehr späte) Text Lev 24,16 sanktioniert die Nennung des Gottesnamens mit dem Tod und bereitet das rabbinische Konzept des *Qidduš hašem* vor.

Auffällig ist zudem, dass Teile der Hebräischen Bibel wie die Hiobdichtung (der poetische Teil in Hi 3,1–42,6; Ausn. 12,9) oder der sogenannte Elohistische Psalter (Ps 42/43–83) auf die Verwendung des Tetragramms weitgehend verzichten. Im Fall des Elohistischen Psalters ist sogar davon auszugehen, dass das Tetragramm erst im Lauf der Überlieferungsgeschichte aus der Teilsammlung getilgt wurde.[75]

Auch in der griechischen Übersetzung der Tora (3. Jh. v. Chr.) begegnet „JHWH" nicht und wird somit von anderen Eigennamen abgesetzt (vgl. die Transliteration Adam ab Gen 2,15LXX anstelle der Übersetzung durch griech. ἄνθρωπος/*anthropos* „Mensch"). Das Tetragramm ist systematisch ersetzt worden durch das griech. Nomen κύριος/*kurios* „Herr", das auch als Übersetzung für אדן/*'adôn*/ אדני/*'adonaj* verwendet ist.[76] Diese Praxis ist in den meisten Bibelübersetzungen beibehalten, die das Tetragramm durch HERR (in Kapitälchen) wiedergeben, um die Unaussprechlichkeit zu wahren und den besonderen Charakter des Gottesnamens hervorzuheben. Einige antike Manuskripte, die man am Toten Meer gefunden hat, haben das Tetragramm durch vier Punkte ersetzt (z. B. 1QS VIII,14) oder in althebräischer Schrift markiert (1Qp Hab; 11Q5), vermutlich, um der unüberlegten lauten Aussprache des Namens vorzubeugen. Noch heute wird der Gottesname in den Synagogen nicht ausgesprochen, sondern durch eine Zitationsform (Adonaj „Herr", *Qadoš Barûkh Hû*

---

75 Vgl. R. Müller, Art. Psalmen, www.wibilex.de, § 1.5.3., zur Herkunft der verbleibenden Belege des Tetragramms (z. B. Ps 42,9; 83,17.19).
76 Vgl. Rösel, Adonaj, 5–7; Ders., Übersetzung.

„Heiliger, gesegnet ist er"[77]) ersetzt. Der Gottesname ist heilig – und somit sakro-sankt.

Exkurs: Der Gottesname im alten Orient und im alten Ägypten

Traditionsgeschichtlich lässt sich die Heiligung des Namens vielleicht am besten im Rückgriff auf die vorderorientalische Bildtheologie erklären. Einerseits verkörpert der Gottesname eine „mythische Hypostase des Wortes" und „eine substantielle Kraft". Deshalb haben Namen mitunter programmatischen Charakter wie z. B. das Volk *Israel* „Gott kämpft" oder der erwartete Messias *Immanuel,* d. h. „Gott mit uns", genannt sind. In der ägyptischen Ikonographie kann in Vertretung des Herrschers seine Namenskartusche „aktiv werden". Dem Namen kommt magische Bedeutung zu, wer ihn besitzt, nimmt Einfluss auf die so benannte Person.

Andererseits zeigen Namen Besitz an, wie es die judäischen למלך/*lemælæk*-Siegel („für den König") auf der gängigen Transportkeramik zeigen. Auch Stempelsiegel wie Skarabäen oder Amulette erinnern den Namen einer hochstehenden Person, die durch den Besitz eines solchen Schmuckstückes an dem Abgebildeten partizipiert. Seit dem 7. Jh. begegnen im judäischen Beamtenkontext zunehmend bildlose Siegel, auf denen der Name selbst (häufig theophor JHWH-haltig) im Zentrum steht. Im politischen Kontext stellten die ägyptischen Könige im besetzten Kanaan des 2./1. Jahrtausend Standarten auf: Sie „setzten ihren Namen" und demonstrierten so ihren Besitzanspruch und ihre Schutzmacht. Dieselbe Formel begegnet auf Bau- und Gründungsinschriften mesopotamischer und aramäischer Könige in etwas anderem Kontext. Hier dienen sie dazu, dass der jeweilige Herrscher zu seiner eigenen Erinnerung über den Tod hinaus beitragen möchte. Die in diesem Kontext begegnende akkadischen Wendung *šuma šakānu* „einen Namen setzen" ist als Lehnwort in der deuteronomistischen Literatur übernommen worden.[78] Die sprachliche Wendung erinnert an die deuteronomistische Namenstheologie, die den Ortsanspruch nicht auf den König, sondern auf Gott selbst bezieht. Im Kontext der Kultzentralisation wird präzisiert, dass JHWH seinen Namen dort wohnen lässt (Dtn 12,5.11; 14,23 u. ö.), bzw. seinen Namen dort setzt, um ihn an dem Ort wohnen zu lassen (Dtn 12,5.21; 14,24). Die Abstrahierung der Vorstellung von der Gegenwart Gottes in seinem Namen (vgl. כבוד/*kebôd* JHWH „Herrlichkeit JHWHs" in P und Ezechiel) zeigt die zunehmende Transzendierung der Gottesvorstellung an. In gleichfalls abstrahierender Weise setzen seit der Exilszeit Texte wie Ex 13,9; Dtn 6,8; 11,18 voraus, dass die göttliche Vergegenwärtigung durch das Inkorporieren der Gottes*worte* auf Kopf- und Armtefillin erreicht wird.

---

[77] Vgl. Krochmalnik, JHWH, 11–16 zu den verschiedenen jüdischen Übersetzungstraditionen im Laufe der Geschichte: „Herr", „Ewiger", „Er", „der Heilige, gepriesen sei er", „der Name".

[78] Vgl. Richter, Deuteronomic History, 127–205; s. dazu Otto, Deuteronomium 12,1–23,15, 1173–1176; zu ägyptischen Belegen vgl. Staubli, „Den Namen setzen".

Neben dem Gottesnamen ist auch der Titel „Herr" im Zuge der Religionsgeschichte von großer Bedeutung.[79] Geläufig ist der Titel *Ba'al* „Herr", der für phönizische Stadtgötter wie z. B. *Ba'al* von Ugarit, Sidon oder Tyrus verbreitet war. Auch der babylonische Gott Marduk ist als *Bel* „Herr" eingeführt und wird in der letzten Tafel des Weltschöpfungsepos mit 50 weiteren Namen versehen, die kultisch zu erinnern sind (En.El. VII,143–145). „Herr des Himmels" wird in der zweiten Hälfte des 1. Jahrtausends zu der konventionellen Bezeichnung des jeweiligen Landes- oder Hauptgottes. Wenn die persischen Könige in der zweiten Hälfte des 1. Jahrtausends ihren Gott Ahuramazda als „Herrn/Gott des Himmels" titulieren, geht es darum, ihn mit anderen lokal verehrten Göttern als Hypostasen des Himmelsgottes zu identifizieren und an die Stelle des Polytheismus einen inkludierenden Monotheismus zu setzen.

3.3.1 Der Ursprung der Scheu vor dem Gottesnamen

Von der in der nachexilischen Zeit zunehmenden Identifizierung der Gottesbilder setzt sich das Judentum bewusst ab, indem der Gottesname angesichts des göttlichen Exklusivitätsanspruchs nicht als mit anderen Göttern übersetzbar gedacht ist. Zugleich führt das exklusiv monotheistisch geprägte und universell gedachte Gottesverständnis dazu, dass der einzig existente Gott keines Namens mehr bedarf und somit die Zitation des Tetragramms obsolet wird.

„Herr des Himmels"
s. o. 3.1.5

> „Diese Unübersetzbarkeit ist ein Grundzug der *Theo*-logie der Bibel und sie ist als solche eine Besonderheit in der Welt der antiken Religionen. Diese Unübersetzbarkeit ist ein unersetzbares Element des Glaubens an diesen Gott als den Einen (als die Eine). Sie gründet letztlich darin, dass Gott in keinem Element der Welt und auch nicht in der Welt als ganzer aufgeht, sondern der Welt stets gegenüber bleibt. Rabbinisch formuliert: ‚Die Welt ist nicht der Ort Gottes, Gott ist der Ort der Welt' (Midrasch Bereschit rabba, Par. 68 [zu Gen 28,11]). Die Unübersetzbarkeit und – im Kern damit verbunden – die Unaussprechlichkeit des Gottesnamens hat ihr Pendant im Bilderverbot.'"[80]

Die Verknüpfung des Verbots von Götterbildern mit dem Namensmissbrauch lässt sich aus dem Dekalog ableiten, in dem das Missbrauchsverbot direkt an das Bilderverbot anschließt.

---

79 Vgl. dazu Rösel, Adonaj, 36–55; C. de Voss, Art. Herr/Adonay/Kyrios, www.wibilex. de, § 2.1.
80 Ebach, Übersetzung, 153; zu den männlichen und herrschaftlichen Implikationen der Übersetzung Herr.

Ex 20 7 Du sollst den Namen des HERRN, deines Gottes, nicht missbrauchen, denn der HERR wird den nicht ungestraft lassen, der seinen Namen missbraucht.

Für diesen Vers sind sehr unterschiedliche Übersetzungen vorgeschlagen worden[81]:

<u>Christoph Dohmen</u>: Du sollst den Namen JHWH, deines Gottes, nicht für Falsches (שוא/*šwʾ* „wertvoll, nichtig"; „Unheil, Zauber", d. h. zu Nichtigem nutzen) aussprechen, denn JHWH spricht den nicht frei, der seinen Namen für Falsches ausspricht.

<u>Benno Jacob</u>: Nicht sollst du erheben SEINEN, deines Gottes Namen zu Nichtigem, denn nicht wird ER denjenigen ungestraft lassen, der seinen Namen zu Nichtigem erhebt.

<u>Thomas Elßner</u>: Du hast nicht den Namen JHWH, deines Gottes, herabzusetzen, als wäre er ein Nichtiger; denn JHWH wird den nicht ungestraft lassen, der seinen Namen herabsetzt, als ob er ein Nichtiger wäre.

Zwei Auslegungen sind möglich für *šwʾ*, das „das Nichtige", „Lüge, Trug" (vgl. falsches Zeugnis [+ עד/ *ʿed*] in Dtn 5,20; anders Ex 20,16) oder auch „Unheil" bezeichnen kann. So lässt sich das Verbot entweder konkret auf Meineide und andere falsche Schwüre beziehen, die im Namen Gottes ausgesprochen werden (Dtn 10,20 f.; vgl. Mt 5,34), oder grundsätzlich auf die Verwendung des Gottesnamens.

Im Anschluss an das Bilder- und Kultverbot (der fremden Götter) widmet sich der Prohibitiv dem JHWH-Namen und lässt eine Sanktionsankündigung (zweigliedrige Begründung eingeleitet durch „denn") folgen. Das Verbot ist von den vorangehenden darin unterschieden, dass es von Gott in der 3. Person spricht, während die vorangehenden Gebote (V. 2–6) Gottesrede sind. Die Sanktionsankündigung und die Wiederaufnahme des Eingangssatzes: „Ich bin der Herr/JHWH, dein Gott" (V. 2) in der Wendung „den Namen *des Herrn*/JHWH, *deines Gottes*" heben dieses Gebot besonders hervor.

Benno Jacob Doch lehnt es der jüdische Bibelwissenschaftler Benno Jacob ab, Ex 20,7 vom Bilderverbot herkommend zu interpretieren, denn für ihn ist der Name „in einer Religion des Geistes das unmittelbarste ‚Bild' Gottes, das ihn widerspiegelt, also Gegensatz zu den greifbaren Bildern von [Gebot] II."[82] Auch ziehe die Bibel keinen Vergleich von

---

81 Dohmen, Exodus 19–40, 94; Jacob, Exodus, 565; Elßner, Namensmißbrauch-Verbot, 274. Otto übersetzt durch *šwʾ* „Trügerisches, Falsches", das er auf Falschschwören bezieht und somit in seiner Bedeutung einschränkt (Deuteronomium, 700.735).
82 Jacob, Exodus, 566.

Namen und Bild, noch erfahre der Name Verehrung. Vielmehr sei *das Aussprechen des Namens Gottes eine Ehrung durch den Menschen* (vgl. Dtn 10,20 f.: IHN, deinen Gott, ihn sollst du fürchten, ihm dienen, an ihn dich klammern und bei seinem Namen schwören, er ist dein Rühmen, er dein Elohim). Die Schwierigkeit, die aus dem Namensgebrauch s. e. entsteht, will er mit einem Wort J.W. Goethes an Eckermann illustrieren: „Die Leute traktieren den Namen Gottes, als wäre das unbegreifliche gar nicht auszudenkende hohe Wesen nicht viel mehr als ihresgleichen. Sie würden sonst nicht sagen: der Herr Gott, der liebe Gott, der gute Gott. Er wird ihnen zur Phrase, zu einem bloßen Namen, bei dem sie sich auch gar nichts denken. Wären sie aber durchdrungen von seiner Größe, sie würden verstummen und ihn vor Verehrung gar nicht nennen mögen." Jacob schließt daraus, dass sich die „jüdische Scheu, den *Namen Gottes auszusprechen*" aus der drohenden Banalisierung des Namens erklärt. Das Aussprechen des Gottesnamens ist für ihn „ebenso tot und verwerflich wie die Verehrung von Götzen und ihren Bildern und nimmt IHN gleichsam als einen von ihnen."[83]

Der ursprünglich unterschiedliche Bezugsrahmen von Bilder- und Namensverbot legt sich auch literargeschichtlich nahe: Das durch die Verbwahl „erheben" (נשׂא/*nśʾ*), das kein *verbum dicendi* ist, recht allgemein formulierte Gebot ist vermutlich erst sekundär in die Reihe der Gebote eingetragen worden, um recht allgemein vor der Gefährlichkeit des Gottesnamens zu warnen.[84]

Auf diese Gefährlichkeit deutet auch die Namensoffenbarung in Ex 3,13–15 an. In dieser Berufungserzählung ist bereits der Boden, auf dem Mose steht, als er die Theophanie erfährt, für heilig erachtet, was besondere Maßnahmen erforderlich macht (Ex 3,4 f.). Im Weiteren fragt Mose nach dem göttlichen Namen:

> 13 Mose aber sagte zu Gott: Wenn ich zu den Israeliten komme und ihnen sage: Der Gott eurer Vorfahren hat mich zu euch gesandt, und sie sagen zu mir: Was ist sein Name?, was soll ich ihnen dann sagen?
> 14 Da sprach Gott zu Mose: Ich werde sein, der ich sein werde *('ǣhæyǣh 'ašær 'ǣhæyǣh)*. Und er sprach: So sollst du zu den Israeliten sprechen: Ich-werde-sein *('ǣhæyǣh)* hat mich zu euch gesandt.
> 15 Und weiter sprach Gott zu Mose: So sollst du zu den Israeliten sprechen: Der HERR (JHWH), der Gott eurer Vorfahren, der Gott Abrahams,

Ex 3

---

83 Jacob, Exodus, 566 f.; dem entspricht die Auslegung des mittelalterlich-jüdischen Kommentars von Abraham Ibn Esra, Langer Kommentar, 602.
84 Zu den vor allem sprachlichen Gründen für eine nachexilische Datierung vgl. Elßner, Namensmißbrauch-Verbot, 275–282. Otto, Deuteronomium, 735 f. hält es indes für ein Gebot, das dem kultischen Prozessrecht entstammt und eine Reihe von altorientalischen Parallelen kennt (vgl. Ps 24,4 f. aber explizit mit „schwören" שבע/*šbʿ*).

der Gott Isaaks und der Gott Jakobs, hat mich zu euch gesandt. Das ist mein Name für immer, und so soll man mich anrufen von Generation zu Generation.

In dieser Passage spricht Gott (zunächst) seinen Namen nicht aus. Er umschreibt ihn mit der lautlich ähnlichen etymologisch verwandten Wendung אהיה אשר אהיה/*'æheyæh 'ašer 'æheyæh* (V. 14a). Gleichzeitig deutet die erläuternde Paraphrase die Unübersetzbarkeit des Gottesnamens als ein theologisches Programm.

In Ex 33,16–34,7 offenbart Gott Mose seinen Namen im Anschluss an die Zerstörung der ersten Bundestafeln und vor der Gabe der neuen Tafeln ein weiteres Mal:

Ex 33

16 Woran soll man erkennen, dass ich Gnade gefunden habe in deinen Augen, ich und dein Volk? Nicht daran, dass du mit uns gehst und dass wir so ausgezeichnet werden, ich und dein Volk, vor jedem Volk, das auf dem Erdboden ist?
17 Und der HERR sprach zu Mose: Auch was du jetzt gesagt hast, will ich tun, denn du hast Gnade gefunden in meinen Augen, und ich kenne dich mit Namen.
18 Da sprach er: Lass mich deine Herrlichkeit sehen!
19 Er aber sprach: Ich selbst werde meine ganze Güte an dir vorüberziehen lassen und den Namen des HERRN vor dir ausrufen: Wem ich gnädig bin, dem bin ich gnädig, und wessen ich mich erbarme, dessen erbarme ich mich.
20 Und er sprach: Du kannst mein Angesicht nicht sehen, denn ein Mensch kann mich nicht sehen und am Leben bleiben.
21 Dann sprach der HERR: Sieh, da ist ein Platz bei mir, stelle dich da auf den Felsen.
22 Wenn nun meine Herrlichkeit vorüberzieht, will ich dich in den Felsspalt stellen und meine Hand über dich halten, solange ich vorüberziehe.
23 Dann werde ich meine Hand wegziehen, und du wirst hinter mir her sehen. Mein Angesicht aber wird nicht zu sehen sein.

Diesem ebenfalls späten Text nach ereignet sich die Wahrnehmung und Erkenntnis Gottes nicht im Schauen seiner Gestalt, sondern im Hören auf die Ausrufung des Namens JHWH. Das Geheimnis Gott bleibt dem menschlichen Schauen (Bild) und der menschlichen Sprache (Namen) letztlich unzugänglich.[85] Gottes Offenbarung vollzieht sich in der Geschichte und durch die Geschichten.

---

85 Dohmen, Exodus 19–40, 348; vgl. Albertz, Exodus 19–40, 285.298–300 zur Datierung.

Die neue Version der Gesetzestafeln in Ex 34 formuliert das Fremdgötterverbot des Dekalogs demnach auch etwas anders:

> 14 Denn du sollst dich nicht niederwerfen vor einem anderen Gott, denn Eifersüchtig ist der Name des HERRN, ein eifersüchtiger Gott ist er. Ex 34

Zwar folgt auch hier das Namensgebot auf das Gebot, die Götterbilder der fremden Völker zu zerstören. Doch betont die eigenwillige Verknüpfung des Gottesnamens mit der Eifersucht (vgl. Ex 20,5 – Begründung des Bilderverbots) die Besonderheit der Namensoffenbarung und expliziert gewissermaßen das Geheimnis von Ex 3,14,

> „denn die Namensoffenbarung begründet ein ausschließliches Verhältnis zwischen dem Gott JHWH und dem Volk Israel, so dass ein Dreiecksverhältnis [mit den Nachbarvölkern], wie es im Begriff der Eifersucht enthalten ist, hier nicht mehr möglich ist. Ist Gott durch die Offenbarung seines Namens mit Israel in Beziehung getreten, so muss Israel wahrnehmen und beachten, dass es seinem Gott in diesem Namen begegnen und nahe sein kann. Von hierher definiert sich der in [Ex 20] V 7 angesprochene Missbrauch des Namens JHWH. Wenn dieser Name nicht mehr mit dem Wesen und Wirken Gottes in Verbindung gebracht wird wie es Ex 34,5 ff. vorzeichnet, sondern wie jeder andere Name benutzt wird und als Schall und Rauch betrachtet wird, dann liegt Missbrauch vor, ganz gleich, ob dies bei einem Meineid, einer Zeugenaussage, einem Schwur, einem Fluch o. ä. geschieht."[86]

Bezüglich des genannten Namenmissbrauchs geht es weniger darum, Gott zu schützen, sondern den Menschen. Daraus erklärt sich vielleicht auch die spätere jüdische Vorsicht, den Namen gar nicht mehr auszusprechen, sondern ihn den Kontexten entsprechend zu umschreiben: Denn die Gegenwart Gottes ist aufs engste mit seinem Namen verbunden.

Indes beschränken zahlreiche antike Auslegungen Missbrauch und Gefährdung nur auf besondere Fälle wie Meineid, Nichtigkeitsschwur bzw. unnötigen Eid (vgl. Hos 4,2; 10,4a; Jer 7,9) und bagatellisieren die Brisanz des Gebots (vgl. Philo, De Decalogo § 82–95 u. a.). Flavius Josephus betont zwar „das dritte (Gebot befiehlt) aber, bei nichts *Nichtigem* Gott zu schwören", nennt aber keinerlei Sanktion (Antiquitates Judaicae 3,91). Es findet sich jedoch in Ant 2,276 das Verdikt: „Es ist mir (aber) nicht erlaubt, über ihn (den Namen Gottes) zu sprechen"

---

86 Dohmen, Exodus 19–40, 115.

(vgl. Am 6,10); und in Bellum Judaicum 2,145 weist er explizit auf ein Namensmissbrauchverbot unter den Essenern hin: „Große Ehrfurcht aber gebührt bei ihnen nächst Gott dem Namen des Gesetzgebers; und wenn irgendeiner diesem lästert, wird er mit dem Tode bestraft."[87]

Im Laufe der jüdischen Auslegungsgeschichte, die von einem exkludierenden Monotheismus geprägt ist, wurde die in Ex 3 erfahrene Namensoffenbarung als eine auf die Zukunft gerichtete Zusage im Sinne des „Ich bin da" verstanden. Man bedarf keines Namens mehr, wenn es nur noch einen Gott gibt. Deshalb wird die Nennung verzichtbar und für Missverständnisse empfänglich.

„Die schlechteste Variante ist m. E. den hebräischen Namen mit ‚Jahwe' unübersetzt zu lassen. Der deutschsprachige Bibelleser könnte mit Hamlet fragen: ‚Was ist uns Jahwe?' (II,2) – ein jawanesischer Götze? Der Gott einer fremden ‚jahwistischen' Religion? Der fremde Gott der fremden Juden? Der religiöse Wert der Bibelübersetzungen steht und fällt mit der Wiedergabe des Gottesnamens, der in der Hebräischen Bibel rund 7000 Mal fällt. Das revolutionäre Programm des Gottesnamens kommt aber auch ohnedies in der erweiterten Selbstvorstellung Gottes auf dem Sinai zum Ausdruck: ‚Ich bin JHWH, dein Gott, der dich aus Ägypten geführt, aus dem Sklavenhause' (Ex 20,1)."[88]

Theologisch gesprochen verlangt die Unbestimmtheit des Gottesnamens danach, je nach Kontext neu bestimmt zu werden, um die Unbegrenztheit Gottes zum Ausdruck zu bringen.

3.3.2 Maßnahmen zum Schutz des Gottesnamens

Im Judentum kam es allmählich – in den ersten Übersetzungen und in den überlieferten Manuskripten deutlich erkennbar – zu der bewussten Entscheidung, den Gottesnamen zu schützen. Entweder man hat ihn durch אדני/*'adonaj* „Herr" ersetzt, das mitunter bereits in der hebräischen Bibel als Titel neben dem Tetragramm Verwendung fand (Jes 6,1.8; Ex 23,17 u. ö. im Tempel- und Heiligtumskontext; aber auch Gen 15,8; Ex 5,22). Oder man hat das Tetragramm durch „Gott" ausgetauscht (vgl. Elohim im elohistischen Psalter Ps 42–83 oder El/Eloah im Hiobbuch). Die im Mittelalter vorgenommene masoreti-

---

87 Vgl. ausführlich zur antiken Wirkungsgeschichte Elßner, Namensmißbrauch-Verbot, 161–269; hierher stammen auch die Übersetzungen (Namensmißbrauch-Verbot, 257.259.261).
88 Krochmalnik, Elohim, 83.

sche Punktierung der hebräischen Bibel hat diese Zitationsformen dem Tetragramm als Q^{e}re unterlegt und so der Aussprache vorzubeugten versucht (z. B. Adonaj; daher rührt auch das Missverständnis Jehova zu lesen).[89]

All diese Maßnahmen dienen dazu, dem Vorwurf der Entweihung durch Umschreibung des Gottesnamens vorzubeugen. In diesem Sinne reflektiert das Heiligkeitsgesetz in zwei Stellen das Problem:

> 31 Ihr sollt meine Gebote halten und sie befolgen. Ich bin der HERR.
> 32 Und ihr sollt meinen heiligen Namen nicht entweihen, damit ich heilig gehalten werde unter den Israeliten. Ich bin der HERR, der euch heiligt,
> 33 der euch herausgeführt hat aus dem Land Ägypten, um euer Gott zu sein. Ich bin der HERR.

Lev 22

Im Kontext von Lev 22,17–33 geht es eigentlich um den Umgang insbesondere der Priester mit den Opfergaben und deren Unversehrtheit. Die Passage schließt mit der allgemeinen Aufforderung, die Gebote zu halten und den heiligen Gottesnamen nicht zu entweihen (חלל/ḥll), damit er unter den Israeliten heilig gehalten werde; d. h. in priesterschriftlicher Sprache, dass Gottes Gegenwart inmitten seines Volkes gewahrt bleibe (Ex 40,34). Doch wird diese Form der Bewahrung im Heiligkeitsgesetz von der Heiligung des Alltags durch die Israeliten abhängig gedacht.

> 10 Und der Sohn einer Israelitin und eines Ägypters ging unter die Israeliten, und der Sohn der Israelitin und ein Israelit gerieten im Lager miteinander in Streit.
> 11 Und der Sohn der Israelitin lästerte den Namen und schmähte ihn, und sie brachten ihn zu Mose. Und seine Mutter hiess Schelomit und war die Tochter von Dibri aus dem Stamm Dan.
> 12 Und sie legten ihn in Gewahrsam, um nach dem Befehl des HERRN entscheiden zu können.
> 13 Und der HERR sprach zu Mose (Gottesentscheid):
> 14 Führe den, der geschmäht hat, hinaus vor das Lager, und alle, die es gehört haben, sollen ihre Hände auf seinen Kopf legen, und die ganze Gemeinde soll ihn steinigen.
> 15 *Zu den Israeliten aber sollst du sprechen: Jeder, der seinen Gott schmäht (= verflucht), muss seine Schuld (= Sünde) tragen!*
> 16 *Und wer den Namen des HERRN (JHWH) lästert (oder nennt), muss getötet werden. Die ganze Gemeinde soll ihn steinigen. Er sei ein Fremder oder ein Einheimischer, wenn er den Namen lästert, soll er getötet werden.*
> 17 Und wenn jemand einen Menschen erschlägt, muss er getötet werden.

Lev 24

---

89 Vgl. dazu Rösel, Adonaj, 2–7.

In dieser Passage liegt ein Beispiel für narrative Theologie zum Thema der Alltagsheiligung vor: Um eine für die Gesellschaft wichtige Verhaltensnorm einzuführen, wird eine Beispielgeschichte erzählt. Darin geht es um Gotteslästerung bzw. die Verletzung religiöser Gefühle, wobei das Verb in V. 16 entweder im Sinne der Nennung des Namens (נקב/*nqb* + שם/*šem* Num 1,17; 1Chr 12,32 u. ö.) oder aber im Sinne von dessen Lästerung (קבב/*qbb* vgl. Num 22–24) verstanden werden kann. Der Gottesentscheid ist eingebettet in eine Reihe von Bestimmungen, die auf die Gleichheit von Menschen, Tieren und Fremden vor Gott zielen (V. 15–22) und darin ein Konzept für die Präsenz JHWHs im Alltag entwerfen. Grundsätzlich machen beide Varianten Sinn. LXX verschärft die Aussage, indem allein die Nennung des Namens zum Strafbestand wird: „Wer den Namen des Herrn *nennt* (ὀνομάζων δὲ τὸ ὄνομα/*onomazown de to onoma kyriou*), soll gewiss getötet werden." Diesem Verständnis schließt sich die jüdische Tradition an[90] (Übersetzung M. Buber von Lev 24,15–17):

Lev 24

15 Und zu den Söhnen Jissraels rede, sprechend: Mann um Mann, wenn er seinen Gott lästert (קלל/*qll*), muß er seine Sünde tragen.
16 Wer aber *den* NAMEN antastet (*nqb* „nennen"), sterben muß er, sterben, verschütten sollen sie ihn, verschütten, alle Gemeinschaft, gleich Gast gleich Sproß, um sein Antasten des Namens muß er sterben.
17 Wenn jemand irgendein Menschenwesen erschlägt, sterben muß er, sterben.

Der Text nimmt das im Bundesbuch thematisierte Talionsrecht (Ex 21,23–25) auf. Das Strafmaß („Tragen der Sünde") entspricht dem im Falle der Verfluchung der Eltern (Tod; Ex 21,17). Vermutlich ist das Verbot der Schmähung (*qll*) der Eltern (Ex 21,17) wie auch Gottes (Ex 22,27) in Ex 21,23 ff. auf die Verhältnisse der spätexilischen Zeit übertragen: Es wird gleichermaßen auf Israeliten wie Fremde bezogen.[91] Doch dürfte nicht Talion im Vordergrund stehen, sondern die Präsenz JHWHs im Alltag der Israeliten.[92] Oder theologisch gesprochen steht der Name für die Verkörperung der dynamischen Beziehung zwischen Gott und der Gemeinschaft.[93] In der Rede vom Aufstemmen der Hände (V. 14) wird die Todesstrafe nicht etwa vollzogen, sondern ein Ritual eingeleitet, um die Schuld, die die Gemeinschaft

---

90 Vgl. dazu Kamionkowski, Leviticus 24,10–23, 76 ff. (+ Literatur).
91 Nihan, Priestly Torah, 520.
92 Hieke, Levitikus, 958.
93 So Kamionkowski, Leviticus 24,10–23, 75 f. mit Verweis auf Lev 22,32 in Analogie zur deuteronomistischen Namenstheologie.

trifft, zu eliminieren und im Täter zu bündeln. Ähnlich zielt die Steinigung auf einen rituellen Vorgang, um den Täter aus der Gemeinschaft auszuschließen (zu „eliminieren") und das Gottesverhältnis zu restaurieren. Das heißt, es geht in dieser Erzählung nicht um die rechtliche Handhabe, sondern um die paradigmatische Belehrung, die illustriert, was im Falle der achtlosen Verwendung des Gottesnamens passiert bzw. aufzubringen wäre, um die Gemeinschaft von dem gravierenden Vorfall zu reinigen. Es bleibt die Frage, ob V. 15f. sich auf ein und dieselbe Sache beziehen, von der V. 15 Fälle außerhalb Israels und V. 16 Israel selbst meint. Doch ist es in diesem Kontext wahrscheinlicher, dass V. 15 auf den Fall der Schmähung JHWHs ohne Namensnennung anspielt, die dazu führt, dass der Täter sich vor Gott verantworten muss, während im Fall des Namensmissbrauchs die Gemeinde einschreitet. Beide Fälle zielen aber auf dasselbe Problem und erfahren die gleiche Behandlung – unter denen die Steinigung nur eine Möglichkeit ist. Letztlich zeigt die unspezifische Wendung des *passivum divinum* מות יומת/*môt yûmat* „er wird tatsächlich sterben", dass die Strafhandlung allein von JHWH durchzuführen ist und nicht dem Rechtsempfinden der Gemeinschaft obliegt.[94]

In Texten der hellenistischen Zeit ist die Bereitschaft belegt, zur Heiligung Gottes das Martyrium zu ertragen (Dan 3; 2Makk 6,18–30). Die Heiligung des Gottesnamens, *Qidduš hašem,* ist allerdings in zwei gegensätzliche Richtungen ausgelegt worden: Einerseits ist die Heiligung des Namens Gottes allein durch das erlösende Handeln Gottes bewirkt (vgl. Ez 20; 36; 39), andererseits wird Israel eine wichtige Rolle für die Heiligung zugewiesen (vgl. Kritik an Mose und Aaron in Num 20,12; Dtn 32,51). Vor allem prophetische Texte beklagen die Profanierung des Gottesnamens durch Israel (*ḥll* Lev 22,32; vgl. Am 2,7; Jer 34,16). Die rabbinische Tradition hat die zweite Auslegungstradition aufgenommen. Wenn auch der babylonische Talmud das Tetragramm in einer Liste der aufgebbaren und nichtaufgebbaren Gottesnamen ohne besondere Markierung auflistet (Schebuoth IV, 35a), so wird das *Qidduš hašem* doch zur unaufgebbaren Aufgabe jedes einzelnen Juden erklärt (babylonischer Talmud Sanhedrin 74a) und – ausgehend vom Namensgebot – auf das Einhalten der göttlichen Weisung überhaupt ausgedehnt (Sota 10b; Yoma 86a).[95]

---

94 So Hieke, Leviticus, 962–966. Anders Elßner, der in Lev 24,12 LXX keine Radikalisierung sieht, sondern für beide Verse einen Fluch- bzw. Schmähkontext voraussetzt.
95 Vgl. dazu Wilkinson, Tetragrammaton, 15 mit Hinweis auf Maimonides (Rabam), Führer der Unschlüssigen, I,61,89; vgl. auch Rabam, Mischneh ha-torah, Jesode ha-torah 5,10 f.

3.3.3 Was bedeutet es, den Namen Gottes zu heiligen?

Im Vaterunser (Mt 6,9–13) lautet die erste Bitte: Geheiligt werde dein Name – was haben wir uns darunter vorzustellen? Anstelle der Gottesbezeichnung öffnet das Gebet mit der Anrede „Vater" (vgl. Jes 63,16). Diese Anrede fehlt in den sehr wenigen überlieferten jüdischen Gebeten, begegnet aber in Röm 8,15; Gal 4,6 in liturgischem Kontext mit aram. *'abba* (vgl. noch Mk 14,36). Sie unterstreicht die Kindschaft mit dem Ziel der Erhörung und betont die Unterscheidung in einen irdischen und himmlischen Vater.[96] Während die zweite und dritte Du-Bitte des Gebets eschatologisch ausgerichtet sind, ist die erste Bitte ambivalent: Geht es um die Selbstheiligung Gottes *(passivum divinum)* oder die Heiligung Gottes durch den Menschen? Beide Verständnisvarianten sind alttestamentlich belegbar: Lev 10,3; Ez 36,22f.; 38,23; 39,7 bezeugen die Heiligung des Namens durch Gott selbst, während Ex 20,7; Lev 22,32; Jes 29,23 die Heiligung des Gottesnamens durch den Menschen dokumentieren. In antiken jüdischen Gebeten überwiegt vor allem die zweite Variante, das in der Synagoge regelmäßig rezitierte aramäische Qaddischgebet (3.–5. Jh. n.C.) bildet eine umfassende Parallele zum Vaterunser: „Erhoben und geheiligt werde sein großer Name in der Welt, die er nach seinem Willen erschaffen, und sein Reich erstehe in eurem Leben und in euren Tagen und dem Leben des ganzen Hauses Israel schnell und in naher Zeit, sprechet: Amen."[97] Die Parallelen zu den Königreichaussagen legen das Verständnis im Sinne der Heiligung durch den Menschen als die ursprüngliche Bedeutung nahe. Auch das griechische Verb ἁγιάζω/*agiazw* lässt sich auf die Heiligung Gottes durch die Menschen beziehen. Es handelt sich um die Bitte Gottes, „daß Menschen durch rechten Gebrauch des Gottesnamens und Gehorsam gegenüber seinem Willen seinen Namen heiligen" im Sinne der Selbstaufforderung. Das „Heiligen des Namens" wäre dann „ein verbreiteter Ausdruck, der den Gehorsam gegenüber Gottes Geboten, insbesondere das Sprechen der Gebete und das Halten des zweiten Dekaloggebotes meint."[98]

---

96 Vgl. Bormann, Theologie, 272–276; Frankemölle, Vater unser, 87–95.
97 Zur Übersetzung vgl. A. Lehnardt, Art. Kaddisch-Gebet, www.wibilex.de, § 1.
98 Luz, Matthäus, 343 und 344.

Auch der Gottesname unterliegt einer besonderen Vorsicht. Der heute verbreiteten Unbedarftheit des Gebrauchs im christlichen Kontext, steht der sehr bedachte Gebrauch im jüdischen Kontext entgegen, der verschiedene Traditionen von Vermeidungsstrategien erkennbar werden lässt. Historisch gesehen wurde das Tetragramm als Gottesname obsolet, da der einzige und universale Gott keinen Namen mehr braucht, um ihn von etwaigen Fremdgöttern unterscheiden zu können. So benutzt ihn heute lediglich die christliche Bibelexegese, um historische Aspekte und Differenzen in der alttestamentlichen Gottesvorstellung versprachlichen zu können. Die liturgische Sprache entspricht seit der griechischen Übersetzungstätigkeit der hebräischen Bibel (seit dem 4./3. Jh. v. Chr.) der Scheu gegenüber dem Gottesnamen, indem sie das Tetragramm durch indeterminiertes kurios/ HERR ersetzt, eine Konvention, die sich bis in das Neue Testament (anders Phil 2,9.11 – hier zur Bezeichnung Jesu ohne Artikel) fortsetzt.

Literatur

Albertz, Rainer: Exodus 19–40 (ZBK 2/2), Zürich 2015.
Bormann, Lukas: Theologie des Neuen Testaments, Göttingen 2017 (TB 19).
Brocke, Edna: Jüdische Umschreibung des Namens Gottes, in: L. Schwienhorst-Schönberger/R. Scoralik (Hg.), Gottes Name(n). Zum Gedenken an Erich Zenger, Freiburg 2012 (HBS 71), 67–71.
Crüsemann, Frank: Gott aller Menschen – Gott Israels. Beobachtungen zur Konzeption des Gebrauchs von Elohim und Jhwh zwischen Genesis 1 und Exodus 18, in: E. Stegemann (Hg.), „Eine Grenze hast Du gesetzt" (FS E. Brocke), Stuttgart 2003, 131–144.
Dohmen, Christoph: Exodus 19–40 (HThKAT), Freiburg 2004.
Ebach, Jürgen: Zur Übersetzung des Gottesnamens in einer Bibelübersetzung – oder: Welche ‚Lösungen' es für ein unlösbares Problem geben könnte, in: H. Kuhlmann (Hg.), Die Bibel – übersetzt in gerechte Sprache? Grundlagen einer neuen Übersetzung, Gütersloh 2005, 150–158.
Elßner, Thomas R.: Das Namensmißbrauch-Verbot (Ex 20,7/Dtn 5,11). Bedeutung, Entstehung und frühe Wirkungsgeschichte, Göttingen 1999 (HBS 71).
Frankemölle, Hubert: Vater unser – Avinu. Das Gebet der Juden und Christen, Paderborn/Leipzig 2013.
Hartenstein, Friedhelm: Die Geschichte JHWHs im Spiegel seiner Namen, in: I.U. Dalferth/P. Stoellger (Hg.), Gott Nennen. Gottes Namen und Gott als Name, Tübingen 2008, 73–95.
Hieke, Thomas: Levitikus, Freiburg 2015 (HThKAT).
Ibn Esra, Abraham: Langer Kommentar zum Buch Exodus, hg. und übersetzt von D.U. Rottzoll, Berlin 1999 (SJ 17/2).
Jacob, Benno: Das Buch Exodus, Stuttgart 1997.
Kamionkowski, S. Tamar: Lev 24,10–23 in Light of H's Concept of Holiness, in: S. Shectman/J.S. Baden (Hg.), The Strata of the Priestly Writings. Contemporary Debate and Guture Directions, Zürich 2009 (AThANT 95), 73–86.

Krochmalnik, Daniel: Elohim. Gottesfragen in der Synagoge, in: M. Mühling (Hg.), Gott und Götter in den Weltreligionen, Christentum, Judentum, Islam, Hinduismus, Konfuzianismus, Buddhismus, Göttingen 2014 (Grundwissen Christentum 5), 74–102.

–: JHWH im Spannungsfeld der jüdischen Theologie, in: R. Boschki, E.-M. Faber, D. Krochmalnik, C.-P. März/K. Müller (Hg.), Gott nennen und erkennen. Theologische und philosophische Einsichten, Freiburg 2009 (Theologische Module 10), 7–38.

Kooten, Geurt H. van: Revelation of the Name (Ex 3), Leiden 2006 (TBN 9).

Luz, Ulrich: Das Evangelium nach Matthäus, Zürich/Neukirchen-Vluyn ³1992 (EKK 1/1).

Nihan, Christophe: From Priestly Torah to Pentateuch. A Study in the Composition of the Book of Leviticus, Tübingen 2007 (FAT II/25).

Otto, Eckart: Deuteronomium 12,1–23,15, Freiburg 2016 (HThKAT).

Richter, Sandra L.: The Deuteronomistic History and the Name Theology. *leshakken shemo sham* in the Bible and the Ancient Near East, Berlin/New York 2002 (BZAW 318).

Rösel, Martin: Übersetzung der Gottesnamen in der Genesis-Septuaginta, in: D.R. Daniels/U. Glessmer/M. Rösel (Hg.), Ernten was man gesät hat (FS K. Koch), Neukirchen-Vluyn 1991, 357–377.

–: Adonaj – warum Gott ,Herr' genannt wird, Tübingen 2000 (FAT 29).

Schenker, Adrian: Der Ort an dem JHWHs Name wohnt. Eine oder mehrere Stätten, in: HeBAI 4 (2015), 219–229.

Schmidt, Werner H. u. a., Die zehn Gebote im Rahmen alttestamentlicher Ethik, Darmstadt 1993 (EdF 281), 78–85.

Staubli, Thomas: „Den Namen setzen". Namens- und Göttinnenstandarten in der Südlevante, in: I.J. de Hulster/R. Schmitt (Hg.), Iconography and Biblical Studies. Proceedings of the Iconography Session at the Joint EABS/SBL Conference at Vienna, Münster 2009 (AOAT 361), 93–106.

Wengst, Klaus: Erwägungen zur Übersetzung von „kyrios" im Neuen Testament, in: H. Kuhlmann (Hg.), Die Bibel – übersetzt in gerechte Sprache? Grundlagen einer neuen Übersetzung, Gütersloh 2005, 178–183.

Wilkinson, Robert J.: Tetragrammaton. Western Christians and the Hebrew Name of God. From the Beginnings to the Seventeenth Century, Leiden 2015.

3.4 Königtum und Eschatologie

Exklusivität Gottes, Bilderverbot und Gottesnamengebrauch sind Aspekte, die die Vorrangstellung Gottes und seine radikale Andersartigkeit im Verhältnis zu den Menschen herausstellen. Das folgende Thema, Gott und Königtum, widmet sich der Vermittlung zwischen Gott und Mensch, die sich in drei Perspektivierungen wie dem irdischen Königtum und der Königsideologie, der Eschatologisierung in der Messiasvorstellung, der göttlichen Weltordnung und der Kosmotheologie gut darstellen lässt. Charakteristisch ist für alle diese Spielarten der Begegnung zwischen Gott und Mensch die Initiative Gottes.

So thematisiert der späte Geschichtspsalm in Dtn 32 wie JHWH das Volk Israel als „Anteil" (חלק/*ḥelæq*) vom höchsten Gott zugewiesen wird (v. 8–9). Als sich das Volk im Laufe seiner Geschichte mit JHWH als abtrünnig erweist und fremden Göttern folgt (V. 16–18), verbirgt Gott sein Antlitz (V. 20) und überlässt Israel seinen Feinden, um am Ende aber doch rettend einzugreifen (V. 43). Auch Ps 89 folgt dem Narrativ der verspielten Erwählung (V. 39 ff.), ist aber im Kontext der Königsideologie situiert – und dies in einer sehr kunstfertigen Weise. An die Stelle Israels als Volk tritt gleich zu Beginn des Psalms die Erwählung Davids (בחור/*baḥûr*; vgl. V. 20–26), dem im Zuge eines Bundes in deutlicher Anlehnung an 1Sam 6 die ewige Dynastie zugesagt ist (V. 4 f. 27–30). Der Psalm enthält aber zugleich auch Elemente einer Volksklage, die den Verlust dieses Bundes mit David beklagt und seine Einhaltung für die Zeit nach dem Exil einfordert (V. 39–46).

Hellenismus
s. o. 3.1.5

Dynastieverheißung
s. o. 2.5.1.6

Bereits der mit der Davidverheißung eröffnende Hymnus hat das Königtum JHWHs zum Thema (Ps 89,4–19).

> 4 Ich habe einen Bund geschlossen mit meinem Erwählten,
> habe David, meinem Diener, geschworen:
> 5 Für ewig gründe ich deine Nachkommenschaft,
> und für alle Generationen erbaue ich deinen Thron.
> 6 Die Himmel sollen preisen deine Wunder, HERR, und deine Treue in der Versammlung der Heiligen.
> 7 Denn wer in den Wolken kann sich messen mit dem HERRN, wer unter den Gottessöhnen gleicht dem HERRN?
> 8 Ein Gott, gefürchtet im Kreis der Heiligen, gross und furchterregend über allen rings um ihn her.
> 9 HERR, Gott der Heerscharen, wer ist wie du? Stark bist du, HERR, und deine Treue ist rings um dich her.
> 10 Du bist es, der über das Ungestüm des Meeres herrscht, wenn seine Wellen sich erheben, du besänftigst sie.
> 11 Du hast Rahab zermalmt wie einen Erschlagenen, mit deinem starken Arm deine Feinde zerstreut.
> 12 Dein ist der Himmel, dein auch die Erde, der Erdkreis und was ihn erfüllt, du hast sie gegründet.
> 13 Du hast Nord und Süd erschaffen, Tabor und Hermon jubeln über deinen Namen.
> 14 Du hast einen Arm voller Kraft, stark ist deine Hand, hoch erhoben deine Rechte.
> 15 Gerechtigkeit und Recht sind die Stütze deines Throns, Gnade und Treue stehen vor deinem Angesicht.

Ps 89

16 Wohl dem Volk, das zu jubeln weiss, HERR, sie gehen im Licht deines Angesichts.
17 Über deinen Namen jauchzen sie allezeit, und in deiner Gerechtigkeit richten sie sich auf.
18 Denn du bist ihnen Stolz und Kraft, und in deinem Wohlgefallen erhebst du unser Horn.
19 Dem HERRN gehört unser Schild, dem *Heiligen Israels* unser König.

Wie in Dtn 32,8 (LXX; Qumran; vgl. 32,19) begegnen in diesem als Königsorakel eröffnenden Text (V. 4 f.) Anspielungen auf eine Götterversammlung, die Versammlung der Heiligen (קהל/*qahal*/סוד/*sôd*; V. 6–8). Darauf folgen Aussagen zu den Taten JHWHs in der Vorzeit, die bis in die Gegenwart hineinreichen (V. 10–14; „Chaoskampf" und Ordnungserhalt). Die Herrschaft JHWHs über das Meer und die Gründung der Weltordnung (V. 10–13) bilden das Fundament seines Königtums und werden zum Ausweis seiner Herrschaft (vgl. Ps 93 zur „Stilform der behobenen Krise"). Die Herrschaftsattribute (V. 15) weisen Gott gegenüber David als den eigentlichen König aus (V. 19). Schöpfung und Königsherrschaft gehören deutlich zusammen (V. 10–12; vgl. Ps 24,1 f.; 74,12 ff.). Es handelt sich bei der Motivik – trotz des insgesamt jungen Alters des Psalms – um traditionelles tempeltheologisches Psalmengut, das in die stringent angelegte Gesamtkomposition eingeflochten wurde.[99]

> Psalmentheologie s. o. 2.7.3.1
> Schöpfung in Psalmen s. o. 2.4.4.1

Das Herzstück der Gottesrede bilden die V. 27–30:

> Ps 89

27 Er wird mich anrufen: Mein Vater bist du, mein Gott und der Fels meiner Rettung.
28 Ich aber will ihn zum Erstgeborenen machen, zum Höchsten unter den Königen der Erde.
29 Ewig bewahre ich ihm meine Gnade, und mein Bund hat für ihn Bestand.
30 Für immer setze ich seine Nachkommen ein und seinen Thron, solange der Himmel steht.

Über den Schlüsselbegriff בכר/*bekor* „Erstgeborener" (vgl. Ex 4,22; Hos 11,1 und Jer 31,9) ist über das irdische Königtum hinausgewiesen und eine kollektive Deutung intendiert – David ist hier als eine *corporate personality* zu verstehen; die an ihn adressierte Zusage gilt ganz Israel. Da V. 20 zu den Getreuen oder Frommen im Plural spricht

---

99 Vgl. Emmendörfer, Der ferne Gott, 213–220; vgl. Hossfeld, Psalm 89, in: Hossfeld/Zenger, Psalmen 51–100, 590–592 bei anderer Textaufteilung, und Steymans, Thron, 216–240.

(vgl. die Knechte in V. 50), wird die Möglichkeit der Identifizierung der Gemeinde mit David geradezu evoziert.[100] Gleiches lässt sich auch für den Schlüsselbegriff *mašîaḥ* „Gesalbter" (V. 21.39.52; vgl. Ps 132,17) vermuten.[101] Gewissermaßen überträgt Ps 89 die Rede von Israel als dem gehüteten „Anteil JHWHs" (Dtn 32,8–11) auf das erstgeborene und gesalbte David-Volk, das von JHWH, dem Welten- und Königsgott, regiert wird. Darin erweist sich Ps 89 als ein Schmelztiegel traditioneller Königideologie, der Traditionen des Alten Orients, Motive aus den Königspsalmen (vgl. Ps 2; 18; 20 f.; 72; 110; 132) und aus 2Sam 7 vereint.

Die Gegenwart JHWHs als Königsgott bildet bereits in der vorexilischen Jerusalemer Tempel- bzw. Zionstheologie das Zentrum. Die frühe Verbreitung des Konzepts wird auch durch außerbiblische Belege wie die verbreiteten theophoren Eigennamen Melkijahu, Jahumelek oder Adonmelek sowie in einer Inschrift aus En Gedi (8. Jh. v. Chr.) bestätigt:

> (3) Gesegnet ist/sei Jhw[h …,] (4) Gesegnet ist/sei er unter den Völker[n … he]rrscht als König. … (6) Gesegnet ist/sei der Her[r]; jh […][102]

Es handelt sich um eine religiöse Inschrift, die zu fragmentarisch ist, als dass man etwas über ihre Funktion und Intention sagen könnte, aber die deutlich erkennen lässt, dass JHWH bereits in vorexilischer Zeit mit dem Königtum assoziiert ist. Dieses Phänomen wird schließlich in spätexilischer Zeit zu einer den gesamten Psalter strukturierenden Konzeption ausgebaut. Charakteristisch ist die Formel יהוה מלך/*JHWH malak* „JHWH ist/wird König" (Ps 93,1; 96,10; 97,1; 99,1), deren Zweideutigkeit darin besteht, dass entweder JHWH punktuell König *wird* oder auf Dauer König *ist*, eine Entscheidung, die jeweils aus dem jeweiligen Psalmkontext zu treffen ist. Ihre Funktion liegt in der Proklamation des JHWH-Königtums, welches wegen seiner inneren Dynamik Folgen für die Gegenwart und Zukunft nach sich zieht.

Raum und Zeit-Dimensionen
s. u. 3.4.3

Insbesondere der alte Hymnus Ps 93 lässt erkennen, dass die Überlegenheit des in der Höhe thronenden göttlichen Königs (V. 1–2.4) über die Chaosströme der Urzeit (V. 3) Konsequenzen hat für die aller-

Schöpfungspsalmen
s. o. 2.4.4.1

---

100 Vgl. Pietsch, Sproß Davids, 114 ff., der von einer kollektiv-nationalen Deutung der Davidgestalt ausgeht; anders Steymans, Thron, 229 f. mit Hinweis auf altorientalische Belege.
101 Emmendörfer, Der ferne Gott, 224–239 zur kollektiven Deutung von V. 39.47–52 im Sinne einer „deuteronomistischen Travestie".
102 Übersetzung Leuenberger, Segen, 151 f.; vgl. Ders., Art. Königtum Gottes, www.wibilex.de; zu den Eigennamen vgl. R. Albertz/R. Schmitt, Family, 360 f.581.

dings kontinuierlich zu sichernde Beständigkeit des Erdkreises (תבל/ *tebel*; V. 1). Es geht in Ps 93 um *„die sich in Bestand, Beherrschung und (auch kultischer) Sicherung der (geschaffenen) Welt zeigende Königsherrschaft Jhwhs"*.[103] Der nachexilisch ergänzte V. 5 unterstreicht den Tempelbezug. Vermutlich hat das Konzept in der mittleren Königszeit seine erste Gestalt erhalten, die den Ort der Gottespräsenz (Tempel, Zion, Heiliger Berg), die räumliche Ausdehnung über Himmel und Erde, die temporale Dauer (Schöpfung und Geschichte) sowie die Ordnungsstruktur (Recht und Gerechtigkeit) unter Berücksichtigung des menschlichen Königs als Repräsentant Gottes auf Erden thematisch zusammenführt.[104] Die übrigen JHWH-König-Psalmen ergänzen in einer späteren theologischen Perspektive Themen wie Völkerwelt (Ps 47; 96,3.7.10; 97,10; 99,1–3), die Überlegenheit über die (fremden) Götter (Ps 96,4 f.; 97,7), Schöpfung (Ps 96,5.10–13) oder Rechtsordnung im Kontext einer Theophanie (Ps 97,2.10) bzw. der Geschichte (Ps 99,4 ff.).

3.4.1 Das irdische Königtum und die Königsideologie

Königspsalmen
s. o. 2.7.3.2

Die Vorstellung vom JHWH-Königtum hat sich parallel zum irdischen Königtum entwickelt, welches im 1. Jahrtausend v. Chr. die politische Grundstruktur im Gebiet des fruchtbaren Halbmonds (Levante) war. Der altorientalischen wie ägyptischen Königsideologie gemäß ist der menschliche König von den Göttern eingesetzt. Die göttliche Erwählung des Königs erfährt in Ägypten ihre Legitimierung durch die mythische Zeugung Amuns mit der Königinmutter, die sich anschließende Adoption sowie die Krönung als Neugeburt, die den Gottkönig vor der Götterwelt und in der Außenwelt präsentiert und alljährlich festlich erinnert wird (Opetfest in Theben). Dem Pharao wird die Funktion des Sonnengotts übertragen, und er wird nach seinem Tod kultisch verehrt.[105] Auch in Mesopotamien ist der König als Sohn eines Gottes bezeichnet, dies aber im Sinne einer Relationsbeschreibung. So weist der neubabylonische Mythos von der Erschaffung des Menschen und des Königs[106] dem König deutlich menschliche Züge zu, wenn er ihn, den *maliku*-Menschen, im Vergleich mit dem *lullu*-Menschen als „überlegend-entscheidenden Menschen" auszeichnet. Die Insignien erhält der König von den Göttern und wird so zur Macht befähigt.

---

103 Leuenberger, Konzeptionen, 142 (Hervorhebung im Original).
104 Leuenberger, Konzeptionen, 222–227.
105 Vgl. R. Gundlach, Art. Königtum (Ägypten), www.wibilex.de, § 1; vgl. E. Blumenthal, Art. Königsideologie, in: LÄ III (1980) 526–531; Assmann, Zeugung; vgl. Koch, König, 6–11 und Hartenstein, Ps 2, 99–107.
106 VAT 17019/BE 13383; vgl. Mayer, Mythos, 55–68; Schellenberg, Mensch, 327.

Ps 72,3–7, ein judäisches Krönungsritual aus vorexilischer Zeit, weist in den Themen Stabilität der Regierung, Ausdehnung der Herrschaft und Fruchtbarkeit Ähnlichkeit mit Assubanipals Krönungshymnus (VAT 13831; SAA III,11) auf.[107] Eine weitere gemeinsame Tradition ist die Bestätigung der Inthronisation des Königs im Neujahrs- bzw. Akitu-Fest (Babylon). Die königliche Funktion besteht im gesamten Alten Orient darin, das Chaos auf kosmischer wie politischer Ebene („Feinde") abzuwehren. Im babylonischen Weltschöpfungsepos Enuma eliš ist der Kampf Marduks um das Weltkönigtum explizit mit dem Schöpfungsakt verbunden. Diese Verbindung findet sich auch im ersten Schöpfungsbericht, wo allerdings die königlichen Züge auf alle Menschen übertragen sind (Gen 1,26 ff.) und Gott nicht als König, sondern als monotheistischer Allherr stilisiert ist.

Gen 1 s. o. 2.4.1

Eine Reihe von Motiven finden sich in der sogenannten Jerusalemer Kulttradition. Allerdings ist dieses insbesondere anhand von Psalmen rekonstruierte Konzept weniger einheitlich als es der Begriff suggeriert. Als Ausgangspunkt dienen Vorstellungen vom JHWH-Königtum, die in den Grundtexten Jes 6,1–5; Ps 93 bzw. Ps 46,2–8; 48 unter Hinzuziehung von implizit und explizit kosmologischer Motivik in ihrer vertikalen und horizontalen Dimension entfaltet werden.[108] Gleiches gilt für die judäische Königsideologie, die ebenfalls häufig in Psalmen durchschimmert: Der Vorgang der Adoption des Königs durch Gott ist in Ps 2,7 und 2Sam 7,14 (vgl. Ps 89,27) als ägyptische Anleihe deutlich präsent. Ps 45,7 spricht den König sogar explizit als אלהים/*ælohîm* „Göttlicher" an. Auch die Abwehr der häufig kosmisch gezeichneten Feinde bildet im Motiv des Chaoskampfes ein gängiges alttestamentliches Motiv.[109] Zum Ganzen finden sich in mesopotamischen Texten Parallelen bis in die sprachlichen Wendungen hinein. Zwar dürfte die Funktion der biblischen Königsorakel (Jes 9,9, 2Sam 7 und Ps 2; 89) vom historischen Erstkontext isoliert und theologisch überformt sein, doch enthalten sie konkrete Motive wie die ewige Gründung des Throns, die offenbarte Einsetzung des Königs, sein Status als gesalbter „Knecht", den Schutz vor Feinden, die Universalität der Herrschaft und das Königtum als Gottessohnschaft (vgl. Ps 89,20–30). Hinzu kommen die Strafandrohungen im Fall der Abkehr, welche typische Elemente neuassyrischer Königstexte widerspiegeln.[110] Wie schon der assyrische König als Hüter der Welt-

Zionstheologie
s. o. 2.7.3.2

---

107 Vgl. Arneth, Sonne, 57–78.96 ff. und Janowski, Frucht, 109–114.
108 Vgl. Janowski, Weltbild, 21; vgl. Hartenstein, Unzugänglichkeit, 224–228; Ders., Archiv, 130 ff.
109 Bauks, Art. Chaos, www.wibilex.de; Dies., Chaos.
110 Steymans, Thron, 240 ff.

ordnung gilt, der in Vertretung des Sonnengottes Schamasch Recht und Gerechtigkeit durchsetzt, so sind diese Züge auch auf den judäischen König übertragen (vgl. Ps 72), um – vielleicht im Rahmen einer alljährlichen Neujahrsinvestitur – den amtierenden König als Garant der Gerechtigkeit zu bestätigen.[111] Dem entsprechen Motive wie Salbung (2Sam 2,4; 5,3; 1Kön 1,2 vgl. 1Sam 16,1–13), Adoption (Ps 2,7; 89,27), Titulatur (2Sam 23,1; Jes 9,5 „Königsnamen"), Königsprotokoll (Ps 2,7–9?), Einsetzung zur Rechten Gottes (Ps 110,1) und Übergabe der Insignien (Ps 21,4.6; 89,40).[112] Besonderes Gewicht kommt der Salbung als Einsetzungsakt zu, der die Übereignung der Königswürde symbolisiert – aber mitunter auch Priestern und Propheten[113] gelten kann – und dem König den Ehrentitel *mašîaḥ* „Gesalbter" verleiht (1Sam 24,7 u. ö.; Ps 2,2; 18,51; 20,7; 28,8; 45,8; 84,10; 89,21.39.52; 105,15; 132,10.17; vgl. auch Kyros in Jes 45,1).

Einsetzung des Königs

3.4.2 Die Eschatologisierung des gesalbten Königs („Messias")

Ausgehend von der Diktion des Gesalbten („Messias"), die in den biblischen Texten stets eine konkrete (historische) Person tituliert, wurde das Konzept in nachexilischer Zeit zu einer eschatologischen Hoffnung ausgestaltet und das für die neutestamentlichen Gleichniserzählungen so wichtige Theologumenon des Anbruchs der Königsherrschaft Gottes[114] präfiguriert. Die Liste der als „messianische Weissagungen" bezeichneten Texte ist lang.[115] Sie unterscheidet sich von den traditionellen Königtum-Gottes-Psalmen (z. B. Ps 93), die die Herrschaft aus dem urzeitlichen Handeln ableiten, durch die geschichtliche Begründung, dass Gott als neuer König Israels implizit den fehlenden irdischen König ersetzt, indem er an die Stelle des amtierenden Fremdherrschers tritt. Es geht hier nicht mehr allein um die Restauration Judas und die Wiederherstellung der vorexilischen Verhältnisse, sondern um die *Vollendung der Welt und der Geschichte,* indem sie etwa von ‚einem neuen Himmel und einer neuen Erde' (Jes 65,17; 66,22; vgl. 2 Petr 3,13) reden oder von einer Erde, die in

---

111 Janowski, Frucht, 100 ff., der das Motiv der „Frucht der Gerechtigkeit" als Leitmotiv erkennt und den Psalm als einen Programmtext judäischer Königideologie ansieht.
112 Janowski, Frucht, 102–114; vgl. auch M. Leuenberger, Art. Königtum Gottes, www.wibilex.de und Hartenstein, Psalm 2, zu den z. T. ägyptisch verwurzelten Traditionen.
113 P. Riede, Art. Salbung, § 3, www.wibilex.de.
114 Leuenberger, Konzeptionen, 394–399; vgl. K. Erlemann, Art. Gleichnisse (NT), www.wibilex.de, § 2, mit einem weiterreichenden theologischen Profil.
115 E.J. Waschke, Art. Messias, www.wibilex.de, § 2.3, nennt neben den messianischen Weissagungen in Jes 7,14–16; 9,1–6; 11,1–10; Mi 5,1–5; Sach 9,9–19 (s. o. 2.6.1.3 und 2.6.3) außerdem eine Reihe weiterer Texte.

ihrer gegenwärtigen Gestalt ‚verwelkt' bzw. ‚wie ein Gewand zerfällt'" in der Erwartung, „dass sich in ihm *die Gerechtigkeit Gottes universal durchsetzt‚* (Jeremias, Theologie, 414; Hervorhebung im Original mit Hinweis auf Ps 96,13; 98,9). Während die älteren messianischen Weissagungen in Jes 7,14.16 und Jes 9,1–6 auf sehr konkrete Könige (evtl. Hiskia und Josia) anspielen dürften, verweist bereits Jes 11,1–5 (vgl. Mi 5,1–5) in spätvorexilisch-exilischer Zeit auf einen idealen Herrscher aus dem Davidhaus. Als dieser historisch ausbleibt, erfährt der Text in der sekundären Ergänzung des „Tierfriedens" (11,9–16) eine universale und eschatologische Ausrichtung. Alternativ dazu entwickelt Sach 4,1–14 das Modell einer Doppelherrschaft von König und Priester, die sich historisch ebenfalls nicht realisiert. Eine theokratische Ausrichtung der politisch-königlichen Messiaserwartung findet sich zwar erst in den (deutero-kanonischen) Psalmen Salomos (17,32; 18,1.5.7), ist aber im Anschluss an die Klage über den Untergang des Königtums (Ps 89) in der vierten und fünften Psalmengruppe durch vereinzelte Hinweise auf den irdischen König bereits angedeutet (vgl. Ps 105,15; 110; 132,10.17 und 144). Der Königspsalm Ps 2 trägt in der Zusammenschau mit diesen Psalmen deutlich zur Eschatologisierung des Psalters bei.[116] Das Verständnis des Messias im Neuen Testament speist sich allerdings mindestens aus einer weiteren – ursprünglich prophetisch-apokalyptisch geprägten – Tradition, der Menschensohntradition, wie sie bei Ez und in Dan 7 begegnet.[117]

Messianische Weissagungen s. o. 2.6.1.3

Dyarchie s. o. 2.6.3.2

3.4.3 Raum- und Zeitdimensionen der göttlichen Herrschaft

Die Wendung יהוה מלך/*JHWH malak* deutet eine semantischen Unschärfe an, da der zeitliche Rahmen der Gottesherrschaft je nach Übersetzung variiert: „JHWH wird König" – „JHWH ist König" – „JHWH ist König geworden" lauten die grammatisch möglichen Übersetzungen, die Vergangenheit, Gegenwart wie auch das Prozesshaft-Andauernde des Vorgangs umschreiben. Da frühe Psalmen das Urzeithandeln als Voraussetzung der Königsherrschaft bezeugen, weist der zeitliche Rahmen weit über die (politische) Geschichte hinaus. Eschatologische Hoffnungen verankern die Herrschaft zudem in die ferne Zukunft. JHWHs Herrschaftsbereich dehnt sich zudem auch räumlich aus, indem JHWH zu einem universalistischen Gott

---

116 Vgl. Hartenstein, Ps 2, 82–87 (Exkurs 2: Messias); Jeremias, Theologie, 417–426 und Leuenberger, Konzeptionen, 118 ff.391–394 (zur Sachinklusion von Ps 2 und 89).
117 Gese, Messias; D. Zeller, Art. Menschensohn, www.wibilex.de. So spricht Jesus in den Evangelien nie von sich als Gottessohn oder Messias/Christus; vgl. Bormann, Theologie 107–111.

wird, dem Götter und Menschen unterstehen, der omnipräsent ist und nicht nur in Jerusalem, sondern weltweit agiert. Die Titulatur des göttlichen Weltenherrschers als Königsgott entspricht dem altorientalischen Erbe. Neben einem inschriftlichen Beleg „Gott der ganzen Erde" (*'lhj kl h'rṣ*) in Parallele zu „Gott Jerusalems" in einem Text aus Ḫirbet Bēt Lajj lassen sich weitere babylonische und ugaritische Belege benennen.[118] Auch JHWH nimmt seine königliche Funktion gegenüber Jerusalem und seinem Tempel, der Provinz Juda-Jehud und der gesamten Erde wahr. Er ist der Gott von Stadt – Staat – Welt und herrscht über die Bewohner Jerusalems, Judas wie der anderen Völker.

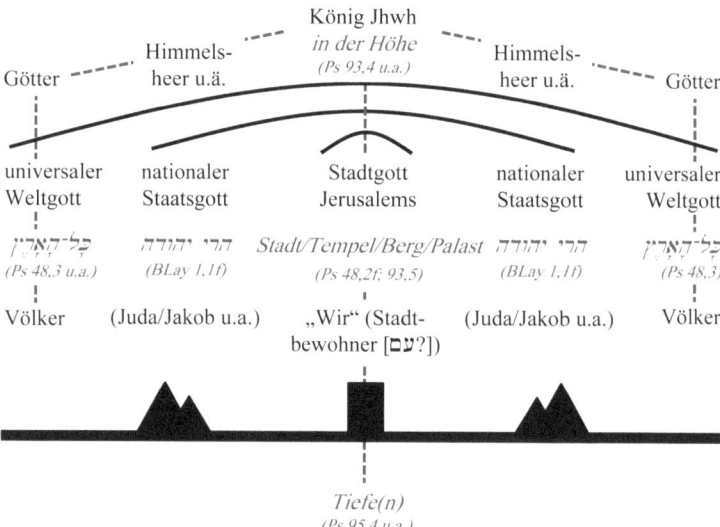

Abb. 12: Weltbild der Jerusalemer Tempeltheologie mit JHWH als Königsgott

Weltbild
s. o. 2.4.1 Abb. 3

Damit ist das klassische orientalische Weltbild reformiert.[119] JHWH ist von einem Bereichsgott, der verantwortlich ist für *seinen* Anteil unter den Nationen (vgl. Dtn 32,8 f.) und in Ablösung vom Höchsten (Eljon) zum König „in der Höhe" (במרום/*bamarôm*) für die ganze Welt aufgestiegen.

Traditionell wird das JHWH-Königtum mit der Zionstheologie verbunden, in der der Gottesthron als Gottesberg den Tempel überragt. Wie bereits Baal von Ugarit auf dem Zaphon thront (KTU 1.101), so

---

118 Leuenberger, Art. Königtum Gottes, www.wibilex.de, § 3.2.3.2.3 mit Grafik; vgl. zur Inschrift Hartenstein, Archiv, 127–131.
119 Vgl. dazu M. Leuenberger, Art. Königtum Gottes, www.wibilex.de, § 3.2.3.2.2., dem ich auch für das Überlassen des Schaubildes danke.

ist auch JHWHs Thron in biblischen Beschreibungen überdimensioniert dargestellt und trägt Züge einer „impliziten Kosmologie" (Jes 6; vgl. Ez 1), wenn in der Vertikalen die Überlegenheit des „bergeshoch aufragenden Throns" und in der Horizontalen das Wechselverhältnis zwischen Herrlichkeit JHWHs im Tempel und der (Segens-)Fülle der Welt betont sind.[120] In Ps 93,1 (vgl. 96,10) ist über den Begriff תבל/*tebel* „Erdkreis" ein weiterer kosmischer Bezug eingetragen und zudem in der gängigen Urwassermetaphorik auf das anfängliche Schöpfungshandeln angespielt. In (nach)exilischer Zeit lassen Ps 103–104,5; Gen 1; Ex 24,9–11; Ez 1; 10 und Jes 66,1 f. eine weitaus explizitere Kosmologie erkennen, die in Ps 103–104 einen in mehrere Zonen differenzierten Himmel erkennen lässt, den JHWH sich als Wohnort in himmlischer Transzendenz einrichtet.

Wohnort Gottes ist die Gottesstadt (Ps 46; 48; 87) oder sein Berg Zion (Ps 2,6), der mit dem Berg Baals identifiziert wird (Ps 48,2, vgl. Jes 14,13 f.). Er ist Thronsitz Gottes (97,2; 99,5) oder universalisierend als „Nabel der Welt" (טבור הארץ/*ṭabbûr ha'aræṣ*) bezeichnet (Ez 38,12). Nur wenige Texte kombinieren die verschiedenen Vorstellungen von Berg, Stadt und Zion (vgl. Ps 48; 87).[121] Königtum Gottes und Zion sind indes häufig nebeneinander genannt (Ps 2; 97,8; 99; 110; 132).

Erst in nachexilischer Zeit kommt das Völkerkampf- bzw. Völkersturmmotiv auf, das expliziert, wie die fremden Völker und ihre Könige den Zion bestürmen und einzunehmen versuchen (Mi 4,11–13; Jo 4; Sach 12; 14), Zion sich aber als rettende Bastion erweist, die sich dem Chaoswasser gleichen Einbrechen der Feinde widersetzt (Jes 17,12–14; Ps 46,2–8; 76,5–6). Die meisten Belege für den Zion finden sich in jüngeren Texten, was darauf schließen lässt, dass Zion allmählich zum Zentrum fortschreitender Theologiebildung wird. Sie rekurrieren aber auch auf historische Erfahrungen wie die Belagerung Jerusalems durch den assyrischen König Sanherib (701 v. Chr.) und verarbeiten diese theologisch.[122] Eine andere jüngere Weiterentwicklung stellt die Umkehr des Völkersturmmotivs in eine positiv gewendete Völkerwallfahrt zum Zion dar (Mi 4,1–6; Jes 66,20; Sach 14).[123]

Die Rede vom Zion ist einerseits auf Israel zentriert, formuliert aber andererseits ein weitaus umfassenderes Raum- und Zeitkonzept. Zion liegt zwar mitten in Israel, ist aber der Thronsitz des Gottes, der über das Geschick der Völker herrscht. Die Völker wenden sich ihm

---

120 So Hartenstein, Unzugänglichkeit, 217 und 107 f. Janowski Heilige Wohnung, 45–53.
121 Vgl. Körting, Zion, 163–186.
122 Hartenstein, Archiv, 134–147.160 f. auf dem Hintergrund von Jes 17,12–14; Ps 46,2–8 und 48,2–8.
123 Vgl. O. Dyma, Art. Völkerwallfahrt/Völkerkampf, www.wibilex.de, § 3; Gärtner, Jesaja 66.

einigen Texten nach feindlich zu und werden zerstört oder schließen sich anerkennend dem Gotteslob an. Das umfassende Raumkonzept lässt sich an dem Bild des Wohnens in der Stadt (Ps 46,6; 48,4) bzw. des Thronens Gottes im Himmel (Ps 2,4) ablesen. Zion ist das „Zentrum einer sakralen Landkarte" (C. Körting), das ggf. selbst denen, die dort nicht hinziehen können, Hoffnung verleiht (Ps 137). Gottes Gegenwart im Tempel von Jerusalem steht in Spannung zu seinem Thronen im Himmel, und diese Spannung ist im Zionskonzept utopisch transzendiert und lässt das Konzept zum „Magneten theologischer Konzeptionen" in universalisierender Perspektive werden.[124]

Wenn auch die Vorstellung JHWHs als Himmelsgott eher selten belegt ist und wegen der Anleihen an die persische Religionspolitik in die nachexilische Zeit zu datieren ist[125], so ist die Denkbewegung einer „vertikalen kosmologischen Achse" (Himmel – Erde – Unterwelt) mit dem Tempel als Zentrum, doch auch eine altorientalische Konstante. Die Theologie von Gottesstadt und Tempel ist „vom Gegensatz von *Innen* (Zentrum/Kosmos) und *Außen* (Peripherie/Chaos) geprägt und stellt Jerusalem als sichtbare Manifestation, gleichsam als ‚Gelände' der schützenden Macht des dort präsenten Zionsgottes" auch in einer horizontalen Linie vor. Die Vorstellung vom Königtum Gottes ist „als Basisaussage der (vorexilischen) Zionstradition zu verstehen, die in den Grundtexten Jes 6,1–4; Ps 93; Ps 46,2–8; 48 u.a. nach ihrer *vertikalen* (Höhe – Tiefe) und *horizontalen* (Zentrum – Peripherie) Dimension entfaltet wird. Dabei handelt es sich nicht um einander ausschließende Konzepte, sondern um Varianten einer Grundvorstellung, die jeweils einen Aspekt – den vertikalen oder den horizontalen – in den Vordergrund rücken, ohne den jeweils anderen einfach auszublenden."[126] Die kosmischen Anleihen sind in älteren Texten oft sehr implizit verwendet und verzichten dabei auf eine schöpfungsfundierte Ableitung der raumzeitlichen Ordnung. Angeregt durch die Schöpfungserzählungen, die erst seit der spätvorexilischen Zeit entstanden, und die theologische Verarbeitung von Schöpfung zu einem geschichtstheologischen Konzept im exilischen Deutero-Jesaja-Buch (Jes 40,12–26) weitet sich das Heiligtumskonzept dahingehend aus, dass die ganze Schöpfung zum Tempel Gottes wird (vgl. Jes 66,1–2a Trito-Jesaja; 1Kön 8,27–30):

Altorientalischen Weltbild s.o. 2.4.1 Abb. 3

---

124 Körting, Zion, 224.
125 Vgl. dazu Hartenstein, Weltbild, 24 f. (vgl. Ps 11,4; 33,13–19; 102,13.20; 103,19–22; 113; Jes 66,1 f.; 63,7–64,11.
126 Janowski, Wohnung, 61 (Hervorhebung im Original).

> 1 So spricht der HERR: Der Himmel ist mein Thron, und die Erde ist der Jes 66
> Schemel meiner Füsse. Was für ein Haus wollt ihr mir bauen und was
> für eine Stätte, an der ich meine Ruhe finden soll?
> 2 Hat doch meine Hand dies alles gemacht, und so ist all dies entstanden!, Spruch des HERRN.

Dieser Gottesspruch propagiert nicht etwa radikale Tempelkritik, d. h. das Ende des Tempels und seines Kultbetriebs, denn dann wären andere Passagen wie Jes 56,5.7; 60,7.13; 62,9 und 66,20 kaum zu verstehen. Vielmehr geht es um die Integration des Heiligtums in die Zukunftsvision über den Zion als Heilsort schlechthin.[127] Der Tempel wird zu einer Metapher für die Neuschöpfung Jerusalems und Zions (vgl. Jes 44,24–28; vgl. 65,17–25).

> 24 So spricht der HERR, dein Erlöser, der dich schon im Mutterleib gebildet hat: Ich bin der HERR, der alles macht, der den Himmel ausspannt, ganz allein, der die Erde ausbreitet – es kommt von mir –, Jes 44
> 25 der die Zeichen der Orakelpriester ungültig macht und die Wahrsager zum Gespött, der die Weisen zurückdrängt und ihr Wissen lächerlich macht,
> 26 der das Wort seines Dieners erfüllt und den Plan seiner Boten vollendet, der zu Jerusalem spricht: Werde bewohnt!, und zu den Städten Judas: Werdet aufgebaut! Und ihre Trümmer richte ich auf!,
> 27 der zur Tiefe spricht: Versiege! Und deine Ströme trockne ich aus!,
> 28 der zu Kyros spricht: Mein Hirt! Und alles, was mir gefällt, wird er vollenden. Und zu Jerusalem wird er sagen: Es wird aufgebaut werden!, und zum Tempel: Werde gegründet!

Jes 65,21–25 zeichnet Jerusalem als einen Garten Gottes (seine Bewohner; Jes 61,4), in dem die Geschöpfe friedlich zusammenleben werden. Der Tempel als Mikrokosmos der Schöpfung behält in diesem Konzept aber weiterhin seinen Platz.

3.4.4 Kosmotheologie

Die oben dargestellte Vorstellung vom Königtum JHWHs lässt sich als eine Spielart politischer Theologie begreifen. Doch gehen die Anleihen der impliziten Kosmologie einher mit der Bedeutung von Schöpfung und Kosmologie in weisheitlichen Texten. Es geht dabei weniger um das Verhältnis von Schöpfung und Kult wie im priesterschriftlichen

---

127 Berges, Gottesgarten, 72; zu redaktionskritischen Modellen, die den Widerspruch erklären, vgl. Albani, Schöpfung, 38 ff.49 f.

Entwurf oder um eine mythische Weisheitserzählung zur *conditio humana* (Gen 2–3). Im Vordergrund stehen nun weisheitliche Texte, die an die Stelle eines politisches Konzepts Kosmotheologie setzen (vgl. Hi 28; 38; Prv 3,19; 8; aber auch Ps 104). Jan Assmann hat diese theologische Richtung folgendermaßen definiert:

Zu Gen 1–3 s. o. 2.4

Kosmotheismus
s. o. 2.4.4.1

> „Im Zusammenhang eines ‚Kosmotheismus' […] verbindet sich mit dieser Theologie ein höherer Wahrheitsanspruch als mit den anderen beiden Theologien [der politischen und mythischen nach Varro]. Sie läßt sich freilich auf Erden nicht als die einzig wahre durchsetzen, weil die Menschen nun einmal Mythen brauchen und als politische Wesen auf Götter angewiesen sind, die ihrem Gemeinwesen vorstehen und dessen politische Identität verkörpern, während eine kosmische oder natürliche Theologie keine politischen Grenzen fundieren und keine lebensorientierende Normativität spenden kann. Dem gewissen Wahrheitsdefizit der politischen und der poetischen Theologie, die gewissermaßen Kompromisse darstellen, ‚Akkommodationen' der Wahrheit an die Funktionen und Bedürfnisse des sozialen Lebens sowie der Fassungskraft des menschlichen Geistes, entspricht auf seiten der kosmischen Theologie ein gewisses Verbindlichkeitsdefizit, und diese Distanz zu den sozialen Funktionen und zur menschlichen Fassungskraft bringt die kosmische Theologie in eine gewisse Nähe zu Geheimnis und Esoterik."[128]

Während der alttestamentliche Glaube an Gott als Gesetzgeber zur politischen Theologie zählt und so die Beziehung zwischen religiöser und politischer Ordnung konstituiert, zielen andere weisheitlich-theologische Konzepte, wie z. B. der Tun-Ergehen-Zusammenhang, auf eine natürliche Theologie bzw. Kosmotheologie mit einem „Konzept ‚Weltordnung' als ein einheitliches, Kosmos und Menschenwelt, Natur und Kultur durchwaltendes Ordnungsprinzip"[129], in dem Kosmos und Gesellschaft zusammenfließen (ägyptisch Maʻat; hebräisch צדקה/ ṣedaqâ). Während die ägyptischen Götter (Nut: Himmelgöttin; Geb: Erdgott; Amun-(Re): Sonnengott) die Welt *sind,* die sie fortwährend hervorbringen und stützen, personifiziert Maʻat die der Welt immanente Schöpfungsordnung, an der sich der Mensch zu orientieren und deren Ordnungsvorgaben er zu realisieren hat. Neben dem magischen Inganghalten der Welt im Ritus, geht es auch um das rechte Verhalten im Sinne der „konnektiven Gerechtigkeit", in der sich dank der,

Weisheitliche
Konzepte s. o. 2.8.1

---

128 Assmann, Herrschaft und Heil, 17.
129 Assmann, Maʻat, 31.

von den Göttern eingesetzten, königlichen Vermittlung die kosmische und soziale Welt entsprechen.[130] Ähnlich wie der JHWH-Königsgott (Ps 93 u. ö.) muss auch der ägyptische Schöpfer- und Sonnengott die bedrohte Weltordnung (z. B. im Motiv der Tages- und Nachtfahrt der Sonne) immer wieder neu durchsetzen und bewahren.

Der Schöpfungshymnus Ps 104 demonstriert das Ineinander von mythischem Königtum und alltäglicher bzw. natürlicher Erfahrung (von physischem und symbolischem Raum) in eindrücklicher Weise.

> „Das Ineinander wird erreicht, indem in V. 1b–4 jedem der vier Bilder – von der Investitur JHWHs über seinen Palastbau und seinen Wagen bis zu seinem himmlischen Hofstaat – Phänomene zugeordnet werden, die in unserer modernen Terminologie dem Bereich der ‚Natur' zugehören (und hier näherhin dem Gebiet der ‚Meteorologie'): JHWHs ‚Mantel' ist das ‚Licht', die ‚Obergemächter' seines Palastes befinden sich im ‚Himmel', als sein ‚Wagen' fungieren ‚Wolken' und ‚Wind', und seine ‚Boten' und ‚Diener' sind ‚Winde' und ‚Feuer (und) Lohe' (d. h. wohl: Blitze). Auf diese Weise wird das ‚mythische' Konzept der Königsherrschaft JHWHs mit ‚alltäglichen' Erfahrungen interpretiert. Zugleich damit werden aber auch umgekehrt ‚alltägliche' Erfahrungen auf ihren ‚transzendenten' Hintergrund hin transparent gemacht."[131]

Ps 104 wird häufig mit dem großen Atonhymnus Echnatons verglichen, deren etwaiges Abhängigkeitsverhältnis umstritten ist. Allerdings sollte die These, dass gerade die monotheistisch ausgerichtete Amarna-Theologie der traditionellen ägyptischen Kosmotheologie, wenn auch nur für kurze Zeit, ein Ende bereitet hat, nicht voreilig auf die biblischen Befunde übertragen werden.[132] Auch die Anschauung, dass die für den gesamten Alten Orient so charakteristische magische Anwendung kosmotheistischen Wissens in der Bibel fehle, ist unhaltbar. Am Beispiel der Totenerweckungen Elisas (2Kön 4,8–37) und Elias (1Kön 17,17–24) wird der hohe Stellenwert von kosmotheistischem

Schöpfungspsalmen s. o. 2.7.3.1

---

130 Assmann, Ma'at, 199–212; vgl. ders., Herrschaft und Heil, 40: Der König verwirklicht die Ma'at …, indem er ‚den Menschen Recht spricht und die Götter zufriedenstellt' … [durch] Recht und Kult; vgl. auch 186.
131 Krüger, Kosmo-Theologie, 112.
132 So Assmann, Ma'at, 231–236; vgl. Exodus, 66: Echnaton ersetzte den traditionellen Kosmotheismus durch eine neue „Kosmologie, die alles Sein und Werden auf das Wirken der Sonne zurückführt." Vgl. ders., Monotheismus, 30 ff. zum Neuen Reich nach Amarna, als die Vielzahl der Götter in das Denken des Einen miteingeschlossen wird.

Wissen und dessen magischen Vollzugs in Ritualen deutlich.[133] Zudem nehmen in den jüngeren Psalmen Aspekte expliziter Kosmologie bzw. Schöpfungsanleihen deutlich zu. Und ein Beleg wie Prv 3,19–21 unterstreicht die enge Verknüpfung von zu erlernendem Erfahrungswissen und der Notwendigkeit tiefer Einsicht in das kosmische Wissen.

Prv 3,19–23

19 Der HERR hat mit Weisheit die Erde gegründet, mit Einsicht hat er den Himmel befestigt.
20 Seine Kenntnis liess die Fluten hervorbrechen, und die Wolken Tau träufeln.
21 Mein Sohn, lass (sie) nicht aus deinen Augen weichen (לזו/*lûz*; 3.Pl. Imperf. Qal) – Klugheit und Umsicht, achte darauf.
22 Dann werden sie Leben sein für dich und ein Schmuck für deinen Hals.
23 Dann wirst du deinen Weg sicher gehen, und dein Fuss wird nirgends anstossen.

Den drei Bereichen des altorientalischen Weltbildes entsprechen in diesem Abschnitt drei Begriffe für Weisheit (חכמה/*ḥokmâ*, תבונה/*tebûnâ*, דעת/*daʿat*), die auf unterschiedliche Wissenskonzepte anspielen könnten, zugleich aber als Merismus verstanden das allumfassende Wissen des Schöpfers bezeichnen, das ihm als „konstruktives Wissen" für die Erschaffung der Weltordnung dient und auch dem Weisheitsschüler als Ziel und Aufgabe (תושיה ומזמה/*tušîjâ ûmezimmâ*) angeraten ist. Kosmotheismus und Erziehung gehen hier Hand in Hand. Das kosmotheistische Wissen ist unmittelbar mit der Inganghaltung der Welt verbunden. Es geht über das (profane menschliche) Erfahrungswissen weit hinaus, indem es dem Menschen als „zivilisatorisches Prinzip, eine vom Menschen zu erbringende Ordnungsleistung" in Form der konnektiven Gerechtigkeit (bzw. des Tun-Ergehen-Zusammenhangs) auferlegt ist und die unbedingte Loyalität („personalen Willen") vom Menschen gegenüber Gott fordert.[134] In hellenistischer Zeit kommt die Vorstellung auf, dass die Weisheit selbst die gesamte Schöpfungswelt absucht, wo sie wohnen könne, um schließlich in Jakob Wohnung zu nehmen, Israel als Erbbesitz zu wählen (Sir 24,8: Sapientialisierung der Schekina-Theologie) und in *seiner* Geschichte zu wirken. Hier treten Weltschöpfung und Israelgeschichte in Kor-

Traditionelle Weisheit s. o. 2.8

---

133 Vgl. dazu Schipper, Kosmotheistisches Wissen, 500–502, ausführlich Schmitt, Magie, 245 ff.
134 Vgl. Assmann, Wende der Weisheit, 21.29 zum Prinzip, welches auf das biblische Denken übertragbar ist. Vgl. Schipper, Sprüche, 19–24.38 f. zu kosmotheistischem Wissenserwerb in Ägypten und Mesopotamien sowie 255–258 z.St.

relation zueinander, so dass einerseits eine Separierung der Weisheit von den anderen Kulturen erfolgt, andererseits Kosmotheologie und Offenbarungstheologie miteinander verbunden werden.[135]

Literatur

Albani, Matthias, „Wo sollte ein Haus sein, das ihr mir bauen könntet?" (Je 66,1). Schöpfung als Tempel JHWHs?, in: B. Ego/A. Lange/P. Pilhofer (Hg.), Gemeinde ohne Tempel/Community without Temple, Tübingen 1999 (WUNT 118), 37–56.

Albertz, Rainer/Schmitt, Rüdiger: Family and Household Religion in Ancient Israel and the Levant, Winona Lake 2012.

Arneth, Martin: „Sonne der Gerechtigkeit". Studien zur Solarisierung der Jahwe-Religion im Lichte von Psalm 72, Wiesbaden 2000 (Beihefte zur Zeitschrift für Altorientalische und Biblische Rechtsgeschichte 1).

Assmann, Jan: Die Zeugung des Sohnes. Bild, Spiel, Erzählung und das Problem des ägyptischen Mythos, in: Ders./W. Burkert/F. Stolz (Hg.), Funktionen und Leistungen des Mythos. Drei altorientalische Beispiele, Fribourg/Göttingen 1982 (OBO 88), 16–61.

–: Ma'at. Gerechtigkeit und Unsterblichkeit im Alten Ägypten, München 1990.

–: Monotheismus und Kosmotheismus. Ägyptische Formen des „Denkens des Einen" und ihre europäische Rezeptionsgeschichte, Sitzungsberichte der Heidelberger Akademie der Wissenschaften, Heidelberg 1993.

–: Die Wende der Weisheit im Alten Ägypten, in: B. Janowski (Hg.), Weisheit außerhalb der kanonischen Schriften, Gütersloh 1996 (VWThG 10), 20–38.

–: Herrschaft und Heil. Politische Theologie in Altägypten, Israel und Europa, München 2000.

Bauks, Michaela: Chaos als Metapher für die Gefährdung der Weltordnung, in: B. Janowski/B. Ego (Hg.), Das biblische Weltbild und seine altorientalischen Kontexte, Tübingen 2001 (FAT 32), 431–464.

Berges, Ulrich: Gottesgarten und Tempel. Die neue Schöpfung im Jesajabuch, in: O. Keel/E. Zenger (Hg.), Gottesstadt und Gottesgarten. Zu Geschichte und Theologie des Jerusalemer Tempels, Freiburg 2002 (QD 191), 69–98.

Bormann, Lukas: Theologie des Neuen Testaments Grundlinien und wichtige Ergebnisse der internationalen Forschung, Göttingen 2017 (utb 4838).

Emmendörfer, Michael: Der ferne Gott. Eine Untersuchung der alttestamentlichen Volksklagelieder vor dem Hintergrund der mesopotamischen Literatur, Tübingen 1998 (FAT 21).

Gärtner, Judith: Jesaja 66 und Sacharja 14 als Summe der Prophetie. Eine traditions- und redaktionsgeschichtliche Untersuchung zum Abschluss des Jesaja- und des Zwölfprophetenbuches, Neukirchen-Vluyn 2006 (WMANT 114).

---

135 Janowski, Einwohnung, 29 ff.

Gese, Hartmut: Der Messias, in: Ders. Zur biblischen Theologie. Alttestamentliche Vorträge, Tübingen 1983, 128–151.

Hartenstein, Friedhelm: Die Unzugänglichkeit Gottes im Heiligtum. Jesaja 6 und der Wohnort JHWHs in der Jerusalemer Kulttradition, Neukirchen-Vluyn 1997 (WMANT 75).

–: Das Archiv des verborgenen Gottes. Studien zur Unheilsprophetie Jesajas und zur Zionstheologie der Psalmen in assyrischer Zeit, Neukirchen-Vluyn 2011 (BThSt 74).

–: Weltbild und Bilderverbot. Kosmologische Implikatonen des biblischen Monotheismus, in: C. Markschies/J. Zachhuber (Hg.), Die Welt als Bild. Interdisziplinäre Beiträge zur Visualität von Weltbildern, Berlin/New York 2008 (AKG 107), 15–37.

Hossfeld, Frank-Lothar/Erich Zenger: Psalmen 51–100 (HThKAT), Freiburg ³2007.

Janowski, Bernd: Keruben und Zion. Thesen zur Entstehung der Zionstradition, in: Ders., Gottes Gegenwart in Israel. Beiträge zur Theologie des Alten Testaments, Neukirchen-Vluyn 1993, 247–280.

–: Das Königtum Gottes in den Psalmen. Bemerkungen zu einem neuen Gesamtentwurf, in: Ders., Gottes Gegenwart in Israel. Beiträge zur Theologie des Alten Testaments, Neukirchen-Vluyn 1993, 148–213.334f.

–: Das biblische Weltbild. Eine methodologische Skizze, in: Ders./B. Ego (Hg.), Das biblische Weltbild und seine altorientalischen Kontexte, Tübingen 2001 (FAT 32), 3–26.

–: Der Himmel auf Erden. Zur kosmologischen Bedeutung des Tempels in der Umwelt Israels, in: Ders./B. Ego (Hg.), Das biblische Weltbild und seine altorientalischen Kontexte, Tübingen 2001 (FAT 32), 229–260.

–: Die heilige Wohnung des Höchsten. Kosmologische Implikationen der Jerusalemer Tempeltheologie, in: Ders., Der Gott des Lebens. Beiträge zur Theologie des Alten Testaments 3, Neukirchen-Vluyn 2003, 27–71.

–: Die Einwohnung Gottes in Israel. Eine religions- und theologiegeschichtliche Skizze zur biblischen Schekina-Theologie, in: B. Janowski/E.E. Popkes (Hg.), Das Geheimnis der Gegenwart Gottes. Zur Schechina-Vorstellung in Judentum und Christentum, Tübingen 2014 (WUNT 318), 3–40.

Jeremias, Jörg: Das Königtum Gottes in den Psalmen. Israels Begegnung mit dem kanaanäischen Mythos in den Jahwe-König-Psalmen, Göttingen 1987 (FRLANT 141).

Koch, Klaus: Der König als Sohn Gottes in Ägypten und Israel, in: E. Otto/E. Zenger (Hg.), „Mein Sohn bist du" (Ps 2,7). Studien zu den Königspsalmen, Stuttgart 2002 (SBS 192), 1–32.

Körting, Corinna: Zion in den Psalmen, Tübingen 2006 (FAT 48).

Krüger, Thomas: „Kosmo-Theologie" zwischen Mythos und Erfahrung. Psalm 104 im Horizont altorientalischer und alttestamentlicher „Schöpfungs"-Konzepte, in: BN 68 (1993), 49–74.

Leuenberger, Martin: Segen und Segenstheologien im alten Israel. Untersuchungen zu ihren religions- und theologiegeschichtlichen Konstellationen und Transformationen, Zürich 2008 (AThANT 90).

–: Konzeptionen des Königtums Gottes im Psalter. Untersuchungen zu Komposition und Redaktion der theokratischen Bücher IV und V im Psalter, Zürich 2004 (AThANT 83).

Mayer, Walke R.: Ein Mythos von der Erschaffung des Menschen und des Königs, in: OR.NS 56 (1987), 55–68.

Pietsch, Michael: Dieser ist der Spross Davids. Studien zur Rezeptionsgeschichte der Nathanverheissung im alttestamentlichen, zwischentestamentlichen und neutestamentlichen Schrifttum, Neukirchen-Vluyn 2003 (WMANT 100).

Schellenberg, Annette: Der Mensch, das Bild Gottes?. Zum Gedanken einer Sonderstellung des Menschen im Alten Testament und in weiteren altorientalischen Quellen, Zürich 2011 (ATHANT 101).

Schipper, Bernd: Kosmotheistisches Wissen. Prov 3,19 f. und die Weisheit Israels, in: S. Bickel/S. Schroer/C. Uehlinger (Hg.), Bilder als Quellen – Images as Sources. Studies on ancient Near Eastern artefacts and the Bible inspired by the work of Othmar Keel, Fribourg/Göttingen 2007 (OBO special volume), 487–510.

–: Sprüche (Proverbia) 1–15 (BKAT XVII/1), Göttingen 2018.

Schmitt, Rüdiger: Magie im Alten Testament, Münster 2004 (AOAT 313).

Steymans, Hans Ulrich: „Deinen Thron habe ich unter den großen Himmeln fest gemacht". Die formgeschichtliche Nähe von Ps 89,4–5.20–38 vom neuassyrischen Hof, in: E. Otto/E. Zenger (Hg.), „Mein Sohn bist du" (Ps 2,7). Studien zu den Königspsalmen, Stuttgart 2002 (SBS 192), 184–235.

3.5 Israels Geschick

Die verschiedenen Offenbarungsformen Gottes, die – wie die vier vorangehenden Kapitel zeigen – im Laufe der nachexilischen Zeit eine deutliche Transzendierung der Gottesvorstellungen aufweisen, sind dennoch nicht abstrakt-philosophisch dargestellt, sondern narrativ in einer allmählich auf drei Teile (Tora – Nebi'îm – Ketubîm) anwachsenden Großerzählung, der hebräischen Bibel/des Altes Testaments. Diese Darstellung der „Wirklichkeit des Möglichen", in deren Zentrum die Gottesbeziehung der Menschen und zugleich auch ihre Aneignung durch den Leser steht,[136] lässt sich nicht unabhängig von den menschlichen Aktanten (und Rezipienten) betrachten. Vordergründig beschreiben die erzählten Geschichten Israel als ein relativ konkret fassbares Volk in einer bestimmten Region anhand von Narrativen wie Erwählung, Befreiung oder Bund u. a. Doch changiert die ethnisch-nationale oder auch topographische Zuweisung und wird immer wieder zu einer Chiffre für das Gottesvolk schlechthin. Die

Kanonhermeneutik s. u. 3.6.2

---

136 Zu Paul Ricœur s. oben 1.4. und unten 3.6.

Bedeutungen von „Israel" in der Hebräischen Bibel s. o. 2.3

Sachmitte des Geschehens, das JHWH-Israel-Verhältnis,[137] beginnt – religionsgeschichtlich gesprochen – weite Kreise zu ziehen, indem der Name Israel zur Bezeichnung eines Einzelnen, einer Gruppe oder eines Volks/Staats wird. Es geht darin also auch um den Bezug des Einzelnen zu Gemeinschaft – Volk – Gesellschaft. Das JHWH-Israel-Verhältnis unterliegt den beiden Grundkoordinaten Raum und Zeit. Diesen Koordinaten verdanken die beiden Unterkapiteln „Israel und sein Land" und „Israels Zuwendung zu Gott" die grundlegende Struktur.

3.5.1 Israel und sein Land

Spätestens seit Beginn des 20. Jahrhundert ist die Landfrage Israels zu einem wichtigen politischen Thema geworden, das die Schlagzeilen bis in die Gegenwart bestimmt.[138] Das bedingt aber eine sehr politische Sicht im Vergleich mit dem, was die hebräische Bibel über den Land-Israel-Bezug aussagt.

Erzeltern s. o. 2.3.1

Einerseits ist zu betonen, dass der Standardbegriff ארץ/*'æræṣ* nicht nur ein Territorium bezeichnet, sondern ein Bedeutungsspektrum umfasst, das von „Ackerland" (vgl. auch אדמה/*'adamâ*)[139] bis zu „Erde" reicht. So ist es nicht verwunderlich, dass das von Gott verheißene Land sehr unterschiedliche Implikationen enthält, je nachdem, ob man z. B. die Erzelternerzählungen der Genesis, das Josuabuch oder die Makkabäerbücher befragt. Auch zielt die heute so prominente Wendung vom „Land Israel" (ארץ ישראל/*'æræṣ* Israel) in biblischen Texten noch nicht auf eine territoriale, sondern auf die bevölkerungspolitische Größe eines Stammes oder Clans.[140] Sie ist deshalb besser zu übersetzen durch „Land Israels", d. h. Jakobs.[141] „Israel" als umfassende Selbstbezeichnung entsteht erst in persischer Zeit, als der Provinz Jehud mit Jerusalem die Provinz Samaria gegenüber stand, und der Name zur Sammelbezeichnung der jüdischen Gemeinschaft außerhalb und innerhalb des Territoriums wurde.[142] Darüber hinaus kommt

Gen 1 s. o. 2.4.1

'æræṣ aber auch kosmologisch-kultische anthropologische Bedeutung

---

137 So Janowski, Der eine Gott, 29 – s. o. 1.4.
138 Vgl. Vieweger, Streit um das Land.
139 Bei Ezechiel begegnet auch אדמת ישראל/*'admat* Israel „(Kultur-)Land Israels" (Ez 7,2; 11,17 u. ö.); vgl. C. de Vos, Art. Land, www.wibilex.de, § 1.
140 Dem entspricht der erste außerbiblische Beleg Israels auf der Merenptah-Stele; s. o. 2.2.2.
141 Vgl. Willi, Prägung, 10 zu den wenigen Belegen in 1Sam 13,19; 2Kön 5,2.4; 6,23; Ez 27,17; 40,2; 47,18; 1Chr 22,2; 2Chr 2,16; 30,25; 34,7, die erst Hebr 11,9 mit der Bedeutung „verheißenes Land" belegt (vgl. *'admat Jisrael* bei Ez); *'æræṣ Jehûdâ* ist eine geographische Angabe.
142 Vgl. Weingart, Stämmevolk, 152 mit Anm. 415 zu dem inklusiven Israel-Begriff in den Chronikbüchern u. ö.

zu, zumal der Mensch ja sogar als Teil des Erdbodens beschrieben ist und dessen Bebauung eine unabdingliche Vorgabe für die menschliche Existenzsicherung darstellt.

Gen 2–3 s. o. 2.4.2

In diesem Kapitel soll es indes um die biblischen Geschichtsentwürfe von Land gehen. Anders als die kosmologischen Implikationen nimmt die Landtheologie (z. B. im Vergleich mit „Volk Israel") in christlich-theologischen Diskussionen relativ wenig Raum ein.[143] Anders gestaltet sich dieser Aspekt in der jüdischen Theologie: Laut bNed. 22b hätte die Bibel nur aus Tora [Fünf Bücher Mose] und Josua bestehen können, wenn nicht Israel in Sünde gefallen und deshalb das Land verloren hätte. Der Abbruch des theologischen Aufrisses der Tora/des Pentateuchs vor der erfüllten Landverheißung, die Struktur des offenen Endes, ist von hermeneutischer Relevanz:

Schöpfungstheologie

> „Die *Landverheißung* in der Tora Moses ist *ewig*; die Land*nahme vergänglich*. Hier spiegelt sich zweifellos die existentielle Situation Israels im Exil wieder: Israel lebte während seines langen Exils ohne Land, doch in der Gewissheit und im Glauben an den Ewigkeitswert der Landverheißung."[144]

Die anhaltende Spannung von Verheißung und Erfüllung, die im Laufe der Geschichte des Gottesvolks eine nicht abbrechende Folge von Realisierungen, Auflösungen und Neuanfängen erfuhr, wird somit zu einem wichtigen Movens alttestamentlicher Theologie.

3.5.1.1 Das Land in der Genesis

Da erst Jakob den Namen Israel erhält und somit zum eigentlichen Ahnvater wird, ist das Land in den Abraham- und Isaaküberlieferungen mit Einzelfiguren und ihren Sippen verbunden. Abraham durchzieht das Land Kanaan (Gen 11,31; 12,5), erreicht Orte wie Sichem, Bethel-Ai und Mamre, die durch Altarbau als heilig markiert werden (12,6.8; 13,18). Während der Negev die südliche Grenze der Wanderung darstellt, ist die nördliche nicht weiter bestimmt. Das Land in den Grenzen von Dan bis Beerscheba ist hier nicht belegt.[145] Das Iti-

---

143 Vgl. Noort, „Denn das Land gehört mir", 24 f.; Hossfeld, Metaphorisierung, 19–23; s. aber die theologischen Entwürfe von Preuß, Theologie I, 132–157 (§ 3.9 und 10) oder Rendtorff, Theologie II, 41–53.
144 Gesundheit, Land, 325 hebt hervor, wie zentral das Thema in der jüdischen Theologie ist.
145 Vgl. 1Sam 3,20; 2Sam 3,10; 17,11; 1Chr 21,2; 2Chr 30,5 zur Ausdehnung Israels in der frühen Königszeit; Geba bis Beerscheba (2Kön 23,8) für die Ausdehnung Judas; dazu C. de Vos, Art. Land, www.wibilex.de, § 2.3 mit weiterer Literatur.

nerar Jakobs stellt sich nochmals anders dar, da es vom Negev in Richtung Norden bis nach Haran führt (Gen 27,43), um über Bethel (Gen 28,21 f.) wieder in das Land der Väter zurückzuführen (Gen 31,3), den Euphrat zu überqueren und über das Ostjordanland (Jabboq) nach Sukkot (33,17), Sichem (33,18–34,31), Bethel (Gen 35,1–15), Efrata (35,16–20) und Migdal Eder (35,21) bis nach Mamre zu führen (35,27). Der ideologische Unterschied lässt sich folgendermaßen skizzieren:

Erzelterntraditionen
s. o. 2.3.2

„Während der Weg Abrahams in Gen 12 als Visitation des Landes und symbolische Inbesitznahme für die Gottheit Israels aufgefasst werden kann, besteht beim Weg Jakobs kein Zweifel daran, dass er ab dem Überqueren des Jabboq mit seiner schicksalhaften Gottesbegegnung im künftigen Besitz seiner Nachkommen unterwegs ist. Die Itinerare stellen mit Ausnahme in der Angabe des Zielortes in Gen 35,27 keinerlei Verbindung zwischen Abraham und Jakob her."[146]

Mit wenigen Ausnahmen (Gen 14; 19; 23; 34) ist das Land Kanaan zumeist als leerer Raum geschildert; zumindest ist von Ansässigen oder bewohnten Strukturen nicht die Rede. Die Gottesbegegnungen ereignen sich quasi auf freiem Feld, um Abraham und seinen Nachkommen das Land Kanaan erst als ewigen Besitz (אחזת עולם/*'aḥuzzat 'olam*; Gen 17,8)[147] zuzuweisen. Nur Gen 12,6; 50,11 und 33,18 erwähnen die kanaanäische Bevölkerung, mit der hier und da auch Verbindungen eingegangen werden (Gen 26,34 „Hethiterinnen"; 38,2; 46,10). In Gen 13,7; 34,30 und vor allem in Gen 15,20 f. wird eine Liste der im verheißenen Land lebenden Völkern präsentiert, der eine Angabe über die historisch nie erreichte Ausdehnung des Landes „vom Strom Ägyptens bis zum grossen Strom, dem Eufrat" (15,18) vorausgeht und darin fiktiv einen dritten Machtblock zwischen den Großmächten in Ägypten und Mesopotamien schafft. Diese idealisierte Ausdehnung des Landes findet sich noch in Ex 23,31; Dtn 1,7; Jos 1,4; 2Kön 24,7 und Jes 27,12 und entspricht dem Territorium, das in akkadischen Quellen als Amurru „Westgebiet" oder später als persische Provinz Transeuphratene („jenseits des Stromes"; Esr 4,10 u. ö.) belegt ist.[148] Die Formulierung der im Zuge eines Bundesschlusses zugesicherten Landgabe (Gen 15,7.13–16) gilt den Nachkommen und wird in Ex 3,8.17 und Jos 3,10 wiederaufgenommen. Die späte Erzählung in

---

146 Fischer, Israels Landbesitz, 9; s. o. 2.3.1 zur ursprünglichen Unabhängigkeit der beiden Überlieferungen.
147 Vgl. dazu Bauks, Begriffe.
148 Dazu C. de Vos, Art. Land, www.wibilex.de, § 2.1 mit weiterer Literatur.

Gen 15 trägt somit auf kompositioneller Ebene zur Identifizierung der Erzeltern- mit der Ägypten- und der Landnahmetradition bei. Sie korrespondiert außerdem mit der deuteronomistischen Landauffassung, die die Gabe von der Treue Israels abhängig macht, während die Erzelternüberlieferung das Land sonst vorwiegend an die Filiation[149] knüpfen. Dem entspricht eine völkergeschichtliche Sicht auf die Begebenheiten Palästinas, in der einige Nachkommen als Ahnen der Nachbarvölker eingeführt werden.[150]

3.5.1.2 Das Land Israel in der deuteronomistischen Literatur

Insbesondere die Erzählüberlieferungen, die dem deuteronomistischen Geschichtswerk (DtrG) zugeordnet werden (Num; Jos bis 2Kön), thematisieren die Landgabe als Folge eines göttlichen Schwurs (Dtn 1,8; 6,10.18; 10,11; Jos 21,43 f.; vgl. Gen 24,7; 26,3; Ps 105,9.44 f.). Die Realisierung erfolgt durch die Landverteilung unter Mose (Num 31 f.; Jos 13,7–32 Ostjordanland) und Josua (Jos 14–21; Westjordanland). Ähnlich wie in Lev 25,23 (P) „denn das Land ist mein [Gott], und ihr seid Fremdlinge und Beisassen bei mir", wo sich die Landtheologie darauf beschränkt, das ursprünglich zugesagte Nutzungsrecht (Gen 1,28) in die Landverheißung von Gen 17,7–8 und Ex 6,7 bzw. das Heiligtumkonzept (Ex 29,45–46) zu überführen[151], gehört das Land auch im DtrG Gott (Dtn 32,8 f.) bzw. ist sein Erbteil (1Sam 26,19; Jer 2,7 u. ö.; Ps 105,11). Gott vertraut das Land, in dem Milch und Honig fließt (Ex 3,8.17; Lev 20,24; Num 13,27; Dtn 6,3 u. ö.), seinem Volk an. Die Landgabe ist jedoch von Israels Gesetzestreue abhängig gedacht (Dtn 4,25–27 u. ö.; vgl. Ps 105,45). Zwei Erzählungen über Gesetzesungehorsam belehren über die Folgen (Jos 7 Achan; Jos 9 Gibeoniter) und nehmen darin die Exilserfahrung vorweg. Als besonders gefährdend gilt die Fremdgötterverehrung (vgl. Dtn 6,12–15 [Ermahnung]; Ri 2,12–14 [Bericht vom Abfall von Gott und Fremdgötterverehrung]), die in den Fluchsprüchen das Exil reflektiert und so das göttliche Handeln legitimiert (Dtn 28,63):

„63 Und wie der HERR seine Freude daran hatte, euch Gutes zu tun und euch zu mehren, so wird der HERR dann seine Freude daran haben,   Dtn 28

---

149 Vgl. Köckert, Land, 509 f. in Übertragung auf Ez 33,24, um den Anspruch der Exulanten zu begründen s. o. 2.3.1 mit Anm. 61.
150 Zur jüngeren Datierung dieser Verheißungen s. o. 2.3. Vermutlich ist das deuteronomistische Konzept älter und wird von Gen 15 revidiert.
151 Vgl. Bauks, Begriffe, unter Hinzuziehung des altorientalischen Boden- und Lehensrechts.

euch zu vernichten und euch zu vertilgen, und ihr werdet herausgerissen werden aus dem Boden, auf den du ziehst, um ihn in Besitz zu nehmen."

Die Zusage des Landes kann demnach in einer Strafhandlung wieder entzogen werden, da das Land Eigentum Gottes bleibt (vgl. Jer 2,7; 12,7–9; 16,18). Die Begründung für die Strafe geht mit dem Verdikt einher, das Land, das Gott zum Erbbesitz gab, nicht unrein zu machen bzw. zu versündigen (Dtn 21,23; 24,4). Ähnlich wird in späten P-Texten die kultische Verunreinigung des Landes für das Exil verantwortlich gemacht (Lev 18,24–28: das Land speit seine Bewohner aus), während 2Chr 36,21 das 70-jährige Exil als kultische Maßnahme erklärt: Israel kompensiert in dieser Zeit die versäumten Sabbate.

In den deuteronomistischen Erzählungen ist das Land keineswegs leer, sondern wird auf Befehl JHWHs von Israel, ja sogar durch Gott selbst erobert (Jos 10,10.14.42; 23,4 u. ö.). Das Josuabuch stellt diese Eroberungen mitunter in einer sehr ritualisierten Form dar, wenn z. B. Jericho in einer Art Prozession sieben Tage lang umkreist wird und schließlich unter Schophar-Klängen fällt (Jos 6).[152] Das eroberte Gebiet wird den Stämmen (mit Ausnahme der Leviten Num 18,23; Dtn 10,9; Jos 13,14 u. ö.) als unveräußerliches Erbland zugewiesen (Num 34,2ff.; Jos 11,23; 13,7) unter der Auflage, dass sich Israel an die Weisung JHWHs hält.

Exkurs: Heiliger Krieg
Die Präsenz JHWHs im Kriegsgeschehen und seine Aufforderung, Krieg zu führen, um Israel einen Ort zu geben und die Landverheißung zu erfüllen, hat auch im Alten Testament das Theologumenon vom „heiligen Krieg" aufkommen lassen. G. von Rad hat im Vergleich mit griechischem Material (Kriege innerhalb der Amphiktyonie bzw. des Stämmebundes) ein Konzept vom „Heerbann" Israels entworfen. R. Smend zeigt die Grenzen auf und führt zur deutlichen Unterscheidung die Diktion des „JHWH-Kriegs" ein.[153] Problematisch bleibt jedoch, dass in den alten Kulturen jeder Krieg religiös fundiert verstanden wurde, ohne aber ein „Glaubenskrieg"[154] zu sein. Denn schließlich wurden alle irdischen Belange der göttlichen Einflusssphäre untergeordnet. Gegenwärtig ist die Rede vom „Heiligen Krieg" insbesondere in Auseinandersetzung mit muslimischen Traditionen äußerst populär und erhält so auch im Umfeld jüdisch-christlicher Überlieferung neue Relevanz.[155] Inwieweit

---

152 Vgl. Noort, „Denn das Land", 41–45.
153 Smend, Jahwekrieg, 25–32.
154 Davon kann erst seit der Makkabäerzeit die Rede sein; vgl. dazu Schmitt, Heiliger Krieg, 171ff. zu den deuteronomistischen Texten als biblische Grundlage dieser Glaubenskriege.
155 Schwienhorst-Schönberger, Josua 6 und die Gewalt; Schmitt, Heiliger Krieg, 10–49 zur neueren Forschungsgeschichte.

ist diese Bezeichnung auf Texte der hebräischen Bibel anwendbar? Es geht hier nicht um die Frage nach der Legitimität von Gewalt an sich, sondern um konkrete Kriegsrechtsbestimmungen (wie z. B. חרם/*ḥeræm* „Heerbann/Vernichtungsweihe"), die über die übliche Kriegszerstörung hinaus[156] von einer sakral begründeten Tötung der Feinde handeln. Die *ḥeræm*-Ideologie begegnet bereits im 9. Jh. v. Chr. auf der Stele des moabitischen Königs Mescha, Z. 11.14–18 gegen die israelitische Städte Atharot und Nabo.[157] Über die historische Praxis sagen die Belege aber nur wenig aus, sondern entsprechen vielmehr der west-semitischen Königsideologie, die im Fall eines Sieges die Entäußerung von Beute als Dankopfer für die Gottheit vorsieht.

> 1 Wenn der HERR, dein Gott, dich in das Land bringt, in das du ziehst, um es in Besitz zu nehmen, und er viele Nationen vor dir vertreibt, die Hetiter und die Girgaschiter und die Amoriter und die Kanaaniter und die Peressiter und die Chiwwiter und die Jebusiter, sieben Nationen, die grösser und stärker sind als du, 2 und wenn der HERR, dein Gott, sie dir preisgibt und du sie schlägst, sollst du sie der Vernichtung weihen. Du sollst keinen Bund mit ihnen schliessen und sie nicht verschonen, 3 und du sollst dich mit ihnen nicht verschwägern, sollst nicht deine Töchter ihren Söhnen geben oder ihre Töchter für deine Söhne nehmen. 4 Denn sie würden deine Söhne dazu verleiten, dem HERRN nicht mehr zu folgen und anderen Göttern zu dienen. Dann wird der Zorn des HERRN gegen euch entflammen, und bald wird er dich vernichten. 5 Vielmehr sollt ihr so mit ihnen verfahren: Ihre Altäre sollt ihr niederreissen, ihre Mazzeben zerschlagen, ihre Ascheren umhauen und ihre Götterbilder im Feuer verbrennen. 6 Denn du bist ein Volk, das dem HERRN, deinem Gott, geweiht [besser: *heilig*] ist. Dich hat der HERR, dein Gott, aus allen Völkern auf der Erde für sich erwählt als sein eigenes Volk.

Dtn 7

Diese Anweisung (vgl. Dtn 7,22–26 als abschließende Rahmung) folgt direkt auf den mit dem שמע ישראל/*Šemaʿ* Israel verbundenen Befehl, dass Israel, sobald es im Land angekomen ist, Gott und seiner Weisung unbedingten Gehorsam schuldet (V. 10–25). Im Anschluss an Dtn 6 hat Dtn 7 rein metaphorische Bedeutung, die auf ein striktes Verbot von Mischehen zielt. Beides zieht gepaart mit der Aufforderung zur hingebungsvollen Liebe („devoted love") und absoluten Loyalität gegenüber JHWH die Zerstörung kanaanäischer Kultgegenstände nach sich[158], denn Mischehen und Fremdkult könnten Israel

Shemaʿ Israel
s. o. 2.5.1.2

---

156 Diese finden im Buch der Klagelieder Jeremias/Threni eine eindrucksvolle Beschreibung; vgl. K. Koenen, Art. Threni, www.wibilex.de. Vgl. zum Ganzen Crüsemann, Gewaltlegitimation; Dietrich, Legitime Gewalt.
157 Zu KAI II, 168 f. s. Weippert, Textbuch, 246 f. und TUAT I, 651–658 (W. W. Müller); zum Ganzen vgl. Schmitt, Heiliger Krieg, 57–61.
158 Vgl. MacDonald, Deuteronomy, 108–122; zur komplexen literarischen Beziehung der beiden Texte vgl. Otto, Deuteronomium 4,44–11,32, 846 ff.

von seiner bedingungslosen Zuwendung zu Gott abbringen. Während Dtn 13 im Fall der Apostasie von Volksgenossen den *ḥeræm* auch für die Zerstörung einer ganzen israelitischen Stadt vorsieht (13,16–17), um weiterer Kontaminierung Israels vorzubeugen (vgl. Jos 7,13 ff.)[159], regelt Dtn 20 den Umgang mit außerhalb des Landes weilenden Völkern. Sie werden explizit aus dem Gebot der Vernichtungsweihe herausgenommen, und der *ḥeræm* auf die im Gebiet des verheißenen Landes lebenden Völker beschränkt. Es geht nicht mehr nur um Gesetzesgehorsam, sondern um die Abgrenzung der eigenen Identität gegenüber dem Fremden von innen und von außen.

Dtn 20   10 Wenn du vor eine Stadt ziehst, um gegen sie zu kämpfen, dann sollst du ihr Frieden anbieten. 11 Geht sie auf das Friedensangebot ein und öffnet sie dir ihre Tore, dann soll dir das ganze Volk, das sich in ihr befindet, Frondienst leisten und dir Untertan sein. 12 Will sie aber keinen Frieden mit dir schliessen, sondern mit dir Krieg führen, dann sollst du sie belagern. 13 Und der HERR, dein Gott, wird sie in deine Hand geben, und alles, was darin männlich ist, sollst du mit der Schärfe des Schwerts schlagen. 14 Nur die Frauen und Kinder und das Vieh und alles, was sich in der Stadt an Beute findet, darfst du als Plündergut für dich behalten, und was du bei deinen Feinden erbeutet hast, was dir der HERR, dein Gott, gegeben hat, sollst du verzehren. 15 So sollst du es mit allen Städten halten, die sehr weit von dir entfernt sind und nicht zu den Städten dieser Nationen hier gehören. 16 Doch in den Städten dieser Völker, die dir der HERR, dein Gott, zum Erbbesitz gibt, sollst du nichts am Leben lassen, was Atem hat, 17 sondern du sollst sie der Vernichtung weihen, die Hetiter und die Amoriter und die Kanaaniter und die Peressiter und die Chiwwiter und die Jebusiter, wie es dir der HERR, dein Gott, geboten hat, 18 damit sie euch nicht lehren, so abscheulich zu handeln, wie sie es zu Ehren ihrer Götter getan haben, und damit ihr nicht schuldig werdet gegenüber dem HERRN, eurem Gott.

Dieser Abschnitt beschreibt das gängige Kriegsrecht (V. 10–14), dem die außerhalb des verheißenen Landes lebenden Völker unterworfen werden.[160] Die Völker, die im Land Israel wohnen – es handelt sich bei den genannten Namen allerdings um eine historisch nicht zu erhebende, fiktive Völkerliste (V. 16 f.; vgl. Dtn 7,1) – werden außerdem der Vernichtungsweihe unterzogen. Im Zentrum stehen bei dieser Bestimmung die Abgrenzung der eigenen Identität gegenüber dem Fremden wie ein generell auszuführender Anspruch auf das Land.

---

159 Vermutlich handelt es sich dabei um eine sekundäre Überarbeitung auf dem Hintergrund von Dtn 20,10–18 in Anwendung auf das eigene Volk; vgl. Schmitt, Heiliger Krieg, 62 f.
160 Zur Theologisierung von Gewalt (vgl. Gottes Vorgehen gegen Pharao und Ägypten in der Exodusgeschichte oder andere Könige), vgl. Dietrich, Legitime Gewalt, 298–301.

Die Vernichtungsweihe *ḥeræm* stellt in den zitierten deuteronomistischen Programmtexten eine *rhetorische Redeform* dar, die das Volk dazu erziehen will, die absolute Trennung von den fremden Völkern und deren religiösen Praktiken zu vollziehen. Die Sakralisierung des Krieges steht im Dienst der Gesetzesparänese und lässt am gesetzeskonformen Vollzug den Gehorsam Israels offenbar werden. Es geht hier nicht etwa um Werbung für Gewalt, sondern um eine dringliche Warnung vor dem Abfall von Gott, dessen alleinige Verehrung für Israel unbedingt gilt (vgl. Dtn 6,4–7). Die Warnung erfolgt auf der Basis fiktiver Beschreibungen einer grauen Vorzeit, die zugleich das Vorgehen und die Härte reflektieren, denen Israel angesichts seiner verschiedenen Eroberer im 1. Jahrtausend selbst immer wieder ausgesetzt war und denen JHWH gegenlenkt (vgl. Dtn 7,17–24). Um als kleines Volk seine Existenz zu verteidigen, werden hier Vormachtphantasien sichtbar, die den wiederholt erfahrenen Landverlust konterkarieren. Verheißung und gewaltsame Landnahme evozieren eine heroische Vergangenheit, die Ansprüche für die Gegenwart formulieren lässt. Doch stehen diese Phantasien nicht für sich: „Wer denn unbedingt von dem Gift der göttlich legitimierten gewaltsamen Landnahme Israels kosten will – und solche Leute gibt es in fundamentalistischen Kreisen nicht nur Israels –, der nehme sogleich auch eine angemessene Dosis von dem im Alten Testament reichlich vorhandenen Gegengift des angedrohten und dann eingetretenen Landverlusts zu sich".[161] Der Landverlust erklärt sich allein aus Gottes Handeln infolge der Untreue Israel. Verheißung des Segens im Land und Vergeltung an denen, die Gott hassen (Kündigung des Bundes), gehören demnach zusammen (7,12–15). Vermutlich stellt Dtn 7 eine nachexilische Bearbeitung dar, die neben der Unabdingbarkeit des Anspruchs der Weisung zudem die Heiligkeit des von Gott erwählten Volkes (V. 6) betont. Letztere macht die klare Trennung zwischen dem Gottesvolk und den anderen Völkern erforderlich, um Land und Volk in seiner Beziehung zu Gott nicht zu verunreinigen.[162]

J. Assmann[163] beschreibt die Vorstellung vom Bann als „zweite mosaische Unterscheidung", die auf die Unterscheidung (des erwählten) Israel(s) von den Völkern und seiner Zugehörigkeit zum Gottesbund zielt. Es geht um die Selbstausgrenzung Israels aus dem Völkerverbund angesichts des Anspruchs der Tora (Dtn 4,5–8; Num 23,9; Lev 20,24.26). Daraus resultiert der „Monotheismus der Treue", der sich von einem universalistischen Monotheismus darin unterscheidet, dass er Untreue als Abkehr von Gott zu anderen Göttern versteht und somit deren Existenz als Möglichkeit voraussetzt. Doch drohen die Völker, die im Lande Israels leben, in ihrer Andersartigkeit Israel vom richtigen, d. h. dem JHWH gemäßen Leben wegzuführen. Und unter diesen Umständen wird Gewalt zu einer heiligen Pflicht, weil sie die äußere Sphäre des Volkes Israel ‚bereinigt'. In dem Vernichtungskrieg geht es nicht um Beute zur Bereicherung, sondern um die Vernichtung derer, die JHWH-Abtrünnige oder -Hasser

Rhetorische Redeform 2.5.2.1 und 3.1

---

161 Dietrich, Legitime Gewalt, 305.
162 Schmitt, Heiliger Krieg, 73–76.
163 Assmann, Exodus, 108.

sind. Begreift man aber – wie es in einem exkludierenden Monotheismus der Fall ist – die unterschiedlichen Theologien als Denk- und Offenbarungsformen desselben Gottes, ist ein „Monotheismus der Treue" nicht mehr geboten.

In nachexilischer Zeit findet sich in Esr 9,11 f. der Gedanke, dass das Land, in das die exilischen Heimkehrer kommen, durch den Götzenkult der Bewohner unrein geworden ist, was zur Begründung des Mischehenverbot führte und eine Reihe weiterer Maßnahmen erklärt.

Erstaunlicher Weise bleibt das Thema der Landgabe aber nicht für Israel reserviert. Auch Edom (Gen 36,6–8), Aram oder die Philister (Am 9,7) wie Moab und Ammon können als wandernde Völker beschrieben werden, die eine Landverheißung erfahren (Dtn 2,5.9.19; Jos 24,4) und ihr Land auf Gottes Geheiß militärisch einnehmen (Dtn 2,9–23). Vermutlich handelt es sich dabei um ein Narrativ, das die Existenz historisch jüngerer Völker mittels des Konzepts der Landgabe infolge von göttlicher Erwählung erklärt (vgl. Dtn 32,8–9). Anders beschreiben sich die alten Kulturen Mesopotamiens und Ägyptens als seit der Urzeit existierend – ein Konzept, das durch die Vorschaltung der Urgeschichte auch auf Israel angewendet wurde, um sich somit einmal mehr als legitimierte Bewohner des Landes auszuweisen.[164]

3.5.1.3 „Heiliges Land" und Zion – metaphorische Topoi der Gottesnähe

Die Rede vom heiligen Land implizierte – anders als im aktuellen Verständnis – ursprünglich keine konkrete Topographie. So können heiliges Land und heiliges Volk changieren, da der Ort der Präsenz des Gottesvolks herausgehoben ist. Die Bezeichnung „Heiliges Land" hat eine übertragene, sozioreligiöse Bedeutung. Sie dient der Idealisierung Israels als Ort des Wohnens Gottes inmitten seines Volkes (Schekina). Das kann im Prinzip überall sein, weshalb der hebräische Text auch noch nicht vom heiligen Land *('æræṣ)*, sondern vom heiligen Ort (מקום/*maqôm*)[165] bzw. Boden (אדמת־קדש/*'admat (ha)qodæš*; Ex 3,5; Sach 2,16 Jerusalem) spricht. Israel soll das Land *('æræṣ)*, in dem es wohnt nicht unrein machen, damit auch Gott darin wohnen kann (z. B. Num 35,34). Wird Israels Landbesitz (ארץ אחזת/*'æræṣ 'aḥḥuzat*) unrein, soll es herausziehen, in den Landbesitz JHWHs *'æræṣ* und die-

---

164 Wazana, Natives, 220 ff. – Edomiter, Moabiter und Ammoniter sind nach den Genealogien der Genesis als Söhne Esaus bzw. Lots mit Israel verwandt geschildert und deshalb schützenswert (Dtn 2,5.9.19); vgl. Otto, Deuteronomium 1,1–4,43, 415–417.

165 מקום קדוש/*Maqôm (ha)qadôš* in Lev 6,18.20; 7,6; 10,17; 14,13; 24,9; 1Kön 8,6; 2Chr 5,7; Esr 9,8; Ps 24,3; Ez 42,13; 43,7 – vgl. de Voss, Heiliges Land, 72 mit Anm. 155.

sen besitzen unter der Auflage Gott treu zu sein (Jos 22,19). 2Makk 1,7 verwendet die Wendung heiliges Land (ἁγία γῆ/*hagia gè*) erstmals für den Jerusalemer Tempel in Abgrenzung zu dem jüdischen Exilsheiligtum in Leontopolis (Ägypten)[166] und zielt darauf, die Kultzentralisation auf Jerusalem nach der Wiedereinweihung des Tempels unter Jason neu zu beleben.

Auch „Zion" bezeichnet vorrangig einen Topos, stellt eine Synekdoche dar für Jerusalem bzw. den Tempelberg als religiöse Mitte der Begegnung Gottes mit seinem Volk. So erklären sich auch die divergierenden Lokalisierungen des Zionbergs auf dem Süd-West-Hügel Jerusalems oder – übereinstimmend mit der alten jebusitischen Stadt – auf dem Süd-Ost-Hügel oder aber auf dem Tempelberg, dem Nord-Ost-Hügel (Ps 48,3; bzw. Moria nach 2Chr 3,1; vgl. Gen 22,9).[167]

Die Landvorstellung wird in hellenistischer Zeit zunehmend metaphorisiert in eine idealisierte Vorstellung (z. B. als himmlisches Jerusalem; Israel und Tempel als Nabel der Welt [Jub 8,18]). Es wird sogar – wie vor allem in den neutestamentlichen Schriften – in ein Konzept überführt, das das Land überformt (Gemeinde als Haus Gottes; Himmelreich). Der Raum der Begegnung mit Gott ist vor allem ein sozialer Raum, ein Identitätsraum für das Volk im Streben nach seiner heiligen Mitte. Wenn in jüdischen Schriften des 1./2. Jh. n. Chr. wie 4Esra 5,23–27 bzw. Baruch 84,8 u. ö. vom heiligen Land die Rede ist, ist die römische Zerstörung des Tempels reflektiert und daran erinnert, dass das Land Israel Gottes Land ist, in dem Gott auf dem Zion anwesend ist, sein Gesetz gelebt wird und sein Volk verortet ist, während für andere Völker kein Raum ist. Die darin ausgedrückte apokalyptische Hoffnung ist auf die Rückkehr in das Land und seine Restauration gerichtet (2Bar 29,2; 40,2; 4Esr 9,7). Anders vertritt Flavius Josephus eine Diasporaperspektive, wenn er in seiner Nacherzählung von Jos 22 betont, dass niemand aus Gottes Machtbereich fallen kann, selbst wenn er außerhalb des Landes weilt (Ant. V,109).

> Heiliges Land 3.4.3

3.5.2 Israels Zuwendung zu Gott

Es war schon öfters vom Wohnen Gottes inmitten seines Volkes die Rede. Doch selbst Räume oder Lokalitäten wie Zion, Himmel oder Heiliges Land erwiesen sich als U-topien, Nicht-Orte, bzw. als Metaphern für die göttliche Gegenwart und Offenbarung in seinem Volk bzw. gegenüber seinen Anhängern.

> Priesterschrift s. o. 2.5.1.4 und Wohnen Gottes s. o. 3.5.1.3

---

166 Vgl. dazu ausführlich Voss, Heiliges Land, 73–78.
167 K. Bieberstein, Art. Jerusalem, www.wibilex.de, § 2.2 und S. Paganini/A. Giercke-Ungermann, Art. Zion/Zionstheologie, www.wibilex.de, § 1.3.

| | Auch wenn das Alte Testament ein sehr am Kollektiv orientiertes Menschenbild vertritt, ist der Einzelne und die persönliche Frömmigkeit keinesfalls außen vor. Der Einzelne fügt sich in die Gemeinschaft ein und vermag auch in schwerer Lage seine persönliche Heilsgewissheit aus den Rettungserfahrungen seines Volkes zu ziehen. Insbesondere die Klagelieder bzw. Danklieder des Einzelnen sind beredte Zeugnisse dafür. Zugleich zeigen aber die Schilderungen der Hoffnungslosigkeit Jeremias oder Hiobs angesichts des Tages ihrer Geburt tiefes persönliches Leid, das sie an ihrer bloßen Existenz zweifeln lässt. In diesen Fällen bereitet das Kollektiv keinen Trost; im Jeremia-Buch ist das Volk dem Gericht preisgegeben. Und auch das misslingende Gespräch mit den Freunden und der Reinigungseid in Hi 31,1–40 („negatives Sündenbekenntnis") zeigen an, wie sehr Hiob sich als Einzelner von Gott abhängig weiß, obwohl er sich keinerlei Schuld bewusst ist und im Vergleich mit seinen Mitmenschen als ungerecht behandelt ansieht. Die Hinwendung zu Gott gelingt letztlich über Gebet und Ritual, um Gott zu einer Antwort zu bewegen (Hi 38).[168]

Zu Ps 22,4–6 s. o. 2.7.1

Zu Jer 20,14–18 s. o. 2.6.2.1

Zu Hi 3,3–11 und 31 s. o. 2.8.2

Theodizee s. u. 3.5.2.3

Dem altorientalischen Denken nach bedarf die menschliche Zuwendung zu Gott eines geregelten Kultbetriebs. Alttestamentlich belegt sind z. B. tägliche Tempelopfer (Ex 29,38; Num 28,3; Tamid-Opfer), Erstlingsopfer (Ex 23,9 ff.; Dtn 15,19), Bau und Renovierung von Tempeln (2Kön 12,5 ff.; 22 f.), Abwehr von Schadensmacht im älteren Passa-Opferritus (Ex 12–13).[169] Auch der fixierte Kult- und Festkalender bildet eine Grundlage für gelingende Gottesbegegnung (Ex 23,14–19; 34,18–26; Lev 23; Dtn 16,1–17), dessen Einrichtung auf die Schöpfung zurückgeführt wird (מועד/*môʿed* in Gen 1,14). Ausführlichere Ritualtexte sind nur vereinzelt überliefert (Lev 16 „der große Versöhnungstag"[170]). In Num 28–29 liegt ein Opferkalender vor (vgl. Ez 45,18–25). Magie kommt in Ritualen mitunter wichtige Bedeutung zu (vgl. Lev 11–15 die Beseitigung von Unreinheit; Dtn 21,1–9 Elimination und rituelle Sühne). Zum Raumaspekt tritt im Kult auch die Zeitperspektive hinzu.

3.5.2.1 Feste

Feste sind aus dem Alltag herausgehobene Zeit. Durch Opfer, Gesänge, Rezitationen, Tänze und Musik, Räucherwerk, Kleidung, Schmuck und die Erscheinung einer Götterstatue bzw. eines Kultsymbols, das

---

168 Vgl. dazu M. Köhlmoos, Art. Reinigungseid, www.wibilex.de.
169 Vgl. K.W. Weyde, Art. Passa (AT), www.wibilex.de, § 2.
170 Vgl. K. Körting, Art. Jom Kippur, www.wibilex.de; s. o. 2.5.2.1.

an ihre Stelle tritt, wird mit unterschiedlichsten Sinneswahrnehmungen beim Einzelnen wie in der Gruppe Gottesgegenwart evoziert und die Gemeinschaft mit dem Göttlichen vermittelt. Feste erfordern eine Sakralisierung von Raum (Dekoration), Zeit (Arbeitsruhe) und Festgemeinde, deren soziale Schranken vorübergehend ausgesetzt sind (Dtn 16,11.14). Einige Feste sind dem Dank gewidmet (vgl. Erntebzw. Erstlingsfeste wie *Schawuot* „Wochenfest" und Laubhüttenfest „Sukkot"), während Passa-Mazzot ein ursprüngliches Hirtenfest zum Weidewechsel war. Zugleich dienen die drei Feste wie auch Purim bzw. das jüngere Ḥanukka-Fest dem Gedenken konkreter Heilstaten Gottes an Israel. So erinnern Passa-Mazzot an den Auszug aus Ägypten (Ex 12,21–23; 23,15; Dtn 16,12), Schawuot (Ex 19,1) an den Bundesschluss und Sukkot an die Wüstenwanderung (Lev 23,42 f.) sowie an die Tempelweihe Salomos (1 Kön 8), Purim an das im Estherbuch beschriebene erste Pogrom und Ḥanukka an die Säuberung des zweiten Tempels in Jerusalem durch die Makkabäer (1 Makk 4,52–59).[171] Passa, Schawuot und Sukkot bilden die drei großen Wallfahrtsfeste, an denen sich nach der josianischen Kultzentralisation alle Anhänger zum Tempel nach Jerusalem begeben sollen (Dtn 16,16). Doch bleibt diese Bestimmung nicht unumstritten, denn der priesterliche Text Ex 12,1–14 verlegt – angesichts der im Exil erfahrenen Diasporasituation – das Fest in die Familie, wie es auch im modernen Judentum als Sederabend in den Familien und nicht als Opfer im Tempel zelebriert wird.[172] Die drei Feste vergegenwärtigen jeweils Phasen des Exodus als der tragenden und identitätsbildenden Rettungserzählung, indem vergangenes Heil in die Gegenwart projiziert und im Ritual erfahrbar gemacht wird, wie es das „kleine geschichtliche Credo" (Dtn 26,5–10) paradigmatisch vorführt.[173] Der jüngste Festkalender in Lev 23 erwähnt noch weitere Feste wie Omer (Tag des Schwingens der Getreidegarbe), das Neujahrsfest Roʾš ha-Šana und Jom Kippur, das Fest der Versöhnung.

Gründungsmythos 1

Jom Kippur
s. u. 3.5.2.2

---

171 Vgl. K. Körting, Art. Feste, www.wibilex.de; Berlejung, Heilige Zeiten, 21–28.
172 Bereits ein aram. Papyrus aus der jüdischen Garnison in Elephantine (5. Jh. v. Chr.) bezeugt indes Anweisungen aus Jerusalem für die in Ägypten ansässige Gemeinde zur Begehung des Mazzot-Passa-Fests vor Ort (vgl. Weippert, Textbuch, 479 f. – Nr. 283).
173 Vgl. die rituelle Rahmung zur Darbringung der Erstlingsfrüchte (V. 1–5a.10b–11), die die Rettung aus Ägypten erinnert und mit dem Dank für die alljährliche Ernte verknüpft (Janowski/Zenger, Jenseits des Alltags, 66–69).

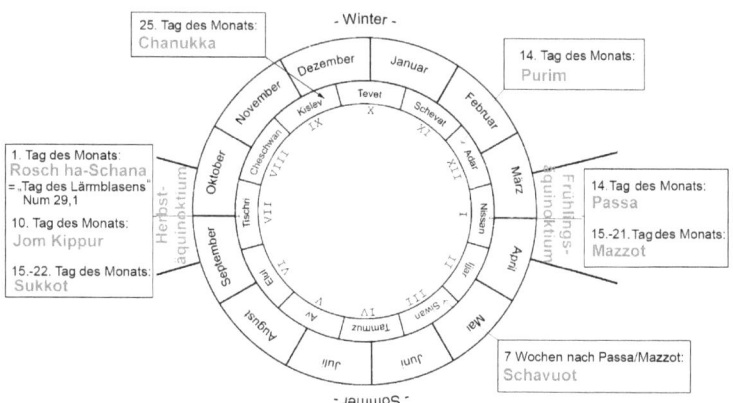

Abb. 13: Die Feste Israels im Jahreszyklus

Ebenso wichtig wie die genannten Feste ist der seit dem Exil mit Einführung des babylonischen Kalenders[174] propagierte Ruhetag, der Sabbat welcher erst in nachexilischer Zeit Aufnahme in den Kultkalender fand (Lev 23,3). Sein Festcharakter besteht darin, dass auch dieser allwöchentlich begangene Tag zur „Konstituierung der Zeiterfahrung der Gruppe und der Einzelnen" beiträgt und zudem „eine umfassende ‚anthropokosmische' Zeit als Rahmen gesellschaftlichen (und individuellen) Handelns" schafft.[175] Bis zur Exilszeit war – wie im Alten Orient üblich – eine bedingte Arbeitsruhe am Vollmondtag (akk. *šappatu*) vorgesehen (vgl. Am 8,3–7). Dieser Tabutag wurde in der Exilszeit in den Wochenrhythmus eingepasst und als verbindlicher Ruhetag mit Hilfe des Motivs vom Ruhen Gottes am Ende der Schöpfung verankert (Gen 2,1–3 vgl. Ex 20,10–11; 31,12–17). Die Sinaiperikope skizziert die Einheit von Weltschöpfung und Tempelbau (Ex 24,16; 40,33 f.), wobei der Sabbat als eine Art Chronotop („Zeitort") fungiert, der den Verlust des realen Tempels durch die Erwählung einer regelmäßig wiederkehrenden Kultzeit kompensiert und darin die Anbindung an Gott ortsunabhängig ermöglicht.[176] Die Sabbatobservanz wird zur Leitlinie Israels für die Bewahrung aller Feste (Lev 23,2 f.31) und zu einem Merkmal der eschatologischen Heilszeit, die allen Geschöpfen gilt, die den Sabbat einhalten (Jes 56,6 f.; 66,22 f.).

Abschluss der Schöpfung s. o. 2.4.1

Sinai s. o. 2.5.1.4

---

174 Vgl. dazu M. Albani, Art. Kalender, www.wibilex.de; Berlejung, Heilige Zeiten, 17 f. C. Köring, Art. Sabbat (AT), www.wibilex.de und Dies., Art. Fest, www.wibilex.de mit Abb. 1 zum Jahresfestkreis.
175 Hartenstein, Sabbat, 108; vgl. dazu auch Grund, Sabbat, 9–16.307.
176 Vgl. Bauks, Shabbat.

Eine Reihe von Psalmen sind den Wallfahrts- bzw. Tempelfesten[177] gewidmet (Ps 120–134). In den JHWH-König-Psalmen ziehen Israel (Ps 95,2–6; 98,1–5) und die Völker der Welt (Ps 96,7–9; 98,4–6) zum Tempel in Jerusalem, um dem Weltkönig JHWH zu huldigen und ihm Gaben zu bringen mit dem Ziel einer universalen Versöhnung (Ps 96,11–13). Andere Psalmen handeln von einzelnen Betern, die sich zum Tempel bewegen oder sich in Richtung des göttlichen Thronsaals niederwerfen (Ps 5,8; 28,2). Ps 26 könnte ein privates Tempelritual erkennen lassen, das mit einer kultischen Reinigung und Altarumgehung beginnt (V. 6), bevor der Beter ein Danklied ankündigt (V. 7–12). Andere Psalmen spielen auf das Ritual eines Dankopfers (תודה/*tôdah*) mit anschließendem Mahl an (vgl. Ps 22,26 f.).

Wallfahrt s. o. 2.7.3.2

Aus dem Kult ist die Präsenz von Priestern und anderem Kultpersonal nicht wegzudenken. Dies zeigt der nähere Kontext des Priestersegens in Num 6,24–26:

> 24 JHWH segne dich und behüte dich! 25 JHWH lasse leuchten sein Angesicht auf dich und sei dir gnädig! 26 JHWH erhebe sein Angesicht und gebe dir Frieden!

Num 6

Mose empfängt ihn in einer Gottesoffenbarung für den Priester Aaron (V. 22 f.). Es handelt sich um eines der wenigen Beispiele für eine Ritualvorschrift: Indem der Priester in einer nicht weiter spezifizierten Kulthandlung den Segen ausspricht, übermittelt er dem Volk göttlichen Segen (V. 27). Die wirkmächtige Rezeptionsgeschichte der Segensformel reicht von der allusiven Aufnahme in Ps 67,2–6 über den – wohl ältesten Beleg – im Grabkontext (das Silberamulett aus Ketef Hinnom; 7./6. Jh.v. Chr.), die Sektenregel aus Qumran (1QS II,2–4) bis zum christlichen Gottesdienst. Auch im jüdischen Gottesdienst findet der Priestersegen Anwendung (hebr.: *Birkat Kohanîm;* vgl. bTalmud, Megilla 18a). Der babylonische Talmud (Traktat Sota 37b–38a) sieht vor, dass zwischen der Rezitation des Segens im Tempel unter Verwendung des Gottesnamens und der Rezitation in den Provinzen ohne Nennung des Namens bei jeweils erhobenen Händen zu unterscheiden ist. Nach der Zerstörung des Tempels durch die Römer ist das Rezitieren des Segens in den Synagogen das Privileg der Aaroniden, das besonderen Regeln unterliegt (Mischna Megilla IV,10). In der synagogalen Tradition folgt der Priestersegen

Gottesname s. o. 3.3

---

177 Vgl. M. von Nordheim-Diehl, Art. Wallfahrt, www.wibilex.de; M. Bauks, Art. Prozession, www.wibilex.de, § 2.1.

im Anschluss an die siebzehnte Bitte des sogenannten Achtzehn-Bitten-Gebets.[178]

3.5.2.2 Kult im Spannungsverhältnis von Sünde – Sühne – Vergebung

Der Kult verkörpert die Begegnung mit Gott, durch das Gebet in Klage oder Lob oder die Vergegenwärtigung des göttlichen Segens im Leben. Doch damit nicht genug, denn im Kult findet sich auch ein Moment der Restauration von Gottesnähe: Der von Gott abgefallene Menschen unterzieht sich einer Sühnehandlung und erreicht Vergebung und somit die Möglichkeit der Neuzuwendung zu Gott. Ein umfassendes Beispiel für diesen Vorgang findet sich in Lev 16, einer ausführlichen Ritualbeschreibung des Jom Kippur, „Tag der Versöhnung", dem Höhepunkt priesterlich zugesprochener Sündenvergebung, wie sie im Spannungsfeld von rein und unrein in der Tora/dem Pentateuch ein durchgängiges Thema ist. Jom Kippur ist ein hoher Feiertag *(šabbat šabbātôn)*, der geprägt ist von kultischer Sühne, Arbeitsruhe und Fasten (Lev 16,29). Lev 16,3–27[179] umfasst einen ganzen Ritenkomplex zur Entsündigung von Priestern, Volk und Heiligtum: Ausgehend von der Reinigung des Hohenpriesters Aaron (V. 3–6) folgen die Auswahl von zwei Sündenböcken durch das Los, von denen einer zum Sündenbock Azazel bestimmt wird (V. 7–10), die Riten an der Kapporaet zur Reinigung des Heiligtums von Israels Sünden (V. 17) und am Brandopferaltar (V. 18 f.), um schließlich in dem Geschick des ausgelosten „Sündenbocks" die Sühnung des Volks zu erreichen (V. 20–22).

Lev 16　20 Und wenn er die Sühne für das Heiligtum, das Zelt der Begegnung und den Altar beendet hat, soll er den lebenden Bock herbeibringen. 21 Und Aaron soll beide Hände auf den Kopf des lebenden Bocks legen und über ihm alle Schuld der Israeliten und all ihre Vergehen bekennen, mit denen sie sich versündigt haben. Und er soll sie auf den Kopf des Bocks legen und ihn durch einen Mann, der bereitsteht, in die Wüste treiben lassen. 22 So soll der Bock all ihre Schuld mit sich forttragen in die Öde. Und der Mann soll den Bock in die Wüste treiben.

---

178 Vgl. R. Achenbach, Art. Aaronitischer Segen, www.wibilex.de; Ders., Vollendung, 511–517; vgl. Leuenberger, Segen, 156–177 zum Vergleich der Inschriften 1–2 aus Ketef Hinnom mit Num 6,22–24 als jüngere Fortschreibung.
179 Vgl. dazu ausführlich Janowski/Zenger, Jenseits des Alltags mit weiterer Literatur; Janowski, Geschenk, 120–133; C. Körting, Art. Jom Kippur, www.wibilex.de.

Im Anschluss an die Vertreibung des Sündenbocks folgen Vorbereitungen und Darbringung des Brandopfers (V. 23–25), Reinigungsbestimmungen für den Führer des Sündenbocks (V. 26) und die abschließende Entsorgung des getöteten Sündopferstiers und des zweiten Sündenbocks, deren Blut zur Sühnung von Heiligtum und Altar dienten (V. 27).

Wir begegnen hier einer anderen theologischen Linie als in den deuteronomistischen Texten, die mit dem Gebot zum Gesetzesgehorsam implizit voraussetzen, dass die Menschen dazu in der Lage seien. Lev 16, als ein nachexilisch geprägter Text, vermittelt eine Ergänzung zur Toraobservanz, die darstellt, wie Israel seine Sünden und die damit einhergehende Unreinheit kultisch überwinden kann, um in der Nähe seines Gottes weiterhin leben zu können. Dem priesterschriftlichen Aufriss gemäß wird mit der Einwohnung Gottes in seinem Volk am Sinai (Ex 24,15–18 und 40,34 f.) die in der Schöpfung angelegte Absicht Gottes, Gemeinschaft mit den Menschen zu haben, für Israel erfahrbar. Lev 16 trägt zur partiellen Restitution dieser ursprünglichen Schöpfungsabsicht bei, indem die Zuwendung Gottes zu den Menschen alljährlich immer wieder neu ermöglicht wird. Die rituelle Schlachtung und Verbrennung eines (fehlerlosen) Opfertieres (vgl. Lev 1–7) bilden dabei ein wichtiges Element, damit die Reinigung gelingt. Lev 11–15 kreisen anhand der Unterscheidung von rein und unrein um die Frage der Kult- und Gemeinschaftsfähigkeit, die durch bestimmte Reinigungsrituale (vgl. Lev 14,33–57 zu צרעת/ṣaraʿat „Aussatz, Gottesschlag") wiederhergestellt wird. Reinigung erfolgt in Lev 16,14 f. durch Besprengen, wie es der zu dem Brandopfer hinzutretende Ritus der Blutapplikation am Altars anzeigt.[180] Riten mit dem Blut des Sündopfers (Lev 4) erwirken Sühne und Vergebung für den Opfergeber. Die Reinigung zielt auf Sühne. Die besondere Rolle des Bluts, das „Leben" enthält (s. Gen 9,4–6), wird in Lev 17,11 im Zuge der Speisegebote erklärt:

> 11 Denn das Leben des Fleisches ist das Blut, und ich habe es euch für den Altar gegeben, damit Sühne für euch erwirkt werden kann. Denn das Blut ist die Lebenskraft und erwirkt Sühne.

Lev 17

Deutlich ist hier wiederum ein kosmotheistisches Verständnis, in dem magisches, ritualsymbolisches Handeln zu einer eigenen Kommunikationsform zwischen Gott und Mensch wird: In der Blutapplikation, d. h. Reinigung durch „Abwaschung", wird das Ritualziel, die Fortschaffung der materiell vorgestellten Sünde antizipiert *(materia peccans)*.[181] In der jüdischen und christlichen Martyrologie setzt sich ein Substitutionsdenken durch: So bittet Eleazar angesichts seines bevorstehenden gewaltsamen Todes darum, dass sein Blut

---

180 Vgl. C. Eberhart, Art. Blut/Blutriten, www.wibilex.de.; Ders., Art. Sühne (AT), www.wibilex.de; Ders., Studien, 187–199.230–251 zur Forschungsgeschichte.
181 Vgl. Schmitt, Magie, 311–320: Die Sünde als „befallene Materie" wird durch Eliminationsriten bzw. Reinigung beseitigt (כפר/kpr), z. B. durch Auslösung, stellvertretende Lebenshingabe oder straflassenden Ausgleich.

reinigend für die Völker wirken möge (4Makk 6,28–29; vgl. Röm 5,9; 7,4). Reinigung lässt sich aber ebenso durch Sündopfer (Lev 4) oder Brandopfer (עלה/ʿolah; Lev 1,4; 9,7; 16,24) erwirken, deren Wohlgeruch JHWH besänftigt (Lev 1,9; vgl. Gen 8,21).

Leidender Gerechter
s. o. 2.6.3.1

3.5.3 Israels Hadern mit Gott

Namensoffenbarung s. o. 2.1 und Bund s. o. 2.5

Vorrangig denkt man bei dem Thema „Geschick Israels" an theologische Themen der göttlichen Heilsgeschichte. Die Hinwendung Israels zu Gott lässt sich aber nicht auf das erfahrene Segenshandeln in der Landgabe oder die kultische Restauration der Gottesbeziehung angesichts von Sünde und Schuld reduzieren. Deshalb rückt als dritter Aspekt das Hadern mit Gott und das Ringen um seine Gerechtigkeit in den Blick, die die Erfahrung von unverdientem Leid und Tod des Menschen sowie die Reue Gottes umschließen. Das Hadern des ungläubigen Israel begegnet in den sogenannten Murrgeschichten (Wüstenwanderung), die als Paradigma des Bundesbruchs sowie als Präfiguration der (politischen und theologischen) Krise dienen. An dieser Stelle geht es um die Erfahrung unverdienten Leids, wie es insbesondere im Psalter und in der Weisheitsliteratur (Hiob, Kohelet) nicht nur im Bezug auf das Kollektiv, sondern auch am individuellen Schicksal reflektiert ist.

Murr-Erzählungen
s. o. 2.5.3

Systematisch wird die Erfahrung nach dem unverschuldeten Leid als *Theodizeefrage* behandelt, der Rechtfertigung Gottes angesichts des existierenden Leids, als einer unbequemen und kaum lösbaren Frage.[182] Die Behandlung bedarf bestimmter methodischer Voraussetzungen[183]:

Theodizee

1. An die Stelle der Frage nach dem „warum" und „wozu" muss die Frage nach dem „wie lange" gestellt werden und Offenheit für neue Erfahrung erkennbar sein. 2. Individuelle Erfahrungen des Leidens und des Bösen sind im Kontext der Verflechtung in die größeren Bezüge (Weltordnung) zu berücksichtigen. 3. Binnen- und außenperspektivische Rede (in der 1. bzw. 3. Person) ist qualitativ zu unterscheiden, d. h. Begründungen, Lösungen etc. können nicht durch einen Dritten gegeben werden, sondern sind innerhalb des Gott-Leidenden-Dialogs zu entwickeln. 4) Das Thema lässt sich am besten im Modus der beschreibenden Welt entfalten, die die Erfahrungen des Leidenden aufnimmt und auf eine neue Ebene hebt (z. B. narrative Sprache, Kunst, Musik etc.).

---

182 Vgl. dazu Hermanni, Theodizee, 76: „Das empirische Theodizeeproblem ist im Unterschied zum logischen nicht lösbar" – was den moralischen Vorwurf unausweichlich macht; vgl. Ricœur, Das Böse, 14; Dietrich/Link, Die dunklen Seiten, 94 mit Anm. 226; 118.
183 Sparn, Theodizee, 232.

Es ist zudem hervorzuheben, dass sich anhand der Frage des Leids die Frage nach dem Verhältnis von Individuum und Kollektiv neu stellt: Traf das Exil tatsächlich nur diejenigen, die offensichtlich von Gott abgefallen waren? Inwieweit waren auch die nachfolgenden Generationen infiziert (vgl. Dtn 29,21–27 neben 30,1–10; Jer 7,26; 16,11 f.)? Kann die Verantwortung der Könige für ihre Politik sogleich auf das ganze Volk, ja sogar auf den Einzelnen übertragen werden?

Jer 31 reflektiert dies:

> „29 In jenen Tagen wird man nicht mehr sagen: Die Vorfahren haben unreife Früchte gegessen, den Kindern aber werden die Zähne stumpf!, 30 sondern jeder wird für seine eigene Schuld sterben; jedem Menschen, der die unreifen Früchte isst, werden die eigenen Zähne stumpf."

"neuer Bund"
s.o. 2.5.1.5 Jer 31

Angesichts der Frage des Leids muss sich Theologie neu bewähren. Die Unterscheidung in das *begangene* Böse, das Schuld und Tadel nach sich zieht, und das *erlittene* Böse, das Leid und Klage hervorruft, lässt sich nicht einfach – wie in einem juristischen Verfahren – trennen, da beides einander bedingt. P. Ricœur hat das „einzigartige Geheimnis des Übels" darin beschrieben,

> „dass Sünde, Leiden und Tod auf verschiedene Weise dasselbe ausdrücken: das menschliche Dasein in seiner Tiefe und Ganzheit."[184]

Leiden hat also etwas mit der anthropologischen Verfasstheit des Menschen und seiner Bezogenheit auf Welt und Gott zu tun. Das Problem wird im Alten Testament in verschiedenen Diskursformen wie mythischer Narration, weisheitlicher Reflexion oder im Zuge eines Dualismus entfaltet mit dem Ziel, Gott für das Böse nicht verantwortlich zu machen und zugleich den Leidenden aus der Trauer über das Leid zu befreien.

Das Hiobbuch gilt als Protobeispiel für die Theodizeefrage. Während Prolog und Epilog eine mythische Narration liefern, die Hiobs Leid zu einer vom Satan evozierten Prüfung erklärt (vgl. Gen 22,1 Aqeda), ob Hiobs Treue zu Gott und Gerechtigkeit tatsächlich „umsonst", d. h. von Herzen und ohne Profitdenken ist, setzt der poetische Teil in den Streitgesprächen auf weisheitliche Reflexion. Die Freunde geben sehr verschiedene Erklärungen für das Leid: den Tun-Ergehen-Zusammenhang, dass Gottes Vergeltung stets gerecht ist, dass Leiden als eine befristete Strafe oder pädagogische Maßnahme anzusehen ist oder ein Büßer auch im Leid göttliche Zuwendung und Rettung erfährt. Der Epilog hebt in dem göttlichen Tadel gegenüber

Hiob s.o. 2.8.2

---

184 Ricœur, Das Böse, 19.

den Freunden ausdrücklich hervor, dass es unschuldiges Leiden gibt und Hiob mit seinen bis an das Blasphemische grenzenden Klagen recht gesprochen hat (Hi 42,7).

Der lange Redegang Hiobs, der in Hi 3 einsetzt, mündet am Ende in seine Umkehr:

Hi 42

5 Vom Hörensagen hatte ich von dir gehört (שמע/šmʿ), jetzt aber hat mein Auge dich geschaut (ראה/rʾh; vgl. Hi 4,12–16 und 19,26–27, s. auch 33,26).
6 Darum achte ich gering (מאס/mʾs) und bin getröstet umgestimmt (נחם/nḥm nif.)/ändere meine Einstellung[185] – im Bezug auf Staub und Asche.

Es geht hier um einen durch die Gottesrede veranlassten Stimmungsumschwung im Sinne des Umdenkens.[186] Hiob zeigt keine Reue in Form von Zerknirschung, sondern erfährt vielmehr den Trost, den die Freunde ihm nicht haben geben können (vgl. nḥm pi. in 2,11, in den Klagen Hiobs: 16,2; 21,34; vgl. die Verwandten 42,11). Gott hat zwar auf die Frage nach dem „Warum" des Leids nicht die erwartete Antwort gegeben. Stattdessen legt die Gottesrede die Weltordnung dar und führt zu einer personalen Gotteserfahrung („Gottesschau"). Dank dieser Begegnung erweist sich am Ende nicht nur, dass Hiob tatsächlich uneigennützig glaubt und somit die Prüfung des Satans umsonst geschah. In der subjektiv gedeuteten Gotteserfahrung einerseits und der Fähigkeit zur Selbstdistanzierung andererseits liegt das Potenzial für ein neues Erfahrungswissen, das den Tun-Ergehen-Zusammenhang weit hinter sich lässt und von der Frage nach dem Leid abstrahiert.

Der Verweishorizont des Hiobbuchs ist der Singular. Doch ist das gezeichnete Individuum keine historische Person, sondern eine literarische Figur, die die Erfahrung des Leids in z. T. sehr übertriebener Ausrucksform verkörpert: Dem ungebrochen positiven Gerechten ist geradezu unendliche Leiderfahrung gegenübergestellt. Darin wird er zur Metonymie des Leidenden schlechthin in einer universalen anthropologischen Dimension, die über Israel oder das Gottesvolk hinausweist.

Klage im Hiobbuch
s. o. 2.8.2

Mit P. Ricœur lässt sich die Diskursivität des Hiobbuchs als ein spiritueller Prozess beschreiben. Er spricht von den drei „Spiritualisierungen der Klage", die einen Stimmungsumschwung vorbereiten:

---

185 Zu V. 6 vgl. auch Janowski, Erde, 10–12 m. Anm. 55.
186 Vgl. Willi-Plein, Hiobs Widerruf?, 138–140, hier 140.

1. „Das Eingeständnis ‚Ich weiß nicht warum [...]' ist der Nullpunkt der Klage, die einfach auf sich selbst zurückgeführt wird."
2. Das Auswachsen der Klage gegen Gott und das Artikulieren einer Theologie des Protests führt den Verstehensprozess weiter.
3. „Die Entdeckung, dass die Gründe, an Gott zu glauben, nichts mit dem Bedürfnis zu tun haben, den Ursprung des Leidens zu erklären"[187] markiert für ihn die Wende.

Die Vielstimmigkeit der weisheitlichen Positionen wird zum theologischen Programm und misst die traditionellen Weisheitslehren (wie z. B. Tun-Ergehen-Zusammenhang oder Gottesfurcht) oder das Weltordnungsdenken an der subjektiven Erfahrung des als „leidenden Gerechten" gezeichneten Hiob. In dieser Polyphonie ist auch der Leserkreis zur eigenen Urteilsbildung aufgefordert – literarisch ist der Verstehensprozess wie das behutsame Lösen eines Rätsels vollzogen.[188] Die zuerst so befremdlich wirkenden Gottesreden münden in die Gottesschau, die Hiobs Geschick wendet.

Die Theodizeefrage stellt sich weiterhin anhand einiger Psalmentexte. Liest man z. B. die Ps 22,2 zitierende Frage Jesu am Kreuz

> Und in der neunten Stunde schrie Jesus mit lauter Stimme: *Eloi, eloi, lema sabachtani!*, das heisst: *Mein Gott, mein Gott, warum hast du mich verlassen!*

Mk 15,34

nicht als isolierten Aufschrei der Verzweiflung Jesu angesichts des Todes, sondern als implizite Rezitation von Ps 22,2–22, d. h. im Sinne einer vertrauensvollen Zuwendung Jesu zu Gott, wie es auch die Aufnahme von Ps 22,19 in Mk 15,24 (das Teilen der Kleider), Ps 22,8 in Mk 15,29 (Kopfschütteln der Vorbeigehenden), Ps 22,9 in Mk 15,30 f. (Verspottung des Gerechten) nahelegen, so erfolgt die kompositionelle Wende in dem Bekenntnis des römischen Hauptmanns:

Ps 22 s. o. 2.7.1

> Ja, dieser Mensch war wirklich Gottes Sohn!

Mk 15,39

Das ähnelt dem Stimmungsumschwung in Ps 22,22 „Du hast mich erhört".[189] Auch in diesem Beispiel ist das Leid nicht ausgesetzt, sondern muss durchlebt werden, doch zeigt die gezielte Anklage an Gott zugleich das Vertrauen in seine Erhörung an (vgl. Hi 19,19–27).

---

187 Ricœur, Das Böse, 59 f. vgl. Ders., Symbolik des Bösen II, 358–366.
188 Köhlmoos, Auge, 330 f.
189 Vgl. dazu Janowski, Konfliktgespräche, 361–365.

Ein weiteres Beispiel findet sich in dem weisheitlichen Ps 73: Gegen die Vorgabe „Lauter Güte ist Gott gegen Israel, gegen die, die reinen Herzens sind" (V. 1) stellt der Beter die Theodizeefrage angesichts der Frevler (רשׁעים/*rešaʿîm*), deren unverdientes Wohlergehen ihn beinahe von Gott abfallen lässt (V. 13–15).

Ps 73

13 Ganz umsonst hielt ich mein Herz rein, wusch ich meine Hände in Unschuld.
14 Ich war geplagt jeden Tag, Morgen für Morgen traf mich Züchtigung.
15 Hätte ich gesagt: So will auch ich reden, dann hätte ich die Generation deiner Söhne verraten.
16 Da sann ich nach, es zu verstehen, Qual war es in meinen Augen,
17 bis ich zum Heiligtum Gottes kam und achthatte auf ihr Ende.

Der Beter sinnt nach über das erfahrene Unrecht (V. 16), erhält am Heiligtum die Einsicht in das bevorstehende Ende der Frevler (V. 17.27) und erkennt:

28 Mein Glück aber ist es, Gott nahe zu sein; bei Gott dem HERRN habe ich meine Zuflucht. Alle deine Werke will ich verkünden.[190]

Todesgeschick s. o. 2.6.4 und 2.8.3.1

Jenseitsvorstellungen s. o. 2.6.2.2 zu Ez 37 und 2.6.4 zu 2Makk 7

Ps 49,13–21 erinnert an das Todesgeschick, das jeden Menschen erwartet, und erwägt, dass diejenigen, die nicht von JHWH aus der Scheol freigekauft werden, umsonst Reichtum angesammelt haben. Selbst wenn sich die Frage nach dem menschlichen Leid nicht erklären lässt, verweisen die Texte als Überbrückungshilfe der negativen Erfahrung auf das Gottesverhältnis. In Ps 49 kommt dem Tod als anthropologische Grenzerfahrung ein besonderes Interesse zu. Anders als das gängige Motiv des aus dem Ackerboden sterblich erschaffenen Menschen und das weitgehende Fehlen von Jenseitsvorstellungen vermuten lassen, kündigt sich in Ps 49 ein Umbruch im theologischen Denken an.

Ps 49

16 Gott aber wird mein Leben loskaufen, aus der Gewalt des Totenreichs nimmt er mich auf. *Sela*
17 Fürchte dich nicht, wenn einer reich wird, wenn die Pracht seines Hauses sich mehrt.
18 Denn nichts nimmt er mit, wenn er stirbt, seine Herrlichkeit folgt ihm nicht hinab.

---

190 Vgl. Janowski, Konfliktgespräche, 342; zu weiteren Psalmen, die die Grenzen göttlicher Macht anklagen vgl. Dietrich/Link, Die dunklen Seiten, 144–151.

Diesem Gedanken in V. 16 widersprechen zahlreiche Belege wie Ps 6,6; 30,10; 88,11; 115,17 f. („die Toten loben Gott nicht"), die die Fortsetzung der Gottesbeziehung über den Tod hinaus in Frage stellen und folgerichtig zu der Aufforderung führen, dass Gott den Beter vom Tode erretten solle, damit dieser Gott weiter verkünden kann (Ps 107,17–22 als Heilserinnerung). Mit dem Tod wäre diese Möglichkeit verspielt und der Tote JHWHs Einfluss entzogen. Dem entspricht, dass auch Hiobs Prüfung durch den Satan vor dem Tode Halt machen muss (Hi 2,6; anders Hi 19,25 LXX). Belege wie Ps 104,29–30 oder Ps 121,8 deuten durch Inversion des Lebenszyklus (Sterben – Neuschöpfung; Ausgang – Eingang) die Aussicht auf ein Jenseits des Todesgeschicks an:

Monotheismus s. o. 3.1

> 8 Der HERR behütet deinen Ausgang und deinen Eingang von nun an bis in Ewigkeit.

Ps 121

Die bislang genannten Textbeispiele zielen auf ein Individuum und nicht auf ein Kollektiv, was einerseits das Existentielle steigert und andererseits der Beobachtung entspricht, dass erlittenes und begangenes Böses im Menschsein zusammenfällt. Die Klage ist als das Medium herausgestellt, um das Leid zu bewältigen und der Theodizeefalle zu entgehen.[191]

Es schließen sich weiterhin Berichte über kollektives Leid, insbesondere Israels, an, die in einer Reihe von Klageliedern des Volkes im Psalter, in einigen „Konfessionen" Jeremias sowie dem Buch der „Klagelieder Jeremias" (Threni) begegnen. Ps 44; 60; 74; 79; 80 und 137 beklagen den Landverlust und die Zerstörung Israels bzw. Jerusalems sowie das Exil als Folge davon, dass Gott den Bund verließ bzw. seinen „Anteil" aufgab, und bitten um göttliches Eingreifen. Der Exilpsalm Ps 137 verweist deutlich auf die historischen Bezüge (V. 1 „An den Strömen Babels, da sassen wir und weinten, als wir an Zion dachten"). Ps 83 verharrt im Allgemeinen und lässt keinerlei Schuld des kollektiven Beters erkennen, sondern führt das Leid unmotiviert auf das Einfallen von Israels Feinden zurück. In Jer 12,1 ist dem Propheten angesichts der Lage die Theodizeefrage in den Mund gelegt:

> 1 Du, HERR, bist gerecht, wenn ich mit dir streite. Dennoch befrage ich dich zum Recht: Warum führt der Weg der Frevler zum Erfolg, haben Ruhe alle, die treulos handeln?
> 2 Du hast sie gepflanzt, auch sind sie fest verwurzelt, sie wachsen, auch haben sie Frucht gebracht; ihrem Mund bist du nahe, ihrem Innern aber fern.

Jer 12

---

191 Vgl. H. Schönemann, Art. Klage (AT) § 4–5, www.wibilex.de.

3 Und du, HERR, du kennst mich, du siehst mich und prüfst, ob mein Herz bei dir ist. Sondere sie aus wie Schafe zur Schlachtung, und weihe sie für den Tag der Tötung.

Gottes Antwort, eine Selbstbezichtigung, richtet sich nicht an Jeremia, sondern an das Volk: „Ich habe mein Haus verlassen, meinen Erbbesitz aufgegeben, in die Hand ihrer Feinde habe ich die von mir Geliebte gegeben." (V. 7), worin deutlich angezeigt ist, dass nicht nur das Geschick des Individuums (Jeremia), sondern auch das Gottesvolk (Jerusalem) angesprochen ist.

Die explizitesten Anklagen der Gewalttätigkeit Gottes, der die politischen Feinde instrumentalisiert hat, um Israel bewusst Leid zuzufügen, finden sich in den Klageliedern/Threni (vgl. Klgl. 1,17 u. ö.).[192] Klgl. 2 unterstreicht in Form einer Stadtklage das haltlose Wüten Gottes gegenüber seinem Volk:

Klgl 2

1 Ach, wie taucht in seinem Zorn der Herr *(Alef)* ins Wolkenschwarz die Tochter Zion. Vom Himmel zur Erde gestürzt hat er die Zierde Israels, und des Schemels seiner Füsse hat er nicht gedacht am Tag seines Zorns. 2 Verschlungen hat der Herr – ohne Mitleid – *(Bet)* alle Weideplätze Jakobs, niedergerissen hat er in seiner Wut die befestigten Städte der Tochter Juda, er hat sie zu Boden geschleudert. Das Königreich hat er entweiht und dessen Fürsten. [...]
17 Der HERR hat ausgeführt, was er geplant hat, *(Ajin)* sein Wort hat er erfüllt, was er angeordnet hat seit den Tagen der Vorzeit: Er hat niedergerissen, und er hatte kein Mitleid! Und den Feind hat er sich freuen lassen über dich, das Horn deiner Gegner hat er erhöht.

Gott wird mit den Feinden verglichen, die Israel verschlingen (V. 5). Die Zerstörung Zions und die Tötung seiner Bewohner sind Teil seines Plans (V. 8.20–22). Wie im Hiobbuch ist Gott selbst als Feind angeklagt. Grundmotivation ist sein Zorn, der aber nicht etwa auf Unbeherrschtheit verweist, sondern geplant war und im Zuge der Geschichte mit dem Volk unabwendbar wurde. Die Rede vom Zorn Gottes wird hier zum Interpretament für die Unheilserfahrung und dient der kollektiven wie individuellen Geschichtserklärung.[193] Es handelt sich um ein charakteristisches altorientalisches Erklärungsmodell für das Leid von Völkern: Verlorene Kriege sind das Ergebnis

---

192 Vgl. Koenen, Threni, 93*–104*; 95–185 zur Auslegung von Klgl 2; Ders. Art. Threni, www.wibilex.de.
193 So Koenen, Threni, 99*; vgl. Jeremias, Theologie, 287–289.

von Gotteszorn wegen der Untreue seiner Diener.[194] Ein explizites Schuldbekenntnis fehlt in Klgl 2. Dies findet sich erst in den wahrscheinlich jüngeren Klagen in Klgl 1,8f.18 und 4,6.11 (vgl. die Sündenbekenntnisse in 3,42 [פשענו/*pašaʿnû*] und 5,16 [חטאנו/*ḥaṭanû*]), die zu der Schlussfolgerung führen, dass mit den Ereignissen die Schuld Zions getilgt ist (4,22). Klgl. 5,6 spricht zudem die Schuld der Väter an und spielt auf die Bündnispolitik der vorexilischen Könige an. Ansonsten bleiben die Schuldbekenntnisse unkonkret und erklären sich als Tat-Handlungs-Folge.

Tun-Ergehen-Zusammenhang s.o. 2.8.1

Zu den Klagen über die Mitleidlosigkeit Gottes (Klgl 2,2) gesellen sich Belege, die Gottes Reue thematisieren. So reut es Gott nicht nur, dass er den Menschen gemacht hat, dessen Herz sich als böse erweist (נחם/*nḥm*; Gen 6,6f.). Am Ende der Fluterzählung sieht Gott zudem ein, dass die Flut, die er geschickt hat, um seine Schöpfung zu zerstören, sich nicht wiederholen darf, obwohl das Herz der Menschen weiterhin böse ist (8,21). Wir haben es also mit einem zweifachen Gesinnungswandel Gottes, mit der „Reue über die Reue"[195], zu tun. Auch im Kontext der Geschichte vom goldenen Kalb zielt Mose durch seine Fürbitte darauf, JHWH trotz des Bundesbruchs zur Reue hinsichtlich der verdienten Zerstörung zu bewegen und das Volk zu bewahren (Ex 32,11–14). Weiterhin spielt das Motiv der göttlichen Reue im Jonabuch eine wichtige Rolle: Die Umkehr der Niniviten erweckt bei Gott Reue, die Zerstörung der Stadt durchzuführen (3,10; vgl. Jer 17,7–10). Bei Jona hingegen bewirkt das gnadenvolle Handeln Gottes Missmut. Besondere Beachtung verdient dabei Jon 4,2:

Fluterzählung s.o. 2.4.3

Bund s.o. 2.5.1.3

> 1 Da kam grosser Unmut über Jona, und er wurde zornig.
> 2 Und er betete zum HERRN und sprach: Ach, HERR, war nicht eben das meine Rede, als ich in meiner Heimat war? Darum bin ich zuvor nach Tarschisch geflohen! Denn ich wusste, dass du ein gnädiger und barmherziger Gott bist, langmütig und reich an Gnade, und einer, dem das Unheil leidtut.
> 3 Und nun, HERR, bitte nimm mir mein Leben, denn besser als mein Leben ist mein Tod.

Jon 4

V. 2b enthält die leicht abgewandelte und um das Motiv der Reue ergänzte Gnadenformel. Das Bekenntnis zu Gottes Heilstaten ist ambi-

Gnadenformel s.o. 2.5.1.3

---

194 Man denke an die Meschastele, Zeile 4f. oder auch 2Kön 17, 15–18 u.ö. S.o. 2.5.1.2 mit Anm. 143; vgl. auch Koenen, Threni, 95*f.; vgl. K. Koenen, Stadtklagen (Alter Orient), www.wibilex.de.
195 Ebach, Noah, 47. – Ein zweites Beispiel ist Sauls Verwerfung gefolgt von der nicht widerruflichen Davidverheißung (1Sam 15,11.26–28.35; 28,16); vgl. Jeremias, Reue, 27–36.

valent. Die Reue ist in V. 2 in die Reihe der positiven Eigenschaften Gottes gestellt (Barmherzigkeit, Gnade, Langmut in Bezug auf Zorn und Treue), die hier erstmals auch auf fremde Völker Anwendung findet.[196] Anderseits fällt auf, dass die Gnadenformel (Ex 34,6–7) um den Aspekt der strafenden Gerechtigkeit Gottes (V. 7) gekürzt ist und die Reue an die Stelle der Treue tritt. Das könnte bedeuten,

> „dass Jona ben Amittai (wörtlich ‚Sohn meiner Treue'; Jon 1,1) in Gottes Reue die Treue Gottes verraten sieht, da Gott die strafende Gerechtigkeit und die Verlässlichkeit seines prophetischen Wortes preisgibt (vgl. Jon 3,4). Die Reue wäre dann nicht selbst eine Eigenschaft Gottes, sie würde zwischen den Polen der Gnade und der Gerechtigkeit vermitteln."[197]

Die Reue Gottes ist nicht zu verwechseln mit einer (menschlich anmutenden) Schwäche Gottes, sondern sie ist die Voraussetzung für sein Einstehen für die Schöpfungsordnung, die nicht statisch ist, sondern an die jeweiligen Verhältnisse immer wieder anzupassen ist. Zorn und Reue sind die beiden Seiten derselben Medaille. JHWHs Wandelbarkeit gründet in seinem Willen der Zuwendung zu seinem Volk bzw. zu den Menschen überhaupt. In der rabbinischen Literatur findet dieser Wille der Zuwendung eine logische Fortsetzung in dem Motiv des Trauerns und Klagen Gottes angesichts der Ruinen Jerusalems und des Tempels 70 n. Chr., die sich nahtlos auf die erfahrene erste Tempelzerstörung und das Exil übertragen lässt (z. B. babylonischer Talmud, Traktat Berachot 3a). Dieses Motiv „impliziert, dass Gott, obwohl er mit der Tempelzerstörung seiner Gerechtigkeit entsprechend sein Volk bestrafte, diesem Volk weiterhin in Liebe verbunden bleibt."[198]

---

196 Jeremias, Reue, 98–109: Die Verschonung Gottes im Gericht (Selbstbeherrschung) gilt allen Menschen, sofern eine radikale Umkehr erfolgt und Gott sich so umstimmen lässt.
197 Döhling, Art. Reue, www.wibilex.de; Ders., Der bewegliche Gott, 481 ff.
198 Vgl. Ego, Israels Not, 100 mit weiteren Beispielen.

Resümee: Das Geschick des Gottesvolkes und die an ihm beispielhaft entworfene Beziehung Gottes zu den Menschen bezeugt die von P. Ricœur erwogene Wirklichkeit des Möglichen, indem Gott auch in der Klage als Ansprechpartner des Menschen stark und wirkmächtig dargestellt ist. Klage ist nicht einfach Jammern, sondern eine legitime Form der Auseinandersetzung mit Gott, die dazu dient, die Gottesbeziehung unter Berücksichtigung der erfahrenen Wirklichkeit und des eigenen Handelns neu zu verorten. Narrationen sind ein wichtiges Darstellungsmittel, um von dem Unsagbaren zu handeln. Desweiteren sind Raumbezüge (Land/Israel) und Zeitbezüge (Feste/Kult) für die Realisierung der Gottesbeziehung unabdingbar. In den verschiedenen Epochen bzw. theologischen Strömungen sind die Begriffe in konkreter oder aber metaphorisierter Form verstanden und angewendet worden. Das macht Aspekte wie die „Landtheologie" oder die „Sühnetheologie" sehr kompliziert und lässt – je nach rezipierter Texttradition – sehr unterschiedliche theologische Konzepte mit z. T. sehr hohem Komplexitätsgrad erkennen.

Literatur

Achenbach, Reinhard: Die Vollendung der Tora: Studien zur Redaktionsgeschichte des Numeribuches im Kontext von Hexateuch und Pentateuch, Wiesbaden 2003 (BZAR 3).
Assmann, Jan (Hg.): Das Fest und das Heilige. Religiöse Kontrapunkte zur Alltagswelt, Gütersloh 1991
–: Exodus. Die Revolution der alten Welt, München 2015.
Bauks, Michaela: Die Begriffe אחוזה und מורשה in P^g. Überlegungen zur Landkonzeption der Priestergrundschrift, in: ZAW 116 (2004), 171–188.
–: Le Shabbat. Un temple dans le temps, in: ETR 77 (2002), 473–490.
Berlejung, Angelika: Heilige Zeiten. Ein Forschungsbericht, in: I. Fischer u. a. (Hg.), „Das Fest: Jenseits des Alltags", Neukirchen-Vluyn 2003 (JBTH 18), 3–61.
Crüsemann, Frank: Gewaltimagination als Teil der Ursprungsgeschichte. Banngebot und Rechtsordnung im Deuteronomium, in: F, Schweitzer (Hg.), Religion, Politik und Gewalt, Gütersloh 2006 (VWGTh 29), 343–360.
Dietrich, Walter: Legitime Gewalt? Allestamentliche Perspektinen, in: F. Schweitzer (Hg.), Religion, Politik und Gewalt, Gütersloh 2006 (VWGTh 29), 292–309.
Dietrich, Walter./Link, Christian: Die dunklen Seiten Gottes, Bd. 1–2, Neukirchen-Vluyn ²1997/2000.
Döhling, Jens-D.: Der bewegliche Gott. Eine Untersuchung des Motivs der Reue Gottes in der Hebräischen Bibel, Freiburg 2009 (HBS 61).
Durand, Jean Marie/Lionel Marti/Thomas Römer (Hg.), Colères et repentirs divins, Fribourg/Göttingen 2015 (OBO 278).

Ebach, Jürgen: Noah. Die Geschichte eines Überlebenden, Leipzig 2001 (Biblische Gestalten 3).
Ebner, Martin/Othmar Fuchs/Bernd Janowski u. a. (Hg.): Klage (JBTh 16), Neukirchen-Vluyn 2001.
Eberhart, Christian: Studien zur Bedeutung der Opfer im Alten Testament. Die Signifikanz von Blut- und Verbrennungsriten im kultischen Rahmen, Neukirchen-Vluyn 2002 (WMANT 94).
Ego, Beate: Israels Not und Gottes Klage. Zu einem Theologumenon der rabbinischen Literatur, in: Ebner, Martin/Othmar Fuchs/Bernd Janowski u. a. (Hg.), Klage, Neukirchen-Vluyn 2001 (JBTh 16), 91–108.
Fischer, Irmtraud: Israels Landbesitz als Verwirklichung der primordialen Weltordnung in: Ebner, Martin/Othmar Fuchs/Bernd Janowski u. a. (Hg.), Klage, Neukirchen-Vluyn 2001 (JBTh 16),3–24.
Gesundheit, Shimon: Das Land Israels als Mitte jüdischer Theologie der Tora. Synchrone und diachrone Perspektiven, in: ZAW 123 (2011), 325–335.
Grund, Alexandra: Die Entstehung des Sabbats. Seine Bedeutung für Israels Zeitkonzept und Erinnerungskultur, Tübingen 2011 (FAT 75).
Hartenstein, Friedhelm: Der Sabbat als Zeichen und heilige Zeit. Zur Theologie des Ruhetages im Alten Testament, in: Martin Ebner (Hg.), „Das Fest: Jenseits des Alltags", Neukirchen-Vluyn 2003 (JBTh 18), 103–131.
–: Zur symbolischen Bedeutung des Blutes im Alten Testament, in: J. Frey/ J. Schröter (Hg.), Deutungen des Todes Jesu im Neuen Testament, Tübingen 2007 (WUNT 181), 119–137.
Hermanni, Friedrich: Theodizee- ein Vorschlag, In: H. Lichtenberger/H. Zweigle (Hg.), Wo ist Gott? Die Theodizee-Frage und die Theologie im Pfarramt, Neukirchen-Vluyn 2009 (Theologie Interdisziplinär 7), 67–78.
Hossfeld, Frank-Lothar: Die Metaphorisierung der Beziehung Israels zum Land im Frühjudentum und im Christentum, in: F. Hahn/F.-L. Hossfeld/H. Jorissen/A. Neuwirth (Hg.), Zion. Ort der Begegnung. Festschrift für Laurentius Klein, Bodenheim 1993 (BBB 90), 19–33.
Janowski, Bernd: Der eine Gott der beiden Testamente, in: ZThK 95 (1998), 1–36.
–: Sühne als Heilsgeschehen. Traditions- und religionsgeschichtliche Studien zur Sühnetheologie der Priesterschrift (WMANT 55), Neukirchen-Vluyn 2002.
–: Konfliktgespräche mit Gott. Eine Anthropologie der Psalmen, Neukirchen-Vluyn ²2006.
–: „Die Erde ist in die Hand eines Frevlers gegeben". Zur Frage nach der Gerechtigkeit im Hiobbuch, In: H. Lichtenberger/H. Zweigle (Hg.), Wo ist Gott? Die Theodizee-Frage und die Theologie im Pfarramt, Neukirchen-Vluyn 2009 (Theologie Interdisziplinär 7), 1–18.
–: Ein Gott, der straft und tötet. Zwölf Fragen zum Gottesbild des Alten Testaments, Neukirchen-Vluyn 2013.
–: Das Geschenk der Versöhnung. Levitikus 16 als Schlussstein der priesterlichen Kulttheologie, in: Ders., Der nahe und der ferne Gott. Beiträge zur Theologie des Alten Testaments, Bd. 5, Neukirchen-Vluyn 2014, 117–145.

--:/E. Zenger, Jenseits des Alltags. Fest und Opfer als religiöse Kontrapunkte zur Alltagswelt im alten Israel, in: Martin Ebner (Hg.), „Das Fest: Jenseits des Alltags", Neukirchen-Vluyn 2003 (JBTh 18), 63–102.

Jeremias, Jörg: Die Reue Gottes. Aspekte alttestamentlicher Gottesvorstellung, Neukirchen-Vluyn 2002 (BThSt 31).

–: Der Zorn Gottes im Alten Testament, Neukirchen-Vluyn ²2011 (BThSt 204).

Knauf, Ernst Axel: Der Umfang des verheißenen Landes nach dem Ersten Testament, in: Data and Debates. Essays in the History and Culture of Israel and Its Neighbors in Antiquity, Daten und Debatten. Aufsätze zur Kulturgeschichte des antiken Israel und seiner Nachbarn, Alter Orient und Altes Testament, Münster 2013 (AOAT 407), 535–537.

Köckert, Matthias: „Land" als theologisches Thema im Alten Testament, in: Angelika Berlejung/Raik Heckl (Hg.), Ex oriente Lux. Studien zur Theologie des Alten Testaments (FS Rüdiger Lux), Leipzig 2012 (ABiG 39), 503–522.

Koenen, Klaus: Threni, Neukirchen-Vluyn 2015 (BKAT 20).

Köhlmoos, Melanie: Das Auge Gottes. Textstrategie im Hiobbuch, Tübingen 1999 (FAT 25).

Krochmalnik, Daniel: Vom Gotteskrieg in der hebräischen Bibel, in: ZNT 11 (2003), 21–24.

MacDonald, Nathan: Deuteronomy and the Meaning of ‚Monotheism', Tübingen 2003 (FAT 2/1).

Müller, Hans-Peter: Tun-Ergehen-Zusammenhang, Klageerhörung und Theodizee im biblischen Hiobbuch und in seinen babylonischen Parallelen, in: C. Hempel/A. Lange/H. Lichtenberger (Hg.), The Wisdom Texts from Qumran and the Development of Sapiental Thought, Leuven 2002, 153–171.

Noort, Ed: „Denn das Land gehört mir, Ihr seid Fremde und Beisassen bei mir" (Lev 25,23). Landgabe als eine kritische Theologie des Landes, in: Marin Ebner (Hg.), „Heiliges Land", Neukirchen-Vluyn 2008 (JBTh 23), 25–45.

Otto, Eckart: Deuteronomium 1,1–4,43, Freiburg 2012 (HThKAT).

–: Deuteronomium 4,44–11,32, Freiburg 2012 (HThKAT).

–: Deuteronomium 12,1–23,15, Freiburg 2016 (HThKAT).

Rad, Gerhard von: Der Heilige Krieg im alten Israel, Zürich 1951.

Ricœur, Paul: Symbolik des Bösen: Phänomenologie der Schuld II, München ⁴2009.

–: Das Böse. Eine Herausforderung für Philosophie und Theologie, Zürich 2006.

Schmitt, Rüdiger: Der Heilige Krieg im Pentateuch und im Deuteronomistischen Geschichtswerk. Studien zur Forschungs-, Rezeptions- und Religionsgeschichte von Krieg und Bann im Alten Testament. Münster 2011.

Schwienhorst-Schönberger, Ludger: Josua 6 und die Gewalt, in: Ed Noort (Hg.), The Book of Joshua, Leuven/Paris/Walpole 2012 (BEThL 250), 433–471.

Smend, Rudolph: Jahwekrieg und Stämmebund. Erwägungen zur ältesten Geschichte Israels, Göttingen 1963 (FRLANT 84).

Sparn, Walter: Art. Theodizee VI. Dogmatisch, RGG⁴ 8 (2005), 231–235.

Vieweger, Dieter: Streit um das Heilige Land. Was jeder vom israelisch-palästinensischen Konflikt wissen sollte, Gütersloh ³2011.

Vos, Cor de: Heiliges Land und Nähe Gottes- Wandlungen alttestamentlicher Landvorstellungen in frühjüdischen und neutestamentlichen Schriften, Göttingen 2012 (FRLANT 244).

Wazana, Nili: Natives, Immigrants and the Biblical Perception of Origins in Historical Times, in: Tel Aviv 32 (2005), 220–243.

–: All the Boundaries of the Land. The Promised Land in Biblical Thought in Light of the Ancient Near East, Winona Lake/IN 2013.

Weingart, Kristin: Stämmevolk – Staatsvolk – Gottesvolk. Studien zur Verwendung des Israel-Namens im Alten Testament, Tübingen 2014 (FAT II/68).

Weippert, Manfred: Historisches Textbuch zum Alten Testament, Göttingen 2010 (GAT 10).

Willi, Thomas: Die alttestamentliche Prägung des Begriffs ארץ ישראל, in: Israel und die Völker, Studien zur Literatur und Geschichte Israels in der Perserzeit, Stuttgart 2012 (SBAB.AT 55), 10–20.

Willi-Plein, Ina: Hiobs Widerruf? Hiobs Widerruf? – Eine Untersuchung der Wurzel נחם und ihrer erzähltechnischen Funktion im Hiobbuch, in: Dies., Sprache als Schlüssel. Gesammelte Aufsätze zum Alten Testament, Neukirchen-Vluyn 2002, 130–145.

3.6 Der Bezugsrahmen der „Heiligen Schrift"

Heilige Schriften gibt es viele.[199] Sie verwalten das in symbolischen Formen und in Narrationen ausgelagerte und von Institutionen verwaltete Wissen, das jedoch nicht nur archiviert und als kollektives Gedächtnis erinnert wird, sondern nachhaltig die religiöse Identität konstituiert und belebt. Heilige Schrift bedarf der Reaktualisierung. Sie ist keine Fiktion, die wie z. B. in einem Roman eine in sich geschlossene Textwelt schafft, die sich vom Alltag unterscheidet, sondern – wie Paul Ricœur es nennt – die Bibel entwirft eine „Wirklichkeit des Möglichen", in deren Kontext sich der jeweilige Leser seiner Gottesbeziehung vergewissert.[200] Die Bibel, zumal in der Form eines Buchs, präsentiert einen fest umgrenzten Raum für die Interpretation. Sie vereint bestimmte Redeformen wie die Erzählungen bzw. Gesetze der Tora, Prophetie, Weisheit und Psalmen, die zueinander in fruchtbare Spannung, ja sogar in Widerspruch treten können. Darin präsentiert sich die Bibel als äußerst polyphon, so dass die Begegnung mit Gott nicht auf eine einfache Formel zu bringen ist. Stattdessen ergibt sich der theologische Gehalt jeder einzelnen Redeform aus der

Der hermeneutische Bezugsrahmen s. o. 1.4

Mitte des Alten Testaments s. o. 1.1

---

199 Vgl. Meißner/Wenz, Über den Umgang; Assmann, Religion; Carr, Schrift und Erinnerungskultur.

200 Ricœur, Philosophische und theologische Hermeneutik, 41–43; Ricœur, Hermeneutik der Idee der Offenbarung.

Zusammensicht der in dem Buch abgebildeten religiösen Erfahrungen unter Berücksichtigung ihrer jeweils typischen Ausdrucksweisen. Die verschiedenen Traditionen sind dabei in ein Verhältnis zueinander gesetzt, wodurch theologische Aussagen immer wieder durchdacht, revidiert und neu formuliert werden. Es liegt neben dem historisch allmählich gewachsenen Kanon von Texten, der je nach religiöser Gemeinschaft im Umfang variieren kann, zugleich ein Korpus von sprachlichen Umsetzungen in typischen Redeformen vor, welche die theologischen Aussagen anführen und prägen.

Die biblischen Texte entwerfen keine Dogmatik, sie erzeugen kein Lehrgebäude, weshalb viele alttestamentliche Theologiedarstellungen vorrangig als literaturgeschichtlicher Abriss entworfen sind. Die Texte reden zwar von Gott und übermitteln sein „Wort", formulieren aber keine Gottes*lehre* im modernen Sinne. Das Alte Testament umfasst eine Sammlung von äußerst unterschiedlichen Büchern, die zwar keine expliziten Theologien vorlegen, aber deutlich implizit theologische Aussagen enthalten und deutlich theologische Schulen bzw. Strömungen erkennen lassen.[201]

Theologische Strömungen s. o. 2.9

3.6.1 Die Entstehung des alttestamentlichen Kanons

In theologischer Perspektive liegt mit dem Kanon (griech. „Messlatte, Richtschnur, Maßstab, Norm, Regel") ein Korpus von als Gottes Wort auszulegenden Texten vor. In historischer Perspektive ist der Kanon das Produkt eines allmählich fortschreitenden Prozesses, der zu der uns heute vorliegenden Form der Bibel – unter anderen existierenden Kanones[202] – geführt hat. Die häufig zitierte „Kanonformel" wird gern als Beleg für die Unveränderbarkeit des Bibeltexts angeführt.

> 1 Und nun höre, Israel, die Satzungen und Rechte, die ich euch lehre, damit ihr danach handelt und am Leben bleibt und in das Land kommt und es in Besitz nehmt, das der HERR, der Gott eurer Vorfahren, euch gibt. 2 Ihr sollt nichts hinzufügen zu dem, was ich euch gebiete, und sollt auch nichts davon wegnehmen, sondern ihr sollt die Gebote des HERRN, eures Gottes, halten, die ich euch gebe.

Dtn 4

Tatsächlich behandelt der Beginn von Moses Abschiedsrede in Dtn 4 (vgl. auch Dtn 13,1) die Sicherung des *Wortlauts* der durch ihn übermittelten göttlichen Weisung (Wort- oder Textsicherungsformel[203]).

---

201 Vgl. dazu Schmid, Gibt es Theologie, 13–36.117 f.
202 Vgl. Sanders, Torah and Canon; Lange, Literatur.
203 Vgl. C. Koch, Art. Kanonformel, www.wibilex.de.

Kanonformel
s.o. 2.5.2.3

Die Weisung ist zuerst einmal mündlich überlieferte Richtschnur, die es zu befolgen gilt, um an der göttlichen Offenbarung teilzuhaben. Erst im Moment der Krise wird die Verschriftlichung überlebenswichtig, um die Tradition zu bewahren: Bevor Mose als Garant der Weisung stirbt, ist die Verschriftlichung seiner Rede thematisiert (Dtn 31,9–13.24); Dtn 4,13 spielt lediglich auf den durch Gott verschriftlichten Dekalog an. Die Schrift ist in Zukunft im Erlassjahr zum Laubhüttenfest zu rezitieren (V. 10). Mit der Vollendung der Niederschrift (V. 24) deutet sich ein Epochenwechsel an: Indem die Schrift neben der Lade deponiert ist (V. 26), wird sie den nächsten Generationen übergeben, um nach der Ankunft im Land immer wieder vergegenwärtigt zu werden.

Jan Assmann hat die historische Kanonwerdung der Hebräischen Bibel in fünf Schritten beschrieben[204]:

Der erste Schritt ist der Übergang von Information bzw. der konkreten Sicherung des Wissens zur Performation: D.h. mit den Mitteln der Schrift wird eine sprachliche Handlung vollzogen, in der das Niedergelegte selbst die Autorität der göttlichen Weisung repräsentiert und somit Normativität schafft. Der Übergang von Tradition zur Schrift lässt sich gut anhand von Rechtstexten erklären. Königliche Rechtstexte wurden verschriftlicht, um das Gedächtnis zu stützen und die Rechtsausführung zu erleichtern. In der Bibel indes ist das königliche Recht durch das göttliche ersetzt. Die Bibel selbst wird

Kultreform Josias
s.o. 2.9

zur Stimme und Autorität dessen, der spricht, ein normativer Text. So empfängt der König Josia in der Buchfindungslegende von 1Kön 22 f. Anweisungen für seine Kultreform aus einem verschollenen „Buch des Gesetzes" (ספר התורה/*sepher hatôrâ*), das ihm ein Priester und ein Schreiber als göttlichen Willen vorlegen und zur Umsetzung empfehlen. In der Erzählung geht es um die Legitimierung eines zeitgenössischen Textes als autoritative Urkunde (man vermutet dahinter ein

Ur-Deuteronomium;
s.o. 2.5.2.1

„Ur-Deuteronomium"). Das göttliche Wort wird im Laufe der Entstehungsgeschichte der Tora als Kanonteil eingebettet in eine die gesamte Geschichte umfassende Zeit. So ist es bereits im ersten Schöpfungsbericht inszeniert (Gen 1,3: „Und Gott sprach: ‚Es werde …'.") und immer wieder als wichtiger göttlicher Offenbarungsmodus dargestellt (Gen 12; Ex 3; Dtn. 4 u.ö.), der der Verschriftlichung bedarf (Ex 17,4; 24,4; 34,27 f.; Num 33,2; Dtn 31,9).

Der zweite Schritt ergibt sich aus dem Bruch der Traditionen: Als das traditionelle Rezitieren im Kontext von Fest und Kult am Jerusalemer Tempel mit Beginn der Exilszeit nicht mehr möglich ist, übernimmt die Schrift – seit dem 5. Jh. neben dem Kult des Zweiten

---

204 Assmann, Religion, 81–100; vgl auch Janowski, Kontrastive Einheit, 36–38.

Tempels – eine Traditionen bewahrende und vergegenwärtigende Funktion. Der Verlust des Nordreichs sowie die babylonische Zerstörung und das Exil werden als Generatoren für Verschriftung angesehen. Der Impuls geht über die sonst in antiken Gesellschaften übliche Motivation hinaus, ein Archiv bzw. ein Schul- und Schreibercurriculum zu schaffen, das die Ausbildung des Kult- und Regierungspersonals unterstützt. Es geht nun außerdem um die Explizierung und Kodifizierung des Wissenstransfers. So lässt z. B. Jeremia seine Gerichtsankündigung gegen Jojakim durch Baruch schriftlich niederlegen, damit sie nicht verloren geht und in späteren Situationen geprüft und aktualisiert werden kann (Jer 36).

<small>Dtn 6,20–25
s.o. 2.2.1</small>

<small>Verschriftlichung von Prophetie s.o. 2.6.2.1</small>

Ein drittes Phänomen kommt in persischer Zeit auf. Der Schreiberpriester Esra (Esr 7,14) wird vom persischen König entsandt, um mit dem Gesetz seines Gottes Juda und Jerusalem zu untersuchen. Somit dürfte sich zumindest die Tora als erster Kanonteil einem Akt institutionalisierter Autorisierung verdanken.

<small>Persische Reichsautorisation s.o. 2.5.2.</small>

Eine vierte Neuerung in hellenistischer Zeit ist die Ausbildung einer Textgemeinschaft, die sich auf ein Korpus normativer Literatur gründet, das die religiöse Identität prägt (vgl. Qumran). Neh 8 handelt davon, dass der Tora in einem quasi synagogalen Rahmen selbst kultische Verehrung zukommt. V. 5–8 berichtet davon, wie Esra die Tora vor dem Volk rezitiert und auslegt. Zur vergegenwärtigenden Zitation tritt also nunmehr die Auslegung hinzu; denn die verbindlich gewordene Tora muss für die jeweilige Gegenwart rekontexualisiert werden. An die Stelle eines göttlichen Vermittlers (Mose, Prophet) tritt der Schriftgelehrte. Dieses Konzept unterscheidet sich grundlegend von den vorderorientalischen Palastarchiven oder auch der berühmten Bibliothek in Alexandria, welche auf Vollständigkeit zielten; denn nun wird auf Selektion gesetzt.

Eine fünfte Etappe findet sich in der mit der Ausschließlichkeit Gottes einhergehenden Ablehnung von Bildern und der Zuwendung zur Sprache in Form der Tora als der einzigen legitimen Präsentationsform des Göttlichen. Damit entsteht das, was wir heute eine Buchreligion nennen. Der Abschluss des dreiteiligen Kanons (Tora, Nebi'îm, Ketubîm) ist nicht vor der Zerstörung des Zweiten Tempels zwischen 70–200 n. Chr. anzusetzen. Der jüdische Historiograph Flavius Josephus (1. Jh. n. Chr.) erwähnt erstmals ein Korpus von 22 Schriften (fünfteilige Tora; 13 prophetische Bücher und vier Schriften; Contra Apionem 1,38 f.; vgl. 4Esr 14,45: 24 Bücher). Erst der babylonische Talmud Baba Bathra 14b präzisiert den genauen Umfang und die Reihenfolge der Schriften der Hebräischen Bibel (ca. 6. Jh. n. Chr.). Die neutestamentlichen Texte zitieren noch recht unpräzise „Gesetz/Mose" und „Propheten" als gängige heilige Schrift (anders Lk

<small>Tora statt Kultbild s.o. 3.2.3</small>

24,44: Gesetz, Propheten und Psalmen). An die Stelle der kontinuierlichen Fortschreibung der religiösen Texte in einem Prozess innerbiblischer Schriftauslegung[205] tritt nun die Aneignung der Traditionsgehalte durch die Glaubensgemeinschaft. Normativität führt zur möglichst getreuen Abschrift, zur Entstehung von Kommentarliteratur und anderen Rezeptionsformen, wie sie in der deuterokanonischen Literatur vielfältig begegnen.[206] Allerdings unterliegt dieser Prozess der Schriftwerdung auch einer besonderen Gefahr. Die schriftliche Niederlegung und Archivierung könnte nämlich in die Vergessenheit führen, denn Tradition bedarf der permanenten Wiedererinnerung und Reaktivierung. Der kanonische Endtext ist demnach ein – für die weitflächig verbreitete Gemeinschaft notwendiges – Konstrukt, das aber weiterhin der lebensweltlichen Bewährung bedarf und je nach religiöser Gruppierung neue Texttraditionen entwirft (Kommentare; mündliche Tora usw.).

3.6.2 Kanonhermeneutik

Bereits die historische Rekonstruktion des Kanonprozesses zeigt an, dass Kanon nicht das Ende von Auslegung ist, sondern zugleich ein Anfang, der neue Formen der Auslegung schafft. Theologische Identität lässt sich nicht einfach in Schrift fixieren und wieder abrufen, sondern ist kontinuierlich neu auszuhandeln. Die Autorität des Kanons ergibt sich erst im Prozess der verstehenden Aneignung. Dazu bedarf es der Kanonhermeneutik.[207]

Exkurs: Die Kanonhermeneutik Paul Ricœurs

Mitte des AT s. o. 1.1

Charakteristisches Merkmal des alttestamentlichen Kanons ist die Polyphonie der Aussagen über Gott, wie sie sich formal bereits aus den verschiedenen Redeformen ergibt (Erzählung, Recht, Prophetie, Weisheit, Kult), die jeweils mit einem „bestimmten Modus des Glaubensbekenntnisses" verbunden sind.[208] Diese Vielstimmigkeit verkörpert den anhaltenden Konflikt um die Interpretation von Gottesoffenbarung in der Schrift und erschwert die Frage nach der Mitte erheblich. Während die erzählenden Texte den heilsgeschichtlichen Aspekt betonen, widmet sich die Prophetie der Spannung von Gericht und zukünftigem Heil. So lässt die vorliegende Struktur der Hebräischen Bibel in drei Teile (Paul Ricœur spricht von der „Triade der Rabbinen") drei theologische Grundlinien erkennen: Der Tora kommt vorrangig eine der Vergangenheit zugewandte, identitätsstiftende Funktion zu („identité fondée"), die aus der Weisung der Rechtstexte und dem Narrativ der Gabe resultiert. Die Propheten-

---

205 Vgl. Levinson, Der kreative Kanon, 22–25; Schmid, Traditionsliteratur, 5–34.
206 Vgl. Schmid, Schriftgelehrte Traditionsliteratur, 68 ff.; Janowski, Buchreligion, 224 f.; Lange, Literatur.
207 Vgl. zur Forschung seit G. von Rad ausführlich Barthel, Debatte.
208 Ricœur, Philosophische und theologische Hermeneutik, 37.

texte haben eine identitätskritische Funktion („identité ébranlée"), die die Krisen der Heilsgeschichte und deren (zukünftige) Überwindung im Duktus von „Tod und Auferstehung" (man könnte auch sagen: Untergang und Restauration) ins Zentrum rückt. Dem gegenüber verweisen die Schriften darauf, dass der partikulare Charakter der Schrift mit der universalisierenden Bedeutung der Kulturen in Einklang zu bringen ist („identité singularisée et universalisée").[209]

Da Gott in der Bibel nicht für das „Sein", sondern für „Beziehung" steht, setzt das Wort „Gott" „den durch das ganze Kraftfeld der Berichte, der Prophetien, der Gesetzestexte, der Hymnen usw. gebildeten umfassenden Kontext voraus. Das Wort Gott zu verstehen heißt, dem Richtungspfeil seines Sinnes zu folgen", seiner zweifachen „Fähigkeit, alle aus den Einzelreden hervorgegangenen Bedeutungen zu vereinen und einen Horizont zu eröffnen, der sich dem Abschluß der Rede entzieht."[210] – Es geht also darum, die Offenbarung Gottes neu zu erfahren, die im aneignenden Prozess der Interpretation („dreifache Mimesis"[211]) dieser als heilig erachteten Texte erfahrbar wird und sich wegen der Alterität, die für die Texte charakteristisch ist, dem Leser als das ganz Andere erschließt und die Wirklichkeit neu figuriert.

Die Bibel gibt in ihrer unerschöpflichen Polyphonie „zu denken", um die transzendente Wirklichkeit „Gott" und den Menschen bzw. die Gemeinschaft in Beziehung zu setzen. Moses Berufung aus dem brennenden Dornbusch (Ex 3) mit der Offenbarung des Gottesnamens als „Ich bin/werde sein, der ich bin/sein werde" oder „Ich bin da" (V. 14) bringt die prinzipielle Unnennbarkeit Gottes deutlich zum Ausdruck: Hier gibt sich Gott zu erkennen und entzieht sich gleichermaßen wieder. Der Appellativ JHWH ist somit kein „Name, der definiert, sondern ein Name, der ein Zeichen gibt auf die Tat der Befreiung hin".[212] In diesem Sinne wird die Entscheidung des Judentums, den Namen gar nicht auszusprechen, theologisch durchaus plausibel. Gott zu nennen ist zuerst ein narratives Bekenntnis. Allerdings drohte z. B. ein christlicherseits geäußerter Anspruch, den Gottesnamen in Anerkennung der jüdischen Position ebenfalls zu meiden, dem von Ricœur hermeneutisch für nötig erachteten „Konflikt der Interpretationen" auszuweichen. Denn der von ihm propagierte Gegensatz zwischen Erklären und Verstehen betrifft nicht etwa das erklärende Erfassen eines objektiven Texts und dessen verstehende subjektive Aneignung bzw. Umsetzung. Es geht vielmehr um die Entmystifizierung überkommener Symbole (oder Narrative) und die Wiederherstellung der Zeichen des Heiligen darin, die aber vieldeutig und situationsabhängig bleiben und auf die eigene Interpretationsgemeinschaft hin zu adaptieren sind.[213]

Namensoffenbarung s. o. 2.1.1

---

209 Ricœur, Verflechtung, 113–115; ähnlich Janowski, Kanon und Sinnbildung, 20 f.
210 Ricœur, Philosophische und theologische Hermeneutik, 42; Ders., Hermeneutik, 71–74.
211 Ricœur, Zeit und Erzählung I, 87–135.
212 Ricœur, Gott nennen, 173.
213 Ricœur, Hermeneutik der Symbole, 221–226.234–238.

Mit der Identifikation kanonischer Texte formieren sich (Auslegungs-) Gemeinschaften, die die Tradition neu erschließen müssen. So dient die hebräische Bibel neben Juden- und Christentum auch dem Koran als wichtige Quelle, wenn auch der Status der hebräischen Bibel dort ein anderer ist. Bereits der unterschiedliche Umfang des „Alten Testaments" in der hebräischen und griechischen LXX-Tradition[214] zeigt an, wie in der Antike verschiedene Kanones als Zeugnisse einer bestimmten Gemeinschaft nebeneinander bestehen und die darin versammelten Texte je nach Gruppierung in unterschiedlicher Weise Autorität beanspruchen können.[215] Man denke an die hohe Bedeutung der Prophetenbücher im Christentum, die, um eine theologische Brücke zum Neuen Testament zu schaffen, zu der Vierteilung des Alten Testaments (Fünf Bücher Mose – Historische Bücher – Weisheit & poetische Bücher – Schriftpopheten) sowie zu deren Schlussposition geführt hat, während im Judentum der Tora besonderer Status zukommt. Im Zuge des kanonischen Prozesses wurden die überlieferten Traditionen weiterhin nach ihrer anhaltenden Relevanz selektiert; es erfolgten Relektüren und Aktualisierungen zur Ausbildung neuer identitätsstiftender Kraft für die jeweilige Glaubensgemeinschaft. Der aufkommende Monotheismus und die in der prophetischen Literatur erkennbare Neigung zur Selbstkorrektur beeinflussten den Prozess. Besonderer Einfluss dürfte aber auch der (politisch motivierten) *Eschatologisierung s. o. 2.6.2.2* Erfahrung von Tod und Auferstehung zukommen (vgl. Ez 37)[216], die im Neuen Testament eine existentielle Ausdeutung erfährt und zu der Ausweitung des jüdischen Kanons im Urchristentum führte. Inwieweit eine christlich beeinflusste Hermeneutik des Alten Testaments das Neue Testament mit einzuschließen hat, ist ein anhaltender Disput: Für B. Childs ist Jesus Christus „subject matter" auch des Alten Testaments, sofern man die referentielle Funktion des Kanons, nämlich der christlich geprägten Glaubensgemeinschaft Zeugnis für die Wirklichkeit Gottes zu sein, ernst nimmt (Theology, 101–103.111–115). Dem widerspricht z. B. R. Rendtorff vehement und geht von der Voraussetzung aus, dass die hebräische Bibel die heilige Schrift Israels bzw. des Judentums ist, die den neutestamentlichen Verfassern als Material diente, um die Bedeutung von Leben und Geschick des Jesus von Nazareth darzustellen. Denn erst mit der Tempelzerstörung 70 n. Chr. kam es zur Ausbildung des rabbinischen Judentums und der messia-

---

214 Vgl. dazu ausführlich Schmid, Traditionsliteratur, 285–298.
215 Lange, Literatur, 55–63 mit Hinweis auf die Erstnennung des Begriffs Kanon für eine Liste von religiös autoritativen Schriften in Athanasius' 39. Osterbrief (4. Jh. n. Chr.).
216 Sanders, Sacred story, 26 ff.164.182.

nischen Jesusbewegung und somit auch zur Ausbildung neuer autoritativer Texte, im Judentum zur „mündlichen Tora", im Christentum zum Neuen Testament (Theologie II, 302–305) – die hebräische Bibel erhielt somit einen doppelten Ausgang. Allerdings kommt die christliche Theologie nicht umhin, das Verhältnis der beiden Teile ihrer „Heiligen Schrift" zueinander zu erklären angesichts der bleibenden kanonischen Integrität der hebräischen Schriften, welche lediglich eine neue Anordnung vom Pentateuch bis zu den Schriftpropheten erfuhr. Das Neue Testament präsentiert sich nicht mehr als Fortschreibung im Sinne einer innerbiblischen Exegese, wie sie durch den Redaktionsprozess des Alten Testaments charakterisiert ist. Es geht vielmehr um den Anspruch einer neuen und abschließenden Offenbarung des Gottes Israels in Jesus, abgeleitet aus den hebräischen Traditionen. Allerdings findet sich das Alte Testament im Bezug auf das Neue in einer „asymmetrischen Relation", da es in der jüdischen Rezeption bei einem einzigen Teil bleibt und andere Wege der Auslegung beschritten werden, um die heilige Schrift den Verhältnissen der nachfolgenden Generationen anzupassen und vom Christentum divergierende Wahrheitsräume zu schaffen. Der theologisch zentrale Unterschied liegt in der Frage nach dem Gottesbild, insbesondere nach der Gottheit Jesu (Inkarnation, Trinität), die als die Mitte neutestamentlicher Theologie definiert werden kann.[217] Sie führt insbesondere in den synoptischen Evangelien zu einer Neuformulierung des Konzepts von der Königsherrschaft Gottes (βασιλεία τοῦ θεοῦ/*basileia tou theou*), die das Kommen eines messianischen Königs nach dem Vorbild Davids erwartet, das man in Jesus als erfüllt ansieht. Außerdem wird die Verheißung nun universalisiert verstanden.[218] Insbesondere an der Frage nach dem Gottesbild entscheidet sich, ob die Selbigkeit Gottes (W. Zimmerli) für beide Teile der christlichen Bibel gilt und von den jüdischen Gemeinschaften mitgetragen wird.[219]

3.6.3 Die Bezogenheit von Altem und Neuem Testament („Biblische Theologie")

Weite Teile der Hebräischen Bibel dürften in der Zeit Jesu von Nazareth bzw. der neutestamentlichen Autoren als heilige Schrift bekannt gewesen sein. Ein eindrücklicher Beleg findet sich in der Erzählung

---

217 S. dazu die Definition von Dalferth, s. o. 1.1 mit Anm. 5.
218 Vgl. Bormann, Theologie, 86–97. Daran schließt das „Problem der Nichtjuden" und ihrer Integration abgesichts des neu aufkommenden Gemeindeverständnisses an (77).
219 Vgl. dazu Janowski, Der eine Gott der beiden Testamente, 259–264.273.

vom Treffen des Philippus mit einem äthiopischen Hofbeamten auf dem Weg nach Gaza (Apg 8,26–40).

Apg 8

28 Nun befand er [der Hofbeamte] sich auf dem Heimweg [aus Jerusalem]; er sass auf seinem Wagen und las im Propheten Jesaja.
29 Da sprach der Geist zu Philippus: Geh und folge diesem Wagen.
30 Philippus holte ihn ein und hörte, wie er im Propheten Jesaja las, und sagte: Verstehst du, was du da liest?
31 Der sagte: Wie könnte ich, wenn niemand mich anleitet? Und er bat Philippus, auf den Wagen zu steigen und sich zu ihm zu setzen.
32 Der Abschnitt der Schrift, den er las, war folgender:
Wie ein Schaf wurde er zur Schlachtbank geführt; und wie ein Lamm, das vor seinem Scherer verstummt, so tut er seinen Mund nicht auf.
33 *In seiner Erniedrigung wurde aufgehoben das Urteil gegen ihn; doch von seinem Geschlecht, wer wird davon erzählen? Denn weggenommen von der Erde wird sein Leben.*
34 Der Eunuch sagte nun zu Philippus: Ich bitte dich, sage mir, von wem spricht hier der Prophet? Von sich oder von einem anderen?
35 Da tat Philippus seinen Mund auf und begann, ihm von dieser Schriftstelle ausgehend das Evangelium von Jesus zu verkündigen.

Im Kontext dieses recht wörtlichen, wenn auch um den Aspekt des stellvertretenden Leidens gekürzten Zitats aus Jes 53,7 f. (LXX), geht es um die Verkündigung des Gottesknechts. Eine ausdrückliche Erfüllungsnotiz (vgl. Lk 24,44; Apg 13,33) fehlt.[220] Doch bringt Philippus diese Stelle ganz unvermittelt mit dem Evangelium Jesu in Verbindung, indem er auf die Frage des Hofbeamten, von wem der Prophet in dieser Stelle spricht, mit der Verkündigung der „guten Botschaft" Jesu im Kontext der Heidenmission antwortet.[221] Die Identität der Figur des vierten Gottesknechtlieds Jesajas mit Jesus ist nicht explizit, die prophetische Weissagung auf ihn aber offen. Das eschatologische Handeln Gottes an seinem Volk, wie es in dem Lied präsent ist, zeigt sich auch im „Evangelium von Jesus". Es ist erwogen worden, dass der Gottesknecht *nachträglich* auf Jesus appliziert wird, um das Fortwähren göttlichen Handelns zu betonen. Es geht also um die Analogie von Erfahrungen.[222] Diesem Verstehen nach tritt an die Stelle der Annahme eines traditions- bzw. offenbarungsgeschichtlichen Konti-

Gottesknecht
s. o. 2.6.3.1

---

220 Vgl. Rusam, Das Alte Testament bei Lukas, 384–390. Doch ist der implizite Leser zu berücksichtigen, der stillschweigend voraussetzt, dass Passion und Tod Jesu im AT prophetisch vorausgesagt sind (Lk 18,31; 24,26.46; Apg 2,23; 3,18).
221 Vgl. Pesch, Apostelgeschichte, 292 f. Die Deutung der Stelle im Bezug auf Jesus obliegt dem Leser.
222 Zum Ganzen Janowski, Kontrastive Einheit, 28–35.

nuums die „kanonische Dialogizität"²²³ in den beiden Testamenten, die sowohl Kontinuitäten als auch Brüche anzeigt, welche in der Auslegung zu berücksichtigen sind. So wird z. B. die Aufnahme von Zitaten aus Klagepsalmen in den vier Passionsberichten (Ps 22; 31; 69) zu einem für die Evangelienberichte strukturgebenden Moment. Doch ist insbesondere im Bericht des Markus auffällig, dass eigentlich nur der Klageteil von Ps 22 Verwendung findet und ein „Bild des in der Finsternis nach dem Eingreifen Gottes schreienden Jesus" zeichnet.²²⁴ Der Psalm, der in einen ausführlichen Lobteil (V. 23–32) mündet, ist hier theologisch auf die Klage reduziert. Auch die Erhörungsgewissheit des in seiner Verlassenheit Gott Anklagenden fehlt, und der Stimmungsumschwung ist dem römischen Hauptmann in den Mund legt, der die Gottessohnschaft des Verstorbenen bezeugt. Somit ist die Hoffnung auf Rettung vom Beter des Psalms (Jesus) transferiert und in das künftige Handeln Gottes eschatologisiert.

Ps 22 s. o. 2.6.3.1

Ein Text wie die Bergpredigt enthält zwar zahlreiche Anweisungen, die die alttestamentlichen Gebote reformulieren und mitunter sogar außer Kraft zu setzen scheinen („Antithesen"; vgl. Mt 5,38 f. zur Talio „Auge um Auge, Zahn um Zahn"), doch lässt die Einleitung keinen Zweifel daran, wie sehr der Evangelist Jesu Programmrede in der Mitte der jüdischen Tradition verwurzelt.

> 17 Meint nicht, ich sei gekommen, das Gesetz oder die Propheten aufzulösen. Nicht um aufzulösen, bin ich gekommen, sondern um zu erfüllen.
> 18 Denn, amen, ich sage euch: Bis Himmel und Erde vergehen, soll vom Gesetz nicht ein einziges Jota oder ein einziges Häkchen vergehen, bis alles geschieht.
> 19 Wer also auch nur eines dieser Gebote auflöst, und sei es das kleinste, und die Menschen so lehrt, der wird der Geringste sein im Himmelreich. Wer aber tut, was das Gebot verlangt, und so lehrt, der wird gross sein im Himmelreich.
> 20 Denn ich sage euch: Wenn eure Gerechtigkeit die der Schriftgelehrten und Pharisäer nicht weit übertrifft, werdet ihr nicht ins Himmelreich hineinkommen.

Mt 5

---

223 Zenger, Heilige Schrift, 19 ff.; vgl. Ricœur, Philosophische und theologische Hermeneutik, 36 betont dabei die „Verfremdung" durch die Schrift, „welche die Botschaft von ihrem Sprecher, ihrer ursprünglichen Situation und ihrem ersten Empfänger ablöst".
224 Vgl. Theobald, Der Tod Jesu, 29; Sänger, Psalm 22 zu weiteren Bezügen.

Hier liegt ein starkes Bekenntnis der verpflichtenden Treue zur Heiligen Schrift („Gesetz und Propheten") vor (vgl. auch Mt 13,52; 23,2 f.).[225]

Ein weiterer Hinweis auf die kanonische Dialogizität findet sich in einer ganzen Reihe gemeinsamer Grundüberzeugungen im Alten und Neuen Testament, die eine gemeinsame biblische Symbolsprache haben, wie z. B. Schöpfung und Auferstehung, Schöpfung und Weisheit, Umkehr als menschliche Möglichkeit, Exodus und Befreiung.[226] Damit wären die häufig zitierten Gegenüberstellungen von Gesetz (AT) – Evangelium (NT); Verheißung (AT) – Erfüllung (NT) oder die Typologien (Gottesknecht – Jesus; Sara/Hagar [Gal 4] – Urkirche/ Synagoge) korrigiert. Historisch ist davon auszugehen, dass sich antikes Judentum und Urchristentum seit dem 2. Jh. n. Chr. zu Ausformungen des biblischen Glaubens in gegenseitiger Interdependenz entwickelten. Die Anfänge liegen vielleicht in der Übersetzungstätigkeit der Koine innerhalb der verschiedenen und international verbreiteten jüdischen Strömungen, die zu tiefen kulturellen Zerwürfnissen führte (Hellenismus). Durch sie wurden messianische Vorstellungen transportiert, die schließlich auf den konkreten Menschen Jesus von Nazareth übertragen wurden.[227]

3.6.4 Gottes Wort in der Schrift

In diesem letzten Abschnitt geht es um Stellung und Bedeutung der „Heiligen Schrift" innerhalb der sogenannten monotheistischen Religionen (Judentum, Christentum, Islam). Denn aus dieser Perspektive lassen sich wichtige Einsichten für die alttestamentliche Kanonhermeutik und Theologiebildung gewinnen. Die Genese der drei heiligen Schriften ist insofern vergleichbar, als sie einer längeren Wachstumsphase entspringen. In der westlichen Koranforschung – und nur um dieses heilige Buch des Islam soll es hier gehen – hat sich die Annahme durchgesetzt, dass die weit verbreitete Annahme, dass jeder einzelne Vers des Koran von Mohammed stamme,[228] dem historischen Befund nicht entspricht. Der Koran ist ein langsam gewachsener Text der Spät-

---

225 Vgl. Crüsemann, Das Alte Testament, 100–102; Wengst, Regierungsprogramm, 66–75.
226 Theißen, Neutestamentliche Überlegungen, 127–131; vgl. die 14 Grundmotive biblischen Glaubens in Ders., Zur Bibel motivieren, 138–173; Grohmann, Rezeption 24 ff. betont indes am Beispiel jüdischer bzw. christlicher Auslegung von Gen 25,22– 23 (Rebekka, Mutter von zwei Völkern) die Differenzen.
227 Frankemölle, Frühjudentum und Urchristentum, 32–34.76–79.106–109; vgl. auch Bormann, Theologie, 76 f., der als das eigentlich Trennende die Frage nach der Integration von Nichtjuden ansieht.
228 Vgl. z. B. R. Paret in der Einleitung seiner Übersetzung (Koran, 5); anders Badigan, Art. Biblical Criticism III. Islam, 1132–1134.

antike, in dem sich verschiedene in Mekka oder Medina beheimatete Redaktionsphasen rekonstruieren lassen, die den Koran als ein weiteres Beispiel für intratextuelle Auslegung erweisen.[229] Obwohl nach dem Tode Mohammeds die Verkündigung in einer Sammlung von 114 Suren verschriftlicht wird, die in ihrer Reihenfolge an Anzahl der Verse und Länge abnehmen, ist auch der Koran kein schriftlich verfasstes und von einem Autor verantwortetes Buch.[230] Ihm geht eine mündliche Überlieferungsgeschichte (610–632 n. Chr.) in erkennbarer Auseinandersetzung mit christlichen und jüdischen Traditionen voraus. Auf welchem Wege Mohammed mit diesen Traditionen bekannt wurde (durch Erzählung, Kommentare o. ä.) ist nicht bekannt. Der Zeitgenosse und Dichter Umayia ibn Abī 'ṣ ṣalt schildert wichtige Episoden der biblischen Heilsgeschichte wie Flut, Abraham, Lot, Mose und Pharao, die auch der Koran im Duktus von Mohammeds prophetischer Sendung aufgreift. Anders als im Neuen Testament finden sich im Koran sehr wenige Zitate (z. B. Jes 6,9 in Q 4:46 [48]; vgl. 53:4–12 als Reflexion der biblischen Vision)[231]. Der frühe Koran enthält aber z. B. zahlreiche Psalmenparaphrasen. Namentlich erwähnt sind Tora/Pentateuch (taurāt), Psalter (zabūr) und Evangelium (al-inʾīl). Juden und Christen sind ebenfalls genannt neben anderen (polytheistischen) Religionen, und zwar in Mittelstellung zum Islam (2:62; 5:69). Über die bestehenden theologischen Differenzen soll Gott am Tag der Auferstehung entscheiden (22:17). Die Juden werden yahūd, die Christen naṣārā (Nozoräer; vgl. Apg 24,5) genannt. In narrativen Textteilen ist auch von den Kindern Israels die Rede, wenn auch die Namensätiologie (Jakobs Umbenennung in Gen 32,15 ff.) fehlt. Die Aqeda als Beispielerzählung für Abrahams Glaubensgehorsam (Gen 22) ist nicht auf Isaak, sondern Ismael bezogen (Q 37:102–107). Während Sure 40:53 besagt, dass die Kinder Israels die Schrift von Mose erben, ist an anderen Stellen von dem Erbe der Schrift unbestimmt die Rede (Q 7:169 u. ö.). Sie wird von Generation zu Generation weitervererbt, ausgehend von Abraham (29:27), dem renovierenden Bauherrn (2:125, 127; 3:96; 22:26) der Ka'aba in Mekka, in dessen Nachkommenschaft Mohammed steht. Die Juden haben die Schrift entstellt (2:75), indem sie Worte der Schrift umstellten (5:13; 4:46), was ihnen wie auch den Christen den Vorwurf der Schriftverfälschung (taḥrīf) einbrachte. Auch der jüdische Brauch, Tefillim (Gebetsriemen) oder andere Behäl-

---

229 S. dazu das Kommentarprojekt von A. Neuwirth und dessen Einleitungsband: Dies., Koran als Text der Spätantike, 120–191.
230 Zu den verschiedenen Fassungen, die nach Mohammeds Tod nebeneinander kursierten vgl. Nagel, Koran, 18–25.
231 Vgl. Neuwirth, Koran als Text der Spätantike, 125–132.

ter mit Schriftröllchen herzustellen und zu tragen (Dtn 6,8 f.), ist als Missbrauch der Schrift angeklagt (2:79).²³² Spätestens seit Medina (622 n. Chr.) tritt die im Koran überlieferte, ursprünglich mündliche „Verkündigung" (al-qu'ran) Mohammeds in Kontroverse mit christlichen und jüdischen Interpretationen, aus denen schließlich als dritte Interpretationsgemeinschaft der Islam mit einer neuen kanonischen Schrift hervorgeht. Im Koran findet sich sowohl die Idee der Schriftengemeinschaft mit Juden und Christen als auch die Auffassung, dass der Koran die alle anderen Schriften vervollkommnende letztgültige Manifestation göttlicher Rede sei. Die Anordnung der Suren folgt keiner Chronologie oder einer anderen narrativen Logik, wodurch der transzendente Charakter unterstrichen und das Verständnis verkompliziert ist.²³³ Gleichzeitig wurde den Einzeltexten früh hoher Respekt entgegengebracht, so dass sie bereits zur Zeit der Verkündigung als sakrosankt galten und jede Selbsteintragung (vgl. Dtn 4,2) unzulässig war. Der Bezug auf die Mündlichkeit ist positiv erinnert. „Leute der Schrift" sind die Juden und Christen. Auf den kritischen Einwurf der Gegner Mohammeds, warum der Koran ihm nicht in einem Wurf als eine vollständige Mitteilung offenbart sei (Q 25:32), erfolgt der Rückverweis auf das himmlische Buch, welches die Verkündigung legitimiere (80:11–16). Das Motiv des prophetischen Rückbezugs auf eine „himmlische Schrift" erinnert an Äth. Henoch 5,8 (3. Jh. v. Chr.) oder Dan 2,28 (ca. 160 v. Chr.).²³⁴ Erst in spätmekkanischen Suren begegnet die Vorstellung, dass Gott seine Präsenz in der Schöpfung und der Schrift manifestiert (55:1–4). Die Rede vom Koran als dem präexistenten Wort Gottes erinnert an die Logos-Theologie (Joh 1), die das Wort aber in Christus inkarniert sieht. Dagegen steht das Konzept der „Inlibration" (H.A. Wolfson), der buchmäßigen Verkörperung des Wortes Gottes, die lediglich *eine* Manifestation der göttlichen Botschaft ist. Einen koranischen „Urtext" haben muslimische Gelehrte nicht vorausgesetzt, sondern gehen von verschiedenen Lesarten aus, die die Vielfalt und Differenz menschlicher Bezüge abbilden, ohne die Eindeutigkeit göttlicher Offenbarung zu bestreiten (Ibn al-Djazarī; 14. Jh.). Zwar ist die Offenbarung abgeschlossen, aber ihr Inhalt nicht ausgeschöpft, weil die Bedeutungsfülle des Korans unausschöpflich ist.²³⁵ Vorrang kommt dem akkustischen (arabischen) Wort

---

232 Busse, Die theologischen Beziehungen, 10–65.
233 Nagel widersetzt sich aber der Einschätzung eines fehlenden roten Fadens im Literaturdenkmal Koran (Koran, 12 f.17 ff.).
234 Van der Toorn, Scribal Culture, 227 ff.: Offenbarung als Schreiber-Konstruktion.
235 So Bauer, Kultur, 117; vgl. 89–94.109.

in der Rezitation als sinnlich wahrnehmbares Ereignis zu.[236] Neben der klanglichen Präsenz im Zuge der täglichen fünf Gebete begegnet das Gotteswort visuell in der kalligraphischen Wiedergabe von Koransuren in privaten und öffentlichen Räumen; ein explizites Bilderverbot bildet sich aus.[237]

Es lassen sich zahlreiche thematische Bezüge auf die jüdisch-christlichen Traditionen erkennen. Trotz der oben konstatierten fehlenden narrativen Logik im Aufbau des Korans lassen sich dank widerkehrender Formulare und inhaltlicher Wiederholungen fünf Themen benennen, die das Buch durchziehen und jüdisch-christliche Traditionen im Duktus verdichteter Sprache fortführen: der Glaube an den einen Gott, die Trennung zwischen Gläubigen und Ungläubigen, die Darstellung des Paradieses und der Hölle, der Tag des Gerichts und die Auferstehung der Toten.[238] Auffällig ist das stark apokalyptische Deutungsmuster, das zumindest im jüdischen Kanon nur peripher begegnet. Entscheidend für den wahren Glauben sind die Gesetzestexte, die als Leitlinien dienen, was wiederum eine gewisse Analogie zur deuteronomistischen Theologie nahelegt, zumal Mose als Gewährsmann der Wahrheit der neuen arabischen Religion (Q 7:143; 26:51) eine wichtige Rolle zukommt. Funktion des neuen Gesetzes ist es, die jüdisch-christliche Verfälschung zu revidieren.[239] Weiterhin sind 19 der 25 genannten Prophetengestalten Figuren aus dem AT (Adam, Noah, Abraham, Lot, Henoch, Ismael, Isaak, Jakob, Joseph, Hiob, Mose, Aaron, David, Salomo, Elia, Elisa, Jonas) und NT (Johannes der Täufer, sein Vater Zacharia, Jesus), deren Lebenswege, Taten und Bedeutung nacherzählt und neu ausgelegt werden.[240]

Hebräische Bibel, christliche Bibel und Koran präsentieren drei verschiedene Modelle von heiliger Schrift, die Autorität für die Gemeinschaft beansprucht. Gemeinsam ist ihnen ein intratextueller Auslegungsprozess, der die allmähliche Sammlung von Traditionen und den Redaktionsprozess begleitet. Anders als die christliche Bibel, die die hebräische Bibel trotz äußerer Distanzierung von der jüdischen Gemeinde nachhaltig in ihren Kanon integriert, vollzieht der Koran

---

236 Vgl. Bauer, Kultur, 61 ff., der den geschriebenen Text bis heute als Gedächtnisstütze versteht, dem der mündliche Vortrag und die Prosodie an Bedeutung voransteht, was einen deutlichen Unterschied zwischen jüdisch-christlichem und muslimischem Verständnis markiert. Zur Rezitation des Korans und den verschiedenen *Les*arten von Q 3:7 in der frühen Koranexegese vgl. Elmaz, Pausen, 206 ff.
237 Neuwirth, Koran als Text der Spätantike, 34–37.165–168. Zu Bilddarstellungen biblischer Themen vgl. Marsengill, Art. Bible in Islam III. Visual Arts, 409–412.
238 Goetze, Religion, 268 f.284–289.
239 Goetze, Religion, 289–291; Neuwirth, Koran als Text der Spätantike, 662–671.
240 Vgl. die Bände Böttrich/Ego/Eißler zu wichtigen gemeinsamen Figuren in Judentum, Christentum und Islam; vgl. Neuwirth, Koran als Text der Spätantike, 623–671.

die Ablösung von den vorausgehenden Kanones trotz der deutlich erkennbaren Aufnahme jüdisch-christlicher Traditionen. Eigens hervorzuheben ist der große Respekt gegenüber dem gesprochenen Text vor dem geschriebenen Text. Im Judentum und Islam ist die regelmäßige Rezitation der Texte im Gebet(shaus) und die Bindung an die Ursprache ein zentraler Aspekt kultischer Praxis (wie auch der Rechtspraxis). Übersetzungen sind nicht verboten, aber als eine Art der Auslegung neben anderen verstanden. Darin liegt ein Unterschied zum protestantischen Schriftprinzip („sola scriptura")[241], das zwar das Primat der Schrift (Schriftautorität) wie auch die Bedeutung der Ursprachen betont hat, die Bedeutung kirchlicher Tradition und Schriftauslegung aber zurückwies. Der Gefahr eines daraus resultierenden ahistorischen, auf der Basis nationalsprachlicher Übersetzungen argumentierenden Biblizismus stellt sich seit der Aufklärung die historisch-kritische Exegese entgegen. Ihre massiven Anfragen bezüglich des Autoritätsanspruchs betreffen die – auf die jeweilige Interpretationsgemeinschaft zugeschnittene – heilige Schrift als einen historisch und kulturell gewachsenen Text, der sich nicht selbst erschließt, sondern der fortwährenden Auslegung bedarf. Nicht nur der Sinn der heiligen Schrift entsteht im Vollzug der Rezeption, sondern die Schrift selbst ist abhängig von der Gemeinschaft und ihrer Geschichte geformt. Nur so lässt sich die Vielzahl existenter christlicher Kanones erklären, deren Bedeutung darin besteht die Frucht einer gemeinsamen Lesetradition zu sein.[242]

Kanonhermeneutik s. o. 3.6.2

Wie die anderen erwähnten heiligen Schriften erfüllt auch die christliche Bibel verschiedene Funktionen für ihre Überlieferungsträger wie die kultische Inszenierung des Heiligen, Selbstvergewisserung der eigenen religiösen Erfahrung und ethische Orientierung und Information über Glaubensinhalte. Jedoch lassen sich die Exoduserzählung oder die Evangelien nicht als Augenzeugenberichte lesen, wie es z. B. die häufig divergierenden Doppelüberlieferungen des gleichen Ereignisses erkennen lassen, Sie beschreiben als fiktionale Texte religiöse Wirklichkeit, die anders nicht auszudrücken ist.

„Versteht man Religion als ein Welterleben, das sich durch eine Perspektive auszeichnet, die Menschen als Transzendenz oder konkret als Gottesbegegnung deuten, dann wird rasch einsichtig, dass Fiktionalität kein Betriebsunfall religiöser Textproduktion ist, den man allein vermeintlich naiveren Epochen zuzuschrei-

---

241 Dem entspricht jüdischerseits das karaitische Schriftverständnis; vgl. Kalimi, Models, 122.
242 Vgl. Körtner, Anfang, 179 f. 194–197; weiterhin Hartenstein, Autorität, 133–140.

ben hätte, sondern aus inneren Gründen mit Notwendigkeit zur Religion hinzugehört."[243]

Die Aufgabe christlicher Schriftauslegung besteht einerseits exegetisch in der Rekonstruktion der Strömungen theologischer Überlieferungen und der Interpretation ihrer literarischen Verarbeitungsformen. Sie rekonstruiert die Sinnbildungsprozesse durch die Auslegungsgeschichte hindurch als Aneignung unter wissenschaftlichen Bedingungen.[244] Zur Schrifthermeneutik gehört aber andererseits die religiöse Praxis bzw. die rituelle Präsenz, denn die „Heiligkeit der Bibel rührt daher, dass sich im Vollzug ihres Gebrauchs die unmittelbare Evidenz religiöser Erfahrung einstellen kann."[245]

Als Beispiel für einen solchen Vorgang lassen sich innerhalb der Kanonbildung die Megillot, die fünf Festrollen, anführen. Mit der römischen Zerstörung des Tempels konnten die drei Wallfahrtsfeste nicht mehr so begangen werden, wie es die Toratradition vorsieht. Daraufhin entwickelten sich in einem längeren historischen Prozess, der bis ins Mittelalter reichte[246], fünf Texte innerhalb der Ketubim zu den zentralen Rezitationstexten für diese und zwei weitere jüdische Feste: So liest die Synagogengemeinde Esther zu Purim, Hoheslied zu Passa, Ruth zu Schawuot (Wochenfest), Klagelieder zum 9. Ab (Gedenktag der Tempelzerstörung) und Kohelet zu Sukkot (Laubhüttenfest). Während sich die Rezitation der Estherrolle zu Purim seit dem 2. Jh. n. Chr. durchgesetzt hat, erhielten die anderen Texte erst allmählich ihre liturgische Bedeutung. Der Weg der einzelnen Festliturgien und der ihnen zugedachten Texte ist also uneinheitlich, weist aber allen Büchern nachhaltig einen konkreten Erinnerungsort zu, der sie populär macht und Liturgie und Volksfrömmigkeit nachhaltig prägt. Jenseits der Frage nach der Schriftautorität (so ist z. B. die Estherrolle der einzige alttestamentliche Text, der in Qumran nicht belegt ist), dienen diese vermutlich erst sehr spät kanonisierten Schriften als lebendige Form der Versprachlichung religiöser Erfahrung und menschlichen Geschicks, die im Festablauf aktualisiert werden und darin eine Neuaneignung erfahren. Zudem erhalten die Texte im Zuge des liturgischen Festkalenders eine prominente Stellung. Weitere Beispiele für narrative Theologie in der hebräischen Bibel finden sich in der Exoduserinnerung zu Passa (Ex 12–13) und zum Erstlingsopfer (Dtn 26,1–11).

Megillot

Exoduserinnerung s. o. 2.2.1

---

243 Vgl. Lauster, Schriftauslegung als Erfahrungserhellung, 193.
244 Vgl. van Oorschot, Erinnerung, 84–87.
245 Lauster, Schriftauslegung als Erfahrungserhellung, 198.
246 Stemberger, Megillot, 234 ff. zur historischen Genese.

Der historisch formulierte Selbstanspruch der Texte und der aktuelle Umgang mit ihnen können zwar in den jeweiligen Interpretationsgemeinschaften divergieren, doch handelt es sich durch den Rückbezug auf eine heilige Schrift stets um einen „geregelten Pluralismus".[247] Die jeweiligen Auslegungstraditionen rekurrieren in ihrer Theologiebildung entsprechend ihres Bekenntnisses auf weitere Texte, das Judentum neben der schriftlichen Tora (der hebräischen Bibel) auf „mündliche Tora" (Mishna, Tosefta, Talmud, Targumim und Midraschim), das Christentum zuzüglich auf das Neue Testament (und ggf. auf die Kirchenväter), der Islam auf Koran, Hadith u. a.[248] In einer multikulturell geprägten und säkularen Gesellschaft, wie sie das gegenwärtige Mitteleuropa prägt, kann zudem neben das theologische Interesse eine rein kulturgeschichtliche Zuwendung zu heiligen Schriften treten, welche die erfahrene Kultur formen und beeinflussen. Selbst wenn die Schriften nicht als Weg zur Bildung religiöser Identität verstanden werden, tragen sie dennoch zur gesellschaftlichen und kulturellen Kohäsion und Verständigung bei. In diesem Sinne sind sie wichtiger Bestandteil des kulturellen Gedächtnisses, den es nachhaltig zu vermitteln gilt. Der Weg über die historische Erschließung stellt dabei die unaufgebbare Voraussetzung dar für eine angemessene Aneignung der theologischen bzw. kulturellen Aussagekraft der antiken heiligen Texte dar.

Literatur

Assmann, Jan: Religion und kulturelles Gedächtnis. Zehn Studien, München 2000, insbes. Kapitel 3: Fünf Stufen auf dem Weg zum Kanon. Tradition und Schriftkultur im alten Israel und frühen Judentum.
Bauer, Thomas: Die Kultur der Ambiguität. Eine andere Geschichte des Islams, Berlin 2011.
Böttrich, Christfried/Ego, Beate/Eißler, Friedmann: Abraham/Mose/Jesus und Maria/Adam und Eva/Elia und andere Propheten in Judentum, Christentum und Islam in vier Bänden, Göttingen 2009 ff.
Badigan, Daniel A.: Art. Biblical Criticism III. Islam, EBR 13 (2016), 1132–1134.
Bormann, Lukas: Theologie des Neuen Testaments, Göttingen 2017 (utb 4838).
Bultmann, Christoph/März, Claus-Peter/Makrides, Vasilios N. (Hg.): Heilige Schriften. Ursprung, Geltung und Gebrauch, Münster 2005.
Busse, Heribert: Die theologischen Beziehungen des Islams zu Judentum und Christentum, Darmstadt ²1991.

---

247 So Ricœur, Verflechtung, 114.
248 Vgl. Kalimi, Models, 125–129; Grohmann, Rezeption, 20–24 zu jüdischen Übersetzungen als Auslegung.

Carr, David M.: Schrift und Erinnerungskultur. Die Entstehung der Bibel und der antiken Literatur im Rahmen der Schreiberausbildung, Zürich 2015 (AThANT 107).

Crüsemann, Frank: Das Alte Testament als Wahrheitsraum des Alten. Die Sicht der christlichen Bibel, Gütersloh 2011.

Dohmen, Christoph/Oeming, Manfred: Hermeneutik der Jüdischen Bibel und des Alten Testaments, Stuttgart 1996.

Elmaz, Orham: Wenn Pausen Grenzen setzen. Über den Koranvers Q 3:7 und die Qualität einer Rezitationspause, in: M. Grohmann/U. Ragacs (Hg.), Religion übersetzen. Übersetzung und Textrezeption als Transformationsphänomene von Religion, Göttingen 2012, 203–215.

Frankemölle, Hubert: Frühjudentum und Urchristentum: Vorgeschichte – Verlauf – Auswirkungen (4. Jh. v. Chr. bis 4. Jh. n. Chr.), Stuttgart 2006.

Goetze, Andreas: Religion fällt nicht vom Himmel. Die ersten Jahrhunderte des Islams, Darmstadt ²2012.

Grohmann, Marianne: Rezeption und Übersetzung. Jüdische und christliche Transformationen der Hebräischen Bibel, in: Dies./U. Ragacs (Hg.), Religion übersetzen. Übersetzung und Textrezeption als Transformationsphänomene von Religion, Göttingen 2012, 13–30.

Hartenstein, Friedhelm: Autorität der Religionsgeschichte – Polyphonie der Theologien?, in: Ders., Die bleibende Bedeutung des Alten Testaments. Studien zur Relevanz des ersten Kanonteils für Theologie und Kirche, Göttingen 2017 (BThSt 165), 131–161.

Kalimi, Isaak: Models for Jewish Bible Theologies. Tasks and Challenges, in: HBTh 39 (2017), 107–133.

Körtner, Ulrich H.J.: Im Anfang war die Übersetzung. Kanon, Bibelübersetzungen und konfessionelle Identitäten, in: M. Grohmann/U. Ragacs (Hg.), Religion übersetzen. Übersetzung und Textrezeption als Transformationsphänomene von Religion, Göttingen 2012, 179–203.

Janowski, Bernd: Der eine Gott der beiden Testamente – zur Biblischen Hermeneutik, in: Ders., Die rettende Gerechtigkeit, Neukirchen-Vluyn 1999 (Beiträge zur Theologie des Alten Testaments 2), 249–284.

–: Kanon und Sinnbildung. Perspektiven des Alten Testaments, in: F. Hartenstein/J. Krispenz/A. Schart, Schriftprophetie (FS J. Jeremias), Neukirchen-Vluyn 2004, 15–36.

–: Biblische Theologie heute. Formale und material Aspekte, in: C. Helmer (Hg.), Biblical Interpretation. History, Context, and Reality, Atlanta/GA 2005 (SBL Symposium Series 26), 17–32.

–: Die kontrastive Einheit der Schrift. Zur Hermeneutik des biblischen Kanons, in: Ders. (Hg.), Kanonhermeneutik. Vom Lesen und Verstehen der christlichen Bibel, Neukirchen-Vluyn 2007 (Theologie interdisziplinär 1), 27–46.

–: Auf dem Weg zur Buchreligion. Transformationen des Kultischen im Psalter, in: H.-L. Hossfeld/J. Bremer/T. M. Steiner (Hg.), Trägerkreise in den Psalmen, Göttingen 2017 (BBB 178), 223–261.

Lange, Armin: From Literature to Scripture. The Unity and Plurality of the hebrew Scriptures in Light of the Qumran Library, in: C. Landmesser/ C. Helmer (Hg.), One Scriptures or Many? Canon From Biblical, Theological, and Philosophical Perspectives, Oxford 2004, 51–107.

Lauster, Jörg: Prinzip und Methode. Die Transformation des protestantischen Schriftprinzips durch die historische Kritik von Schleiermacher bis zur Gegenwart, Tübingen 2004 (HUT 46).

–: Schriftauslegung als Erfahrungserhellung, in: F. Nüssel (Hg.), Schriftauslegung, Tübingen 2014 (utb 3991), 179–206.

Levinson, Bernard M.: Der kreative Kanon. Innerbiblische Schriftauslegung und religionsgeschichtlicher Wandel im alten Israel, Tübingen 2012.

Marsengill, Katherine: Art. Bible in Islam III. Visual Arts, EBR 13 (2016), 409–412.

Meißner, Stefan/Georg Wenz (Hg.): Über den Umgang mit den Heiligen Schriften. Juden, Christen und Muslime zwischen Tuchfühlung und Kluft, Münster 2007 (Interreligiöse Begegnungen 4).

Nagel, Tilman: Der Koran. Einführung, Texte, Erläuterungen, München 1983.

Neuwirth, Angelika: Der Koran als Text der Spätantike, Berlin 2010.

Oorschot, Jürgen van: Kann Erinnerung normativ sein oder werden, in: C. Landmesser/A. Kelien (Hg.), Normative Erinnerung. Der biblische Kanon zwischen Tradition und Konstruktion, Leipzig 2013, 71–87.

Paret, Rudi: Der Koran, Stuttgart 1989.

Pesch, Rudolf: Die Apostelgeschichte, Neukirchen-Vluyn ²2012 (EKK 5).

Ricœur, Paul: Zeit und Erzählung, Bd. 1, München 1988.

–: Hermeneutik der Symbole und philosophische Reflexion II, in: Ders., Der Konflikt der Interpretationem (Ausgewählte Aufsätze 1960–1969), München 2010, 218–238.

–: Gott nennen (1977), in: Ders., Vom Text zur Person. Hermeneutische Aufsätze, Hamburg 2005, 79–108.

–: Was ist ein Text? (1979), in: Ders., Vom Text zur Person. Hermeneutische Aufsätze, Hamburg 2005, 153–182.

–: Philosophische und Theologische Hermeneutik, in: Evangelische Theologie Sonderheft (1974), 24–45.

–: The Sacred Text in the Community, in: M.I: Wallace (Hg.), Figuring the Sacred. Religion, Narrative, and Imagination, übersetzt durch D. Pellauer, Minneapolis 1995, 68–72.

–: The Canon between the Text and the Community, in: P. Pokorny/J. Roskowec (Hg.), Philosophical Hermeneutics and Biblical Exegesis, Tübingen 2002 (WUNT 153), 7–26.

–: Die Verflechtung von Stimme und Schrift im biblischen Diskurs (1992), in: An den Grenzen der Hermeneutik. Philosophische Reflexionen über die Religion, München 2008, 95–115.

–: Hermeneutik der Idee der Offenbarung, in: Ders., An den Grenzen der Hermeneutik. Philosophische Reflexionen über die Religion, München 2008, 41–83.

Rusam, Dietrich: Das Alte Testament bei Lukas, Berlin/New York 2003 (BZNW 112).
Sänger, Dieter (Hg.): Psalm 22 und die Passionsgeschichte der Evangelien, Neukirchen-Vluyn 2007 (BThS 88).
Sanders, James A.: Torah and Canon, Philadelphia 1972.
–: From Sacred Story to Sacred Text, Philadelphia 1987.
Schmid, Konrad: Schriftgelehrte Traditionsliteratur, Tübingen 2011 (FAT 77).
–: Gibt es Theologie im Alten Testament? Zum Theologiebegriff in der alttestamentlichen Wissenschaft, Zürich 2013 (ThSt 7).
Stemberger, Günther: Die Megillot als Festlesungen der jüdischen Liturgie, in: Ders., Judaica Minora I. Biblische Traditionen im rabbinischen Judentum, Tübingen 2010 (TSAJ 133), 234–247.
Theißen, Gerd: Neustamentliche Überlegungen zu einer jüdisch-christlichen Lektüre des Alten Testaments, in: KuI 10 (1995), 127–131.
–: Zur Bibel motivieren. Aufgaben, Inhalte und Methoden einer offenen Bibeldidaktik, Gütersloh 2003.
Theobald, Michael: Der Tod Jesu im Spiegel seiner ‚letzten Worte', in: ThQ 190 (2010), 1–30.
Toorn, Karel van: Scribal Culture and the Making of the Hebrew Bible, Cambridge 2009.
Wengst, Klaus: Das Regierungsprogramm des Himmelreichs. Eine Auslegung der Bergpredigt in ihrem jüdischen Kontext, Stuttgart 2010.
Zenger, Erich: Heilige Schrift der Juden und der Christen, in: Ders. u. a. (Hg), Einleitung in das Alte Testament, ⁸2012, 11–36.

Anhang

Anhang 1: Alttestamentliche Themen und Texte in der Perikopenordnung

Jochen Wagner

Die Übersicht sowie die dargestellten Inhalte sind im Hinblick auf den Praxisbezug angelegt und gestaltet. Die revidierte Perikopenordnung 2017 (siehe: Amtsblatt der Vereinigten Evangelisch-Lutherischen Kirche Deutschlands [VELKD], Band VII, Stück 32, 570–575) ist in der oberen Reihe der jeweiligen Zeile zu finden (siehe erste Zeile, hinter „Neu"). In der unteren Reihe der Zeilen stehen die Texte aus der Perikopenordnung 1978/99 (erste Zeile, hinter „Alt"). Kommt in den einzelnen Zellen nur ein Text vor, ist er in der revidierten Perikopenordnung aus der bisherigen Perikopenordnung (78/99) übernommen worden. Die alttestamentlichen Texte sind kursiv gesetzt.

Das liturgische Leitthema des jeweiligen Sonntags ist aus der Erarbeitung der Evangelisch-Lutherischen Kirche in Bayern (ELKB) mit der VELKD übernommen (siehe: www.kirchenjahr-evangelisch.de; die Überschrift der Rubrik „Das Wesentliche"). Nicht alle Sonntage sind mit einem Leitthema überschrieben. Die Oberthemen zu den alttestamentlichen Texten in der Spalte „*Liturgisches Leitthema → Oberthemen AT*" sind kursiv gesetzt.

Die Zuordnung zu den jeweiligen Kapiteln im vorliegenden UTB erfasst die Belege des Fließtextes ohne Literaturangaben und Anmerkungen. Eine umfassende Übersicht über die Bibelstellen inklusive der Anmerkungen erfolgt im Bibelstellenregister. Die Bibelstellen in der letzten Spalte und die dazugehörigen Kapitelangaben folgen immer dem umfangreicheren Abschnitt des Perikopentextes. Beispiel: Für 2. Mose 33,18–23 (neu) und 2. Mose 33,17b–23 (alt) wird für das Vorkommen im UTB 2. Mose 33,17b–23 als Text zugrunde gelegt. Bei mehr als drei Belegen im UTB sowie bei expliziter Nennung des jeweiligen Texts werden die zentralen Vorkommen durch Fettdruck hervorgehoben. Für die Osternacht konnten aufgrund der Fülle der Texte in der alten Perikopenordnung nicht alle Oberthemen im Alten Testament und auch nicht alle betreffenden Vorkommen im UTB angegeben werden.

Sonn-/Festtag	I	II	III	IV	V
1. So. im Advent	Neu: Mt 21,1–11 Alt: Mt 21,1–9	Röm 13,8–12 Röm 13,8–12 (13–14)	*Sach 9,9–10* *Jer 23,5–8*	*Jer 23,5–8* Lk 1,67–79	Offb 3,14–22 Offb 5,1–5(6–14)
2. So. im Advent	*Jes 35,3–10*	Lk 21,25–33	Jak 5,7–8(9–11) Jak 5,7–8	*Jes 63,15–64,3* *Jes 63,15–16 (17–19a)19b; 64,1–3*	*Hld 2,8–13* Mt 24,1–14
3. So. im Advent	Röm 15,4–13	Lk 3,(1–2)3–14 (15–17)18 (19–20) Offb 3,1–6	Lk 1,67–79 Mt 11,2–6(7–10)	1. Kor 4,1–5	*Jes 40,1–11* *Jes 40,1–8(9–11)*
4. So. im Advent	Lk 1,(26–38) 39–56 Lk 1,26–33 (34–37)38	2. Kor 1,18–22	*1. Mose 18,1–2.9–15* Joh 1,19–23 (24–28)	Lk 1,26–38(39–56) Lk 1,(39–45) 46–55(56)	Phil 4,4–7
Christvesper	Jes 9,1–6	*Hes 37,24–28* Joh 3,16–21	*Jes 11,1–10* 1. Tim 3,16	*Mi 5,1–4a* Joh 7,28–29	Lk 2,1–20 Lk 2,1–14 (15–20)
Christnacht	1. Tim 3,16 Röm 1,1–7	*Sach 2,14–17* *Jes 7,10–14*	Mt 1,18–25 *2. Sam 7,4–6.12–14a*	Tit 2,11–14 Kol 2,3–10	*Hes 34,23–31* *Hes 37,24–28*
Christfest I	Joh 1,1–5.9–14 (16–18) Lk 2,(1–14) 15–20	Tit 3,4–7	*Jes 52,7–10* *Mi 5,1–4a*	1. Joh 3,1–2(3–5) 1. Joh 3,1–6	Kol 2,3(4–5) 6–10 Joh 3,31–36

Anhang 1: Alttestamentliche Themen und Texte in der Perikopenordnung 421

VI	Liturgisches Leitthema → Oberthemen AT (theol. Schlüsselbegriffe; Thematik)	Vorkommen im UTB (mit Kapitelangabe)
Ps 24 Hebr 10,(19–22)23–25	„Ein König kommt" Sach 9: → Königsideologie → „Messias" Jer 23: → Thron- und Dynastieorakel (Davididen) Ps 24: → Davidpsalter → Toreingangsliturgie → Schöpfung	Sach 9,9–10: **2.6.3.2**; 3.4.2 Jer 23,5–8: 2.6.2.1 Ps 24: 2.7.2; 2.7.3.1; 3.2.1; 3.4
Offb 3,7–13	„Hoffnung auf eine gerechte Welt" Jes 35: → neuer Exodus Jes 63: → Gebetsanrede „Vater"	Jes 35,3–10: 2.6.3.1 Jes 63,15–64,3: 3.3.3
Mt 11,2–10 Lk 3,1–14	„Ein Weg wird bereitet" Jes 40: → Trostbuch → Heilsorakel → Königsideologie → Wort Gottes → Monotheismus	Jes 40,1–11: 2.6; **2.6.3.1**; 2.6.3.2; 3.1.4
Jes 62,1–5 Jes 52,7–10	„Freut Euch, Ihr Hungrigen!" 1. Mose 18: → Namensätiologie Jes 52: → Königsideologie → Zionstheologie	1. Mose 18,1–2.9–15: 2.3.1 Jes 52,7–10: **2.6.3.1**; 3.4
Gal 4,4–7 Tit 2,11–14	Jes 9: → Königsorakel → messianische Weissagung Hes 37: → Bund Jes 11: → messianische Weissagung → Königsideologie (Davididen) Mi 5: → messianische Weissagung (Davididen) → JHWH als Weltenkönig	Jes 9,1–6: **2.6.1.3**; 2.6.3.2; 3.1.2; 3.4.1; 3.4.2 Hes 37,24–28: **2.6.3.1**; 2.6.4 Jes 11,1–10: **2.6.1.3**; 3.4.2 Mi 5, 1–4a: 2.6.3.1; 3.4.2
Lk 2,1–20 Mt 1,(1–17) 18–21(22–25)	„Licht in der Nacht" Sach 2: → Heilsverheißung Jes 7: → messianische Weissagung → Immanuelweissagung → Motiv der Sohnesverheißung → Königsideologie 2. Sam 7: → Davidbund → dynastische Verheißung (Davididen) → Bundesformel Hes 37: → neuer Bund (Davididen)	Sach 2,14–17: 2.6.3.2; 3.5.1.3 Jes 7,10–14: 2.6; **2.6.1.3**; 3.1.2; 3.4.2 2. Sam 7,4–6.12–14: **2.5.1.6**; 3.4; 3.4.1 Hes 37,24–28: **2.6.2.2**; 3.4.2
2. Mose 2,1–10 Gal 4,4–7	„Gott auf Augenhöhe" Jes 52: → Königsideologie → Zionstheologie Mi 5: → messianische Weissagung (Davididen) → JHWH als Weltenkönig 2. Mose 2: → Geburtsgeschichte	Jes 52,7–10: 2.6.3.1 Mi 5,1–4a: 2.6.3.1; 3.4.2 2. Mose 2,1–10: 2.2.2; 2.9

Sonn-/Festtag	I	II	III	IV	V
Christfest II	Röm 1,1-7 Offb 7,9-12 (13-17)	Mt 1,18-25 Joh 1,1-5(6-8) 9-14	Hebr 1,1-4 (5-14) Hebr 1,1-3(4-6)	*Jes 7,10-14* *Jes 11,1-9*	Mt 1,1-17 Joh 8,12-16
1. So. nach dem Christfest	Mt 2,13-18 (19-23) 1. Joh 2,21-25	*Hiob 42,1-6* Mt 2,13-18 (19-23)	Lk 2,(22-24) 25-38(39-40)	1. Joh 1,1-4	*Jes 49,13-16*
Altjahrsabend	*Jes 51,4-6* Joh 8,31-36	Hebr 13,8-9b	2. Mose 13,20-22	Mt 13,24-30 Lk 12,35-40	Röm 8,31b-39
Neujahrstag	*Jos 1,1-9*	Joh 14,1-6	Phil 4,10-13 (14-20)	*Spr 16,(1-8)9* *Spr 16,1-9*	Lk 4,16-21
2. So. nach dem Christfest	1. Joh 5,11-13	*Jes 61,1-3(4.9)* *10-11* *Jes 61,1-3(4.9)* *11.10 (sic!)*	Lk 2,41-52	1. Joh 5,11-13	*Jes 61,1-3(4.9)* *10-11* *Jes 61,1-3(4.9)* *11.10 (sic!)*
Epiphanias	Mt 2,1-12	Eph 3,1-7 Eph 3,2-3a.5-6	Jes 60,1-6	Joh 1,15-18	2. Kor 4,3-6
1. So. nach Epiphanias	*Jos 3,5-11.17* Mt 4,12-17	Mt 3,13-17	Röm 12,1-8 Röm 12,1-3 (4-8)	*Jes 42,1-9* *Jes 42,1-4(5-9)*	Joh 1,29-34
2. So. nach Epiphanias	Röm 12,9-16 1. Kor 2,1-10	*Jer 14,1(2)3-4* *(5-6)7-9* Mk 2,18-20 (21-22)	Joh 2,1-11	1. Kor 2,1-10 Röm 12,(4-8) 9-16	*2. Mose 33,18-23* *2. Mose* *33,17b-23*
3. So. nach Epiphanias	Joh 4,5-14	Apg 10,21-35	*Rut 1,1-19a* Apg 10,21-35	Mt 8,5-13	Röm 1,13-17 Röm 1,(14-15) 16-17
Letzter So. nach Epiphanias	*2. Mose 3,1-8a* *(8b.9)10(11-12)* *13-14(15)* *2. Mose* *3,1-10(11-14)*	Offb 1,9-18 Joh 12,34-36 (37-41)	2. Petr 1,16-19 (20-21)	*2. Mose* *34,29-35* Offb 1,9-18	Mt 17,1-9
5. So. vor der Passionszeit	1. Kor 1,4-9 1. Kor 1,(4-5) 6-9	*Jes 40,12-25*	Mt 21,28-32 Mt 13,24-30	1. Kor 1,4-9 1. Kor 1,(4-5) 6-9	*Jes 40,12-25*
4. So. vor der Passionszeit	Mk 4,35-41	2. Kor 1,8-11	*Jes 51,9-16*	Mt 14,22-33	Mk 5,24b-34 Eph 1,15-20a

VI	Liturgisches Leitthema → *Oberthemen AT* (theol. Schlüsselbegriffe; Thematik)	Vorkommen im UTB (mit Kapitelangabe)
2. Kor 8,7–9	„Das Wort ward Fleisch"	Jes 7,10–14: 2.6; **2.6.1.3**; 3.1.2; 3.4.2
2. Kor 8,9	Jes 7: → *messianische Weissagung* → *Immanuelweissagung* → *Motiv der Sohnesverheißung* → *Königsideologie* Jes 11: → *messianische Weissagung* → *Königsideologie (Davididen)*	Jes 11,1–9: **2.6.1.3**; 3.4.2
Joh 12,44–50	Hiob 42: → *Weisheit* → *Stimmungsumschwung* Jes 49: → *Unzerstörbarkeit Jerusalems*	Hiob 42,1–6: 2.8.2; 3.5.3 Jes 49,13–16: 2.6.3.1
Pred 3,1–15 Jes 30, (8–14)15–17	„Rückschau und Ausblick" Jes 30: → *Gerichtsankündigung*	Jes 30, (8–14)15–17: 2.6.1.3
Jak 4,13–15	„Mit Gott getrost ins Neue Jahr" Jos 1: → *Zuspruch Gottes* Spr 16: → *Ambivalenz menschlichen Planens*	Jos 1,1–9: 2.2.2; 3.5.1.1 Spr 16,1–9: **2.8.1**
Lk 2,41–52	Jes 61: → *Heilszusage*	Jer 61,1–3(4.9)10–11: 2.6.3.1; 3.4.3
1. Kön 10,1–13 Kol 1,24–27	Jes 60: → *Heilsorakel*	Jes 60,1–6: 2.6.3.1; 2.7.3.2 1. Kön 10,1–13: 2.8
1. Kor 1,26–31	„Als Gottes Kind getauft" Jos 3: → *Landgabe* Jes 42: → *Gottesknecht* → *Schöpfung* → *Bund*	Jos 3,5–11.17: 3.5.1.1 Jes 42,1–9: 2.6.3.1
Hebr 12,12–18(19–21)22–25a	„Wasser wird zu Wein" 2. Mose 33: → *Namensoffenbarung* → *Bilderverbot*	2. Mose 33,17b–23: 2.1.1; 3.2.2; **3.3.1**
2. Kön 5,(1–8)9–15(16–18)19a		Rut 1: 2.8.4.3
2. Kor 4,6–10	„Der helle Schein in der Dunkelheit" 2. Mose 3: → *Offenbarung des Namens* → *Theophanie* → *Namensätiologie* → *Berufungsbericht* → *Landgabe*	2. Mose 3,1–8a(8b.9)10(11–12)13–14(15): 1.4; 2; **2.1.1**; 2.1.2; 2.2.1; 2.2.2; 2.3.2; 2.5.1.3; 2.6; 3.2.2; 3.3; **3.3.1**; 3.5.1.1; 3.5.1.2; 3.5.2; 3.6.1; 3.6.2
Mt 21,28–32 Mt 13,24–30	Jes 40: → *Schöpfung* → *Bilderverbot*	Jes 40,12–25: **2.4.4.2**; **2.6.3.1**; 2.8; 3.1.4; 3.2; 3.2.1; 3.4.3
1. Mose 8,1–12	Jes 51: → *Schöpfung* 1. Mose 8: → *Schöpfung und Flut*	Jes 51,9–16: 2.4.4.2; 3.1.4 1. Mose 8,1–12: 2.4.3

Sonn-/Festtag	I	II	III	IV	V
3. So. vor der Passionszeit – Septuagesimä	*Pred 7,15–18* Röm 9,14–24	Mt 20,1–16 Mt 20,1–16a	Phil 2,12–13 1. Kor 9,24–27	*Jer 9,22–23*	Mt 9,9–13
2. So. vor der Passionszeit – Sexagesimä	Apg 16,9–15 2. Kor (11,18.23b–30); 12,1–10	*Hes 2,1–5(6–7) 8–10; 3,1–3* Apg 16,9–15	Lk 8,4–8(9–15)	Hebr 4,12–13	*Jes 55,(6–7) 8–12a Jes 55,(6–9) 10–12a*
Sonntag vor der Passionszeit – Estomihi	Lk 10,38–42	Lk 18,31–43	*Jes 58,1–9a*	Mk 8,31–38	1. Kor 13,1–13
Aschermittwoch	*Joel 2,12–19 Joel 2,12–18(19)*	Mt 9,14–17 Mt 7,21–23	*Ps 51,1–14 (15–21)* 2. Kor 7,8–10 (11–13a)	*2. Mose 32,1–6.15–20*	Mt 6,16–21
1. So. der Passionszeit – Invokavit	Hebr 4,14–16	*1. Mose 3,1–19 (20–24)*	Joh 13,21–20 Lk 22,31–34	2. Kor 6,1–10	*Hiob 2,1–13* Jak 1,12–18
‚2. So. der Passionszeit – Reminiszere	Joh 3,14–21 Mk 12,1–12	Röm 5,1–5 (6–11)	*Jes 5,1–7*	Mt 26,36–46 Mt 12,38–42	Mk 12,1–12 Hebr 11,8–10
3. So. der Passionszeit – Okuli	*Jer 20,7–11a (11b–13)*	Lk 9,57–62	Eph 5,1–2(3–7) 8–9 Eph 5,1–8a	*1. Kön 19,1–8(9–13a)*	Lk 22,47–53 Mk 12,41–44
4. So. der Passionszeit – Lätare	Joh 6,47–51	*Jes 66,10–14* Phil 1,15–21	Joh 12,20–24 Joh 12,20–26	2. Kor 1,3–7	*Jes 54,7–10*
5. So. der Passionszeit – Judika	Joh 18,28–19,5 Joh 11,47–53	Hebr 13,12–14	*Hiob 19,19–27 4. Mose 21,4–9*	Mk 10,35–45	Hebr 5,(1–6) 7–9(10) Hebr 5,7–9
6. So. der Passionszeit – Palmsonntag	*Jes 50,4–9*	Mk 14,(1–2)3–9 Mk 14,3–9	Hebr 11,1–2 (8–12.39–40); 12,1–3 Hebr 12,1–3	Joh 17,1–8 Joh 17,1(2–5)6–8	Joh 12,12–19
Tag der Einsetzung des Heiligen Abendmahles – Gründonnerstag	1. Kor 11, (17–22)23–26 (27–29.33–34a) 1. Kor 11,23–26	*2. Mose 12,1–4 (5)6–8(9)10–14 2. Mose 12,1.3– 4.6–7.11–14*	Mt 26,17–30 Mk 14,17–26	1. Kor 10,16–17	Lk 22,39–46 Hebr 2,10–18

VI	Liturgisches Leitthema → *Oberthemen AT* (theol. Schlüsselbegriffe; Thematik)	Vorkommen im UTB (mit Kapitelangabe)
1. Kor 9,19–27 Lk 17,7–10	„Sehnsucht nach Gerechtigkeit"	
Mk 4,26–29	Hes 2 → *Berufungsbericht* Jes 55: → *Wort Gottes*	Hes 2, 1–5(6–7)8–10; 3,1–3: 2.1.1; 2.6; **2.6.2.2** Jes 55,(6–7)8–12a: 2.6.3.1
Am 5,21–24	„Ruf in die Nachfolge" *Am 5:* → *Klage* → *Recht* → *Gerechtigkeit*	Am 5,21–24: **2.6.1.1**
2. Petr 1,2–11	„Zeit der Besinnung" *Joel 2:* → *Gnadenformel* *2. Mose 32:* → *Bund/Bundesbruch*	Joel 2,12–19: 2.5.1.3 Ps 51: 3.5.2.2 2. Mose 32,1–6.15–20: **2.5.1.3**; 2.5.2; **2.5.3**; 2.9; 3.2.1; 3.5.3
Mt 4,1–11	„Der Versuchung widerstehen" *1. Mose 3:* → *Schöpfung* *Hiob 2:* → *Monotheismus, Theodizee*	1. Mose 3,1–19(20–24): **2.4.2**; 2.4.3; 2.8.1 Hiob 2,1–13: 2.8.2; 3.5.3
4. Mose 21,4–9 Joh 8,(21–26a) 26b-30	„Von der Vergebung leben" *Jes 5:* → *Untreue* → *Recht* → *Gerechtigkeit* *4. Mose 21 :*→ *Figur des Mose* → *Kultbild*	Jes 5,1–7: **2.6.1.3**; 2.8.4.5 4. Mose 21,4–9: 2.2.2; 2.5.3; 3.2.1
1. Petr 1,(13–17) 18–21	*Jer 20:* → *Konfession* *1. Kön 19:* → *Bilderverbot*	Jer 20,7–11a(11b–13): 2.6.2.1 1. Kön 19,1–8(9–13a): 3.2.2
Lk 22,54–62 Joh 6,55–65	„Im Sterben das Leben" *Jes 54:* → *Raum und Zeit*	Jes 54,7–10: 2.6.3.1
1. Mose 22,1–14 (15–19) *1. Mose 22,1–13*	„Gehorsam bis zum Tod" *4. Mose 21:* → *Figur des Mose* → *Kultbild* *1. Mose 22:* → *Erzeltern* → *Probe/Prüfung* → *Gehorsam*	Hi 19,19–27: 3.5.3 4. Mose 21,4–9: 2.2.2; 2.5.3; 3.2.1 1. Mose 22,1–14(15–19): 2.3; **2.3.1**; 2.9; 3.5.1.3; 3.5.3; 3.6.4
Phil 2,5–11	„Grenzmomente" *Jes 50* → *Berufung, Verstockung*	Jes 50,4–9: 2.6.1.3; 2.6.3.1
Joh 13,1–15.34–35 Joh 13,1–15 (34–35)	„Mahlgemeinschaft" *2. Mose 12:* → *Passa*	2. Mose 12,1–4(5)6–8(9)10–14: 2.2.1; 2.9; 3.5.2; **3.5.2.1**

Sonn-/Festtag	I	II	III	IV	V
Tag der Kreuzigung des Herrn – Karfreitag	Joh 19,16–30	2. Kor 5,(14b-18) 19–21	Jes 52,13–15; 53,1–12 Jes (52,13–15); 53,1–12	Lk 23,32–49	Kol 1,13–20 Hebr 9,15.26b-28
Karfreitag – Andacht zur Todesstunde Jesu					
Vesper am Karfreitag					
Karsamstag	Jona 2,1–11	Mt 27,(57–61) 62–66	1. Petr 3,18–22	Hes 37,1–14	Joh 19,(31–37) 38–42
Osternacht	1. Thess 4,13–18 Jes 26,13–14 (15–18)19 1. Thess 4,13–14	2. Tim 2,8–13 2. Tim 2,8a(8b-13)	Mt 28,1–10	Kol 3,1–4	Jes 26,13–14 (15–18)19 1. Mose 1,1–5.26–28a.31 1. Mose 6,5.6.7a.10.8.13a.14a.18b.19.22;7,17.21.23b.24;8,1 (10b-12)14a.18a.19.20a.c-22; 2. Mose 14, 10.11a.13a.14.21–23.27–28.30a; (15,1.2a.6a.13) Hes 36, 22a.23–27 Hes 37,1(4–6.10) 11–14 LESUNG TAUFE/TAUFGEDÄCHTNIS Röm 6,3–11
Tag der Auferstehung des Herrn – Ostersonntag	Joh 20,11–18 Mt 28,1–10	1. Kor 15,(12–18) 19–28 Joh 20,11–18	2. Mose 14,8–14.19–23.28–30a; 15,20 f. 1. Kor 15,19–28	Mk 16,1–8	1. Kor 15,1–11
Ostermontag und Osterwoche	Jes 25,6–9 Jes 25,8–9	Lk 24,36–45	Offb 5,6–14 Apg 10,34a.36–43	Jona 2,(1–2)3–10(11) 1. Kor 15,50–58	Lk 24,13–35

Anhang 1: Alttestamentliche Themen und Texte in der Perikopenordnung

VI	Liturgisches Leitthema → *Oberthemen AT* (theol. Schlüsselbegriffe; Thematik)	Vorkommen im UTB (mit Kapitelangabe)
Mt 27,33–54 Mt 27,33–50 (51–54)	„Gott leidet mit uns" *Jes 52–53:* → *Gottesknecht*	Jes 52,13–15; 53,1–12: **2.6.3.1**; 3.6.3
Hebr 9,11–12.24	*Jona 2:* → *Psalm des Jona* *Hes 37:* → *Neuschöpfung/Wiederbelebung* → *Gottes Geist/Odem*	Jona 2,1–11: 1.4; 2.7 Hes 37,1–14: **2.6.2.2**; 2.6.4; 2.7.3.1; 3.5.3; 3.6.2
Joh 5,19–21	„Zwischen Dunkel und Licht" *Jes 26:* → *Jenseitshoffnung* *1. Mose 1–2,4a:* → *Schöpfung* → *Vorwelt* → *priesterliches Denken* → *Schöpfung* → *altorientalische Mythen* → *Gottesebenbildlichkeit* → *der siebte Tag* → *Monotheismus* → *Wort Gottes* *1. Mose 2, 4b-25:* → *Menschenschöpfung* → *Anthropologie* → *Sterblichkeit* → *Gottesbild* → *Heiligtumskonzeption* → *Ätiologie* → *mythisch-weisheitliche Erzählung/ Anti-Mythos* *1. Mose 3:* → *Schöpfung* → sog. „*Sündenfall*"	Jes 26,13–14(15–18)19: **2.6.4** 1. Mose 1,1–4a(4b-25)26–28(29–30)31a(31b); 2,1–4a: 2.3.1; **2.4.1**; 2.4.2; 2.4.3; 2.4.4.1; 2.4.4.2; 2.5.1.4; 2.5.2.1; 2.6.1.3; 2.6.3.1; 2.7.3.1; 2.8.2; 2.9; 3.1.2; 3.1.4; 3.2.1; 3.2.3; 3.4.1; 3.4.3; 3.5.1; 3.5.1.2; 3.5.2; 3.5.2.1; 3.6.1 1. Mose 2,4b-25: 2.1; **2.4.2**; 2.4.3; 2.4.4.2; 2.6.2.2; 2.7.3.1; 2.8; 2.8.1; 2.9; 3.3; 3.4.4; 3.5.1 1. Mose 3: 2.1.1; **2.4.2**; 2.4.3; 2.8.1
1. Sam 2,1–8a 1. Sam 2,1–2.6–8a	„Liebe ist stärker als der Tod" *2. Mose 14–15:* → *Meerwundererzählung* → *Rettung* → *Gewalt* → *Miriamlied* *1. Sam 2:* → *Lied der Hanna* → *Psalm*	2. Mose 14,8–14.19–23.28–30a; 15,20f.: 1.4; **2.2.1**; 2.6; 2.7; 2.9 1. Sam 2,1–8a: 2.7
1. Kor 15,50–58 1. Kor 15,12–20	„Da gehen die Augen auf" *Jes 25:* → *Apokalyptik* → *Überwindung des Todes/Jenseitserwartung* *Jona 2:* → *Psalm des Jona*	Jes 25,6–9: **2.6.4**; 2.8.3.1 Jona 2,(1–2)3–10(11): 1.4; 2.7

Sonn-/Festtag	I	II	III	IV	V
1. So. nach Ostern – Quasimodogeniti	1. Petr 1,3–9	*Jes 40,26–31*	Joh 21,1–14	Kol 2,12–15	*1. Mose 32,23–32* Mk 16,9–14 (15–20)
2. So. nach Ostern – Misericordias Domini	Joh 10,11–16 (27–30)	1. Petr 2,21b-25	*Hes 34,1–2(3–9)10–16.31*	Joh 21,15–19	1. Petr 5,1–4
3. So. nach Ostern – Jubilate	*Spr 8,22–36* Apg 17,22–28a (28b-34)	Joh 15,1–8	Apg 17,22–34 1. Joh 5,1–4	*1. Mose 1,1–4a (4b-25)26–28 (29–30)31a(31b); 2,1–4a 1. Mose 1,1–4a.26–31a; 2,1–4a*	Joh 16,16–23a Joh 16,16(17–19) 20–23a
4. So. nach Ostern – Kantate	Apg 16,23–34	*2. Chr 5,2–5 (6–11)12–14* Offb 15,2–4	Lk 19,37–40 Mt 11,25–30	Kol 3,12–17	*1. Sam 16,14–23* Jes 12,1–6
5. So. nach Ostern – Rogate	Joh 16,23b-28 (29–32)33 Lk 11,5–13	Mt 6,5–15 Kol 4,2–4(5–6)	*Sir 35,16–22a* oder *Dan 9,4–5.16–19* Mt 6,(5–6)7–13(14–15)	Lk 11,(1–4)5–13 Joh 16,23b-28(29–32)33	1. Tim 2,1–6a
Christi Himmelfahrt	*1. Kön 8,22–24.26–28*	Joh 17,20–26	Eph 1,(15–20a) 20b-23 Eph 1,20b-23	*Dan 7,1–3 (4–8)9–14* Offb 1,4–8	Lk 24,(44–49) 50–53
6. So. nach Ostern – Exaudi	Eph 3,14–21	*Jer 31,31–34*	Joh 7,37–39	Röm 8,26–30	*1. Sam 3,1–10* Joh 14,15–19
Tag der Ausgießung des Heiligen Geistes – Pfingstsonntag	Joh 14,15–19 (20–23a)23b-27 Joh 14,23–27	Apg 2,1–21 Apg 2,1–18	*1. Mose 11,1–9* *4. Mose 11,11–12.14–17.24–25*	Röm 8,1–2(3–9) 10–11	1. Kor 2,12–16

VI	Liturgisches Leitthema → *Oberthemen AT* (theol. Schlüsselbegriffe; Thematik)	Vorkommen im UTB (mit Kapitelangabe)
Joh 20,19–20(21–23)24–29 Joh 20,19–29	Jes 40: → Gottesbild → Schöpfung → Monotheismus 1. Mose 32: → Ätiologien (Name, Ort, Speise) → Israel/Gründungslegende → Gottesbegegnung → Segen	Jes 40,26–31: **2.4.4.2**; **2.6.3.1**; 3.1.2; 3.1.4; 3.4.3; 1. Mose 32,23–32: 2.1.1; 2.3; **2.3.2**; **2.6.3.1**; 2.9; 3.6.4
1. Mose 16,1–16 Hebr 13,20–21	„Der gute Hirte" *1. Mose 16:* → *Ahnfrau* → *Ismael*	1. Mose 16,1–16: 2.3.1
2. Kor 4,14–18 2. Kor 4,16–18	„Die neue Schöpfung" *Spr 8:* → *Weisheit* *1. Mose 1–2,4a:* → *Schöpfung* → *Vorwelt* → *priesterliches Denken* → *Schöpfung* → *altorientalische Mythen* → *Gottesebenbildlichkeit* → *der siebte Tag* → *Monotheismus* → *Wort Gottes*	Spr 8,22–26: **2.4.4.1**; 2.8.1 1. Mose 1,1–4a(4b-25)26–28(29–30)31a(31b); 2,1–4a: 2.3.1; **2.4.1**; 2.4.2; 2.4.3; 2.4.4.1; 2.4.4.2; 2.5.1.4; 2.5.2.1; 2.6.1.3; 2.6.3.1; 2.7.3.1; 2.8.2; 2.9; 3.1.2; 3.1.4; 3.2.1; 3.2.3; 3.4.1; 3.4.3; 3.5.1; 3.5.1.2; 3.5.2; 3.5.2.1; 3.6.1
Offb 15,2–4 Mt 21,14–17 (18–22)	„Singet dem Herrn ein neues Lied!" *1. Sam 16:* → *David* *Jes 12:* → *Danklied* → *Trost*	1. Sam 16,14–23: **2.6.1.3** Jes 12,1–6: **2.6.3.1**; 2.7 2. Chr 5: 2.9
2. Mose 32,7–14	„Ermutigung zum Gebet" *2. Mose 32:* → *Schuld des Gottesvolks/Bundesbruch* → *Goldenes Kalb/Stierbild* → *Fürbitte* → *Reue Gottes* → *Gnadenformel*	2. Mose 32,7–14: **2.5.1.3**; 2.5.2; 2.5.3; 2.9; 3.2.1; 3.5.3
Apg 1,3–11 Apg 1,3–4(5–7)8–11	„Zwischen Himmel und Erde" *1. Kön 8:* → *die ganze Schöpfung als Tempel Gottes* *Dan 7:* → *Apokalyptik* → *eschatologische Hoffnung* → *Menschensohn*	1. Kön 8,22–24.26–28: **3.4.3** Dan 7,1–3(4–8)9–14: 2.6.4; 2.9; 3.4.2
Joh 16,5–15 Joh 15,26–16,4	„Abschied und Trost" *Jer 31:* → *„neuer Bund"* *1. Sam 3:* → *Berufungsbericht*	Jer 31,31–34: **2.5.1.5**; **2.6.2.2**; **2.6.3.1**; 2.9 1. Sam 3,1–10: 2.6
Hes 37,1–14 Joh 16,5–15	„Kirchengeburtstag" *1. Mose 11:* → *Zerrüttung zwischen Gott und Menschheit* *Hes 37:* → *Neuschöpfung/Wiederbelebung* → *Gottes Geist/Odem*	1. Mose 11,1–9: 2.4.3 Hes 37,1–14: **2.6.2.2**; 2.6.4; 2.7.3.1; 3.6.2

Sonn-/Festtag	I	II	III	IV	V
Pfingstmontag und Pfingstwoche	Mt 16,13–19 Apg 2,22–23.32–33.36–39	Joh 20,19–23 Mt 16,13–19	1. Kor 12,4–11	4. Mose 11,11–12.14–17.24–25 (26–30) 1. Mose 11,1–9	Joh 4,19–26
Tag der Heiligen Dreifaltigkeit – Trinitatis	2. Kor 13,11–13 2. Kor 13,11(12)13	4. Mose 6,22–27	Joh 3,1–8(9–13) Joh 3,1–8(9–15)	Röm 11,(32) 33–36	Jes 6,1–8(9–13) Jes 6,1–13
1. So. nach Trinitatis	Joh 5,39–47	Apg 4,32–37 Mt 9,35–38; 10,1(2–4)5–7	Jona 1,1–2,2 (3–10)11 Jer 23,16–29	Lk 16,19–31	1. Joh 4,(13–16a) 16b–21 1. Joh 4,16b–21
2. So. nach Trinitatis	Jes 55,1–5 Jes 55,1–3b(3c–5)	Mt 11,25–30 Mt 22,1–14	1. Kor 14,1–12 (23–25) 1. Kor 14,1–3.20–25	Jona 3,1–10 1. Kor 9,16–23	Lk 14,(15)16–24
3. So. nach Trinitatis	1. Tim 1,12–17	Mi 7,18–20 Hes 18,1–4.21–24.30–32	Lk 15,1–10 Lk 15,1–7(8–10)	Hes 18,1–4.21–24.30–32 1. Joh 1,5–2,6	Jona (3,10)4,1–11 Lk 19,1–10
4. So. nach Trinitatis	Lk 6,36–42	Röm 12,17–21 Röm 14,10–13	1. Mose 50,15–21	Joh 8,3–11	1. Petr 3,8–17 1. Petr 3,8–15a (15b–17)
5. So. nach Trinitatis	Mt 9,35–10,1 (2–4)5–10 2. Thess 3,1–5	Lk 5,1–11	1. Kor 1,18–25	1. Mose 12,1–4a	Joh 1,35–51 Joh 1,35–42
6. So. nach Trinitatis	1. Petr 2,2–10	5. Mose 7,6–12	Mt 28,16–20	Röm 6,3–8 (9–11)	Jes 43,1–7

Anhang 1: Alttestamentliche Themen und Texte in der Perikopenordnung

VI	Liturgisches Leitthema → Oberthemen AT (theol. Schlüsselbegriffe; Thematik)	Vorkommen im UTB (mit Kapitelangabe)
Eph 4,(1–6) 11–15(16) Eph 4,11–15(16)	„Viele Gaben – ein Geist" 1. Mose 11: → Zerrüttung zwischen Gott und Menschheit	4. Mose 11: 2.5.3 1. Mose 11,1–9: 2.4.3
Eph 1,3–14	„Gott ist Beziehung" 4. Mose 6: → Segen Jes 6: → Berufungsbericht → Jesaja-Denkschrift → Zionstheologie → Verstockungsauftrag → Gerichtsankündigung → Motiv des „Rests" → JHWH-Königtum	4. Mose 6,22–27: 2.9; 3.1.2; 3.5.2.1 Jes 6,1–8(9–13): 2.1.1; 2.6; **2.6.1.3**; 2.6.2.1; 2.6.2.2; 2.6.3.1; 2.9; 3.1.2; 3.2.1; **3.2.2**; 3.3.2; 3.4.1; 3.4.3; 3.6.4
Jer 23,16–29 5. Mose 6,4–9	„Achtsam für Gottes Stimme" Jona 1: → Treue und Reue Gottes Jer 23: → wahre und falsche Prophetie → Gottesbild 5. Mose 6: → JHWH-Allein-Bewegung → Ur-Deuteronomium/Kultgesetz	Jona 1,1–2,2(3–10)11: 2.8.4.2; 3.5.3 Jer 23,16–29: **2.6**; 2.6.2.1 5. Mose 6,4–9: 2.2.1; **2.5.2.1**; 2.9; **3.1.3**; 3.3; 3.5.1.2; 3.6.4
Eph 2,(11–16) 17–22 Eph 2,17–22	„Das Boot ist nicht voll" Jes 55: → „neuer Bund" Jona 3: → Reue Gottes	Jes 55,1–5: 2.6.3.1 Jona 3,1–10: 2.8.4.2; 3.5.3
Lk 15,1–3.11b–32	„Gott nimmt das Verlorene an" Mi 7: → Schuld und Gnade Jona 4: → Gnadenformel → Paränese	Mi 7,18–20: 2.5.1.3 Jona (3,10)4,1–11: 2.5.1.3; 2.8.4.2
1. Sam 24,1–20 Röm 12,17–21	„Seid barmherzig!" 1. Mose 50: → weis-heitliche Literatur 1. Sam 24: → der König als Gesalbter („Messias")	1. Mose 50,15–21: 2.8.1 1. Sam 24,1–20: 3.4.1
2. Kor (11,18.23b-30); 12,1–10 Lk 14,25–33	„Mit Gott neue Wege gehen" 1. Mose 12: → Verheißung → Berufung → Segen → Glaubensgehorsam	1. Mose 12,1–4: 2.1.1; 2.3; **2.3.1**; 2.4.3; 2.5.1.1; 2.6.1.3; 2.9; 3.5.1.1; 3.6.1
Apg 8,26–39	„Ich bin getauft!" 5. Mose 7: → Heiligkeit des Volkes → Gebot → Bund → Rechtsbestimmungen Jes 43: → Heilsorakel	5. Mose 7,6–12: **2.5**; 3.5.1.2 Jes 43,1–7: **2.6.3.1**

Sonn-/Festtag	I	II	III	IV	V
7. So. nach Trinitatis	Joh 6,30–35	Hebr 13,1–3 Phil 2,1–4	*1. Kön 17,1–16* Lk 9,10–17	Joh 6,1–15	Apg 2,41–47 Apg 2,41a.42–47
8. So. nach Trinitatis	*Jes 2,1–5*	Joh 9,1–7	1. Kor 6,9–14 (15–18)19–20 Röm 6,19–23	Mk 12,41–44 1. Kor 6,9–14.18–20	Mt 5,13–16
9. So. nach Trinitatis	Phil 3,(4b-6) 7–14 Phil 3,7–11 (12–14)	*Jer 1,4–10*	Mt 7,24–27 1. Petr 4,7–11	Mt 25,14–30 Mt 7,24–27	*1. Kön 3,5–15(16–28)* Mt 13,44–46
10. So. nach Trinitatis – Israelsonntag: Kirche und Israel	Mk 12,28–34 Lk 19,41–48 Mk 12,28–34	Röm 11,25–32 Röm 9,1–8.14–16	*2. Mose 19,1–6*	Mt 5,17–20 *Jes 62,6–12* *Sir 36,13–19*	*5. Mose 4,5–20* Joh 4,19–26
10. So. nach Trinitatis – Israelsonntag: Gedenktag der Zerstörung Jerusalems	Lk 19,41–48 Lk 19,41–48 Mk 12,28–34	Röm 9,1–5 Röm 9,1–8.14–16	*Jes 27,2–9* *2. Mose 19,1–6*	*Klgl 5* *Jes 62,6–12* *Sir 36,13–19*	Röm 11,17–24 Joh 4,19–26
11. So. nach Trinitatis	*Hiob 23* Mt 21,28–32	Lk 18,9–14	Eph 2,4–10	*2. Sam 12,1–10.13–15a*	Lk 7,36–50
12. So. nach Trinitatis	Apg 3,1–10	1. Kor 3,9–17 1. Kor 3,9–15	Mk 7,31–37	Apg 9,1–20 Apg 9,1–9 (10–20)	*Jes 29,17–24*
13. So. nach Trinitatis	Mk 3,31–35	Apg 6,1–7	*1. Mose 4,1–16a* Mt 6,1–4	Lk 10,25–37	1. Joh 4,7–12
14. So. nach Trinitatis	*1. Mose 28,10–19a (19b–22)* *1. Mose 28,10–19a*	Lk 19,1–10 1. Thess 1,2–10	1. Thess 5,14–24	*Jes 12,1–6* Mk 1,40–45	Lk 17,11–19

Anhang 1: Alttestamentliche Themen und Texte in der Perikopenordnung

VI	Liturgisches Leitthema → Oberthemen AT (theol. Schlüsselbegriffe; Thematik)	Vorkommen im UTB (mit Kapitelangabe)
2. Mose 16,2–3.11–18	„Abendmahl: Gott stillt Hunger" 2. Mose 16: → Murr-Erzählungen	2. Mose 16,2–3.11–18: 2.5.3
Eph 5,8b-14	„Salz der Erde – Licht der Welt" Jes 2: → Wallfahrt zum Zion → Friedensutopie	Jes 2,1–5: 2.6.1.3; 2.6.3.2; 2.7.3.2
Mt 13,44–46 Mt 25,14–30	„Riskier was, Mensch!" Jer 1: → Berufungsbericht 1. Kön 3: → Weisheit (des Salomo)	Jer 1,4–10: 2.1.1; 2.6; **2.6.2.1**;2.6.3.1 1. Kön 3,5–15(16–28): 2.8; 2.8.1
Sach 8,20–23 Röm 11,25–32	2. Mose 19: → Theophanie 5. Mose 4: → Bund → Kommentierung des Dekalogs → Zionstheologie → Theophanie → Fremdgötterverbot Sach 8: → Wallfahrt zum Zion	2. Mose 19,1–6: 2.5.1.3; 2.5.2.1; 2.9; 3.5.2.1 5. Mose 4,5–20: 2.5; 2.5.2; 2.9; 3.1.3; **3.2.2**; 3.2.3; 3.5.1.2; 3.6.1 Jes 62: 2.6.3.1; 3.4.3 Sach 8,20–23: 2.7.3.2
5. Mose 30,1–6 (7–10) Röm 11,25–32	2. Mose 19: → Theophanie Jes 62: → Heilzusage	Jes 27,2–9: 2.6.1.3 2. Mose 19,1–6: **2.5.1.3**; 2.5.2.1; 2.9; 3.5.2.1 Klgl 5: 3.5.3 Jes 62: 2.6.3.1; 3.4.3
Gal 2,16–21	„Auftrumpfen zählt nicht" Hiob 23: → Klage (über die Abwesenheit) Gottes 2. Sam 12: → Parabel → Gerichtsworte → Sündenbekenntnis	Hiob 23: 2.4.1 2. Sam 12,1–10.13–15a : 2.6; **2.8.4.5**
Lk 13,10–17 Mk 8,22–26	„Gegen die Sprachlosigkeit"	Jes 29,23: 3.3.3
3. Mose 19,1–3.13–18.33–34 1. Mose 4,1–16a	„Für wen bin ich der Nächste?" 3. Mose 19: → Heiligkeitsgesetz → Liebesgebot 1. Mose 4: → Sünde	3. Mose 19,1–3.13–18.33–34: 2.5.2.1 (insbes. zu V.17.33–34) 1. Mose 4,1–16a: 2.1; 2.4.3
Röm 8,14–17 Röm 8,(12–13) 14–17	„Nichts ist selbstverständlich" 1. Mose 28: → Theophanie → Selbstvorstellungsformel → Verheißung → Kultätiologie → Bethel-Theologie Jes 12: → Danklied → Trost	1. Mose 28,10–19a(19b-22): 2.3.1; **2.3.2**; 2.9; 3.1.2; 3.2.1; 3.3.1; 3.5.1.1 Jes 12,1–6: 2.6.3.1; 2.7

Sonn-/Festtag	I	II	III	IV	V
15. So. nach Trinitatis	1. Petr 5,5b-11 1. Petr 5,5c-11	1. Mose 2,4b-9 (10–14)15(18–25) 1. Mose 2,4b-9(10–14)15	Lk 17,5–6	Gal 5,25–6,10 Gal 5,25–26; 6,1–3.7–10	1. Mose 15,1–6 Lk 18,28–30
16. So. nach Trinitatis	Joh 11,1(2) 3.17–27(28–38a) 38b-45 Joh 11,1(2)3.17–27(41–45)	2. Tim 1,7–10	Klgl 3,22–26.31–32	Lk 7,11–17 Lk 7,11–16	Hebr 10,35–36 (37–38)39
17. So. nach Trinitatis	Jos 2,1–21 Joh 9,35–41	Mt 15,21–28	Röm 10,9–17(18)	Jes 49,1–6	Mk 9,17–27
18. So. nach Trinitatis	Jak 2,14–26 Jak 2,1–13	5. Mose 30,11–14 Mk 10,17–27	Mk 10,17–27 Mk 12,28–34	Eph 5,15–20 Röm 14,17–19	2. Mose 20,1–17
19. So. nach Trinitatis	Joh 5,1–16	Eph 4,22–32 Jak 5,13–16	Jes 38,9–20 Mk 1,32–39	Mk 2,1–12	Jak 5,13–16 Eph 4,22–32
20. So. nach Trinitatis	1. Mose 8,18–22; 9,12–17 1. Mose 8,18–22	Mk 2,23–28	Pred 12,1–7 1. Kor 7,29–31	Hld 8,6b-7 2. Kor 3,3–9	Mk 10,2–9 (10–12)13–16 Mk 10,2–9 (10–16)
21. So. nach Trinitatis	Eph 6,10–17	Jer 29,1.4–7 (8–9)10–14 Jer 29,1.4–7.10–14	Mt 10,34–39	Joh 15,9–12 (13–17)	1. Mose 13,1–12 (13–18) 1. Kor 12,12–14.26–27
22. So. nach Trinitatis	Mt 18,21–35	Röm 7,14–25a Phil 1,3–11	Jes 44,21–23 Micha 6,6–8	Mt 18,15–20	1. Joh 2,12–14 Röm 7,14–25a

VI	Liturgisches Leitthema → Oberthemen AT (theol. Schlüsselbegriffe; Thematik)	Vorkommen im UTB (mit Kapitelangabe)
Mt 6,25–34	„Sorgt euch nicht!" *1. Mose 2:* → *Menschenschöpfung* → *Anthropologie* → *Sterblichkeit* → *Gottesbild* → *Heiligtumskonzeption* → *Ätiologie* → *mythisch-weisheitliche Erzählung/ Anti-Mythos* *1. Mose 15:* → *Glaube* → *(Nachkommens-)Verheißung*	1. Mose 2,4b–9(10–14)15(18–25): 2.1; **2.4.2**; **2.4.3**; 2.4.4.2; 2.6.2.2; 2.7.3.1; 2.8; 2.8.1; 2.9; 3.3; 3.4.4; 3.5.1 1. Mose 15,1–6: 2.3; 2.3.1; 2.6.1.3
Ps 16,(1–4)5–11 Apg 12,1–11	„Protest gegen den Tod" *Ps 16:* → *Vertrauenspsalm des Einzelnen*	Ps 16,(1–4)5–11: 2.7.2
Gal 3,26–29 Eph 4,1–6	„Glaubensgeschichten" *Jes 49:* → *Gottesknecht/Gottesknechtslieder*	Jes 49,1–6: 2.3.2; 2.4.2; 2.6.3.1
1. Petr 4,7–11 Eph 5,15–21	„Zwei Seiten der Liebe" *2. Mose 20:* → *Gottesname* → *JHWH-Allein-Bewegung* → *Bilderverbot* → *Namensmissbrauchsverbot* → *Ruhetag*	2. Mose 20,1–17: **2.1**; 2.1.2; 2.2.1; 2.4.1; 2.5.1.1; 2.5.1.3; 2.5.2.1; 2.5.2.2; 2.9; 3.1.3; 3.2.3; 3.3; 3.3.1; 3.3.3; 3.5.2.1
2. Mose 34,4–10	„Heil und Heilung" *Jes 38:* → *Psalm* *2. Mose 34:* → *Gnadenformel* → *Bund/neuer Bundesschluss*	Jes 38,9–20: 2.7 2. Mose 34,4–10: 2.1.1; **2.5.1.3**; 2.5.1.5; 2.5.2; 2.5.2.1; 2.8.4.2; 2.9; 3.3; 3.3.1; 3.5.3
2. Kor 3,3–6(7–9) 1. Thess 4,1–8	„Regeln zum guten Leben" *1. Mose 8–9:* → *Revision des Fluchs* → *Opfer* → *Bund* *Pred 12:* → *Auflösung des Menschen im Tode*	1. Mose 8,18–22; 9,12–17: **2.4.3**; 2.5; 2.5.1; 2.5.1.3; 2.5.1.4; 2.5.1.5; 2.5.1.6; 2.9; 3.5.2.2 Pred 12,1–7: 2.6.2.2
Mt 5,38–48	„Böses mit Gutem überwinden" *Jer 29:* → *Heilserwartungen* → *Dauer des Exils* *1. Mose 13:* → *Kultorttraditionen* → *Sodom und Gomorrha*	Jer 29,1.4–7(8–9)10–14: 2.6.2.1 1. Mose 13,1–12(13–18): 2.1; 2.3; 2.3.1; 3.5.1.1
Mi 6,1–8 1. Joh 2,(7–11)12–17	„Versöhnlich leben" *Mi 6* → *Exoduserinnerung* → *Liebesgebot*	Mi 6,4: 2.2.2

Sonn-/Festtag	I	II	III	IV	V
23. So. nach Trinitatis	*Am 7,10–17* Mt 5,33–37	Mt 22,15–22	Phil 3,17–21 Phil 3,17(18–19) 20–21	*2. Mose 1,8–20* *1. Mose 18,20–21.22b-33*	Mt 5,33–37 Joh 15,18–21
24. So. nach Trinitatis	1. Kor 9,16–23 Kol 1,(9–12) 13–20	*Jes 51,9–16* *Pred 3,1–14*	Mk 1,21–28 Mt 9,18–26	1. Kor 9,16–23 Kol 1,(9–12) 13–20	*Jes 51,9–16* *Pred 3,1–14*
Drittletzter So. des Kirchenjahres	Lk 6,27–38 Lk 11,14–23	1. Thess 5,1–6(7–11)	*Ps 85* Lk 18,1–8	Lk 17,20–24 (25–30)	Röm 8,18–25 Röm 14,7–9
Vorletzter So. des Kirchenjahres	*Hiob 14,1–6(7–12)13(14)15–17* *Jer 8,4–7*	Lk 16,1–8(9) 2. Kor 5,1–10	2. Kor 5,1–10 Offb 2,8–11	Lk 18,1–8 Lk 16,1–8(9)	Mt 25,31–46
Buß- und Bettag	Röm 2,1–11	*Jes 1,10–18* *Jes 1,10–17*	Mt 7,12–20 Mt 12,33–35 (36–37)	Offb 3,1–6 Offb 3,14–22	*Hes 22,23–31* Lk 13,22–27 (28–30)
Letzter Sonntag des Kirchenjahres: Ewigkeitssonntag	Mt 25,1–13	Offb 21,1–7	*Jes 65,17–19(20–22)23–25*	Mk 13,28–37	2. Petr 3,(3–7)8–13
Letzter Sonntag des Kirchenjahres: Totensonntag	Joh 5,24–29	1. Kor 15,35–38.42–44a	*5. Mose 34,1–8* *Dan 12,1b-3*	Joh 6,37–40 Mt 22,23–33	*Dan 12,1b-3* Hebr 4,9–11

Anhang 1: Alttestamentliche Themen und Texte in der Perikopenordnung

VI	Liturgisches Leitthema → *Oberthemen AT* (theol. Schlüsselbegriffe; Thematik)	Vorkommen im UTB (mit Kapitelangabe)
Röm 13,1–7	„Christen und Politik" *Am 7:* → *Berufungsbericht* → *Gericht Gottes* *2. Mose 1:* → *„Unterdrückung"* → *Gründungsmythos* → *Kindermord* *1. Mose 18:* → *Sodom und Gomorrha*	Am 7,10–17: 2.6; 2.6.1.1; 2.9 2. Mose 1,8–20: 2.2; **2.2.1**; 2.2.2; 2.5.3; **2.8.4.1** 1. Mose 18,20–21.22b-33: 2.3; 3.1
Mk 1,21–28 Mt 9,18–26	*Jes 51:* → *Monotheismus* → *Schöpfergott* → *Chaosmotivik* *Pred 3:* → *Erkenntnis* → *Gottesfurcht*	Jes 51,9–16: **2.4.4.2**; 3.1.4 Pred 3,1–15: 2.6.4; **2.8.3.1**
Mi 4,1–5(7b) Hiob 14,1–6	„Gottes Reich unter uns" *Mi 4:* → *Völkerwallfahrt zum Zion* → *Friedensutopie*	Mi 4,1–5(7b): **2.6.3.2**; **2.7.3.2**; 3.4.3
Röm 14,(1–6) 7–13 Röm 8,18–23 (24–25)	„Ein gerechtes Gericht"	
Lk 13,(1–5)6–9	„Den Kurs überprüfen" *Jes 1:* → *Opferkritik*	Jes 1,10–18: **2.6.3.1**; 3.2.3
Ps 126 *Lk 12,42–48*	„Ein neuer Himmel, eine neue Erde" *Jes 65:* → *„Messias"* → *Jerusalem* → *"neue Schöpfung"* → *„neuer Himmel, neue Erde"* *Ps 126* → *Wallfahrt zum Zion*	Jes 65,17–19(20–22)23–25: **2.4.4.2**; 3.4.2 Ps 126: **2.4.4.2**; **2.7.3.2**; 3.4.3
Ps 90,1–14 *Phil 1,21–26*	„Ein neuer Himmel, eine neue Erde" *5. Mose 34:* → *Mosetraditionen* → *Landverheißung* *Dan 12:* → *Apokalyptik* → *Jenseitshoffnung* *Ps 90:* → *Weisheit*	5. Mose 34,1–8: 2.1.2; **2.2.2**; 2.3; 2.5.3; 2.6 Dan 12,1b-3: **2.6.4**; **2.8.3.1** Ps 90: 2.7; 2.7.3.4

Anhang 2: Alttestamentliche Themen und Texte in den curricularen Standards der Lehrpläne

Lilli Ohliger

Bildung ist in Deutschland Ländersache – aus dieser Tatsache resultieren unterschiedliche Lehrpläne mit unterschiedlichen Schwerpunkten. Bestimmte theologische Themen kehren jedoch aufgrund ihrer Relevanz oder Vielschichtigkeit immer wieder. Unten stehend ist eine ausschnitthafte Übersicht über solche Themen gegeben [...], die beispielhaft den Lehrplänen west-, ost-, nord- und süddeutscher Bundesländer entnommen sind. Herangezogen wurden die Lehrpläne (Sek I und II) der Länder Nordrhein-Westfalen und Rheinland-Pfalz, die Curricula von Baden-Württemberg, die Curricula Schleswig-Holsteins sowie die Curricula von Berlin und Brandenburg.

Es zeigt sich, dass bestimmte übergeordnete alttestamentliche Themen in nahezu allen betrachteten Curricula vorhanden sind, dazu gehören in der Regel Fragen nach dem Menschsein, nach dem Verhältnis von Mensch, Gott und Welt, dem Zusammenleben (und damit nach ethischen Regeln) und Hoffnungen auf Zukünftiges.

Die möglichen Themen der Curricula sind in alphabetischer Reihenfolge aufgelistet, die Kapitelnummern zeigen an, in welchem Kapitel dieses Buches die theologischen Grundlagen des Themas nachzulesen sind und unter welchem Oberthema (s. unten) sie zu verorten sind.

Folgende Übersicht zeigt die zusammengefassten Oberthemen des Lehrbuchs, die die oben genannten Teilkapitel systematisierend zusammenfassen (zur besseren Orientierung ist Kapitelnummerierung nachgestellt):

Zusammengefasstes Oberthema	Kapitel im utb
Die identitätsstiftenden Erzählungen der Tora (Auszug; Erzeltern; Schöpfung/Weltbild)	2.1 – 2.4
Bund und Recht	2.5
Prophetie	2.6
Psalter (Kult), Weisheit	2-7-2.8
Monotheismus	3.1
Präsenz Gottes	3.2 – 3.3
Königreichvorstellungen/Eschatologie	3.4
Beziehung Gott-Mensch (Feste; Landfrage; Sünde; Heilige Schrift[en])	3.5

Themen der Lehrpläne Sek I und II	Curricula West Nordrhein-Westfalen: Inhaltsfeld Sek I = IF (Sek I) Inhaltsfeld Sek II = IF (Sek II) Rheinland-Pfalz: Religionspädagogische Dimension (Sek I) = RD: inhaltliche Konkretisierung Themenbereich Sek II = TB	Curricula Süd Baden-Württemberg: Inhaltsbezogene Kompetenz Sek I = IK Inhaltsbezogene Kompetenz Sek II = IK Sek II	
Apokalyptik	IF 6 (Sek II): Die christliche Hoffnung auf Vollendung	IK Sek II 2: Welt und Verantwortung	
Biblische Rede von Gott → Gottesbilder → Theodizee	IF 1 (Sek I): Entwicklung einer eigenen religiösen Identität IF 2 (Sek II): Christliche Antworten auf die Gottesfrage RD: biblisch-christlich: Menschen fragen nach Gott/„Mein Gott …!?" TB 3: Gott (K1)	IK4: Gott IK Sek II 3: Gott	
Bilderverbot	TB 3: Gott (K1)	IK 4: Gott IK Sek II 3: Gott	
Dekalog → Ethik	RD: anthropologisch-ethisch: Freiheit, Regeln, Gewissen TB 4: Ethik (K2) (TB 5 [C. Bibel]: Christsein in der pluralen Welt [K2])	IK 2: Welt und Verantwortung	
Ebenbild → Mensch als Geschöpf und Ebenbild	IF 3 (Sek I): Einsatz für Gerechtigkeit und Menschenwürde (IF 1 (Sek I): Entwicklung einer eigenen religiösen Identität) IF 1 (Sek II): Der Mensch in christlicher Perspektive RD Anthropologisch-ethisch: Gerechtigkeit für die Kinder der Welt/Mensch sein/Der Mensch als Ebenbild Gottes RD Biblisch-christliche: Verantwortung für die Schöpfung TB 1: Mensch (K2)	IK 1: Mensch IK Sek II 1: Mensch	

Anhang 2: Alttestamentliche Themen und Texte

Curricula Nord Schleswig-Holstein: Kompetenzbereich = KB	Curricula Ost Brandenburg (LER): Themenfeld = TF Berlin/Brandenburg ER: Lebensfragen = LF Kompetenzbereiche Sek II = KB Sek II	Verweis auf das Kapitel des vorliegenden Buches → *Theologisches Oberthema im UTB*
	TF 4: Den Menschen und die Welt denken – Menschen- und Weltbilder TF 6: Die Welt von morgen – Zukunftsentwürfe	2.4.1 3.4.2 3.4.3 2.6.4 → *Prophetie* → *Schöpfung/Weltbild* → *Königreichvorstellungen/ Eschatologie*
KB 1: Die Frage nach Gott (Sek I und II)	LF 1: Fragen nach dem Sein und Werden KB Sek II 1: Gotteslehre	3.2.1 (Bild) 3.3 (Name Gottes) 2.8; 3.5.2.3 (Theodizee) → *Präsenz Gottes*
KB 1: Die Frage nach Gott	KB Sek II 1: Gotteslehre	3.2 → *Präsenz Gottes*
KB 1: Die Frage nach Gott KB 2: Die Frage nach dem Menschen	LF 4: Fragen nach Orientierung und Wegweisung KB Sek II 5: Ethik	2.5.2 2.5.2.1 (Liebesgebot, Goldene Regel) 2.8.4.6 (Liebesgebot, Goldene Regel) → *Recht* → *Tora*
KB 2: Die Frage nach dem Menschen (Sek 1) KB 2: Die Frage nach dem Menschen und dem richtigen Handeln (Sek 2)	(TF 4: Den Menschen und die Welt denken – Menschen- und Weltbilder) LF 1: Fragen nach dem Sein und Werden KB Sek II 2: Anthropologie	2.4, bes. **2.4.1** 2.4.4.1 (Ps 8) 2.8.2 (Parodie) 3.2.3 → *Tora* → *Präsenz Gottes* → *Beziehung Gott – Mensch*

Eschatologie → Zukunftshoffnungen → Apokalyptik	IF 2 (Sek I): Christlicher Glaube als Lebensorientierung IF 6 (Sek II): Die christliche Hoffnung auf Vollendung	IK 3: Bibel IK 5: Jesus Christus IK Sek II 2: Welt und Verantwortung
	(RD: Biblisch-christlich: Hoffnung auf eine bessere Welt/„Mein Gott …!?")	
Ethik	IF 3 (Sek I): Einsatz für Gerechtigkeit und Menschenwürde IF 5 (Sek II): Verantwortliches Handeln aus christlicher Motivation	IK 1: Mensch IK 2: Welt und Verantwortung IK 6: Kirche und Kirchen IK Sek II 2: Welt und Verantwortung
	RD anthropologisch-ethisch: Freiheit – Regeln – Gewissen RD: biblisch-christlich/anthropologisch-ethisch: Gerechtigkeit für die Kinder der Welt/Verantwortung für die Schöpfung RD: biblisch-christlich: Christsein und politische Verantwortung TB 4: Ethik	
Existenz Gottes	(IF 1 (Sek I): Entwicklung einer eigenen religiösen Identität) IF 2 (Sek II): Christliche Antworten auf die Gottesfrage	IK 4: Gott
	(RD: Biblisch-christlich: Menschen fragen nach Gott/„Mein Gott …!?") TB 3: Gott (K2)	
Feste	IF 6 (Sek I): Religiöse Phänomene in Alltag und Kultur RD: interkulturell-interreligiös: Feste bei uns anderen/Suche nach Erlösung TB 5 (B. Religion): Christsein in der pluralen Welt (K1)	IK 5: Jesus Christus IK 6: Kirche und Kirchen IK 7: Religionen und Weltanschauungen
Freiheit (als Geschenk Gottes) → Mensch zwischen Freiheit und Verantwortung → Ethik	IF 1(Sek I): Entwicklung einer eigenen religiösen Identität IF 3 (Sek I): Einsatz für Gerechtigkeit und Menschenwürde IF 1 (Sek II): Der Mensch in christlicher Perspektive	IK 3: Bibel IK Sek II 1: Mensch
	RD: biblisch-christlich: Freiheit – Regeln – Gewissen TB 4: Ethik (K2) TB 1: Mensch (K4 LK)	

KB 1: Die Frage nach Gott (Sek 1) KB 3: Die Frage nach den Religionen in der Gesellschaft (Sek 2)	TF 6 → s. Zukunftshoffnungen LF 7: Fragen nach der Wirklichkeit KB Sek II 5: Ethik	3.4 2.6.2.2 2.6.1.3 (Messianische Weissagungen) 2.6.3.1 (Gottesknecht) 2.6.4 2.7.3.2 → *Königreichvorstellungen/ Eschatologie* → *Prophetie*
KB 2: Die Frage nach dem Menschen und dem richtigen Handeln (KB 2: Die Frage nach dem Menschen [Sek 1])	TF 3: Menschsein – existenzielle Erfahrungen (TF 5: Die Welt gestalten – der Mensch zwischen Natur und Kultur) LF 4: Fragen nach Orientierung und Wegweisung KB Sek II 5: Ethik	2.1 2.4.2 2.4.3 2.5.2 → *Tora* → *Recht* → *Kult* → *Schöpfung*
KB 1: Die Frage nach Gott (Sek 1 und 2)	KB Sek II 1: Gotteslehre	2.6 bes. **2.6.1.3** 2.6.3.1 2.7.1 (Ps 22) 3.1 3.3.2 (Schutz des Gottesnamens) → *Präsenz Gottes* → *Prophetie* → *Monotheismus*
KB 1: Die Frage nach Gott KB 3: Die Frage den Religionen in der Gesellschaft (Sek 1 und 2)	TF 2: Miteinander leben – soziale Beziehungen TF 5: Die Welt gestalten – der Mensch zwischen Natur und Kultur LF 2: Fragen nach dem Umgang mit Veränderungen (LF 3: Fragen nach einem gelingenden Miteinander)	3.5.2.1 2.9 → *Beziehung Gott Mensch* → *Feste*
KB 2: Die Frage nach dem Menschen und dem richtigen Handeln (Sek 2)	TF 1: Wer bin ich? – Identität (Selbstverwirklichung) LF 4: Fragen nach Orientierung und Wegweisung LF 5: Fragen nach dem Unverfügbaren KB Sek II 2: Anthropologie	2.2 2.3 2.4.2. 2.4.3 3.5 → *Beziehung Gott Mensch* → *Feste*

Frieden → Gerechtigkeit und Frieden	IF 5 (Sek II): Verantwortliches Handeln aus christlicher Motivation	IK 1: Mensch IK 2: Welt und Verantwortung IK 3: Bibel IK Sek II 2: Welt und Verantwortung IK Sek II 5: Kirche und Kirchen
	RD: anthropologisch-ethisch: Mensch sein – In Verantwortung leben	
	RD: anthropologisch-ethisch: Der Mensch als Ebenbild Gottes/Mensch sein	
	TB 4: Ethik (K4)	
Gerechtigkeit und Frieden	IF 3 (Sek I): Einsatz für Gerechtigkeit und Menschenwürde IF 5 (Sek II): Verantwortliches Handeln aus christlicher Motivation	IK 2: Welt und Verantwortung IK 3: Bibel (IK 6: Kirche und Kirchen) (IK 4: Gott) IK Sek II 2: Welt und Verantwortung
	RD: anthropologisch-ethisch: Der Mensch als Ebenbild Gottes/Mensch sein	
	RD biblisch-christlich: Jesus – Hoffnung auf eine bessere Welt	
	TB 4: Ethik (K4)	
Gericht → Sünde, Schuld, Vergebung	IF 6 (Sek II): Die christliche Hoffnung auf Vollendung	
	RD: biblisch-christlich: Auftreten gegen – Eintreten für	
Geschöpf → Mensch als Geschöpf und Ebenbild Gottes	IF 3 (Sek I): Einsatz für Gerechtigkeit und Menschenwürde (IF 1 (Sek I): Entwicklung einer eigenen religiösen Identität) IF 1 (Sek II): Der Mensch in christlicher Perspektive	IK 1: Mensch IK Sek II 1: Mensch
	RD Anthropologisch-ethisch: Gerechtigkeit für die Kinder der Welt/Mensch sein/Der Mensch als Ebenbild Gottes RD Biblisch-christliche: Verantwortung für die Schöpfung TB 1: Mensch (K2)	
Gottesbilder/Gottesvorstellung → Existenz Gottes	IF 1 (Sek I): Entwicklung einer eigenen religiösen Identität (IF 5 (Sek I): Religionen und Weltanschauungen im Dialog) IF 2 (Sek II): Christliche Antworten auf die Gottesfrage	IK 4: Gott IK Sek II 3: Gott
	(RD: Biblisch-christlich: Menschen fragen nach Gott/„Mein Gott …!?") TB 3: Gott (K1)	

KB 1: Die Frage nach Gott (Sek 1 und 2) KB 2: Die Frage nach dem Menschen (Sek 1) KB 2: Die Frage nach dem Menschen und dem richtigen Handeln (Sek 2)	TF 6: Die Welt von morgen – Zukunftsentwürfe LF 4: Fragen nach Orientierung und Wegweisung KB Sek II 4: Ekklesiologie/Oikumene KB Sek II 5: Ethik	2.4.4.2 2.6, bes. **2.6.1.3** 2.7, bes. **2.7.3.1** 2.8.1 (Tun-Ergehen-Zusammenhang) 2.8.2 3.5.1 3.5.3 → *Psalter* → *Prophetie*
KB 1: Die Frage nach Gott (Sek 1 und 2) KB 2: Die Frage nach dem Menschen (Sek 1) KB 2: Die Frage nach dem Menschen und dem richtigen Handeln (Sek 2)	TF 2: Miteinander leben – soziale Beziehungen TF 4: Den Menschen und die Welt denken – Menschen- und Weltbilder TF 6: Die Welt von morgen – Zukunftsentwürfe LF 4: Fragen nach Orientierung und Wegweisung KB Sek II 4: Ekklesiologie/Oikumene KB Sek II 5: Ethik	2.4.4.2 2.6, bes. **2.6.1.3** 2.7, bes. **2.7.3.1** 2.8.1 (Tun-Ergehen-Zusammenhang) 2.8.2 3.5.1 3.5.3 → *Psalter* → *Prophetie*
	LF 6: Fragen nach Endlichkeit und Ewigkeit	2.6 bes. 2.6.1 2.6.2 2.6.4 2.9 3.5.2.2 → *Prophetie*
KB 2: Die Frage nach dem Menschen (Sek 1) KB 2: Die Frage nach dem Menschen und dem richtigen Handeln (Sek 2)	(TF 4: Den Menschen und die Welt denken – Menschen- und Weltbilder) LF 1: Fragen nach dem Sein und Werden KB Sek II 2: Anthropologie	2.4, bes. **2.4.1** 2.4.4.1 (Ps 8) 2.8.2 (Parodie) 3.2.3 → *Tora* → *Präsenz Gottes* → *Beziehung Gott – Mensch*
KB 2: Die Frage nach Gott (Sek 1 und 2) KB 3: Die Frage nach den Religionen in der Gesellschaft (Sek 1)	TF 4: Den Menschen und die Welt denken – Menschen- und Weltbilder LF 1: Fragen nach dem Sein und Werden KB Sek II 1: Gotteslehre	2.1 2.4.3 2.5.1.3 2.6.3 2.8 2.8.4 **3.1** 3.2 3.3 3.6.4 → *Präsenz Gottes* → *Tora* → *Weisheit*

Gottes Bund mit den Menschen (Heilsgeschichte)	(RD: Biblisch-christlich: Auftreten gegen – Eintreten für: Propheten)	IK 5: Jesus Christus
Kirche/Heilige Stätten	IF 4 (Sek I): Kirche und andere Formen religiöser Gemeinschaft	IK 6: Kirche und Kirchen
	IF 4 (Sek II): Die Kirche und ihre Aufgaben in der Welt	IK Sek II 5: Kirche und Kirchen
	RD Wirkungsgeschichte/biblisch-christlich: Einheit in der Vielfalt/„Ihr seid allesamt einer in Christus"	
	TB 5: Christsein in der pluralen Welt (A. Kirche) (K1)	
	TB 5: Christsein in der pluralen Welt (B. Religion) (K1)	
Liebesgebot/goldene Regel → Dekalog	(IF 3: Einsatz für Gerechtigkeit und Menschenwürde)	IK 2: Welt und Verantwortung
	RD: anthropologisch-ethisch: „Ihre Glut ist feurig und eine Flamme des Herrn" (Cant 8,6) – Liebe, Partnerschaft, Sexualität	IK Sek II 2: Welt und Verantwortung
	TB 5 (C. Bibel): Christsein in der pluralen Welt (K2)	
Mensch als Geschöpf und Ebenbild Gottes	IF 3 (Sek I): Einsatz für Gerechtigkeit und Menschenwürde	IK 1: Mensch
	(IF 1 (Sek I): Entwicklung einer eigenen religiösen Identität)	IK Sek II 1: Mensch
	IF 1 (Sek II): Der Mensch in christlicher Perspektive	
	RD Anthropologisch-ethisch: Gerechtigkeit für die Kinder der Welt/ Mensch sein/Der Mensch als Ebenbild Gottes	
	RD Biblisch-christliche: Verantwortung für die Schöpfung	
	TB 1: Mensch (K2)	
Mensch als Mann und Frau	IF 1 (Sek I): Entwicklung einer eigenen religiösen Identität	IK 1: Mensch
	IF 1 (Sek II): Der Mensch in christlicher Perspektive	IK Sek II 1: Mensch
	RD Anthropologisch-ethisch: „Ihre Glut ist feurig und eine Flamme des Herrn"	
	TB 1: Mensch (K2)	

KB 1: Die Frage nach Gott	LF 4 – Fragen nach Orientierung und Wegweisung	**2.1** 2.2 2.3 (Erzeltern) 2.4.4 **2.5**, bes. 2.5.2 2.7.1 (Ps 22) 2.7.3.4 3.6.3 → *Tora* → *Beziehung Gott Mensch*
KB 2: Die Frage nach dem Menschen (Sek 1) KB 4: Religiöse Schriften und Ausdrucksformen (Sek 1)	(TF 5: Die Welt gestalten – der Mensch zwischen Natur und Kultur) LF 3: Fragen nach einem gelingenden Miteinander KB Sek II 4: Ekklesiologie/Oikumene	3.5.1.3 3.6.3 → *Recht* → *Prophetie* → *Heilige Schriften*
KB 2: Die Frage nach dem Menschen KB 3: Die Frage nach den Religionen in der Gesellschaft	LF 1: Fragen nach Sein und Werden LF 4: Fragen nach Orientierung und Wegweisung	2.5.2 **2.5.2.1** (Liebesgebot, Goldene Regel) **2.8.4.6** (Liebesgebot, Goldene Regel) → *Recht* → *Tora*
KB 2: Die Frage nach dem Menschen (Sek 1) KB 2: Die Frage nach dem Menschen und dem richtigen Handeln (Sek 2)	(TF 4: Den Menschen und die Welt denken – Menschen- und Weltbilder) LF 1: Fragen nach dem Sein und Werden KB Sek II 2: Anthropologie	2.4, bes. **2.4.1** 2.4.4.1 (Ps 8) 2.8.2 (Parodie) 3.2.3 → *Tora* → *Präsenz Gottes* → *Beziehung Gott – Mensch*
KB 2: Die Frage nach dem Menschen und dem richtigen Handeln (Sek 2)	(LF 1: Fragen nach dem Sein und Werden)	2.4, bes. **2.4.1** und **2.4.2** 2.8.4.3 → *Tora*

Mensch zwischen Freiheit und Verantwortung → Schöpfungs-verantwortung	IF 1 (Sek I): Entwicklung einer eigenen religiösen Identität IF 3 (Sek I): Einsatz für Gerechtigkeit und Menschenwürde IF 1 (Sek II): Der Mensch in christlicher Perspektive	IK 2: Welt und Verantwortung IK Sek II 1: Mensch	
	RD Anthropologisch-ethisch: Mensch sein RD Anthropologisch-ethisch: Freiheit – Regeln – Gewissen RD Biblisch-christlich: Gottes Schöpfung/Verantwortung für die Schöpfung TB 1: Mensch (K4 LK) TB 4: Ethik (K4)		
Monotheismus	RD interreligiös-interkulturell: Monotheistische Religionen	(IK 7: Religionen und Weltanschauungen) IK Sek II 6: Religionen und Weltanschauungen	
Prophetie	IF 3 (Sek I): Einsatz für Gerechtigkeit und Menschenwürde	IK 3: Bibel IK 2: Welt und Verantwortung	
	RD Biblisch-christlich: Menschen fragen nach Gott/ Auftreten gegen – Eintreten für TB 4: Ethik (K2)		
Psalmen	RD: Biblisch-christlich: Menschen fragen nach Gott/„Mein Gott …!?" TB 3: Gott (K1, K3) TB 1: Mensch (K1)	IK 1: Mensch	
Religiöses Miteinander	IF 5 (Sek I): Religionen und Weltanschauungen im Dialog (IF 4 [Sek II]): Die Kirche und ihre Aufgaben in der Welt)	IK 7: Religionen und Weltanschauungen IK Sek II 6: Religionen und Weltanschauungen	
	RD interreligiös-interkulturell: Meine Konfession – deine Konfession/ Monotheistische Religionen/Religion, „Sekte", oder …? TB 1: Mensch (K LK) TB 3: Gott (K4) TB 5: Christsein in der pluralen Welt (B. Religion) (K2)		

KB 2: Die Frage nach dem Menschen und dem richtigen Handeln (Sek 2)	TF 1: Wer bin ich? – Identität	2.4, bes. 2.4.3
	TF 2: Miteinander leben – soziale Beziehungen	2.8.1 (*Tun-Ergehen-Zusammenhang*) 3.4.4
	LF 3: Fragen nach einem gelingenden Miteinander	→ *Tora* → *Weisheit*
	LF 4: Fragen nach Orientierung und Wegweisung	
	KB Sek II 5: Ethik	
	(KB Sek II 2: Anthropologie)	
KB 1: Die Frage nach Gott (Sek 1 und 2) KB 2: Die Frage nach den Religionen in der Gesellschaft (Sek 1)	(LF 4: Fragen nach Orientierung und Wegweisung)	2.6.3 2.9 3.1, bes. 3.1.4 3.6.4 → *Monotheismus* → *Heilige Schriften*
KB 1: Die Frage nach Gott (Sek 1) KB 3: Die Frage nach den Religionen in der Gesellschaft (Sek 1)	(TF 4: Den Menschen und die Welt denken – Menschen- und Weltbilder)	2.6 2.8.1 (Tun-Ergehen-Zusammenhang) → *Prophetie*
	LF 1: Fragen nach dem Sein und Werden	
KB 1: Die Frage nach Gott (Sek 1) KB 4: Religiöse Schriften und Ausdrucksformen (Sek 1) KB 4: Die Frage nach der Wahrnehmung und dem Verstehen von Religionen und ihren Ausdrucksformen (Sek 2)	LF 5: Fragen nach dem Unverfügbaren	2.7 2.4.4.1 3.4 3.4.1 3.4.2 3.4.3 → *Psalmen* → *Königreichvorstellungen*
KB 3: Die Frage nach den Religionen in der Gesellschaft (Sek 1 und 2)	TF 2: Miteinander leben – soziale Beziehungen	2.4.2 3.1 3.5.1 (Heiliges Land)
	LF 3: Fragen nach einem gelingenden Miteinander	3.5.2 3.5.2.1 3.5.2.2 3.6.4 → *Tora* → *Feste*
	KB Sek II 4: Ekklesiologie/Oikumene	

Schöpfungserzählungen	IF 3 (Sek I): Einsatz für Gerechtigkeit und Menschenwürde IF 1 (Sek II): Der Mensch in christlicher Perspektive	IK 2: Welt und Verantwortung IK 1: Mensch
	(RD biblisch-christlich: Gottes Schöpfung – uns anvertraut/Verantwortung für die Schöpfung) TB 1: Mensch (K2)	
Schöpfungsverantwortung → Mensch als Ebenbild Gottes	IF 3 (Sek I): Einsatz für Gerechtigkeit und Menschenwürde IF 5 (Sek II): Verantwortliches Handeln aus christlicher Motivation	IK 2: Welt und Verantwortung
	RD biblisch-christlich: Gottes Schöpfung – uns anvertraut/Verantwortung für die Schöpfung TB 4: Ethik (K4)	
Sozialkritik/ Kult/Kultkritik → Feste → Prophetie	(IF 3 [Sek I]: Einsatz für Gerechtigkeit und Menschenwürde)	IK 3: Bibel
Sünde, Schuld, Vergebung	(IF 1 [Sek I]: Entwicklung einer eigenen religiösen Identität) IF 1 (Sek II): Der Mensch in christlicher Perspektive	IK 1: Mensch IK Sek II 1: Mensch
	RD anthropologisch-ethisch: Freiheit – Regeln – Gewissen (RD biblisch-christlich: Von Helden, Rettern und Königen) TB 1: Mensch (K3)	
Theodizee	IF 2 (Sek II): Christliche Antworten auf die Gottesfrage	(IK 4: Gott) IK Sek II 3: Gott
	RD biblisch-christlich: „Mein Gott ...!?" TB 3: Gott (K3)	
Tora/Urgeschichte	(IF 3 [Sek I]: Einsatz für Gerechtigkeit und Menschenwürde) IF 1 (Sek II): Der Mensch in christlicher Perspektive	IK 3: Bibel IK 1: Mensch
	(RD anthropologisch-ethisch: „Wehe dem, der seinen Nächsten umsonst arbeiten lässt!")	

KB 2: Die Frage nach dem Menschen und dem richtigen Handeln (Sek 2)	TF 4: Den Menschen und die Welt denken – Menschen- und Weltbilder	2.4 2.7.3.1 3.4.4 → *Tora* → *Psalmen* → *Weisheit*
	LF 7: Fragen nach der Wirklichkeit	
	LF 1: Fragen nach dem Sein und Werden	
	KB Sek II 2: Anthropologie	
KB 2: Die Frage nach dem Menschen und dem richtigen Handeln (Sek 2) (KB 2: Die Frage nach dem Menschen [Sek 1])	KB Sek II 5: Ethik	2.4.1 2.4.3 → *Tora* → *Psalmen* → *Weisheit*
(KB 3: Die Frage nach den Religionen in der Gesellschaft [Sek 2])		2.5 2.6.1 2.6.2.2 2.7 2.8 → *Prophetie/Kult*
KB 2: Die Frage nach dem Menschen und dem richtigen Handeln (Sek 2)	LF 5: Fragen nach dem Unverfügbaren	3.5.2.2 2.5, bes. 2.5.1.3 und 2.5.1.4 2.6.1.2 → *Beziehung Gott Mensch* → *Bund* → *Recht*
	(LF 3: Fragen nach einem gelingenden Miteinander)	
	KB Sek II 2: Anthropologie	
KB 1: Die Frage nach Gott (Sek 1 und 2)	TF 4: Den Menschen und die Welt denken – Menschen- und Weltbilder	2.6.4 2.8 2.8.1 (Tun-Ergehen-Zusammenhang) 2.8.2 3.5.3 → *Beziehung Gott Mensch* → *Weisheit*
	LF 5: Fragen nach dem Unverfügbaren	
	KB Sek II 1: Gotteslehre	
		2.4 → *Tora*

Verantwortung → Schöpfungsverantwortung → Mensch zwischen Freiheit und Verantwortung	IF 1 (Sek I): Entwicklung einer eigenen religiösen Identität IF 3 (Sek I): Einsatz für Gerechtigkeit und Menschenwürde IF 1 (Sek II): Der Mensch in christlicher Perspektive IF 5 (Sek II): Verantwortliches Handeln aus christlicher Motivation RD biblisch-christlich: Gottes Schöpfung – uns anvertraut/Verantwortung für die Schöpfung RD Anthropologisch-ethisch: Mensch sein RD Anthropologisch-ethisch: Freiheit – Regeln – Gewissen TB 1: Mensch (K4 LK) TB 4: Ethik (K4)	IK 2: Welt und Verantwortung IK Sek II 1: Mensch
Vergebung → Sünde, Schuld, Vergebung	IF 1 (Sek II): Der Mensch in christlicher Perspektive RD anthropologisch-ethisch: Freiheit – Regeln – Gewissen TB 1: Mensch (K3)	IK 1: Mensch IK Sek II 1: Mensch
Zukunftshoffnungen → auch Eschatologie → Apokalyptik	IF 2 (Sek I): Christlicher Glaube als Lebensorientierung IF 6 (Sek II): Die christliche Hoffnung auf Vollendung RD biblisch-christlich: Jesus – Hoffnung auf eine bessere Welt/Auf der Suche nach Jesus, dem Christus	IK Sek II 2: Welt und Verantwortung

KB 2: Die Frage nach dem Menschen und dem richtigen Handeln (Sek 2) (KB 2: Die Frage nach dem Menschen [Sek 1])	TF 1: Wer bin ich? – Identität TF 2: Miteinander leben – soziale Beziehungen LF 3: Fragen nach einem gelingenden Miteinander LF 4: Fragen nach Orientierung und Wegweisung KB Sek II 5: Ethik (KB Sek II 2: Anthropologie)	2.4.1 2.4 **2.4.3** 2.8.1 (*Tun-Ergehen-Zusammenhang*) 3.4.4 → *Tora* → *Psalmen* → *Weisheit*
	LF 3: Fragen nach einem gelingenden Miteinander LF 5: Fragen nach dem Unverfügbaren KB Sek II 2: Anthropologie	3.5.2.2 2.5, bes. 2.5.1.3 und 2.5.1.4 2.6.1.2 → *Beziehung Gott Mensch* → *Bund* → *Recht*
	TF 6: Die Welt von morgen – Zukunftsentwürfe LF 6: Fragen nach Endlichkeit und Ewigkeit KB Sek II 5: Ethik	3.4 2.6.2.2 → *Königreichvorstellungen*

Abkürzungsverzeichnis

BODO: Bibel + Orient Datenbank Online des Departement für Biblische Studien der Universität Freiburg (Schweiz) sowie des BIBEL+ORIENT Museums (http://www.bible-orient-museum.ch/bodo/)

DT British Museum, London: vgl. François Thureau-Dangin: Rituels Accadiens, Paris 1921.

DtrG: Deuteronomistisches Geschichtswerk.

J: Jahwist.

KAI: Herbert Donner/Wolfgang Röllig: Kanaanäische und aramäische Inschriften, Bd. 1, Wiesbaden ⁵2002.

KTU: M. Dietrich/O. Loretz/J. Sanmartin: The Cuneiform Alphabetic Texts from Ugarit, Ras Ibn Hani and other Places (KTU: second, enlarged edition); Münster 1995.

Nicht-P: die nichtpriesterschriftllichen Textanteile im Pentateuch.

P: Priesterschrift.

SAA III: Alisdair Livinstone, Court Poetry and Literary Miscellanea, Helsinki 1989.

SAHG: Adam Falkenstein/Wolfram von Soden: Sumerische und Akkadische Hymnen und Gebete, Zürich/Stuttgart 1953.

TUAT: Otto Kaiser (Hg.), Texte aus der Umwelt des Alten Testaments, Gütersloh 1982–1997; Bernd Janowski/Gernot Wilhelm/Daniel Schwemer (Hg.), Texte aus der Umwelt des Alten Testaments Neue Folge, Bände 1–8, Gütersloh 2004–2015.

ThWAT: G. Johannes Botterweck/Helmer Ringgren/Heinz-Josef Fabry, Theologisches Wörterbuch zum Alten Testament, Bände 1–9, Stuttgart 1973–2000.

THAT: Ernst Jenni/Claus Westermann, Theologisches Handwörterbuch zum Alten Testament, Gütersloh ⁷2001.

VAT: Texte aus dem Vorderasiatischen Museen, Berlin.

VTE D. J. Wiseman, Iraq 20, 1, 1958; auch separat: The Vassal Treaties of Esarhaddon, London 1958.

Wibilex: Stefan Alkier/Michaela Bauks/Klaus Koenen (Hg.), Wissenschaftliches Bibellexikon im Internet (open access), Deutsche Bibelgesellschaft Stuttgart seit 2007 (www.wibilex.de).

Abbildungsverzeichnis

Abb. 1　Miqraot Gedolot: H. Liss, Art. Rabbinerbibel, www.wibilex.de, Abb. 1, © public domain (Beschriftung Klaus Koenen; technische Überarbeitung Bruno Biermann).

Abb. 2　Erwähnung Israels auf der Stele Merenptahs (13. Jh. v. Chr.): © Klaus Koenen.

Abb. 3　C. Frevel/A. Berlejung (Hg.): Das altorientalische Weltbild, Handbuch alttestamentlicher Grundbegriffe zum Alten und Neuen Testament, Darmstadt ^{5}2016, S. 68 Abb. 8, © Angelika Berlejung.

Abb. 4　Die mittelbronzezeitliche Stelenreihe aus Geser: Kurt Galling, Biblisches Reallexikon (*BRL*), (HAT 1/1), Tübingen, Mohr, ^{2}1977, 207 mit Abb. 49.

Abb. 5　Schwarzer Obelisk aus Kalchu/Nimrud (841 v. Chr.; British Museum 118885); Ausschnitt mit Jehu, König von Israel als Vasall: © British Museum, London.

Abb. 6　Ausschnitt des Titusbogens in Rom, Replik aus dem Museum of the Jewish People Beit Hatefutsot, Tel Aviv: © public domain. https://commons.wikimedia.org/wiki/File:Titus_Arch,_Diaspora_museum_2.jpg

Abb. 7　Ägyptisches Totengericht: Papyrus des Chonsu-mes 21. Dyn. (1085–950 v. Chr.); Kunsthistorisches Museum Wien. Zeichnung von Hildi Keel-Leu aus O. Keel, Die Welt der altorientalischen Bildsymbolik und das Alte Testament, Zürich/Köln/Neukirchen-Vluyn ^{4}1984, S. 63 Abb. 83, © Stiftung BIBEL + ORIENT, Freiburg/Schweiz.

Abb. 8a　Rekonstruktion der Lade (nach Ex 35,17–20): H. Gressmann, Altorientalische Bilder zum Alten Testament, Berlin/Leipzig ^{2}1927, Tafel 207 Abb. 513.

Abb. 8b　Rekonstruktion des Kerubenthrons (Elfenbein-Plakette aus Megiddo; 13./12. Jh. v. Chr.): G. Loud, The Megiddo Ivories (OIP 52), plate 4, 2b.

Abb. 9　Relief aus dem Palast Tiglat-Pilesers III. (745–727 v. Chr.) in Nimrud: Gressmann, Altorientalische Bilder ^{2}1927, Tafel 136 Abb. 336.

Abb. 10　Spätbronzezeitliches Stelenheiligtum in Hazor (Areal C): Galling, BRL^2, 206 mit Abb. 49.

Abb. 11　Fußbodenmosaik in der Synagoge von Bet Alfa (6. Jh.): © public domain. https://commons.wikimedia.org/wiki/File:The_sacrifice_of_Isaac_Beit_Alfa.png

Abb. 12　Weltbild der Jerusalemer Tempeltheologie: M. Leuenberger, Art. Königtum Gottes, www.wibilex.de, Abb. 7, © Martin Leuenberger.

Abb. 13　Feste Israels im Jahreszyklus: C. Körting, Art. Fest, www.wibilex.de, Abb. 1, © Corinna Körting (technische Überarbeitung Bruno Biermann).

Register

Personen-, Orts- und Sachregister

Abraham 38, 41, 43, 45, 53, 69, 73 ff., 89 f., 92 ff., 97, 114 f., 124, 131 f., 141 ff., 148, 156, 279, 298 f., 302, 339, 343, 351, 371 f., 409, 411, 414

Ägypten 22, 24, 32, 36 ff., 41 ff., 45 f., 48 ff., 52 ff., 60 ff., 64, 68, 71 f., 90 f., 104, 106, 120, 124, 128, 131 f., 134 ff., 138, 145, 149, 155 f., 164, 178 f., 182 f., 193, 195, 203, 213, 226, 248, 255, 261, 266, 271, 279 f., 311, 313 f., 321, 330, 340, 346 f., 356, 366 ff., 372 f., 376, 378 f., 381

Alexandrien 276, 306

Angelologie 83, 315

Annalen 292, 296

Aqeda 80, 84, 387, 409

Armentheologie 245

Aschera 170, 307 f., 325, 333

Astralsymbolik 332 f.

Atem 106, 142, 209, 215, 247, 376

Ätiologie (Orts-, Kult-, Namens-) 74, 89, 99, 108, 115, 163, 284

Auferstehung 210 ff., 233 f., 403 f., 408 f., 411

Auseinandersetzungsliteratur 214, 265 f.

Bergpredigt 166, 407, 417

Berufungsbericht, prophetisch 39, 43 f., 46, 50, 168 f., 177 f., 185 f., 196, 204, 281, 295

Beschneidung 17, 48, 80, 94, 141, 143 f., 149 f., 299 f.

Bethel 77, 84, 86 ff., 93, 163 ff., 177, 291, 294, 308, 326, 337, 371 f.

Bilderverbot 26, 32, 104, 137, 139, 182, 227, 305, 313 f., 320, 323 f., 326 ff., 330 ff., 335 ff., 341 f., 345, 352, 368, 411

Bild Gottes 13, 34, 45, 63, 93, 97 f., 103, 108 ff., 112, 114, 125, 161, 217, 277, 280, 282, 288, 293 f., 305 f., 313, 315, 319 f., 327, 330 f., 337, 369, 396, 405

Blasphemie 267, 271

Blut 52, 54, 56, 96, 106, 137, 161, 191, 197, 385, 396

Blutschuld 91, 161

Bosheit 110, 112, 172, 193, 198, 315

Botenformel 168, 170, 177, 197

Bund (David; konditionierter; neuer; Noah) 115, 128 f., 133, 136, 141, 144 f., 147, 200, 204, 211, 225, 251, 297, 387

Bundesbruch 132, 134 f., 138, 140 f., 148, 151, 162, 386, 393

Bundesbuch 137 f., 141, 151 f., 157, 159 f., 165, 173, 179, 292, 296, 348

Bundesformel 14, 80, 135 f., 145 f., 149 f., 204, 225, 296

Bundesmotiv 12 f., 15, 80, 128, 133, 146, 148, 181

Bundesritual 135 ff.

Bundesschluss 78, 80, 113, 127, 129, 131 ff., 136 f., 139, 141, 143, 148, 151, 157, 296, 298, 372, 381

Bundeszeichen 80, 113, 130, 143

Chaoskampf 247, 354, 357

conditio humana 96, 255 f., 262, 301, 364

creatio ex nihilo 100

Credo, kleines geschichtliches 62 f., 381

Dämonen 63, 93, 287

Danklied 192, 216, 236 ff., 242, 248, 253, 380, 383

David 27, 72, 92, 145 ff., 150, 165, 181, 191, 193, 200, 237 f., 245, 248 f., 251, 254, 256, 262, 273, 283, 286 f., 292, 302 ff., 353 ff., 369, 405, 411, 415

Dekalog (kultisch; ethische) 137, 141, 151 f., 156

Deuteengel 226

Deuteronomistisches Geschichtswerk 26, 133, 141, 148, 296 ff., 373

Diasporanovelle 280, 283, 287

Divination 169, 173

Eden 105, 291

Ehebruch 161, 172, 196, 211, 287

Einwohnung (Schekina) 129, 142, 211, 277, 289, 297, 366 ff., 378, 385

Einzigkeit JHWHs 153, 297, 329
Elia 69, 167 f., 170, 183, 234, 310, 365, 411, 414
Elohistischer Psalter 237, 317, 339, 346
El Schaddai 43, 142, 339
Endzeit 235
Engel 83, 88, 194, 231, 318
Erbbesitz 199, 318, 366, 374, 376, 392
Erfahrung 68, 88, 107, 119, 148, 194, 211, 246, 265, 268, 274, 301, 361, 365, 368, 386, 388 ff., 399, 404, 406, 412 f.
Erkennen 110, 290
Erkenntnisformel 43 f.
Ermutigungsformel 214
Erstgeburt 48, 51 f., 56 ff., 60, 89
Erwählung 17, 72, 92, 127 f., 141, 149, 169, 179, 182, 222, 226, 245, 296, 353, 356, 369, 378, 382
Esau 81, 84 f., 87 ff., 148, 378
Eschatologie 17, 32, 148, 305, 352
Exil 17, 74, 80, 93, 120, 135, 152, 156, 164, 176 f., 181, 195 f., 203 f., 206, 211, 218 f., 225, 233, 251, 294, 298, 353, 371, 373 f., 381 f., 387, 391, 394, 401
Exodus 13, 17, 30, 34, 39, 42 f., 45, 47 f., 53, 57, 59, 61, 63 ff., 70 f., 78, 94, 115, 136, 139 f., 142, 149 f., 164, 225, 251, 279, 291, 294 f., 299, 316, 320, 342 ff., 351, 365, 377, 381, 395, 408
Exoduserinnerung 61, 413

Fest 17, 46, 51, 57, 60, 98, 117, 138, 180, 357, 380 ff., 395 ff., 400, 413
Flut 58, 96, 101, 108 f., 111, 113 f., 116, 118, 143, 247, 251, 256, 366, 393, 409
Fremdgötter(-polemik; -kult, -verbot) 128, 163 f., 169, 183, 196, 206, 295, 306, 311 ff., 323, 328, 330 f., 333, 345
(Fremd)Völkersprüche 175 f., 179, 184, 189
Frevler 192, 224, 252 f., 258, 271, 275, 317, 390 f., 396
Frömmigkeit, persönliche 265, 380
Fürbitte 70, 141, 162 f., 165, 393

Geburt; Geburtsgeschichte 48, 65 ff., 76, 78, 80, 84 f., 87, 107, 189, 217, 241 f., 254, 268 f., 279, 287, 321, 323, 337, 380
Gedächtnis, kollektives 251, 398
Gehorsam (Gott; Gesetz) 73 f., 81, 83, 136, 145, 260, 290, 350, 375, 377
Gemeinde 60, 130, 162 f., 235, 241 f., 255, 338, 347, 349, 355, 367, 379, 381, 411
Gemeinschaftstreue 185, 283, 294
Genealogie 37, 45, 74, 76, 80, 84, 97, 99, 103, 109, 279, 283, 299, 378
Gerechter (leidender) 386
Gerechtigkeit (konnektive) 257, 364, 366
Gericht (Gottes) 175, 232, 296
Geschichtsentwurf 120, 135, 371

Geschichtspsalm 84, 251 ff., 317, 353
Glaube 13 f., 18, 20 f., 34, 70, 74, 81, 83, 85, 94, 188, 196, 198, 204, 224 f., 257, 283, 310 f., 319, 321, 328, 341, 364, 371, 408, 411
Gnadenformel 41, 140, 163, 281, 298, 393 f.
Gottebenbildlichkeit 26, 103 f., 107, 109, 116, 155, 270, 333
Göttersöhne; -versammlung 119, 318, 354
Gotteserkenntnis 43, 46, 56, 142, 244
Gottesfurcht; gottesfürchtig 17, 81 ff., 113, 119, 259 ff., 264 f., 268, 271, 274 f., 277 f., 280, 288 f., 293, 300, 389
Gottesknecht 171, 222, 231, 299, 406, 408
Gotteslob 236, 251, 362
Gottesschau 39, 137, 388 f.
Gottesohne/Gottessöhne 353, 359
Gründungsmythos/Gründungsmythen 34, 48, 65, 71 f., 94, 381

Hagar 78, 408
Herrbann siehe Vernichtungsweihe
Heiligkeitsgesetz 44, 152 f., 162, 300, 347
Heiligtumbau 143
Heiligung; heilig 19, 26, 32, 36, 90, 107, 121, 128, 137, 143, 156, 180, 182, 186 f., 193, 206, 208, 213 f., 217, 225, 238, 249, 259, 277 f., 296, 300, 305, 327, 338, 340, 343, 347, 349 f., 353 f., 356, 361, 368, 371, 374 ff.,

381f., 395ff., 401, 403ff., 407f., 412, 414, 416f.
Heilshandeln 121, 225, 241
Heilsorakel, -weissagung 42, 44ff., 147, 170f., 181, 191, 211, 213f., 216, 222, 243, 250, 253, 268, 286
Herrschaftsauftrag 104, 107, 109
Hexateuch 76, 165, 395
Himmelskönig (Baal Schamem; Gott des Himmels) 247, 317ff., 341
Himmelskönigin 196, 198, 310f.
Hymnus 28, 107, 116f., 120, 238, 241ff., 253, 266, 303, 305, 319, 353, 355

Identität, religiöse 398, 401
Immanuel 185, 191, 195, 308, 340
Isaak 18, 38, 41, 43, 45, 53, 69, 76, 78ff., 90, 92ff., 143, 148, 177, 279, 291, 307, 335, 339, 344, 409, 411, 415
Ismael 77ff., 83, 94, 143, 148, 409, 411
Itinerar 74, 76, 371f.

Jenseits 209, 212, 233ff., 275f., 301, 331, 381, 384, 390f., 395ff., 413
Jerusalem 25, 83, 100, 121, 125, 134, 152f., 155, 172, 183ff., 187f., 193ff., 200, 202f., 206f., 215ff., 226, 228ff., 238, 273, 276f., 288, 292, 296ff., 302, 308f., 311ff., 315, 321, 326, 332, 334, 337, 360ff., 370, 378f., 381, 383, 391f., 394, 401, 406
Jesaja-Denkschrift 185, 187, 191

Jesus 12, 20, 69, 71, 115, 155, 166, 188, 192, 225, 229, 232, 238, 272, 276f., 289ff., 300ff., 351, 359, 389, 396, 404ff., 411, 414, 417
Jom Kippur 152, 380f., 384
Josephserzählung 49, 72f., 89, 259f., 279, 284
Josia/josianisch 76, 87, 133, 152, 192, 195ff., 296f., 311f., 331ff., 359, 381, 400
Juda/Jehud 48, 69, 72, 76f., 87, 90, 95, 134, 144, 146, 148, 175f., 181, 184f., 188, 191, 193ff., 197, 199ff., 203, 206, 215, 219, 228, 255, 291f., 296, 302, 310ff., 315, 322, 327f., 331, 358, 360, 363, 370f., 392, 401
Jungfrauengeburt 188, 195

Kadesch-Barnea 69
Kalb, goldenes 138f., 151, 162ff., 182, 298, 325, 393
Kanon/kanonisch 11, 17f., 20f., 28, 30f., 34f., 115, 120, 238, 262, 271f., 277, 300, 303ff., 319, 359, 367, 399, 401ff., 407f., 410f., 414ff.
Kanonformel (auch Wort- oder Textsicherungsformel) 159, 399f.
Klage(psalm) 32, 56, 78, 146, 163, 182, 193, 208, 232, 236, 238, 241ff., 248, 253ff., 266ff., 271, 359, 384, 387ff., 391, 393ff., 407
Königsideologie 26, 71, 99, 104, 121, 133, 145, 147, 149, 187, 192f., 216, 228,

245, 249, 274, 287, 293f., 314, 352f., 356f., 375
Königsorakel 44, 147, 171, 192, 354, 357
Königtum Gottes/Davids 125, 146, 247f., 250, 355, 358, 360ff., 368
Konfessionen 93, 196, 199, 223, 391
Kosmotheismus; Kosmotheologie 32, 118, 124, 248, 255, 259, 261, 288, 306, 320, 352, 363–367
Krieg (heiliger) 128, 305, 374ff.
Krönungsritual 297, 357
Kult 32, 51, 60f., 74, 87, 93, 96, 107, 115, 151, 159, 164f., 177, 182, 194, 198, 208, 219f., 277, 292f., 297ff., 302ff., 305, 307, 309f., 313, 318, 326f., 331ff., 337, 363, 365, 380, 383ff., 395, 400ff.
Kultbild 104, 311, 323ff., 331, 333f., 336f., 401
Kultkritik 181, 198, 211, 294, 308, 335
Kultreform 296f., 310f., 316, 322, 331ff., 337f., 400
Kultzentralisation 198, 296, 299, 312, 331f., 340, 379, 381
Kyros 44, 121, 171, 195f., 214, 218ff., 225, 231, 314, 321, 358, 363

Laban 85, 87, 91, 129, 307
Lade 238, 249, 309, 322, 324, 327, 331, 336, 400
Land 17, 36, 38, 41f., 49ff., 57f., 61f., 69f., 73, 75ff., 85f., 94, 98f., 107, 120, 127f., 130ff., 134f., 138f., 142, 145, 152, 154f., 159, 163ff., 172,

176 ff., 181 f., 186, 188 f., 191 ff., 197, 200, 202 f., 205, 207, 215, 219, 223 f., 251, 263 f., 269, 279, 281, 290, 296, 298, 303, 305, 311, 313, 327, 330, 341, 347, 370 ff., 395 ff.
Landgabe/Landnahme 148, 251, 295, 298, 371 ff., 377 f., 386, 397
Leerstelle 114, 244, 246
Lehm 53, 96, 106
Lehrerzählung 265, 278 ff., 282 ff., 287, 290, 301
Leviathan 232, 267, 269
Liebesgebot/Goldene Regel 153 ff., 166, 288
Liste; Listenwissenschaft 99, 108, 124, 132, 220, 255, 349, 358, 372, 404
Literaturwerdung 319
Lob(psalm) 32, 116, 125, 135, 236, 238, 241 ff., 247 f., 253 ff., 268, 277, 301, 384
Löser 202, 214, 282
Lot 74 f., 77 f., 84, 378, 409, 411
Loyalitätseid 133, 296

Martyrium 233, 349
Meerwundererzählung 55, 59 f., 64 f.
Megillot/Festrollen 413, 417
Menora 227 f., 231, 334, 336
Menschensohn 235, 359
Merenptah 64, 370
Messias 17, 188, 192, 219, 228, 249, 340, 358 f., 368
Mischehe 282, 375
Monotheismus 14, 25 f., 32, 34, 36, 47, 95, 99, 196, 217 f., 220 f., 231, 261, 263, 271, 280, 299, 303, 305 f., 312 ff., 318 ff., 328,

336 ff., 341, 346, 365, 367 f., 377 f., 391, 404
Mosaische Unterscheidung 23, 377
Mose 30, 36 ff., 45 f., 48, 50 f., 53 ff., 58 f., 64 ff., 91, 132, 136 ff., 149, 151 f., 158, 162 f., 166 f., 169, 236 f., 248, 295, 298 f., 306, 338 f., 343 f., 347, 349, 371, 373, 383, 393, 400 f., 404, 409, 411, 414
Mündliche Tora 17, 402, 414
Murrgeschichten/Murr-Erzählungen 51, 68, 162 f., 386
Muttergottheit 315

Nachkommenschaft 73, 76, 80, 85, 131, 147, 282, 287, 353, 409
Nächstenliebe 153 ff., 288
Name (Gottes) 7, 342 f., 345, 350 f.
Namensoffenbarung 34, 39, 50, 140, 339, 343, 345 f., 386, 403
Namensverbot 26, 314, 343
Natanweissagung 146
Neuschöpfung 145, 209, 212, 235, 363, 391
Niedrigkeit 222, 229, 265
noachidischen Gebote 113, 156
Noah 81, 97, 111 ff., 115, 143, 225, 279, 299, 393, 396, 411
Nordreich 31, 72, 76 ff., 87, 89 ff., 135, 138 f., 164, 175, 180 f., 183, 210, 291 f., 294 ff., 302, 308, 310, 312, 326, 328, 332, 401
Notschilderung 240 ff.

Offenbarung 9, 14 f., 17, 21, 27 f., 30 f., 34, 36 f., 41 ff., 45 ff., 71, 85, 126, 140, 142, 148, 150 f., 166, 173 f., 187, 207, 211, 215, 219, 253 f., 259, 274, 288, 296, 299 f., 303, 319, 322, 331, 335, 338, 344 f., 379, 398, 400, 403, 405, 410, 416
Opfer 17, 82, 94, 111, 131, 137, 184, 197, 324, 335, 380 f., 396 f.
Opferkalender 380

Parabel 184 f., 208 f., 279, 284 ff.
Paränese (Gesetz) 281
Parallelismus membrorum 245
Passa 48, 57, 60, 299, 380 f., 413
Passionsbericht 244, 407
passivum divinum 284, 349 f.
Personifizierung der Weisheit 118, 261
Plagen 42, 48, 51 ff., 55 ff., 70
Plan 120, 172, 179, 258, 265, 312, 363, 392
Polytheismus 98, 231, 306 f., 320 ff., 337, 341
Präexistente Weisheit 117
Propheten, Vordere/Hintere 166 f.
Prophetenfigur 174
Prophetenlegende 280, 302
Prophetie, wahre oder falsche 171 f., 202
Prüfung, Prüfen 24, 33, 83, 164, 264 f., 270, 387 f., 391

Rebekka 77 f., 80, 408
Recht (apodiktisch; kasuistisch) 156 ff., 165

Redeformen (des AT) 27
Reichsautorisation, persische 159 f., 300, 401
Reinigungseid 266, 380
Religionsgeschichtliche Schule 22
Rest 180, 186, 190, 203, 216, 292, 295
Restauration 14, 20, 112, 121, 187, 192, 202 ff., 211 f., 214, 230, 298, 358, 379, 384, 386, 403
Reue Gottes 141, 386, 393 ff., 397
Ruhen Gottes 98, 156, 382

Sabbat 80, 98 f., 102, 107, 124, 129, 142, 156, 162, 299 f., 382, 396
Sargon von Akkad 67 f.
Satan 263 ff., 267, 271, 315, 387 f., 391
Schlange 52, 54 f., 65, 107, 110, 163, 178, 324, 326 f.
Schlusshallel 236 f.
Schmerz 38, 107, 223
Schöpfung, neue 123, 225, 367
Schöpfung; Schöpfer 13, 15, 17, 32, 45, 94 ff., 107 ff., 116 ff., 125 ff., 129, 141 ff., 148, 156, 159, 213 f., 216 f., 220 f., 225, 247 ff., 251 ff., 256, 260, 262, 267 ff., 277 f., 288, 299, 305, 308, 317, 354, 356, 362 f., 365 ff., 380, 382, 385, 393, 408, 410
Schrift, heilige/Verschriftlichung, 9, 28, 94, 137, 171, 174 f., 201, 277, 295, 300, 398, 400 f., 404 f., 408, 412, 414
Schuldsklaven/Schuldsklaverei 134, 282
Sederabend 57, 381

Segen 61, 73 ff., 78, 80, 85 f., 89, 93, 97 f., 111, 115, 132 f., 143, 182, 250, 291, 298, 300, 307, 323, 355, 361, 368, 377, 383 f.
Selbigkeit Gottes 13, 34, 41 f., 405
Selbsterweis Gottes 210
Selbstverfluchung, bedingte 132
Selbstverpflichtung 129 ff., 141, 143, 222
Selbstvorstellung (Gottes; göttlich) 40 ff., 346
Selbstvorstellungsformel 14, 36, 40, 42 ff., 86, 204
Seligpreisung (Makarismus) 252, 276
Serubbabel 196, 225, 227
Sinai 32, 36 f., 45, 66, 115, 126, 129, 133, 136 f., 139, 142, 156, 294, 298 f., 305, 346, 382, 385
Sozialkritik 181, 183, 194, 198
Spiritualisierung der Klage 268, 388
Spruchweisheit 258, 293
Staub 52, 54 f., 86, 106, 179, 220, 233 f., 239 f., 265, 270, 388
Stele/Steinmal 64, 89, 130, 137, 266, 326 f., 336, 370, 375
Sterblichkeit 106, 109, 234 f.
Sterilität 77 f.
Stier(bild) 163, 205, 239, 246, 308, 324, 326 f., 331
Stiftshütte/Zelt der Begegnung 45, 99, 142 f., 152, 299, 384
Stilform der behobenen Krise 117, 250, 354
Stimmungsumschwung 241 ff., 249, 254, 267 f., 271, 388 f., 407

Straf- und Fluchsprüche 107, 373
Sühne/Sühnung 160, 163, 187, 380, 384 f., 396
Sünde 14, 92, 110, 139 f., 144 f., 153, 186 f., 215, 224, 226, 231, 322, 347 f., 371, 384 ff.
Sündenbekenntnis (negatives) 266, 272, 380
Sündenbock 384 f.
Syro-efraimitischer Krieg 184, 187

Tag JHWHs 176, 193, 231
Talio 160, 407
Tempel (zweiter) 83, 93, 151, 196, 213, 230, 249, 293, 300, 311, 319, 381, 400 f.
Tempelkritik (155) 198, 363
Tetragramm 36 f., 47, 83, 237, 317 f., 339, 341, 346 f., 349, 351
Theodizee 17, 231–233, 255, 266, 305, 380, 386–391
Theologie, implizite/xplizite; 18, 24, 319, 399
Theologie narrative 58, 83, 348, 413
Theophanie 39, 46, 85, 136, 274, 308, 343, 356
Thron 117, 146 ff., 150, 186, 191, 200 f., 205, 207 f., 309, 315, 327, 353 ff., 357, 361, 363, 369
Tod 48, 56, 65, 68 ff., 72, 80, 85, 89, 96, 107, 114 ff., 122, 133 f., 162 f., 197, 201 f., 209 f., 212, 224, 232 ff., 239, 248, 275 f., 278 f., 286, 288, 301, 316, 324, 331, 339 f., 346, 348, 356, 385 ff., 389 ff., 393, 396, 403 f., 406 f., 409, 417

Tod des Mose 69
Todesstrafe 161 f., 165, 348
Tophet 198
Tora 13 ff., 17 f., 28, 30, 35, 42, 51, 62, 65 f., 69 ff., 74, 80, 83, 89, 103, 126, 151 ff., 158 ff., 162 f., 165 f., 183, 185, 212, 236, 245, 247, 251 f., 254, 263, 274, 277 f., 289, 298 ff., 303, 319, 323, 331, 334 ff., 338 f., 369, 371, 377, 384, 395 f., 398, 400 ff., 404 f., 409, 414
Torafrömmigkeit 288 f., 300, 334
Totengericht 266 f., 271
Totenreich 178, 333, 390
Transzendenz, Transzendierung 340, 361, 369, 412
Traum 86, 169, 172, 280, 286
Tun-Ergehen-Zusammenhang 160, 257 f., 261 ff., 265, 267 f., 271, 274, 280, 283, 287 f., 293, 364, 366, 387 ff., 393, 397

Umkehr 21, 50, 91, 141, 149, 180, 183, 185, 196, 281, 289, 294, 361, 388, 393 f., 408
Unheilsorakel, -weissagung 173, 176 ff., 189

Universalisierung, universalisierend 14 f., 98, 299, 305, 361 f., 403
Ur-Deuteronomium 152 f., 296, 311, 332, 400

Vaterunser 350
Vegetarismus 109
Verdorbenheit der Erde 110
Vergänglichkeit 274
Vergeltung 160 f., 165, 257, 377, 387
Verheißung (Nachkommen; Land; Segen; Dynastie) 43, 63, 75 f., 78, 80 f., 84, 129, 131, 143, 146 f., 200, 287, 353, 371, 373 f., 378
Vernichtungsweihe 128, 374 ff.
Verstockung(smotiv) 50, 52, 55, 57, 186 f., 204
Verträge, hethitisch; neuassyrisch 133
Völkerwallfahrt 230, 250, 361
Vollmondtag 382
Vorwelt 98, 124

Wehe(ruf) 176, 185 f., 193, 197
Weinberg 168, 184 f., 199, 202
Weisheit 20, 23 f., 28, 32, 96, 107, 109, 118 f., 124 ff., 165, 192 f., 247, 252 f., 255 f., 258 ff., 265 f., 271 ff., 276 ff., 280, 288 ff., 300 ff., 305, 315, 319, 324, 366 f., 369, 398, 402, 404, 408
Weisheitspsalm 238, 252, 278, 300
Weltbild 99 ff., 116, 124, 126, 235, 247, 253, 280, 300, 321, 328, 336, 357, 360, 362, 366 ff.
Weltordnung 98, 101 f., 104, 107 f., 117, 143, 160, 221, 247, 253, 260, 265 ff., 269, 293 f., 352, 354, 357, 364 ff., 386, 388, 396
Weltplan 119, 269
Werke der Scheidung 98, 268
Wort (Gottes; göttlich) 98 f., 116, 142, 166, 171 f., 201, 206, 216, 236, 340, 399 f., 408, 410 f.

Zeichenhandlung 39, 169, 189, 201, 203, 206
Zion; Zionstheologie 26, 83, 100, 123, 187, 190 f., 193, 198, 208, 215 ff., 219, 221, 228 ff., 237, 247 ff., 253 f., 293 f., 355 ff., 360 ff., 368, 378 f., 391 ff., 396
Zionslieder 230, 250

Stellenregister

(zitierte Bibelstellen kursiv)

Tora
Genesis 1,1–2,3 98–105, 195, 269, 361
Gen 1,1 314
Gen 1,2 100, 113, 142, 269
Gen 1,3 400
Gen 1,9–10 *103*
Gen 1,11 f. 315
Gen 1,14 380
Gen 1,20 f. 314 f.
Gen 1,26 f. 270, 308, 314 f., 325, 333
Gen 1,26–30 99, *103 f.,* 109, 357
Gen 1,28 ff. 247, 373
Gen 1- Ex 6 37
Gen 1 – Ex 40 45, 142–144
Gen 2–3[.4] 36, 256, 296
Gen 2,1–3 99, 299, 382
Gen 2,2–3 *102,* 156
Gen 2,4b – 3,24 105–112
Gen 2,6 f. 210, 234, 247
Gen 2,15 LXX 339
Gen 2,24 109
Gen 3,1–5 260
Gen 3,(14-)19 106, 234
Gen 3,20 117
Gen 3,22 117
Gen 4 37, 109, 111
Gen 4,1 111, 117
Gen 4,7 110
Gen 4,17–24 109 f.
Gen 4,25 106
Gen 4,26 36
Gen 5,1–3 *103 f.,* 110, 154, 325
Gen 5,24 234
Gen 6–8 296
Gen 6–9 108–115
Gen 6,5 ff. 193, 393
Gen 6,9 81
Gen 6,18 80

Gen 7,1 112
Gen 8,20 f. 111, 386, 393
Gen 9 127, 299
Gen 9,1–7 109, 156
Gen 9,1–17 112 f.
Gen 9,2 193
Gen 9,4–6 103, *161,* 385
Gen 9,10 ff. 80, 141
Gen 9,29 115
Gen 11,1–9 110
Gen 11,26 114
Gen 11,27–32 75, 115, 371
Gen 12–25 75–84
Gen 12–36 72
Gen 12,1–3 74, 78, 296, 298
Gen 12,1–7 *75 f.*
Gen 12,2 40, 192
Gen 12,5–8 371 f.
Gen 13,7 372
Gen 13,15 75
Gen 13,18 371
Gen 14 372
Gen 14,18 ff. 83, *96 f.,* 308
Gen 15 127, 135, 140, 143, 373
Gen 15,6 81, 84
Gen 15,7[-19/21] 44, *131 f.,* 298, 346, 372
Gen 16,1–12 78
Gen 17 127, 299
Gen 17,1 43, 44, 307, 314 f.
Gen 17,1–27 *79–81*
Gen 17,2–8 141
Gen 17,7[-8] 135, 372 f.
Gen 18–19 78
Gen 18,1–15 80
Gen 18,6 83
Gen 19 372
Gen 19,17.26 331
Gen 21 78, 80
Gen 22,1–19 *81–84,* 409
Gen 22,1 387

Gen 22,9 379
Gen 22,12 293
Gen 23 372
Gen 24 80
Gen 24,2–4 83
Gen 24,7 373
Gen 25–36 84–92
Gen 25 80
Gen 26,1–10 80
Gen 26,1–33 291
Gen 26,3 373
Gen 26,5 83
Gen 26,24 44
Gen 26,34 85, 156, 372
Gen 27 80, 89
Gen 27,29.39 f. 291
Gen 27,43 372
Gen 28 291, 326
Gen 28,10–22 *86 f.,*
Gen 28,11 341
Gen 28,13[ff.] 44, 291
Gen 28,19 308
Gen 28,21 f. 372
Gen 29,45 135
Gen 30,22–24 279
Gen 31,3 371
Gen 31,19.34.f. 307, 323
Gen 31,42.53 307
Gen 31,44–48 *129 f.,* 325
Gen 31,53 292, 307
Gen 32 72, 291
Gen 32,10 [ff.] 291
Gen 32,15 ff. 409
Gen 32,22–33 87–91
Gen 32,28 41
Gen 33,18 372
Gen 33,17–34,31 372
Gen 34 89, 372
Gen 35,1–15 91, 372
Gen 35,9–15 89, 92, 291, 372
Gen 35,11 44, 81

Gen 35,16–20 325, 372
Gen 35,22–26 87, 89, 279
Gen 35,27 372
Gen 36,6–8 378
Gen 37–50 49, 72, 256, 279
Gen 38 282
Gen 38,2 372
Gen 41,25–40 280
Gen 42,18 280
Gen 45,5f. 280
Gen 46,3 44
Gen 46,10 372
Gen 49,24 307
Gen 49,29–50,14 279
Gen 50,11 372
Gen 50,20 280
Gen 50,25f. 76

Exodus 1,1–15,21 48–71, 280
Ex 1,1–4[/6] 45, 279
Ex 1,6–12 *49f.;*
Ex 1,7 192
Ex 1,11 64f.
Ex 1,13f. 45, *53–55*
Ex 2,1–10 *65–69*, 295
Ex 2,7ff. 45
Ex 2,16ff. 37
Ex 2,23–25 39, *45; 53–55*
Ex 3 140, 168, 338
Ex 3,1–17 *37–41;* 372
Ex 3,5f. 331, 378
Ex 3,8.17 373
Ex 3,12 89
Ex 3,13–15 *343f.*
Ex 3,14 339
Ex 4,2–9 52
Ex 4,11 44
Ex 4,21–23.5,1–2 *50f.,* 354
Ex 5,1–4 *46*
Ex 5,22[-6,1] *51,* 346
Ex 6 140, 338
Ex 6,2f. 89, 308, 314
Ex 6,2–13 *41–45*
Ex 6,7 373
Ex 7,1–9,12* (P) *53–55*
Ex 7,1–14,28* *55*ff.

Ex 7,11–14 52
Ex 11,4–8; 51
Ex 12–13 *57–62,* 410
Ex 12,1–14[/20] 299, 381
Ex 12,12 44
Ex 12,21–23 381
Ex 12,24–13,17 *57f.,* 60, 381
Ex 12,29 51
Ex 13,9 340
Ex 13,19 76
Ex 14 50, 52, 59
Ex 14,15–28 *55–58*
Ex 15 – Num 21 162–164
Ex 15 30, 60, 237
Ex 15,1.21 *59f.,* 292, 294
Ex 15,20f. 167
Ex 15,22–27 162
Ex 16 142, 162, 299
Ex 16,23–30 102, 156
Ex 17,1–7 162, 164, 400
Ex 17,8–16 284
Ex 19–34[40] 141, 162
Ex 19 – Num 10 36, 298
Ex 19,1 156, 381
Ex 19,3–8ff. 132, *136*f., 298
Ex 20–23 36, 152
Ex 20,[1-]2f. *36,* 42, 49, 295, *346*
Ex 20,1–17 137f., 151, 156, 158, 342
Ex 20,4 313, 333
Ex 20,7 339, *342f.,* 345, 350
Ex 20,10–11 102, 382
Ex 20,18–21 151
Ex 20,22f. 331
Ex 20,22–23,33 36, 138, 151, 292
Ex 21,2–11 134
Ex 21,12–14 161
Ex 21,18–19 *157,* 161
Ex 21,22–25 *160,* 348
Ex 21,37 287
Ex 22,27 348
Ex 23,9ff. 380
Ex 23,14–19 380f.
Ex 23,17 346

Ex 23,31 372
Ex 24 36, 127, 151, 298
Ex 24,1–13 *136*
Ex 24,4 130, 151
Ex 24,9–11 361
Ex 24,15–18 102, 382, 385
Ex 25–31 152
Ex 26–40 211
Ex 29 152
Ex 29,4–6 313
Ex 29,45–46 44, 373
Ex 31,12–17 382
Ex 31,18 151
Ex 32–34 138–141, 298
Ex 32 138, 151, 162–164, 296, 298
Ex 32,1–19 *138,* 151, 163, *165,* 325, 393
Ex 33,1[-6] 74, 138
Ex 33,7–11 308
Ex 33,16–23 41, 331, *344f.*
Ex 34 138, 139–141, 144, 151, 298
Ex 34,1–12 *139f.,* 151, 338, 345
Ex 34,6–7 41, *140,* 281, 298, 345, 394
Ex 34,10–26 151f., 159, *345*
Ex 34,14.17 331, 345
Ex 34,18–26 380
Ex 35,25f./36,8 256
Ex 40 45, 99
Ex 40,33ff. 59, 129, 142f., 211, 347, 382, 385
Ex 19-Num 10/22 36, 298

Levitikus 1,1–7,27 152, 385
Lev 1,4 386
Lev 1,9 386
Lev 4 386
Lev 7,20f. 141
Lev 8–9 152
Lev 9,7 386
Lev 10,3 350
Lev 10,8–15 152
Lev 11–15 380, 385

Lev 14,33–57 385
Lev 16 152, 384, 380
Lev 16,3–27.29 *384–386*
Lev 17,11 *385*
Lev 17–26 44, 152
Lev 18,24–28 374
Lev 19,4 331
Lev 19,17–18 f. *153,* 155, 282
Lev 19,33–34 154
Lev 20,10 161
Lev 20,24[.26] 373, 377
Lev 22,31–33 49, 347–350
Lev 23 380–382
Lev 24,10–17 *347f.,* 348 f.
Lev 24,16 339
Lev 25 282
Lev 25,23 373
Lev 25,55 49
Lev 26,1–13 142, 331

Numeri 1–10.15.17–19 152, 348
Num 6,24–26 300, 309, *383f.*
Num 11 162 f.
Num 12 167, 308
Num 13–14 163, 373
Num 16–17 163
Num 18,23 374
Num 20 163
Num 20,12 349
Num 21,[4-]9 65, 326
Num 22–24 167, 171 Anm. 210, 307, 348
Num 22,28–30 110
Num 22,34 168
Num 23,9 377
Num 25,3 164
Num 27 152
Num 28–29[.30] 152, 380
Num 31 f. 373
Num 33 104, 163, 400
Num 34,2 ff. 374
Num 35 152, 378
Num 36 152

Deuteronomium 1,1–5 70, 274
Dtn 1,7 f. 372 f.
Dtn 1,19–45 164
Dtn 2,5–23 378
Dtn 4–28 132–136
Dtn 4 296, 399 f.
Dtn 4,1–2 70, 151, *159, 399f.,* 410
Dtn 4,5–8 377
Dtn 4,10–24 127, *330f.*
Dtn 4,13 400
Dtn 4,15–20 313
Dtn 4,25–26 *327,* 373
Dtn 4,35[.39] 312, 314
Dtn 5 296, 333
Dtn 5,[1–5.]6 f.; 36, 42, 49
Dtn 5,6–21 151, 156, 158, 298, *313,* 319, 333, 339, 342
Dtn 6 375
Dtn 6,1–3 64, 373
Dtn 6,4–5[ff.] *153, 311* f., 295–297, 340, 377, 410
Dtn 6,10–18 373
Dtn 6,20–25 49, *62f.,* 401
Dtn 7,1–6 *375* f.
Dtn 7,6–11 *127*
Dtn 7,12–26 375, 377
Dtn 9,7–10,19 164
Dtn 9,12 325
Dtn 10,11 373
Dtn 10,20 f. 342
Dtn 11,18 340
Dtn 12–16 152, 296, 331
Dtn 12–26[/28] 296, 311
Dtn 12,1–21 331 f.
Dtn 12,5.11 340
Dtn 13 158–161, 376, 399
Dtn 14,24 340
Dtn 15,12–15 135
Dtn 15,19 ff. 380
Dtn 16,1–17 380 f.
Dtn 17–26 152
Dtn 18 172
Dtn 18,9–12 169

Dtn 20,2–8 334
Dtn 20,10–18 *376* f.
Dtn 21,1–9 380
Dtn 21,22 f. 161
Dtn 22,22–27 161
Dtn 24, 4 374
Dtn 24,19–21 282
Dtn 25,5–10 282
Dtn 25,17–19 284
Dtn 25,23–28 282
Dtn 26,1–11 410
Dtn 26,5–9(10) 40, 49, *62f.,* 381
Dtn 26,16–19 *135* f.
Dtn 26,17 f. 296
Dtn 27,15[-26] 157, 331
Dtn 28 132–136, 158
Dtn 28,63 *373f.*
Dtn 29,9–14 134
Dtn 29,21–27 387
Dtn 30,1–10 387
Dtn 31,9–13.24 400
Dtn 31,14 ff. 190, 308
Dtn 32 353–356
Dtn 32,1–43 70, 199, 237
Dtn 32,2–19 308 f., 315, 354
Dtn 32,8–9 306, *318,* 360, 373
Dtn 32,8 LXX 354
Dtn 32,9–12 *127f.*
Dtn 32,29 190
Dtn 32,39 314
Dtn 32,51 349
Dtn 33,2 292
Dtn 34,1–7 65, *69f.,* 74
Dtn 34,10 44, 167

Propheten
Josua 1,4 372
Jos 1,7 70
Jos 3,10 372
Jos 6 f. 373 f., 295, 376
Jos 8,31 66, 70
Jos 9,11 ff. – 13,32 *130f.,* 373 f.
Jos 14–21 373

Jos 22,19 379
Jos 23,6 70
Jos 24,2–4[-13] 63, 76, 80, 378
Jos 24,17 49
Jos 24,26 132

Richter 2,12–14 373
Ri 4–5 288
Ri 4,4 167
Ri 5 237
Ri 5,2–6 292, 308
Ri 6,11–24 168
Ri 9,8–15 285 f.
Ri 9,37 100

1Samuel 1 169
1Sam 1,2 77
1Sam 2,1–10 237
1Sam 2,27 167
1Sam 3 72,168, 371 Anm. 145
1Sam 5 324
1Sam 9,1–10,16 167 f., 173
1Sam 10,5–12 167
1Sam 13,19 370 Anm. 141
1Sam 15 284, 393 Anm. 194
1Sam 16 193
1Sam 16,1–13 358
1Sam 19,20–24 167
1Sam 24,7 358
1Sam 26,19 373
1Sam 28 169, 393 Anm. 194
2Sam 1,17 176
2Samuel 2,4 358
2Sam 5,3 358
2Sam 5,6–16 292
2Sam 7 146, 173, 287, 355, 357
2Sam 7,8–16 145 f., 192, 357
2Sam 12,1–7 168, 285 f.
2Sam 20 168
2Sam 22 238
2Sam 23,1–7 145 f., 237, 292, 358
2Sam 24,11 167

1Könige 1,2 358
1Kön 3,16–28 256
1Kön 5,9–14 255 f.
1Kön 5,26 129
1Kön 6,1 64
1Kön 8 381
1Kön 8,12 f. LXX 293
1Kön 8,27–30 362 f.
1Kön 10,1–13 256
1Kön 11–12 294
1Kön 11,29 ff. 87, 173
1Kön 11,41 292
1Kön 12 298, 326
1Kön 12,19 308
1Kön 12,20–30 164, 326
1Kön 14,19 292
1Kön 14,20–29 292, 325
1Kön 15,13 308
1Kön 17,17–24 167, 235, 365
1Kön 18 167
1Kön 18,4 308
1Kön 18,13–20,19 193
1Kön 18,19 169
1Kön 18,36 80
1Kön 19,13 331
1Kön 19,15–16 168
1Kön 21 168
1Kön 21,7 308
1Kön 22[f.] 167, 308, 400
1Kön 22,19–23 172, 308
1Kön 23,4 308

2Könige 2 ff. 167
2Kön 2,1–18 69, 234
2Kön 4,8–37 235, 365
2Kön 5,2.4 370 Anm. 141
2Kön 6,23 370 Anm. 141
2Kön 12,5 ff. 380
2Kön 13,20 f. 235
2Kön 13,23 80
2Kön 14,6 70
2Kön 14,9 286
2Kön 17 296, 298
2Kön 17,15–18 169, 325, 393 Anm. 194
2Kön 18 311, 332

2Kön 18,13–19,37 184
2 Kön 18,4 65, 326
2Kön 19,35 194
2Kön 21,7 325
2Kön 22 f. 152, 296 f., 311, 380
2Kön 22,3–20 167, 296, 331
2Kön 23,4–24 332
2Kön 23,6 307
2Kön 23,24 296
2Kön 23,25 70
2Kön 23,30 197
2Kön 24,1 201
2Kön 24,6 f. 197, 372

Jesaja 1–11 295
Jes 1–39 183–194
Jes 1,11 335
Jes 2,2–4 193, 229, 250
Jes 2,6 92
Jes 3,3 169
Jes 5,1–7 184 f., 285 Anm. 404, 287
Jes 6 168, 204, 295, 327, 361
Jes 6,1–9,6 185, 187 Anm. 228
Jes 6,1–13 186–188,
Jes 6,1–6 308, 357, 362
Jes 6,1.8 346
Jes 6,2 331
Jes 6,8 39
Jes 6,9 409
Jes 6,13 204
Jes 6,16–18 171
Jes 7,1–17 171.184
Jes 7, 3 204
Jes 7,7–9 188–190
Jes 7,10–25 188 f., 308, 358 f.
Jes 8,1–18 189–191, 295, 308
Jes 9,1–6 191 f., 229, 308, 358 f.
Jes 9,9 357
Jes 10,13 255
Jes 11,1–16 100, 192–194, 225, 359
Jes 12 237

Jes 13,21 101
Jes 14,1 92
Jes 14,13 f. 361
Jes 17,12–14 361
Jes 19,12 255
Jes 24–27 193, 229, 232, 301 f.
Jes 25,6–8 *232 f.,* 276
Jes 26,1–6 237
Jes 26,19 *233* ff.
Jes 27,1 267
Jes 27,2–9 185
Jes 27,12 372
Jes 28–32 295
Jes 28,1–4 214
Jes 29,23 350
Jes 30,1–5 193
Jes 30,8 171, 190
Jes 31,1–3 193
Jes 32,15–20 193
Jes 33,1–23 193, 308
Jes 34,13 f. 101
Jes 35,1–10 214
Jes 35,2 216
Jes 36–39 184, 193, 333
Jes 37,13 333
Jes 37,36 194
Jes 38,9–20 237
Jes 40–55 212–226, 298
Jes 40,1–11 *215*
Jes 40,1–8 168, 314
Jes 40,9–11 229
Jes 40,12–28 *120 f.,* 217, *220* ff., 256, 308, 314, 323, 325, 362
Jes 41,4 328
Jes 41,6 f. 29 217
Jes 41,8–13[ff.] 77, 81, 83, 171, 216, 244, 298
Jes 41,17–20 164
Jes 41,25 219
Jes 42,1–9 171, 220, 222, 225
Jes 42,17 330
Jes 42,19 221
Jes 42,23 216
Jes 43,1–4[/7] 171, *213 f.*
Jes 43,1.22 216

Jes 43,5–13 222
Jes 43,10 f. 217, 314, 328
Jes 43,16–21 63, 164, 225
Jes 43,22–28 214
Jes 44,1–5 171, 308, 314 f.
Jes 44,6 ff. 217, 314, 323, 325, 328
Jes 44,9–20[.24–28] 217 f., 323, *328–330,* 363
Jes 44,28–45,5 171, 218–220, 358
Jes 45,5–7.[18] 44, *122,* 217, 314, 328
Jes 45,12 218, 220, 314
Jes 45,14 314
Jes 46,1 ff. 315, 323, 330, 333
Jes 46,5–8 323
Jes 46,9 328
Jes 47,10 255
Jes 48,1–12 214
Jes 49,1 106
Jes 49,1–6 92, 217, 222
Jes 49,7 244
Jes 49,8 ff. 222, 225
Jes 49,13–16 219, 315
Jes 49,26 307
Jes 50,4–11 222
Jes 51,1–3 77, 83, 298
Jes 51,9–11 218, 225, 314
Jes 51,9.15 f. *123*
Jes 51,13 220
Jes 52,7[-10] *216 f.*
Jes 52,13–53,12 *222–225*
Jes 53,3 244
Jes 53,7 f. (LXX) 406
Jes 54,9–10 225
Jes 55,3 225
Jes 55,10 f. 216
Jes 56,5–7 363, 382
Jes 56–66 213, 226
Jes 58,1 92
Jes 58,8 216
Jes 59,21 145
Jes 60–62 216
Jes 60,3 250
Jes 60,7.13 363

Jes 60,16 f. 250, 307
Jes 61,4 363
Jes 61,8 225
Jes 62,9 363
Jes 63,11–13 70, 225
Jes 63,16 350
Jes 65,17–25 358, 363
Jes 66,1 f. 362
Jes 66,20 358, 361, 363
Jes 66,22 f. 382

Jeremia 1–52 196–204
Jer 1 168
Jer 1,4–10 196, 222
Jer 1,7 ff. 39, 201
Jer 2,2–6 164
Jer 2,7 373
Jer 2,27–29 217
Jer 4,4 198
Jer 4,8 197
Jer 4,26 f. 101
Jer 5,5 198
Jer 7,1–8,3 198, 311
Jer 7,1–15 197–199, 345
Jer 7,16–20 196, 310, 315
Jer 7,22–23 *145,* 204
Jer 7,26 ff. 198, 387
Jer 8,2 310
Jer 9,1 198
Jer 9,16 256
Jer 9,19 197
Jer 10,2.8 198
Jer 10,6–16 330
Jer 11,18–12,6 199
Jer 12,1–3 *391 f.*
Jer 12,7 ff. 199
Jer 12,12 198
Jer 13 169
Jer 15,1 70
Jer 15,6 201
Jer 15,10 [-21] 199, 387
Jer 16,14–15 225
Jer 17,1 *144*
Jer 17,7–10 393
Jer 17,14–18 199
Jer 18,18–23 199

Stellenregister **467**

Jer 19,4–7 198
Jer 20,14–18 199 f., 380
Jer 22,10 197
Jer 23,3 f. 204
Jer 23,5.9–32 *171–173,* 201 f.
Jer 24,1–10 *203 f.*
Jer 26 198
Jer 26,18 198
Jer 27 201
Jer 27,9 [-18] 170 f.
Jer 28,1–17 171, *201–203*
Jer 29 204
Jer 30,10.18 92
Jer 31,2–3 164,
Jer 31,9 354
Jer 31,27–34 *144 f.*
Jer 31,29–30 *387*
Jer 31,31–33; Jer 31,31–34 204
Jer 32 202
Jer 32,34 f. 198, 217
Jer 32,40 225
Jer 33,20–22 *147 f.*
Jer 33,26 80
Jer 34,16 349
Jer 34,18–19 132
Jer 34,12–21 *134 f.,*
Jer 36 166, 171, 296, 401
Jer 36,1–32 147, *199–201*
Jer 44 196, 311
Jer 44,17–19.25 310, 315
Jer 45,4 199
Jer 49,15 244
Jer 50,2.38 323
Jer 51,47.52 323

Ezechiel/Hesekiel 1–48 204–211
Ez 1 327, 361
Ez 1,1–9.26–28 168, *204–206,* 229
Ez 2 205
Ez 2,6 170
Ez 2,8 ff. 39
Ez 3,1–11 201, *205 f.*
Ez 4–5 169

Ez 7,2 100
Ez 8 311
Ez 8,1–6 206 f.
Ez 8,14 310
Ez 10 f. *207*
Ez 11,19 f. 145, 225
Ez 14,14.20 266
Ez 15 208
Ez 16 208, 210
Ez 16,60 225
Ez 17 208
Ez 17,22–24 286
Ez 20 43, 349
Ez 23 208, 210
Ez 27,17 370 Anm. 141
Ez 28 208
Ez 28,13 105
Ez 28,25 92
Ez 31 f. 208
Ez 31,2–12 286
Ez 33,23–29 77, 83 f., 192, 298, 373
Ez 34,25 225
Ez 36,22 f. 350
Ez 36,26 f. 145, 349
Ez 37 233, 405
Ez 37–39 229
Ez 37,1–10.11–14 *208–211*
Ez 37,5 f.8–10.14 247
Ez 37,25 f. 92, 225
Ez 38,12 100, 361
Ez 38,23 350
Ez 39,7 350
Ez 39,25 92, 349
Ez 40–48 207, 211, 297
Ez 40,2 370 Anm. 141
Ez 43,1–9 *207 f.,*
Ez 45,18–25 380
Ez 47,18 370 Anm. 141

Hosea 1–14 181–183
Hos 1–3 181 f., 211
Hos 1,2 *181 f.*
Hos 1,3–9 189
Hos 2,1 192
Hos 4,2 345

Hos 6,1–3 209
Hos 8,1–6 326
Hos 9,10 164
Hos 10,4 345
Hos 10,5–6 326
Hos 11,1[-4] 164, 295, 315, 354
Hos 12 84
Hos 12,1–15 90 f.
Hos 12,3–4.12 294
Hos 13 91
Hos 13,2 325 f.
Hos 13,4 *49,* 311
Hos 14,9 315

Joel 2,12–14 140
Jo 4 361

Amos 1–9 175–181
Am 2,6–8 176, *179 f.*
Am 3,1–2.7–8 167, *179*
Am 4,13 120
Am 5,1–18 176, 193
Am 5,14–15 *180*
Am 5,21–27 *180 f.,* 193
Am 6,10 346
Am 7,10–17 80, 168, *176* f., 295
Am 8,1–2 *176,* 204
Am 8,3–7 382
Am 9,1–7 *178 f.,* 378
Am 9,11–15 181

Jona 1–4 169, 280–282
Jon 1,1 394
Jon 2,1–10 237
Jon 3,4 394
Jon 4,1–3 *393*
Jon 4,2 140, *281*
Jon 4,10–11 *281*

Micha 3,1–5.11 171, 198
Mi 4,1–3 *229 f.,* 250, 361
Mi 4,11–13 361
Mi 5,1–4 f. 217, 358 Anm. 115

Mi 6,4 70
Mi 7,18–20 140

Habakuk 3 238
Hab 3,3 292, 308

Haggai 1,1–2,19 226, 250
Hag 2,23 225

Sacharja 1–14 226–230
Sach 1–6 226
Sach 2,16 378
Sach 3,1–7 227
Sach 4,1–14 *226–228*, 334, 359
Sach 5,5–11 315
Sach 6,10–13 225
Sach 8,20–22 229, 250
Sach 9 229
Sach 9–10 228
Sach 9,9–10 *229*
Sach 9,9–19 358 Anm. 115
Sach 12 361
Sach 14 361
Sach 14,9–17 228

Maleachi [Mal] 3,22 70

Schriften
Psalmen 1–2 236, *252 f.*
Ps 1 252
Ps 1,1–2 252 f.
Ps 2 248, 251, 292, 355, 357–359
Ps 2,2 248, 358
Ps 2,4.6 361 f.
Ps 2,7 357 f., 368 f.
Ps 3 248
Ps 5,8 383
Ps 6,6 391
Ps 7 248
Ps 8 105, 236, 247
Ps 8,5 f. 247, 270 f., 273
Ps 8,(4.)5–7 *105*, 116 f., 123
Ps 8,8 f. 100
Ps 9 292

Ps 11,7 327
Ps 15–24 244–246
Ps 15 292
Ps 16 232 Anm. 283, 245
Ps 18 238, 248 f., 292, 355
Ps 18,51 245, 358
Ps 19 123, 236, 245, 300
Ps 19,8[-11] 252, 256, 300
Ps 20 f. 292, 355,
Ps 20,7 245, 358
Ps 21 249, 358
Ps 22,1–32 *238–247,* 407
Ps 22,2–22 389
Ps 22,4–6 380
Ps 22,19 389
Ps 22,23–32 407
Ps 22,26 f. 383
Ps 22,28–32 232
Ps 24 249, 292
Ps 24,1 f. 247
Ps 24,7–10 327
Ps 26 383
Ps 27,4 169
Ps 28,2 383
Ps 28,8 358
Ps 29 236, 249, 292
Ps 29,10 247
Ps 30,10 92, 391
Ps 31 407
Ps 33 236
Ps 33,6–8 f. 100, 116, 247
Ps 33,12 127
Ps 34 248
Ps 37 251
Ps 39,12.14 270
Ps 41,14 251
Ps 42–49 252
Ps 42–83 36, 339, 346
Ps 44 391
Ps 45 249, 292
Ps 45,7 357
Ps 45,8 358
Ps 46 250, 292, 361 f.
Ps 46,2–8 357, 361 f.
Ps 47 249 f., 356
Ps 47,5 250, 308

Ps 47,9 f. 84, 249
Ps 47,10 84
Ps 48 250, 357, 361 f.
Ps 48,3 f. 362, 379
Ps 49 251, 276, 390
Ps 49,16–18 276, *390*
Ps 51,2.5 ff. 248, 287
Ps 54 248
Ps 56 248
Ps 59 248
Ps 60 248, 391
Ps 63 248
Ps 65,7 f. 247
Ps 65,9 101
Ps 67,2–6 383
Ps 68,5 308
Ps 68,7–9 292
Ps 68,9.18 308
Ps 68,25–26 327
Ps 69 407
Ps 72 248 f., 251, 292, 296, 355, 358
Ps 72,3–7 357
Ps 72,8 100
Ps 72,18 f. 251
Ps 73–83 251
Ps 73 251 f., 390
Ps 73,13–17 *390*
Ps 74 123, 391
Ps 74,13 f. 247, 267
Ps 75,4 100
Ps 76 250
Ps 76,5–6 361
Ps 77,14–21 251
Ps 77,17 100
Ps 78 251 f.
Ps 78,69–72.105–106 148, 251
Ps 79 391
Ps 80 391
Ps 82 306, *317 f.*
Ps 82,5 100
Ps 82,6 158
Ps 83 391
Ps 84 250
Ps 84,10.12 309, 358

Ps 87 250, 308, 361
Ps 88 236
Ps 88,11 391
Ps 89 123, 248, 292, 357
Ps 89,4–5.29 ff. *146 f.*
Ps 89,4–30 352, *353–358*
Ps 89,4–8 306
Ps 89,10 f. 247
Ps 89,48 f. 247
Ps 89,50.53 251, 267
Ps 90[-92] 236, 252
Ps 93–100 249
Ps 93 101, *117*, 249 f., 292, 354–358, 362, 365
Ps 93,1[-5] 249 f., 355, 361
Ps 95,2–6 383
Ps 96 249 f.
Ps 96,3–13 355 f., 359, 361, 383
Ps 97 249 f.
Ps 97,1 355
Ps 97,2–10 356, 361
Ps 98,4–9 247, 359
Ps 99 249 f., 361
Ps 99,1 355
Ps 99,1–3 356
Ps 99,4 ff. 356, 361
Ps 102,28 308
Ps 103–104 361
Ps 103,8–11 140
Ps 103,14–16 247
Ps 104 116, 123, 247 f., 364 f.
Ps 104,5 100
Ps 104,26 267
Ps 104,27 f. 309
Ps 104,29 f. 106, 209, 391
Ps 105 251
Ps 105,5–10.17 80, 84
Ps 105,6 81
Ps 105,9.11.44 f. 373
Ps 105,15 358 f.
Ps 105,16–22 280
Ps 105,24–45 70, 373
Ps 106 251
Ps 106,1–12 63
Ps 106,23 70

Ps 106,48 251
Ps 107 252
Ps 107,17–22 391
Ps 110 292, 355, 359, 361
Ps 110,1 358
Ps 112 252
Ps 114 251
Ps 115,17 f. 391
Ps 119 300
Ps 119,1.72 252
Ps 120–134 236, 250
Ps 121,8 *391* f.
Ps 126 250
Ps 127 252
Ps 128 252
Ps 132 147 f., 292, 355, 361
Ps 132,2.5 307
Ps 132,10.17 355, 358 f.
Ps 132,11–12 *148*
Ps 133 252
Ps 135 251
Ps 135,5.15–18 317
Ps 136 49, 251
Ps 136,2.26 317
Ps 136,10–16 63
Ps 137 293, 362, 391
Ps 142 248
Ps 144 292, 359
Ps 144,4 247
Ps 145–147 300
Ps 145,15 f. 247
Ps 146–150 236 f., 251
Ps 146,4 247
Ps 146,6 100
Ps 147,4 106
Ps 147,9 247
Ps 148 108, 247
Ps 150,6 247

Hiob 1–2 267, 308
Hi 1,1.8 300
Hi 1,6–11 119, *264*
Hi 1,9 264
Hi 1,12 83
Hi 1,20–21 *264 f.*
Hi 2,1 119

Hi 2,4 264
Hi 2,6 391
Hi 2,8–13 264, 270
Hi 2,11 388
Hi 3–27 263
Hi 3–37 36
Hi 3,1–42,6 339
Hi 3,1–16 234, 266 f., *268 f.*, 380
Hi 4,7–8 266
Hi 4,12–16 388
Hi 6,14 300
Hi 7,16–21 *269* f., 273
Hi 9,22–24 267, 270
Hi 10,9 106
Hi 12,9 339
Hi 12,13[-15] 265, 269
Hi 14,12 234
Hi 16,2 388
Hi 19,19–27 388 f.
Hi 19,25LXX 391
Hi 19,29 307
Hi 21,34 388
Hi 23,8 f. 100
Hi 26,10 101
Hi 27,3 247
Hi 28 263
Hi 28,28 *119,* 300
Hi 31 266, 380
Hi 31,6 *267*
Hi 32–37 263
Hi 34,14 f. 106, 247
Hi 36,26 308
Hi 38 f. 263
Hi 38,4–39,30 108
Hi 38,1 267
Hi 38,2 265
Hi 38,4–7 *119 f.,* 221
Hi 38,39–39,30 267
Hi 40,3 269
Hi 40,6 267
Hi 40,23–41,26 267
Hi 42,2–6 265–269, 271, 388
Hi 42,7–17 265, 388
Hi 42,11 388

Proverbien/Sprüche 1–9
   259–261, 293, 315
Prv 1,1–7 256f.
Prv 1,7 260, 300
Prv 1,20–33 260f.
Prv 2,1–9 259
Prv 3,17–20 260
Prv 3,19–23 *118, 366f.*
Prv 4,1–9 260
Prv 6,20–23 259, 289
Prv 7,1.24 260
Prv 8,1–36 260
Prv 8,22ff. 277
Prv 8,22–31 *118*, 260
Prv 8,35 260
Prv 9,1–6 260
Prv 9,10–12 259f.
Prv 10,1–22,16 293
Prv 11,31 258
Prv 13,13.21 258
Prv 14,25 258
Prv 14,31 110
Prv 15,8 245
Prv 16,[1–3.]9 *260, 275*
Prv 17,5 110
Prv 22,2 110
Prv 22,17–24,22 259, 293
Prv 25,21–22 *257*
Prv 26,27 *257*
Prv 28,18 *257*
Prv 29,13 110
Prv 30,24–28 258

Ruth 1–4 203, 282f.
Ruth 4,18–22 283

Kohelet/Ecclesiastes 1–12
   273–276
Qoh 1,1–3 *273*
Qoh 1,12–2,26; Qoh 1,4–
   3,15; Qoh 2,3.11;Qoh
   3,1–8 *275*
Qoh 3,1–15.19–22 106, 234,
   276
Qoh 3,11–14 *274f.*, 300
Qoh 3,19–22 276

Qoh 3,20 106
Qoh 5,1 *274*
Qoh 6,6 234
Qoh 7,13 275
Qoh 8,12b–14[.17] *275*
Qoh 9,1–6 234
Qoh 12,7 210

Klagelieder/Threni 197, 213,
   238, 392f.
Klgl 1,8f.18 393
Klgl. 1,17 392
Klgl 2,1–17 *392*
Klgl 3,10 393
Klgl 3,42 393
Klgl 4,6.11 393
Klgl 4,22 393
Klgl 5,6 393

Ester 3,1 284
Est 4,14 284
Est 5,9–7,10 284
Est 9,2–4.18 284
Est 8,17 284

Daniel 1–6 235
Dan 2 [,18f.37.44] 104, 235,
   317, 410
Dan 3 349
Dan 4,7–24 286
Dan 5 323
Dan 7 301, 359
Dan 7,13f. 235
Dan 9,9f. 140
Dan 11,31–45 235
Dan 12,1–4 *233f.*, 276

Esra 1,2 317
Esr 3,2 70
Esr 4,10 372
Esr 5,11 317
Esr 6,18 70
Esr 7 151
Esr 7,6 70
Esr 7,12–26 159
Esr 9–10 282

Esr 9,11f. 378

Nehemia 1,4 317
Neh 8 151, 401
Neh 8,1 70
Neh 9,7f. 81, 83, 92
Neh 13 282

1Chronik 12,32 348
1Chr 16 238
1Chr 22,2 370 Anm. 141
1Chr 29,18 80

2Chronik 2,16 370 Anm. 141
2Chr 3,1 379
2Chr 5[,7] 309 Anm. 11,
   378, Anm. 165
2Chr 23,18 70
2Chr 25,18 286
2Chr 30,6 80
2Chr 30,25 370 Anm. 141
2Chr 31,21 335
2Chr 34,7 370 Anm. 141
2Chr 36,21 374

**Deuterokanonische
Schriften und Qumran**
Ben Sira 1–51 276
Sir 1 277
Sir 1,11–13 300
Sir 2,7–9 300
Sir 22,27–23,6 238
Sir 24 118, 276, 277
Sir 24,8 366
Sir 24,15–21 277
Sir 24,23–27[/39] 261
Sir 31,15 153, 155
Sir 36,1–22 238
Sir 38,24–39,11 276f.
Sir 39 261
Sir 39,12–35 238
Sir 42,15–43,33 108, 238
Sir 42,15–49,16 277
Sir 44–49 301
Sir 50,28f. 276
Sir 51,1–12 238

Psalmen Salomos 17,32 359
Ps.Sal. 18,1.5.7 359

Jubiläen 8,18 379
Jub 46,1–2 154

Tobit [Tob] 4,15 f. 155, 288
Äthiopisch/1Henoch 5,8
   410
1Hen 46.48.62 f. 235
1Hen 5,8 410

Weisheit Salomon 1–19 277
Weish 3,14 234
Weish 7,15–21 278
Weish 7,25–28 *278*
Weish 8,2–18 261, 277
Weish 9,2.6 277
Weish 9,4 261
Weish 10 261

Baruch 4,1 261
Bar 84,8 379

2Baruch 29,2 379
2Bar 40,2 379

4Esra 5,23–27 379
4Esr 9,7 379
4Esr 14,45 401

1Makkabäer 1,1–15.43.52
   318,
1Makk 1,54 318,
1Makk 2,22–29 319
   Anm. 38
1Makk 3,15 318,
1Makk 3,24 319 Anm. 38
1Makk 3,46–48 323, *334* f.
1Makk 4,9–11 319 Anm. 38
1Makk 4,52–59 381

2Makkabäer 1,7 379
2Makk 3–7 300
2Makk 3,24 319 Anm. 38
2Makk 5,15 318,

2Makk 6,2.5 318,
2Makk 6,18–30 349
2Makk 7 301
2Makk 7,7–14 *233 f.*

4Makkabäer 6,28–29 386

Qumran
1Qp Hab 339
1QS II,2–4 383
1QS VIII,14 339
11Q5 339
CD 6,20–7,1 155

**Rabbinische und jüdische
Schriften**
Bereschit Rabba 41,3 277
BerR 68 341
Qohelet Rabba 12.1 277
babylonischer Talmud Baba
   Bathra 14b 401
bBerachot 3a 394
bYoma 86a 349
bMegilla 18a 383
bNedarim b.Ned 22b 371
bSanhedrin 28a 277
bSan 74a 349
bShabbat 31a 288
bSchebuoth IV,35a 349
bSota 10b 349
bSota 37b-38a 383
mAvot 1,2 (Machsor Vitry)
   334 f.
mMegilla IV,10 383

Josephus Antiquitates Jud.
   2,276 *345*
Jos.Ant. 3,91 *345*
Jos.Ant. V,109 379
Josephus, Bellum Judai-
   cum 2,145 *346*
Josephus Contra Apionem
   I,38 f. 401
Philo, De Decalogo [Dec.]
   82–95 *345*

NT
Matthäus 1,2 92
Mt 1,1–18 283
Mt 1,21 188
Mt 2,16 50, 66
Mt 3,3 214
Mt 4,16 191
Mt 5,17–20 *407 f.*
Mt 5,34 342
Mt 5,38 f. 407
Mt 6,9–13 350
Mt 7,12 155, 288
Mt 13,52 408
Mt 23,2 f. 70
Mt 18,15–17 153
Mt 21,1–11 229
Mt 22,32 92
Mt 22,37–40 155
Mt 23,2 70
Markus 1,3 214
Mk 9 par. 69
Mk 9,4 par. 70
Mk 10,3 par. 70
Mk 11,1–10 229
Mk 12,26 92
Mk 12,29–31 155
Mk 13 229
Mk 14,36 350
Mk 15,24 244, 389
Mk 15,29 ff. 244, 389
Mk 15,34 *389*
Mk 15,39 *389*
Lukas 1,46–55 237
Lk 3,4–6 214
Lk 3,34 92
Lk 6,31 288
Lk 10,25–37 *155*
Lk 18,31 406
Lk 19,29–38 229
Lk 20,37 92
Lk 24,26.46 406
Lk 24,44 401, 406
Johannes 1 410
Joh 1,23 214
Joh 10,34 158
Joh 12,12–19 229

Joh 19,24.28 244
Joh 20,25.27 244
Apostelgeschichte 2,23 406
Apg 3,13 92
Apg 3,18 406
Apg 7,32 92
Apg 8,26–40 225, *406* f.
Apg 13,33 406
Apg. 17 319 Anm. 38
Apg 24,5 409
Römer 4,1–25 84
Röm 5,9 386
Röm 7,4 386
Röm 8,15 350
Röm 10,5–19 66, 70
Röm 13,8–12 155
Galater 4 408
Gal 4,6 350
Kolosser 1,15 261
2Petrus 3,13 358
Hebräer 8,13 70
Hebr 11,8–19 84
Hebr 11,9 92, 370 Anm. 141
Hebr 11,23–29 70
Offenbarung 7,1 100
Offb. 21 235

Koran
Q 2:62 409
Q 2:75 409
Q 2:79 410
Q 2:125.127 409
Q 3:96 409
Q 4:46 [48] 409
Q 5:13 409
Q 5:69 409
Q 7:143 411
Q 7:169 409
Q 22:17 409
Q 22:26 409
Q 25:32 410
Q 26:51 410
Q 29:27 409
Q 37,102–107 409
Q 40:53 409

Q 53:4–12 409
Q 55:1–4 410
Q 80:11–16 410

Außerbiblische Texte
Mesopotamien
Enki und Ninhursanga 95
Enki und Ninmah 95
Beschwörung gegen den Zahnwurm 95
Getreidekorn und Schaf 285
Hacke und Pflug 284
Holz und Rohr 95
Götterliste An-Anum 95
Atrahasis 95
Atr. I,1 ff.; Atr. I,230 106
Atr. V,34–38 111
Enuma eliš 95, 101 f.
En.el. IV, 19–25 103
En.el. VII,143–145 341
Geburtslegende des Sargon von Akkad *67 f.*
Gilgameš 95
Gilg. XI,147–156 111
Gilg. Meissner-Millard-Fragment II,1–7 *275 f.*
Neuassyr. Vasallenvertrag VTE § 24 *154,*
Krönungshymnus VAT 13831 357
Spruch an den assyr. König K.4310 170
Kyros-Zylinder, Z. 11–23 *219 f.*
Neujahrsritual DT 109 *221*
Kodex Eschnunna 157
Kodex Hammurabi 157
Kodex Lipit-Ischtar 157
Schwarzer Obelisk Salmanassar III. 189
Tempelbauhymnus Gudea 250 Anm. 324

Ägypten
Denkmal memphitischer Theologie 108
P. Amherst 63 249
Weisheit/Lehre des Amenenope 260, 293
Weisheit/Lehre des Amenemhet 260
Achikarsprüche IX,14–16 259, 274
Lehre des Ipuwer 266, 274, 285
Großer Sonnen-Hymnus Amarna 248, 306, 316, 365

Levante und Kleinasien
Inschrift des Mescha aus Moab 135, 375
Inschrift des Zakkur von Hammath 170
Inschrift aus Tell Deir 'Alla 170
Bericht des Wenamon
Inschrift aus Ketef Hinnom 300, 383
Inschrift aus Kuntilet 'Ağrūd 333
Inschrift aus Hirbet Bet Lajj 360
Inschrift aus Hirbet el-Qōm 333
Inschrift aus En Gedi 355
KAI 26A III.18 (Karatepe) 308
KTU 1.2 III 5 308
KTU 1.101 360
Behistun-/Bisutun-Inschrift 316

Griechenland
Herodot, Historiae II, 141 194
Hesiod, Theogonie 99